# Generalregister

zum

## elften bis zwanzigsten Bande

der von den Mitgliedern des Reichsgerichts herausgegebenen

# Entscheidungen des Reichsgerichts

## in Civilsachen.


Bearbeitet

von

**F. von Specht,**

Königl. Preuß. Gerichtsassessor in Berlin.



Leipzig,

Verlag von Veit & Comp.

1889.

Druck von Metzger & Wittig in Leipzig.

# Inhalt.

## I. Systematisches Register.

## Fünftes Kapitel. Von den Handlungen.



## Sechstes Kapitel. Raum- und Zeitverhältnisse.



# Zweiter Abschnitt. Dingliche Rechte.

## Erstes Kapitel. Gemeinsame Lehren.

## Fünftes Kapitel. Sonstige dingliche Rechtsverhältnisse.



# Dritter Abschnitt. Recht der Obligationen.

## Erstes Kapitel. Allgemeine Lehren.

### 1. Subjekte.

2. Gegenstand der Obligationen.



3. Erfüllung der Obligationen.



4. Entstehung der Obligationen.



5. Übertragung der Obligationen.



6. Erlöschung der Obligationen.

## Zweites Kapitel. Einzelne Obligationen.

### 1. Obligationen aus Verträgen und vertragsähnlichen Verhältnissen.



### 2. Obligationen aus unerlaubten und ähnlichen Handlungen.

### 3. Vermischte Fälle.

## Vierter Abschnitt. Von den Familienrechten.

### Erstes Kapitel. Von der Ehe.



### Zweites Kapitel. Rechtsverhältnisse zwischen Eltern und Kindern.



### Drittes Kapitel. Von der Vormundschaft und Güterverwaltung.



## Fünfter Abschnitt. Das Erbrecht.

### Erstes Kapitel. Delation der Erbschaft.

### Zweites Kapitel. Von dem Erwerb und dem Verluste der Erbschaft.



### Drittes Kapitel. Kodizille. Vermächtnisse. Universalvermächtnisse. Schenkungen von Todes wegen.



### Viertes Kapitel. Von dem Noterben- und Pflichtteilsrechte.



### Fünftes Kapitel. Indignität und Inkapazität.



### Sechster Abschnitt. Das Handelsrecht.



### Erstes Kapitel. Vom Handelsstande.



### Zweites Kapitel. Von den Handelsgesellschaften.

### 2. Vom Kaufe.

# Zweiter Teil. Civilprozeß.

## Erstes Kapitel. Allgemeine Grundsätze, betreffend den Civilprozeß und die Konkursordnung.



## Zweites Kapitel. Die Civilprozeßordnung.

### 1. Die Gerichte.



### 2. Die Parteien.

### 5. Rechtsmittel.



### 6. Wiederaufnahme des Verfahrens.



### 7. Besondere Prozeßarten.



### 8. Die Zwangsvollstreckung.



*

## Drittes Kapitel. Konkursordnung.



# Dritter Teil. Staatsrecht.

## Vierter Teil. Kirchenrecht.



## II. Alphabetisches Register



## III. Quellenregister.

## Erster Teil. Reichsrecht.

### Erster Abschnitt.



### Zweiter Abschnitt.



## Zweiter Teil. Gemeines Recht.

## Dritter Teil. Preußisches Allgemeines Landrecht.



## Vierter Teil. Rheinisches Recht.



## Fünfter Teil. Landesgesetze.

## Sechster Teil. Ausländisches Recht.

# Erläuterung der Abkürzungen.

Die fetten Ziffern bezeichnen den Band, die gewöhnlichen, bei denen nicht das Zeichen § sich findet, die Seite. Die unmittelbar vor denselben in Klammern stehenden Buchstaben bedeuten:

B., Bad. = Badisches Landrecht.
F. = Rheinisches (französisches) Recht.
G. = Gemeines Recht.
P. = Preußisches Recht.
R. = Reichsrecht.

Ferner bedeuten:

A.B.G. = Preußisches Allgemeines Berggesetz.
A.G.O. = Preußische Allgemeine Gerichtsordnung.
A.L.R. = Preußisches Allgemeines Landrecht.
A.G. z. = Ausführungsgesetz zu.
Beschl. = Beschluß.
B.G.Bl. = Bundesgesetzblatt.
B.G.B. = Sächsisches Bürgerliches Gesetzbuch.
C.P.O. = Civilprozeßordnung.
E.E.G. = Preußisches Eigentumserwerbsgesetz.
E.G. z. = Einführungsgesetz zu.
Einl. = Einleitung.
Gem.R. = Gemeines Recht.
G.O. für R.A. = Gebührenordnung für Rechtsanwälte.
Gen.G. = Genossenschaftsgesetz.
G.K.G. = Gerichtskostengesetz.
Gr.O. = Preußische Grundbuchordnung.
G.V.G. = Gerichtsverfassungsgesetz.
H.G.B. = Handelsgesetzbuch.
J.M.Bl. = Preußisches Justizministerialblatt.
K.O. = Konkursordnung.
L.R.S. = Badischer Landrechtssatz.
Min.Bl. d. inn. Verw. = Preußisches Ministerialblatt der innern Verwaltung.
R.A.G. = Reichsanfechtungsgesetz.
R.A.O. = Rechtsanwaltsordnung.
R.B.G. = Reichsbeamtengesetz.
R.G.Bl. = Reichsgesetzblatt.
R.G.O., R.Gew.O. = Reichsgewerbeordnung.
R.Haftpfl.G. = Reichshaftpflichtgesetz.
R.St.G.B. = Reichsstrafgesetzbuch.
R.St.P.O. = Reichsstrafprozeßordnung.
R.U.G. = Reichsunfallversicherungsgesetz.
W.O. = Wechselordnung.

I.

# Systematisches Register.

# Alphabetische Übersicht.

(Die Verweisungen beziehen sich auf die Paragraphen des nachfolgenden Registers.)

## A

## E



## F

## G



## H



## J

## K



## L

## M



## N



## O



## P

## Q



## R

## V

## W



## Z

(Die Verweisungen beziehen sich auf die Bände und Seiten der Entscheidungen.)

# Erster Teil.

# Civilrecht.

## Erster Abschnitt. Allgemeine Lehren.

### Erstes Kapitel. Rechtsquellen.

#### § 1. Verhältnis der verschiedenen konkurrierenden Rechtsquellen desselben Rechtsgebietes zu einander.

a. Gemeines Recht und Partikularrecht. Allgemeines Landesrecht und Provinzialrecht.

1) Unterschied zwischen gemeinem und Partikularrecht (Mecklenburgisches Ehescheidungsrecht). **20**, 211. — 2) Geltung des gemeinen Rechtes im Bezirke des Oberlandesgerichtes Hamm. **13**, 263. — 3) Geltung des preuß. Allgem. Landrechtes im Herzogtume Westfalen? **16**, 123. — 4) Besteht in den ehemals sächsischen Landesteilen der Provinz Sachsen die landrechtliche Kirchenbaupflicht des Patrones? Entgegenstehendes Provinzialrecht? (P.) **12**, 292. — 5) Geltung des lübischen Rechtes in Mecklenburg. **17**, 116. — 6) Inwiefern haben die kanonischen Rechtssätze über sog. res spiritualibus annexae staatliche Geltung? **12**, 242. — 7) Der Code de commerce als solcher hat in Baden keine Gültigkeit. **12**, 306. — 8) Ist in § 30 des preuß. Eigentumserwerbsgesetzes vom 5. Mai 1872 für dessen Geltungsbereich ein einheitlicher Begriff der Zubehör aufgestellt, oder richtet sich die Frage der Pertinenzqualität nach dem jeweiligen örtlichen Rechte? **15**, 215. — 9) Regelung der Rechte und Pflichten der Staatsbeamten in den neu erworbenen preußischen Landesteilen nach altpreußischem Rechte. **18**, 175. — 10) Wirkung der Einverleibung Kurhessens auf die dort bestehenden Privatrechte und geltenden Privatrechtsgesetze. Unveränderte Geltung des kurhess. Gesetzes vom 8. März 1831? **16**, 265.

b. Reichsrecht und Landesrecht.

1) Reichsrecht bricht Landesrecht. **19**, 180. — 2) Abänderung des Justinianischen Rechtes durch die Reichsnotariatsordnung in betreff der Form der Schenkungen von Todes wegen? **15**, 217. — 3) Ist durch

die Vorschrift des § 77 des Reichsgesetzes vom 6. Februar 1875 das katholische Ehescheidungsrecht aufgehoben? **12,** 235. — 4) Inwieweit sind die gemeinrechtlichen Sätze über die Früchte als pars fundi durch §§ 714. 725 C.P.O. modifiziert? **18,** 367. — 5) Aufhebung inländischer Sätze des internationalen Privatrechtes durch Reichsrecht. **11,** 31. 33. — 6) Anwendung eines einem Reichsgesetze widersprechenden Landesgesetzes als Revisionsgrund? Verhältnis des bremischen Gesetzes vom 17. Dezember 1874 zum Reichsgesetze vom 13. Mai 1870? **15,** 28. — 7) Sind die Wirkungen der vom Handelsgesetzbuche eingeführten kurzen Verjährungen nach Landesrecht zu beurteilen? **19,** 142. — 8) Der § 2 des schwarzb.-sondershausen'schen Gesetzes vom 2. März 1844 durch die Wechselordnung nicht aufgehoben. **11,** 2. — 9) Sind die Strafbestimmungen des decretum divi Marci und der l. 7 Cod. unde vi 8, 4 durch das Reichsstrafgesetzbuch aufgehoben? **11,** 244; **18,** 218. — 10) Ist § 270 des preuß. Strafgesetzbuches durch das Reichsstrafgesetzbuch aufgehoben? (Pactum de non licitando.) **18,** 220. — 11) Die civilrechtlichen Folgen des schuldhaften Zuwiderhandelns gegen die Reichsgewerbeordnung bestimmen sich nicht nach diesem Gesetze. **11,** 28. — 12) Sind Landesgesetze, welche gegenüber einer mit obrigkeitlicher Genehmigung errichteten gewerblichen Anlage eine Klage nicht auf Einstellung des Betriebes, sondern nur auf Entschädigung verleihen, insbesondere § 35 des braunschw. Gewerbegesetzes vom 3. August 1864, durch die Reichsgewerbeordnung aufgehoben oder überflüssig geworden? Aufhebung landesgesetzlicher Bestimmungen durch Reichsgesetze überhaupt. **11,** 187. — 13) Ist Art. 1384 Code civil durch das Reichspostgesetz oder die Postordnung aufgehoben? **19,** 107. — 14) Sind unter den in § 7 Abs. 2 R.G.O. erwähnten Landesgesetzen nur damals noch erst zu erlassende Gesetze, oder ist darunter das gesamte geltende Landesrecht zu verstehen? **12,** 2. — 15) Ausschließliche Normierung der civil- und strafrechtlichen Folgen des Nachdruckes durch das Urhebergesetz vom 11. Juni 1870. Inwiefern kommt daneben das allgemeine bürgerliche Recht in Betracht? **12,** 105. — 16) Ist es rechtlich möglich, daß Genossenschaften, die auf Grund des Reichsgesetzes vom 4. Juli 1868 errichtet, und solche, die auf Grund früherer Landesgesetze errichtet sind, nebeneinander fortbestehen? Umschaffung der alten Genossenschaften in reichsrechtliche? **13,** 105. — 17) Inwieweit ist materielles Landesrecht neben dem Reichshaftpflichtgesetze in Geltung? Kann sich die Feststellung der mutmaßlichen Lebensdauer des Getöteten (§ 3 a. a. O.) auf landesgesetzliche Vermutungen stützen? **13,** 8. — 18) Wird durch § 36 des Reichsrayongesetzes vom 21. Dezember 1871 das Grundstück, wegen dessen Entwertung eine Rente zuerkannt ist, zum Subjekte des Forderungsrechtes gemacht, oder wird nur formal die Legitimation dem Fiskus gegenüber festgestellt, ohne daß über die privatrechtliche landesgesetzliche Berechtigung an der Rente entschieden wird? **17,** 33. — 19) Reichsrechtliche Regelung der Wirkungen der Nichterfüllung des zweiseitigen Vertrages seitens des einen Teiles auf die Rechte des anderen im Falle des Konkurses. **17,** 79. — 20) Kann der Gläubiger eines Miterben die Erbteilung auf Grund des Reichsanfechtungsgesetzes anfechten, obwohl er der Teilungsverhandlung nicht beigetreten ist? (F.) **17**, 314. — 21) Giebt es für die Zulässigkeit des Rechtsweges für Ansprüche auf Befreiung von Reichsabgaben reichsrechtliche Vorschriften? oder für Preußen spezielle Landesgesetze? **11**, 91. — 22) Sind durch § 11 des Reichsstempelgesetzes vom 1. Juli 1881 die entgegenstehenden landesrechtlichen Vorschriften außer Kraft gesetzt? Sind sie mit dem Inkrafttreten des Reichsgesetzes vom 29. Mai 1885, welches den § 11 beseitigt, von selbst wieder wirksam geworden? **19**, 176. — 23) Geltung der Konkursordnung und des Einführungsgesetzes zur Konkursordnung in den Konsulargerichtsbezirken. Geht ihren materiellen Vorschriften das dort geltende Handelsgewohnheitsrecht in Handelssachen vor? **14**, 143. — 24) Hat das nach preuß. Allgem. Landrechte dem Vermieter wegen der noch nicht fälligen Mietszinsen für die ganze Vertragszeit zustehende Pfandrecht an den Illaten im Verhältnisse zu anderen Gläubigern des Mieters infolge der Reichsjustizgesetze eine Einschränkung erlitten? **13**, 253. — 25) Pfandrecht des Verpächters an den Illaten des Unterpächters nach der Konkursordnung? Aufhebung des etwa weitergehenden rheinischen Rechtes? Art. 2102 Code civil. **13**, 39. — 26) Verhältnis zwischen Landes- und Reichsrecht betreffs der Begründung eines Faustpfandrechtes, welches nach § 40 K.O. ein Absonderungsrecht zur Folge hat. **19**, 26; **20**, 307. — 27) Ist durch die Civilprozeßordnung materielles Recht über die Pflicht zur Edition von Urkunden geschaffen? **12**, 413. — 28) Ist § 35 sächs. B.G.B. durch die Civilprozeßordnung aufgehoben? **13**, 7. — 29) Aufhebung des § 70 des preuß. Eigentumserwerbsgesetzes durch die Vorschriften der Civilprozeßordnung über den Erlaß einstweiliger Verfügungen? **11**, 280.

### c. Recht der Konsulargerichtsbezirke.

1) Geltung der Konkursordnung und des Einführungsgesetzes zur Konkursordnung in den Konsulargerichtsbezirken. Geht ihren materiellen Vorschriften das dort geltende Handelsgewohnheitsrecht vor? **14**, 143.

## § 2. Gesetze. Prüfung der Gültigkeit.

1) In welchen Formen kam nach dem preußischen Staatsrechte des 18. Jahrhunderts ein Gesetz zustande? **13**, 217. — 2) Sind die Feuersozietätsreglements für Berlin vom 29. Dezember 1718 und vom 1. Mai 1794 Gesetze? **13**, 215. — 3) Ist die Königl. Kabinetsorder, betr. Stempelfreiheit der Sparkassenbücher, vom 8. März 1847 ein Gesetz? (P.) **16**, 212. — 4) Vorschriften der in der Gesetzsammlung veröffentlichten revidierten Reglements von Landfeuersozietäten über den Inhalt der abzuschließenden Verträge. Gesetz oder Verwaltungsvorschrift? (P.) **16**, 370. — 5) Ist das Eisenbahnbetriebsreglement ein Polizeigesetz im Sinne des § 26 A.L.R. I. 6? **15**, 156. — 6) System des Allgem. Landrechtes. **16**, 192; des Gerichtskostengesetzes. **16**, 294. — 7) Wann ist § 7 R.Gew.O. in Wirksamkeit getreten? **12**, 5. — 8) Gilt

die Regel ignorantia juris nocet nur in bezug auf publizierte Gesetze, oder auch betreffs gewohnheitsrechtlicher Normen? (P.) **18**, 260. — 9) Lebt ein aufgehobener Rechtssatz durch den Wegfall des ihn aufhebenden Gesetzes wieder auf? **19**, 181. — 10) Auslegung von § 9 des Publikationspatentes zum A.L.R. vom 5. Februar 1794. Kreis der nach Landrecht zu entscheidenden Kontroversen. (P.) **19**, 272.

## § 3. Auslegung der Gesetze.

### a. Im allgemeinen.

(Auslegung der Prozeßgesetze siehe § 274 dieses Registers.)

1) Revisibilität einer Entscheidung über Partikularrecht, wenn die Art der Auslegung gegen allgemeine oder gemeinrechtliche Grundsätze verstößt. Württembergisches Gesetz vom 21. Mai 1828. **15**, 23. — 2) Auslegung der l. 17 § 1 Dig. de R. V. 6, 1. **12**, 172. — 3) Auslegung von l. 12 pr. Dig. quib. mod. pign. 20, 6 und l. 12 § 4 Dig. qui pot. 20, 4. **12**, 212. — 4) Auslegung von l. 21 Cod. ad Sct. Vell. 4, 29. **12**, 213. — 5) Auslegung von c. 3 X. de eccles. aedif. 3, 48. **15**, 173. — 6) Antinomie zwischen l. 76 Dig. de solut. 46, 3 und l. 36 Dig. de fidejuss. 46, 1. **18**, 240. — 7) Kommen bei Auslegung von Hausgesetzen des hohen Adels nur privatrechtliche, oder auch staatsrechtliche Gesichtspunkte in Betracht? Ist hierfür die materielle und lokale Geringfügigkeit des betreffenden Territoriums von Bedeutung? **18**, 203. — 8) Anwendung privatrechtlicher Sätze auf staatsrechtliche Verhältnisse? **15**, 39; **20**, 154. — 9) Auslegung von Hausgesetzen als die Anordnung der Succession nach der Primogenitur enthaltend. **18**, 208. — 10) Berechnung der Verjährungsfrist des § 8 des Reichshaftpflichtgesetzes. **11**, 47. — 11) Bedeutung der Wortfassung der Reichsgesetze für die Frage, ob nach Reichsrecht der Tag, an welchem das die Verjährung in Lauf setzende Ereignis stattgefunden hat, in die Verjährungsfrist einzurechnen ist. Zusammenstellung der verschiedenen in den Reichsgesetzen gebrauchten Ausdrucksweisen. **11**, 45. — 12) Grammatische und analogische Auslegung des § 320 Abs. 3 C.P.O. **11**, 378. — 13) Auslegung des Art. 123 Ziff. 2 H.G.B. **16**, 52. — 14) Bedeutung des Ausdruckes „Zahlungspflichtiger" im Gerichtskostengesetze. **16**, 297. — 15) Tendenz des Postgesetzes und der Postordnung, die Haftung der Verwaltung, wo sie beschränkt ist, auch für den Fall eines Deliktes eines Bediensteten auszuschließen. **19**, 105. — 16) System des Gerichtskostengesetzes. **16**, 294. — 17) Welche Vorschriften sind in Art. 1149 Code civil unter den exceptions et modifications ci-après zu verstehen? Restriktive Auslegung. **11**, 358. — 18) Auslegung des Art. 503 Code civil. **16**, 281. — 19) System des Allgem. Landrechtes. **16**, 192. — 20) Auslegung des § 329 A.L.R. II. 1. **16**, 259. — 21) Auslegung des § 11 des Eigentumserwerbsgesetzes. Antinomie mit § 73 der Grundbuchordnung. (P.) **18**, 294. 300. — 22) Aufgabe der Praxis gegenüber Mängeln des Gesetzes. **20**, 325.

b. Motive der Gesetze. Eingehendere Erörterung der Entstehungsgeschichte. Historisches.

1) Widerspruch zwischen dem Inhalte des Gesetzes und den in den legislativen Stadien abgegebenen Erklärungen. **14,** 72. — 2) Einfluß von Motiven, Entstehungsgeschichte u. dergl. auf die Gesetzesauslegung. **11,** 434; **16,** 194. 298; **20,** 162. — 3) Bedeutung des Entwickelungsganges des früheren Rechtes eines Bundesstaates für die Auslegung eines bezüglichen Reichsgesetzes. **16,** 308. — 4) Historische Entwickelung des Urheberrechtes. **17,** 268. — 5) Preußische Lotteriegesetzgebung. **17,** 299. — 6) Geschichtliche Entwickelung des Anfechtungsrechtes. **18,** 145. — 7) Entstehungsgeschichte des Art. 496 H.G.B. **13,** 81. — 8) Historische Entwickelung der Vorschrift des Art. 123 Ziff. 2 H.G.B. **16,** 45. — 9) Historische Auslegung des Art. 4 Nr. 4 W.O. **11,** 155. — 10) Entstehungsgeschichte des Art. 4 Nr. 6 W.O. **11,** 171. — 11) Entstehungsgeschichte des § 120a R.G.O. **13,** 142. — 12) Entstehungsgeschichte des § 150 A.B.G. **11,** 335. — 13) Entstehungsgeschichte des Art. 32 der Reichsverfassung. **16,** 89. — 14) Historische Entwickelung des § 6 Ziff. 2 des Reichsgesetzes vom 9. Januar 1876. **18,** 103. — 15) Entstehungsgeschichte und Auslegung des § 38 des Reichspatentgesetzes vom 25. Mai 1877. **16,** 7. — 16) Entstehungsgeschichte des § 749 Ziff. 3 C.P.O. **12,** 387. — 17) Entstehungsgeschichte des Art. 3 der Novelle zum Hilfskassengesetze vom 1. Juni 1884. **16,** 77. — 18) Entstehungsgeschichte der Tarifnummer 4 B des Reichsstempelgesetzes vom 29. Mai 1885 **20,** 15.

c. Analogie.

1) Analogie strafrechtlicher Gesetzesvorschriften für die Berechnung der civilen Verjährungsfristen. (R.) **11,** 44. — 2) Analoge Anwendung des § 37 A.L.R. I. 20 auf das Verhältnis des dinglich Berechtigten zu dem nicht eingetragenen die Zwangsversteigerung betreibenden Gläubiger? **12,** 262. — 3) Analoge Ausdehnung des § 5f des preuß. Stempelgesetzes vom 7. März 1822? **12,** 267. — 4) Anwendung des bei Altenteilen zugelassenen Eintragungsmodus — Verweisung auf den zu Grunde liegenden Vertrag — auf andere Eintragungen in der zweiten Abteilung des Grundbuches. (P.) **20,** 274. — 5) Keine Analogie privatrechtlicher Rechtssätze für staatsrechtliche Verhältnisse. **15,** 39; **20,** 154.

d. Entscheidungen der vereinigten Civilsenate des Reichsgerichtes, betreffend die Auslegung einzelner Gesetze des Civilrechtes.

1) Kann neben dem Gläubiger, welcher Konkursdividende erhält, auch der Mitverpflichtete, welcher einen selbständigen Regreßanspruch geltend macht, Dividende beanspruchen? Wirkung des Zwangsvergleiches? **14,** 172. — 2) Auslegung des § 4 G.K.G. **16,** 291. — 3) Stellung des mit der Zwangsvollstreckung beauftragten Gerichtsvollziehers als

Mandatar des Gläubigers einer=, als Beamter andererseits. Haftung gegenüber dem Gläubiger. (P.) **16,** 399; **17,** 334. — 4) Ausgleichungsanspruch des Verpächters eines Landgutes im Falle des Konkurses des Pächters und der dadurch veranlaßten Aufhebung des Vertrages im Laufe eines Wirtschaftsjahres. (P.) **18,** 314. — 5) Entscheidungen der vereinigten Civilsenate über Prozeßrecht, s. § 274c dieses Registers

### § 4. Gewohnheitsrecht. Gerichtsgebrauch.

1) Bildung und Begriff von Herkommen. Unterschied vom Gewohnheitsrechte. **11,** 212. — 2) Elemente der Bildung von Gewohnheitsrecht und Observanz. Hindert ein faktischer Irrtum, insbesondere die — später als irrtümlich erkannte — Meinung der die betreffende Norm Übenden, dieselbe beruhe auf einem Gesetze, die Entstehung eines entsprechenden Gewohnheitsrechtes? **12,** 294. — 3) Die Übung als ein Erfordernis des Gewohnheitsrechtes. Gewohnheitsrechtlicher Anspruch einer Kirche auf gewisse Abgaben. Rechtsweg. (P.) **20,** 304. — 4) Unterscheidung zwischen Herkommen und Unvordenklichkeit. **17,** 123. 181. — 5) Ist eine dreißigjährige Gerichtspraxis geeignet, eine neue partikuläre Rechtsbildung hervorzubringen? **13,** 198. — 6) Rekapitulierung der durch die Judikatur des Reichsoberhandels= und des Reichsgerichtes festgestellten Sätze über das Rechtsverhältnis des Übernehmers eines Handelsgeschäftes mit dessen Aktiven und Passiven zu den Geschäftsgläubigern. **17,** 97. — 7) Rechtsbeständigkeit der statutarischen Rübenlieferungspflicht der Aktionäre von Zuckerfabriken. **17,** 13. — 8) Gilt die Regel ignorantia juris nocet auch in bezug auf gewohnheitsrechtliche Normen? (P.) **18,** 260. — 9) Aufgabe der Praxis gegenüber Mängeln des Gesetzes. **20,** 325. — 10) Handelsgebräuche; s. § 208 dieses Reg.

### § 5. Autonomie.

1) Kann ein deutscher Souverän behufs Entscheidung einer Ehesache eine besondere Behörde niedersetzen? Kann er die Entscheidung einem reichsgesetzlich zugelassenen und landesgesetzlich angeordneten besonderen Gerichte übertragen? Großherzog von Hessen. **12,** 432. — 2) Hausgesetze des hohen Adels. Kaiserliche Bestätigung? Staatsrechtliche Gesichtspunkte bei ihrer Auslegung? **18,** 202. — 3) Auf welche Weise kommt ein Hausgesetz zustande? **18,** 206. 215.

### § 6. Zeitliche Grenzen der Wirksamkeit der Gesetze.

(Prozeßgesetze. S. § 275 dieses Registers.)

1) Kann die Fortentwickelung der Lebensverhältnisse unmittelbar die Abänderung älterer Gesetze bewirken? **16,** 197. — 2) Rückwirkung eines Gesetzes ist besonders zu erweisende Ausnahme. **11,** 186. — 3) Im Falle der Einführung neuer Verjährungsfristen ist die neue Frist, welche kürzer als die alte der bereits laufenden Verjährung ist, erst von der Geltung des neuen Gesetzes an zu rechnen. **12,** 7. — 4) Lebt ein aufgehobener Rechtssatz durch den Wegfall des ihn aufhebenden Gesetzes

wieder auf? **19**, 181. — 5) Publikationspatent zum Allgem. Landrecht vom 5. Februar 1794 § 9. Kreis der nach Landrecht zu entscheidenden Kontroversen. (P.) **19**, 272. — 6) Wann ist § 7 R.G.O. in Wirksamkeit getreten? **12**, 5. — 7) Ist das eheliche Güterrecht des Code civil durch Anhangssatz 234 zum badischen Landrechte, § 30 des badischen Einführungsgesetzes zu den Reichsjustizgesetzen vom 3. März 1879 und Art. 551 Code de commerce abgeändert? **12**, 307. — 8) Ist § 10 der waldeckschen Verordnung vom 11. Dezember 1830 durch das Gesetz vom 24. September 1851 aufgehoben? **18**, 194. — 9) Steht der Allerh. Erlaß vom 14. Juni 1848, betr. Wartegelder der zur Disposition gestellten Beamten, noch in Geltung, oder ist seine Anwendung auf den Fall der 1848 unmittelbar bevorstehenden Umbildung der Behörden beschränkt? § 104 des Ausführungsgesetzes zum G.V.G. **19**, 284. — 10) Aufhebung der §§ 740. 741 A.L.R. I. 11. **19**, 330. — 11) Anwendung der Artt. 190a. 222 H.G.B. — Fassung des Gesetzes vom 18. Juli 1884 — auf eine Anfechtungsklage gegen einen vor der Einführung dieses Gesetzes gefaßten Generalversammlungsbeschluß? **14**, 142. — 12) Aufhebung des § 58 des Reichskrankenversicherungsgesetzes vom 15. Juni 1883 durch Art. 3 der Novelle zum Reichshilfskassengesetze vom 1. Juni 1884? **16**, 76. — 13) Rückwirkung der preuß. Gesetze vom 5. Mai 1872? **12**, 169; **15**, 261; **16**, 226. 247. — 14) Genießen Forderungen, welche vor dem 1. Oktober 1879 entstanden sind, des Vorrechtes des § 54 K.O.? **17**, 41. — 15) Findet Art. 223 H.G.B. — Fassung des Gesetzes vom 18. Juli 1884 — Anwendung, wenn Ansprüche aus einer vor der Geltung dieses Gesetzes erfolgten Geschäftsführung erhoben werden? **18**, 61.

## § 7. Örtliche Grenzen der Wirksamkeit der Gesetze (Statutenkollision). Internationales Privatrecht.

### a. Im allgemeinen.

1) Nach welchem Rechte ist eine Statutenkollision zu entscheiden? **20**, 351. — 2) Aufhebung inländischer Sätze des internationalen Privatrechtes durch Reichsrecht. **11**, 31. 33. — 3) Notwendige Beschränkung des Satzes, daß Ausländer in gewissen Beziehungen ihrem ausländischen Rechte unterstehen, in der zwingenden Natur entgegenstehender inländischer Normen. **12**, 310. — 4) Kann der Richter auf Prozeßzinsen erkennen, welche nach dem in seinem Gerichtsbezirke geltenden Rechte unstatthaft, aber nach dem für das streitige Rechtsverhältnis materiell maßgebenden auswärtigen Rechte zulässig sind? **14**, 168.

### b. Bei dinglichen Rechten.

1) Örtliches Recht in bezug auf den Übergang von Besitz und Eigentum an beweglichen Sachen? **11**, 55. — 2) Bedeutung des Satzes von der Anwendung des Rechtes der belegenen Sache. **18**, 45.

### c. Im Obligationenrechte.

1) Inwiefern ist der Erfüllungsort maßgebend? **20**, 335. — 2) Anwendung des Rechtes des Ortes, wo die Obligation erfüllt wird. Ort der Mandatsausführung maßgebend auch bei Forderungen von seiten des Mandatares. **12**, 35. — 3) Findet L.R.S. 1384 auch dann Anwendung, wenn der commettant außerhalb des Geltungsgebietes dieses Gesetzes wohnt? **19**, 382. — 4) Ist bei obligatorischen Verträgen der vom Wohnsitze der Parteien verschiedene Ort, wo nur eine einzelne zur Erfüllung gehörige Handlung vorgenommen werden muß, als Erfüllungsort maßgebend? **14**, 114. — 5) Nach welchem örtlichen Rechte ist die Zulässigkeit der Einrede aus der lex Anastasiana zu beurteilen? Cessionsort? Klagort? Sitz der Obligation? (G.) **14**, 238. — 6) Örtliches Recht für die Beurteilung der Cession eines Erbteiles. **20**, 235. — 7) Wo ist ein mittels Briefes ausgeführtes Delikt begangen bezw. vollendet? **19**, 383. — 8) Beschränkung des Satzes, daß die civilrechtlichen Folgen eines Deliktes nach dem Gesetze des Ortes der Verübung der Handlung sich bestimmen. **18**, 30. — 9) Welches örtliche Recht ist maßgebend, wenn die schenkungsweise Übereignung des Anteiles an einer in Altpreußen bestehenden Handelsgesellschaft seitens eines im Gebiete des gemeinen Rechtes wohnenden Gesellschafters an seinem Wohnorte erklärt ist? **18**, 39.

### d. Im Familienrechte.

1) Nach welchem örtlichen Rechte sind die Wirkungen des Verlöbnisses, insbesondere die Frage zu entscheiden, ob auf Erfüllung oder auf Schadensersatz wegen Nichterfüllung geklagt werden kann? **20**, 333. — 2) Kann angesichts des § 77 des Reichsgesetzes vom 6. Februar 1875 bei Ausländern auf lebenslängliche Trennung von Tisch und Bett erkannt werden? **11**, 29. — 3) Ist für die Frage, ob eine von dem Beklagten an dem früheren, vor der Klagerhebung aufgegebenen, ehelichen Wohnsitze begangene Handlung einen Scheidungsgrund bildet, das Recht jenes Wohnsitzes oder das Recht des Prozeßgerichtes maßgebend? (G.) **16**, 138. — 4) Bleibt für ausländische Eheleute, welche ihren Wohnsitz ins Inland verlegen, das ausländische Güterrecht maßgebend? Baden. Rechtswirksamkeit einer entgegen dem L.R.S. 1143 vollzogenen außergerichtlichen Gütertrennung? **12**, 309. — 5) Welches örtliche Recht ist für die vermögensrechtlichen Wirkungen der Ehescheidung bestimmend? (P.) **19**, 309. — 6) Örtliches Recht der auf Familienbanden beruhenden Alimentationspflicht, wenn dieselbe nach dem Rechte des Wohnsitzes des Berechtigten, nicht aber nach dem des Wohnsitzes des Verpflichteten begründet ist. **17**, 227.

### e. Im Erbrechte.

1) Nach welchem Rechte ist die Frage zu entscheiden, nach welchem Rechte der Nachlaß eines in Berlin wohnenden Großherzoglich hessischen Staatsbürgers aus dem Gebiete des rheinischen Rechtes beurteilt und

geregelt werden soll? **20,** 351. — 2) Ist für die Erbfolge das Recht der Staatsangehörigkeit oder das des letzten Wohnsitzes des Erblassers maßgebend? (G.) **14,** 183. — 3) Geltung der Regel locus regit actum in bezug auf die Form des Widerrufes einer letztwilligen Verfügung. (G.) **14,** 184. — 4) Ist das Recht des Wohnsitzes des Testators und des Ortes der Errichtung des Testamentes entscheidend in betreff der Testierfähigkeit? **19,** 316. — 5) Örtliches Recht für die Beurteilung der Cession eines Erbteiles. **20,** 235.

### f. Im Handelsrechte.

1) Kommt es, wenn die Natur des Rechtsgeschäftes auf einen bestimmten Erfüllungsort hinweist, auf die im Prozesse geäußerten Ansichten der Parteien oder darauf an, welchem Rechte sie sich vermutlich unterworfen haben würden, wenn sie darüber Vereinbarung getroffen hätten? **12,** 36. — 2) Findet der Zinsanspruch nach Art. 289 H.G.B. auch bei solchen Geschäften statt, welche im übrigen nach ausländischem Rechte zu beurteilen sind? **14,** 30. — 3) Welcher Ortsgebrauch ist maßgebend für die Frage, ob der Kommissionär ein Recht auf Auslieferungsprovision hat? **17,** 31. — 4) Ist für den Begriff des Warenzeichens betreffs ausländischer Waren die Auffassung des fremden Rechtes maßgebend? **18,** 87. — 5) Schiffskollision auf hoher See oder im Bereiche ausländischen Rechtes. Haftung des Rheders des beschädigenden Schiffes. Schuld des Lotsen. Zwangslotsen. Welches örtliche Recht findet Anwendung? **19,** 7. — 6) Auslegung einer in London von zwei dortigen Maklern als Vertretern deutscher Kontrahenten in englischer Sprache abgeschlossenen Charteparte. Beurteilung nach englischem oder nach deutschem Rechte? **19,** 34.

### g. Im Wechselrechte.

S. § 255 dieses Registers.

### h. Im Prozeßrechte.

S. § 276 und (Konkurs im Auslande) § 352 dieses Registers.

## § 8. Gegensätze im Recht.

### Strenges und billiges, regelmäßiges und regelwidriges, zwingendes und nachgiebiges (vermittelndes) Recht. Privilegien.

1) Bedeutung dispositiver Rechtsnormen. **14,** 114. — 2) Bedeutung des Wortes Privilegium. (P.) **17,** 236. — 3) Zwingende Natur des Ehescheiduugsrechtes. **16,** 138. — 4) Zwingender Charakter des L.R.S. 1143. Unwirksamkeit einer diesem Gesetze zuwider von nicht dem badischen Staate angehörigen, in Baden wohnhaften Eheleuten vollzogenen außergerichtlichen Gütertrennung? **12,** 312. — 5) Clôture.

Zwangsrecht? (F.) **13,** 303. — 6) Absolutes Verbot des Code civil, über die Erbschaft eines Lebenden Verträge zu schließen. **15,** 326. — 7) Zwingender Charakter der Vorschrift des Art. 1499 Code civil. **16,** 290. — 8) Ist die Vorschrift der Städteordnungen, daß alle Einwohner des Bezirkes zur Teilnahme an den Gemeindelasten verpflichtet sind, eine dem öffentlichen Rechte angehörende Gesetzesvorschrift zwingender Natur? **12,** 273. Kommt es für die Beurteilung der Wirksamkeit einer abändernden Privatdisposition auf die Motive derselben an? Umgehung des zwingenden Gesetzes. **12,** 274. — 9) Stehen öffentlich-rechtliche und polizeiliche Gesetzesvorschriften betreffs des Begräbnisses der Möglichkeit bezüglicher Privatrechte entgegen? **12,** 285. — 10) Zwingende Natur des in Satz 2 Art. 84 W.O. aufgestellten Rechtssatzes. **15,** 11. — 11) In welchem Maße ist das Recht des Genossenschaftsgesetzes absoluter, bezw. dispositiver Natur? **13,** 26. — 12) Übertragung des Urheberrechtes als absolutes Verbietungsrecht auf die Rechtsnachfolger des Urhebers? **12,** 51. — 13) Formaler und absoluter Charakter des Markenschutzrechtes. **18,** 93. 97. — 14) Inwiefern haben die Bestimmungen des deutschen Rechtes betreffs der Haftung des Rheders für Kollisionsschäden einen zwingenden, absoluten Charakter für den deutschen Richter? **19,** 12.

---

## Zweites Kapitel. Allgemeine Grundsätze von den Rechten und deren Verfolgung.

### § 9. Klagen und Rechte im allgemeinen. Wohlerworbene Rechte. Privilegien.

1) Sind auch andere als Vermögensinteressen Gegenstand von Privatrechten und von gerichtlichem Schutz? Klage auf Gestattung des ehrlichen Begräbnisses? (P.) **12,** 283. — 2) Giebt es einen allgemeinen Rechtssatz des Inhaltes, daß Verpflichtungen aus einem öffentlich-rechtlichen Verhältnisse civilgerichtlich nicht verfolgbar sind? **19,** 70. — 3) Tragweite des § 89 der Einleitung zum preuß. A.L.R. **15,** 47. — 4) Begrenzung der Vermögensrechte durch die Gleichberechtigung aller anderen **19,** 355. — 5) Giebt es einen privatrechtlichen Anspruch des an einer Grabstelle dinglich Berechtigten gegen die zuständige Behörde auf Gestattung der Ausgrabung einer dort beerdigten Leiche? (G.) **16,** 152. — 6) Kann aus einer Schuldurkunde, welche keinen Gläubiger bezeichnet, geklagt werden? **11,** 249. — 7) Entbehrt ein Geschäft, bei welchem eine wirkliche Lieferung von keiner Seite beabsichtigt ist, der Klagbarkeit? **12,** 17. — 8) Patentrecht als „immaterielles Eigentumsrecht“? **17,** 54. Vgl. **12,** 51 (Urheberrecht überhaupt). — 9) Ist die inländische Rechtsverfolgung gegen einen ausländischen Schuldner durch die ausländische Konkurseröffnung über sein Vermögen gehindert? **14,** 405. 413. 424. — 10) Entschädigungspflicht des Staates, wenn vermöge seines jus eminens wohlerworbene Privatrechte aufgehoben werden. (G.) **16,** 161. —

11) Gehören Nachbarrechte zu den auf besonderen privatrechtlichen Titeln beruhenden Rechten im Sinne der §§ 17—19 R.G.O.? **13,** 57. — 12) Nur wohlerworbene Rechte verleihen einen Entschädigungsanspruch im Falle des § 75 der Einleitung zum A.L.R. **19,** 355. — 13) Inwiefern und unter welchen Voraussetzungen haben diejenigen, deren privatrechtliche Nutzungsrechte an Kirchenstühlen durch die Kirchenverwaltung beseitigt werden (z. B. infolge eines Umbaues), Anspruch auf Entschädigung? (G.) **16,** 161. — 14) Ist im Falle der Aufhebung wohlerworbener Rechte durch die Gesetzgebung der Staat zur Entschädigung privatrechtlich verpflichtet? speziell im Falle des § 7 Abs. 2 R.G.O. das Reich oder der einzelne Bundesstaat? (G.) **12,** 3. — 15) Sind die auf der alten Zunftverfassung der Gewerbe beruhenden ausschließenden Berechtigungen wohlerworbene, im Falle der gesetzlichen Aufhebung Anspruch auf Entschädigung gebende Rechte? **12,** 4. — 16) Ist ein wohlerworbenes Recht zum Schlachtbetriebe nicht vorhanden, wenn der Unternehmer durch Nichterwirkung der erforderlichen Konzession die bestehenden gewerbepolizeilichen Vorschriften übertreten hat? (P.) **13,** 286. — 17) Haben die Erben eines im aktiven Dienste verstorbenen Richters einen Anspruch auf die Gehaltszulage, die nach dessen Tode, aber rückwirkend für eine Zeit, wo er noch lebte, an andere im Dienstalter jüngere Richter verliehen ist? (P.) **15,** 274. — 18) Ist das seinerzeit durch landesherrlichen Erlaß erteilte Recht zum ausschließlichen Drucke und Verkaufe eines Schriftwerkes — für alle Zeit und einen lokal begrenzten Bezirk — als eine ausschließliche Gewerbeberechtigung anzusehen? (P.) **17,** 263. — 19) Statutenbestimmung eines Knappschaftsvereines, daß die an Mitglieder im Invaliditätsfalle zu gewährenden Unterstützungen in ihrer Höhe abgeändert werden können. Einfluß auf den Unterstützungsanspruch des einzelnen Mitgliedes? Hoffnungsrecht kraft Mitgliedschaft? Herabsetzung nach eingetretener Invalidität. **11,** 270. — 20) Rechtsanwartschaft des dem eingesetzten Erben fideikommissarisch Substituierten. (P.) **16,** 40. — 21) Wirkung der Annexion Kurhessens auf die dort bestehenden Privatrechte und Privatrechtsgesetze. **16,** 265. — 22) Wird durch § 36 des Reichsrayongesetzes vom 21. Dezember 1871 das Grundstück, wegen dessen Entwertung eine Rente zuerkannt ist, reichsrechtlich zum Subjekte des Forderungsrechtes gemacht, oder nur formal die Legitimation dem Fiskus gegenüber festgestellt, ohne daß über die materiellrechtliche Berechtigung an und zu der Rente entschieden wird? **17,** 33. — 23) Bedeutung des Wortes Privilegium. (P.) **17,** 236. — 24) Ist die Behauptung eines Privilegs — im objektiven oder im subjektiven Sinne — geeignet, den Rechtsweg über die darauf gegründete angebliche Befreiung von einer allgemeinen Staatsabgabe zulässig erscheinen zu lassen? (P.) **17,** 235. — 25) Kann die Klage aus einer dem Kläger im Wege der Zwangsvollstreckung überwiesenen Forderung gegenüber der gegen letztere erhobenen Einrede mittels der Replik der Anfechtung nach dem Reichsanfechtungsgesetze aufrechterhalten werden? **19,** 202. — 26) Vgl. auch § 6 (zeitliche Wirksamkeit der Gesetze) und § 272 (Justiz- und Verwaltungssachen, Rechtsweg) dieses Registers.

## § 10. Vererblichkeit der Klagen und Rechte.

1) Muß der Erbe des Berechtigten bei der an den Verpflichteten gerichteten Aufforderung zur Vertragserfüllung gleichzeitig seine Erbeseigenschaft nachweisen, sodaß mangels dessen der Verpflichtete die Aufforderung unbeachtet lassen kann? Veranlassung zur Klage. **11,** 261. — 2) Bezieht sich bei einer Arbeiterversicherung die Policebestimmung, daß beim Übergang der Fabrik auf einen anderen Betriebsunternehmer die Versicherung erlösche, sowohl auf Singular= wie auf Universalsuccession? **12,** 38. — 3) Haben die Erben des Autors, wenn der Verleger selbständig veränderte Auflagen unbefugt veranstaltet, Anspruch auf das vertragsmäßig dem Autor für neue Auflagen zukommende Honorar, oder nur auf Entschädigung? **12,** 55. Geht überhaupt das Urheberrecht in vollem Umfange sowohl als Vermögensrecht, wie als absolutes immaterielles (Verbietungs=) Recht auf die Erben des Urhebers über? **12,** 51. — 4) Geht das Recht, eine außergerichtlich vollzogene Schenkung innerhalb sechs Monaten zu widerrufen, auf die Erben über, oder ist es ein höchst persönliches Recht? (P.) **12,** 289. — 5) Vererbung einer bereits verjährten Forderung. Kann ein Miterbe dem anderen, welcher die Forderung gegen ihn geltend macht, die Verjährung entgegensetzen? **12,** 179.

## § 11. Verjährung der Klagen und Rechte.

### a. Erwerbende Verjährung.

1) Unvordenkliche Verjährung. S. § 43 dieses Reg. — 2) Eigentumsersitzung. S. § 54 dieses Reg. — 3) Ersitzung anderer dinglicher Rechte. S. § 71 dieses Reg. — 4) Ersitzung gegen den Lehensbesitzer. S. § 81 dieses Reg.

### b. Erlöschende Verjährung.

#### 1. Überhaupt.

1) Merkmale der Unterscheidung zwischen Verjährung und Präklusivfrist. **17,** 206. — 2) Ist die Frist in §§ 3. 4 des Reichsanfechtungsgesetzes, §§ 24, 25 K.O. als Verjährungs= oder als Präklusivfrist aufzufassen? **17,** 71. — 3) Stellt der in § 12 des preuß. Gesetzes vom 24. Mai 1861 bestimmte Zeitraum von sechs Monaten für die Erhebung der Klage auf Rückzahlung entrichteter Stempelsteuer eine Verjährungs. oder eine Ausschließungsfrist dar? **17,** 206. — 4) Die Frist des § 7 A.L.R. II. 2 ist Präklusiv=, nicht Verjährungsfrist. **18,** 290. — 5) Im Falle der Einführung neuer Verjährungsfristen ist die neue Frist, welche kürzer ist, als die alte der bereits laufenden Verjährung, erst von der Geltung des neuen Gesetzes an zu rechnen. **12,** 7. — 6) Ist der Tag, an welchem das die Verjährung in Lauf setzende Ereignis stattgefunden hat, in die Verjährungsfrist einzurechnen? (R.) Analogie strafrechtlicher Vorschriften. **11,** 4. — 7) Berechnung der in einem neueren Gesetze eingeführten nach Monaten bestimmten Verjährungsfrist. Wiederkehrende Kalendertage oder

30 Tage für jeden Monat? (P.) **17,** 209. — 8) Verjährungsfrist der Strafklagen, der honorariae actiones, der Klage auf Ehescheidungsstrafe? (G.) **14,** 181. — 9) Erfordernisse des Beginnes der Klageverjährung. Rechtsverletzung, Nachlässigkeit des Gläubigers? Wann beginnt die Verjährung der Klage aus einem unverzinslichen Darlehn? (G.) **15,** 178. — 10) Beginnt die Verjährung nach § 38 des Reichspatentgesetzes vom Zeitpunkt der vollendeten Patentverletzung oder der Kenntnis des Verletzten? Anwendung des § 54 A.L.R. I. 6? **16,** 11. Anwendung der §§ 512 flg. A.L.R. I. 9? **16,** 13. — 11) Verjährung der Revokationsklage des Lehnsherrn oder des Vasallen. Beginn der Frist? Ersitzung des Lehngutes seitens eines dritten Erwerbers? (G.) **17,** 134. — 12) Gilt die vierwöchige Präklusivfrist der Berliner Schlußscheinbedingungen bei Fondsgeschäften auch für die einzelnen Ansprüche aus den Abschlüssen, welche infolge eines vereinbarten Kreditverhältnisses — ohne Kontokorrent — gemacht werden? **11,** 142. — 13) Verjährt die Klage wegen Verletzung des Verlagsvertrags in drei Jahren oder in der gewöhnlichen Frist? (G.) **12,** 113. — 14) Findet die kurze Verjährung der Gewährleistungsansprüche bei der Klage wegen Fehlens einer besonders versprochenen Eigenschaft statt? (F.) **12,** 352. — 15) Kann der mit der hereditatis petitio belangte Erbschaftskäufer in Ansehung der zum Nachlasse gehörigen Mobilien sich auf Art. 2279 Code civil berufen? **15,** 320. — 16) Inwiefern genügt zum Nachweise des gegenwärtigen Besitzes eine einzige Besitzhandlung? Genügt eine Handlung, wegen deren der die Verjährung Behauptende auf Grund des preuß. Forstdiebstahlgesetzes strafgerichtlich verfolgt ist? (F.) **17,** 308. — 17) Versicherungspolicenklausel, daß der Anspruch binnen bestimmter Frist erhoben werden muß. Ist die Thatsache, daß eine Untersuchung wegen Brandstiftung gegen den Versicherten eingeleitet und demnächst eingestellt ist, auf den Beginn oder den Lauf der Frist von Einfluß? **19,** 132.

### 2. Hinderungen der Verjährung.

1) Unterbrechung der Verjährung der Klage gegen die einzelnen Gesellschafter (Art. 146 H.G.B.) a) durch eine gegen den einzelnen erfolgte Zwangsvollstreckungshandlung aus einem gegen die Gesellschaft ergangenen Urteile? b) durch Abschlagszahlung des einzelnen auf die Schuld der Gesellschaft? **13,** 97. 98. — 2) Wie muß die Schuldanerkennung, durch die die Verjährung unterbrochen wird, beschaffen sein? Muß sie namentlich direkt dem Gläubiger gegenüber erfolgen? (G.) **15,** 178. — 3) Einjährige Verjährungsfrist betreffs Ehevergehungen. Was ist unter der dieselbe unterbrechenden Rüge zu verstehen (§§ 720 flg. A.L.R. II. 1)? Faktische Trennung. **15,** 291. — 4) Wird die Verjährung des Entschädigungsanspruches wegen Patentverletzung durch das im Strafverfahren gestellte Verlangen einer Buße unterbrochen? **16,** 15.

### 3. Wirkung der Verjährung.

1) Verlust des Rechtes als Wirkung der vollendeten Verjährung? §§ 568. 569 A.L.R. I. 9. **17,** 208; **19,** 140. — 2) Keine An=

wendung der §§ 568 flg. A.L.R. I. 9 bei verschiedenen Verjährungen, insbesondere bei derjenigen des Art. 146 H.G.B. **19,** 140. — 3) Wirkt die Verjährung auch unter Miterben, welche die Forderung als verjährte ererbt haben? **12,** 179. — 4) Inwiefern ist Kompensation mit einer verjährten Gegenforderung zulässig? (P.) **12,** 254. — 5) Sind die Wirkungen der vom Handelsgesetzbuche eingeführten kurzen Verjährungen nach Landesrecht zu beurteilen? **19,** 142.

## § 12. Einreden.

1) Giebt es eine „Einrede der mangelnden Passivlegitimation?" Berufung gegen ein auf deren Verwerfung lautendes Zwischenurteil? **11,** 390. — 2) Peremtorische — nur dann, wenn die Vorentscheidung gefällt und die zehntägige Frist versäumt ist — und dilatorische Natur der Einrede der Unzulässigkeit des Rechtsweges aus § 120a R.Gew.O. **12,** 61. — 3) Exceptio de jure tertii, wenn der wegen Verletzung des Verlagsvertrages belangte Verleger einwendet, der Kläger sei zwar alleiniger Kontrahent, aber nicht alleiniger Urheber? **12,** 111. — 4) Exceptio plurium litis consortium. Korrealobligation. (G.) **12,** 221. — 5) Exceptio doli gegen den Anspruch auf unbeschränkte Zahlung, wenn die Schuldner zu einem bestimmten Zwecke einen Fonds zusammengebracht und unter Hinweis auf denselben kontrahiert haben? (G.) **12,** 229. — 6) Einrede der Zahlung gegen die Klage auf Zulassung der Zwangsvollstreckung aus einem ausländischen Urteile? **13,** 347. — 7) Ist die Berücksichtigung sachlicher Einreden im Läuterungsverfahren auch dann ausgeschlossen, wenn sie erst nach Rechtskraft des bedingten Endurteiles entstanden sind? **17,** 341. — 8) Wird durch Erhebung der Kompensationseinrede Rechtshängigkeit des Gegenanspruches begründet? **16,** 373; **18,** 408. — 9) Kann die Klage aus einer im Wege der Exekution überwiesenen Forderung gegen eine erhobene Einrede mittels der Replik der Anfechtung auf Grund des Reichsanfechtungsgesetzes aufrechterhalten werden? **19,** 202. — 10) Geltendmachung der exceptio quanti minoris wegen Mangels vorbedungener Eigenschaften. Wirkliche Einrede. **20,** 5. — 11) Exceptio non rite adimpleti contractus. Beweislast. (G., P., Engl.) **20,** 5.

## § 13. Einfluß des Prozesses auf die Gestaltung des Rechtsverhältnisses. Rechtskraft des Urteiles in materiellem Sinne.

1) Prozeßzinsen. Kann der Richter, in dessen Bezirke sie unstatthaft sind, sie zusprechen, wenn sie nach dem für das Rechtsverhältnis materiell maßgebenden Rechte zulässig sind? **14,** 168. — 2) Kann nach Erhebung der Klage, mittels welcher der Gläubiger die Rechte seines Schuldners geltend macht, dieser noch mit dem Beklagten über die Forderung paktieren? (F.) **16,** 270. — 3) Kündigung der Darlehnsforderung durch Zustellung der Klage. Muß, wenn seit der Zustellung bis zum Tage des Urteiles die Kündigungsfrist verstrichen ist, der Beklagte ver=

urteilt werden? (G., P.) **17**, 150. — 4) Macht die Abweisung der Klage auf Vertragserfüllung auf Grund der Einrede der Nichterfüllung das Urteil über die auf Auflösung gerichtete Widerklage entbehrlich? (F.) **17**, 306. — 5) Begründet die auf eine Noxalklage ergehende Verurteilung eine alternative Obligation, oder ist die Hingabe der Sache nur in solutione? (G.) **20**, 200. — 6) Zusammenhang zwischen den Vorschriften über Rechtskraft des Urteiles und über Klagänderung und Rechtshängigkeit. **14**, 347; **16**, 376; **18**, 410. — 7) Rechtskraft der sog. Elemente der Entscheidung. **11**, 385. 391; **15**, 348; **16**, 357. — 8) Ausschluß nicht erhobener Einwendungen durch das rechtskräftige Urteil. **20**, 124. — 9) Ausdehnung der Rechtskraft des abweisenden Ehescheidungsurteiles. **19**, 408. — 10) Ist sowohl die Entscheidung über das Bestehen als über das Nichtbestehen einer einredeweise geltend gemachten Gegenforderung nur bis zur Höhe des Betrages, mit welchem aufgerechnet werden soll, der Rechtskraft fähig? Kann lite pendente der diesen Betrag übersteigende Teil besonders eingeklagt werden? **16**, 356. — 11) Inwiefern steht dem rechtskräftig verurteilten Schuldner gegen die Klage auf abermalige Verurteilung aus demselben Schuldgrunde die Einrede der rechtskräftig entschiedenen Sache zu? (G., P.) **16**, 434. — 12) Alternative Obligation. Geht durch Nichtbefolgung der rechtskräftigen Verurteilung das Wahlrecht auf den Gläubiger über? (G.) **12**, 184. — 13) Ist gegen die Klage desjenigen, der mit der Wechselklage wegen Nichtigkeit des Wechsels rechtskräftig abgewiesen ist und nun mit der Behauptung, Beklagter habe ihm ein wertloses Papier verkauft, auf Rückgabe des Preises klagt, der Einwand zulässig, der Wechsel sei gültig, oder kann sich dagegen der Kläger auf die Rechtskraft jenes Urteiles berufen? **11**, 384. — 14) Abhängigkeit des auf Grund eines gemäß §§ 248. 276 C.P.O. ergangenen Zwischenurteiles gesprochenen Endurteiles von der endgültigen Rechtskraft dieses Zwischenurteiles. Kann mit einem Rechtsmittel gegen das Endurteil der Inhalt des Zwischenurteiles angefochten werden? **15**, 348; **16**, 353. — 15) Hat nach § 7. Abs. 2 des Reichshaftpflichtgesetzes der Verletzte Anspruch auf Wiedergewährung der Rente auch dann, wenn sie ihm durch das frühere Urteil für die Zukunft abgesprochen und nur für die Vergangenheit zuerkannt ist? **17**, 23. — 16) Keine nachträgliche Ergänzung des rechtskräftig entschiedenen Schadensanspruches. **20**, 123. — 17) Bedeutung eines rechtskräftigen Resolutionsurteiles (F.) den Vorschriften des § 21 K.O. gegenüber. **17**, 79. — 18) Wirkt das gegen den auf Auflösung des Kaufvertrages (Art. 1184 Code civil) verklagten Grundstückskäufer ergangene Urteil gegen die ihm beigetretenen Hypothekengläubiger? **17**, 409. — 19) Ist das gegen die offene Handelsgesellschaft erstrittene Urteil unmittelbar gegen die einzelnen Gesellschafter vollstreckbar? **13**, 97. — 20) Vollstreckung des gegen den Eigentümer erlassenen Urteiles gegen den Nießbraucher? (P.) **13**, 293. — 21) Steht der Anfechtungsklage des im Konkurse zur Absonderung Berechtigten die rechtskräftige Abweisung der Anfechtungsklage des Konkursverwalters entgegen? **16**, 36. — 22) Zwangsvollstreckung aus dem gegen den Ehemann ergangenen rechtskräftigen Urteile gegen die Ehefrau? (Hamburg.) **16,** 347. — 23) Bedeutung des strafgerichtlichen Urteiles für den Civilrichter. **20,** 103.

## § 14. Beweislast. Vermutungen. Fiktionen. Beweisregeln.

1) Wirkung des Umstandes, daß die eine Partei dem beweispflichtigen Gegner die Beweisführung schuldhafterweise unmöglich macht. **20,** 6. — 2) Wie regelt sich die Beweislast betreffs der Frage, ob der Brand, durch welchen die dem Spediteur zur Aufbewahrung übergebenen Güter samt dem Lagergebäude vernichtet sind, ein die Haftung des Spediteurs ausschließender Unfall ist? **11,** 132. — 3) Bedeutung des Bestreitens, daß ein eigenhändiges Testament an dem Tage seines Datums errichtet worden? Wem liegt die Beweislast ob? (F.) **12,** 315. — 4) Muß der auf Grund des § 120 R.Gew.O. klagende Arbeiter beweisen, welche Anordnung oder Einrichtung im einzelnen zu seinem Schutze seitens des Gewerbeherrn erforderlich gewesen wäre? **14,** 84. — 5) Trifft bei der negativen Feststellungsklage grundsätzlich den Beklagten die Beweislast? **14,** 91. — 6) Muß der aus einem Versprechen Beklagte seinerseits behaupten und nachweisen, es liege eine — ungültige — Schenkung vor, oder hat das Gericht auch ohne das, falls die Schenkungsabsicht nicht ohne weiteres klarliegt, das Versprechen auf seinen Schenkungscharakter zu prüfen? **14,** 193. — 7) Muß, wenn die Frau Darlehnszinsen aus einem Schuldscheine einklagt und der Ehemann einwendet, das Kapital sei ihm als Dos gegeben, letzterer die Dotalqualität nachweisen, oder die Klägerin beweisen, daß die Zahlung, wenn auch bei oder kurz nach der Eheschließung, nicht in der Absicht, eine Dos zu bestellen, geschehen sei? (G.) **14,** 221. — 8) Beweislast bei der condictio causa data causa non secuta bezüglich des Eintrittes der Voraussetzung? (G.) **14,** 217. — 9) Klage infolge des Widerspruches gegen ein Liquidat bei der Kaufgelderbelegung. Wirkung einer Verschiebung der Parteirollen auf die Behauptungs- und Beweislast. (P.) **15,** 221. Vgl. **17,** 170. — 10) Haftung des Cedenten, im Falle der Garantie für Zahlungsfähigkeit des Cessus. Welche Partei hat die Höhe des Cessionspreises zu beweisen? (F.) **16,** 273. — 11) Ist eine durch anderweitige Beweise dargethane Absicht des Testators erheblich, wenn sie im Testamente selbst nicht zum Ausdrucke gelangt ist? **17,** 146. — 12) Anfechtung der Erbteilung wegen Simulation durch den Gläubiger eines Miterben. Beweislast. (F.) **17,** 314. — 13) Beweislast bei der Klage des Dritten gegen den falsus procurator. **18,** 157. — 14) Rechenschaftspflicht des Mandatars. Beweislast. (P.) **20,** 269. — 15) Liegt dem Einkaufskommissionär, der den Auftrag durch Einkauf von Dritten ausgeführt zu haben behauptet, über den Nachweis des Abschlusses eines der Ausführungsanzeige entsprechenden Geschäftes hinaus auch noch der besondere Beweis, daß dieser Abschluß in bezug auf den Auftrag erfolgt sei, ob? Vorlegung der Handelsbücher? **18,** 20. — 16) Beweislast in dem Falle, daß der auf den Preis verklagte Käufer wegen Mangels vorbedungener Eigenschaften Preisminderung beansprucht. (P., G., Engl.)

**20,** 5. — 17) Konventionalstrafe. Nachweis eines Verschuldens? **20,** 33. — 18) Zur Regelung der Behauptungs- und Beweislast bei Klagen aus unerlaubten Handlungen. **19,** 330. — 19) Bedeutung und Inhalt der Artt. 1328. 1410 Code civil. Sind diese Bestimmungen durch die Einführung der Civilprozeßordnung aufgehoben? **15,** 309. — 20) Ist die Eideszuschiebung unzulässig, wenn vermöge gesetzlicher Beweisregel das Gegenteil für bewiesen zu achten ist? **15,** 375. — 21) Der Satz „Veränderungen werden nicht vermutet" ist nur Beweisregel. **16,** 202. — 22) Gesetzliche Beweisregel. Mindestens geforderter Nachweis bei der Zustellung von Anwalt zu Anwalt? **13,** 367. — 23) Kann der Thatbestand einer Zustellung durch jegliches Beweismittel nachgewiesen werden? **19,** 423. — 24) Voraussetzungen der Zulässigkeit der Eideszuschiebung gemäß § 577 Abs. 2 C.P.O. **17,** 387. — 25) Muß derjenige, welcher auf Grund der in seinen Händen befindlichen Schenkungsurkunde Schenkung seitens des Gegners behauptet, die Annahme derselben seinerseits noch besonders nachweisen? Vermutung aus dem Besitze des zu Gunsten des Besitzers lautenden Schuldscheines. **15,** 217. — 26) Vermutungen und Beweislast gemäß Art. 424 H.G.B. **20,** 118. — 27) Geltung jemandes Dritten gegenüber als Inhaber eines Handelsbetriebes, nachdem er sich einmal als solchen kundgegeben hat. **12,** 11. — 28) Giebt es eine Vermutung, daß die über dem Namen befindliche schriftliche Erklärung auf einem Papier dem Willen desjenigen entspricht, welcher seine Namensschrift abgegeben hat? **12,** 121. — 29) Ist gegen die Regel: pater est quem nuptiae demonstrant Gegenbeweis zulässig? dahin, daß wegen faktischer Trennung der Eheleute Geschlechtsumgang nicht habe stattfinden können? dahin, daß die Frau bei Eingehung der Ehe schwanger gewesen sei? (G.) **12,** 165. 167. — 30) Genügt es zur Feststellung des Kausalzusammenhanges, daß ein Verschulden vorliegt, auf welches bei gewöhnlichem Verlaufe der angerichtete Schaden zurückzuführen ist? **12,** 190. — 31) Kann sich die Feststellung der mutmaßlichen Lebensdauer des Getöteten (§ 3 des Reichshaftpflichtgesetzes) auf landesrechtliche Vermutungen stützen? § 35 B.G.B.? **13,** 7. — 32) Leihweise Hingabe von Inhaberpapieren. Vermutung dafür, ob Darlehn oder Leihvertrag? (G., P.) **13,** 128. — 33) Bedeutung der gesetzlich vermuteten Kenntnis veröffentlichter Handelsregister-Eintragungen. Offenkundigkeit im Sinne der Civilprozeßordnung? Beweis der Offenkundigkeit? **13,** 371. — 34) Vermutung des § 25 A.L.R. I. 6. **17,** 202. — 35) Gesetzliche Vermutung einer Schenkung nach Art. 918 Code civil. Veräußerung eines Hauses mit Vorbehalt lebenslänglichen Wohnungsrechtes. (F.) **18,** 322. — 36) Sind zwischengeschoben im Sinne des Art. 1100 Code civil auch die unehelichen Kinder des einen Ehegatten? **19,** 392. — 37) Vermutung der Tilgung der Verbindlichkeit als Wirkung der Verjährung. Beschränkte Richtigkeit und Anwendbarkeit dieses landrechtlichen Prinzipes. (P.) **17,** 208; **19,** 140. — 38) Offene oder taxierte Police? Vermutung? Auslegung und Beweislast? **19,** 207. — 39) Fiktion der Erfüllung der Bedingung wegen vorsätzlicher Verhinderung durch den Verpflichteten. Erfordernis unredlichen Verhaltens des letzteren. (G., P.) **14**, 171. — 40) Bedeutung und Zweck der Fiktion des Art. 883 Code civil? **15**, 324; **20**, 339. — 41) Hängt die Fiktion, daß ein jeder die Gesetze kenne, von dem Nachweise der Publikation ab? (P.) **18**, 263.

## §. 15. Retentionsrecht.

(Kaufmännisches Retentionsrecht s. § 234 dieses Registers.)

1) Ist Retention zulässig gegenüber dem Anspruche des Deponenten aus einem depositum irregulare? (G.) **12**, 20. — 2) Abweisung einer Klage wegen entgegenstehender Schadensersatzpflicht. Unterschied solchen Falles von dem einer Retentionseinrede? **14**, 105. — 3) Einheitlichkeit des faktischen Verhältnisses, bei formell von einander getrennten Verträgen, mit deren einem nur die Retentionsforderung auch formell konnex ist. Kann das Retentionsrecht in diesem Falle auch den anderen Forderungen gegenüber geltend gemacht werden? (G.) **14**, 231. — 4) Verhältnis des Retentionsrechtes zur Einrede des nicht erfüllten Vertrages. (G.) **14**, 233. — 5) Rechtliche Möglichkeit der Faustpfandbestellung an Hypothekenbriefen oder an Legitimationspapieren? Sicherstellung, Zurückbehaltungsrecht. (P.) **16**, 169; **20**, 133. — 6) Werden die durch das bürgerliche Recht gewährten Pfand- und Zurückbehaltungsrechte durch § 7 des preuß. Ausführungsgesetzes zur Konkursordnung berührt? **20**, 356.

## § 16. Kautionen. Hinterlegungswesen.

1) Cautio usufructuaria. Kann sie nach modernem Rechte vom Testator demjenigen, dem er den Nießbrauch vermacht, erlassen werden? (G.) **13**, 170. — 2) Inwiefern kann die Bestimmung der Art und Größe einer zu leistenden usufruktuarischen Kaution erst in der Zwangsvollstreckungsinstanz erfolgen? und in welcher Weise geht die Zwangsvollstreckung vor sich? **13**, 339; vgl. **19**, 204. — 3) Auf welche Weise wird der Anspruch auf Rückgabe einer vom Schuldner gemeinschaftlich mit anderen Personen bestellten Kaution gepfändet? **13**, 176. — 4) Haftet die dem Gläubiger für alle seine gegenwärtigen und künftigen Forderungen vom Schuldner bestellte Sicherheit schlechthin für die von einem Dritten an den Gläubiger cedierten Forderungen gegen den Schuldner? (G.) **18**, 232. — 5) Genügt die Glaubhaftmachung des Schadensanspruches, um nach § 7 des Reichshaftpflichtgesetzes die Bestellung einer Sicherheit zu verlangen? **20**, 132. — 6) Erwirbt der Gläubiger an der vom Schuldner zur Abwendung der sofortigen Zwangsvollstreckung hinterlegten Summe ein vertragsmäßiges Faustpfandrecht? (G.) **12**, 222; vgl. **18**, 284 (P.). — 7) Recht des Gläubigers, dessen Zwangsvollstreckung gegen Sicherheitsleistung des Interventionsklägers aufgehoben ist, an dem hinterlegten Gelde? Pfändungspfandrecht? Bedingte Zahlung? **12**, 395. — 8) Wie ist, wenn eine Zwangsvollstreckung nach Sicherheitsleistung des Interventionsklägers aufgehoben ist, nach Abweisung der Interventionsklage die Auszahlung von der Hinterlegungsstelle zu erlangen? **12**, 394. — 9) Wirkung des auf Antrag des Arrestklägers den

Arrestbefehl aufhebenden Beschlusses auf die Zurückerlangung der von ihm hinterlegten Kaution. **15,** 430. — 10) Sicherheitsleistung des Arrestklägers durch Hinterlegung einer Geldsumme. Rechtsverhältnis zwischen dem Staate und dem Hinterlegenden. Anspruch auf Auszahlung. Rechtskräftiges Urteil. (P.) **11,** 320. 430; vgl. **18,** 284. — 11) Inwieweit steht der Hinterlegungsstelle die selbständige Entscheidung über die Auszahlung hinterlegter Gelder zu? insbesondere, wenn die Hinterlegung zur Abwendung des Arrestvollzuges (§ 803 C.P.O.) erfolgt ist? Aufhebung des Arrestes durch ein für vorläufig vollstreckbar erklärtes Urteil. (P.) **18,** 284. — 12) Höhe und Funktion der gemäß § 803 C.P.O. bestellten Kaution. **20,** 396. — 13) Über Hinterlegungen s. auch §§ 117. 125 dieses Registers.

### § 17. Selbsthilfe. Spolium.

1) Sind die Privatstrafen der unerlaubten Selbsthilfe durch das Reichsstrafgesetzbuch aufgehoben? **11,** 244; **18,** 218. — 2) Pfändung von Sachen bei einem Dritten, der nicht bereit war, sie aus seinem Gewahrsam herauszugeben. Spolienklage desselben gegen den pfändenden Gläubiger auf Freigabe und Schadensersatz. Ist die Einrede zulässig, der Kläger sei nicht Eigentümer der Sachen, oder das betreffende Erwerbsgeschäft sei anfechtbar? **14,** 358. — 3) Genügt jede objektiv widerrechtliche Selbsthilfe, um gegenüber dem auf sie gegründeten Anspruche die Kompensation auszuschließen? **19,** 238.

### § 18. Restitution. Wiedereinsetzung in den vorigen Stand.

1) Ist gegen ein mit Genehmigung des Vaters von seinem minderjährigen Sohne oder vom Vater selbst geschlossenes Rechtsgeschäft Restitution wegen Minderjährigkeit zulässig? Worin ist im Falle der spekulativen Übernahme eines Risikos mittels Aktienzeichnung die Läsion zu suchen? (G.) **15,** 192. — 2) Restitution gegen den Ablauf der Fristen des § 3 und § 4 des Reichsanfechtungsgesetzes. Rechtlicher Charakter dieser und der in §§ 24. 25 K.O. gegebenen Zeitbestimmungen. **17,** 70.

---

## Drittes Kapitel. Von den Personen.

### § 19. Von den natürlichen Personen.

#### a. Geburt. Eheliche und uneheliche Geburt. Tod.

1) Kann ein vor der Ehe von den Eheleuten erzeugtes, in der Ehe geborenes Kind als eheliches gelten? Pater est quem nuptiae demonstrant. Gegenbeweis? Faktische Trennung der Gatten. Schwangerschaft der Frau bei Eingehung der Ehe. (G.) **12,** 165. — 2) Illegitimitätsklage des Kindes gegen denjenigen, welcher gesetzlich als sein ehelicher Vater zu vermuten ist. (G.) **18,** 184. — 3) Gilt die Vermutung

der Ehelichkeit des § 1 A.L.R. II. 2 auch für diejenigen Kinder, die in einer später für ungültig erklärten Ehe geboren sind? **18,** 288. — 4) Die Frist des § 7 A.L.R. II. 2 ist Präklusivfrist. Beschaffenheit der zur Wahrung derselben erforderlichen Erklärung des Ehemannes. **18,** 290. 288. Genügt die in dem Eheungültigkeitsprozesse vom Manne aufgestellte Behauptung, daß das von der Frau in der Ehe geborene Kind nicht von ihm erzeugt sei? — 5) Bedeutung von naturales und legitimi filii in den Lib. Feud. **12,** 240. — 6) Ist § 35 des sächs. bürgerl. Gesetzbuches durch die Civilprozeßordnung aufgehoben? **13,** 7. — 7) Kann die Feststellung der mutmaßlichen Lebensdauer des Getöteten (§ 3 des Reichshaftpflichtgesetzes) sich auf landesrechtliche Vermutungen stützen? **13,** 8. — 8) Ist der Abwesende, dessen Vermögen nach § 332 der Strafprozeßordnung mit Beschlag belegt ist, sowohl dem Staate als auch Dritten gegenüber verfügungsunfähig? **11,** 189. — 9) Verschollenheit. Rechtswirksamkeit der Handlungen, welche der Abwesenheitsvormund eines Verschollenen nach dem thatsächlich erfolgten Tode desselben vornimmt? **12,** 68.

### b. Geschlecht und Alter.

1) Vertragsfähigkeit der Ehefrau, unterschieden von ihrer Vertragsbefugnis. **13,** 295. — 2) Sind Ehefrauen in beschränktem Maße handlungsfähig? (P.) **15,** 255. — 3) Erlischt die von einer ledigen Frauensperson erteilte Vollmacht durch ihre Verheiratung? (P.) **15,** 255. — 4) Eheliche Vormundschaft. Rechtlicher Charakter. Beseitigung durch die Vormundschaftsordnung? (G., P.) **16,** 148. — 5) Inwieweit und unter welchem Gesichtspunkte findet gegenüber der Wechselklage die Berufung auf weibliche Rechtswohlthaten bezüglich der Intercessionen statt? (G.) **11,** 2. — 6) Ist die in dem württembergischen Gesetze vom 21. Mai 1828 über die Intercessionen der Frauen getroffene Bestimmung eine Beschränkung der Handlungsfähigkeit, oder eine bloße Formvorschrift? Berufung auf weibliche Rechtswohlthaten gegenüber Artt. 6 Abs. 2 und 317 H.G.B.? **15,** 20. — 7) Verschiedenheit der Rechte des Mannes und der Frau im Falle der andere Teil die Ehe bricht. (P.) **20,** 240. — 8) Formlosigkeit der Anerkennung unwirksamer Geschäfte Minderjähriger durch die letzteren nach erreichter Selbständigkeit. (P.) **11,** 324. — 9) Bedarf ein emanzipierter Minorenner zur Quittierung über eine Kapitalschuld seines Vaters eines besonderen Kurators? Kann er auf dessen Fehlen sich Dritten gegenüber berufen? (F.) **20,** 341. — 10) Schuldhafte Körperverletzung eines in noch nicht arbeits- und erwerbsfähigem Alter Stehenden. Kann auf Feststellung der Entschädigungspflicht für Verminderung der Erwerbsfähigkeit geklagt werden? Möglichkeit des Todes vor Erreichung eines erwerbsfähigen Lebensalters. **13,** 372.

### c. Körperliche und geistige Gesundheit. Entmündigung.

1) Handlungs- und Testierfähigkeit der Taubstummen. (P.) **18,** 302. — 2) Testierfähigkeit des Verschwenders? (G., P.) **19,** 316. — 3) Angeborener Schwachsinn krankhafter Natur, welcher die zweckentsprechende

Besorgung der persönlichen Angelegenheiten hindert. Ist deswegen die Entmündigung auszusprechen? (G.) **14,** 248. — 4) Erhält, wer infolge hohen Alters durch Schwerhörigkeit und fast vollständige Blindheit an der Verwaltung seines Vermögens gehindert ist, einen Vormund oder einen Pfleger? Einfluß solcher Bestellung auf die Handlungsfähigkeit. (P.) **14,** 269. 271. — 5) Ist „Blödsinn" im Sinne des Allgem. Landrechtes ein Ehescheidungsgrund? (P.) **16,** 234. — 6) Kann gegen eine als geisteskrank entmündigte Person ein neues Entmündigungsverfahren behufs Feststellung einer andern — inzwischen weiter entwickelten — Krankheitsform stattfinden? **16,** 236. — 7) S. auch dieses Register § 27 A Nr. 5, 8, 9.

### d. Verwandtschaft. Familie. Familienname.

1) Gleichheit des persönlichen Namens eines Gesellschafters mit der Firma der Gesellschaft. **17,** 73. — 2) Kann von den Teilhabern einer offenen Handelsgesellschaft unter deren Firma gegen einen Dritten, welcher unbefugt ihren Familiennamen als Firma führt, aus Art. 27 H.G.B. geklagt werden? **18,** 139. — 3) S. auch § 185 dieses Registers.

### e. Standesverhältnisse.

1) Deutsches Privatfürstenrecht. Ehestreitigkeit des Großherzogs von Hessen. **12,** 417. — 2) Befreiung der Mitglieder der mediatisierten Familien von der Einkommensteuer. Privilegium? Rechtsweg? (P.) **17,** 235. — 3) Streit des Fürsten von Waldeck und Pyrmont und des Herzogs von Oldenburg um die Grafschaft Holzappel und die Herrschaften Laurenburg und Schaumburg. **18,** 198. — 4) Geht das eine Mißheirat schließende Mitglied einer hochadeligen Familie seiner Successionsrechte verlustig? Kann dies durch die Hausgesetze verordnet werden? **18,** 214. 216.

### f. Wohnsitz. Staatsangehörigkeit.

1) Was gehört zur Begründung des Wohnsitzes? **15,** 367. — 2) Wo hat ein Beamter seinen amtlichen Wohnort? (P.) **20,** 268. — 3) Ist für die Erbfolge das Recht der Staatsangehörigkeit oder des letzten Wohnsitzes des Erblassers maßgebend? **14,** 183; **20,** 351.

## § 20. Von den juristischen Personen.

### a. Im allgemeinen.

1) Rechts- und Handlungsfähigkeit von Vereinen mit wechselnden Mitgliedern ohne Korporationsrechte. (F., Bad.) **18,** 349. — 2) Offene Handelsgesellschaft. Vermögenseinheit, welche wie eine bestimmte Person behandelt werden darf? **16,** 1. 17. Keine juristische Persönlichkeit. **17,** 367. — 3) Inwiefern ist durch die Statutenbestimmung eines Knappschaftsvereines, daß die eventuellen Unterstützungssätze in gewissen Formen

abgeändert werden können, der einzelne Anspruch eines Mitgliedes auf Unterstützung beeinflußt? (P.) **11,** 270. 273. Verschiedenheit, je nachdem alle Vereinsmitglieder oder einer oder eine Klasse derselben eine Schmälerung erleiden. — 4) Haftung der Aktiengesellschaft für außerkontraktliches Verschulden des Vorstandes. **18,** 120. — 5) Bedeutung der von der Generalversammlung eines Vereines ꝛc dem Vorstande erteilten Entlastung. Verborgene Pflichtwidrigkeiten. **12,** 77; **13,** 51. — 6) Eigenes und fremdes Versehen bei juristischen Personen. Vertreter derselben. Haftung für Versehen ihrer Organe. (P.) **19,** 348. — 7) Wirkungen der Konkurseröffnung auf juristische Personen. **14,** 412. — 8) Verleiht das Aufsichtsrecht des Staates oder der Gemeinde über die Vermögensverwaltung einer juristischen Person die Befugnis, neben der geordneten Vertretung derselben einen besonderen Vertreter behufs Rechtsverfolgung zu bestellen? Innungen. **15,** 47.

### b. Korporationen. Genossenschaften.

(Eingetragene Genossenschaften. Siehe § 220 dieses Registers.)

1) Sind die Rechte und Pflichten, welche nicht die Korporation als solche, aber doch die sämtlichen Mitglieder als solche betreffen, von der bezw. gegen die Korporation, oder von den bezw. gegen die sämtlichen einzelnen Glieder geltend zu machen? (P.) **17,** 196. — 2) Können die Mitglieder einer öffentlich-rechtlichen Korporation, insbesondere einer Kirchengemeinde, klagbare Ansprüche gegen dieselbe auf Teilnahme am Korporationsvermögen allein aus der Mitgliedschaft herleiten, oder bedürfen sie dazu eines speziellen Erwerbstitels? **12,** 284.

### c. Gemeinden.

1) Hat die Gemeinde die Befugnis im Wege des Vertrages einzelne Einwohner des Stadtbezirkes von der Gemeindesteuer zu befreien? (P., F.) **12,** 273. — 2) Ist die Gemeinde verpflichtet zur Tragung der Kosten der tierärztlichen Beaufsichtigung der Vieh- und Pferdemärkte? (R., P.) **13,** 268. — 3) Die Gemeinde als Besitzerin der Servitut, daß der Eigentümer eines Parkes ꝛc denselben dem Besuche des Publikums offen zu halten und dieserhalb zu unterhalten hat? (G.) **14,** 214. — 4) Kann die Gemeinde aus dem bestätigten Abgabenverteilungsplane einen privatrechtlichen Anspruch gegen einen Interessenten auf Zahlung der auf ihn repartierten Schulbeiträge herleiten? (P.) **17,** 181. — 5) Charakter der nach § 15 des preuß. Gesetzes vom 2. Juli 1875 zu leistenden Beiträge als indirekte Gemeindesteuer. **17,** 199. 245.

### d. Fiskus.

1) Übergang des Vermögens (aktiv und passiv) des kurhessischen Fiskus auf den preußischen infolge der Einverleibung. **16,** 265. — 2) Klage wegen der durch Truppenübungen verursachten Flurbeschädigungen gegen den Reichs- oder den Landesfiskus? Intendantur des Armeekorps als

gesetzlicher Vertreter? **15**, 37; s. auch **20**, 148. — 3) Kann der Fiskus das entgegen dem Verbote des Art. 32 der Reichsverfassung Empfangene dem Abgeordneten entreißen? (P.) **16**, 104. — 4) Darf der Fiskus demjenigen, der in einer in Preußen nicht zugelassenen Lotterie spielt, den auf sein Los gefallenen Gewinn klagend abfordern? (P.) **17**, 299. — 5) Wesen der Reichsbank. Juristische Person privatrechtlichen Charakters? **15**, 236. — 6) Haftung des Eisenbahnfiskus für Beschädigung eines Arbeiters bei Ausführung des Befehles eines Bau- und Betriebsinspektors. (P.) **19**, 348. — 7) Siehe auch Alphabetisches Register „Fiskus".

### e. Milde Stiftungen. Kirchen.

1) Testamentarische Erbeinsetzung „alter armer arbeitsunfähiger Männer". Vertretung im Prozesse. (G.) **19**, 257. — 2) Kirche, Kirchengesellschaft, Kirchengemeinde. Verschiedene juristische Persönlichkeiten? (P.) **17**, 192. — 3) Wie entsteht eine Filialkirchengemeinde mit juristischer Persönlichkeit? Mitwirkung des Staates. Örtliche Begrenzung. (P.) **15**, 237. — 4) Selbständigkeit der Tochterkirche als eigene Korporation, ihrer Parochie neben derjenigen der Mutterkirche und der Gesamtparochie. (P.) **17**, 155. — 5) Zu den besonderen Rechten des einzelnen Mitgliedes der Korporation der Kirchengemeinde gehört das Recht auf bestimmungsmäßige Benutzung des derselben gehörigen Kirchhofes für sich und seine zur Parochie gehörigen Familienglieder. (P.) **12**, 282.

---

## Viertes Kapitel. Von den Sachen.

### § 21. Begriff der Sache. Sachgesamtheit. Vermögensinbegriff.

1) Charakter des elektrischen Stromes im Rechtsverkehre als selbständige körperliche Sache. (P.) **17**, 269; des Brenngases? (P.) **17**, 273. — 2) Was ist unter der Übereinkunft der Menschen im Sinne des § 3 A.L.R. I. 2 zu verstehen? **17**, 272. — 3) Güter im Sinne des Handelsgesetzbuches, insbesondere des Art. 390. Gleichbedeutend mit Sachen? **20**, 50. — 4) Teilweise Beschädigung einer aus verschiedenen Gegenständen bestehenden, aber kein untrennbares Ganzes bildenden Transportsendung. Umfang der Haftbarkeit des Frachtführers oder Spediteurs **15**, 133. — 5) Bildet der Anspruch eines Staatsbeamten auf Fortbezug des Gehaltes einen Bestandteil seines Vermögens? **12**, 193. — 6) Begriff der Schiffspart als eines Komplexes von Rechten und Pflichten. Ist das Miteigentumsverhältnis das Prävalierende oder das Sozietätsverhältnis? Form der Verpfändung? Sache oder Forderung? **14**, 14. — 7) Cession eines Inbegriffes. (P.) **20**, 237. — 8) Wird eine gepfändete Forderung durch die Überweisung zur Einziehung aus dem Vermögen des Schuldners ausgeschieden und auf den Gläubiger übertragen? **18**, 399.

### § 22. Dem Privatverkehre entzogene Sachen.

1) Inwiefern hindert die Extrakommerzialität des Kirchhofes nicht das Vorhandensein von Privatrechten an demselben? **12**, 283. Hat ein einzelnes Mitglied einer Kirchengemeinde gegen letztere eine Klage auf Gestattung des ehrlichen Begräbnisses seines Sohnes an der gewöhnlichen Stelle des Kirchhofes? **12**, 280. — 2) Was versteht § 1 der Einl. zur Allgem. Gerichtsordnung unter Privateigentum? **12**, 281. — 3) Ist der Lizenzvertrag als über eine dem Verkehre entzogene Sache geschlossen zu behandeln, wenn das Patent für nichtig erklärt wird? **17**, 54. — 4) Thatsächlich beschränktes Eigentum einer Privateisenbahngesellschaft an dem Bahnkörper. Extrakommerzialität? (F.) **18**, 341.

### § 23. Öffentliche Sachen.

1) Gehören die nicht schiff- und flößbaren Flüsse zu den Sachen, die in niemandes Eigentum stehen und dem publicus usus dienen? (F.) **12**, 340. — 2) Prinzip der Interdikte zum Schutze des Gebrauches öffentlicher Sachen. **15**, 183; **16**, 144; **18**, 258.

### § 24. Bewegliche und unbewegliche Sachen.

1) Unterliegt die bei einem Gutstausche gegen Vergütung erfolgende Abtretung eines Forderungsrechtes, welches den Charakter einer unbeweglichen Grundstückspertinenz trägt, einem Kauf- oder einem Cessionstempel? (P.) **12**, 265. — 2) Wonach ist zu beurteilen, ob ein Anspruch beweglicher oder unbeweglicher Natur ist? **12**, 338. — 3) Was ist nach dem Sprachgebrauche des Handelsgesetzbuches unter beweglichen Sachen zu verstehen? Art. 309. **17**, 57. — 4) Behalten bewegliche Sachen, welche von dem Eigentümer eines Grundstückes zu dessen Benutzung und Besorgung auf dasselbe gebracht sind, ihren Charakter als Immobilien, wenn ihre Verbindung mit dem Grundstücke getrennt ist? (F.) **17**, 323. — 5) Eigentumserwerb des Erstehers an den auf dem subhastierten Grundstücke noch vorhandenen beweglichen Sachen, welche von dessen Eigentümer zum Zubehör bestimmt sind, ihm aber nicht mehr gehören. (P.) **19**, 321.

### § 25. Vertretbare Sachen.

1) Beziehen sich die landrechtlichen Vorschriften über Lieferungsverträge auf Gattungsgeschäfte? (P.) **13**, 15. — 2) Wird die Börsensteuer auch erhoben, wenn nicht generisch, sondern über eine individualisierte Warenmenge gehandelt ist? **20**, 15. — 3) S. auch § 94 dieses Registers.

### § 26. Haupt- und Nebensachen. Substanz. Bestandteile. Pertinenz.

1) Begriffsbestimmung der Pertinenz. Innere Einrichtung eines vom Besitzer in ein Hotel umgewandelten Schlosses. S. g. gewillkürte Pertinenzen. (G.) **15**, 214. 216. — 2) Unter welchen Umständen sind Maschinen als Pertinenzen eines Fabrikgebäudes anzusehen? (G.) **20**,

203. — 3) Ist für den Geltungsbereich des preuß. Eigentumserwerbsgesetzes vom 5. Mai 1872 in § 30 ein einheitlicher Begriff der Zubehör aufgestellt, oder richtet sich die Frage der Pertinenzqualität nach dem jeweiligen örtlichen Rechte? **15,** 215. — 4) Ist die Versicherungssumme Pertinenz des versicherten Pfandgegenstandes? (G.) **12,** 172. — 5) Erwirbt bei der Zwangsversteigerung eines Grundstückes, mit welchem eine Parzelle thatsächlich als Pertinenz verbunden ist, während sie, ohne ein selbständiges Grundbuchblatt zu haben, nach den Steuerbüchern Teil eines anderen selbständigen Grundstückes ist, der Ersteher das Eigentum dieser Parzelle? (P.) **18,** 275; vgl. **15,** 249. — 6) Ergreift das auf der Hauptsache ruhende Pfandrecht die später hinzukommende Pertinenz? (G.) **20,** 205. — 7) Ist die unterirdische Wasserader, durch deren Zutagetreten die Quelle sich bildet, als ein Teil dieser anzusehen, und die Quelle als ein Teil des daraus entstehenden Flusses? (G., P.) **16,** 231. — 8) S. a. § 24 dieses Registers Nr. 4 und 5.

### § 27. Früchte.

1) Ausgleichungsanspruch des Verpächters eines Landgutes in bezug auf die Nutzungen bei Aufhebung des Pachtvertrages im Laufe des Wirtschaftsjahres. (P.) **18,** 314. — 2) Früchte als pars fundi. Inwieweit sind die bezüglichen Sätze des gemeinen Rechts durch §§ 714. 725 C.P.O. modifiziert? Pfändung von Früchten auf dem Halm. Widerspruch desjenigen, der sie vom Grundeigentümer gekauft hat. **18,** 367.

## Fünftes Kapitel. Von den Handlungen.

### § 27 A. Handlungsfähigkeit. Verfügungsfähigkeit.

1) Einrede der Trunkenheit. Inwiefern wird die Handlungsfähigkeit durch Trunkenheit aufgehoben? Wirkung der nicht sinnlosen Trunkenheit? (P.) **12,** 275. — 2) Verfügungsunfähigkeit des Abwesenden, dessen Vermögen nach § 332 St.P.O. mit Beschlag belegt ist. **11,** 189. — 3) Einflußlosigkeit der Konkurseröffnung auf die Handlungsfähigkeit des Gemeinschuldners. **11,** 401; **13,** 152; **14,** 408, 412. 425. (R., ausländ. Recht.) — 4) Läßt sich die Bestimmung des § 196 A.L.R. I. 13 auf Personen ausdehnen, welchen nicht die Fähigkeit, sondern nur die Befugnis, bestimmte Rechtsgeschäfte abzuschließen, fehlt? Ehefrauen? (P.) **15,** 253. — 5) Handlungs- und Testierfähigkeit der Taubstummen. (P.) **18,** 302. — 6) Rechts- und Handlungsfähigkeit von Vereinen ohne Korporationsrechte. (F., Bad.) **18,** 349. — 7) Rechtlicher Charakter der sog. ehelichen Vormundschaft. Sind die daraus sich ergebenden Beschränkungen der Handlungsfähigkeit der Ehefrau durch die Vormundschaftsordnung vom 5. Juli 1875 modifiziert? (G., P.) **16,** 146. — 8) Natur und Gegenstand der Klage auf Nichtigerklärung einer Schenkung wegen Geistesschwäche des schenkenden Erblassers. (Bad.) Gerichtsstand der Erb-

schaft? **15,** 363. — 9) Anfechtung eines Vertrages wegen Geistesstörung. Genügt der Beweis, daß die Ursache der Entmündigung zur Zeit des vor derselben geschlossenen Vertrages dem anderen Kontrahenten bekannt gewesen sei, oder muß die Notorietät des Zustandes nachgewiesen werden? (F.) **16,** 281. — 10) Quittung eines emanzipierten Minorennen über eine Kapitalschuld seines Vaters. Mitwirkung eines besonderen Kurators? (F.) **20,** 341. — 11) S. auch § 19 a—c dieses Registers.

## § 28. Willensbestimmung. Mängel derselben.

### a. Irrtum.

1) Kann der Irrtum über die Zahlungsfähigkeit des andern Kontrahenten zur Anfechtung und Aufhebung des Vertrages geeignet sein? (P.) **12,** 102. — 2) Hat derjenige, welcher beim Vertragsschlusse über eine gewöhnlich vorausgesetzte Eigenschaft irrt, ein Recht zum Rücktritte, wenn der Mangel bis zur vertragsmäßigen Zeit der Übergabe beseitigt werden kann? (P.) **13,** 281. — 3) Unter welchen Umständen ist ein Irrtum über eine Eigenschaft einer individuell bestimmten Sache als wesentlich, zur Anfechtung des Vertrages geeignet anzusehen? (G.) **19,** 260. — 4) Wirkung des Irrtums über die Person. (F.) **17,** 74. — 5) Anfechtung eines Dechargebeschlusses, der auf Grund unrichtiger oder unvollständiger Vorlagen gefaßt ist. **18,** 63. — 6) Kann unter Umständen die Unkenntnis lokaler, nicht publizierter Rechtsnormen als unentschuldbarer Irrtum erscheinen? (P.) **18,** 264. — 7) Unerheblichkeit irriger Beweggründe. **19,** 126. — 8) Zum Begriffe der Voraussetzung. Unterscheidung von einem gemeinschaftlichen Irrtum der Kontrahenten. (G.) **19,** 260. — 9) Anfechtung der Eintragung des Eigentumsüberganges durch einen Dritten wegen Irrtums der Auflassungskontrahenten. (P.) **20,** 225. — 10) Kauf eines Patentes auf eine Maschine in Unkenntnis des Umstandes, daß ein Dritter bereits ein Patent auf das durch die Maschine hergestellte Fabrikat hat. **20,** 94.

### b. Betrug.

1) Anfechtung eines Dechargebeschlusses, der auf Grund unrichtiger oder unvollständiger Vorlagen gefaßt ist. **18,** 63. — 2) Kann ein Vertrag, insbesondere ein kaufmännischer Engagementsvertrag, wegen Betruges angefochten werden, wenn der eine Kontrahent seine zerrütteten Vermögensverhältnisse dem andern verheimlicht und denselben von Erkundigungen geflissentlich abhält? (P.) **12,** 102.

### c. Simulation. Geheime Nebenabreden.

1) Entbehrt ein Geschäft, bei welchem wirkliche Lieferung von keiner Seite beabsichtigt gewesen, der Klagbarkeit? **12,** 17. — 2) Ernstlichkeit der Willenserklärung. Ist gegen die Vindikation trotz des Wortlautes des Kaufvertrages, auf welchen der Kläger sich stützt, der Einwand er-

heblich, es sei nur Sicherstellung des Klägers wegen eines Darlehns beabsichtigt gewesen? (G.) **13,** 201. Vgl. **13,** 299. (F.) — 3) Darf ein Kontrahent einem Dritten, der sich auf den Vertrag beruft, entgegenhalten, derselbe sei simuliert? (G., F.) **20,** 336. — 4) Ist, wenn eine Schenkung in einen Darlehnsschuldschein eingekleidet ist, das Zahlungsversprechen wegen der Simulation ungültig? (P.) **15,** 293. — 5) Kann der Gläubiger eines Miterben die Erbteilung als simuliert anfechten, wenn er der Teilungsverhandlung nicht beigetreten ist? Beweislast? (F.) **17,** 314. — 6) Anfechtung der Auflassung und der Eintragung des Eigentumsüberganges wegen Simulation der Kontrahenten vonseiten eines Dritten. (P.) **20,** 229.

### d. Zwang und Drohung.

1) Zwang. Anfechtung eines in Seenot über die Hilfeleistung geschlossenen Vertrages wegen Übermaßes des Berge- und Hilfslohnes? **13,** 135.

### e. Trunkenheit.

1) Ist der Erfolg des Einwandes desjenigen, der von dem andern absichtlich in einen Grad von Trunkenheit versetzt ist, in welchem er die Folgen seiner Handlungen nicht richtig zu beurteilen vermag, an die binnen acht Tagen zu erstattende Anzeige auch dann gebunden, wenn jener in betrügerischer Absicht gehandelt hat? (P.) **12,** 276. — 2) Welches Anfechtungsmittel steht demjenigen zu Gebote, welcher die Anzeige nach § 92 A.L.R. I. 4 versäumt hat? **12,** 279.

## § 29. Willenserklärung. Ausdrückliche und stillschweigende Willenserklärung.

(Siehe auch § 235 b dieses Registers. Handelsrecht.)

1) Rechtsfolgen rechtsgeschäftlicher Willenserklärungen können nicht als unmittelbare gesetzliche Wirkungen betrachtet werden. **12,** 149. — 2) Bedeutung der Absicht für die Beurteilung eines Rechtsgeschäftes. Gegensatz zum wirtschaftlichen Zweck. **19,** 158. — 3) Unter welchem rechtlichen Gesichtspunkte kann, wenn in einem Vertrage Rückzahlung eines Darlehns erst nach bestimmter Zeit festgesetzt, jedoch in einer im innern Zusammenhange damit stehenden, aber äußerlich selbständigen vollstreckbaren Urkunde Rückzahlung bei Vorzeigung versprochen ist, gegen die vor Ablauf jener Zeit vorgenommene Zwangsvollstreckung aus der Urkunde der Schuldner sich auf jenen Vertrag berufen? Wille abweichend vom Wortlaute des Vertrages. **11,** 287. — 4) Aushändigung der Rechnung des Gläubigers mit dem unterschriebenen Vermerke „als richtig anerkannt" seitens des Schuldners. Rechtliche Bedeutung? **13,** 84. — 5) Ist der schriftliche Beitritt zu einem Vereine nach dessen Umwandlung in eine eingetragene Genossenschaft als eine dem Genossenschaftsgesetze genügende Beitrittserklärung zu betrachten, falls das betreffende Vereinsmitglied nicht seinen Willen kundgiebt, der Genossenschaft nicht angehören zu wollen?

(G.) **15**, 77. — 6) Muß bei Übernahme einer Korrealverpflichtung das Wort „solidarisch" oder ein sprachlich gleichbedeutendes ausdrücklich hinzugefügt werden? (G.) **15**, 175. — 7) Muß, damit ein Lebensversicherungsvertrag als zu Gunsten Dritter abgeschlossen zu erachten ist, diese Vertragsabsicht zum Ausdrucke gelangen? **16**, 127. — 8) Bedeutung der Niederschrift des eigenen Namens auf ein leeres Blatt? auf eine Urkunde? **17**, 117. — 9) Muß die Absicht des Testators im Testamente selbst zum Ausdrucke gelangt sein, oder kann sie durch anderweitige Beweisaufnahme dargethan werden? (G.) **17**, 146. — 10) Genügt die in dem Eheungültigkeitsprozesse vom Manne aufgestellte Behauptung, daß das von der Frau in der Ehe geborene Kind nicht von ihm erzeugt sei, als Anfechtungserklärung im Sinne des § 7 A.L.R. II. 2? **18**, 292. — 11) Deutlichkeit der Erklärung des Novationswillens. (G.) **14**, 210. — 12) Was ist „ausdrückliche" Willenserklärung? Schließt das Gesetz, welches eine solche fordert, eine Auslegung einer undeutlichen Erklärung aus? (P.) **11**, 311. — 13) Liegt in dem constitutum debiti proprii ein Verzicht auf Einreden gegen die ursprüngliche Schuld? (G.) **11**, 5. — 14) Stillschweigender Verzicht auf das Retentionsrecht des Art. 314 H.G.B. durch Übernahme von Verpflichtungen, die dessen Ausübung widerstreiten? **12**, 91. — 15) Enthält die Anerkennung des Testamentes seitens des eingesetzten Erben eine Antretung der Erbschaft aus dem Testament und die Ausübung des nach l. 8 pr. § 1 Cod. de cod. 6, 36 zustehenden Wahlrechtes? **11**, 233. — 16) Liegt in dem Verhalten dessen, welcher wegen eines vorgehenden Pfandrechtes den Vorzug vor dem Arrestpfandrechte geltend macht, ein stillschweigendes Anerkenntnis der Zulässigkeit des Arrestes an sich? **13**, 121. — 17) Nichtbestreiten der Zulässigkeit einer unzulässigen Kompensationseinrede. Stillschweigend erklärtes Einverständnis des Klägers mit deren Zulassung? **13**, 176. — 18) Folge der Nichterhebung der nach § 690 C.P.O. zustehenden Klage? Stillschweigender Verzicht? (G.) **13**, 180. — 19) Stillschweigende Bestellung einer Dos? Zahlungen des Vaters der Frau an den Ehemann bei oder kurz nach Eingehung der Ehe. (G.) **14**, 221. — 20) Liegt in dem Verzichte auf eine bereits eröffnete Succession in ein Lehn- oder Familienfideikommißgut auch der Verzicht für den Fall, daß in der Person des nunmehrigen Folgers ein neuer Successionsfall eintritt? (G.) **14**, 226. — 21) Haftet derjenige, welcher ein Blankett unterschreibt und begiebt, gemäß dem später ausgefüllten Inhalte, wenn er sich mit der Ausfüllung durch den anderen Kontrahenten (Wechsel, Quittung, Verpfändung, Cession) ausdrücklich oder stillschweigend einverstanden erklärt? (P.) **14**, 297; **15**, 61; **17**, 117. — 22) Wirkung des Umstandes, daß, während nach dem Sozietätsvertrage der Beitritt zur Sozietät durch Unterschrift im Hauptbuche derselben erfolgt, thatsächlich solches Buch nie existiert hat? Stillschweigende Abänderung des Vertrages? (G.) **15**, 77. — 23) Stillschweigender Verzicht auf das Anerbenrecht. **18**, 195. — 24) Schuldübernahmevertrag. Entlassung des Urschuldners seitens des Gläubigers durch konkludente Handlungen. (G.) **19**, 253.

## § 30. Konsens.

1) Vertragsschluß durch Mittelspersonen. Acceptationsfrist? **18,** 10. — 2) Konventionalstrafe auf den Fall, daß der Handlungsgehilfe in ein Konkurrenzgeschäft eintritt. **20,** 106.

## § 31. Stellvertretung bei Rechtsgeschäften.

(Siehe auch dieses Register § 213, Prokurist, und § 214, Handlungsbevollmächtigter.)

1) Regelmäßige Zulässigkeit der Stellvertretung bei Rechtsgeschäften. (G.) **18,** 251. — 2) Eigentumserwerb durch Übergabe seitens des Dritten an den Stellvertreter. (G., P., R.) **11,** 56. — 3) Besitzerwerb durch einen Stellvertreter, der nicht im fremden Namen auftritt? (G.) **11,** 128. — 4) Acceptationsfrist bei Verträgen, die durch Mittelspersonen verhandelt werden. **18,** 10. — 5) Verhältnis des Auftrages, im Namen des Auftraggebers zu handeln, zu dem Auftrage, als Kommissionär aufzutreten? **18,** 160. — 6) Muß derjenige, welcher eine Forderung zwar auf eigenen Namen, aber nur für Rechnung und im Interesse eines Dritten erwirbt und einklagt, Einwendungen aus der Person des Dritten gelten lassen? Arglist? (G.) **11,** 129. —7) Ist derjenige, dessen Vertreter zum Empfange von Geld ermächtigt ist, durch die an diesen erfolgte Zahlung bereichert? Wegfall der Bereicherung, wenn dieser das Geld unterschlägt? **13,** 5. — 8) Was ist unter faktischen Verrichtungen eines Vertreters innerhalb des ihm anvertrauten Geschäftskreises im Gegensatze zu Rechtsgeschäften in deren Beziehung zum Gegenkontrahenten zu verstehen? Haftung des Prinzipales für Verschulden des Vertreters bei faktischen Verrichtungen? **15,** 126. 123. — 9) Steht die Kenntnis des Vertreters von einer die Rechtswirkung des Vertrages hindernden Thatsache dem Vertretenen entgegen? (P.) **15,** 264. — 10) Irrtum des Stellvertreters wirkt gegen den Vertretenen. **19,** 226. — 11) Kann derjenige, der mit einem negotiorum gestor kontrahiert hat, vom Vertrage zurücktreten, solange der Geschäftsherr sich über die Genehmigung der Geschäftsführung nicht erklärt hat? (G., F.) **17,** 77. — 12) Klage gegen den falsus procurator. Voraussetzungen und Umfang der Haftung. Beweislast. **18,** 157. — 13) Wirksamkeit der Handlungen des Vormundes eines Verschollenen nach dessen thatsächlich erfolgtem Tode? **12,** 68. — 14) Auslegung einer in London von zwei dortigen Maklern als Vertretern deutscher Kontrahenten in englischer Sprache abgeschlossenen Chartepartie. Beurteilung nach englischem oder nach deutschem Rechte? **19,** 34.

## § 32. Form der Rechtsgeschäfte.

(Siehe auch dieses Register §§ 194. 205. Form der letztwilligen Verfügungen.)

1) Ist die in dem württembergischen Gesetze vom 21. Mai 1828 über die Intercessionen der Frauen getroffene Bestimmung eine Formvorschrift oder eine Beschränkung der Handlungsfähigkeit? **15,** 20. —

2) Wird dem Erfordernisse der Schriftform durch ein später — abredegemäß — ausgefülltes Blankett genügt? (P.) **14**, 297; **15**, 61. — 3) Rechtsvermutung, daß die über dem Namen auf einem Papier befindliche Erklärung dem Willen desjenigen gemäß ist, welcher seine Namensunterschrift abgegeben hat? **12**, 121. — 4) Ist eine Urkunde, hinter deren eigentlichem Text noch Bedingungen rc stehen, auf welche in der Urkunde verwiesen ist, dadurch gültig unterschrieben, daß die Unterschrift erst unter diese Bedingungen gesetzt ist? **15**, 60. — 5) In welcher Form sind die Unterschriften von Urkunden herzustellen? Genügen faksimilierte? **14**, 97. Stempeldruck? **20**, 126. — 6) Formelle Erfordernisse der Insinuation großer Schenkungen. **18**, 182. 251. — 7) Form der schenkungsweisen Übertragung einer Forderung. (P.) **14**, 264. — 8) Ist der Formvorschrift des § 1063 A.L.R. I. 11 genügt, wenn das beabsichtigte Schenkungsversprechen in einen Darlehnsvertrag eingekleidet und hierbei die gerichtliche Form beobachtet ist? (P.) **15**, 293. — 9) Mündliches Versprechen einer Zuwendung im Betrage von mehr als 150 Mark unter der Bedingung oder zum Zwecke der Eheschließung. Klage des Promissars auf Leistung nach vollzogener Ehe. (P.) **17**, 252. — 10) Mündliche Schenkung einer verbrieften Forderung. Heilung des Formmangels durch Übergabe des Schuldscheines und Einziehung der Forderung durch den Beschenkten? (P.) **17**, 295. — 11) Regelung von Grundeigentumsverhältnissen in einem Vertrage über Errichtung einer offenen Handelsgesellschaft. Nichtigkeit des Vertrages oder des Eigentumserwerbes infolge der Nichtbeobachtung gewisser für Verträge über Grundstücke landesgesetzlich vorgeschriebener Formen? **13**, 3. — 12) Rechtsgültigkeit eines formlosen Vertrages, welcher die Verpflichtung zur Eingehung eines Hauptvertrages betrifft, der seinerseits an gewisse Formvorschriften gebunden ist? **14**, 93. — 13) Sind Vorkaufsverträge an diejenigen Formen gebunden, welche für Kaufverträge vorgeschrieben sind? (G.) **16**, 157. — 14) Rechte der Kontrahenten aus einem mündlichen, teilweise erfüllten Vertrage über Grundstücke. (P.) **20**, 242. — 17) Form der Anerkennung, durch welche eine verborgene Dienstbarkeit erworben wird. (F.) **20**, 351. — 16) Schriftform bei Verpfändung von Forderungen. (P., Handelsrecht.) **14**, 300. — 17) Ist eine Grundschuld wirksam verpfändet, wenn der Grundschuldbrief, mit dem Namen des Verpfänders versehen, übergeben ist mit der Verabredung, der Empfänger sei befugt, über diese Namensschrift den Übertragungsvermerk zu setzen? Analogie der Cession. (P.) **15**, 55. — 18) Form der Ehe- und Erbverträge. (P.) **17**, 210. — 19) Schriftform für den Wiedereintritt eines ausgeschiedenen Genossenschafters? **11**, 25. — 20) Schriftliche Form für die Erklärung des Beitrittes zu einer eingetragenen Genossenschaft, einer Aktiengesellschaft, einer Kommanditgesellschaft auf Aktien? Rechtsgültigkeit eines formlosen Vertrages, welcher die Übernahme der Verpflichtung zum Beitritte zum Inhalte hat? **14**, 92. 93. — 21) Formlosigkeit der Anerkennung unwirksamer Geschäfte Minderjähriger nach erreichter Großjährigkeit. (P.) **11**, 324. — 22) Kann durch die Cession der Formmangel des zu Grunde liegenden Vertrages geheilt werden? (P.) **12**, 249. — 23) Heilung des Formmangels durch

Auflassung. Wird das gesamte zu Grunde liegende Geschäft wirksam, auch wenn die Auflassung nur einen Teil der Leistung des dazu Verpflichteten darstellt? (P.) **16**, 268. — 24) Form des Verzichtes auf ein Legat unter Universaltitel? (F.) **19**, 373.

## § 33. Nebenbestimmungen bei Rechtsgeschäften. Bedingung. Dies. Eigentumsvorbehalt. Lex commissoria. Kassatorische Klausel.

1) Bedingter Kaufvertrag oder Vorvertrag über die künftige Abschließung eines solchen? **12**, 302; **20**, 14. — 2) Wird, wenn der Ehemann ein zum eheweiblichen Sondergute gehöriges Grundstück auf bestimmte Zeit vermietet hat, und die Frau vor deren Ablauf stirbt, das Recht der Erben zur Kündigung modifiziert dadurch, daß dem überlebenden Manne der Nießbrauch am Grundstücke vermacht ist? (F.) **12**, 326. — 3) Kann derjenige, der eine Sache unter aufschiebender Bedingung gekauft und sie übergeben erhalten hat, dingliche Rechte an ihr wirksam bestellen? Interventionsklage des Eigentümers gegen denjenigen, der die Sache im Wege der Zwangsvollstreckung gegen den Käufer gepfändet hat? Ist die Kenntnis des Beklagten von der Bedingung von Einfluß? (P.) **14**, 260. — 4) Ist die Einsetzung eines Noterben unter einer Bedingung, welche zur Zeit des Todes des Erblassers noch nicht eingetreten ist, ungültig und das Noterbrecht verletzend? (G.) **17**, 124. — 5) Ist, damit eine unerfüllte Bedingung wegen vorsätzlicher Verhinderung durch den Verpflichteten als erfüllt fingiert wird, ein unredliches Verhalten des letztern erforderlich? (G., P.) **14**, 171. — 6) Ist die Forderung aus einem auf Sicht zahlbaren Wechsel als fällig oder betagt zu betrachten? **11**, 303. — 7) Donatio sub modo. Siehe dieses Register § 39 Nr. 8 und 16. — 8) Wirksamkeit des Eigentumsvorbehaltes. (G., F.) **20**, 327. — 9) Eigentumsvorbehalt. S. a. dieses Register § 44 Nr. 8. — 10) Kassatorische Klausel. Siehe Alphabet. Register „Verwirkung".

## §. 34. Auslegung der Rechtsgeschäfte.

1) Rechtsfolgen rechtsgeschäftlicher Erklärungen können nicht als unmittelbare gesetzliche Rechtswirkungen betrachtet werden, sondern sind nichts als eben Wirkungen des Rechtsgeschäfts. **12**, 149. — 2) Abweichender innerer Wille gegenüber dem klaren Wortlaute des Vertrages. Berufung auf einen vorangegangenen Vertrag gegenüber einer äußerlich selbständig ausgestellten vollstreckbaren Urkunde? (P.) **11**, 287. — 3) Ist für die Auslegung einer undeutlichen Willenserklärung kein Raum, wenn das Gesetz „ausdrückliche" Erklärung vorschreibt? **11**, 311. — 4) Verwertung eines Momentes für die Auslegung, welches der die Willenserklärung Abgebende nicht gewußt hat, sondern nur hätte wissen müssen? **12**, 19. — 5) Ausspruch eines Kontrahenten gegenüber einem Dritten über den Inhalt des Vertrages. Bedeutung für die Vertragsauslegung. **20**, 111. — 6) Aufnahme rechtlich überflüssiger Bestimmungen in den Kontrakt. **13**, 209. — 7) Ist ein Konnossement, welches von deutschen Verfrachtern in Deutschland in englischer Sprache abgefaßt ist, in dem Sinne auszulegen, welchen der englische Sprachgebrauch und Seeverkehr

und der englische Richter mit dem betreffenden englischen Ausdrucke zu verbinden pflegt? Perils of navigation. Freight earned ship lost or not lost. **11,** 104. — 8) Auslegung einer in London von zwei dortigen Maklern als Vertretern deutscher Kontrahenten in englischer Sprache abgeschlossenen Chartepartie. Beurteilung nach deutschem oder englischem Recht? Penalty-Klausel. **19,** 34. — 9) Unter welchen Voraussetzungen ist ein von einem Unternehmer aufgestellter Prospekt über den Kreis seiner Thätigkeit und die näheren Bestimmungen, unter welchen er die einzelnen Geschäfte abzuschließen bereit ist, als lex contractus im konkreten Falle aufzufassen? **13,** 73. — 10) Welche rechtliche Bedeutung hat es, wenn der Schuldner die Rechnung des Gläubigers diesem mit dem unterschriebenen Vermerke „als richtig anerkannt" aushändigt? Tragweite des Art. 294 H.G.B.? **13,** 84. 86. — 11) Kann, wenn eine Schiffspart verpfändet ist ohne Besitzübergabe, ein Pfandrecht an den mit der Part verbundenen Forderungen zustande gekommen sein? **14,** 16. — 12) Kann eine Urkunde, welche sich sowohl als Grundschuldanteilschein wie als Obligation darstellt, als ersterer ungültig, gleichzeitig aber als letztere gültig sein? **14,** 101. — 13) Auslegung der Klausel: „Der Versicherungsvertrag ist ungültig, wenn das Leben des Versicherten geendet oder verkürzt wird durch eine ausschweifende Lebensweise, z. B. Trunksucht, oder durch eine Handlung, welche sein Leben mutwillig oder unnötig gefährdet, oder durch deren Folgen." **18,** 142. — 14) Haftet die dem Gläubiger für alle seine gegenwärtigen und künftigen Forderungen vom Schuldner bestellte Sicherheit schlechthin für die dem Gläubiger von Dritten cedierten Forderungen gegen den Schuldner? (G.) **18,** 232. — 15) Auslegung eines Ehevertrages. Vertragsvermächtnis. Verbotene Aftererbsetzung. (Bad.) **18,** 324. — 16) Auslegung des vor Einführung der Reichsgoldwährung geleisteten Versprechens eines Ausländers, im Auslande in deutscher Silberwährung Zahlung zu leisten. Anwendung des Art. 14 des Reichsmünzgesetzes vom 9. Juli 1873. **19,** 47. — 17) Auslegung des von dem Handlungsgehilfen für den Fall seines Eintrittes in ein Konkurrenzgeschäft gegebenen Strafversprechens. **20,** 107. — 18) Verzicht auf Oberappellation. **20,** 398. — 19) Siehe auch dieses Register § 225 (Auslegung der Handelsgeschäfte) und § 194 b. (Auslegung der Testamente).

### § 35. Anfechtung und Nichtigkeit der Rechtsgeschäfte. Pactum claudicans.

(Siehe auch §§ 105 und (Nichtigkeit der Testamente) 194 dieses Registers.)

1) Kann eine Urkunde, welche sich sowohl als Grundschuldanteilschein wie als Obligation darstellt, als ersterer ungültig und gleichzeitig als letztere gültig sein? **14,** 101. — 2) Ist der Verkauf einer fremden Sache unter Starksagung für die Genehmigung des Eigentümers nichtig? (F.) **15,** 331. — 3) Natur und Gegenstand der Klage auf Nichtigerklärung einer Schenkung wegen Geistesschwäche des schenkenden Erblassers. (Bad.) Ist für diese Klage der Gerichtsstand der Erbschaft begründet? **15,** 363. — 4) Anfechtung eines Vertrages wegen Geistesstörung. Ist

vor der Entmündigung Notorietät des Zustandes erforderlich? (F.) **16**, 281. — 5) Ist der nach erlittenem Unfalle erklärte Verzicht des Verletzten auf seine Ansprüche aus dem Reichshaftpflichtgesetze nichtig? **16**, 31. — 6) Rechtsbeständigkeit der den Aktionären einer Zuckerfabrik statutenmäßig obliegenden Rübenlieferungspflicht? **17**, 4. 13. — 7) Errichtung der Aktiengesellschaft. Unwirksamkeit der statutenwidrigen Vereinbarung, daß ein Aktionär den von ihm gezeichneten Betrag nicht bar zu zahlen brauche, sondern anderswie begleichen könne. **18**, 2. — 8) Ist ein Rechtsgeschäft, wenn der eine Kontrahent sich durch seine Beteiligung bei demselben straffällig macht, nach allen Richtungen hin nichtig? Pactum de non licitando. (P., R.) **18**, 221. — 9) Voraussetzungen des gegen die Verträge über Nichtbieten bei Versteigerungen gerichteten Verbotsgesetzes. (P.) **20**, 247. — 10) Anerkennung ihrer unwirksamen Geschäfte durch die Minderjährigen nach erreichter Großjährigkeit. Form? (P.) **11**, 324. — 11) Welches Mittel zur Anfechtung des Rechtsgeschäftes steht demjenigen zu Gebote, welcher die nach § 92 A.L.R. I. 4 erforderliche Anzeige versäumt hat? **12**, 279. — 12) Ist die ohne die erforderliche Genehmigung des Familienrates oder des Gerichtes vorgenommene Rechtshandlung des Vormundes völlig wirkungslos, oder findet die Klage auf Vernichtung des Aktes statt? (F.) **12**, 332. — 13) Verjährt nach Art. 1304 Code civil das Recht, die Nichtigkeit eines Vertrages geltend zu machen, sei es klage-, sei es einredeweise, oder unterliegt die bezügliche Einrede der Verjährung nicht? (F.) **12**, 333. — 14) Anfechtung eines in Seenot über Hilfsleistung geschlossenen Vertrages. Siehe § 253 dieses Registers. — 15) Ist ein zur Umgehung eines gesetzlichen Verbotes geschlossenes Rechtsgeschäft nichtig und von den Kontrahenten selbst anzufechten? (G.) Eigentumsübertragung mittels constitutum possessorium zwecks Sicherstellung, weil ein Pfandrecht ohne körperlichen Gewahrsam nicht gültig? **13**, 203. — 16) Mit der Ungültigkeit des Hauptgeschäftes kommt auch der ein accessorium bildende Inhalt des Geschäftes in Wegfall. **14**, 16. — 17) Unter welchen Umständen sind Verträge über den Verkauf von Lospapieren wegen Verstoßes gegen § 286 St.G.B. als ungültig anzusehen? **14**, 84; **18**, 79. — 18) Bedarf der emanzipierte Minderjährige, um über eine Kapitalschuld seines Vaters zu quittieren, eines besonderen Kurators? Kann er sich Dritten gegenüber darauf berufen, daß ein solcher gefehlt habe? (F.) **20**, 341. — 19) Kann derjenige, der mit einem negotiorum gestor kontrahiert hat, vom Vertrage zurücktreten, solange der Geschäftsherr sich über die Genehmigung der Geschäftsführung nicht erklärt hat? (G., F.) **17**, 77.

## § 36. Ratihabition.

1) Anerkennung des während der Minderjährigkeit unwirksam abgeschlossenen Geschäftes nach erreichter Großjährigkeit. Form? (P.) **11**, 324. — 2) Haftet derjenige, der ein Blankett unterschreibt und fortgiebt, gemäß dem später ausgefüllten Inhalte, wenn er die ihm bekannt gewordene Ausfüllung nachträglich genehmigt? Ist zur Wirksamkeit der

Ratihabition erforderlich die Kenntnis nicht nur des Inhaltes, sondern auch des Wortlautes des Rechtsgeschäftes? (G., P.) **14,** 297. 302; **15,** 61; **17,** 117. — 3) Rücktrittsrecht des mit einem negotiorum gestor Kontrahierenden, solange der Geschäftsherr sich nicht über die Genehmigung der Geschäftsführung erklärt hat? (G., F.) **17,** 77. — 4) Ist im Falle des Verkaufes einer fremden Sache unter Starksagung für die Genehmigung des Eigentümers der Käufer noch gebunden, wenn die Genehmigung erst erteilt wird, nachdem der Käufer infolge der anfänglichen Verweigerung derselben den Rücktritt erklärt hat? (F.) **15,** 331. — 5) Obervormundschaftliche Genehmigung zur Novation. (G.) **12,** 151. — 6) Ist der Vater als gesetzlicher Vertreter seiner minderjährigen Kinder bei Vornahme von Rechtsgeschäften für dieselben in dem gleichen Umfange an die Genehmigung des Vormundschaftsgerichtes gebunden, als der Vormund? (G., P.) **15,** 201. — 7) Wirkung des Mangels der erforderlichen Genehmigung des Familienrates oder des Gerichtes zu einer Rechtshandlung des Vormundes. (F.) **12,** 332. — 8) Wirkung der ehemännlichen Genehmigung der seitens der Frau in Ansehung ihres eingebrachten Vermögens eingegangenen Verpflichtungen. (P.) **16,** 259. — 9) Erfordernis der ehemännlichen Genehmigung zur Rechtsbeständigkeit des Verzichtes der Ehefrau auf eine ihrem Grundstücke zustehende Servitut? (F.) **14,** 314. — 10) Ist zum Besitzerwerbe durch einen Generalbevollmächtigten Ratihabition des Geschäftsherrn erforderlich? (G.) **19,** 249.

## § 37. Protestation und Reservation.

1) Bedeutung und Inhalt einer zur Wahrung der Illegitimitätsklage fristgerecht eingelegten gerichtlichen Protestation. (P.) **13,** 276. — 2) Erklärung der Anfechtungsabsicht nach § 7 A.L.R. II. 2 als Protestation. Form? Frist? **18,** 288. — 3) Bedarf es eines Vorbehaltes des zahlenden Bürgen, um sich das Recht auf Abtretung der Forderung des Gläubigers gegen den Hauptschuldner zu erhalten? (G.) **18,** 240. — 4) Abschluß eines Kaufes durch einen Makler mit Vorbehalt der Aufgabe des Käufers. **20,** 37. — 5) Vorbehalt eines Anspruches, der gleichzeitig verfolgt wird. **20,** 287. — 6) Wirksamkeit des Eigentumsvorbehaltes. (G., F.) **20,** 327; **12,** 160.

## § 38. Verzicht.

1) Constitutum debiti proprii als Verzicht auf Einreden gegen die ursprüngliche Schuld? (G.) **11,** 5. — 2) Liegt in der unentgeltlichen Abtretung des Wohnungs- und Nutzungsrechtes an den Eigentümer des damit belasteten Hauses ein bloßer Verzicht oder eine den Formen des Art. 931 Code civil unterworfene Schenkung? **11,** 349. — 3) Liegt in der Nichterhebung der begründeten Klage aus § 690 C.P.O. ein stillschweigender Verzicht? (G.) **13,** 180. — 4) Liegt in der Erhebung der persönlichen Klage gegen den Schuldübernehmer ein Verzicht des Gläubigers auf die Inanspruchnahme des Urschuldners? (G.) **19,** 253. — 5) Liegt in dem Verzichte auf eine bereits eröffnete Succession in

ein Lehn- oder Familienfideikommißgut auch der Verzicht für den Fall, daß der nunmehrige Nachfolger ohne Hinterlassung successionsberechtigter Nachkommen stirbt? (G.) **14,** 226. — 6) Enthält der Verzicht auf das Pfandrecht oder dessen Vorrang einen Verzicht auf die Forderung selbst? **16,** 247. — 7) Wirkung des von einem Ehegatten erklärten Verzichtes auf die Gütergemeinschaft? (F.) **13,** 297. — 8) Gebühren der Ehefrau, wenn sie auf die Gütergemeinschaft verzichtet hat, für ihre Ersatzforderung an die Gütergemeinschaft die gesetzlichen Zinsen von deren Auflösung an? (F.) **17,** 321. — 9) Verzicht der Ehefrau auf eine ihrem Grundstücke zustehende Dienstbarkeit ohne Autorisation des Mannes. Anfechtung seitens des spätern Erwerbers des Grundstückes. (F.) **14,** 314. — 10) Wirksamkeit eines Verzichtes auf eine gerichtliche Urteilshypothek? Ungültigkeit der trotzdem erfolgenden Eintragung? (F.) **15,** 311. — 11) Verzicht eines Gläubigers auf ein Vorzugsrecht zu Gunsten eines andern Gläubigers desselben Schuldners. Verliert das Vorrecht dem andern Gläubiger gegenüber unmittelbar seine Kraft, oder erlangt dieser nur ein obligatorisches Recht auf Herausgabe gegen den ersten? Rechtliche Konstruktion. (G.) **16,** 120. — 12) Verzicht auf eine künftige Erbschaft. Ist er auch dann ungültig, wenn er sich auf eine im Ehevertrage enthaltene Erbeinsetzung bezieht? auch nach Scheidung der Ehe? (F.) **15,** 325. — 13) Verzicht des Verletzten nach erlittenem Unfalle auf seine Ansprüche aus §§ 1. 2. 3 des Reichshaftpflichtgesetzes gegenüber dem haftpflichtigen Unternehmer. **16,** 31. — 14) Verzicht auf abgesonderte Befriedigung gemäß § 57 K.O. **16,** 68. — 15) Kann auf den Nachweis eines Beschlusses der Generalversammlung der Aktiengesellschaft, daß die Klage zu erheben sei (Art. 223 H.G.B.), vom Beklagten verzichtet werden? **18,** 62. — 16) Verzicht auf Appellation und Oberappellation. Wirksamkeit an sich. Jetzige Bedeutung. **20,** 398. — 17) Siehe auch Alphabetisches Register „Verzicht".

## § 39. Schenkungen.

(Schenkungen unter Ehegatten siehe dieses Register § 177. Schenkungen von Todes wegen siehe dieses Register § 205.)

1) Liegt in der unentgeltlichen Abtretung des Wohnungs- und Nutzungsrechtes an den Eigentümer des damit belasteten Grundstückes eine den Formen des Art. 931 Code civil unterworfene Schenkung oder ein bloßer Verzicht? **11,** 349. — 2) Feststellung der Schenkungsabsicht. Bedeutung anderer Beweggründe, die der Zuwendung zu Grunde liegen. „Erste Absicht." (G.) **14,** 191. — 3) Gesetzlich vermutete Schenkung nach Art. 918 Code civil. Veräußerung eines Hausgrundstückes mit Vorbehalt des lebenslänglichen Wohnungsrechtes. (F.) **18,** 322. — 4) Ungültigkeit einer nicht gerichtlich insinuierten Schenkung nur bezüglich des den Betrag von 500 solidi übersteigenden Teiles. **14,** 193; **18,** 49. — 5) Wie vollzieht sich für die formlose Schenkung eines — verbrieften — Forderungsrechtes der Akt der Übergabe? (P.) **14,** 264. — 6) Ist der Formvorschrift des § 1063 A.L.R. I. 11 auch dann genügt, wenn

das in Wirklichkeit beabsichtigte Schenkungsversprechen in einen Darlehnsvertrag eingekleidet und hierbei die gerichtliche Form beobachtet ist? Ist dieses Versprechen wegen der Simulation ungültig? (P.) **15,** 293. — 7) Mündliche Schenkung einer verbrieften Forderung. Wird durch Übergabe des Schuldscheines an den Beschenkten und Einziehung der Forderung seitens des letztern der Mangel der gerichtlichen Form geheilt und die Rückforderung ausgeschlossen? (P.) **17,** 295. — 8) Inwieweit ist die donatio sub modo von dem Erfordernisse der Insinuation befreit? Grundsätze für die Ausmittelung des Wertes der Gegenleistung des Beschenkten. (G.) **18,** 180. — 9) Formelle Erfordernisse der Insinuation einer großen Schenkung. (G., Hessen) **18,** 182. Persönliche Anwesenheit der Kontrahenten? Zweck und innere Bedeutung der Insinuation. **18,** 251. — 10) Muß derjenige, welcher auf Grund der in seinen Händen befindlichen Schenkungsurkunde Schenkung seitens des Gegners behauptet, die Annahme derselben seinerseits noch besonders nachweisen? **15,** 217. — 11) Ist der für den Nachlaß des Schenkers bestellte Pfleger zum Widerrufe der Schenkung befugt? (P.) **15,** 226. — 12) Geht das Recht, eine außergerichtlich vollzogene Schenkung binnen sechs Monaten zu widerrufen, auf die Erben über? (P.) **12,** 289. — 13) Natur und Gegenstand der Klage a. auf Nichtigerklärung einer Schenkung wegen Geistesschwäche des schenkenden Erblassers, b. auf Minderung einer Schenkung wegen Verletzung des Pflichtteiles (Bad.). Gerichtsstand der Erbschaft? **15,** 363. — 14) Schenkungen zwischen Vater und Hauskind nach heutigem gemeinen Rechte. **16,** 113. — 15) Sind zwischengeschobene Personen im Sinne des Art. 1100 Code civil auch die unehelichen Kinder des einen Ehegatten? **19,** 392. — 16) Begründet das acceptierte Versprechen einer Zuwendung unter der Bedingung oder zum Zwecke einer zu schließenden Ehe an einer der künftigen Ehegatten für diesen nach Vollziehung der Ehe eine Klage auf Leistung, auch wenn er seinerseits ein Versprechen, die Ehe zu schließen, nicht abgegeben, und auch wenn die den Wert von 150 ℳ übersteigende Zuwendung nur mündlich versprochen ist? Auslegung des § 1048 A.L.R. I. 11. **17,** 252. — 17) Welches örtliche Recht ist maßgebend, wenn die schenkungsweise Übereignung des Anteiles an einer in Altpreußen bestehenden Handelsgesellschaft seitens eines Gesellschafters an seinem im Gebiete des gemeinen Rechtes belegenen Wohnorte erklärt ist? **18,** 39. — 18) Schenkung des ganzen gegenwärtigen und zukünftigen Vermögens als Schenkung unter Lebenden. (G.) **18,** 180. — 19) Schenkung der Ehefrau aus dem eingebrachten Vermögen ohne Genehmigung des Mannes. (P.) **19,** 347. — 20) Begriff der belohnenden Schenkung. Hat der Richter zu prüfen, ob die betreffenden Dienste objektiv geeignet waren, den Schenker zu der Hingabe zu bewegen, insbesondere mit bezug auf den Wert derselben im Verhältnisse zum Betrage der Schenkung? Entfällt der Begriff, wenn die Dienste auch von bezahlten Leuten geleistet werden, und in concreto der Beschenkte auch bezahlt ist? (P.) **15,** 226. — 21) Begriff der verschleierten Schenkung. Unterliegt sie bezüglich der Befreiung von der Pflicht zur Einwerfung anderen Regeln als die verschleierte? (F.) **16,** 275.

### § 40. Verschulden. Zufall. Höhere Gewalt.

1) „Anwendung gewöhnlicher Aufmerksamkeit" gleichbedeutend mit „Vermeidung eines groben Versehens"? (P.) **11**, 337. — 2) Beweislast betreffs der Frage, ob der Brand, durch welchen die dem Spediteur zur Aufbewahrung übergebenen Güter mit dem Lagergebäude vernichtet sind, ein den Spediteur von der Haftung befreiender Unglücksfall ist. **11**, 132. — 3) Ist gegen die Klage aus § 1 des Reichshaftpflichtgesetzes der Einwand der höheren Gewalt ausgeschlossen, wenn der Unfall die unmittelbare Folge des regelmäßigen Betriebes ist? Erblindung durch den aus der Lokomotive entfliegenden Kohlenstaub. **11**, 146. — 4) Unfall auf der Seereise. Wirkung der Verzögerung der Reise auf die Rechte und Pflichten des Schiffers und des Abladers. **14**, 34. — 5) Begriff der höheren Gewalt. Identität mit Zufall? **14**, 82; **19**, 37. — 6) Auslegung der Konnossementsklauseln „perils of navigation excepted" und „freight earned ship lost or not lost." Pflichten und Rechte des Verfrachters. **11**, 106. 110. — 7) Siehe auch §§ 111. 112 dieses Registers. (Kontraktliches und außerkontraktliches Verschulden.)

---

## Sechstes Kapitel. Raum- und Zeitverhältnisse.

### § 41. Besitz.

#### a. Besitz der Sachen.

1) Wesen des Mitbesitzes? **13**, 179. — 2) Begriff des ruhigen und des ununterbrochenen Besitzes. Possession non interrompue und possession paisible. (F.) **20**, 342. — 3) Ist derjenige, welcher ein Pfand nach Erlöschen des Pfandrechtes in Besitz behält, ohne einen sonstigen Titel zu haben, unredlicher Besitzer? (P.) **13**, 129. — 4) Nach den Gesetzen welches Ortes richtet sich der Übergang von Besitz und Eigentum an beweglichen Sachen? **11**, 55. — 5) Erfordernisse der Besitzübertragung. (F.) **18**, 353. — 6) Inwiefern liegt Übergabe und Besitzergreifung des Geldes vor, welches von dem Schuldner der geschenkten Forderung unter Zustimmung des Berechtigten an den Beschenkten gezahlt wird? §§ 1065 I. 11, §§ 58 flg. I. 7 A.L.R. **17**, 297. — 7) Pfändung verbriefter Forderungen. Besitzübertragung an dem Dokumente. (P., R.) **20**, 307. — 8) Bedeutung des Satzes „nemo sibi causam possessionis mutare potest. (G.) **19**, 241. — 9) Haftung des unredlichen Besitzers als dolo desinens possidere bei Vindikation, Exhibition und hereditatis petitio. (G.) **20**, 206. — 10) Unter welchen Umständen haftet der Eigentümer eines Tieres mit der actio de pauperie als dolo desinens possidere, wenn er das Tier in Kenntnis davon, daß es Schaden gestiftet hat, veräußert? (G.) **20**, 205. — 11) Geht die actio de pauperie gegen den Eigentümer oder den Besitzer des Tieres? (G., Hamburg) **20**, 202.

### b. Besitz der Rechte.

1) Wie wird der Besitz der Dienstbarkeit des Lichtrechtes erworben? (F.) **20,** 349. — 2) Siehe auch § 71 dieses Registers.

### c. Stellvertretung. Constitutum possessorium. Anweisung.

1) Voraussetzungen des constitutum possessorium. Thatsächlicher Besitz desjenigen, welcher den Besitz überträgt? (G., P.) **11,** 57. — 2) Constitutum possessorium von seiten des Detentors, der für einen Dritten besitzt? (G.) **19,** 239. — 3) Ist zur Wirksamkeit der Besitzübertragung durch Anweisung oder constitutum possessorium erforderlich, daß der Detentor von diesen Erklärungen Kenntnis hat? (P.) **11,** 59. 61. — 4) Kann ein Generalbevollmächtigter — Prokurist — Besitz für den Geschäftsherrn erwerben auch ohne spezielles Mandat oder Ratihabierung? Rückübertragung durch Constitutum possessorium. (G.) **19,** 248. — 5) Ist ein Vertrag, in welchem zwar Tradition als geschehen anerkannt, eventuell aber die Verabredung eines constitutum possessorium enthalten ist, zum Nachweise des Eigentumserwerbes ausreichend? (G.) **13,** 201. — 6) Liegt eine Umgehung des Gesetzes vor, wenn nach diesem ein Pfandrecht ohne körperliche Gewahrsam nicht gültig, und deswegen von den Parteien Eigentumsübertragung mittels constitutum possessorium vorgenommen ist? (G.) **13,** 203. — 7) Besitzerwerb durch Anweisung. Entstehung des Kommissionspfandrechts durch Ausstellung des auf den Kommissionär lautenden Ladescheines und Übernahme der Ware seitens des Frachtführers (Schiffers), oder erst durch Aushändigung des Scheines an den Kommissionär? (P., R.) **13,** 120. — 8) Der Handlungsbevollmächtigte ist nicht im Besitze der Geschäftskasse, sondern übt den Besitz für den Prinzipal aus. (G.) **19,** 238.

### d. Rechtsmittel zum Schutze des Besitzes.

1) Ist ein einfaches Verbot ausreichend, um die trotzdem erfolgte Handlung als vis und Besitzfehler erscheinen zu lassen? (G.) **12,** 175. — 2) Inwiefern genügt zum Beweise des gegenwärtigen Besitzes der Beweis einer einzigen Besitzhandlung? Ist dazu eine solche Handlung geeignet, wegen deren der Betreffende auf Grund des preußischen Forstdiebstahlsgesetzes vom 15. April 1878 strafgerichtlich verfolgt ist? (F.) **17,** 308. — 3) Pfändung der im Gewahrsam eines Dritten befindlichen Sachen, welcher zu deren Herausgabe nicht bereit war. Spolienklage gegen den Gläubiger auf Freigabe und Schadensersatz. Einrede, der Kläger sei nicht Eigentümer, oder das betreffende Erwerbsgeschäft sei anfechtbar. **14,** 258. — 4) Ist das interdictum quod vi aut clam eine Besitzklage? **17,** 124. — 5) Widerrechtliche Aneignung fremden Besitzes. Ist Bewußtsein der Widerrechtlichkeit erforderlich, damit die Kompensation gegen den Anspruch aus der Aneignung unzulässig sei? (G.) **19,** 237.

### § 42. Zeitberechnung.

1) Berechnung der Verjährungsfrist. Anfangstag. **11**, 44. — 2) Ist eine in einem neueren Gesetze eingeführte, nach Monaten bestimmte Verjährungsfrist nach wiederkehrenden Kalendertagen zu berechnen, oder nach der Vorschrift des Allgem. Landrechtes, daß der Monat als Zeitraum von 30 Tagen in Betracht kommt? (P.) **17**, 209. — 3) Berechnung der sechsmonatlichen Frist des § 26 K.O. Anwendung des § 200 Abs. 2 C.P.O.? Beginn der Frist, wenn der eventuell anzufechtenden Pfändung eine Benachrichtigung gemäß § 744 C.P.O. vorhergegangen ist? **17**, 328. — 4) Fristen des § 41 des preuß. Eigentumserwerbsgesetzes. **20**, 233.

### § 43. Unvordenkliche Zeit. (Immemorialpräskription.)

1) Unterscheidung zwischen Herkommen und Unvordenklichkeit des Besitzes: Rechtsnorm und Titel subjektiver Rechte. **17**, 123. 181. — 2) Genügt, wenn ein Graben einem Grundstücke Wasser zuführt, die Unvordenklichkeit dieses Zustandes und der Benutzung des Wassers durch den Grundeigentümer und seine Rechtsvorgänger, um ein Recht desselben auf den Wasserzufluß zu begründen? (G.) **17**, 119.

---

# Zweiter Abschnitt. Dingliche Rechte.

## Erstes Kapitel. Gemeinsame Lehren.

### § 44. Rechte an Sachen im allgemeinen. Recht zur Sache. Succession. (Rechtsnachfolge.)

1) Nur für denjenigen, der ein Recht auf ein für einen anderen bereits eingetragenes Recht erwirbt, wirkt der Glaube des Grundbuches. (P.) **19**, 342. — 2) Ist der Pfändungspfandgläubiger Rechtsnachfolger des Schuldners im Sinne des § 11 des Reichsanfechtungsgesetzes und des § 410 C.P.O.? **15**, 368. — 3) Unabhängigkeit des droit de préférence von dem Untergange des droit de suite. (F.) **18**, 343. — 4) Sind unter „Rechten an dem Grundstücke" dingliche Rechte zu verstehen? **19**, 299. — 5) Eintragung einer Vormerkung zur Erhaltung des klägerischen Rechtes auf Auflassung. Vermittelung des Prozeßrichters. Besorgnis, daß die Verwirklichung des Rechtes erschwert werde? Verhältnis von § 70 des Eigentumserwerbsgesetzes zur Civilprozeßordnung und zu § 18 des Ausführungsgesetzes zur Civilprozeßordnung? (P.) **11**, 280. — 6) Zweck, Bedeutung und Wirkung des vorläufigen Vermerkes der erfolgten Veräußerung eines Trennstückes (§ 64 der Grundbuchordnung). Analogie der Vormerkung zur Erhaltung des Rechtes auf Auflassung oder auf Eintragung des Eigentumsüberganges. (P.) **15**, 269. — 7) Giebt es im deutschen Rechte ein Verhältnis, in welchem die landwirtschaftliche Benutzung eines Grundstückes dem jeweiligen Eigentümer eines anderen

gegen Bezahlung eines Kanons an den Eigentümer des ersteren überlassen ist? **12**, 176. — 8) Recht des Hypothekengläubigers an den dem Hauseigentümer nicht gehörigen eingefügten Baumaterialien, welche deren Eigentümer vertragsmäßig wieder herausnehmen kann? (S.) **12**, 160. — 9) Recht zur Sache nach §§ 4. 15 des Eigentumserwerbsgesetzes zu den landrechtlichen Regeln von den Wirkungen des bösen Glaubens beim Erwerbe dinglicher Rechte. (P.) **15**, 267. — 10) Erlischt unter Umständen das Mietsverhältnis ohne Kündigung, sobald das Verfügungsrecht des Vermieters über die Mietsache aufhört? Cessante jure concedentis resolvitur jus concessum. (P.) **17**, 158. — 11) Bildet die Kenntnis der obligatorischen Verpflichtung des eingetragenen Eigentümers, einem anderen das Eigentum zu übertragen, ein Hindernis für den Erwerb von dinglichen Rechten am Grundstücke? (P.) **18**, 294. — 12) Wirkung des Rechtes zur Sache bei beweglichem Zubehör eines Grundstückes gegenüber dem Ersteher des Grundstückes. (P.) **19**, 321. — 13) Kann ein wirkliches Recht zur Sache bestehen, wenn der Gegenstand des ihm zu Grunde liegenden Rechtsgeschäftes unbestimmt ist? (P.) **20**, 238. — 14) Ist ein obligatorisches Verhältnis zwischen Kläger und Schuldner zur Begründung der Interventionsklage aus § 690 C.P.O. schlechthin ungeeignet? **18**, 366. — 15) Kann im Falle des Fideikommisses der Nacherbe Verfügungen des Fiduziars, welche gegen ein ausdrückliches Veräußerungs- und Verpfändungsverbot des Erblassers verstoßen, schon vor Eintritt des Substitutionsfalles anfechten? Hat er unter Umständen auch eine Klage gegen den Erwerber einer Hypothek am Fideikommißgrundstücke? (P.) **14**, 288. Vgl. **18**, 300. — 16) Wirkt der von der Ehefrau ohne ehemännliche Genehmigung erklärte Verzicht auf eine ihrem Grundstücke zustehende Dienstbarkeit gegen den späteren Käufer des Grundstückes? (F.) **14**, 314. — 17) Zum Begriffe der Singularsuccession. **14**, 315.

### § 45. Erwerb dinglicher Rechte bezw. Untergang älterer dinglicher Rechte durch Veräußerung einer beweglichen Sache seitens des Nichtberechtigten. „Hand muß Hand wahren."

(Siehe auch § 232 dieses Registers. Gutgläubiger Erwerb im Handelsverkehr.)

1) Findet der Grundsatz „Hand muß Hand wahren" auf mecklenburgische Hypothekenscheine Anwendung? **17**, 116.

### § 46. Aufgebot und Präklusion.

1) Präklusion des wahren Eigentümers, wenn ein sowohl für den Subhastaten, als auf einem anderen Grundbuchblatte für den wahren Eigentümer eingetragenes und im Patente nicht dem letzteren Blatte entsprechend bezeichnetes Grundstück subhastiert ist? (P.) **11**, 275. — 2) Muß das Aufgebot von Urkunden, für deren Aufgebot die Bekanntmachung durch Zeitungen, welche an namentlich bezeichneten Orten erscheinen, in Statuten oder Privilegien besonders vorgeschrieben ist, in

solchen Blättern bekannt gemacht werden, damit das Aufgebot wirksam sei? (P.) **11**, 372. — 3) Wirkung des Ausschlußurteiles gegen nicht angemeldete Ansprüche, welche dem Antragsteller bekannt waren, und gegen solche, die erst nachher entstanden sind? (G., Hamb.) **20**, 217. — Siehe auch § 336 c dieses Registers (Subhastation).

### § 46 A. Separation und Zusammenlegung.

1) Hypothekarische Belastung nach Ausführung des Separationsrecesses, aber vor Berichtigung des Grundbuches? Repräsentation des Abfindungsplanes durch den im Grundbuche eingetragenen Plan? (P.) **11**, 252.

### § 46 B. Grundbuchverfassung. Preußische Gesetze vom 5. Mai 1872. Glaube des Grundbuches.

1) Bedeutung des Glaubens des Grundbuches. Wer kann sich auf ihn berufen? **19**, 342. — 2) Wirkungen einer unrichtigen zweifachen Eigentumseintragung auf verschiedenen Grundbuchblättern. Subhastation. Rechte der Hypothekengläubiger. **11**, 275; **13**, 246. 249. — 3) Kann ein Grundstück, welches ein eigenes Grundbuchblatt hat, thatsächlich aber mit einem anderen, gleichfalls selbständig eingetragenen Grundstücke zu einem untrennbaren Ganzen verbunden ist, ohne Bezeichnung seines Blattes zugleich mit dem letzteren Grundstücke durch dessen Adjudikation oder Auflassung in das Eigentum eines anderen übergehen? Spezialität und Publizität. **15**, 249. — 4) Erwirbt der Ersteher eines Grundstückes, mit welchem eine Parzelle thatsächlich als Pertinenz verbunden, während sie, ohne ein selbständiges Grundbuchblatt zu haben, nach den Steuerbüchern Teil eines anderen selbständigen Grundstückes ist, das Eigentum dieser Parzelle? **18**, 275. — 5) Bedeutung des Publizitätsprinzipes. **20**, 283. — 6) Will das Eigentumserwerbsgesetz die landrechtlichen Vorschriften über die Wirkungen des bösen Glaubens beim Erwerbe von Eigentum und dinglichen Rechten ganz beseitigen, oder sind die §§ 4. 15 nur Ausnahmen von der unveränderten Regel des Allgem. Landrechtes? **15**, 267. — 7) Einfluß des Glaubens des Grundbuches bei Rechtsakten, die zu ihrer Wirksamkeit der Eintragung nicht bedürfen? **15**, 267. — 8) Öffentlicher Glaube des Grundschuldbriefes, welcher nichts darüber enthält, daß der verpfändende Miteigentümer im Grundbuche nur als Miterbe eingetragen ist? **16**, 255. — 9) Kann der Gläubiger, der das lübische Recht und dessen statutarische Geltung nicht kennt, für die Gültigkeit der ihm von dem in beerbter Ehe nach lübischem Rechte lebenden eingetragenen Eigentümer bestellten Hypothek sich auf den Glauben des Grundbuches berufen? **18**, 262. — 10) Wirken, wenn eine Ehefrau im Grundbuche als Gläubigerin eingetragen ist, die Beschränkungen des Verfügungsrechtes, denen sie als Ehefrau unterliegt, gegen den Dritten? **19**, 346. — 11) Wirkung einer Beschränkung des Eigentumsrechtes am Grundstücke gegenüber dem Dritten, welcher sie zwar nicht bei Einreichung des Gesuches um Eintragung der

Hypothek, aber vor deren Eintragung selbst gekannt hat. Fideikommissarische Substitution. **14,** 288. — 12) Antinomie zwischen § 11 des Eigentumserwerbsgesetzes und § 73 der Grundbuchordnung. **18,** 300. — 13) Ist unter dem eingetragenen Eigentümer im Sinne des Eigentumserwerbsgesetzes sowohl der vor, als der nach dem 1. Oktober 1872 eingetragene Eigentümer zu verstehen? Rückwirkende Kraft der Gesetze vom 5. Mai 1872? **15,** 260. 261. — 14) Ist die Thatsache, daß im Grundbuche für jemanden eine Hypothek eingetragen steht, ein Eingriff seitens desselben in das Eigentum des eingetragenen Eigentümers? **18,** 268. — 15) Spezialitätsprinzip. Eintragungen in der zweiten und dritten Abteilung unter Verweisung auf zu Grunde liegende Verträge, Reglements rc. **20,** 223. 274. — 16) Ist ein Recht, welches gelegentlich im Grundbuche erwähnt wird, dadurch wirksam eingetragen? **20,** 282.

---

## Zweites Kapitel. Das Eigentum.

### § 47. Eigentum. Miteigentum. Gemeinschaften.

1) Wesen des Miteigentumes. **20,** 272. — 2) Wird dadurch, daß jemand ein Sparkassenbuch auf den Namen eines anderen schreiben läßt, während er selbst die Einzahlung macht, für den anderen Eigentum oder Miteigentum an dem Buche geschaffen? **11,** 241. — 3) Thatsächliche Verbindung zweier selbständig auf je einem Grundbuchblatte eingetragenen Grundstücke zu einem untrennbaren Ganzen. Wirkung der Adjudikation oder Auflassung des einen Grundstückes auf die Eigentums- und Hypothekenverhältnisse des anderen. (P.) **15,** 249. — 4) Begriff der Kultur- oder Exploitationswege. Rechtliches Verhältnis der beiderseitigen Adjazenten. Miteigentum? (F.) **15,** 330. — 5) Miteigentum der Miterben — vor der Teilung — an den Erbschaftssachen oder an der Erbschaft? (P.) **16,** 252. — 6) Erwerb eines Gesellschafters für sich und auf eigenen Namen mittels Verwendung des gesellschaftlichen Vermögens. Erlangt dadurch der andere Gesellschafter Miteigentum? (P.) **18,** 294. — 7) Kann die Übertragung eines ideellen Eigentumsanteiles an einen im Mitbesitze befindlichen Miteigentümer durch bloßen Vertrag bewirkt werden? (G.) **13,** 179. — 8) Kann der Pfandgläubiger im Falle späterer idealer Teilung der Pfandsache den Anteil eines Miteigentümers zum Gegenstande der Pfandverfolgung machen? (P.) **20,** 270. — 9) Inwieweit ist einer von mehreren Mitberechtigten zur Geltendmachung des gemeinschaftlichen Rechtes befugt? Individualrechte. (P.) **20,** 315.

### § 48. Inhalt des Eigentumes. Beschränkungen des Grundeigentumes. Legalservituten. Nachbarrecht.

1) Verschiedene Kategorien des Eigentumes. (P.) **13,** 388; (G.) **18,** 254. — 2) Gesetzliche Eigentumsbeschränkung des Inhaltes, daß beerdigte Leichen ohne Genehmigung der zuständigen Behörde nicht aus

dem Grundstücke ausgegraben werden dürfen. (G.) **16**, 152. — 3) Kann der Grundeigentümer die Wasseradern, die die auf seinem Grundstücke entspringende Quelle speisen, vor deren Zutagetreten ableiten? oder kann der Eigentümer des Ufers des daraus entstehenden Flusses verlangen, daß das Wasser in den Flußlauf zurückgeleitet werde, bevor derselbe seinen Uferbesitz erreicht? (G., P., F.) **16**, 229. — 4) Entstehung der öffentlich-rechtlichen Servitut der Unbebaubarkeit eines Grundstückes in Gemäßheit eines städtischen Bebauungsplanes? Erfordernis der Publikation des Planes? (P.) **17**, 166. — 5) Auslegung von „Beschränkungen des Eigentumsrechtes" in § 11 des Eigentumserwerbsgesetzes. **18**, 300. — 6) Eigentum einer Privateisenbahngesellschaft am Bahnkörper, beschränkt in der Verkehrsfähigkeit durch den thatsächlichen Zustand. (F.) **18**, 341. — 7) Ist dem französischen Rechte das sog. Nachbarrecht bekannt? **11**, 343. — 8) Inwiefern bedarf es, wenn der Nachbar auf Schadensersatz wegen Wasserimmission klagt, des Nachweises eines subjektiven Verschuldens des Beklagten? (G., F., P.) **11**, 344. — 9) Inwiefern kann der Nachbar auf Ersatz des durch schädliche Immission erst künftig entstehenden Schadens klagen? Allgemeiner Inhalt der Negatoria zum Schutze des Nachbarrechtes. (G., F.) **11**, 346; vgl. **11**, 341. — 10) Anwendung der §§ 17—19. 26 R.G.O. auf Nachbarrechte? Ist der Anspruch eines Müllers wegen Entziehung des zum Mühlenbetriebe notwendigen Wassers durch einen Oberlieger als Nachbarrecht aufzufassen? (P.) **13**, 57. — 11) Rechtsverhältnis des Ober- und des Unterliegers betreffs des abfließenden Wassers. (G.) **17**, 120. — 12) Klage gegen den Bienen haltenden Nachbar auf Abstellung des übermäßigen Eindringens der Bienen auf das eigene Grundstück? (G.) **12**, 174. — 13) Inhalt der Pflicht zur clôture? Kann sich der Verpflichtete befreien dadurch, daß er den zur Erbauung der Scheidewand erforderlichen Boden hingiebt? Verhältnis der Artt. 655. 656. 663 Code civil zu einander. **13**, 302. — 14) Inhalt des aus Artt. 678 flg. Code civil fließenden Rechtes. **15**, 329. — 15) Umfang des aus dem Besitze von Aussichtsfenstern in geringerer als der gesetzlichen Entfernung fließenden Rechtes? Freiheit von einer Legalservitut des Nachbars, oder eigene Dienstbarkeit des Inhaltes, daß der Nachbar die Aussicht nicht verbauen darf? (F.) **13**, 305. — 16) Berechtigt eine von dem Eigentümer auf seinem Grundstücke an der Grenzmauer vorgenommene Erdaufschüttung, welche der Mauer Feuchtigkeit zuführt, den Nachbar zur negatorischen Klage? (G.) **15**, 205. — 17) Beschränkung des Eigentümers in der Verfügung über die Einkünfte des Grundstückes im Falle der Zwangsverwaltung. (P.) **20**, 290.

### § 49.

— — — — — — — — — —

### § 50. Eigentumserwerb durch Accession. Uferrecht. Inädifikation.

1) Inädifikation. Wirkung des pactum reservati dominii und twaiger Wiederloslösung der verbauten Materialien? Erstreckung der

Grundstückshypothek auf die fremden, eingefügten Baumaterialien? (G.) **12**, 158. — 2) Eigentumserwerb durch Inädifikation. Verhältnis zum Bucheigentume. (P.) **18**, 279. Erwirbt bei der Zwangsversteigerung eines Grundstückes, dessen Eigentümer durch Bebauung eine Parzelle erworben und mit jenem verbunden hat, der Ersteher das Eigentum dieser Parzelle? (P.) **18**, 275; vgl. **15**, 249. — 3) Kommt den Uferbesitzern das Eigentum am Bette eines nicht schiff- und flößbaren Flusses zu? Alluvion, *entstehende* Inseln? Unterschied von den Rechten an Quellen? (F.) **12**, 340. — 4) Uferrecht. Siehe ferner §§ 48. 85. 86 dieses Registers.

## § 51. Eigentumserwerb durch Tradition.

(Constitutum possessorium. Siehe dieses Register § 41 c.)

1) Erwirbt der Auftraggeber, dessen Bevollmächtigter auftragsgemäß eine Sache von einem Dritten kauft, lediglich durch die an den Bevollmächtigten geschehene Übergabe das Eigentum? (G., P., Handelsrecht) **11**, 56. — 2) Wann erwirbt der Käufer das Eigentum an der von einem anderen Orte übersandten Ware? Art- und Gattungskauf. Bedeutung der Abnahme der Ware von dem Frachtführer und der Dispositionsstellung für die Frage des Eigentumserwerbes? (G.) **12**, 81. — 3) Wird durch Übergabe des Orderkonnossements schlechthin Eigentum an den darin verzeichneten Waren übertragen? **12**, 83. — 4) Eigentumsverhältnisse betreffs der übersandten, vom Käufer zur Disposition gestellten Ware, insbesondere, wenn der Verkäufer erst auf Abnahme und Zahlung, dann auf Herausgabe der Ware klagt, nunmehr aber auch der Käufer die Zurdispositionsstellung zurücknimmt? (G.) **18**, 161. — 5) Kann die Übertragung eines ideellen Eigentumsanteiles an einen im Mitbesitze befindlichen Miteigentümer durch bloßen Vertrag bewirkt werden? (G.) **13**, 179. — 6) Schenkung im Gebiete des gemeinen Rechtes über eine im Gebiete des Allgem. Landrechtes befindliche bewegliche Sache ohne Besitzübertragung. **18**, 46. — 7) Ist für das Reportgeschäft der Eigentumsübergang der gehandelten Papiere wesentlich? **19**, 158. — 8) Ist in Art. 306 H.G.B. körperliche Übergabe vorausgesetzt? **19**, 242. — 9) Erfordernisse des Eigentumserwerbes durch Tradition auf seiten des Erwerbenden. Erwerb durch den Generalbevollmächtigten. Geldbrief. (G.) **19**, 249. — 10) Eigentumserwerb des Erstehers des Grundstückes an den noch vorhandenen, zum Zubehör vom Grundstückseigentümer bestimmten beweglichen Sachen, auch wenn sie diesem nicht mehr gehören. (P.) **19**, 321. — 11) Eigentumsübergang durch gerichtlichen Verkauf. Kenntnis des Erstehers vom älteren Titel eines Dritten. (P.) **19**, 324.

## § 52. Eigentumserwerb durch Vertrag nach französischem Recht.

1) Kann bei den auf Eigentumsübertragung gerichteten Verträgen der sofortige Eigentumsübergang durch Vereinbarung ausgeschlossen werden? Eigentumsvorbehalt. **20**, 327.

## § 53. Eigentumserwerb an Grundstücken durch Auflassung. Preußisches Gesetz über den Eigentumserwerb und die dingliche Belastung der Grundstücke rc vom 5. Mai 1872 §§ 1–11.

1) Eintragung einer Vormerkung zur Erhaltung des klägerischen Rechtes auf Auflassung. Vermittelung des Prozeßrichters. Besorgnis, daß die Verwirklichung des Rechtes erschwert werde? Verhältnis zwischen § 70 des Eigentumserwerbsgesetzes, § 18 des preuß. Ausführungsgesetzes zur Civilprozeßordnung und den Bestimmungen der Civilprozeßordnung über einstweilige Verfügungen. **11,** 280; **20,** 242. — 2) Wirkung der Vormerkung zur Erhaltung des Rechtes auf Auflassung oder auf Eintragung des Eigentumsüberganges gegenüber der weiteren Bestellung von Rechten an dem Grundstücke? **15,** 269; **18,** 294. — 3) Steht demjenigen, für welchen eine Vormerkung zur Erhaltung des Rechtes auf Auflassung im Grundbuche eingetragen ist, ein Anspruch auf die Kaufgelder bei der Subhastation und also ein Recht zum Widerspruche gegen den Verteilungsplan zu? **18,** 293. — 4) Findet § 70 des Eigentumserwerbsgesetzes Anwendung, wenn nicht der Bucheigentümer, sondern ein Dritter zur Auflassung verpflichtet ist? **20,** 242. — 5) Rückwirkende Kraft der Gesetze vom 5. Mai 1872? **15,** 261. — 6) Verhältnis des Eigentumserwerbsgesetzes zu den landrechtlichen Regeln über die Wirkungen des bösen Glaubens. **15,** 267. — 7) Begriff der freiwilligen Veräußerung im Sinne des § 1 des Eigentumserwerbsgesetzes. **20,** 259. — 8) Heilung des Formmangels des zu Grunde liegenden Geschäftes durch die Auflassung. Wird das gesamte Geschäft wirksam, auch wenn die Auflassung nur einen Teil der Leistung des dazu Verpflichteten darstellt? **16,** 268. — 9) Rechte der Kontrahenten aus einem mündlichen, teilweise erfüllten Vertrage über ein Grundstück. **20,** 242. — 10) Verhältnis zwischen dem wirklichen Willen und einer irrtümlichen Bezeichnung des Gegenstandes des Auflassungsvertrages. **20,** 228. — 11) Muß der Erwerber eines Grundstückes, für welches irrtümlich zwei Grundbuchblätter bestehen, eine vor seinem Erwerbe rechtsgültig bestellte und auf dem einen Blatte eingetragene Hypothek wider sich gelten lassen, wenn er nur das andere Blatt gekannt hat, auf welchem die Eintragung fehlt? **13,** 246. — 12) Kann der Fiduziar als Eigentümer des Fideikommißgrundstückes eingetragen werden? **14,** 289; **17,** 229. — 13) Kann ein Grundstück, welches ein eigenes Grundbuchblatt hat, thatsächlich aber mit einem anderen, gleichfalls selbständig eingetragenen Grundstücke zu einem untrennbaren Ganzen verbunden ist, ohne Bezeichnung seines Blattes zugleich mit dem letzteren Grundstücke durch dessen Adjudikation oder Auflassung in das Eigentum eines anderen übergehen? Kann der alte Eigentümer des ersteren von dem Ersteher des letzteren, welcher das Ganze in Besitz genommen hat, Räumung verlangen? **15,** 249. — 14) Geht bei vertraglicher Aufhebung der Gütergemeinschaft das Alleineigentum an Grundstücken auf den einen Ehegatten ohne Auflassung und Eintragung über? **20,** 256. — 15) Kann derjenige, welcher vor dem 1. Oktober 1872 durch Er-

sitzung das Eigentum erworben hat, dies Recht nunmehr dem vor jenem Termine eingetragenen Eigentümer gegenüber geltend machen? **15,** 258. — 16) Über die Wirkung der Auflassung, welche von einem vor der Geltung des Eigentumserwerbsgesetzes eingetragenen Eigentümer herrührt. **16,** 226. Vgl. **20,** 227. — 17) Wird durch § 9 Abs. 2 des Eigentumserwerbsgesetzes das von einem — vor oder nach dem 1. Oktober 1872 — eingetragenen Nichteigentümer erworbene Eigentumsrecht geschützt? **16,** 227. — 18) Erlangt eine Beschränkung des Eigentumsrechtes am Grundstücke Wirksamkeit gegen den Dritten, wenn sie diesem zwar nicht bei Einreichung des Gesuches um Eintragung der Hypothek, aber vor der Eintragung derselben bekannt war? **14,** 290. — 19) Inwiefern kann der Inhaber des Grundschuldbriefes auf dessen Inhalt und auf § 11 des Eigentumserwerbsgesetzes sich berufen, wenn derselbe mehrere Personen als Grundstücks-Miteigentümer aufführt, ohne einen bestimmten Anteil des Konstituenten erkennen zu lassen? **16,** 255. — 20) Ist auf die Klage des eingetragenen Eigentümers nach § 7 des Eigentumserwerbsgesetzes die Verurteilung des Beklagten auszusprechen, wenn derselbe den vertragsmäßigen Eigentumserwerb nicht nur durch Einrede, sondern auch durch Widerklage geltend macht? **15,** 253. — 21) Anfechtung der Eintragung des Eigentumsüberganges durch einen Dritten wegen Irrtums der die Auflassung Erklärenden. **20,** 225. — 22) Öffentlicher Glaube des Grundbuches. Siehe noch § 46B dieses Registers.

## § 54. Eigentumserwerb durch Ersitzung. Erwerbende Verjährung.

1) Genügt ein einfaches Verbot, um die trotzdem erfolgte Handlung als vis im Sinne der Ersitzungstheorie erscheinen zu lassen? (G.) **12,** 175. — 2) Können die Uferbesitzer am Bette eines nicht schiff- und flößbaren Flusses Eigentum durch Ersitzung erwerben? (F.) **12,** 340. — 3) Kann derjenige, dessen Titel sich nur auf einen Teil des von ihm besessenen Grundstückes erstreckt, auf diesen Titel die Ersitzung des ganzen Grundstückes stützen? (F.) **14,** 304. — 4) Kann die Ersitzung gegen einen auf Grund des früheren Rechtes eingetragenen Eigentümer nach dem 1. Oktober 1872 zu Ende geführt werden? (P.) **15,** 256. Kann gegen denselben die vor jenem Termine vollendete Ersitzung geltend gemacht werden? (P.) **15,** 258. — 5) Ersitzung eines Lehngrundstückes seitens eines Dritten. Kann die noch nicht verjährte Revokationsklage des Lehnsherrn oder des Vasallen durch solche Ersitzung elidiert werden? Ist der Vertrag mit dem veräußernden Lehnsbesitzer unter allen Umständen ein vitiöser Titel? (G.) **17,** 134. — 6) Inwiefern genügt zum Nachweise des gegenwärtigen Besitzes eine einzige Besitzhandlung? und zwar eine solche, wegen welcher der die Ersitzung Behauptende auf Grund des preuß. Forstdiebstahlsgesetzes vom 15. April 1878 strafgerichtlich verfolgt ist? (F.) **17,** 308. — 7) Verjährungsbesitz. Ruhiger und unterbrochener Besitz. Possession non interrompue und possession paisible. (F.) **20,** 342.

### § 55. Eigentumserwerb durch Adjudikation.

1) Erwirbt der Adjudikatar das Eigentum eines subhastierten Grundstückes, welches nur irrtümlich für den Subhastaten, zugleich aber für den wahren Eigentümer auf einem anderen Grundbuchblatte eingetragen und nicht diesem Blatte entsprechend im Patente bezeichnet war? Wirkung von Aufgebot und Präklusionsurteil gegen den wahren Eigentümer? (P.) **11**, 275. — 2) Geht bei Zwangsversteigerung beweglicher Sachen infolge des Zuschlags das Eigentum auch dann auf den Ersteher über, wenn er nicht sofortige Barzahlung leistet? § 718 C.P.O. **13**, 272. — 3) Untrennbare Verbindung zweier Grundstücke, deren jedes für sich auf einem Grundbuchblatte eingetragen steht, zu einem einheitlichen Ganzen. Kann durch die Adjukation des einen das andere stillschweigend mit erstanden werden? Kann der Eigentümer dieses letzteren von dem Ersteher, welcher das Ganze in Besitz genommen, Räumung verlangen? (P.) **15**, 249. Vgl. **18**, 275. — 4) Erwirbt bei der Zwangsversteigerung eines Grundstückes, mit welchem eine Parzelle thatsächlich als Pertinenz verbunden, während sie, ohne ein selbständiges Grundbuchblatt zu haben, nach den Steuerbüchern Teil eines anderen selbständigen Grundstückes ist, der Ersteher das Eigentum dieser Parzelle? (P.) **18**, 275. — 5) Recht zur Sache in bezug auf bewegliches Zubehör gegenüber dem Ersteher des Grundstückes. (P.) **19**, 321. — 6) Eigentumsübergang durch gerichtlichen Verkauf. Kenntnis des Erstehers vom älteren Titel eines Dritten. (P.) **19**, 324. — 7) Siehe auch dieses Register § 336 c.

### § 56. Verlust des Eigentumes.

1) Verlust des Eigentumes infolge unerlaubter Selbsthilfe. Aufhebung dieser Privatstrafe durch das Reichsstrafgesetzbuch. **11**, 244; **18**, 218. — 2) Siehe auch dieses Register §§ 45. 46.

### § 57. Vindikation.

1) Ist auf die Klage des eingetragenen Eigentümers die Verurteilung des Beklagten auszusprechen, wenn derselbe den vertragsmäßigen Eigentumserwerb nicht nur durch Einrede, sondern auch durch Widerklage geltend macht? (P.) **15**, 253. — 2) Tritt der Anspruch des Eigentümers auf Wertserstattung gegen den die Sache Entziehenden erst subsidiär ein, wenn er nicht in der Lage ist, die Sache selbst vom derzeitigen Besitzer zu erlangen? Begriff des dolo desinere possidere. (G., P.) **11**, 299. — 3) Haftung des unredlichen Besitzers, welcher sich des Besitzes entschlägt. (G.) **20**, 206. — 4) Finden die §§ 12 flg. A.L.R. I. 15 nur auf den eigentlich unredlichen oder auch auf den unrechtfertigen und den sog. unvorsichtigen Besitzer Anwendung? **11**, 298. — 5) Kann der Eigentümer, welcher einem anderen Wertpapiere zum Zwecke der Verpfändung bei einem Dritten geliehen hat, von letzterem dieselben nach Erlöschen des Pfandrechtes vindizieren, oder kann sich dieser auf das

gegen den Verpfänder ihm zustehende kaufmännische Retentionsrecht berufen? (P., R.) **13**, 127. — 6) Kann ein Grundstück, welches ein eigenes Grundbuchblatt hat, thatsächlich aber mit einem anderen gleichfalls selbständig eingetragenen Grundstücke zu einem untrennbaren Ganzen verbunden ist, ohne Bezeichnung seines Blattes zugleich mit dem letzteren Grundstücke durch dessen Adjudikation oder Auflassung in das Eigentum eines anderen übergehen? Kann der alte Eigentümer des ersteren von dem Erwerber des letzteren, welcher das Ganze in Besitz genommen, Räumung verlangen? (P.) **15**, 249. — 7) Anfechtung der Eintragung des Eigentumsüberganges wegen Irrtumes der Auflassungskontrahenten seitens des wahren Eigentümers. (P.) **20**, 225. — 8) Innerer Grund des preußischen Rechtes für den neben der Vindikation dem Eigentümer gegebenen Erstattungsanspruch. **11**, 300. — 9) Kann ein einzelner Miterbe vor der Teilung ein zum Nachlasse gehöriges Grundstück von einem Dritten vindizieren? (F.) **12**, 339. — 10) Kann, wenn der Kläger sich auf Kauf und constitutum possessorium stützt, der Beklagte trotz des Wortlautes des Kaufvertrages einwenden, es sei nur Sicherstellung des Klägers wegen eines Darlehns beabsichtigt gewesen? (G.) **13**, 201. Vgl. **13**, 299 (F.).

## § 58. Klagen bei dem Miteigentume.

1) Kann mit der Teilungsklage die Teilung der Nutzungen des gemeinschaftlichen Eigentumes verlangt werden unter Fortbestehen der Gemeinschaft selbst? Klage auf Einwilligung in die Verpachtung des gemeinschaftlichen Gutes unter den vom Kläger vorgelegten Bedingungen. Gegenantrag des Beklagten auf Teilung des Eigentumes? (G.) **12**, 195. 201. — 2) Inwiefern kann die Teilungsklage auch gegen einen von mehreren Miteigentümern gerichtet werden? (G.) **12**, 198. — 3) Aufgabe und Inhalt des Teilungsverfahrens und des Teilungsurteiles. Unmittelbare Festsetzung und Zuerkennung der Anteile? Gebundenheit des Richters an den Klagantrag? Einverständnis der Parteien? Ausführung des Urteiles. Thatsächliche Schwierigkeiten. (G.) **12**, 193. 200. — 4) Inwieweit ist einer von mehreren Mitberechtigten zur Geltendmachung des gemeinschaftlichen Rechtes befugt? Individualrechte. (P.) **20**, 315.

## § 59. Negatorische Klage.

1) Allgemeiner Inhalt der Negatoria zum Schutze des Nachbarrechtes? **11**, 341. 346. — 2) Negatorische Klage gegen einen Bienen haltenden Grundeigentümer auf Abstellung des übermäßigen Eindringens der Bienen in das Grundstück des Klägers? (G.) **12**, 174. — 3) Actio negatoria, wenn der Nachbar auf seinem Grundstücke an der Grenzmauer eine Erdaufschüttung vornimmt, welche der Mauer Feuchtigkeit zuführt? (G.) **15**, 205. — 4) Schadensersatzanspruch der Anlieger einer Eisenbahn wegen eines durch Lokomotivfunken verursachten Brandes? **17**, 103. — 5) Steht dem Urheber bezw. Verleger eines Schriftwerkes ein Rechtsschutz dagegen zu, daß Exemplare des Werkes von Dritten mit einem

veränderten Titelblatte unter dem Anscheine, daß es das echte sei, zum Vertriebe gestellt werden? **18**, 10. — 6) Negatorische Klage wegen Verletzung des Markenschutzrechtes. **18**, 36. — 7) Negatorische Klage gegen einen Hypothekengläubiger auf Löschungsbewilligung. (P.) **18**, 265. — 8) Hat die auf eine negatorische Klage ergehende Verurteilung stets eine Unterlassung oder stets eine Handlung zum Gegenstande? **15**, 344. — 9) Ist bei der negatorischen Klage der Nachweis eines Verschuldens Voraussetzung der Schadensersatzpflicht? **18**, 37.

## §§ 60. 61.

— — — — — — — — —

## § 62. Actio ad exhibendum. Editions- und Manifestationspflicht.

1) Ist der schuldige Ehegatte verpflichtet, behufs Ermittelung der Höhe der Ehescheidungsstrafe ein Verzeichnis seines Vermögens herauszugeben und eidlich zu bestärken? Grund der Manifestationspflicht des Schuldners überhaupt. (G.) **11**, 205. — 2) Auseinandersetzung eines ausgeschiedenen oder ausgeschlossenen Gesellschafters mit der fortgesetzten Gesellschaft bezüglich der zur Zeit des Austrittes abgewickelten Geschäfte. Kann er verlangen, daß ihm ein Inventar und eine Bilanz über die Vermögenslage zu diesem Zeitpunkte vorgelegt werde? **15**, 80. — 3) Inwieweit ist der Rückversicherte verpflichtet, dem Rückversicherer die Einsicht seiner Geschäftsbücher 2c zu gestatten? **20**, 42. — 4) Hat der Vermächtnisnehmer, während das Konkursverfahren über den Nachlaß schwebt, unabhängig von demselben einen Anspruch auf Leistung des Offenbarungseides gegen den Benefizialerben? (P.) **16**, 220. — 5) Inwiefern kommt dem Rechnungspflichtigen der Einwand thatsächlicher Unmöglichkeit der Rechnungslegung zu statten? Rechnung über etwas, was er nicht unter seiner Verwaltung gehabt hat? **14**, 204. — Ist durch die Civilprozeßordnung materielles Recht über die Pflicht zur Edition von Urkunden geschaffen? Begründung der Klage aus § 394 C.P.O. **12**, 413. — 7) Steht für die Vertretung der Partei, welche, zur Edierung eines eidlich zu bestärkenden Inventares verurteilt, diesen Eid ableistet, dem Rechtsanwalte eine Beweisgebühr zu? **14**, 394. — 8) Haftung des unredlichen Besitzers, der sich des Besitzes entschlägt, bei Exhibitionsansprüchen. (G.) **20**, 206. — 9) Wonach regelt sich die Erzwingung eines nicht im Exekutionsverfahren zu erfordernden Offenbarungseides, insbesondere bei Streit der Parteien über die Formel? Gerichtsstand? **11**, 397. — 10) Hat der Pflichtteilsberechtigte gegen den Testamentsvollstrecker einen Anspruch auf Rechnungslegung? oder auf Mitteilung eines Status des Nachlasses? Unterschied dieser beiden Rechte. (G.) **14**, 205. — 11) Interdictum de liberis exhibendis. Siehe Alphabetisches Register dieses Wort. — 12) Siehe auch § 318 b. dieses Registers.

## Drittes Kapitel. Die dinglichen Rechte an fremden Sachen.

### § 63. Realservituten (Grundgerechtigkeiten).

1) Kann in der Verpflichtung eines Grundeigentümers, die Benutzung eines Flusses zum Betriebe einer Mühle zu gestatten und das Wehr im Flusse zu unterhalten, eine einheitliche Grundgerechtigkeit liegen? servitus in faciendo consistere non potest? (P.) **11,** 315. — 2) Entsteht, wenn der Eigentümer ein Grundstück zu Diensten des anderen benutzt, eine Grundgerechtigkeit? Veräußerung des dienenden Grundstückes. Manifestierung des Willens, daß die bisherige Benutzungsart fortdauern soll? Unkenntnis des Erwerbers von der betreffenden Anlage — in der Tiefe des Erdbodens —? (P.) **13,** 249. — 3) Aussichtsrecht. Umfang des aus dem Besitze von Aussichtsfenstern in geringerer als der gesetzlichen Entfernung fließenden Rechtes. Freiheit von einer Dienstbarkeit des Nachbars oder eigene Dienstbarkeit des Inhaltes, daß der Nachbar die Aussicht nicht verbauen darf? (F.) **13,** 305. — 4) Wie wird der Besitz der Dienstbarkeit des Lichtrechtes erworben? (F.) **20,** 349. — 5) Teilweise Erlöschung einer Realservitut durch usucapio libertatis? (G.) **14,** 211. — 6) Untersagungsrecht gegen Bauten des Nachbars. (G.) **14,** 211. — 7) Rechtliche Möglichkeit einer Servitut des Inhaltes, daß der Eigentümer eines Parkes oder einer ähnlichen Anlage der Gemeinde gegenüber verpflichtet ist, dieselbe dem Publikum zum Besuche offen zu halten und dieserhalb zu unterhalten? (G.) **14,** 214. — 8) Öffentlich-rechtliche Servitut der Unbebaubarkeit eines Grundstückes entsprechend dem städtischen Bebauungsplane. (P.) **17,** 166.

### § 64. Personalservituten. (Subjektiv persönliche Nutzungsrechte.) Nießbrauch.

1) Ist der Satz des römischen Rechtes, daß die Kautionsleistung demjenigen, welchem der Nießbrauch letztwillig vermacht ist, vom Testator nicht erlassen werden kann, heute noch in Geltung? **13,** 170. — 2) Inwiefern kann die Bestimmung der Art und Höhe einer zu leistenden usufruktuarischen Kaution erst in der Zwangsvollstreckungsinstanz erfolgen? und in welcher Weise geht die Vollstreckung vor sich? **13,** 339. — 3) Passivlegitimation des Nießbrauchers in dem das Eigentum betreffenden Prozesse? Vollstreckung des gegen den Eigentümer allein erlassenen Urteiles dem Nießbraucher gegenüber? (P.) **13,** 293. — 4) Rechtsstellung desjenigen, dem von dem Nießbraucher die Ausübung des Nießbrauchsrechtes übertragen ist. Erlischt sein Recht, wenn der Nießbraucher auf das seinige dem Eigentümer gegenüber freiwillig verzichtet? (G.) **16,** 111. — 5) Veräußerung eines Hausgrundstückes mit Vorbehalt lebenslänglichen Wohnungsrechtes. Kann hier Art. 918 Code civil Anwendung finden? **18,** 322. — 6) Wird, wenn der Mann ein zum eheweiblichen Sondergute gehörendes Grundstück auf bestimmte Zeit vermietet hat, und die Frau vor deren Ablauf stirbt, das Recht der Erben zur Kündigung dadurch modifiziert, daß dem überlebenden Manne der Nießbrauch am

Grundstücke vermacht ist? (F.) **12**, 326. — 7) Erlischt das einer offenen Handelsgesellschaft zustehende Nießbrauchsrecht mit der Eröffnung des Konkurses über die Gesellschaft? **16**, 2. — 8) Erlischt der Nießbrauch oder das Recht auf Ausübung desselben durch schlechte Bewirtschaftung? (G.) **16**, 112. — 9) Grundsätzliche Verschiedenheit zwischen Nießbrauchs- und Wohnungsrecht. (F.) **18**, 323. — 10) Siehe auch unten §§ 179 flg. (Nießbrauch des Ehemannes) und §§ 187 flg. (Nießbrauch des Vaters).

## § 65. Dinglicher Charakter der Miete und Pacht nach preußischem Rechte.

1) Gilt der Satz „Kauf bricht nicht Miete" auch in dem Falle, wo die Subhastationsgläubiger des Verpächters die Pacht kündigen? **17**, 287.

## § 66.

— — — — — — — — —

## § 67. Erbpacht.

1) Rechtliche Natur des Erbpachtverhältnisses. Kann, wenn ein Teil eines Gutes in Erbpacht gegeben ist, das Recht auf Bezug der Erbpacht von dem Gute abgetrennt werden? (G.) **18**, 252. Vgl. **12**, 201. — 2) Können auf das Rechtsverhältnis zwischen Erbverpächter und Erbpächter Rechtssätze vom Gutsherrn im Verhältnisse zum eigenhörigen Bauern Anwendung finden? (G.) **15**, 184. — 3) Kann der Erbverpächter die Herausgabe des Pachtgrundstückes vom Erbpächter verlangen, wenn dieser mit der Zahlung der Erbpacht im Rückstande ist? (G.) **15**, 184. — 4) Inwiefern kann ein Erbpachtvertrag als contractus emphytheuticarius aufgefaßt werden? **15**, 187. — 5) Wird dadurch, daß ein Gutseigentümer ein zum Gute gehöriges Grundstück in Erbpacht giebt, ein Realrecht auf das Gut als solches begründet? (G.) **18**, 255.

## § 68. Deutschrechtliche Servituten. Reallasten.

1) Kennt das deutsche Recht ein Rechtsverhältnis, bei welchem die landwirtschaftliche Benutzung eines Grundstückes dem jeweiligen Eigentümer eines anderen gegen Bezahlung eines Kanons dauernd überlassen wird? **12**, 176. — 2) Ist nach lippischem Rechte die Entstehung dinglicher Rechte an Grundstücken von der Ingrossation abhängig? **13**, 189. — 3) Hat nach deutschem Gewohnheitsrechte der von dem abgehenden Hofwirte für sich und seine Ehefrau stipulierte Altenteil die Natur einer wahren, auf dem abgetretenen Gute ruhenden Reallast? **13**, 188. — 4) Hat die ordentliche oder außerordentliche Deichlast den Charakter der Reallast? **13**, 204. — 5) Liegt eine Reallast vor, wenn der Grundeigentümer nicht nur die Benutzung eines Flusses zum Betriebe einer Mühle zu gestatten verpflichtet ist, sondern auch das Wehr im Flusse unterhalten muß? (G., P.) **11**, 315. — 6) Begründung von Reallasten mit dinglicher Wirkung gegen Dritte durch Vertrag? (G., Hannover.)

**16,** 136. — 7) Kann der Eigentümer eines reallastberechtigten Grundstückes a) bei Veräußerung des letzteren das Recht auf die Leistungen sich und seiner Familie mit Rechtswirkung gegen die Reallastverpflichteten vorbehalten? b) überhaupt die Berechtigung vom Grundstücke trennen und auf ein anderes Rechtssubjekt, ein Grundstück oder eine Person, übertragen? **12,** 202. Vgl. **18,** 253. — 8) Persönlicher Charakter der Klage auf eine einzelne fällige Leistung aus der Reallast gegen denjenigen, der zur Zeit der Fälligkeit das Grundstück besitzt. (G.) **16,** 141.

### § 69. Näherrecht. Dingliches Vorkaufsrecht.

1) Wesen des Vorkaufsrechtes. (G.) **16,** 157. — 2) Hat ein Gesetz, welches die Verbindlichkeit eines Kaufvertrages an eine bestimmte Förmlichkeit knüpft, zur Folge, daß auch ein Vorkaufsvertrag dieser Form unterliegt? (G.) **16,** 157. — 3) Hat der Miteigentümer einer Hypothek im Falle der Teilcession ein gesetzliches Vorkaufsrecht? (P.) **19,** 290.

### § 70. Erwerb dinglicher Rechte an fremden Sachen durch Vertrag. Stillschweigende Bestellung. Destination.

1) Ist in Lippe-Detmold die Entstehung dinglicher Rechte an Grundstücken von der Ingrossation abhängig? **13,** 189. — 2) Begründung von Reallasten mit dinglicher Wirkung gegen Dritte durch Vertrag? (G., Hannover.) **16,** 136. — 3) Wird dadurch, daß ein Gutseigentümer ein zum Gute gehöriges Grundstück in Erbpacht giebt, ein Realrecht auf das Gut als solches begründet? (G.) **18,** 255. — 4) Verhältnis des Eigentumserwerbsgesetzes zu den landrechtlichen Regeln über die Wirkungen des bösen Glaubens beim Erwerbe dinglicher Rechte? (P.) **15,** 267. — 5) Hindert der Widerspruch des Ersteher und der Gläubiger den Übergang eines dinglichen Rechtes auf ersteren, wenn der Widerspruch nicht verfolgt und das Grundstück trotzdem mit den Lasten subhastiert ist? (G.) **13,** 191. — 6) Entsteht, wenn der Eigentümer ein Grundstück zu Diensten des anderen benutzt, eine Grundgerechtigkeit? Wirkung der Veräußerung des dienenden Grundstückes. Manifestierung des Willens, daß die bisherige Benutzungsart desselben zu Gunsten des anderen fortdauern soll? Kenntnis des Erwerbers von der betreffenden Anlage — in der Tiefe des Grundstückes —? (P.) **13,** 249. — 7) Destination du père de famille im Sinne des Art. 693 Code civil? **13,** 304. — 8) Voraussetzung der Erwerbung einer Servitut durch Widmung. Durchgangsrecht. Ist eine an dem einen Grundstücke vorhandene Thür ein unzweideutiges Anzeichen? (F.) **19,** 387. — 9) Servitutenerwerb durch Anerkennung. Form des Anerkenntnisses. Lichtrecht. (F.) **20,** 350.

### § 71. Erwerb dinglicher Rechte an fremden Sachen durch Verjährung (Ersitzung).

1) Ist ein einfaches Verbot ausreichend, um die trotzdem erfolgte Handlung als vis und Hindernis der Ersitzung erscheinen zu lassen? (G.) **12,** 175. — 2) Muß der zur Ersitzung einer Servitut notwendige

Wille zur Rechtsausübung auf die Ausübung einer Servitut gerichtet sein, oder genügt auch die Meinung, Eigentümer zu sein? (G.) **12**, 175; **16**, 217 (P.) — 3) Tantum praescriptum quantum possessum. Anwendung auf die usucapio libertatis mit bezug auf einen Teil des dienenden Grundstückes. (G.) **14**, 213. — 4) Inwiefern genügt für die zehnjährige Ersitzung von Grundgerechtigkeiten ein translativer, nicht vom Eigentümer der dienenden Sache herrührender Titel? insonderheit bei Bestehen von Einrichtungen auf dem dienenden Grundstücke, welche zur Ausübung des Rechtes bestimmt sind? (P.) **16**, 215. — 5) Erkennbarkeit der Anlagen zur Ausübung der Servitut. (F.) **20**, 350. — 6) Voraussetzungen und Wirkungen des bei dem Erwerbe vorhandenen, und des erst während der Ersitzungszeit eintretenden bösen Glaubens. (P.) **16**, 218. — 7) Inhalt und Wirkungen des gegen die Beschränkungen der Artt. 678. 679 Code civil ersessenen Aussichtsrechtes. Ist solche Ersitzung möglich, wenn die betreffenden Fenster nur Aussicht auf ein mit keiner Öffnung versehenes Dach des Nachbarhauses gewähren? (F.) **15**, 328. Vgl. **20**, 349. — 8) Ersitzung eines Lichtrechtes. **20**, 348. — 9) Genügt, wenn ein Graben einem Grundstücke Wasser zuführt, die Unvordenklichkeit dieses Zustandes und der Benutzung des Wassers durch den Grundstückseigentümer, um ein Recht desselben auf den Wasserzufluß zu begründen? (G.) **17**, 119. — 10) Ist die außerordentliche Ersitzung von Servituten gegen ein zum Familienfideikommisse gehöriges Grundstück von besonderen, aus der rechtlichen Natur des Familienfideikommisses herzuleitenden Voraussetzungen abhängig? Grundbuchmäßigkeit der Fideikommißeigenschaft oder Kenntnis des Ersitzenden. (G., P.) **19**, 266.

### § 72. Verlust dinglicher Rechte an fremden Sachen.

1) Teilweise Erlöschung einer Realservitut durch usucapio libertatis? Ist, wenn auf einem verhältnismäßig unbedeutenden Teile des dienenden Grundstückes die Verjährungszeit hindurch ein Bau bestanden hat, die Servitut, daß der Nachbar sein Grundstück nicht überbaue, gänzlich erloschen? (G.) **14**, 211. — 2) Verzicht der Ehefrau auf eine ihrem Grundstücke zustehende Dienstbarkeit ohne Autorisation des Mannes. Ist der Verzicht wirksam gegen den späteren Käufer des Grundstückes? (F.) **14**, 314.

### § 73. Erwerb und Verlust dinglicher Rechte an fremden Grundstücken nach dem preußischen Gesetz betr. den Eigentumserwerb 2c vom 5. Mai 1872 §§ 12—17.

1) Verhältnis des Eigentumserwerbsgesetzes zu den landrechtlichen Vorschriften über die Wirkungen des bösen Glaubens beim Erwerbe dinglicher Rechte? **15**, 267. — 2) Eintragung eines dinglichen Rechtes in der zweiten Abteilung unter Verweisung auf den zu Grunde liegenden Vertrag. Analogie des Altenteiles? **20**, 274. — 3) Ist ein Recht, welches gelegentlich im Grundbuche erwähnt wird, dadurch wirksam eingetragen? **20**, 282.

## Viertes Kapitel. Das Pfandrecht.

### § 74. Gemeinschaftliche Bestimmungen für das Pfandrecht an beweglichen und an unbeweglichen Sachen.

1) Accessorische Natur des Pfandrechtes. **20,** 290. — 2) Pfandrecht an eigener Sache? (F.) **16,** 279. — 3) Erwerb eines Faustpfandrechtes nach Altenburger Landesrecht. **12,** 226. — 4) Mit welchem Zeitpunkte ist das für eine zukünftige Forderung bestellte Pfandrecht rechtlich existent? Einfluß des Umstandes, ob einer der Kontrahenten zur Eingehung des Obligationsverhältnisses verpflichtet ist? (G.) **14,** 249. — 5) Haftet die dem Gläubiger von dem Schuldner für alle Forderungen, welche jenem gegen ihn zustehen und zustehen werden, bestellte Sicherheit schlechthin für die dem Gläubiger von einem Dritten cedierten Forderungen gegen den Schuldner? (G.) **18,** 232. — 6) Ist die Versicherungssumme Pertinenz des versicherten Pfandgegenstandes? (G.) **12,** 172. — 7) Bedeutung der Vorschrift des § 95 A.L.R. I. 20. **12,** 257. Tendenz und Bedeutung des jus offerendi des Allgem. Landrechtes. **12,** 261. — 8) Erlöschen des Pfandrechtes durch Konsolidation oder Konfusion. Inwiefern lebt mit der Aufhebung dieser Vereinigung das Pfandrecht wieder auf? (F.) **16,** 278. 280. — 9) Kann der Anfechtungsbeklagte ein Pfandrecht, welches ihm an der zurückzugewährenden Sache vor der angefochtenen Rechtshandlung zustand, gegenüber dem Kläger geltend machen? **20,** 157. — 10) Ergreift das auf der Hauptsache ruhende Pfandrecht die später hinzukommende Pertinenz? **20,** 205. — 11) Kann der Pfandgläubiger, nachdem die Pfandsache ideal geteilt ist, den Anteil eines Miteigentümers zum Gegenstande der Pfandverfolgung machen? (P.) **20,** 270.

### § 75. Die Hypothek des römischen und gemeinen modernen Rechts an Grundstücken.

1) Erstreckt sich das Pfandrecht am Gebäude auf die Feuerversicherungsgelder? (G.) **12,** 170. — 2) Rechtliche Bedeutung und Wirkung der Abtretung des Vorranges einer Hypothek an einen nachstehenden, insbesondere den unmittelbar nachfolgenden Pfandgläubiger? (G.) **12,** 203. — 3) Ist der einem Pfandrechte zustehende Rang eine untrennbar mit demselben verbundene Eigenschaft des Pfandrechtes, sodaß er ohne dasselbe nicht erworben werden kann? oder kann der Pfandgläubiger, ohne sein Pfandrecht aufzugeben, nur auf die Geltendmachung seines Vorranges zu Gunsten nachstehender Gläubiger in der Subhastation verzichten? (G.) **12,** 210. — 4) Wird die Anfechtung einer Rechtshandlung des Schuldners dadurch ausgeschlossen, daß der Gläubiger den Vorrang seiner Hypothek, mittels dessen er sich zur Zeit der Vornahme jener Handlung Befriedigung verschaffen konnte, einem nachstehenden Pfandgläubiger abgetreten hat? **12,** 214. — 5) Liegt in der Erhebung der persönlichen Klage gegen denjenigen, der die Hypothek in Anrechnung auf

den Grundstückskaufpreis übernommen hat mit der Verpflichtung, den Verkäufer zu befreien, eine Entlassung des Urschuldners aus dem Schuldverbande? **19,** 253. — 6) Siehe auch dieses Register § 76 Nr. 1.

## § 76. Die Hypothek an Grundstücken nach deutschem (außerpreußischem) und französischem Rechte.

1) Muß nach modernem Hypothekenrechte der Eigentümer von Baumaterialien, die er dem Grundeigentümer zum Verbauen in das Grundstück überlassen hat, das Pfandrecht des Hypothekengläubigers, der auf das fertige Gebäude kreditiert hat, anerkennen? Einfluß der Kenntnis des Gläubigers von der im voraus zwischen jenen getroffenen Übereinkunft über die Herausnahme der Materialien? (G.) **12,** 160. — 2) Enthält das hannoversche Hypothekengesetz vom 14. Dezember 1864 Bestimmungen über die Rechtswirkung der Prioritätscession? **12,** 209. — 3) Unterliegen auch die persönlichen Klagen auf Löschung einer Hypothek dem dinglichen Gerichtsstande? **15,** 386; **20,** 403. — 4) Genügt es zur Herstellung der Blankocession eines Hypothekenscheines, wenn der Gläubiger nur seinen Namen auf den Schein oder auf ein um denselben gelegtes Blatt Papier schreibt? (G., Mecklenburg.) **17,** 115. — 5) Anwendung des Grundsatzes „Hand muß Hand wahren“ auf mecklenburgische Hypothekenscheine? **17,** 116. — 6) Publizität des Pfandbuches. (F.) **19,** 380. Welche Wirkung hat es für dritte Personen, wenn der Inhalt des Pfandbuches die Nichtbelastung der Liegenschaft mit einem Pfandrechte zweifelhaft läßt? **19,** 377. — 7) Streit zwischen zwei eingetragenen Pfandgläubigern über den Vorrang. Geht der erste, dessen Pfandeintragung nach der Eintragung des zweiten gestrichen ist, dem letzteren vor, wenn die Streichung nichtig oder anfechtbar ist? Bedeutung und Wirkung der Pfandeintragung und -Löschung. Prinzip der Publizität. (F.) **12,** 319. — 8) Kann der von der Ehefrau ohne Autorisation des Mannes erklärte Verzicht auf eine ihrem Grundstücke zustehende Dienstbarkeit von dem späteren Käufer des Grundstückes deswegen angefochten werden, weil ihm an dem Grundstücke eine Hypothek zugestanden hat? (F.) **14,** 314. — 9) Wirksamkeit eines Verzichtes auf eine gerichtliche Urteilshypothek? Ungültigkeit der dennoch erfolgenden Eintragung? (F.) **15,** 311. — 10) Inwiefern und unter welchen rechtlichen Gesichtspunkten kann der neue Erwerber eines Grundstückes aus dem Vertrage, inhalts dessen der Gläubiger des früheren Eigentümers diesem verspricht, die Generalhypothek aus einem zu erwirkenden freiwilligen Urteile an diesem Grundstücke nicht geltend zu machen, auf Löschung der trotzdem bewirkten Eintragung klagen? (F.) **15,** 310. — 11) Ist die rheinische Urteilshypothek nach § 23 Ziff. 2 K.O. anfechtbar? die Inskription oder das Urteil selbst? **18,** 134. — 12) Wirkung der Cession der Hypothek seitens des Grundstückseigentümers, welcher seinerseits die Hypothek mittels Cession erworben hat. (F.) **16,** 281. — 13) Findet Art. 2151 Code civil auf die der Inskription nicht bedürfenden Hypotheken Anwendung? **17,** 323; auf gesetzliche Hypotheken? **20,** 342. — 14) Rechte

5*

des Hypothekengläubigers gegenüber der Mobiliarpfändung von Zubehörstücken. (F., R.) **17,** 323. — 15) Ungültigkeit der Inhaberhypothek. (F., Bad.) **18,** 346. — 16) Zur Auslegung des bad. L.R.S. 1188. **18,** 351. — 17) Pfandstrich ohne Pfandstrichsbewilligung. Ist er gegenüber dem Erwerber der Liegenschaft unwirksam? (Bad.) **19,** 377.

## § 77. Die Hypothek an Grundstücken und die Grundschuld nach preußischem Recht. Gesetz vom 5. Mai 1872, betreffend den Eigentumserwerb rc §§ 18–72.

### a. Inhalt des Rechtes der Hypothek und der Grundschuld. Rangordnuug.

1) Beziehen sich die Bestimmungen des Eigentumserwerbsgesetzes über den Umfang des Hypothekenrechtes auch auf Hypotheken, welche vor dem Eintritte der Geltungskraft dieses Gesetzes bestellt sind? **12,** 169. — 2) Wird durch Eintragung einer Vormerkung im Wege des Arrestes nach neuestem Rechte ein im Konkurse wirksames Absonderungsrecht geschaffen? **16,** 69. — 3) Begrenzung des Grundsatzes von der Unabhängigkeit der Grundschuld von der persönlichen Forderung. Kann unter Umständen in der Bestellung einer befristeten Grundschuld eine Befristung der zu Grunde liegenden Darlehnsschuld liegen? **17,** 148. — 4) Regelmäßige Zulässigkeit und Rechtsgültigkeit der Bestellung einer Revenüenhypothek durch den Grundstückseigentümer. Rechtliche Konstruktion? Abänderung des Allgem. Landrechtes durch das Eigentumserwerbsgesetz? **13,** 233. — 5) Ist eine ohne Angabe der Zeit der Rückzahlung eingetragene Grundschuld oder Hypothek nichtig? **14,** 273. — 6) Genügt in bezug auf Zins- und sonstige Nebenleistungen die Verweisung des Eintragungsvermerkes auf das Reglement des darleihenden Institutes? **20,** 225. — 7) Ist in § 30 für den Geltungsbereich des Eigentumserwerbsgesetzes ein einheitlicher Begriff der Zubehör aufgestellt, oder richtet sich die Frage der Pertinenzqualität nach dem jeweiligen örtlichen Rechte? Innere Einrichtung eines vom Besitzer in ein Hotel umgewandelten Schlosses. **15,** 214. — 8) Verbindung zweier selbständig auf je einem Grundbuchblatte eingetragenen Grundstücke zu einem untrennbaren faktischen Ganzen. Wirkung auf die Rechte der verschiedenen Hypothekengläubiger. **15,** 249. — 9) Kann der Gläubiger einer Korrealhypothek auf seine Befriedigung aus einem Grundstücke verzichten, ohne sein Realrecht an dem anderen zu verlieren? insbesondere, wenn er das eine Grundstück in der Zwangsversteigerung ersteht, die Hypothek durch Cession erwirbt und durch seinen Verzicht beabsichtigt und bewirkt, daß eine andere ihm gehörige nacheingetragene Hypothek, die sonst ausgefallen wäre, zur Hebung gelangt? **16,** 164. — 10) Aufnahme einer Grundschuld auf das Nachlaßgrundstück seitens eines Miterben vor der Teilung. Materielle und formelle Wirkung. Öffentlicher Glaube des Grundschuldbriefes. §§ 11. 38 des Eigentumserwerbsgesetzes. **16,** 252 flg. — 11) Rechtliche Natur und Wirkung der Prioritätscession. Befriedigung des Prioritätscessionares aus den Kaufgeldern. **12,** 203; **16,** 249; **19,** 344. — 12) Einräumung des

Vorrechtes an den Grundeigentümer für eine von ihm zu bestellende Hypothek. Inwiefern ist der neue Gläubiger durch den Glauben des Grundbuches gesichert? **19**, 341. — 13) Muß der Erwerber eines Grundstückes, für welches irrtümlich zwei Grundbuchblätter bestehen, eine vor seinem Erwerbe rechtsgültig bestellte und auf dem einen Blatte eingetragene Hypothek wider sich gelten lassen, wenn er nur das andere Blatt gekannt hat, auf welchem die Eintragung fehlt? **13**, 246. Ist er verpflichtet, dieser Hypothek das Vorrecht vor den inzwischen eingetragenen Hypotheken zu verschaffen? **13**, 249. — 14) Dauert das dingliche Recht einer aus Versehen gelöschten Hypothek fort? Bedeutung der Wiedereintragung? **19**, 295. — 15) Eintrittsrecht des dinglich Berechtigten gegenüber dem den Zwangsverkauf betreibenden nicht eingetragenen Gläubiger? **12**, 262. — 16) Gelten die Beschränkungen des § 38 des Eigentumserwerbsgesetzes nur für Einreden, oder auch für Klagen auf Anfechtung einer Grundschuld? **16**, 253. — 17) Hat der Mitgläubiger einer Hypothek im Falle der Teilcession ein gesetzliches Vorkaufsrecht? **19**, 290. — 18) Nichtigkeit einer seitens der Ehefrau ohne ehemännliche Genehmigung erklärten Vorrechtseinräumung in betreff einer zu ihrem eingebrachten Vermögen gehörenden Hypothek. **19**, 347.

### b. Landschaftliche Kreditvereine. Pfandbriefe.

1) Rechtliche Natur des Zuschußdarlehns. Haftet dafür das Grundstück, auf welchem ein Pfandbriefdarlehn unter Bezugnahme auf die für die Amortisation gegebenen Regulativbestimmungen der Landschaft eingetragen ist? **20**, 220.

### c. Erwerb und Verlust, Abtretung der Hypothek und der Grundschuld.

1) Muß der Grundbuchrichter auf Grund einer vor der Eintragung des Verpfänders als Eigentümer notariell erklärten Verpfändung und Eintragungsbewilligung bei der Eintragung des Eigentums die Hypothek eintragen, oder bedarf es der nunmehr wiederholten Eintragungsbewilligung? Anfechtung der ohne das eingetragenen Hypothek durch den nacheingetragenen Gläubiger? **11**, 327. — 2) Erwirbt der betreibende Gläubiger nach dem Gesetze vom 13. Juli 1883 durch die Beschlagnahme des Grundstückes zum Zwecke der Zwangsversteigerung ein Pfandrecht? **12**, 262; **19**, 295. — 3) Form der Eintragung einer Revenüenhypothek? **13**, 235. 243. — 4) Ist die Angabe der Zeit der Rückzahlung wesentliches Erfordernis zur Entstehung des Hypotheken- oder Grundschuldrechtes? **14**, 273. — 5) Erwirbt trotz einer entgegenstehenden, nicht eingetragenen Beschränkung des Eigentumsrechtes am Grundstücke der Dritte eine gültige Hypothek, wenn ihm die Beschränkung erst nach Einreichung des Gesuches um Eintragung der Hypothek, aber vor der Eintragung selbst bekannt wurde? **14**, 290. — 6) Ist der eingetragene Eigentümer eines Grundstückes, welches zu einer im Auseinandersetzungsverfahren befindlichen Gemarkung gehört, nach Ausführung des bestätigten Rezesses, aber vor Berichtigung des Grundbuches befugt, eine Hypothek

an dem eingetragenen Grundstücke zu bestellen? Werden dadurch die an dessen Stelle tretenden überwiesenen Abfindungspläne betroffen? **11,** 252. — 7) Kann der Gläubiger, der das lübische Recht und dessen statutarische Geltung nicht kennt, für die Gültigkeit der ihm von dem in beerbter Ehe nach lübischem Rechte lebenden eingetragenen Eigentümer bestellten Hypothek sich auf den Glauben des Grundbuches berufen? **18,** 262. — 8) Gewährt das kaufmännische Retentionsrecht an einem Grundschuldbriefe Rechte in betreff der Grundschuldforderung, namentlich im Konkurse das Recht auf abgesonderte Befriedigung aus derselben? Grundschuldbrief als Träger der Forderung? **15,** 55. — 9) Kann der Fiduziar die mit der fideikommissarischen Substitution beschwerte Hypothek ohne Genehmigung des Nacherben einziehen und zur Löschung bringen? **17,** 228 — 10) Hat der Nachbesitzer des zahlenden Eigentümers gegen den eingetragenen Hypothekengläubiger die Klage auf Löschungsbewilligung? Was gehört zur Begründung der Klage auf Löschung einer Kautionshypothek? **18,** 267. — 11) Kann eine Grundschuld durch Begebung von Anteilscheinen abgetreten werden? Untrennbare Verknüpfung der Grundschuld mit dem Grundschuldbriefe. **14,** 94. — 12) Ist eine Grundschuld wirksam verpfändet, wenn der Grundschuldbrief, mit dem Namen des Verpfänders versehen, übergeben und verabredet ist, der Empfänger sei befugt, über diese Namensschrift den Übertragungsvermerk zu setzen? **15,** 55. — 13) Muß der Cessionar einer Hypothek die nicht eingetragene, aber ihm bekannte Vorrechtseinräumung seitens seines Cedenten zu Gunsten eines nacheingetragenen Gläubigers gegen sich gelten lassen? **15,** 264. — 14) Kann die Blankocession einer Grundschuld durch bloße Namensunterschrift des Cedenten — auf den Grundschuldbrief oder ein um denselben gelegtes Blatt Papier — bewirkt werden? **17,** 118. — 15) Hat der Miteigentümer einer Hypothek im Falle der Teilcession ein gesetzliches Vorkaufsrecht? **19,** 290. — 16) Sind die §§ 524. 526 A.L.R. I. 20 durch den § 57 des Eigentumserwerbsgesetzes aufgehoben? **19,** 297. — 17) Über Prioritätscession s. auch a dieses Paragraphen, Nr. 11, 12, 18.

### d. Die Hypothek des Eigentümers.

1) Welche rechtliche Bedeutung hat es, wenn bei Konstituierung einer Hypothek der Eigentümer dem Gläubiger gegenüber sich verpflichtet, eine ihm bereits heimgezahlte Vorhypothek zur Löschung zu bringen? Einfluß des Umstandes, daß er in Konkurs gerät, bevor er die zur Löschung erforderliche Erklärung abgegeben hat? **19,** 59.

### e. Klagerecht aus der Hypothek und Grundschuld.

(Siehe auch § 336c dieses Registers.)

1) Einrede aus dem persönlichen Schuldverhältnisse gegen den entgeltlichen Erwerber der Hypothek. Genügt es, wenn diesem bekannt war, daß der Forderung zu irgend einer Zeit die Einrede entgegenstand, oder muß er, um als bösgläubig zu gelten, gewußt haben, daß die Einrede

zur Zeit der Cession bestand? **16**, 198. — 2) Eintragung eines Rechtsverhältnisses, aus welchem von Rechts wegen eine Beschränkung in dem Verfügungsrechte über die Hypothek folgt. **19**, 345.

### f. Übernahme von Hypothekenschulden seitens des Erwerbers des belasteten Grundstückes.

1) Findet § 41 des Eigentumserwerbsgesetzes Anwendung, wenn der Kauf- und Übernahmevertrag vor dem 1. Oktober 1872 geschlossen, die Anzeige von der Übernahme dem Gläubiger nach diesem Zeitpunkte gemacht ist? **16**, 247. — 2) Voraussetzungen der Forthaftung und der Befreiung des Veräußerers. Fortbestand der Hypothek. Hat die während der Fristen des § 41 erfolgte Beschlagnahme Einfluß auf die Pflichten des Gläubigers, der sich die Forderung gegen den Veräußerer erhalten will? **20**, 230. — 3) Wird der Erwerber des Grundstückes, welcher infolge Übernahme einer Hypothek in Anrechnung auf den Kaufpreis persönlicher Schuldner des Gläubigers geworden ist, von dieser persönlichen Schuld dadurch frei, daß er das Grundstück unter den gleichen Modalitäten an einen anderen weiter verkauft? oder haften nun beide solidarisch? **17**, 278. — 4) Steht der in § 41 des Eigentumserwerbsgesetzes bezeichneten Klagerhebung die Zustellung eines gerichtlichen Zahlungsbefehles gleich? **17**, 281. — 5) Verliert der Hypothekengläubiger die persönliche Klage gegen den Veräußerer dadurch, daß er sie gegen den Erwerber und Schuldübernehmer anstellt? **17**, 277.

## § 78. Pfandrecht an beweglichen körperlichen Sachen.

(Siehe auch dieses Register §§ 232. 233.)

1) Thatsächliche Herrschaft über die Sache als Voraussetzung des Pfandrechtes. (P.) **13**, 120; **19**, 151. — 2) Entsteht das Pfandrecht des Kommissionärs bereits durch die Ausstellung des auf ihn lautenden Ladescheines und Übernahme der Ware seitens des Frachtführers (Schiffers), oder erst durch Aushändigung des Scheines an den Kommissionär? Besitzerwerb durch Anweisung? (P.) **13**, 120. — 3) Ist derjenige, welcher eine Pfandsache nach Erlöschen des Pfandrechtes in Besitz behält, ohne einen sonstigen Titel zu haben, unredlicher Besitzer? (P.) **13**, 129. — 4) Umgehung des Gesetzes, welches nur ein mit körperlicher Gewahrsam verbundenes Faustpfandrecht für gültig erklärt, dadurch, daß die Parteien Eigentumsübertragung mittels constitutum possessorium zur Sicherstellung des Gläubigers vornehmen? Nichtigkeit? von den Parteien selbst geltend zu machen? (G.) **13**, 203. — 5) Erlischt das Pfandrecht des Vermieters an den eingebrachten Sachen des Mieters durch Pfändung und widerspruchslose Wegschaffung derselben von seiten eines anderen Gläubigers? (P., R.) **13**, 257. Vgl. **14**, 1 (F.). — 6) Faustpfandbestellung an Waren, die in einem fremden gemieteten Speicher lagern. Gewahrsam des Pfandgläubigers. (R.) **19**, 28. — 7) Verhältnis zwischen Reichs- und Landesrecht betreffs der Begründung eines Faustpfand-

rechtes, welches nach § 40 K.O. ein Absonderungsrecht zur Folge hat. **19,** 26. — 8) Pfandrecht des Vermieters an Illaten, welche einem Dritten gehören. Heimliche Fortschaffung. (F.) **20,** 355. — 9) Erwirbt der Gläubiger an der Summe, welche der Schuldner zwecks Abwendung der Zwangsvollstreckung bei Gericht einzahlt, ein vertragsmäßiges Faustpfandrecht? (Altenburg.) **12,** 222. — 10) Vindikation von Wertpapieren, die der Eigentümer einem anderen zum Zwecke der Verpfändung bei einem Dritten geliehen, nach Erlöschen des Pfandrechtes. Kann der Dritte sich auf ein gegen den Verpfänder ihm zustehendes kaufmännisches Retentionsrecht berufen? (P., R.) **13,** 127. — 11) Rechtliche Möglichkeit der Faustpfandbestellung an Legitimationspapieren und Hypothekenbriefen. Sicherstellung. Zurückbehaltungsrecht. (P.) **16,** 169. — 12) Wie wird ein Pfandrecht an einer Schiffspart bestellt? (G.) **14,** 14. — 13) Werden die durch das bürgerliche Recht gewährten Pfandrechte durch § 7 des preuß. Ausführungsgesetzes zur Konkursordnung berührt? **20,** 356.

## § 79. Pfandrecht an Forderungen.

(Siehe auch dieses Register §§ 232. 233.)

1) Kann, wenn eine Schiffspart verpfändet worden ist, aber die zur Verpfändung der Eigentumsquote am Schiffe erforderlichen Voraussetzungen nicht vorliegen, ein Pfandrecht an den mit der Schiffspart verbundenen Forderungen zustande gekommen sein? **14,** 16. — 2) Ist das landesrechtliche Erfordernis der Schriftform bei Verpfändung von Forderungen (P.) durch das Handelsgesetzbuch beseitigt? **14,** 300. — 3) Ist eine Grundschuld wirksam verpfändet, wenn der Grundschuldbrief, mit dem Namen des Verpfänders versehen, übergeben ist mit der Verabredung, der Empfänger sei befugt, über diese Namensschrift den Übertragungsvermerk zu setzen? (P.) **15,** 55. — 4) Faustpfand an Hypothekenbriefen oder an Legitimationspapieren? (P.) **16,** 169. — 5) Wie wird eine Grundschuldforderung gepfändet? Entstehung des Pfändungspfandrechtes? Geltung des § 281 A.L.R. I. 20 gegenüber § 730 C.P.O.? (R., P.) **20,** 307. — 6) Rechtswirkung des Pfändungspfandrechtes an Hypotheken- und Grundschuldforderungen Dritten gegenüber. (P., R.) **20,** 311. — 7) Pfändung einer verbrieften Forderung, deren Dokument sich im Besitze eines Dritten befindet. (P., R.) **20,** 307.

## § 80. Die gesetzlichen Pfand- und Vorzugsrechte.

1) Hat der Vermächtnisnehmer neben dem Absonderungsrechte ein gesetzliches Pfandrecht am Nachlaßgrundstücke? (F.) **12,** 350. — 2) Gesetzliches Pfandrecht der Ehefrau an den zur Zeit der Eheschließung dem Manne, welcher Vollkaufmann ist, gehörigen Liegenschaften. Erstreckt es sich auf Grundstücke, auf deren Erwerb der Mann nur einen Titel hat? (F.) **12,** 307; auf Grundstücke, welche von dem Manne in die Ehe eingebracht und durch den Ehevertrag der Gütergemeinschaft überwiesen sind, während die Ehefrau auf die Gütergemeinschaft verzichtet hat? (F.) **13,**

296. — 3) Inwieweit geht das gesetzliche Pfandrecht der Ehefrau für ihre Ersatzansprüche gegen den Mann wegen einer von ihr übernommenen Mitverbindlichkeit für dessen Schuld dem gegen den Mann erworbenen Pfändungspfandrechte des Gläubigers dieser Schuld vor? (F.) **14**, 307. — 4) Hat, wenn den mütterlichen Nachlaß der Vater gegen eine Summe übernimmt, das zur Zeit des Todes der Mutter minderjährige, bei der Erbteilung großjährige oder emanzipierte Kind ein gesetzliches Pfandrecht wegen dieser Summe? (F.) **20**, 336. — 5) Hat der Vermieter ein Pfandrecht an den Illaten des Aftermieters? (F., R.) **13**, 39. — 6) Kann der Vermieter vor anderen Gläubigern vorzugsweise Befriedigung aus den eingebrachten Sachen des Mieters fordern wegen der gesamten auf die ganze Vertragszeit entfallenden, noch nicht fälligen Mietszinsen? Geltendmachung des Anspruches bei einer von einem andern Gläubiger veranlaßten Pfändung und Wegschaffung der Sachen. (P., R.) **13**, 253. — 7) Geht das Vorzugsrecht des Vermieters an den eingebrachten Sachen des Mieters dadurch verloren, daß letzterer dieselben aus dem Mietlokale ohne Einspruch des Vermieters wegschafft? Wie gestaltet sich das Recht im Konkurse des Mieters, insbesondere wenn der Vermieter Massegläubiger ist und der Konkursverwalter die Sachen verkauft hat? Erlös? (F., R.) **14**, 1. — 8) Ist das gesetzliche Pfandrecht des Vermieters durch § 715 Ziff. 4 C.P.O. beschränkt? **18**, 425. — 9) Erstreckt sich das gesetzliche Pfandrecht des Vermieters auf Illaten des Mieters, welche Eigentum eines Dritten sind? (F.) **20**, 355. — 10) Verfolgungsrecht des Vermieters bezüglich der heimlich fortgeschafften Sachen? **20**, 357. — 11) Findet Art. 2151 Code civil auf die Zinsen aus gesetzlichen Hypotheken Anwendung? (F.) **20**, 342. — 12) Pfandrecht für die Heuerforderung. **19**, 90; **20**, 184. — 13) Siehe auch Alphabetisches Register „Konkursprivilegium“.

---

## Fünftes Kapitel. Sonstige dingliche Rechtsverhältnisse.

### § 81. Lehnrecht.

1) Verhältnis von Deferierung, Antretung und Ausschlagung der Allodialerbschaft und der Lehnssuccession. (G.) **19**, 234. — 2) Sind die unehelich geborenen, durch nachfolgende Ehe legitimierten Kinder zur Lehnsfolge berechtigt? Vorschriften des Lib. Feud., des kanonischen Rechtes, des älteren deutschen Reichs- und sächsischen Rechtes, gemeines Gewohnheitsrecht. **12**, 239. — 3) Liegt in dem Verzichte auf eine bereits eröffnete Succession in ein Lehn auch der Verzicht für den Fall, daß in der Person des nunmehrigen Lehnsfolgers ein neuer Successionsfall eintritt? (G.) **14**, 226. — 4) Wesen der Primogeniturordnung. Geht, falls das Gut bisher in Händen der jüngeren Linie war, der Erstgeborene der dem letzten Besitzer nächsten Parentel einem der Linie und dem Grade nach entfernteren, aber der älteren Linie angehörigen Agnaten

vor? (G.) **14,** 229. — 5) Ist die erbliche Übertragung von Besitz und Genuß des Lehngutes oder einzelner Teile desselben, insbesondere Konstituierung einer Erbpacht, eines Kolonatrechtes, dem Lehnsbesitzer verboten? Revokationsklage des Lehnsherrn und der Agnaten? (G.) Ersitzung seitens des dritten Erwerbers? **17,** 134. — 6) Von welchem Zeitpunkte beginnt die dreißigjährige Verjährungsfrist der Revokationsklage des Vasallen zu laufen? (G.) **17,** 137. — 7) Zulässigkeit der außerordentlichen Ersitzung gegenüber dem Lehnsgrundstücke. (G.) **19,** 266.

## § 82. Stammgüter. Familienfideikommisse.

1) Kann der Stifter eines Familienfideikommisses in der — unter Lebenden errichteten — Stiftungsurkunde für den Fall des Aussterbens der zur Fideikommißfolge berufenen Nachkommenschaft über Teilung des Gutes rechtsgültig Bestimmung treffen? (P.) **13,** 225. — 2) In welcher Weise kann in einer Familie des hohen Adels die Unteilbarkeit und Unveräußerlichkeit der Lande verordnet werden? Folgt sie schon aus der Anordnung der Primogeniturordnung? (G.) **18,** 206. — 3) Muß bei der Stiftung eines Familienfideikommisses die Unveräußerlichkeit ausdrücklich ausgesprochen werden? (G.) **18,** 207. — 4) Wesen der Primogeniturordnung. Siehe § 81 Nr. 4. — 5) Ist die Klage auf Anerkennung, daß der Kläger bei der demnächstigen Erledigung des Fideikommisses vor dem Beklagten zur Succession in dasselbe berufen sei, eine Eigentumsklage? Dinglicher Gerichtsstand? **13,** 388. — 6) Liegt in dem Verzicht auf eine bereits eröffnete Succession in ein Familienfideikommißgut auch der Verzicht für den Fall, daß in der Person des nunmehrigen Nachfolgers ein neuer Successionsfall eintritt? (G.) **14,** 226. — 7) Berufung der Kognaten für den Fall des Aussterbens des Mannesstammes zur Succession in das Familienfideikommiß. Wird in der Hand des ersten Kognaten das Gut freies Allod? insbesondere ein landesherrliches Territorium? (G.) **18,** 209. Vorzug des Mannesstammes in der succedierenden kognatischen Familie. **18,** 217. — 8) Bedeutung und Wirkung der Zahlung von Abfindungen an die nachgeborenen Geschwister des zur Succession berufenen Erstgeborenen. Gehen dadurch deren Successionsrechte unter? (G.) **18,** 212. — 9) Ist die außerordentliche Ersitzung von Servituten gegen ein zum Familienfideikommisse gehöriges Grundstück von besonderen aus der rechtlichen Natur des Familienfideikommisses herzuleitenden Voraussetzungen abhängig? Zulässigkeit der Ersitzung auch in dem Falle, daß die Fideikommißeigenschaft im Grundbuche eingetragen oder dem Ersitzenden bekannt ist. (G., P.) **19,** 266. — 10) Ist der Fideikommißrichter zur Bestellung eines Kurators für das Fideikommiß befugt? (P.) **19,** 305.

## § 83. Bauergüter.

1) Giebt es ein gemeines deutsches Bauerrecht, namentlich Meierrecht? **18,** 192. — 2) Kann die auf einen Meierhof aufgeheiratete Frau bezw.

deren Erbe den eingebrachten Brautschatz auch außer dem Falle des Konkurses zurückfordern? (G.) Steht in dieser Hinsicht das übrige Vermögen, welches sie besitzt oder erwirbt, und welches sie zur Führungder Wirtschaft vom Manne verwenden läßt, dem Brautschatze gleich? **12,** 216. — 3) Haben die Erben des aufgeheirateten Wirtes Anspruch auf Ersatz der von diesem zum Besten des Hofes gemachten Verwendungen gegen den Anerben? (G.) **19,** 242. — 4) Hat der von dem abgehenden Hofwirte für sich und seine Frau stipulierte Altenteil die Natur einer wahren, auf dem Hofe ruhenden Reallast? Gutsabtretungsvertrag. Unterschied vom Kaufvertrage? **13,** 188. 190. Ist es mit dem Wesen solchen bäuerlichen Gutsüberlassungsvertrages unvereinbar, wenn die Abtretung Schulden halber erfolgt, ein Wertsanschlag vereinbart wird, und der Abtretende sich die Differenz zwischen Schuldenbetrag und Anschlag ausbedingt? (G.) **13,** 189. — 5) Ist für die Ermittelung des Allodes, von welchem den Geschwistern und Miterben des Anerben eines Meierhofes Abfindungen zu gewähren sind, wenn die Stelle von der Mutter herrührt und auf derselben ein aufgeheirateter Wirt gesessen hat, der Zeitpunkt des Todes der Mutter maßgebend, oder der Antretung des Hofes durch den Anerben, oder welcher Zeitpunkt sonst? (G.) **14,** 195. — 6) Inwieweit kommen die beim Tode des aufgeheirateten Wirtes vorhandenen Früchte dem Anerben, inwieweit den übrigen Erben zu? (G.) **19,** 242. — 7) Inwieweit ist der Ankauf und die Bewirtschaftung einer Wiese seitens des Hofwirtes eine Verwendung zum Besten des Hofes? **19,** 246. — 8) Haftet der den Hof übernehmende Wirt aus der mit dem abgehenden vereinbarten Übernahme aller Lasten des Hofes den Hofesgläubigern unmittelbar, auch ohne deren Beitritt zum Vertrage? (G.) **16,** 135. — 9) Gilt die Rechtsregel, daß die aufgeheiratete Frau das in den Hof Eingebrachte nicht zurückfordern kann, für alle Bauerhöfe, oder nur für Meierhöfe? (G.) **16,** 154. — 10) Geht der Anerbe durch Aufheiratung auf einen anderen Hof seines Anerbenrechtes verlustig? (G., Waldeck.) **18,** 190. — 11) Kann der aufheiratende Wirt bezw. sein Erbe, was er in den Meierhof eingebracht hat, zurückfordern? (G.) Rechtliche Stellung des aufheiratenden Wirtes überhaupt. **19,** 245. — 12) Können auf das Rechtsverhältnis zwischen Erbverpächter und Erbpächter Rechtssätze vom Verhältnisse des Gutsherrn zum eigenhörigen Bauer Anwendung finden? (G.) **15,** 184.

## § 84. Rechtsverhältnisse der öffentlichen Wege.

1) Inwiefern ist die Frage, ob ein Weg ein öffentlicher sei, dem Rechtsweg entzogen? (P.) **14,** 262. — 2) Begriff der Kultur- oder Exploitationswege? Miteigentum der Adjazenten? (F.) **15,** 330. — 3) Beitragspflicht zu den Kosten einer von der Kommune hergestellten Straßenanlage. Kommunalabgaben? Rechtsweg? (P.) **17,** 199. 245. — 4) Irrtum des Käufers über die Höhe des im Falle der Bebauung des gekauften Grundstückes an die Stadt zu zahlenden Straßenanlagebeitrages. Anfechtung des Kaufvertrages. (G.) **19,** 260.

## § 85. Rechtsverhältnisse der öffentlichen Gewässer.

1) Wann wird der Privatbach zum öffentlichen Flusse? (G.) **12**, 183. — 2) Hat der Grundeigentümer über die auf seinem Grundstücke entspringende Quelle eines öffentlichen Flusses freies Verfügungsrecht? Widerspruchsrecht eines unterliegenden Müllers? (G.) **12**, 183. — 3) Recht des Grundeigentümers, die Wasseradern, welche die auf seinem Grundstücke entspringende Quelle speisen, vor deren Zutagetreten abzuleiten? Kann der Eigentümer der Ufer des daraus entstehenden Flusses verlangen, daß das Wasser in den Flußlauf zurückgeleitet werde, bevor derselbe seinen Uferbesitz erreicht? (G., P., F.) **16**, 229. — 4) Sind die römischen Interdikte zum Schutze des Gebrauches öffentlicher Flüsse anwendbar zum Schutze einer Wassermühle gegen die Entziehung des Mahlwassers? **15**, 183. — 5) Muß auf Grund derselben ein Gewerbetreibender die Einführung seiner Abfallwässer in den öffentlichen Fluß unterlassen, wenn durch dieselben das Flußwasser für die Berieselung der unteren Grundstücke untauglich wird? **16**, 146. Vgl. **18**, 258. — 6) Begründen die Interdikte ohne weiteres eine Schadensersatzpflicht? **16**, 147. — 7) Steht betreffs der Benutzung des Wassers eines öffentlichen Flusses den Mühlen als solchen ein Vorrecht vor den übrigen Gebrauchsberechtigten zu? Vorrecht der obrigkeitlich konzessionierten und der seit unvordenklicher Zeit bestandenen ältern Anlage vor der jüngern; insbesondere bei gewerblichen Anlagen. (G.) **18**, 256.

## § 86. Rechtsverhältnisse der Privatflüsse. Quellen.

1) Wann wird der Privatbach zum öffentlichen Flusse? (G.) **12**, 183. — 2) Rechtsverhältnisse, betreffend Eigentum und Nutzungsrecht am Bett und Wasserlauf der nicht schiff- und flößbaren Flüsse. Uferbesitzer. Unterschied von den Rechten an Quellen. (F.) **12**, 340. — 3) Ist die unterirdische Wasserader, durch deren Zutagetreten die Quelle sich bildet, als ein Teil dieser anzusehen, und die Quelle als ein Teil des daraus entstehenden Flusses? (G., P.) **16**, 231. — 4) Hat der Grundeigentümer über die auf seinem Grundstücke entspringende Quelle eines öffentlichen Flusses freies Verfügungsrecht? Widerspruchsrecht eines unterliegenden Müllers? (G.) **12**, 183. — 5) Eigentum an Privatflüssen. Kann der Unterlieger jeder oberhalb stattfindenden Zuleitung außer der des auf natürlichem Wege zufließenden Wassers widersprechen? Gemeinübliche Benutzung des Flusses zur Ableitung von Wasser und sonstigen Stoffen. (P.) **16**, 178. — 6) Kann der Grundeigentümer die Wasseradern, welche die auf seinem Grundstücke entspringende Quelle speisen, vor deren Zutagetreten ableiten? oder kann der Eigentümer des Ufers des daraus entstehenden Flusses verlangen, daß das Wasser in den Flußlauf zurückgeleitet werde, bevor derselbe seinen Uferbesitz erreicht? (G., P., F.) **16**, 229. Besondere Grundsätze hierfür mit bezug auf den bergbautreibenden Grundeigentümer. **16**, 234. — 7) Rechtsverhältnis zwischen Ober- und Unterlieger in betreff des abfließenden Wassers. (G.) **17**, 120.

## § 87. Mühlenrecht.

1) Hat der unterliegende Müller gegen die Verfügung des Oberliegers über die auf des letzteren Grundstück entspringende Quelle des öffentlichen Flusses ein Widerspruchsrecht? (G.) **12**, 183. — 2) Ist der Anspruch eines Müllers wegen Entziehung des zum Mühlenbetriebe notwendigen Wassers durch den Oberlieger als Nachbarrecht aufzufassen? (P.) **13**, 57. — 3) Anwendung der römischen Interdikte zum Schutze einer Wassermühle gegen Entziehung des Mahlwassers? **15**, 183; **18**, 258. — 4) Steht betreffs der Benutzung des Wassers öffentlicher Flüsse den Mühlen als solchen ein Vorrecht vor den übrigen Gebrauchsberechtigten zu? (G.) **18**, 256. — 5) Gemeinrechtliche Anerkennung des Mühlenregals. **18**, 258.

## § 87 A. Ausschließliche Gewerbeberechtigungen.

1) Privatrechtliche Natur einer Realschankgerechtigkeit. Ist der Rechtsweg behufs Feststellung einer solchen auch dann zulässig, wenn ein Eingriff durch eine polizeiliche Verfügung stattgefunden hat und abgewehrt werden soll? Gegen wen ist eventuell solche Klage zu richten? **15**, 138. — 2) Begriff der „ausschließlichen Gewerbeberechtigungen". Anspruch auf Entschädigung im Falle der im Wege der Gesetzgebung erfolgenden Aufhebung **12**, 4. — 3) Ist das durch landesherrlichen Erlaß erteilte Recht zum ausschließlichen Drucke und Verkaufe eines Schriftwerkes — für alle Zeit und für einen lokal abgegrenzten Bezirk — als eine ausschließliche Gewerbeberechtigung anzusehen und also nach dem Gesetze vom 17. März 1868 aufgehoben? (P.) **17**, 263.

## § 88. Deichrecht.

1) Bilden Stackwerke einen Gegenstand der Deichpflicht? Ordentliche oder außerordentliche Deichlast? **11**, 225. 228. — 2) Inwiefern ist die Deichpflicht nicht auf eigene Herrichtung der betreffenden Anlagen, sondern nur auf Erstattung eines Kostenbeitrages zu der von der Behörde ausgeführten Arbeit gerichtet? **11**, 229. — 3) Rechtlicher Charakter der ordentlichen und außerordentlichen Deichlast. Reallast? Erlischt sie dadurch, daß das deichpflichtige Grundstück in das Hoheitsrecht eines anderen Staates übergeht? (Hannover.) **13**, 204. — 4) Was für Entscheidungen der Deichbehörde sind der richterlichen Nachprüfung entzogen? **11**, 227.

## § 89. Bergrecht.

1) Begriffe des Bergwerkes und der Gräberei. **19**, 192. — 2) Rechte des bergbautreibenden Grundeigentümers in bezug auf die Wasseradern, welche die auf seinem Grundstücke entspringende Quelle speisen, gegenüber dem Unterlieger und Flußufereigentümer. (G., P., F.) **16**, 229. 234. — 3) Kann der Bergwerksbesitzer den auf Schadensersatz in Gelde gerichteten Anspruch des Grundeigentümers dadurch beseitigen, daß er sich zur Wiederherstellung des vor der Beschädigung vorhanden gewesenen Zu-

standes bereit erklärt, und wie muß dieses Angebot beschaffen sein? (P.) **11**, 266. — 4) Beschädigung eines Grundstückes infolge des Bergbaues; sind von der zu leistenden Entschädigungssumme Zögerungszinsen seit dem Tage der Urteilsverkündung oder schon der Klagezustellung zu entrichten? (P.) **11**, 268. — 5) Hat der beschädigte Grundeigentümer nur dann einen Anspruch auf Geldentschädigung, wenn die Wiederherstellung des früheren Zustandes „soviel als möglich" nicht ausführbar ist? (P.) **11**, 267. — 6) Wird die Entschädigungspflicht des Bergwerksbesitzers im Falle des § 150 Abs. 1 des preußischen Allgemeinen Berggesetzes durch ein grobes oder schon ein mäßiges Versehen des Grundbesitzers ausgeschlossen? **11**, 335. — 7) Tendenz des preußischen Allgem. Berggesetzes, ausschließlich Normen für speziell bergrechtliche Gegenstände zu geben. **11**, 335. — 8) Gültigkeit des Beschlusses einer Gewerkenversammlung. Sind zur Einberufung der Versammlung a) nach dem Ausscheiden eines Mitgliedes des Grubenvorstandes die im Vorstande verbleibenden Mitglieder, b) solange die Gewerkschaft weder einen Repräsentanten noch einen Grubenvorstand besitzt, jeder Gewerke rechtlich befugt? (P.) **16**, 174. — 9) Muß die Einladung zur Gewerkenversammlung bei Angabe des zu verhandelnden Gegenstandes die bezüglichen Anträge und Projekte speziell formulieren? Genügt die Angabe „Antrag auf Bewilligung von Betriebsmitteln", wenn letztere mittels Zubußen aufgebracht werden sollen? (P.) **17**, 171. — 10) Kann der Freikuxberechtigte verlangen, daß ihm die auf seinen Anteil fallenden Erze ebenso wie den anderen Gewerken in aufbereitetem Zustande gewährt werden, oder muß er sie so, wie sie aus der Grube gefördert werden, annehmen? (P.) **12**, 268. — 11) Inwieweit sind ausgeschriebene Zubußen im Konkurse eines Gewerken als Massekosten anzusehen? **17**, 171. — 12) Verwaltung eines Kuxes im Konkurse des Eigentümers. **17**, 174.

## § 90. Dingliche Rechtsverhältnisse in Beziehung auf Kirche und Schule.

(Siehe auch § 20 e dieses Registers.)

### a. Kirchen- und Schulbaulast. Patronat.

1) Wesen und Charakter des Patronatsrechtes. Ist es ein Recht territorialer Natur? (G.) **15**, 168. — 2) Beitragspflicht des Patrones der Tochterkirche zum Bau der bei der Mutterkirche befindlichen gemeinschaftlichen Pfarrgebäude. (P.) **17**, 153. — 3) Wird bei einem Streite über die den Gemeindemitgliedern als solchen obliegende Kirchenbaulast die Klage mit Recht gegen die Kirchengemeinde, vertreten durch den Gemeindekirchenrat, gerichtet? (P.) **17**, 192. — 4) Rechtsweg für die Frage, ob eine Kirche gewohnheitsrechtlich einen Anspruch auf gewisse Abgaben hat. (P.) **20**, 305. — 5) Kann die Gemeinde aus dem nach dem Gesetze vom 3. Januar 1845 entworfenen und behördlich bestätigten Abgabenverteilungsplan einen privatrechtlichen Anspruch gegen einen Interessenten auf Zahlung der auf ihn repartierten Schulbeiträge herleiten?

(P.) **17**, 181. — 6) Rechtsweg und Verwaltungsstreitverfahren in Schulbaustreitigkeiten. (P.) **17**, 176.

b. Kirchenstühle. Kirchhöfe.

1) Dingliche oder persönliche Privatrechte auf Benutzung bestimmter Kirchenstühle? Anspruch auf Entschädigung gegen die Kirchenverwaltung wegen Beseitigung solchen Rechtes? (G.) **16**, 160. — 2) Stehen die alten Kirchhöfe — am linken Rheinufer — im Eigentum der Kirchen- oder der Civilgemeinde? (F.) **14**, 305. — 3) Besonderes, klagbares Recht des einzelnen Mitgliedes einer Kirchengemeinde auf bestimmungsmäßige Benutzung des derselben gehörigen Kirchhofes zu seiner und seiner Familienglieder Bestattung der Gemeinde gegenüber? (P.) **12**, 280. — 4) Giebt es einen privatrechtlichen Anspruch des an einer Grabstelle dinglich Berechtigten gegen die zuständige Behörde auf Gestattung der Ausgrabung einer dort beerdigten Leiche? Gesetzliche Eigentumsbeschränkung. (G.) **16**, 152.

---

# Dritter Abschnitt. Recht der Obligationen.

## Erstes Kapitel. Allgemeine Lehren.

### 1. Subjekte.

### § 90 A. Bestimmtheit des Subjektes.

1) Möglichkeit eines Forderungsrechtes ohne ein bestimmtes Subjekt? Kann solches Recht durch Privatwillen des Schuldners entstehen? Klage aus einer Schuldurkunde ohne Bezeichnung eines bestimmten Gläubigers? (G.) **11**, 249. — 2) Abschluß eines Kaufes durch einen Makler mit vorbehaltener Aufgabe des Käufers. **20**, 37. — 3) Siehe auch §§ 103 A und (Inhaberpapiere) 231 dieses Registers.

### § 91. Mehrheit der Subjekte. Korreal- und Solidarobligation.

1) Wesen der Übernahme der Mitverbindlichkeit im Unterschiede von der Samtverbindlichkeit. (F.) **14**, 307. — 2) Kann die Übernahme einer Korrealobligation auch stillschweigend geschehen, oder muß das Wort „solidarisch" oder ein sprachlich gleichbedeutendes ausdrücklich hinzugefügt werden? (G.) **15**, 175. — 3) Solidarische Verhaftung mehrerer Anstifter eines Schadens. (G.) **16**, 147. — 4) Haften mehrere Teilnehmer an einem strafrechtlichen Vergehen für den Schadensersatz solidarisch? Regreß untereinander? (F.) **19**, 385. — 5) Recht des einen selbständigen Regreßanspruch geltend machenden Mitverpflichteten im Konkurse seines Mitschuldners, wenn der Gläubiger Konkursdividende erhält? Zwangsvergleich. (G., R., ausländisches Recht.) **14**, 172. — 6) Einrede

der Teilung bei Korrealobligationen. Novelle 99 nach jetzigem Prozeßrechte unanwendbar. (G.) **12**, 220. — 7) Beneficium divisionis des Korrealschuldners gegenüber dem Gläubiger? (P.) **16**, 166. — 8) Ist der Satz, daß ein Korrealschuldner nicht mit dem, was ein anderer correus von dem Gläubiger zu fordern hat, kompensieren darf, ohne Ausnahme? (G., P.) **11**, 117. — 9) Wird die Wirkung der seitens eines Gesamtschuldners gegen den Gläubiger vollzogenen Kompensation dadurch beeinflußt, daß letzterer im Konkurse ist? (P., R.) Auslegung des § 98 preuß. K.O. vom 8. Mai 1855. **11**, 121. — 10) Wirkt die von dem Gläubiger gegenüber einem correus bezüglich des anderen abgegebene Entlassungserklärung zu Gunsten des letzteren? (G.) **11**, 126. — 11) Findet zwischen dem Anspruche des Gläubigers und seiner Schuld an einen seiner Solidarschuldner gesetzliche Kompensation statt? (F.) **11**, 356. — 12) Kann der Bürge nach vorbehaltloser Zahlung an den Gläubiger noch die Abtretung der Klagen gegen den Hauptschuldner und den Mitbürgen fordern? Ausnahme von der Regel, daß durch Befriedigung des Gläubigers durch einen der Mitverpflichteten seine Forderung auch gegen die übrigen untergeht. (G.) **18**, 240. — 13) Wie wird der Anspruch auf Rückgabe einer vom Schuldner gemeinschaftlich mit anderen Personen bestellten Kaution gepfändet? **13**, 176. — 14) Hat der Miteigentümer einer Forderung — Hypothek — im Falle einer Teilcession ein gesetzliches Vorkaufsrecht? (P.) **19**, 290. — 15) Inwieweit ist einer von mehreren Mitberechtigten zur Geltendmachung des gemeinschaftlichen Rechtes befugt? (P.) **20**, 315.

## § 92. Intercession. Bürgschaft.

### a. Begriff. Arten. Abschluß. Inhalt der Verpflichtung.

1) Welche Wirkung hat die Cession der Forderung aus der Bürgschaft ohne Cession der durch letztere gesicherten Hauptforderung? (P.) **15**, 278. — 2) Ist der Verzicht eines Gläubigers auf ein Vorzugsrecht zu Gunsten eines anderen Gläubigers desselben Schuldners wie eine Intercession zu behandeln? (G.) **16**, 119. — 3) Steht die Einrede der Vorausklage nur dem Bürgen oder jedem Intercedenten zu? insbesondere demjenigen, der sich urkundlich als Hauptschuldner solidarisch verpflichtet, während thatsächlich das Darlehn ausschließlich dem Mitaussteller der Urkunde zu gute kommt? (G.) **12**, 220. — 4) Inwiefern ist der Gläubiger dem Bürgen zur Diligenz verpflichtet? insbesondere zur Bewahrung und Erhaltung der ihm gegen andere Mitverpflichtete zustehenden Klagen? (G.) **18**, 237. — 5) Siehe ferner b dieses Paragraphen Nr. 2.

### b. Rückgriff des Bürgen.

1) Hat der Bürge schlechthin einen Regreßanspruch gegen den Mitbürgen? (G.) **18**, 236. — 2) Hat der Bürge das Recht, bei Zahlung der verbürgten Schuld Abtretung der Klagen gegen den Hauptschuldner

und den Mitbürgen vom Gläubiger zu verlangen? Muß er dies thun, um seinen Anspruch gegen den Rückbürgen zu wahren? (G.) **18,** 236. Kann er die Abtretung nach vorbehaltloser Zahlung noch fordern? **18,** 240. — 3) Gelten für das Verhältnis zwischen Bürgen und Rückbürgen dieselben Grundsätze wie zwischen Hauptschuldner und Bürgen? (G.) **18,** 237.

c. Intercession der Frauen.

1) Inwieweit und unter welchem Gesichtspunkte findet gegenüber der Wechselklage die Berufung auf die weiblichen Rechtswohlthaten bezüglich der Intercession statt? (G.) **11,** 2. — 2) Inwieweit geht das gesetzliche Pfandrecht der Ehefrau für ihren Ersatzanspruch gegen den Mann wegen einer von ihr übernommenen Mitverbindlichkeit für dessen Schuld dem gegen den Mann erlangten Pfändungspfandrechte des Gläubigers dieser Schuld vor? (F.) **14,** 307. — 3) Ist die in dem württembergischen Gesetze vom 21. Mai 1828 über die Intercessionen der Frauen getroffene Bestimmung eine Beschränkung der Handlungsfähigkeit oder eine bloße Formvorschrift? **15,** 20. — 4) Kann infolge Art. 6 Abs. 2 H.G.B. eine Nichthandelsfrau bezüglich ihrer Handelsgeschäfte und eine Handelsfrau außerhalb ihres Handelsbetriebes sich jederzeit auf landesgesetzliche Rechtswohlthaten der Frauen berufen? Verhältnis zu der Vorschrift des Art. 317 H.G.B. **15,** 20.

### § 93. Die sog. actiones adjecticiae qualitatis.

1) Exceptio doli, weil der Kläger mit dem Vertreter des Beklagten zwar innerhalb der Vollmacht, aber gegen den ihm bekannten Willen des Beklagten kontrahiert habe. Actio institoria. **15,** 206.

2. Gegenstand der Obligationen.

### § 94. Im allgemeinen. Teilbarkeit. Bestimmtheit. Alternative Obligationen. Species und genus.

1) „Lästiger" Vertrag gleichbedeutend mit „zweiseitiger"? (P.) **12,** 250. — 2) Donatio sub modo. Ungewißheit, materielle Unbestimmbarkeit der dem Beschenkten auferlegten Gegenleistung. **18,** 180. — 3) Bestimmung des Kaufpreises durch einen Dritten. (F.) **18,** 344. — 4) Unbestimmtheit und Unbestimmbarkeit des Gegenstandes der Cession. (P.) **20,** 237. — 5) Begründet die Verurteilung auf eine Noxalklage eine alternative Obligation, oder ist die Hingabe der Sache nur in solutione? (G.) **20,** 200. — 6) Geht bei alternativen Verbindlichkeiten das dem Schuldner zustehende Wahlrecht im Falle des Verzuges auf den Gläubiger über? Nichtbefolgung einer rechtskräftigen Verurteilung? (G.) **12,** 184. — 7) Der alternativ verpflichtete Schuldner ist nicht nur berechtigt, sondern auch verpflichtet zur Wahl. (G.) **12,** 187. — 8) Wodurch wird das aus Artt. 354 flg. H.G.B. fließende Wahlrecht des Käufers oder Verkäufers absorbiert? Klage auf Realerfüllung? Urteil?

**15,** 65. — 9) Emission von Obligationen auf Geldbeträge in österreichischer oder deutscher oder süddeutscher Silberwährung. Wahlrecht des Gläubigers. **19,** 49. — 10) Verschiedenheit des Eigentumserwerbes an einer von einem anderen Orte übersandten Ware beim Kaufe einer species und eines genus. (G.) **12,** 81. — 11) Finden die ädilitischen Rechtsmittel Anwendung auf den Gattungskauf? (G.) **12,** 84. — 12) Beziehen sich die landrechtlichen Vorschriften über Lieferungsverträge auf Geschäfte über eine Gattung? (P.) **13,** 15. — 13) Bedeutung der Angabe der Nummern der gehandelten Wertpapiere beim Reportgeschäfte. **19,** 161. — 14) Wird die Börsensteuer auch bei nicht generischen Geschäften erhoben? **20,** 15. — 15) Ist die Verpflichtung aus dem Konnossemente eine Gattungsobligation oder muß der Verfrachter speziell die verladene Ware abliefern? Anwendung des Satzes „genus non perit"? **20,** 64. — 16) Kann der einzelne Mitberechtigte bei teilbaren Leistungen die anteilige Leistung an ihn selbständig einklagen? (P.) **20,** 320. 324. — 17) Ist das Verlöbnis vom Standpunkte des Obligationenrechtes zu beurteilen? **20,** 334. — 18) Siehe auch unten § 95 Nr. 1.

## § 95. Geldschulden.

1) Inwiefern ist die Deichpflicht nicht auf eigene Vornahme der betreffenden Anlagen, sondern nur auf Erstattung eines Kostenbeitrages zu der von der Deichbehörde selbst ausgeführten Arbeit gerichtet? (G.) **11,** 229. — 2) Umrechnung von alternativ in österreichischer oder deutscher Silberwährung in Österreich zu erfüllenden Schuldverbindlichkeiten nach dem Wertsverhältnisse des deutschen Münzgesetzes. Emission solcher Schuldverschreibungen vor und nach Einführung der deutschen Reichsgoldwährung. **19,** 47. — 3) Inhalt einer Geldschuld. **19,** 48. — 4) Die Verbindlichkeit des Aktionärs aus der Zeichnung keine gewöhnliche Geldschuld. **19,** 128.

## § 96. Zinsen.

(Wucher. Siehe § 153 A dieses Registers.)

1) Geht der Schadensanspruch wegen entbehrten Gebrauches von Geld — ohne weiteren Nachweis — auf die gesetzlichen Zinsen? **19,** 434. — 2) Haben die in dem Frankfurter Gesetze vom 2. Februar 1864 zugelassenen Zinsen von der Klagezustellung ab die Natur von Verzugs- oder von Prozeßzinsen? **14,** 167. — 3) Gesetzliche Verzinsung der Ansprüche auf Entschädigung ꝛc zwischen den Eheleuten und der Gütergemeinschaft vom Tage der Auflösung der Gütergemeinschaft an. Gebühren der Ehefrau Zinsen, wenn sie auf die Gütergemeinschaft verzichtet hat? (F.) **17,** 321. — 4) Gehen vorbedungene Zinsen durch Verzug in der Kapitalszahlung in Verzugszinsen über? Kurze Verjährung? (P.) **16,** 183. — 5) Von wann an hat der Kollationspflichtige Zinsen zu zahlen? (G.) **11,** 245. — 6) Hat der ersatzpflichtige Bergwerksbesitzer dem beschädigten Grundeigentümer seit der Urteilsverkündung oder seit

der Klagezustellung Zögerungszinsen zu zahlen? (P.) **11**, 268. — 7) Ist der mit einer Inhaberobligation ausgegebene Zinskoupon in bezug auf die einzelne Zinszahlung ein Präsentationspapier oder ein Legitimationszeichen? Geltendmachung des Zinsrechtes ohne den Koupon, lediglich auf Grund der Schuldverschreibung? Kann, nachdem gegen Aushändigung des Talons eine neue Kouponsserie mit einem den Zinsanspruch einschränkenden Inhalte angenommen worden, für den betreffenden Zeitraum noch der weitergehende Zinsanspruch auf Grund der Schuldverschreibung geltend gemacht werden? **14**, 154. — 8) Einfluß der Kompensation auf die Zinsen der beiden Forderungen. Ist die geringere Gegenforderung zunächst auf die rückständigen Zinsen der Forderung und erst der Überschuß auf das Kapital anzurechnen? (G.) **17**, 141. Anatozismus. — 9) Verzinsungspflicht im Falle der Einziehung fremder Kapitalien dem Berechtigten gegenüber. Geschäftsführung. Arglist. (G.) **18**, 196. — 10) Herabsetzung des Zinsfußes. **18**, 6.

## § 97. Interesse. Schadensersatz.

(Siehe auch §§ 111. 112. 227 dieses Registers.)

1) Schadensberechnung. Kompensation von Nachteil und Vorteil, vermehrten Kosten und nicht gewolltem Luxus. **13**, 264. — 2) Zum Begriffe des Schadens. Entziehung eines von dem bloßen Wohlwollen eines andern abhängigen Vorteiles. (P.) **16**, 168. — 3) Greifen die Unterscheidungen des Allgem. Landrechtes von mittelbarem und unmittelbarem Schaden Platz, wenn aus einem Handelsgeschäfte Schadensersatz, insbesondere Ersatz einer Konventionalstrafe, gefordert wird? **19**, 25. — 4) Kann der Beschädigte unter Umständen Wiederherstellung des frühern Zustandes fordern? insbesondere, bei arglistigem Verleiten zu einem Kaufvertrage mit einem Dritten, den Ersatz des an diesen gezahlten Preises gegen Hingabe des erlangten Kaufobjektes ohne weitere Liquidation? (G.) **17**, 112. — 5) Abstrakte und konkrete Schadensberechnung. **19**, 432. — 6) Der Schadensanspruch wegen entbehrten Gebrauches von Geld hat — ohne weitern Nachweis — die gesetzlichen Zinsen zum Gegenstande. **19**, 434. — 7) Setzt die Verpflichtung zur Entschädigung wegen Nichterfüllung eines Vertrages ein Verschulden voraus? (F.) **17**, 319. — 8) Anspruch auf Ersatz der Futterkosten bei der actio redhibitoria. Schadensersatzanspruch? Ist der Betrag bei Berechnung des Wertes des Streitgegenstandes mit in Ansatz zu bringen? Nebenforderung? **13**, 396. — 9) Genügt zur Anwendung des § 25 A.L.R. I. 6 eine jede, wenn auch noch so entfernte Möglichkeit, daß der Schade durch die unerlaubte Handlung verursacht sei? (P.) **17**, 202. — 10) Verurteilung zur Entschädigung wegen eines Unfalles als mittelbare Folge des Verschuldens desjenigen, der den Unfall herbeigeführt hat. (P.) **17**, 222. — 11) Schadensliquidation im Falle mangelhafter Bauausführung. Vorherige Beseitigung der Mängel? Minderwert? (F.) **18**, 338. — 12) Verschulden des Agenten, welcher seinem Auftraggeber irrtümlich eine von dem Dritten nicht erteilte Bestellung macht, und nachdem er den Irrtum

entdeckt, nicht alsbald davon Nachricht giebt. Kausalzusammenhang mit dem entstandenen Schaden? **12,** 20. — 13) Kausalzusammenhang zwischen Schaden und Enteignung bei Enteignung von Teilgrundstücken. Benachteiligung durch die auf dem abgetretenen Stücke errichtete Anlage? Fällt der Entschädigungsanspruch weg, wenn andere nicht expropriierte Grundbesitzer denselben Schaden erleiden, oder wenn der Kläger auch ohne Enteignung den gleichen Schaden erlitten haben könnte? (P.) **13,** 244. — 14) Kann der Kausalzusammenhang dadurch nachgewiesen werden, daß Umstände dargethan werden, unter welchen eine andere als die behauptete Entstehungsursache des Schadens ausgeschlossen erscheint? **15,** 147. — 15) Schuldhafte Körperverletzung. Kann auf Feststellung der Entschädigungspflicht für die Verminderung der Erwerbsfähigkeit geklagt werden, wenn der Verletzte noch nicht arbeits- und erwerbsfähig ist? Möglichkeit des Todes vor Erreichung eines erwerbsfähigen Lebensalters? **13,** 372. — 16) Solidarische Verhaftung mehrerer Anstifter eines Schadens. (G.) **16,** 147. — 17) Setzt § 3 des Reichshaftpflichtgesetzes die Art und den Umfang des auf Grund von §§ 1. 2 a. a. O. zu leistenden Schadensersatzes erschöpfend und ausschließend fest? **11,** 62. — 18) Regreßanspruch des nach dem Reichshaftpflichtgesetze verurteilten Betriebsunternehmers gegen den Dritten, durch dessen Verschulden der Unfall herbeigeführt ist. (P.) **17,** 219. — 19) Die civilrechtlichen Folgen des schuldhaften Zuwiderhandelns gegen die Reichsgewerbeordnung (z. B. §§ 128. 129) bestimmen sich nicht nach diesem Gesetze. **11,** 28. — 20) Schadensersatzklage einer Genossenschaft gegen Mitglieder des Aufsichtsrates wegen Pflichtverletzung. Grad der von diesen zu vertretenden Sorgfalt? Beweislast? Einrede der Vorausklage bezüglich anderer Aufsichtsratsmitglieder? Vorzeitiger Austritt aus dem Aufsichtsrate. Decharge. **13,** 45.

### 3. Erfüllung der Obligationen.

### § 97 A. Erfüllung. Nichterfüllung.

1) Die Cession in ihrer Funktion als Erfüllung. Heilung des Formmangels des unterliegenden Vertrages? (P.) **12,** 249. — 2) Kann der Konkursverwalter, welcher gemäß § 15 K.O. sich für Erfüllung eines zweiseitigen Vertrages entscheidet, unter allen Umständen Gewährung der vertragsmäßigen Gegenleistung an die Masse fordern, oder ist er an Änderungen, welche der Inhalt des Vertrages nach dessen Abschluß erlitten hat, gebunden? **11,** 49. — 3) Die Erfüllung eines zweiseitigen Rechtsgeschäftes, welche der Konkursverwalter nach § 15 K.O. wählt, ihrem Wesen nach verschieden von der ursprünglich vom Gemeinschuldner intendierten Erfüllung. **11,** 139. — 4) Auslegung der Worte „Nichterfüllung infolge der Eröffnung des Konkursverfahrens" in § 21 K.O. **17,** 79. — 5) Actio venditi gegen den Makler, welcher den Kauf mit Vorbehalt der Aufgabe des Käufers abgeschlossen hat. **20,** 37. — 6) Wie erfüllt der Verkäufer beim Verkaufe schwimmender Ware? **16,** 3; vgl. **12,** 78. — 7) Unmöglichkeit bei einer bestimmten Warengattung, eine der ge-

handelten Probe absolut entsprechende Ware herzustellen. **20,** 32. — 8) Wirkungen der Nichterfüllung eines zweiseitigen Vertrages von seiten des einen Teiles auf die Rechte des anderen. **17,** 79. — 9) Rechte der Kontrahenten aus einem mündlichen, teilweise erfüllten Vertrage über ein Grundstück. (P.) **20,** 242. — 10) Setzt die Verpflichtung zur Entschädigung wegen Nichterfüllung einer vertragsmäßigen Verbindlichkeit ein Verschulden des Verpflichteten voraus? (F.) **17,** 319. — 11) Inwiefern kann die Erfüllung einer Verbindlichkeit auf Grund des § 3 Ziff. 1 des Reichsanfechtungsgesetzes angefochten werden? **20,** 180.

### § 98. Ort der Erfüllung.

1) Kommt es, wenn die Natur des Rechtsgeschäftes auf einen bestimmten Erfüllungsort hinweist, auf die im Prozesse geäußerten Ansichten der Parteien oder darauf an, welchem Rechte sie sich vermutlich unterworfen haben würden, wenn sie darüber Vereinbarung getroffen hätten, insbesondere weil das eine der in Betracht kommenden Rechte dem Geschäfte die Klagbarkeit versagt? **12,** 36. — 2) Verschiedenheit des Erfüllungsortes für beide Kontrahenten bei zweiseitigen Verträgen. **13,** 412. — 3) Thatsächliche Würdigung von Umständen, aus denen sich die Absicht der Parteien betreffs des Erfüllungsortes ergiebt. **13,** 412. — 4) Ist bei obligatorischen Verträgen der vom Wohnsitze der Parteien verschiedene Ort, wo nur eine einzelne zur Erfüllung gehörige Handlung vorgenommen werden muß, als Erfüllungsort maßgebend? **14,** 114. — 5) Inwiefern ist der Erfüllungsort als der für das anzuwendende örtliche Recht maßgebende anzusehen? **20,** 335. — 6) Ist, im Falle redhibitorischer Klage auf Wiederabnahme der Ware und Rückzahlung des Preises, für den Verkäufer derjenige Ort der Erfüllungsort, wo sich die Ware befindet? **20,** 358. — 7) Siehe auch dieses Register § 236 a (Handelsrecht).

### § 99. Zeit der Erfüllung. Kündigung.

1) Ist die Forderung aus einem auf Sicht zahlbaren Wechsel als fällig zu betrachten? **11,** 303. — 2) Zahlungszeit bei einem Wechsel „auf Sicht ohne vorgängige Präsentation". **20,** 182. — 3) Ist, wenn die Kündigungsfrist von Zustellung der Klage bis zum Tage des Urteiles verstrichen ist, der Beklagte, auch ohne Kündigung vor der Klagerhebung, zu verurteilen? (G., P.) **17,** 150. — 4) Inwiefern liegt in der Erklärung, kompensieren zu wollen, eine Kündigung der Gegenforderung? Gerät eventuell nach Ablauf der Kündigungsfrist der Gegner in Zahlungsverzug? (P.) **17,** 148. — 5) Einfluß der Bestellung einer befristeten Grundschuld auf die Kündbarkeit der zu Grunde liegenden Darlehnsschuld. (P.) **17,** 148. — 6) Muß im Falle des § 388 A.L.R. I. 21 der Nachfolger des Vermieters unter allen Umständen dem Mieter kündigen, wenn das Mietsverhältnis beendet werden soll? Braucht er die gesetzliche Kündigungsfrist nur dann zu gewähren, wenn der Mieter ihrer bedarf, um ein anderes Unterkommen zu finden? (P.) **17,** 158. —

7) Wirkung der außerkontraktlichen Aufkündigung der Pacht des subhastierten Grundstückes durch die Gläubiger des Verpächters auf das Pachtverhältnis zwischen Adjudikatar und Pächter. (P.) **17**, 284. — 8) Kann die Berufsgenossenschaft, auf welche nach § 100 des Reichsunfallversicherungsgesetzes die Rechte und Pflichten eines Betriebsunternehmers aus einem Versicherungsvertrage mit einer Gegenseitigkeitsgesellschaft übergegangen sind, der letzteren entsprechend jenem Vertrage aufkündigen? **19**, 43. — 9) Kann im Falle einer auf Lebenszeit eines der beiden Kontrahenten abgeschlossenen stillen Gesellschaft nur dieser eine aufkündigen oder auch der andere Teil? **20**, 166. — 10) Frist und Bedeutung der Kündigung im Falle des § 41 des preuß. Eigentumserwerbsgesetzes. **20**, 230.

### § 100. Verzug des Schuldners.

1) Inwiefern waltet bei Beurteilung der Voraussetzungen des Verzuges ein freieres richterliches Ermessen ob? **14**, 106. — 2) Geht bei alternativen Obligationen das dem Schuldner zustehende Wahlrecht im Falle des Verzuges auf den Gläubiger über? (G.) **12**, 187. — 3) Berechnung des dem Käufer durch verspätete Erfüllung erwachsenen Schadens. Unterschied vom Falle der Nichterfüllung. **14**, 112. — 4) Verwandeln sich vorbedungene Zinsen durch Zahlungsverzug betreffs des Kapitales in Verzugszinsen? Kurze Verjährung? (P.) **16**, 183. — 5) Kündigung durch die Erklärung, kompensieren zu wollen. Gerät der Schuldner der Gegenforderung nach Ablauf der Kündigungsfrist in Zahlungsverzug? (P.) **17**, 148. — 6) Wirkungen des Verzuges des Käufers in dem Falle, daß nachträglich ohne Schuld des Verkäufers die Übergabe unmöglich wird? (P., R.) **13**, 21. — 7) Kann der Versicherer dadurch in Verzug gesetzt werden, daß der Versicherte die Versicherungssumme für eingetretenen Totalverlust fordert und dabei solche konkrete Thatsachen und Beweise vorlegt, aus denen die Unwahrscheinlichkeit der Wiedererlangung hervorgeht? **15**, 161. — 8) Mit welchem Momente kommt der Kollationspflichtige in Verzug? Empfang? Erbfall? Erbschaftsantritt? Erbteilung? (G.) **11**, 246. — 9) Muß der Erbe des Berechtigten bei der an den Verpflichteten gerichteten Aufforderung zur Vertragserfüllung gleichzeitig seine Erbeseigenschaft nachweisen, oder muß der Schuldner, welcher mangels dessen nicht erfüllt, die Kosten des von jenem angestrengten Prozesses tragen? **11**, 261. — 10) Siehe auch dieses Register §§ 240. 241 (Handelskauf).

### § 101. Verzug des Gläubigers.

1) Wirkungen des Verzuges des Käufers in dem Falle, daß die Übergabe der Sache nachträglich ohne Schuld des Verkäufers unmöglich wird? (P., R.) **13**, 21. — 2) Inwiefern waltet bei Beurteilung der Voraussetzungen des Verzuges ein freieres richterliches Ermessen ob? Angebot nur des weitaus größten Teiles der Schuld. Annahmeverzug? **14**, 106. — 3) Voraussetzungen und Folgen des Annahmeverzuges des

Käufers, namentlich im Falle einer vertragsmäßig noch ihm obliegenden Spezifikation der Ware? (G.) **14,** 245. — 4) Siehe auch dieses Register §§ 240. 241 (Handelskauf).

## § 102. Beschränkungen des Anspruches auf Erfüllung.

(Siehe auch §§ 9 und — Beschränkungen der Zwangsvollstreckung — 333. 336 dieses Registers.)

1) Inwiefern tritt, wenn mehrere Personen unter Hinweis auf einen zu bestimmtem Zwecke zusammengebrachten Fonds kontrahieren, eine auf denselben beschränkte Haftung ein? Einrede der Arglist gegen den unbeschränkte Zahlung fordernden Gläubiger? Einfluß schlechter Wirtschaftsführung? (G.) **12,** 229.

## § 103. Materielles Konkursrecht. Älteres Recht.

(Siehe auch unten §§ 341 flg. — Reichskonkursordnung — und § 151 — Anfechtungsrecht außerhalb des Konkurses —.)

1) Auslegung des § 98 der preuß. Konkursordnung vom 8. Mai 1855. **11,** 121. — 2) Ist es nach § 97 Ziff. 3 der preuß. Konkursordnung unzulässig, daß ein wegen einer Gesellschaftsschuld belangter Gesellschafter eine ihm von seinem Mitgesellschafter cedierte Privatforderung zur Kompensation stellt, mit welcher dieser selbst hätte kompensieren können? **11,** 122. — 3) Vorrecht der Kinder im Konkurse wegen ihrer Ersatzforderung für das beim Tode ihrer Mutter nicht mehr vorhandene Sondergut derselben. (F., P.) **17,** 42. — 4) Wirkungen der Nichterfüllung eines zweiseitigen Vertrages von seiten des einen Teiles auf die Rechte des anderen im Falle des Konkurses. Reichsrechtliche Regelung. **17,** 79.

### 4. Entstehung der Obligationen.

## § 103 A. Einseitige Rechtsgeschäfte.

1) Kann durch den einseitigen Privatwillen des Schuldners ein Forderungsrecht ohne ein bestimmtes Subjekt entstehen? **11,** 249. — 2) Gebührt die auf die Ergreifung eines Verbrechers öffentlich ausgesetzte Belohnung nur demjenigen, der denselben effektiv festnimmt, oder zum Teil auch demjenigen, durch dessen Vermittelung jener erst auf die Spur gebracht ist? Wem steht die Entscheidung über die Verteilung unter mehreren zu? inwiefern kann diese Entscheidung angefochten werden? (P.) **11,** 283. — 3) Erfordernisse einer rechtsgültigen Pollizitation. Dem Staate gegenüber? Egoistische Zwecke? Zeichnung eines Beitrages für den von der Regierung zu übernehmenden Bau einer Bahn. (G.) **15,** 212.

## § 104. Vertragsschluß. Perfektion.

(Über Willensbestimmung, Willenserklärung, Konsens, Stellvertretung, Form und Auslegung der Verträge siehe §§ 28 flg. dieses Registers. Über Auslegung und Abschließung der Handelsgeschäfte siehe §§ 225. 235 dieses Registers.)

1) Ist der Kauf noch imperfekt, wenn dem Käufer innerhalb gewisser Grenzen eine Spezifikation der Ware vorbehalten wird? (Bestimmung der Nummer des Garnes.) Worauf kann der Verkäufer seine Klage richten, wenn jener die Spezifikation nicht vornimmt? (G.) **14,** 243. — 2) Unterwirft sich derjenige, der einen Versicherungsvertrag mit der Landfeuersozietät schließt, vertragsmäßig den Vorschriften des revidierten Landfeuersozietäts-Reglements? (P.) **16,** 370. — 3) Acceptationsfrist bei Verträgen, die durch Mittelspersonen verhandelt werden. **18,** 10. — 4) Über Verträge unter Abwesenden und unter Gegenwärtigen vgl. dieses Register § 358 b. *α.* Nr. 6. 10. 15; *β.* Nr. 1. — 5) Verpflichtung zum Abschlusse von Verträgen. Ist der Frachtführer (die Eisenbahn) befugt, einen Frachttransport mit durchgehendem Frachtbriefe abzulehnen, wenn der Absender die Route vorschreibt? **18,** 166. — 6) Umwandlung der provisorischen Versicherung in eine definitive. Wann ist der Versicherungsvertrag perfekt? **19,** 216. — 7) Bedingter Vertrag oder imperfekte Verhandlung? Vorvertrag? **12,** 302; **20,** 14.

## § 105. Gegenstand der Verträge. Vorverträge. Verträge über unmögliche Leistungen. Verträge gegen gesetzliches Verbot und gute Sitte. Versprechen der Leistung eines Dritten.

1) Pactum de cedendo. Vertrag über eine Handlung oder eine Sachleistung? (P.) **12,** 249. — 2) Ist die Vereinbarung, daß A. das dem B. gehörige Gut parzellieren und verkaufen und, falls nach bestimmter Frist die Veräußerung der einzelnen Gutsteile begonnen, aber nicht vollendet sei, und der Gesamtkaufpreis der alsdann verkauften Teile einen bestimmten Betrag nicht erreiche, berechtigt und verpflichtet sein solle, die noch unverkauften Parzellen gegen Zahlung der an jenem Betrage fehlenden Summe selbst von B. zu kaufen, ein bedingter Kaufvertrag oder ein Vorvertrag über die künftige Abschließung eines solchen? **12,** 302. — 3) Ist durch die Klausel einer Seeversicherungspolice: „Abweichungen von der obigen Reise und andere Bestimmung des Schiffes sind stillschweigend und ohne Unterbrechung des Risikos mitgedeckt gegen eventuelle Prämienregulierung nach Billigkeit" eine Versicherung fest übernommen, oder ist darin nur ein pactum de contrahendo enthalten? **13,** 89. — 4) Verkauf einer fremden Sache unter Starksagung für die Genehmigung des Eigentümers. (F.) **15,** 331. — 5) Ist der Lizenzvertrag als über eine dem Verkehre entzogene oder eine rechtlich nicht existierende Sache geschlossen zu behandeln, wenn das Patent für nichtig erklärt wird? **17,** 54. — 6) Ist die Übernahme der Garantie für die Verwendbarkeit eines seitens des anderen von einem Dritten anzukaufenden Grundstückes für einen bestimmten Zweck, begleitet von dem Versprechen, dasselbe eventuell selbst abzunehmen, ein Vertrag über ein Im-

mobile? **17,** 113. — 7) Kann, wenn der Arbeitgeber seine Arbeiter gegen Unfälle versichert, ein direktes Klagerecht derselben oder ihrer Hinterbliebenen durch die Police ausgeschlossen werden? **12,** 317. — 8) Ist ein zur Umgehung eines gesetzlichen Verbotes geschlossener Vertrag nichtig und von den Kontrahenten selbst anzufechten? Liegt eine Umgehung vor, wenn das Gesetz ein Pfandrecht ohne körperliche Gewahrsam für ungültig erklärt, und deshalb von den Parteien, um den Gläubiger sicherzustellen, Eigentumsübertragung mittels constitutum possessorium vorgenommen ist? (G.) **13,** 203. — 9) Rechtsgültigkeit der Vereinbarung einer besonderen Vergütung dafür, daß der Verkäufer einer Apotheke für seine Person auf die in dem Grundstücke ausgeübte Konzession verzichtet? **13,** 266. — 10) Unter welchen Umständen sind Verträge über den Verkauf von Lospapieren wegen Verstoßes gegen § 286 St.G.B. als ungültig anzusehen? **14,** 84; **18,** 79. — 11) Nichtigkeit des Sozietätsvertrages zum Zwecke des Spielens in einer in Preußen nicht zugelassenen Lotterie. (P., G.) **18,** 242. — 12) Bedeutung und Ausdehnung des § 5 des Reichshaftpflichtgesetzes. Verzicht des Verletzten nach erlittenem Unfalle. **16,** 31. — 13) Civilrechtliche Wirkungen der Übertretung des staatsrechtlichen Diätenverbotes für Reichstagsabgeordnete; insbesondere im Gebiete des Allgem. Landrechtes? **16,** 104. — 14) Uneingeschränktes Verbot des Code civil, über die Erbschaft eines Lebenden zu kontrahieren. Verzicht auf eine im Ehevertrage enthaltene Erbeinsetzung. (F.) **15,** 325. — 15) Verstößt ein Vertrag, mittels dessen die Haftung des Cedenten, welcher die garantie de fait übernommen hat, über den Betrag des Cessionspreises hinaus erweitert wird, gegen die guten Sitten? (F.) **17,** 310. — 16) Können Eheleute durch Vertrag über das für ihre Ehe einzuführende Güterrecht mit Wirkung gegen Dritte verfügen? (G.) **16,** 135. — 17) Sind Strafversprechen in bezug auf die Erbfolge gültig? (G.) **19,** 232. — 18) Nichtigkeit des Vertrages der faktisch getrennt lebenden Ehegatten, daß der Mutter das Recht zur Erziehung eines Kindes übertragen werde? (G.) **17,** 129. — 19) Kann derjenige, der sich auf Grund eines Abkommens mit einem Dritten vom Bieten in einer öffentlichen Versteigerung abhalten läßt, aus jenem Abkommen gegen den Dritten Rechte geltend machen? negotium turpe? § 270 preuß. St.G.B. (G., P.) **18,** 219. — 20) Voraussetzungen des gegen die Verträge über Nichtbieten bei Versteigerungen gerichteten Verbotsgesetzes. (P.) **20,** 242. — 21) Strafversprechen des Handlungsgehilfen für den Fall, daß er in ein Konkurrenzgeschäft eintritt. **20,** 106. — 22) Inwiefern darf der Frachtführer die Haftung für das Verschulden seiner Leute ausschließen? **20,** 115. — 23) Kann die Haftung für Dolus vertragsmäßig abgelehnt werden? **20,** 116. 193. — 24) Ist die Abrede, daß nur der in bestimmt vorgeschriebener Weise festgestellte Schaden vergütet werde, zulässig und gültig? **20,** 402.

## § 106. Causa der Verträge. Reiner (abstrakter) Vertrag.

(Siehe auch § 29 und — kaufmännische Anweisungen und Verpflichtungsscheine — § 230 dieses Registers.)

1) Inwiefern kann man die Scheine des Art. 301 Abs. 1 H.G.B. Formalobligationen nennen? Analogie der Hypothekenbriefe? **12**, 99. — 2) Abrechnung, Anerkennung. Siehe § 144 dieses Registers.

## § 107. Einseitige Verträge.

(Siehe auch § 103 A. und — Inhaberpapiere — § 231 dieses Registers.)

1) Constitutum debiti proprii hinsichtlich einer Wechselschuld. (G.) **11**, 3. — 2) Muß der aus einem Versprechen Verklagte seinerseits behaupten und nachweisen, es liege eine — ungültige — Schenkung vor, oder hat das Gericht auch ohne das, falls die Schenkungsabsicht nicht ohne weiteres klar liegt, das Versprechen auf seinen Schenkungscharakter zu prüfen? **14**, 193.

## § 108. Gegenseitige Verträge. Einrede des nicht erfüllten Vertrages. Auflösungsklage des französischen Rechtes.

1) Begriff des zweiseitigen Vertrages. Gleichbedeutend mit „lästiger Vertrag"? (P.) **12**, 250. — 2) Synallagmatische Natur zweiseitiger Verträge. **19**, 131. — 3) Zulässigkeit und Wirkung der Cession von Forderungen aus zweiseitigen, beiderseits nicht erfüllten Verträgen. (G., P., F.) **13**, 11; **15**, 305. — 4) Verschiedenheit des Erfüllungsortes für beide Kontrahenten bei zweiseitigen Verträgen. **13**, 412. — 5) Verhältnis des Retentionsrechtes zur Einrede des nicht erfüllten Vertrages. (G.) **14**, 233. — 6) Exceptio non rite adimpleti contractus. Beweislast. (G., P., Engl.) **20**, 5. — 7) Inhalt und Wirkung des Resiliationsrechtes. (F.) **17**, 85. — 8) Kann der wegen Nichtzahlung des Kaufpreises auf Auflösung des Vertrages beklagte Käufer einwenden, der Verkäufer habe einen Teil seiner Preisforderung an einen Dritten cediert? Kann dies der als Nebenintervenient auftretende Cessionar? (F.) **11**, 362. — 9) Muß im Falle der Auflösungsklage (F.) derjenige, der die Rechtsbeständigkeit der von dem beklagten Käufer ihm bestellten Hypothek geltend machen will, als Haupt- oder als Nebenintervenient auftreten? **14**, 341. — 10) § 21 K.O. Auslegung von „Nichterfüllung infolge der Eröffnung des Konkursverfahrens". Tritt infolge des § 21 a. a. O. das Resolutionsrecht des Verkäufers (F.) auch dann außer Anwendung, wenn der Gemeinschuldner schon vor der Konkurseröffnung mit Zahlung des Preises im Verzuge war? Bedeutung eines rechtskräftigen Resolutionsurteiles gegenüber der Vorschrift des § 21 a. a. O. **17**, 79. — 11) Macht die Abweisung der Klage auf Erfüllung wegen der Einrede der Nichterfüllung das Urteil über die auf Auflösung des Vertrages gerichtete Widerklage entbehrlich? (F.) **17**, 306. — 12) Sind in dem zur Auflösung eines Kaufvertrages angestellten Prozesse der beklagte Käufer der Liegenschaft

und seine ihm beitretenden Hypothekengläubiger Streitgenossen im Sinne des § 58, oder des § 59 C.P.O.? Wirkung des gegen jenen ergehenden Urteiles gegen die Gläubiger? Gilt die von diesen bewirkte Zustellung des Urteiles auch für den Beklagten? (F.) **17**, 409. — 13) Begründet die Entwährung des Kaufobjektes für den Käufer einen Anspruch auf Auflösung des Vertrages oder nur einen Entschädigungsanspruch? (F.) **18**, 331.

## § 109. Wirkung der Verträge auf Dritte.

1) Wirkt die von dem Gläubiger gegenüber einem Mitschuldner bezüglich des anderen abgegebene Entlassungserklärung zu Gunsten des letzteren? (G.) **11**, 126. — 2) Inwiefern steht dem verunglückten Arbeiter bezw. dessen Hinterbliebenen ein direktes Klagerecht gegen die Versicherungsgesellschaft zu, bei der der Arbeitgeber die Arbeiter versichert hat? Kann solches direkte Klagerecht durch die Police ausgeschlossen werden? **12**, 317; **19**, 81. — 3) Muß, damit ein Lebensversicherungsvertrag als zu Gunsten Dritter abgeschlossen zu erachten ist, diese Vertragsabsicht zum Ausdrucke gelangen? (G.) **16**, 127. — 4) Wirkt der von der Ehefrau ohne Autorisation des Mannes erklärte Verzicht auf eine ihrem Grundstücke zustehende Dienstbarkeit gegen den späteren Käufer des Grundstückes? (F.) **14**, 314. — 5) Inwiefern und unter welchen rechtlichen Gesichtspunkten kann der neue Erwerber eines Grundstückes aus dem Vertrage, laut dessen der Gläubiger des früheren Eigentümers diesem verspricht, die Generalhypothek aus dem zu erwirkenden freiwilligen Urteile an diesem Grundstücke nicht geltend zu machen, auf Löschung der dennoch bewirkten Inskription klagen? (F.) **15**, 310. — 6) Haftet der den Hof übernehmende Wirt aus der mit dem abgehenden Wirte vereinbarten Übernahme aller Schulden und Lasten des Hofes den Hofesgläubigern unmittelbar, auch ohne deren Beitritt zum Vertrage? (G.) **16**, 137. — 7) Steht den Gläubigern desjenigen, welcher sein aktives Vermögen außer den der Pfändung nicht unterliegenden Sachen und seine sämtlichen Passiven einem anderen durch Vertrag überträgt, aus diesem Vertrage gegen den letzteren ein Klagerecht zu? (G.) **17**, 100. — 8) Bis zu welchem Zeitpunkte kann derjenige, der eine Ware einem Spediteur mit dem Auftrage übergiebt, sie zur Verfügung eines Dritten zu halten, diesen Auftrag widerrufen? Bedeutung einer Verfügung seitens des Dritten? **14**, 150. — 9) Wirkung der Bestimmung des Gesellschaftsvertrages, daß die Erben eines Gesellschafters in der Gesellschaft verbleiben sollen, auf die Erben und auf die übrigen Gesellschafter. (P.) **16**, 48. — 10) Begründung von Reallasten mit dinglicher Wirkung gegen Dritte durch Vertrag? (G.) insbesondere in Hannover? **16**, 136. — 11) Können Eheleute durch Vertrag über das für ihre Ehe einzuführende Güterrecht mit Wirkung gegen Dritte verfügen? insbesondere in Hannover die Geltung des Höfegesetzes vom 2. Juni 1874 ausschließen? (G.) **16**, 135. — 12) Schuldübernahme. Siehe § 116 dieses Registers. — 13) Übernahme hypothekarischer Schulden beim

Erwerbe des belasteten Grundstückes. (P.) Siehe § 77 f dieses Registers.

## § 110. Bestärkungsmittel der Verträge. Konventionalstrafe.

1) Zulässige Höhe der Konventionalstrafe. „Unschätzbares Interesse". (R., P.) **12**, 25. — 2) Mindert sich die Konventionalstrafe, welche auf das Ausbleiben einer Zahlung an bestimmtem Tage in Höhe der schuldigen Leistung gesetzt ist, wenn sich die zu zahlende Summe mindert? Einfluß von Teilzahlungen? **12**, 25. — 3) Kann der Anspruch auf eine noch nicht verfallene Konventionalstrafe selbständig, ohne den Hauptanspruch, cediert werden? (P.) **15**, 283. — 4) Gerichtsstand des Erfüllungsortes der Hauptobligation für die Klage auf eine accessorische Konventionalstrafe? **15**, 435. — 5) Haftet die dem Gläubiger für alle seine gegenwärtigen und zukünftigen Forderungen vom Schuldner bestellte Sicherheit schlechthin für die dem Gläubiger von einem Dritten cedierten Forderungen gegen den Schuldner? (G.) **18**, 232. — 6) Bedeutung der Penalty-Klausel in Chartepartien nach englischer Rechtsauffassung. **19**, 34. — 7) Ist das Versprechen, über seinen Nachlaß in gewisser Weise zu verfügen und im Kontraventionsfalle eine Strafe zu zahlen, gültig? (G.) **19**, 232. — 8) Gehört zur Klage auf Zahlung der Konventionalstrafe der Nachweis einer Verschuldung? **20**, 33. — 9) Stipulation einer Konventionalstrafe für den Fall, daß der Handlungsgehilfe in ein Konkurrenzgeschäft eintritt. **20**, 106. — 10) Willenserforschung bei Strafversprechen. **20**, 107. 111.

## § 111. Verschulden in Vertragsverhältnissen.

1) Culpa und dolus in contrahendo. Wertsübersetzung einer Einlage bei Gründung der Aktiengesellschaft. **18**, 70. — 2) Kausalzusammenhang zwischen Verschulden und schädigendem Ereignisse. Gewöhnlicher Verlauf. Dazwischentreten eines ungewöhnlichen Ereignisses. **12**, 190; **13**, 65. — 3) Kausalzusammenhang zwischen der vertragswidrigen Handlung des Beklagten und dem Schaden des Klägers. Haftung des Verkäufers für vertragswidrige Ware, wenn der Käufer dieselbe in Verbindung mit anderen weiter liefert und wegen der Mängel sowohl dieser wie der anderen Waren von dem Dritten in Anspruch genommen wird? (R., G.) **15**, 14. — 4) Inwiefern ist der Gläubiger (Bürge) dem Bürgen (Rückbürgen) zur Diligenz verpflichtet? Bewahrung und Erhaltung der ihm gegen andere Mitverpflichtete zustehenden Klagen? (G.) **18**, 237. — 5) Haftung des Verkäufers, welcher die verborgenen Fehler der Sache zwar nicht kennt, welchem aber diese Nichtkenntnis zum Verschulden anzurechnen? (F.) **12**, 323. — 6) Klage des Urhebers wegen Verletzung des Verlagsvertrages gegen den Verleger, welcher die festgesetzte Stärke der Auflage überschritten hat? Kann dieser einwenden, sein Handlungsbevollmächtigter habe das Versehen begangen? Verjährungsfrist? **12**, 109. — 7) Haftung des Staates für den durch schadhafte Dienstlokalitäten und dergleichen seinen Beamten erwachsenen Schaden. (G., P.)

**18,** 173. — 8) Eigenes und fremdes Versehen bei juristischen Personen. Vertreter derselben. Haftung für Versehen ihrer Organe. (P.) **19,** 348. — 9) Setzt die Verpflichtung zur Entschädigung wegen Nichterfüllung einer vertraglichen Verbindlichkeit ein Verschulden voraus? (F.) **17,** 319. — 10) Über Diligenzpflicht und Verschulden bei Handelsgeschäften siehe noch § 227 dieses Registers.

### § 112. Außerkontraktliches Verschulden.

Genügt zur Feststellung des Kausalzusammenhanges, daß ein Verschulden vorliegt, auf welches bei gewöhnlichem Verlaufe der angerichtete Schade zurückzuführen ist? **12,** 190; **13,** 65. — 2) Vermutung des § 25 A.L.R. I. 6. Genügt jede, auch noch so entfernte Möglichkeit, daß der Schade durch die unerlaubte Handlung entstanden sei? **17,** 202. — 3) Schadensersatzpflicht für eine ungerechtfertigte Pfändung? **11,** 42. 415; **13,** 301; **19,** 432. — 4) Schuldhafte Körperverletzung. Kann auf Feststellung der Entschädigungspflicht geklagt werden für die Verminderung der Erwerbsfähigkeit, wenn der Verletzte noch in einem nicht arbeits- und erwerbsfähigen Lebensalter steht? **13,** 372. — 5) Culpa in eligendo. Haftung des Rechtsanwaltes für Veruntreuungen seines Bureauvorstehers. (P.) **14,** 283. — 6) Haftuug der offenen Handelsgesellschaft für die Handlungen der geschäftsführenden Gesellschafter. **15,** 121; **17,** 93. — 7) Actio doli gegen eine Aktiengesellschaft, welche ihre eigenen, infolge wissentlich falscher Bilanz in die Höhe getriebenen Aktien durch eine vorgeschobene Person verpfänden läßt, auf Herausgabe der Bereicherung. Haftung der Gesellschaft für das Verschulden des Vorstandes. **18,** 116. 120. — 8) Voraussetzungen eines Regreßanspruches des nach dem Reichshaftpflichtgesetze verurteilten Betriebsunternehmers gegen einen Dritten, durch dessen Verschulden der Unfall herbeigeführt ist? Kann die Klage eventuell auf § 120 Abs. 3 R.Gew.O. gestützt werden? (P.) **17,** 219. — 9) Haftung des Staates für den durch mangelhaften Zustand von Dienstlokalitäten rc seinen Beamten erwachsenen Schaden. **18,** 173. — 10) Eigenes und fremdes Versehen bei juristischen Personen. Vertreter derselben. Haftung für Versehen ihrer Organe. (P.) **19,** 348. — 11) Siehe auch Alphabet. Register „Verschulden“ und § 227 dieses Registers (Handelsgeschäfte).

## 5. Übertragung der Obligationen.

### § 113. Cession.

1) Ist das pactum de cedendo als Vertrag über Handlung oder über Sachleistung aufzufassen? (P.) **12,** 249. — 2) Unbestimmtheit und Unbestimmbarkeit des Gegenstandes der Cession. (P.) **20,** 237. — 3) Wie vollzieht sich für die formlose Schenkung eines verbrieften Forderungsrechtes der Akt der Übergabe? Cession? Novation? (P.) **14,** 264. — 4) Blankocession einer Hypothek oder Grundschuld durch bloße Namensniederschrift des Cedenten? (G., P., Mecklenburg.) **17,** 115. —

5) Bedeutung des § 381 A.L.R. I 11. **20,** 237. — 6) Unwirksamkeit einer Cession gegenüber Dritten wegen mangelnder Signifikation. Auch gegenüber der Konkursmasse des Cedenten? (F.) **14,** 306. — 7) Wirksamkeit der Cession einer verbrieften Forderung, wenn die Schuldurkunde, mit dem Namen des Cedenten versehen, übergeben wird mit der Abrede, daß der Empfänger über diese Namensschrift den Übertragungsvermerk setzen könne. (P.) **15,** 61. — 8) Wirkung der Cession der Forderung aus einer Bürgschaft oder des Anspruches auf eine noch nicht verfallene Konventionalstrafe ohne Cession der Hauptforderung? (P.) **15,** 278. 283. — 9) Wirkung der Abtretung der Rechte aus einem noch nicht erfüllten zweiseitigen Vertrage? Verpflichtung des anderen Teiles zur Gegenleistung an den Cessionar? Selbständige Legitimation des letzteren zur Klage? (G., P.) **13,** 11. — 10) Inwiefern und mit welcher Wirkung ist die Cession von Forderungen aus zweiseitigen beiderseits nicht erfüllten Verträgen zulässig? Ist gegen die Klage des Cessionars die Einrede, daß der Cedent nicht erfüllt habe, oder die Kompensation mit der folgeweise von demselben verwirkten Konventionalstrafe zulässig? (F.) **15,** 305. — 11) Kann im Falle der Übernahme des Handelsgeschäftes mit Aktiven und Passiven derjenige, welcher Waren dem früheren Inhaber verkauft und dem Übernehmer geliefert hat, von dem ersteren als seinem Kontrahenten den Kaufpreis fordern? **19,** 129. — 12) Wirkung der Cession der Hypothek seitens des Grundstückseigentümers, welcher dieselbe seinerseits mittels Cession erworben hatte. (F.) **16,** 281. — 13) Erwirbt der Cessionar das Eigentum der Forderung schon mit der Übertragung, oder erst mit der Signifikation an den Cessus? Rechtliche Bedeutung der Signifikation. (F.) **11,** 340. — 14) Wird eine gepfändete Forderung durch die Überweisung zur Einziehung aus dem Vermögen des Schuldners ausgeschieden und auf den Gläubiger übertragen? **18,** 399; **11,** 51. — 15) Erlischt die Arbeiterversicherung, wenn die Fabrik vom Versicherungsnehmer auf einen anderen Betriebsunternehmer übergeht? **12,** 38. — 16) Verhältnis zum unterliegenden Vertrage; Cessionsurkunde. Die Cession in ihrer Funktion als Erfüllung. Kann durch sie die mangelnde Form des zu Grunde liegenden Vertrages geheilt werden? (P.) **12,** 249. — 17) Schenkung einer verbrieften Forderung. Heilung der Formlosigkeit. (P.) **17,** 295. — 18) Anwendung der lex Anastasiana auf die Abtretung des Anspruches aus einem mit einer Versicherungsgesellschaft auf Gegenseitigkeit geschlossenen Versicherungsvertrage? Art. 299 H.G.B.? **14,** 235. — 19) Bedeutung des Verbotes der lex Anastasiana. Kommt der stipulierte oder der bar gezahlte oder ausdrücklich gestundete Kaufpreis in Betracht? Wie, wenn der Cedent gleichzeitig bei Beredung des Preises einen Teil desselben erläßt? (G.) **14,** 240. — 20) Haftet der Cedent, wenn er für Zahlungsfähigkeit des Schuldners einzustehen versprochen hat, über den empfangenen Cessionspreis hinaus bis zum Betrage der Forderung? (F.) **16,** 273. Welche Partei hat die Höhe des Preises zu beweisen? — 21) Kann die Haftung des Cedenten, der die garantie de fait übernommen hat, durch Vertrag über den Betrag des Cessionspreises hinaus erweitert werden? (F.)

17, 310. — 22) Einreden aus der Person des Cedenten gegen den Cessionar, welcher nur für Rechnung und im Interesse des Cedenten auftritt? Arglist. **11,** 129. — 23) Sind gegen den Cessionar Einreden aus der Person des Cedenten zulässig, welche nach der Cession und bezw. welche nach der Denunziation entstanden sind? (G.) **14,** 109. — 24) Muß der Cessionar einer Hypothek die nicht eingetragene, aber ihm bekannte Prioritätscession seitens seines Cedenten zu Gunsten eines nachstehenden Gläubigers gegen sich gelten lassen? (P.) **15,** 264. — 25) Kommt für das Rechtsverhältnis zwischen Cessionar und Cessus der Zeitpunkt des Entstehens der Einforderbarkeit der Forderung in Betracht? (F.) **15,** 306. — 26) Beherrschendes Prinzip für die Kompensationsbefugnis gegenüber dem Cessionar. Einfluß der Fälligkeit von Forderung, bezw. Gegenforderung zur Zeit der Bekanntmachung der Cession. (P.) **11,** 302. — 27) Abtretung eines Konkursvorrechtes. Unmittelbare Wirkung oder nur Entstehung eines obligatorischen Anspruches gegen den Cedenten auf Herauszahlung? (G.) **16,** 120. — 28) Einrede aus dem persönlichen Schuldverhältnisse gegen den entgeltlichen Erwerber einer Hypothek. Genügt es, wenn ihm bekannt war, daß die Einrede zu irgend einer Zeit der Forderung entgegenstand, oder muß ihm nachgewiesen werden die Kenntnis, daß die Einrede zur Zeit der Cession bestand? (P.) **16,** 198. — 29) Recht des Zahlung leistenden Bürgen auf Abtretung der Klagen gegen Hauptschuldner und Mitbürgen. (G.) **18,** 236. 240. — 30) Wirkung der Entwährung des Kaufobjektes auf die Rechte des Cessionares der Kaufpreisforderung. (F.) **18,** 331. — 31) Hat derjenige, der einen Anspruch auf Cession hat, gegen den Drittschuldner eine utilis actio? (G.) **20,** 201. — 32) Kann der Erbe seinen Anspruch auf den noch festzustellenden Erbteil in Höhe einer bestimmten Summe wirksam cedieren? (P.) **20,** 234. — 33) Örtliches Recht für die Beurteilung der Cession eines Erbteiles. **20,** 235. — 34) Abtretung von Hypotheken und Grundschulden. (P.) Siehe noch § 77 c dieses Registers.

### § 114. Gesetzliche (fingierte), notwendige Cession. Subrogation.

1) Eintrittsrecht des dinglich Berechtigten gegenüber dem den Zwangsverkauf betreibenden nicht eingetragenen Gläubiger. Analogie des § 37 A.L.R. I. 20. **12,** 262. — 2) Klage des neuen Erwerbers eines Grundstückes aus dem Vertrage, laut dessen der Gläubiger des früheren Eigentümers diesem verspricht, die Generalhypothek aus einem zu erwirkenden freiwilligen Urteile an diesem Grundstücke nicht geltend zu machen, auf Löschung der trotzdem bewirkten Eintragung? (F.) **15,** 310. — 3) Voraussetzungen eines Regreßanspruches des nach dem Reichshaftpflichtgesetze verurteilten Betriebsunternehmers gegen den Dritten, durch dessen Verschulden der Unfall herbeigeführt ist? Gesetzliche oder fingierte Cession der Ansprüche des Verletzten? (P.) **17,** 219. — 4) Klagerecht des Gläubigers, dem ein Anspruch seines Schuldners im Wege der Pfändung überwiesen ist, gegen den Drittschuldner nach früherem Rechte. (P.) **16,** 246. — 5) Kann nach Erhebung der Klage, mittels welcher der Gläubiger nach Art. 1166 Code civil die Rechte seines Schuldners geltend

macht, dieser noch mit dem Beklagten über die Forderung paktieren? (F.) **16,** 270. — 6) Geltendmachung der Rechte des Schuldners durch den Gläubiger. Widerspruch gegen einen Arrestbefehl. (F., R.) **18,** 376. — 7) Übergang der Rechte und Pflichten aus älteren Versicherungsverträgen auf die Berufsgenossenschaften gemäß § 100 des Reichsunfallversicherungsgesetzes. **19,** 43. 77. — 8) Hat derjenige, der einen Anspruch auf Cession hat, gegen den Drittschuldner eine utilis actio? (G.) **20,** 201. — 9) Ersatzanspruch des Armenverbandes für Unterstützungen gegen denjenigen, welcher dem Unterstützten gleichartige Leistungen schuldet. **19,** 186.

### § 115. Indossament.

1) Ist die Blankoabtretung eines Grundschuldbriefes ein Indossament? **20,** 308. 309. — 2) Siehe ferner §§ 230 und 260 dieses Registers.

### § 116. Schuldübernahme.

1) Wirkung der Übernahme eines Handelsgeschäftes mit Aktiven und Passiven. Haftet der Übernehmer auch für nicht vertragliche Verbindlichkeiten, z. B. Haftpflichtansprüche, Ersatzpflichten wegen Verletzung von Patent- und dgl. Rechten? **15,** 51. 133. — 2) Anwendung der Grundsätze von den Wirkungen der Übernahme eines Geschäftes mit Aktiven und Passiven auf die Übernahme des Geschäftes eines Minderkaufmannes? **17,** 99. — 3) Kann im Falle der Übernahme des Handelsgeschäftes mit Aktiven und Passiven derjenige, welcher Waren dem früheren Inhaber verkauft und dem Übernehmer geliefert hat, von dem ersteren als seinem Kontrahenten den Kaufpreis fordern? **19,** 129. — 4) Haftet der den Hof mit allen seinen Lasten und Schulden übernehmende Wirt den Hofesgläubigern direkt, auch ohne deren Beitritt zum Vertrage? (G.) **16,** 137. — 5) Steht den Gläubigern desjenigen, welcher durch Vertrag sein gesamtes aktives Vermögen außer den der Zwangsvollstreckung nicht unterliegenden Sachen, und seine sämtlichen Passiven einem anderen überträgt, gegen den letzteren aus diesem Vertrage ein Klagerecht zu? (G.) **17,** 100. — 6) Erlischt die für Unfälle der Arbeiter geschlossene Versicherung, wenn die Fabrik auf einen andern Betriebsunternehmer übergeht? **12,** 38. — 7) Übergang der Rechte und Pflichten aus älteren Versicherungsverträgen auf die Berufsgenossenschaften gemäß § 100 des Reichsunfallversicherungsgesetzes. **19,** 43. 77. — 8) Wodurch wird der Urschuldner dem Gläubiger gegenüber befreit? Beitritt des Gläubigers zum Übernahmevertrag durch konkludente Handlungen. Erhebung der Klage gegen den Schuldübernehmer. (G.) **19,** 253. — 9) Übernahme von Hypotheken seitens des Erwerbers des belasteten Grundstückes nach § 41 des preuß. Eigentumserwerbsgesetzes. Siehe § 77 f dieses Registers.

## 6. Erlöschung der Obligationen.

### § 117. Zahlung und Deposition. Verrechnung. Quittung.

1) Ob die in der Subhastation an den durch Prioritätscession aufgerückten Hypothekengläubiger aus den Kaufgeldern erfolgte Zahlung als

auf dessen Forderung geschehen, oder als Zahlung an den Prioritätscedenten anzusehen? (G.) **12,** 211. — 2) Recht des Gläubigers, dessen Zwangsvollstreckung gegen Sicherheitsleistung des Interventionsklägers aufgehoben ist, an dem hinterlegten Gelde? Bedingte Zahlung? **12,** 395. — 3) Zahlung an einen zum Empfange ermächtigten Vertreter. Ist dadurch der Vertretene bereichert? Wegfall der Bereicherung, wenn der Stellvertreter das Geld unterschlägt? **13,** 5. — 4) Kann, wenn ein Schuldner seinem Gläubiger die geschuldete Zahlung aus dem Vermögen eines Dritten geleistet hat (bezw. wenn der Gläubiger eine dem Schuldner nicht gehörige Sache gepfändet und sich daraus befriedigt hat), der Dritte den gezahlten Betrag (bezw. den Erlös) von dem gutgläubigen Gläubiger kondizieren? Ungerechtfertigte Bereicherung? actio negotiorum gestorum? Unter welchen Gesichtspunkten ist eine Klage gegen den bösgläubigen Gläubiger begründet? (G.) **13,** 180. 185. — 5) Bedeutung und Wirkung der schlechthin „für Rechnung" eines Dritten geleisteten Zahlung. Condictio sine causa des Zahlenden gegen den Empfänger. (P.) **18,** 309. — 6) Zahlung durch eine Mittelsperson an einen Nichtberechtigten. Rückforderung. (P.) **19,** 332. — 7) Steht die Zahlung an den Gerichtsvollzieher infolge Vollstreckung einer vollstreckbaren Schuldurkunde einer freiwilligen Zahlung in Ansehung der Anfechtbarkeit gleich? **14,** 80; **17,** 30. — 8) Ist der Schuldner einer gepfändeten Geldforderung zur Zahlung an die Hinterlegungsstelle berechtigt, oder auf Verlangen seines Gläubigers, des Exekussus, verpflichtet? Wie, wenn er zugleich Gläubiger des letzteren ist und wegen seiner Gegenforderung die bezeichnete Forderung desselben im Wege des Arrestes selbst gepfändet hat? (P.) **17,** 291. — 9) Nach welchen Grundsätzen hat die Verrechnung des Betrages zu geschehen, welchen ein Hypothekengläubiger in der Subhastation auf eine ihm für mehrere Forderungen haftende Hypothek, insbesondere auf eine Kautionshypothek, erhoben hat? Wahlrecht des Gläubigers? (G.) **13,** 191. — 10) Gegenbeweis gegen eine Quittung. Inwiefern ist in der Quittung ein der römischen acceptilatio gleichstehender Erlaßvertrag zu finden? **14,** 242. — 11) Empfangsbekenntnisse einer Kreditbank über gezahlte Spareinlagen in sog. Quittungsbüchern als Schuldverschreibungen im Sinne des Tarifes zum Stempelgesetze vom 7. März 1822? (P.) **16,** 210. — 12) Bedarf der emanzipierte Minorenne zur Quittierung über eine Kapitalschuld seines Vaters eines besonderen Kurators? Kann er das Fehlen desselben einem Dritten entgegenhalten, der sich auf die laut Quittung geschehene Zahlung beruft? (F.) **20,** 341. — 13) Recht des Zahlung leistenden Bürgen auf Abtretung der Klagen gegen Hauptschuldner und Mitbürgen. (G.) **18,** 236. 240. — 14) Beschränkte Richtigkeit und Anwendbarkeit des landrechtlichen Prinzips, daß die Vollendung der Verjährung die Vermutung der Tilgung der Obligation begründet. **19,** 140. — 15) Lebt eine durch Angabe an Zahlungsstatt getilgte Forderung nach erfolgreicher Anfechtung dieses Rechtsgeschäftes mit ihren Bürgschafts- und Pfandrechten wieder auf? **20,** 157.

## § 118. Unmöglichkeit der Erfüllung.

1) Inwiefern kommt dem Rechnungspflichtigen der Einwand thatsächlicher Unmöglichkeit der Rechnungslegung zu statten? (G.) **14**, 204. — 2) Erlischt unter Umständen, sobald das Verfügungsrecht des Vermieters über die Mietsache aufhört, das Mietsverhältnis ohne Kündigung? (P.) **17**, 158.

## § 119. Kompensation.

(Aufrechnung im Konkurse. Siehe § 345 dieses Registers.)

1) Ist, damit eine Schuld durch Kompensation getilgt werden könne, erforderlich, daß der Schuldner vom Gläubiger in Anspruch genommen ist? Einseitige Vollziehung der Kompensation auch außerhalb des Prozesses? (G., P.) **11**, 119. — 2) Ist eine unzulässige Kompensation deshalb zuzulassen, weil der Kläger die Zulässigkeit der Einrede nicht bestritten hat? Stillschweigend erklärtes Einverständnis? (G.) **13**, 176. — 3) Kompensation gegen eine Prozeßkostenerstattungs-Forderung. Beschwerde gegen den Festsetzungsbeschluß, oder gegen Erteilung der Vollstreckungsklausel, oder Klage? **13**, 360. — 4) Wird durch die Einrede der Kompensation Rechtshängigkeit begründet? **16**, 375. 356. — 5) Inwiefern liegt in der Erklärung, kompensieren zu wollen, eine Kündigung der Gegenforderung? (P.) **17**, 148. — 6) Die §§ 359—362 A.L.R. I. 16, betreffend die Liquidstellung der Gegenforderung, sind durch die Civilprozeßordnung beseitigt. **12**, 254; **19**, 129. — 7) Begriff von compensation légale und compensation judiciaire. Liquidität. Begriff derselben. Materiellrechtliches oder prozessuales Erfordernis? (F.) **12**, 325; **16**, 372. Einfluß der Civilprozeßordnung? **19**, 129.— 8) Ist die Vorschrift der l. 14 § 1 Cod. de compens. 4, 31 über Verweisung illiquider Kompensationseinreden zum besonderen Verfahren durch die Civilprozeßordnung beseitigt? **15**, 376; **19**, 129. — 9) Beeinträchtigung des Beklagten in der Ausübung seines Kompensationsrechtes durch die Bestimmungen der §§ 136 Abs. 2. 274 C.P.O.? **16**, 384. — 10) Kann eine offene Handelsgesellschaft gegen die Forderung ihres Gläubigers die Privatforderung eines Gesellschafters an ihn zur Kompensation stellen? (R.) **11**, 116. — 11) Darf ein wegen einer Gesellschaftsschuld belangter Gesellschafter eine ihm von seinem Socius cedierte Privatforderung, mit welcher dieser selbst hätte kompensieren können, zur Kompensation stellen? **11**, 122. — 12) Gesetzliche Kompensation zwischen dem Anspruch des Gläubigers und seiner Schuld an einen seiner Solidarschuldner? (F.) **11**, 356. — 13) Ein Korrealschuldner darf nicht mit dem, was ein anderer correus von dem Gläubiger zu fordern hat, kompensieren. Giebt es Ausnahmen? (G., P.) **11**, 117. — 14) Einfluß des Konkurses des Gläubigers auf die seitens eines Gesamtschuldners vollzogene Kompensation? (P., R.) **11**, 121. — 15) Unzulässigkeit der Kompensation mit einer Forderung des Genossenschafters an die Genossenschaft gegen die durch den Verteilungsplan ihm auferlegte Beitragspflicht. **11**, 181. —

16) Kompensation der Einlageschuld des Kommanditisten mit seiner Forderung an die Gesellschaft für vorgelegte Gründungskosten. Greift diese Einrede gegen den Gesellschaftsgläubiger durch? **17**, 39. — 17) Kompensation zwischen der Aktieneinzahlungspflicht und Forderungen des Aktionärs gegen die Aktiengesellschaft? **18**, 1; **19**, 126. — 18) Beherrschendes Prinzip für die Kompensationsbefugnis dem Cessionar gegenüber. Gegenforderung an den Cedenten. Fälligkeit von Forderung bezw. von Gegenforderung zur Zeit der Bekanntmachung. Einzelne Fälle. (P.) **11**, 302. — 19) Kompensation ist unstatthaft, wenn zur Zeit der Fälligkeit der Forderung die Gegenforderung bereits verjährt ist. Ablauf der Verjährung zur Zeit der Einklagung hindert für sich allein die Kompensation nicht. (P.) **12**, 254. — 20) Kann die Einrede wegen Mängel der Ware, nachdem binnen 6 Monaten die Mängelanzeige erfolgt ist, ohne Beschränkung auf die kurzen Fristen des Art. 349 H.G.B. einer aus irgend einem anderen Rechtsgeschäfte entstandenen Gegenforderung gegenüber kompensationsweise geltend gemacht werden? **12**, 324. — 21) Inwieweit kann, wenn der Kläger nur einen Teil seiner Forderung einklagt, der Beklagte hiergegen mit einer den Gesamtbetrag nicht erreichenden Gegenforderung kompensieren? (G.) **13**, 175. — 22) Kompensation mit einer in erster Instanz nur einem von mehreren Klagansprüchen entgegengesetzten Gegenforderung gegenüber allen Klageforderungen in der Berufungsinstanz. Neuer Anspruch? § 491 C.P.O. **13**, 376. — 23) Kann gegen eine Forderung, welche gesetzlich von der Einrede der Kompensation befreit ist, trotzdem mit einer Gegenforderung kompensiert werden, welche auch ihrerseits diese Vergünstigung genießt? Alimentenforderung — Ersatzforderung aus Entwendung. (F.) **14**, 309. — 24) Unzulässigkeit der Kompensation gegenüber der Forderung aus widerrechtlicher Aneignung fremden Besitzes. Muß der Aneignende sich der Widerrechtlichkeit seines Thuns bewußt sein? (G.) **19**, 237. — 25) Kompensation gegen den Anspruch aus einem depositum irregulare? (G.) **12**, 89. — 26) Ist der Kompensationseinrede gegenüber die Replik zulässig, daß der Beklagte erst die wegen der Gegenforderung erhaltenen Pfänder restituieren oder darüber Rechnung legen müsse? (G.) **12**, 156. — 27) Ist es Erweiterung des Antrages oder Klagänderung, wenn der Kläger, nachdem er die Kompensation eines bestimmten Betrages geltend gemacht und beantragt hat, festzustellen, daß er dem Beklagten nichts mehr schulde, nunmehr die Zahlung des Betrages fordert? **14**, 346. — 28) Einfluß der Kompensation auf die Zinsen der beiden Forderungen. Berechnung. (G.) **17**, 141.

## § 120. Erlaß.

1) Rechtswirksamkeit des mit dem einen Korrealschuldner zu Gunsten des anderen vom Gläubiger geschlossenen Erlaßvertrages? **11**, 126. — 2) Inwiefern ist in der Quittung ein der acceptilatio gleichstehender Erlaßvertrag zu finden? **14**, 242.

### § 121. Novation.

1) Ist zur Novation eine ausdrückliche oder nur eine deutliche Erklärung des Novationswillens erforderlich? (G.) **14,** 210. — 2) Wie vollzieht sich für die formlose Schenkung eines — verbrieften — Forderungsrechtes der Akt der Übergabe? Novation? Cession? (P.) **14,** 264. — 3) Kommt durch Herabsetzung des Zinsfußes einer Schuld eine Novation zustande? **18,** 9. — 4) Wirkung der im Kontokorrentverkehre erfolgenden Übertragung eines anerkannten Saldos auf neue Rechnung und der späteren Feststellung des neuen Saldos auf die Selbständigkeit des alten Saldos. Novation? (G.) **18,** 246. — 5) Wirkung der Entwährung der Kaufsache auf die Novation der Kaufpreisforderung in eine Darlehnsforderung. (F.) **18,** 331. — 6) Bedarf es zu der vom Vormunde erklärten Novation der obervormundschaftlichen Genehmigung? (G.) **12,** 152.

### § 121 A. Konfusion.

1) Findet Konfusion statt, wenn das Inhaberpapier in die Hände des Emittenten zurückgelangt? **18,** 8. — 2) Erlöschen des Pfandrechtes durch Konfusion. (F.) **16,** 278.

### § 122. Rücktritt vom Vertrage.

1) Freier Rücktritt vom Vertrage seitens des Bestellers im Falle eines marché à forfait, inhalts dessen der Unternehmer des Werkes den Stoff der anzufertigenden Sache zu liefern hat? (F.) **12,** 348. — 2) Gelten die Vorschriften über das freiere Rücktrittsrecht bei Verträgen über Handlungen auch beim Werkverdingungs- und Frachtvertrage? (P.) **15,** 76. — 3) Einfluß des Todes des Mieters auf den Mietvertrag. Clausula rebus sic stantibus. (P., G.) **18,** 271. — 4) Zur Bestimmung des Rücktrittsrechtes des Mieters wegen Unbrauchbarkeit der Mietsache. (P.) **20,** 285. — 5) Hat ein im voraus vereinbarter Verzicht auf eine eventuelle Appellation infolge Einführung der Reichsjustizgesetze seine Gültigkeit verloren? **20,** 398.

---

## Zweites Kapitel. Einzelne Obligationen.

1. Obligationen aus Verträgen und vertragsähnlichen Verhältnissen.

### § 123. Darlehn.

1) Ist das Rechtsverhältnis zwischen Girokontoinhaber und Bank nach den Regeln vom Darlehn zu beurteilen? (G.) **12,** 85. — 2) Kann ein Darlehnsschuldschein ein kaufmännischer Verpflichtungsschein im Sinne des Art. 301 Abs. 1 H.G.B. sein? **12,** 98. — 3) Spricht bei der

leihweisen Hingabe von Inhaberpapieren eine Vermutung dafür, daß dies im Sinne des Darlehns, oder dafür, daß es im Sinne eines eigentlichen Leihvertrages gemeint sei? (G., P.) **13**, 128. — 4) Kann in der Bestellung einer befristeten Grundschuld eine Befristung der zu Grunde liegenden Darlehnsschuld liegen? (P.) **17**, 148. — 5) Kreditum oder stille Gesellschaft? **20**, 163. — 6) Condictio causa data causa non secuta gegenüber dem in der Darlehnsschuldurkunde enthaltenen Anerkenntnis? Beweislast? (G.) **14**, 222. 217. — 7) Vermutung aus dem Besitz des zu Gunsten des Besitzers lautenden Schuldscheines. **15**, 218. — 8) Zustellung der Klage als Kündigung der Darlehnsforderung. Ist, wenn seitdem bis zum Tage des Urteiles die Kündigungsfrist verstrichen ist, der Beklagte zu verurteilen? (G., P.) **17**, 150. — 9) Kündigung des Darlehns durch die Erklärung, mit dieser Forderung kompensieren zu wollen? (P.) **17**, 148. — 10) Gehört zur Begründung der Klage auf Rückzahlung eines Darlehns, daß dasselbe aus eigenen Mitteln gegeben ist? (F.) **16**, 287. — 11) Wann beginnt die Verjährung der Klage aus einem unverzinslichen Darlehn? (G.) **15**, 178. — 12) Haben die §§ 740. 741 A.L.R. I. 11 noch Gesetzeskraft? **19**, 330. — 13) Rechtliche Natur des Zuschußdarlehns. Sicherung durch das verpfandbriefte Grundstück? (P.) **20**, 220.

## § 124.

— — — — — — — — —

## § 124 A. Leihvertrag.

1) Leihweise Hingabe von Inhaberpapieren. Eigentlicher Leihvertrag oder Darlehn? Spricht für das eine oder das andere eine Vermutung? (G., P.) **13**, 128.

## § 125. Verwahrungsvertrag. Depositum.

1) Kennt das Allgem. Landrecht ein depositum irregulare im Sinne des römischen Rechtes? **11**, 322. — 2) Ist das Rechtsverhältnis zwischen Girokontoinhaber und Bank nach den Grundsätzen vom depositum zu beurteilen? (G.) **12**, 85. — 3) Ist gegen die Forderung aus einem depositum irregulare Kompensation zulässig? oder Retention? (G.) **12**, 89. — 4) Inwiefern ist gegen die actio depositi directa die Einrede zulässig, der Depositar habe das Eigentum der deponierten Sache nach geschehener Hinterlegung erlangt? Schenkung? (G.) **15**, 210. — 5) Rechtsverhältnis zwischen dem Staat (Hinterlegungsstelle) und dem Hinterlegenden. Anspruch auf Auszahlung. (P.) **11**, 320. 430; **18**, 284.

## § 126. Receptum.

1) Von welchem Zeitpunkte ab beginnt die Haftung des Verfrachters aus dem receptum? Einfluß der Aushändigung des Konnossements?

**11,** 103. — 2) Haftung aus dem receptum. Abgrenzung zwischen vertretbarem Zufall und nicht zu vertretender höherer Gewalt. **19,** 40.

## § 127. Kauf. Lieferungsvertrag.

(Siehe auch Handelskauf §§ 237 flg. dieses Registers.)

### a. Begriff. Abschluß. Gegenstand des Kaufes.

1) Synallagmatische Natur des Kaufvertrages. **19,** 131. — 2) Perfekter bedingter Kaufvertrag oder Vorvertrag über die Abschließung eines solchen? Certa res, certum pretium? **12,** 302; **20,** 14. — 3) Charakter eines marché à forfait, inhalts dessen der Unternehmer den Stoff der von ihm anzufertigenden Sache zu liefern hat, als aus Kauf und Werkmiete gemischt. Rücktrittsrecht? (F.) **12,** 348. — 4) Einheitlicher Werkverdingungsvertrag, oder neben diesem noch Lieferungsvertrag, wenn einem Baumeister der Bau einer Straßenbahn und zugleich die Beschaffung von Pferden, Livreen 2c übertragen ist? (P.) **11,** 264. — 5) Sind die §§ 981 flg. A.L.R. I. 11 auf handelsgeschäftliche Lieferungsverträge anwendbar? Gattungsgeschäfte? **13,** 14. — 6) Kaufvertrag zwischen einer Samenhandlung als Käuferin und einem Gutsbesitzer als Verkäufer über bedeutende Quantitäten des von letzterem auf seinen Ländereien zu erntenden Samens erster Nachzucht aus Originalsaat einer bestimmten renommierten Produktionsstelle. Objekt? Auslegung des Willens. Handelsgut? Mißratene Ernte. Anwendbarkeit des Art. 335 H.G.B.? **13,** 22. — 7) Unterschied zwischen Gutsüberlassungs- und Kaufvertrag. (G.) **13,** 190. — 8) Verliert ein Vertrag die Eigenschaft eines Kaufvertrages durch die von dem Käufer übernommene Verpflichtung, die gekaufte Sache weiter zu veräußern und den seine Forderung übersteigenden Teil des Erlöses dem Verkäufer herauszuzahlen? (F.) **13,** 299. — 9) Charakter und Bedeutung des in den preußischen Eisenbahnverstaatlichungsverträgen neben der Festsetzung eines an die Eisenbahngesellschaft zu zahlenden Kaufpreises enthaltenen Angebotes höherer Abfindungen an die Aktionäre gegen Überlassung ihrer Aktien. Kaufpreis? **14,** 127. — 10) Verkauf einer fremden Sache unter Starksagung für die Genehmigung des Eigentümers. Ist der Käufer noch gebunden, wenn der Eigentümer seine Genehmigung erst erteilt, nachdem infolge seiner anfänglichen Weigerung der Käufer den Rücktritt vom Vertrage erklärt hat? (F.) **15,** 331. — 11) Ist ein Vertrag über die Beschaffung von Elektrizität zu Beleuchtungszwecken als Lieferungsvertrag oder als Vertrag über Handlungen zu betrachten? (P.) **17,** 269. — 12) Kauf von Früchten auf dem Halm. Inhalt und Wirkung des Vertrages. **18,** 365. — 13) Bestimmumg des Kaufpreises durch einen Dritten. (F.) **18,** 344. — 14) Reportgeschäft. Bestimmter Kaufpreis. „Kurs." **19,** 162.

### b. Nebenverträge. Vorkaufs- und Rückkaufsrecht. Eigentumsvorbehalt.

1) Kann derjenige, der eine Sache unter aufschiebender Bedingung gekauft und übergeben erhalten hat, dingliche Rechte an ihr wirksam

bestellen? Interventionsklage des Eigentümers gegen denjenigen, welcher die Sache im Wege der Zwangsvollstreckung gegen den Käufer gepfändet hat? Ist die Kenntnis des Beklagten von der Bedingung von Einfluß? (P.) **14**, 260. — 2) Wirksamkeit des Eigentumsvorbehaltes. (F., G.) **20**, 327. — 3) Wesen des Vorkaufsrechtes. (G.) **16**, 157. — 4) Beziehen sich die braunschweigischen Gesetze vom 19. März 1850 § 1 und vom 8. März 1878 § 74 ihrem Wortlaute oder ihrem Sinne nach auf Vorkaufsverträge? **16**, 157. — 5) Richtet sich die Form eines Vorkaufsvertrages nach derjenigen, die für Kaufverträge vorgeschrieben ist? (G.) **16**, 157. — 6) Rechtliche Natur des Reportgeschäftes: Kaufvertrag verbunden mit der Abrede des Wiederverkaufes für einen späteren Zeitpunkt. **19**, 149.

### c. Rechtsverhältnisse aus dem Kaufe.

1) Wann erwirbt der Käufer das Eigentum an der von einem andern Orte übersandten Ware? Art- und Gattungskauf. Bedeutung der Abnahme der Ware vom Frachtführer und der Zurdispositionsstellung, sowie der Übergabe des Orderkonnossements. (G.) **12**, 81. — 2) Pflicht, das habere licere zu prästieren. **20**, 218. Nachträgliche Nichtigerklärung des verkauften Patentes. **20**, 128. — 3) Inwiefern haftet der Verkäufer, welcher die verborgenen Fehler der Sache nicht kennt, welchem aber diese Nichtkenntnis zum Verschulden anzurechnen, auf vollen Schadensersatz? (F.) **12**, 323. — 4) Der Verkäufer darf nicht leichtfertig etwas versichern, was er selbst nicht weiß. **20**, 92. — 5) Einfluß von Mängeln auf den Bestand des Vertrages, je nachdem sie vor oder nach der Übergabe geltend gemacht werden? Rücktritt wegen Hausschwammes, der beim Vertragsschlusse nicht bemerkt worden, vor dem Erfüllungstermine? Möglichkeit der Beseitigung. (P.) **13**, 281. — 6) Haftet der Verkäufer wegen Vertragswidrigkeit der Ware, wenn der Käufer dieselbe in Verbindung mit anderen Waren einem Dritten liefert und wegen der Mängel dieser sowohl wie der anderen Waren von dem Dritten in Anspruch genommen wird? (G.) **15**, 14. — 7) Kann der Verkäufer, nachdem er die Zurücknahme der übersandten und ihm zur Verfügung gestellten Ware verweigert und auf Zahlung des Preises geklagt hatte, noch die Dispositionsstellung annehmen? (G.) **18**, 161. — 8) Was ist unter der ausdrücklichen Übernahme der Hypotheken in § 184 A.L.R. I. 11 zu verstehen? **11**, 311. — 9) Wirkungen des Verzuges des Käufers für den Fall, daß nachträglich ohne Schuld des Verkäufers die Übergabe unmöglich wird? (P., R.) **13**, 21. — 10) Hat der Käufer, welcher die gekaufte Sache im Besitze des Verkäufers läßt, gegen die Pfändung derselben ein Widerspruchsrecht? § 690 C.P.O. (F.) **13**, 299. — 11) Giebt es eine Klage des Verkäufers auf Vornahme der vertragsmäßig dem Käufer vorbehaltenen Spezifikation der Ware und auf Abnahme derselben? Perfektion des Kaufvertrages? (G.) **14**, 243. — 12) Wird das Recht des Verkäufers auf Kaufpreiszinsen für die Zeit, in welcher der Käufer die Früchte der Sache zieht, durch den Eintritt der Entwährung und die

Gewährleistungspflicht berührt? (F.) **16**, 271. — 13) Kann im Falle der Übernahme des Handelsgeschäftes mit Aktiven und Passiven derjenige, welcher Waren dem früheren Inhaber verkauft und dem Übernehmer geliefert hat, von dem ersteren als seinem Kontrahenten den Kaufpreis fordern? **19**, 129.

### d. Gewähr physischer Mängel und angerühmter Eigenschaften.

1) Charakter der Gewährleistungspflicht. (F.) **18**, 331. — 2) Finden die ädilitischen Rechtsmittel Anwendung beim Gattungskaufe? **12**, 84. — 3) Beweislast in dem Falle, daß der auf den Preis verklagte Käufer wegen Mangels vorbedungener Eigenschaften Preisminderung beansprucht. Genuskauf. (G., P., Engl.) **20**, 5. — 4) Ist der Anspruch auf Ersatz der Futterkosten bei der actio redhibitoria ein Schadensersatzanspruch? (P.) **13**, 396. — 5) Wird durch Weiterveräußerung der gekauften Ware der Käufer aller wegen Mängel derselben gegen den Verkäufer zu erhebenden Ansprüche verlustig? (G.) Dispositionsstellung und Mängelanzeige. **17**, 68. — 6) Mängelrüge, wenn die Ware in Hamburg zu übergeben, aber Anweisung zum Versand an einen Dritten vom Käufer vorbehalten war, und dieser Versand erfolgt ist. (Hamburg.) **18**, 155. — 7) Redhibitorische Klage auf Wiederabnahme der Ware und Rückzahlung des Preises. Erfüllungsort für den Verkäufer. Gerichtsstand. **20**, 358. — 8) Finden die für die Gewährleistungsansprüche bestimmten kurzen Verjährungsfristen auch auf die wegen Fehlens einer besonders versprochenen Eigenschaft erhobene Klage Anwendung? (F.) **12**, 352. — 9) Erlöschen des Anspruches als Wirkung der vollendeten kurzen Verjährung. Keine Anwendung der §§ 568 flg. A.L.R. I. 9. **19**, 144.

### e. Eviktionsleistung.

1) Wird das Recht des Verkäufers auf Kaufpreiszinsen für die Zeit, in welcher der Käufer die Früchte der Sache zieht, durch den Eintritt der Gewährleistungspflicht wegen Eviktion berührt? (F.) **16**, 271. — 2) Ansprüche des Käufers im Falle der Entwährung der Kaufsache. Wirkung der Entwährung auf die Rechte des Cessionars der Kaufpreisforderung und auf die Novation der Preisforderung in eine Darlehnsforderung. (F.) **18**, 331. — 3) Ersatz für Entwährung. Wann ist actio nata? (G.) **20**, 218.

## § 128. Besondere Arten des Kaufes.

1) Rechtsverhältnis, welches infolge der Enteignung zwischen Unternehmer und Expropriierten entsteht. Notwendiger Verkauf? (G.) **12**, 405. — 2) Kaufvertrag zwischen einer Samenhandlung als Käuferin und einem Gutsbesitzer als Verkäufer über bedeutende Quantitäten des von letzterem auf seinen Ländereien zu erntenden Samens erster Nachzucht

aus Originalsaat einer bestimmten Produktionsstelle. Objekt? Auslegung des Willens. Handelsgut? Mißratene Ernte. Anwendung des Art. 335 H.G.B.? **13,** 22. — 3) Reportgeschäft. **19,** 149. — 4) Hoffnungskauf. Siehe § 141 dieses Registers. — 5) Kauf in Bausch und Bogen. Siehe Alphabet. Register „Bausch und Bogen".

### § 129.

— — — — — — — — —

### § 130. Miete und Pacht.

1) Liegt, wenn der eine Kontrahent übernimmt, auf einem fremden Grundstücke, welches der andere gemietet, ein von diesem zu benutzendes Gebäude gegen bestimmte Vergütung zu errichten — und demnächst wieder abzubrechen —, ein Mietvertrag vor über das Gebäude, oder die Materialien, oder ein Werkverdingungsvertrag? (G.) **13,** 209. — 2) Ist ein in einem Mietsvertrage enthaltener Schiedsvertrag gesondert stempelpflichtig? (P.) **14,** 258. — 3) Pfandrecht des Verpächters und Vermieters an den Illaten des Unterpächters und Untermieters? (F., R.) **13,** 39. — 4) Pfandrecht des Vermieters an den Illaten des Mieters wegen der gesamten, auf die ganze Vertragsdauer entfallenden nicht fälligen Mietszinsen? Erlöschen des Rechtes durch Pfändung und widerspruchslose Wegschaffung der Sachen seitens eines anderen Gläubigers? (P., R.) **13,** 253. — 5) Erstreckt sich das Pfandrecht des Vermieters auf Illaten, welche Eigentum eines Dritten sind? Verfolgungsrecht bezüglich der heimlich fortgeschafften Sachen. (F.) **20,** 355. — 6) Geht das Vorzugsrecht des Vermieters an den Illaten des Mieters dadurch verloren, daß letzterer dieselben ohne Einspruch des Vermieters wegschafft? Wie gestaltet sich das Recht des Vermieters im Konkurse des Mieters, insbesondere wenn er Massegläubiger ist, und der Verwalter die Sachen verkauft hat? Erlös. (F., R.) **14,** 1. — 7) Sind die Rechte des Vermieters an den eingebrachten Sachen des Mieters durch § 715 Ziff. 4 C.P.O. beschränkt? **18,** 425. — 8) Einschränkung des Retentionsrechtes des Vermieters gegenüber Künstlern und Handwerkern. (P.) **18,** 429. — 9) Zur Auslegung von § 8 C.P.O. **17,** 376. — 10) Kann der Gläubiger des Verpächters die auf dem Pachtgrundstücke stehenden Früchte pfänden lassen? Widerspruch des Pächters. (G., R.) **18,** 368. — 11) Kann der Gläubiger des Pächters die auf dem Pachtgrundstücke stehenden Früchte pfänden lassen? Interventionsrecht des Verpächters? (G., R.) **18,** 368. — 12) Kann der Mieter, nach Ablauf der Mietszeit, den Preis zurückfordern, weil die Sache zeitweise oder teilweise unbrauchbar gewesen sei? (P.) **20,** 285. — 13) Auflösung des Mietsvertrages durch Schuld des Mieters. Hat der Vermieter, abgesehen von dem Anspruche auf den Mietszins für die zur Wiedervermietung erforderliche Zeit, Anspruch auf Schadensersatz nur im Falle des Mißbrauches des Mietsobjektes? (F.) **11,** 358. — 14) Vermietung eines zum eheweiblichen Sondergute gehörigen Grundstückes durch den Mann auf be-

stimmte Zeit. Wird, wenn die Frau vor deren Ablaufe stirbt, das Recht der Erben zur Kündigung dadurch modifiziert, daß dem Manne der Nießbrauch vermacht ist? (F.) **12**, 326. — 15) Muß im Falle des § 388 A.L.R. I. 21, wenn das Mietsverhältnis beendet werden soll, der Nachfolger des Vermieters unter allen Umständen dem Mieter kündigen, und zwar mit der gesetzlichen Kündigungsfrist? **17**, 158. — 16) Wirkung der außerkontraktlichen Kündigung der Pacht des subhastierten Grundstückes durch die Gläubiger des Verpächters auf das Pachtverhältnis zwischen Ersteher und Pächter. Ist für dieses bis zur Räumung der alte Pachtvertrag maßgebend? (P.) **17**, 284. — 17) Hat, wenn im Falle des Todes des Mieters die Erben gemäß § 371 A.L.R. I. 21 kündigen, der Vermieter einen Entschädigungsanspruch? **18**, 269. — 18) Ausgleichungsanspruch des Verpächters eines Landgutes bei Aufhebung des Pachtvertrages mitten im Wirtschaftsjahre infolge Ausübung des jenem für den Fall des Konkurses des Pächters vorbehaltenen Kündigungsrechtes. Modifikationen. (P.) **18**, 314. — 19) Umfang der Haftung des Pächters eines Landgutes wegen vernachlässigter Düngung. (P.) **20**, 261. — 20) Welche Vorschriften sind in Art. 1149 Code civil unter den exceptions et modifications ci-après zu verstehen? **11**, 358.

## § 131. Dienstmiete.

1) Fließt die Pflicht des § 120 R.Gew.O. aus dem Dienstmietvertrage? **12**, 46. 130; **15**, 52. — 2) Haftung des Dienstherrn aus dem Dienstvertrage für den durch mangelhafte Beschaffenheit von Dienstlokalitäten zc verursachten Schaden. Anwendung auf die Klage des Beamten gegen den Staat. (G., P.) **18**, 173. — 3) Umfang der Haftbarkeit des Gewerbeunternehmers auf Grund des Dienstmietvertrages bezw. des § 120 R.Gew.O. **19**, 189.

## § 132. Werkverdingung. Locatio conductio operis.

1) Zum Begriffe des Werkverdingungsvertrages gehört, daß sein Gegenstand das Produkt der Arbeiten des Werkmeisters ist? Ist in einem Vertrage, durch welchen einem Baumeister der Bau einer Straßenbahn und zugleich die Beschaffung von Pferden, Wagen, Livreen u. s. w. übertragen ist, nur ein einheitlicher Werkverdingungsvertrag oder neben diesem noch ein Lieferungsvertrag enthalten? (P.) **11**, 264. — 2) Bauvertrag. Kann aus den Umständen gefolgert werden, daß trotz des im Akkordvertrage in Bausch und Bogen genannten Preises Art. 1793 Code civil keine Anwendung finden solle, und auch ohne schriftliche Genehmigung des Grundeigentümers Erhöhung des Preises vom Baumeister gefordert werden könne? (F.) **12**, 313. — 3) Vertrag über Errichtung — und demnächstige Wiederabbrechung — eines von dem andern Kontrahenten zu benutzenden Gebäudes auf einem von diesem gemieteten fremden Grundstücke gegen bestimmte Vergütung. Werkverdingung oder Miete? (G.) **13**, 209. — 4) Schadensliquidation im Falle mangelhafter

Bauausführung. Ersatz der noch nicht aufgewendeten Kosten neben dem verbleibenden Minderwerte? (F.) **18**, 338. — 5) Kann im Falle eines Werkverdingungsvertrages in Bausch und Bogen, nach welchem der Unternehmer den Stoff der anzufertigenden Sache zu liefern hat, der Besteller das freie Rücktrittsrecht des Art. 1794 Code civil ausüben? Charakter eines solchen Vertrages als aus Kauf und Miete gemischt. (F.) **12**, 348. — 6) Gelten die Vorschriften über das freie Rücktrittsrecht bei Verträgen über Handlungen auch beim Werkverdingungsvertrage? (P.) **15**, 76.

### § 133. Forderungen aus anderen unentgeltlichen Dienstleistungen.

1) Gebühren der Tierärzte für Beaufsichtigung der Vieh- und Pferdemärkte. (P.) **13**, 268.

### § 134. Verträge über Handlungen nach preußischem Rechte.

1) Ist das pactum de cedendo als Vertrag über eine Handlung oder eine Sachleistung aufzufassen? **12**, 249. — 2) Gelten die Vorschriften über das freiere Rücktrittsrecht bei Verträgen über Handlungen auch bei Werkverdingungs- und Frachtvertrag? **15**, 76. — 3) Eheschließung als Handlung im Sinne des § 165 A.L.R. I. 5. Mündliches Versprechen einer Zuwendung im Betrage von mehr als 150 ℳ unter der Bedingung oder zum Zwecke der Eheschließung. Kann der Promissar, nachdem er die Ehe eingegangen, auf Leistung des Versprochenen klagen, auch wenn er sich zum Eheschlusse nicht verpflichtet hatte? **17**, 252. — 4) Ist ein Vertrag über die Beschaffung von Elektrizität zu Beleuchtungszwecken als Lieferungsvertrag, oder als Vertrag über Handlungen zu behandeln? **17**, 269.

### § 135. Mandat. Vollmachtsauftrag.

(Stellvertretung. Siehe § 31 dieses Registers. Prokura und Handlungsvollmacht. Siehe §§ 213. 214 dieses Registers.)

#### a. Inneres Verhältnis. Mandant und Mandatar.

1) Unterscheidung zwischen Vollmacht und Auftrag. **18**, 160; **20**, 55. — 2) Kommen für die Beurteilung des Rechtsverhältnisses zwischen Girokontoinhaber und Bank Grundsätze vom Mandat zur Anwendung? (G.) **12**, 85. — 3) Ist der Ort der Mandatsausführung auch Erfüllungsort in bezug auf die Forderungen des Mandatars? **12**, 35. — 4) Erwerb von Besitz und Eigentum durch den Mandatar für den Geschäftsherrn. (G., P., R.) **11**, 56; **19**, 248. — 5) Kann der von einem Kontrahenten bestellte Agent bei Übermittelung des Auftrages des anderen als dessen Bevollmächtigter gelten? **12**, 17. — 6) Stellung des Gerichtsvollziehers als Mandatar des ihn beauftragenden Gläubigers und als Beamter. Haftung gegenüber dem Gläubiger. (P.) **16**, 399; **18**, 390; **20**, 389. — 7) Ist in den Fällen der §§ 152. 458 C.P.O.

der Gerichtsschreiber als Mandatar der Partei anzusehen? **17,** 391. — 8) Schließen die Stellungen als Vermittler (Reichsstempelgesetz vom 3. Juni 1885) und als Bevollmächtigter sich gegenseitig aus? **18,** 28. — 9) Spezialvollmacht zur Insinuation einer großen Schenkung. (G.) **18,** 251. — 10) Einfluß der Beseitigung des Inhabers der Staatsgewalt und der Kassierung seiner Regierungshandlungen auf die Vollmacht zur Vornahme von Privatrechtshandlungen für den Staat, welche ein von jenem ernannter Staatsbeamter erteilt hat. **14,** 430. — 11) Läßt sich die Vorschrift des § 196 A.L.R. I. 13 auf Personen ausdehnen, welchen nicht die Fähigkeit, sondern nur die Befugnis fehlt, bestimmte Rechtsgeschäfte abzuschließen? Erlischt die von einer Ledigen erteilte Vollmacht durch ihre Verheiratung? (P.) **15,** 253. — 12) Inwiefern steht die Mandatsklage gegen den Bevollmächtigten aus dem von mehreren geschäftlich erteilten Auftrag einem einzelnen der Auftraggeber zu? (P.) **20,** 312. — 13) Haftung des Agenten, welcher seinem Mandanten irrtümlich den Auftrag eines Dritten übermittelt, den dieser nicht gegeben hat. Muß er Anzeige machen, sobald er den Irrtum entdeckt? Kausalzusammenhang. **12,** 20. — 14) Haftet der Mandatar für ein von ihm zu vertretendes Versehen nur subsidiär? Einwand, daß der Mandant eine Klage gegen den Verkäufer wegen Mangels versprochener Eigenschaften habe, wenn der Mandant durch unrichtige Angaben des Mandatars über die Ware zum Ankaufe veranlaßt ist? **16,** 133. — 15) Muß der Verkaufsagent die Kreditwürdigkeit der von ihm präsentierten Käufer prüfen und darüber dem Auftraggeber berichten? **18,** 112. — 16) Inwiefern ist der Mandant dem Mandatar gegenüber zur Abwendung eines durch das Versehen des letzteren ihm drohenden Schadens verpflichtet? (G.) **16,** 133. — 17) Begriff der Vermögensverwaltung. **20,** 365.

### b. Verhältnis in bezug auf Dritte.

1) Bis zu welchem Zeitpunkte kann derjenige, der eine Ware einem Spediteur mit dem Auftrage übergiebt, sie zur Verfügung eines Dritten zu halten, diesen Auftrag widerrufen? Bedeutung einer Verfügung seitens des Dritten? Kommt hierbei Handelsrecht zur Anwendung? **14,** 150. — 2) Verpflichtung des Vollmachtgebers durch den in den Grenzen der Vollmacht handelnden Mandatar, welcher sachlich unangemessen handelt. **20,** 55. Kenntnis des Dritten, daß das Geschäft den Absichten des Mandanten zuwiderläuft. (G.) **15,** 206. — 3) Steht dem Mandanten die Kenntnis des Mandatars von einer die Rechtswirkung des Vertrages hindernden Thatsache entgegen? (P.) **15,** 264. — 4) Haftet der als Bevollmächtigter Auftretende nur für das Vorhandensein der Vollmacht, oder auch für die Durchführbarkeit des Anspruches gegen den Vollmachtgeber? **18,** 157. — 5) Dolose Empfehlung. **19,** 382; **20,** 190.

### c. Assignation.

(Siehe auch § 230 dieses Registers.)

1) Ist die Forderung des Assignanten an den Assignaten noch Gegenstand des Zugriffes der Gläubiger des ersteren, wenn zwar der

Assignat die Anweisung acceptiert, aber der Assignatar noch nicht ausdrücklich den Assignaten statt des Assignanten zum Schuldner angenommen hat? (P., R.) **11**, 137. Vgl. § 336 b dieses Registers Nr. 11. — 2) Ist die Annahme der Anweisung wirksam zu Gunsten des Assignatars, wenn eine Forderung angewiesen ist, die erst durch Vertragsleistungen des Anweisenden gegenüber dem Assignaten entstehen soll, und diese Leistungen gemäß § 15 K.O. vom Konkursverwalter bewirkt werden? (P., R.) **11**, 139.

## § 136. Maklervertrag.

Siehe dieses Register §§ 135 (Agenten) und 216 (Handelsmakler).

— — — — — — — — —

## § 137. Geschäftsführung. Negotiorum gestio.

1) Auftraglose Geschäftsführung wider den Willen des Geschäftsherrn. **11**, 223. — 2) Versicherung der Lagerware durch den Spediteur. Anspruch des Eigentümers auf Herauszahlung der Versicherungssumme? **11**, 218. — 3) Bezahlung der Heuer seitens des versicherten Ladungsempfängers, welcher den Bodmereibrief eingelöst und behufs Beitreibung der Bodmereiforderung das Schiff zum Verkaufe gebracht hat. Geschäftsführung für den Versicherer. **19**, 87. — 4) Bedeutung und Gegenstand der actio negotiorum gestorum gegen denjenigen, der irrtümlich ein fremdes Geschäft als das seinige geführt hat? (G.) **13**, 184. — 5) Voraussetzungen der Klage aus Geschäftsführung. Meinung des Klägers, sein eigenes Geschäft zu führen. Gleichzeitiger Nutzen für den Geschäftsführer selbst. Nützlichkeit der Geschäftsführung. Ausführung durch einen Dritten. Genehmigung. (F.) **18**, 356. — 6) Pflicht des Geschäftsführers zur Verzinsung eingezogener Kapitalien dem Geschäftsherrn gegenüber. (G.) **18**, 196. — 7) Muß derjenige, welcher eine Forderung auf eigenen Namen, aber nur für Rechnung und im Interesse eines Dritten erwirbt und einklagt, Einreden aus der Person des Dritten gelten lassen? **11**, 129. — 8) Kann derjenige, der mit einem negotiorum gestor kontrahiert hat, vom Vertrage zurücktreten, solange der Geschäftsherr sich über die Genehmigung der Geschäftsführung nicht erklärt hat? (F., G.) **17**, 77. — 9) Bedeutung und Wirkung der schlechthin für Rechnung eines Dritten geleisteten Zahlung. (P.) **18**, 309.

## § 138. Rechnungslegung aus Mandat und Geschäftsführung.

1) Bedeutung der von einer Generalversammlung dem Vereinsvorstande erteilten Decharge. Erstreckt letztere sich auf Pflichtwidrigkeiten, die aus dem vorgelegten Rechenschaftsberichte nicht erkennbar sind? Verschweigen solcher Statutenwidrigkeiten als erneutes Verschulden? **12**, 77; vgl. **13**, 51. — 2) Inwiefern kann der Rechnungspflichtige die von ihm gelegte, seitens des Geschäftsherrn anerkannte Rechnung wegen Irrtums anfechten? Herausgreifen einzelner Posten. (G., P.) **14**, 253. —

3) Inwiefern ist der Teilhaber einer communio incidens oder einer formlos geschlossenen Gesellschaft den übrigen Genossen zur Rechnungslegung verpflichtet? (P.) **18,** 280. — 4) Rechenschaftspflicht und Beweislast des wegen nicht gehöriger Ausführung des Mandates verklagten Mandatars. (P.) **20,** 269.

## § 139. Gesellschaftsvertrag. Societas.

(Siehe auch §§ 217—223 dieses Registers.)

1) Inwiefern tritt, wenn mehrere Personen zu einem bestimmten Zwecke einen Fonds zusammenbringen und unter Hinweis auf denselben kontrahieren, eine auf diesen Fonds beschränkte Haftung ein? Einfluß schlechter Wirtschaftsführung? (G.) **12,** 229. — 2) Personenvereine — mit dauernden Zwecken, wechselndem Mitgliederbestande und ohne Korporationsrechte —. Prozeßfähigkeit? (G.) **12,** 233. — 3) Wesentlicher Unterschied zwischen den Gesellschaften des Tit. 17 Tl. I. A.L.R. und den erlaubten Privatgesellschaften des Tit. 6 Tl. II. A.L.R. Verschiedenheit der Endzwecke. (P.) **16,** 189. — 4) Begriff und Merkmale der durch § 68 A.L.R. II. 6 geschützten Mitgliedsrechte. **11,** 271. — 5) Excedentenvertrag. Sozietätsverhältnis. **20,** 42. — 6) Erfordernisse der Berufung der Generalversammlung als Voraussetzungen der Gültigkeit der gefaßten Beschlüsse. Gehörige Ladung aller Mitglieder? Angabe des zu verhandelnden Gegenstandes? Hat die Ungültigkeit eines Teiles der gefaßten Beschlüsse notwendig diejenige der anderen zur Folge? (G.) **12,** 234. — 7) Welche Wirkung kommt dem Umstande zu, daß, wenn nach dem Gesellschaftsvertrage der Beitritt zur Sozietät durch Unterschrift im Hauptbuche derselben erfolgt, thatsächlich solches Buch nie existiert hat? Stillschweigende Abänderung des Vertrages? (G.) **15,** 77. — 8) Umwandelung eines Vereines in eine eingetragene Genossenschaft. Abänderung der Statuten zum Zwecke der Eintragung. **15,** 78. — 9) Welches örtliche Recht ist maßgebend, wenn die schenkungsweise Übereignung des Anteiles an einer in Altpreußen bestehenden Gesellschaft seitens eines Gesellschafters an seinem im Gebiete des gemeinen Rechtes belegenen Wohnorte erklärt ist? **18,** 39. — 10) Sozietätsvertrag zum Zwecke des Spielens in einer in Preußen nicht zugelassenen Lotterie. Keine Klage auf Auskehrung des Gewinnanteiles. (G.) **18,** 242. — 11) Beurteilung der Frage, ob ein von einem Gesellschafter geschlossener Vertrag namens der Gesellschaft, oder im eigenen Namen geschlossen ist? **17,** 73. — 12) Muß nach bad. L.R.S. 1847 der Gesellschafter auch den Ersatz eines ihm erwachsenen Schadens in die Gesellschaft anteilig einwerfen? **19,** 186. — 13) Auseinandersetzung der Gesellschafter. Unstatthaftigkeit des Herausgreifens eines einzelnen Postens zum Zwecke der Einklagung. Rechtliche Gesichtspunkte bei der Rechnungslegung. (P.) **13,** 228. — 14) Fortsetzung der Gesellschaft mit den Erben eines Gesellschafters. (G., Österreich, F., P.) **16,** 45. — 15) Inwiefern ist der Teilhaber einer formlos geschlossenen Sozietät seinen Genossen zur Rechnungslegung verpflichtet? (P.) **18,** 280. — 16) Verjährung nach §§ 308 flg. A.L.R. I. 17.

Keine Anwendung der §§ 568 flg. A.L.R. I. 9. **19,** 344. — 17) Gilt Dritten gegenüber ein von der Gesellschaft durch Beschluß Ausgeschlossener nicht mehr als Gesellschafter? oder ist die alleinige Legitimation der verbliebenen Gesellschafter davon abhängig, daß sie nachweisen, der Ausgeschlossene habe dem Beschlusse nicht widersprochen, oder sein Widerspruch sei durch Urteil verworfen? (P.) **14,** 125. — 18) Actio pro socio nach Auflösung der Gesellschaft. **20,** 45.

## § 140. Communio incidens.

1) Ist die Klage auf Edition einer im Sinne von § 387 Ziff. 2 C.P.O. gemeinschaftlichen Urkunde ohne weiteres begründet? **12,** 413. — 2) Inwiefern ist der Teilhaber einer communio incidens seinen Genossen zur Rechnungslegung verpflichtet? (P.) **18,** 280. — 3) Inwieweit ist einer von mehreren Mitgläubigern zur Geltendmachung des gemeinschaftlichen Rechtes befugt? (P.) **20,** 315.

## § 141. Gewagte Geschäfte. Spiel und Wette. Lotterie.

1) Aleatorischer Charakter der über Berge- und Hilfsleistung in Seenot geschlossenen Verträge. **13,** 136. — 2) Ist der Erbschaftskauf im Zweifel ein aleatorisches Geschäft? **17,** 312. — 3) Charakterisierung eines Vertrages über den Verkauf von Lospapieren als zum Betriebe einer nach § 286 St.G.B. strafbaren Lotterieunternehmung gehörig. **14,** 84. Kann der Käufer den gezahlten Preis zurückfordern. (P.) **14,** 89. — 4) Begriff der Veranstaltung einer öffentlichen Lotterie. **14,** 85. — 5) Unterschied zwischen Staats- und Privatlotterie. **16,** 67. — 6) Ist der Fiskus berechtigt, demjenigen, der in einer außerpreußischen, in Preußen nicht zugelassenen Lotterie spielt, den auf sein Los gefallenen Gewinn klagend abzufordern? (P.) **17,** 299. — 7) Loskauf oder Lotterievertrag? Ungültigkeit von Verträgen über den Verkauf von Lospapieren? **18,** 79; vgl. **14,** 84. — 8) Hat derjenige, welcher in Gemeinschaft mit einem anderen in einer in Preußen nicht zugelassenen Lotterie spielt, eine Klage auf Herausgabe seines Anteiles an dem auf das Los gefallenen, von dem andern erhobenen Gewinne? (G.) **18,** 242. — 9) Berechnung der Stempelsteuer, wenn in dem Lotterieplane der angenommene Steuerbetrag nach der Zahl der auszugebenden Lose verteilt und der entsprechende Betrag dem Kaufpreise der einzelnen Lose zugeschlagen wird. Begriff des planmäßigen Preises (Nennwertes) der sämtlichen Lose. **16,** 64.

## § 142. Versicherungsvertrag.

(Seeversicherung. Siehe § 254 dieses Registers.)

### a. Abschluß. Gegenstand. Wirkungen.

1) Umwandlung einer provisorischen Versicherung in eine definitive. Wann ist der Vertrag perfekt? Anzeigepflicht. Kenntnis des Versicherungs-

nehmers von erheblichen Thatsachen. **19,** 216. — 2) Begriff der taxierten Police. Erhöhung der Taxe? **11,** 10. — 3) Direktes Klagerecht des verunglückten Arbeiters bezw. seiner Hinterbliebenen gegen die Versicherungsgesellschaft, bei welcher der Arbeitgeber die Arbeiter versichert hat? Kann solches direktes Klagerecht durch die Police ausgeschlossen werden? **12,** 317; **19,** 81. — 4) Schließt schon ein leichtes Verschulden des Versicherten die Ersatzpflicht der Versicherers aus? (G., P., R., ausländ. Recht.) **14,** 119. — 5) Falsche Deklaration des Versicherungsnehmers. Verschweigen von Umständen, die auf den Entschluß des Versicherers zur Eingehung des Vertrages Einfluß zu üben geeignet sind. **20,** 137. — 6) Inwiefern kann der Versicherungsnehmer, welcher die im Vertrage festgesetzte Frist für die Einreichung des Verzeichnisses aller vor dem Brande vorhanden gewesenen Sachen versäumt, die Vertragsfolge der Verwirkung aller Entschädigungsansprüche beseitigen? Verhaftung wegen Verdachtes der Brandstiftung. (G.) **16,** 121. — 7) Klausel, daß de Anspruch auf die Versicherungssumme erlösche, falls er nicht binnen bestimmter Frist geltend gemacht werde. Ist die Thatsache, daß eine Untersuchung wegen Brandstiftung gegen den Versicherten eingeleitet und demnächst eingestellt ist, auf den Beginn oder den Lauf der Frist von Einfluß? Prinzip der Vertragstreue und der Billigkeit. **19,** 132. — 8) Vertragsmäßige Unterwerfung unter die Bestimmungen der Reglements der Landfeuersozietäten durch den Abschluß eines Versicherungsvertrages? Ausschluß des Rechtsweges. **16,** 370. — 9) Vorschriften der Police bezw. der Versicherungsbedingungen über Rechtsmittel und Schadensfeststellung. **20,** 398. — 10) Inwiefern muß der Spediteur die Versicherungssumme für die von ihm versicherte fremde, in seinem Lagerhause verbrannte Ware an deren Eigentümer herauszahlen? (G.) **11,** 218. — 11) Inwieweit ist der Rückversicherte verpflichtet, dem Rückversicherer die Einsicht seiner Handelsbücher 2c zu gestatten? Excedentenvertrag. **20,** 42. — 12) Gültigkeit einer zweiten Versicherung, wenn die erste mit dem Momente des Beginnes der zweiten erlöschen soll? Verzicht auf die Rechte aus der ersten Versicherung? **13,** 111.

### b. Versicherungsagenten.

1) Ist die Geschäftsführung des Generalagenten einer Versicherungsgesellschaft eine Vermögensverwaltung? Gerichtsstand des § 31 C.P.O. **20,** 364.

### c. Versicherung auf Gegenseitigkeit.

1) Bei der Versicherung auf Gegenseitigkeit der Versicherte zugleich Versicherer. **11,** 182. — 2) Rechtlicher Charakter der Versicherungsgesellschaft auf Gegenseitigkeit. Natur der Prämie. **14,** 238. — 3) Sind die Versicherungsgeschäfte einer Versicherungsgesellschaft auf Gegenseitigkeit Handelsgeschäfte? Kaufmannseigenschaft der Gesellschaft? **14,** 237. — 4) Bedeutung einer Garantiezeichnung zur Gründung einer Versicherungsgesellschaft auf Gegenseitigkeit? Hebt die Eröffnung des Konkurses über

die Gesellschaft die Verbindlichkeit desjenigen auf, der für die Garantieschuld — anteilig — eigene Wechsel ausgestellt? **13,** 30. — 5) Abtretung des Anspruches aus einem mit einer Versicherungsgesellschaft auf Gegenseitigkeit geschlossenen Vertrages. Anwendung der lex Anastasiana? Art. 299 H.G.B.? **14,** 235. — 6) Findet § 100 des Reichsunfallversicherungsgesetzes auch auf Versicherungsverträge, welche durch Beitritt zu Gegenseitigkeitsgesellschaften geschlossen sind, Anwendung? **19,** 43.

d. Lebensversicherung.

1) Nach welchem Prinzip entscheidet sich, ob, wenn eine Lebensversicherung zu Gunsten der Erben abgeschlossen ist, die Versicherungssumme zum Nachlasse des Versicherungsnehmers, oder bereits zum Vermögen der Erben selbst gehört? (F., Bad.) **11,** 173. — 2) Lebensversicherung zu Gunsten der Ehefrau. Kann der Verwalter des über den Nachlaß des Mannes eröffneten Konkurses die Zurückerstattung der von der Frau erhobenen Versicherungssumme auf Grund des § 37 K.O. fordern? **14,** 21. — 3) Muß, damit ein Lebensversicherungsvertrag als zu Gunsten Dritter, insbesondere der eigenen Familie, abgeschlossen zu erachten ist, diese Vertragsabsicht zum Ausdrucke gelangen? **16,** 127. — 4) Bildet die Versicherungssumme, welche nicht zu Gunsten Dritter stipuliert ist, einen Bestandteil des Nachlasses des Versicherungsnehmers, oder haben die Erben darauf ein besonderes, die Erbschaftsgläubiger ausschließendes Recht? **16,** 129. — 5) Einfluß ausschweifenden Lebenswandels des Versicherten. Kann der darauf gestützte Einwand des Versicherers durch die Replik elidiert werden, er habe die Prämie fortgesetzt angenommen, obwohl er diesen Lebenswandel kannte oder hätte kennen müssen? **18,** 141. — 6) Vertragsmäßige Verwirkung der Rechte aus der Versicherung durch mutwillige oder unnötige Gefährdung des Lebens. Bewußtsein oder schuldhaftes Nichtbewußtsein von der Lebensgefährlichkeit einer bestimmten Handlung. **18,** 142.

e. Unfallversicherung. Krankenversicherung.

1) Bezieht sich bei einer Unfallversicherung der Arbeiter die Policebestimmung, daß beim Übergange der Fabrik auf einen andern Unternehmer die Versicherung erlösche, sowohl auf Sonder-, als auf Gesamtrechtsnachfolge? **12,** 38. — 2) Siehe a. dieses Paragraphen Nr. 3. — 3) Versicherung gegen Beschädigungen, welche der Reisende während seiner Beförderung beim Einsteigen in einen Eisenbahnzug oder beim Aussteigen durch einen dabei ihm selbst zustoßenden Unfall erleidet. Aus- und Einsteigen zwecks Benutzung des Pissoirs. **19,** 63. — 4) Umfang der durch § 58 des Reichskrankenversicherungsgesetzes vom 15. Juni 1883 primär der Aufsichtsbehörde, sekundär den Gerichten zugewiesenen Streitigkeiten. Beitritt von Mitgliedern freier Hilfskassen zu einer Ortskrankenkasse. Erfordernisse der §§ 6. 75 a. a. O. an die Hilfskassenstatuten. **16,** 74. Aufhebung des § 58 a. a. O. durch Art. 3 des Reichsgesetzes vom 1. Juni 1884? Inwieweit ist durch die Bescheinigung der höheren Ver-

waltungsbehörde, daß die Statuten der Hilfskasse dem § 75 a. a. O. entsprechen, die entscheidende Aufsichts- oder Gerichtsbehörde gebunden? **16,** 76. Maßgebende Gesichtspunkte für die Prüfung der Statuten auf die Erfordernisse des § 75? **16,** 79. — 5) Begrenzung der Anwendung des Krankenversicherungsgesetzes vom 15. Juni 1883 auf diejenigen Personen, welche der Klasse der gewerblichen Arbeiter im weitesten Sinne angehören. Von dem Unternehmer eines ständigen Theaters engagierte Sänger, Ballettänzer, Schauspieler, Choristen, Orchestermitglieder? **17,** 86. — 6) Inwieweit ist die gemäß § 86 Nr. 2—4 des Krankenversicherungsgesetzes neu errichtete Pensionskasse Rechtsnachfolgerin der älteren bereits bestehenden Krankenkasse? Haftung für Pensionsansprüche, welche gegen die letztere für ihre Mitglieder erwachsen wären, wenn sie als Pensionskasse fortbestände? **20,** 1. — 7) Findet § 100 des Reichsunfallversicherungsgesetzes auch auf Versicherungsverträge Anwendung, welche durch Beitritt zu Gegenseitigkeitsgesellschaften geschlossen sind? Umfang des Überganges der Rechte und Pflichten auf die Berufsgenossenschaften gemäß § 100 a. a. O. **19,** 43. Wessen Rechte und Pflichten gehen über? **19,** 81. — 8) Ist der nach dem Reichsunfallversicherungsgesetze gegen die Berufsgenossenschaft zustehende Entschädigungsanspruch nur in bezug auf seine Feststellung, oder auch darüber hinaus dem Schutze der Civilgerichte entzogen? Was für Fälle können in Betracht kommen? Streit um die Rechtsnachfolge eines Dritten in den Anspruch des primär Berechtigten. **19,** 67. — 9) Kann die Berufsgenossenschaft, auf welche die Rechte und Pflichten aus einem nur zum Ersatze der vom Versicherungsnehmer an den verletzten Arbeiter gezahlten Entschädigung geschlossenen Versicherungsvertrag nach § 100 des Reichsunfallversicherungsgesetzes übergehen, ebenfalls nur denjenigen Betrag als Versicherungssumme fordern, dessen Zahlung an den Arbeiter sie nachweist? **19,** 77.

## § 143.

— — — — — — — — —

## § 144. Abrechnung und Anerkennung.

1) Constitutum debiti proprii hinsichtlich einer Wechselschuld. (G.) **11,** 3. Liegt darin ein Verzicht auf eine Einrede gegen die ursprüngliche Schuld? **11,** 5. — 2) Welche rechtliche Bedeutung hat es, wenn der Schuldner die Rechnung des Gläubigers mit dem unterschriebenen Vermerk „als richtig anerkannt" diesem aushändigt? **13,** 84. — 3) Rechtliche Gesichtspunkte bei der Auseinandersetzung und Abrechnung der Gesellschafter. (P.) **13,** 228. — 4) Inwiefern kann der Rechnungspflichtige die von ihm gelegte, seitens des Geschäftsherrn anerkannte Rechnung wegen Irrtumes anfechten? Herausgreifen einzelner Posten. (G., P.) **14,** 253. — 5) Periodische Abrechnung und Überweisung der betreffenden Guthaben zwischen den zum Vereine deutscher Eisenbahnverwaltungen gehörigen Bahnen mittels der Generalsaldierungsstelle. **15,**

5. — 6) Kontokorrent, Feststellung des Saldos, Übertragung desselben auf neue Rechnung, Novation? **18,** 246.

## § 145. Vergleich.

1) Kann, nachdem die offene Handelsgesellschaft aus einem Vergleiche verklagt und verurteilt worden, ein Gesellschafter gegen die wider ihn erhobene besondere Klage einwenden, bei Abschluß des Vergleiches sei ein Posten übersehen und nunmehr in Anrechnung zu bringen? **13,** 96. — 2) Befugnis des Vaters zum Abschlusse eines Vergleiches in bezug auf das peculium adventitium regulare? **16,** 124. — 3) Darf der Vater während der Ehe als gesetzlicher Vertreter seiner minderjährigen Kinder einen Vergleich ohne besondere Ermächtigung abschließen? (F.) **19,** 369. — 4) Liegt Vergleich vor, wenn vor Verhandlung des Beklagten zur Hauptsache mit dessen Einwilligung der Kläger die Klage unter Übernahme der Kosten zurücknimmt? **20,** 414.

## § 146. Kompromiß.

(Schiedsrichterliches Verfahren. Siehe § 340 dieses Registers.)

1) Kann auf eine Behörde kompromittiert werden? **13,** 407. — 2) Ist die Vereinbarung mehrerer Schiedsgerichtsinstanzen zulässig und rechtswirksam? **17,** 434. — 3) Vorbehalt der gesetzlichen Rechtsmittel gegen den Ausspruch des Schiedsgerichtes in einem vor und bezw. nach Einführung der Civilprozeßordnung geschlossenen Schiedsvertrage. Einfluß auf die Rechtsgültigkeit des Vertrages? **13,** 430. — 4) Ist ein in einem Mietsvertrage enthaltener Schiedsvertrag gesondert stempelpflichtig? Unterschied von dem Falle, daß in einem Versicherungsvertrage ein solcher enthalten ist? (P.) **14,** 258. — 5) Kann die Einrede der Unzulässigkeit des Rechtsweges aus einem Schiedsvertrage hergeleitet werden? **16,** 336. 370. — 6) Tritt der Schiedsvertrag außer Kraft, wenn einer der in demselben ernannten Schiedsrichter die Unterzeichnung des Schiedsspruches verweigert oder sonst zurücktritt? **18,** 369.

### 2. Obligationen aus unerlaubten und ähnlichen Handlungen.

## § 147. Vermögensbeschädigung.

### a. Gemeines Recht.

1) Lex Aquilia. Positive Handlung. Nachweis besonderen Verschuldens, wenn in der Handlung selbst sich ein Mangel an Vorsicht zeigt? Sind Mängel an Erfahrung, Geschicklichkeit, Kraft Exkulpationsgründe? **12,** 191. — 2) Actio de effusis et dejectis. Kommt es auf die Umstände, unter welchen, und auf die Person, durch welche das Hinabfallenlassen ꝛc stattfindet, an? Haftet der Wohnungsinhaber, wenn ein in seinem Auftrage in der Wohnung beschäftigter Handwerker etwas auf die Straße fallen läßt? **13,** 212. — 3) Kann der Beschädigte unter Umständen Wiederherstellung des früheren Zustandes fordern?

Arglistige Verleitung zu einem Kaufvertrage mit einem Dritten. **17**, 112. — 4) Haftung für den durch die Vollstreckung eines von Amts wegen — für vorläufig vollstreckbar erklärten, später aufgehobenen Urteiles (Arrestes) erwachsenen Schaden? **11**, 415. — 5) Aktiv- und Passivlegitimation bei der actio de pauperie. Geht die Klage gegen den Eigentümer oder den Besitzer? (Hamburg.) **20**, 199. — 6) Unter welchen Umständen haftet der Eigentümer, welcher das Tier in Kenntnis davon, daß es Schaden gestiftet hat, veräußert, als dolo desinens possidere? **20**, 205. — 7) Begründet die verurteilende Entscheidung auf eine Noxalklage eine alternative Obligation, oder ist die Hingabe der Sache nur in solutione? **20**, 200. — 8) Anspruch des Verfrachters wegen Beschädigung durch das Frachtgut. **20**, 76.

b. Preußisches Recht.

1) Haftung für den durch Vollstreckung eines — von Amts wegen für vorläufig vollstreckbar erklärten, später aufgehobenen — Urteiles (Arrestes) erwachsenen Schaden? **11**, 415. — 2) Befreit den Tötenden das konkurrierende Verschulden des Getöteten von der Entschädigungspflicht gegenüber der Witwe und den Kindern des Getöteten? **14**, 254. — 3) Genügt, damit die Vermutung des § 25 A.L.R. I. 6 Anwendung finde, eine jede, wenn auch noch so entfernte Möglichkeit, daß der Schade durch die unerlaubte Handlung verursacht sei? **17**, 202. — 4) Zur Regelung der Behauptungs- und Beweislast bei Klagen aus unerlaubten Handlungen. **19**, 330.

c. Französisches Recht.

1) Inwiefern verpflichtet eine ungerechtfertigte Pfändung zum Schadensersatze? **13**, 301. — 2) Verantwortlichkeit des Eigentümers eines Tieres, und desjenigen, der sich des Tieres bedient, für den durch dasselbe verursachten Schaden. Innerer Grund der Haftung. Befreit der Nachweis des Mangels eines Verschuldens? Beschädigung des mit der Pflege des Tieres betrauten Knechtes. **14**, 316. — 3) Schadensanspruch der Adjazenten einer Eisenbahn bei einem durch Lokomotivfunken verursachten Brande? **17**, 103. — 4) Haften mehrere Teilnehmer an einem strafrechtlichen Vergehen für den Schadensersatz solidarisch? Regreß unter einander? **19**, 385.

### § 148. Haftung für Verschulden anderer.

1) Kann der wegen Überschreitung der vertragsmäßigen Stärke der Auflage auf Entschädigung verklagte Verleger einwenden, daß der Handlungsbevollmächtigte das Verschulden begangen habe? **12**, 112. — 2) Tendenz der Doktrin und der Praxis betreffs der Frage nach der Verantwortlichkeit des Prinzipales ꝛc für ein schuldhaftes Verhalten seiner Vertreter bei faktischen Verrichtungen derselben? **15**, 123. — 3) Muß derjenige, welcher durch einen nicht von ihm selbst, sondern in seinem

Namen und für seine Rechnung von einem andern veranstalteten Nachdruck bereichert ist, diese Bereicherung herausgeben? **12**, 106. Vgl. **15**, 128 (offene Handelsgesellschaft). — 4) Haftet der Wohnungsinhaber, wenn ein in seinem Auftrage in der Wohnung beschäftigter Handwerker etwas auf die Straße fallen läßt? Actio de effusis et dejectis. (G.) **13**, 212. — 5) Gesetzliche besondere Pflicht jemandes zur Sorgfalt bei der Auswahl und der Aufsicht über seine Gehilfen gegenüber einem Dritten, welcher sich mit dem Gehilfen als solchem in ein nicht speziell aufgetragenes Geschäft einläßt und einlassen darf. Haftung des Rechtsanwaltes für Veruntreuungen seines Bureauvorstehers. (P.) **14**, 285. — 6) Findet betreffs der Haftbarkeit des Geschäftsherrn (commettant) für die durch den beauftragten Geschäftsführer (préposé) verursachten Schäden Art. 1384 Code civil auch dann Anwendung, wenn der erstere außerhalb des Geltungsgebietes dieses Gesetzes wohnt? Quasideliktische Haftung aus Art. 1384. **19**, 382. — 7) Verantwortlichkeit des Gläubigers für den durch die Handlung des von ihm beauftragten Gerichtsvollziehers einem Dritten zugefügten Schaden. (G.) **14**, 358; **16**, 403. — 8) Haftung des Posthalters für die Postillone. Verlust eines Geldfahrpostbeutels. **17**, 62. — 9) Haftung des Staates für die durch Verschulden der Beamten in Ausübung einer nicht öffentlichrechtlichen Funktion verursachten Schäden. Kontraktsverhältnisse, vom Staate betriebene Erwerbsgeschäfte, Stellung des Staates als Bauunternehmer bezw. Bauherr. (G., P.) **17**, 105. — 10) Haftung der offenen Handelsgesellschaft für Delikte der geschäftsführenden Gesellschafter, welche von diesen unter Benutzung der Gesellschaftsfirma begangen sind. **17**, 93. Vgl. **15**, 121; **19**, 384. — 11) Haftung der Aktiengesellschaft für außerkontraktliches Verschulden des Vorstandes. **18**, 120. — 12) Haftung juristischer Personen für Versehen ihrer Organe. (P.) **19**, 348.

### § 149. Versehen der Beamten.

1) Haftung der Beamten für jedes Versehen. **18**, 392. — 2) Haftung des Staates für Delikte seiner Beamten; gesetzlicher Zwang, gewisse Rechtshandlungen durch bestimmte Beamte vornehmen zu lassen. Gerichtsvollzieher. **11**, 206. — 3) Verantwortlichkeit des Gläubigers für den durch die Handlung des von ihm beauftragten Gerichtsvollziehers Dritten zugefügten Schaden? (G.) **14**, 358; **16**, 403. — 4) Subsidiäre Haftung der Gerichtsvollzieher? **16**, 396; **18**, 390. — 5) Ist der Strafvollstreckungsrichter oder der Gefängnisvorstand für die rechtzeitige Entlassung eines Strafgefangenen verantwortlich? insbesondere in dem Falle, daß derselbe wegen Erkrankung in eine vom Gefängnis getrennte Krankenanstalt gebracht ist? Schadensersatz für die zu lange Behandlung und Verpflegung des Gefangenen? **13**, 222. — 6) Privatrechtliche Verantwortlichkeit eines Beamten für die von ihm veranlaßte Etatsüberschreitung dem Staate gegenüber? Rechtliche Grundlagen. Wird die Haftung ausgeschlossen durch die Revision der Oberrechnungskammer und die Genehmigung der Überschreitung seitens des Landtages? (P.) **13**, 258.

— 7) Haftung des Posthalters für Postillone. Pflichten des Posthalters im allgemeinen. Doppelstellung des Postillons dem Posthalter und der Postverwaltung gegenüber. **17,** 62. — 8) Tendenz des Postgesetzes und der Postordnung, die Haftung der Verwaltung, wo sie beschränkt ist, auch für den Fall des Deliktes eines Bediensteten auszuschließen. Haftung des Staates im Falle der Urkundenfälschung bei der Postauftragssendung eines Wechsels an den Bezogenen behufs Einholung der Annahmeerklärung. (R., F.) **19,** 101. — 9) Haftung des Staates für Verschulden eines Beamten in Ausübung einer nicht öffentlichrechtlichen Funktion: Kontraktsverhältnisse, vom Staate betriebene Erwerbsgeschäfte, Stellung des Staates als Bauunternehmer bezw. Bauherr. (G., P.) **17,** 105. — 10) Syndikatsklage einer Gemeinde gegen die Erben ihres Bürgermeisters wegen dessen arglistigen Verhaltens bei Ausübung seines Dienstes; arglistige Verleitung zum Erwerbe eines Grundstückes als Schulhaus, welches als solches nicht geeignet ist und nicht genehmigt wird. **17,** 108. — 11) Geht bei Verlegung einer Firma der Markenschutz dadurch verloren, daß in dem neuen Register die Zeit der ersten Anmeldung (zum Register des früheren Niederlassungsortes) aus Versehen des Richters nicht vermerkt wird? **20,** 167.

## § 150. Außerehelicher Beischlaf.

1) Ist der auf das Anerkenntnis der Vaterschaft eines unehelichen Kindes gestützte Anspruch auf Ernährung als Anspruch aus außerehelichem Beischlafe aufzufassen? (F.) **12,** 368. — 2) Begriff der geschlechtlichen Bescholtenheit einer Frauensperson. § 9 Ziff. 2c des Gesetzes vom 24. April 1854. (P.) **17,** 250. — 3) Bedeutung des Geständnisses des mit der Vaterschaftsklage Belangten, mit der Mutter in der kritischen Zeit geschlechtlich verkehrt zu haben. Einrede, daß die Mutter von anderen Männern gebraucht sei. Kann darüber der Mutter, welche das Kind als Vormünderin vertritt, der Eid zugeschoben werden? (Bad., R.) **15,** 303.

## § 151. Verkürzung der Gläubiger.

### a. Nach dem Landesrechte.

1) Anfechtung gegen den Rechtsnachfolger desjenigen, welchem gegenüber die Rechtshandlung vorgenommen ist. Mala fides des Singularsuccessors. Erweiterung des Rechtes der Paulianischen Klage durch das Reichsrecht? **12,** 141. — 2) Verjährt die actio Pauliana in einem Jahre oder in vier Jahren? **12,** 140. — 3) Grundlage des Anfechtungsrechtes nach gemeinem und preußischem Rechte. Ein gegen den Anfechtenden gerichteter Betrug? **15,** 64. — 4) Muß der für die Anfechtungsklage erforderliche vollstreckbare Titel auf Zahlung von Geld gerichtet sein, oder genügt ein Urteil auf Herausgabe von Sachen? (P.) Geschichtliche Entwickelung des Anfechtungsrechtes. **18,** 245. — 5) Siehe auch b. dieses Paragraphen Nr. 2.

b. Reichsgesetz, betr. die Anfechtung von Rechtshandlungen eines Schuldners außerhalb des Konkurses, vom 21. Juli 1879.

1) Ist die nach dem Rechte der Paulianischen Klage gegebene Anfechtbarkeit von Rechtshandlungen des Schuldners gegen den Rechtsnachfolger desjenigen, dem gegenüber die Handlung vorgenommen ist, durch das Reichsrecht erweitert? **12,** 141. — 2) Wird die Anfechtung einer Rechtshandlung des Schuldners dadurch ausgeschlossen, daß der Gläubiger, der zur Zeit der Vornahme dieser Handlung sich Befriedigung verschaffen konnte, von seinem Rechte keinen Gebrauch gemacht, namentlich den Vorrang seiner Hypothek einem nachstehenden Pfandgläubiger abgetreten hat? **12,** 214. — 3) Kann die Klage aus einer im Wege der Zwangsvollstreckung überwiesenen Forderung, wenn gegen letztere eine Einrede erhoben wird, mittels der Replik der Anfechtung aufrechtgehalten werden? **19,** 202. — 4) Bedeutung und Tragweite der in § 2 des Gesetzes für die Anfechtung bestimmten Voraussetzung der Erfolglosigkeit der Zwangsvollstreckung? Gegenbeweis, daß noch exekutionsfähige Objekte bereit stehen? **12,** 401. — 5) Giebt der Anfechtungsanspruch auf Rückgewähr einer Spezies im Konkurse des Anfechtungsbeklagten ein Recht auf Aussonderung? Natur des Anfechtungsrechtes als persönliches Forderungsrecht? **13,** 5. — 6) Anfechtung einer vollstreckbaren Schuldurkunde und der infolge ihrer Vollstreckung geleisteten Zahlung. Steht diese an den Gerichtsvollzieher erfolgende Zahlung einer freiwilligen gleich? **14,** 80; **17,** 30. — 7) Ist die Anfechtungsklage begründet, wenn der Beklagte schon vor ihrer Erhebung das von dem Schuldner erworbene Vermögensstück zur Befriedigung der Gläubiger desselben verwendet hat? Prinzip der Anfechtung. **14,** 311. Vgl. **15,** 65. Erfordernis der fraus? — 8) Das Anfechtungsrecht in seiner Funktion als Ausdehnung des Zwangsvollstreckungsrechtes. **20,** 159. Vgl. **14,** 311; **15,** 65. — 9) Benachteiligung. Ist die Abtretung von Vermögensstücken anfechtbar, welche schon vor derselben mit einem ihren Wert absorbierenden Pfandrechte belastet waren? **15,** 65. — 10) Ist die Eintragung in die Konkurstabelle (§ 152 K.O.) für den Gläubiger, dessen Forderung festgestellt und nicht vom Gemeinschuldner im Prüfungstermine bestritten ist, ein vollstreckbarer Schuldtitel im Sinne des § 2 des Gesetzes? **16,** 35. — 11) Ist nach dem preußischen Gesetze vom 13. Juli 1883 der eingetragene Gläubiger zur Anfechtung einer ihm vorgehenden Hypothek auf Grund des Reichsanfechtungsgesetzes auch dann befugt, wenn er einen vollstreckbaren Titel im Sinne der §§ 644. 702 C.P.O. nicht besitzt? **17,** 167. — 12) Geschichtliche Entwickelung des Anfechtungsrechtes. Muß der vollstreckbare Titel auf Zahlung von Geld gerichtet sein, oder genügt ein Urteil auf Herausgabe von Sachen? **18,** 145; Urteil auf Sicherheitsbestellung? **19,** 204. — 13) Kann der Gläubiger eines Miterben die Erbteilung anfechten, auch wenn er der Teilungsverhandlung nicht beigetreten ist? (F., R.) **17,** 314. — 14) Kann der Beklagte ein dingliches Recht, welches ihm an den zurückzugewährenden Sachen vor der angefochtenen Rechtshandlung zustand, gegenüber dem Anfechtungskläger

geltend machen? **20,** 157. — 15) Kann nach § 3 Ziff. 1 des Gesetzes die Anfechtung einer Rechtshandlung begründet sein, welche vor Entstehung der klägerischen Forderung vorgenommen wurde? Richtung der Benachteiligungsabsicht auch gegen den Kläger notwendig? **13,** 166; **15,** 62. — 16) § 3 Ziff. 1 des Gesetzes. Das Vermögen des Schuldners als gemeinschaftliches Unterpfand der Gläubiger. (F.) Muß die Rechtshandlung in bezug auf das Vermögen des Schuldners objektiv unvorteilhaft sein, um angefochten werden zu können? **13,** 300. — 17) Kann die Behauptung, daß der Schuldner in dem Bewußtsein gehandelt, seine Gläubiger zu benachteiligen, und daß der Beklagte hiervon Kenntnis gehabt habe, durch die Thatsache begründet werden, daß das an den letzteren verkaufte Vermögensstück einen den Preis bei weitem übersteigenden Wert gehabt hat? **15,** 338. — 18) Ist die Eideszuschiebung über die fraudulöse Absicht des Schuldners (§ 3 Ziff. 1 des Gesetzes) an denjenigen zulässig, welcher mittels einer ihm ausgestellten vollstreckbaren Urkunde ein Vollstreckungspfandrecht gegen den Schuldner erlangt hat? **15,** 368. — 19) Unterliegen solche Rechtshandlungen, welche von dem Schuldner zur Erfüllung einer ihm gesetzlich obliegenden Verpflichtung vorgenommen sind, der Anfechtung wegen fraudulöser Absicht nach § 3 Ziff. 1 des Gesetzes? Insbesondere die nach § 255 A.L.R. II. 1 gebotene Sicherstellung des Eingebrachten der Ehefrau? **16,** 28; **20,** 180. — 20) Ist Benachteiligung der Gläubiger durch den Vertragsschluß dann ausgeschlossen, wenn das Entgelt dem Werte des veräußerten Gegenstandes völlig entspricht? **18,** 122. — 21) Ist zur Begründung der Anfechtung aus § 3 Ziff. 1. 2 des Gesetzes erforderlich, daß zur Zeit der betreffenden Rechtshandlung überhaupt Forderungen bestanden? **15,** 63. — 22) Ist die Anfechtung aus § 3 Ziff. 2 begründet, wenn das Rechtsgeschäft nicht von dem Schuldner persönlich mit dem Verwandten abgeschlossen ist, sondern von seinem gesetzlichen Vertreter, z. B. Abwesenheitsvormund? **12,** 69. — 23) § 3 Ziff. 2 des Gesetzes. Erfordernis der Kausalität zwischen Abschluß des Vertrages und Nachteil der Gläubiger. Spätere Flucht des Schuldners unter Mitnahme der durch den Vertrag erlangten Mittel. **13,** 42. — 24) Ist bei der Anfechtung aus § 3 Ziff. 4 des Gesetzes die Feststellung der Absicht der Kontrahenten, die Gläubiger zu benachteiligen, entbehrlich? **14,** 312. — 25) Ist gegen den Ablauf der Fristen der §§ 3. 4 des Gesetzes Wiedereinsetzung in den vorigen Stand zulässig? Charakter dieser Fristen: Verjährungs- oder Präklusivfrist? **17,** 70. — 26) Enthält § 11 Abs. 2 des Gesetzes eine Beweisregel oder materielles Recht? **12,** 142. — 27) Auslegung des § 11 Abs. 2 Ziff. 2 des Gesetzes. Zu wem müssen die betreffenden Personen in dem gewissen Verwandtschafts- zc Verhältnisse stehen? **19,** 202. — 28) Lebt eine durch Hingabe an Zahlungsstatt getilgte Forderung nach erfolgreicher Anfechtung des Rechtsgeschäftes wieder auf? mit ihrem alten Pfandrechte? **20,** 157

(Anfechtung im Konkurse nach Reichsrecht. Siehe § 343 dieses Registers.)

## § 152. Zwang. Betrug. Fälschung.

1) Begriff der widerrechtlichen Abnötigung im Sinne des § 207 A.L.R. I. 16. Notlage des Klägers? Drohung, kontraktbrüchig zu werden. (P.) **17**, 214. — 2) Entschädigungspflicht des Betrügers. Zum Begriffe des Schadens. Entziehung eines von dem bloßen Wohlwollen eines andern abhängigen Vorteiles. (P.) **16**, 168. — 3) Actio doli seitens der Aktiengesellschaft gegen die Gründer wegen böswilliger Wertsüberſetzung einer Einlage. **18**, 56. — 4) Betrug durch Vorlegung unrichtiger oder unvollständiger Unterlagen an die Generalversammlung zwecks Dechargierung. Anfechtung des daraufhin ergangenen Dechargebeschlusses. **18**, 63. — 5) Ist für die Rechtsfolgen des Betruges die Vermeidlichkeit oder Entschuldbarkeit des hervorgerufenen Irrtumes erheblich? Anfechtung einer Ehe wegen Betruges über die Vermögensverhältnisse. (G.) **18**, 223. — 6) Betrügliche Verleitung zum Kreditgeben. **20**, 190. — 7) Haftung der Postverwaltung für Handlungen ihrer Bediensteten über das im § 20 XII. der Postordnung bezeichnete Maß hinaus. Postauftragssendung eines Wechsels an den Bezogenen behufs Einholung der Annahmeerklärung. Urkundenfälschung. (R., F.) **19**, 101.

## § 153. Diebstahl. Unterschlagung.

1) Unterschlagungen des Gerichtsvollziehers. Haftung des Staates? **11**, 206. — 2) Unterschlagung einer vom Gegner des Mandanten des Anwaltes zur Abführung an den Mandanten dem Bureauvorsteher eingezahlten Summe durch den letztern. Haftung des Anwaltes für das Delikt seines Bureauvorstehers. (P.) **14**, 283. — 3) Kann gegen eine Alimentenforderung mit einer Ersatzforderung aus begangener Entwendung kompensiert werden? (F.) **14**, 309. — 4) Keine Kompensation gegen die Forderung aus widerrechtlicher Aneignung fremden Besitzes. (G.) **19**, 237.

## § 153 A. Wucher.

1) Ist, wenn eine Schuld nachträglich bei Prolongation wucherlich erhöht und hierüber eine Urkunde ausgestellt ist, die Klage aus dieser Urkunde trotz des Einwandes des Wuchers wenigstens in Höhe des ursprünglichen Betrages begründet? **11**, 192. — 2) Haben die §§ 740. 741 A.L.R. I. 11 noch Gesetzeskraft? **19**, 330.

## § 154. Ungerechter Prozeß.

1) Inwieweit ist derjenige, welcher aus einer nur vorläufig vollstreckbaren Entscheidung Zwangsvollstreckung vornimmt, für den dadurch entstandenen Schaden ersatzpflichtig, falls die Entscheidung nachträglich aufgehoben wird? Insbesondere bei Arrestbefehlen und von Amts wegen für vorläufig vollstreckbar zu erklärenden Urteilen. **11**, 415; **19**, 432. (Hamburg.) — 2) Klage desjenigen, der aus einem im Wechselprozesse ergangenen Urteile ausgepfändet ist, in zweiter Instanz aber obgesiegt

hat, auf Ersatz des durch die Zwangsvollstreckung erwachsenen Schadens? **11**, 42. — 3) Kann nach Aufhebung des Arrestes gegen Hinterlegung von Wertpapieren durch den Schuldner der Schadensanspruch des letztern wegen ungerechtfertigter Ausbringung des Arrestes ohne weiteres auf die Differenz zwischen dem Zinsertrage der hinterlegten Papiere und dem gesetzlichen Zinsfuße gerichtet werden? **19**, 432. — 4) Können, wenn ein Schadensanspruch wegen ungerechtfertigter Arrestlegung dem Grunde nach besteht, Zinsen von dem nach § 803 C.P.O. hinterlegten baren Gelde zum gesetzlichen Zinsfuße gefordert werden? **19**, 434. — 5) Kostenpflicht im Prozesse. Wann giebt der Gegner Veranlassung zur Klagerhebung, zur Anbringung des Kostenfestsetzungsgesuches? **11**, 261; **14**, 320. — 6) Siehe auch § 288 dieses Registers.

### § 155. Übertretung von Baupolizeigesetzen.

1) Fließt aus der Vorschrift des § 367 Ziff. 14 des Reichsstrafgesetzbuches eine civilrechtliche Verantwortlichkeit des Bauherrn für die Unterlassung der erforderlichen Sicherheitsmaßregeln? Stellung des Staates als Bauherr bezw. Bauunternehmer. (G.) **17**, 105.

### § 156. Störung in der Benutzung öffentlicher Wege, Flüsse, Anstalten.

(Siehe auch §§ 84—87 dieses Registers.)

1) Prinzip der Interdikte zum Schutze des Gebrauches öffentlicher Sachen. Sind sie auch zu Gunsten von Gebrauchsarten, welche erst in späterer Zeit üblich geworden, zu verwenden? insbesondere diejenigen betreffs der öffentlichen Flüsse zum Schutze einer Wassermühle gegen die Entziehung des Mahlwassers? **15**, 183.

## 3. Vermischte Fälle.

### § 157. Reichsgewerbeordnung vom 21. Juni 1869. Redaktion vom 1. Juli 1883.

#### a. Im allgemeinen.

1) Die civilrechtlichen Folgen des schuldhaften Zuwiderhandelns gegen die Reichsgewerbeordnung bestimmen sich nicht nach diesem Gesetze. **11**, 28. — 2) Gewerbebetrieb. Begriff des Inhabers eines solchen in privat- und öffentlich-rechtlicher Beziehung? **13**, 146. — 3) Welches ist die Quelle des durch Fabrikbetrieb erzielten Einkommens? Gütererzeugung oder Güterumsatz? **15**, 31. — 4) Anwendungsgebiet der beschränkenden Vorschrift des § 26 R.Gew.O. Zuckerfabriken? **11**, 185. — 5) Sind Landesgesetze, welche gegenüber einer mit behördlicher Genehmigung errichteten gewerblichen Anlage eine Klage nur auf Entschädigung, nicht auf Betriebseinstellung, geben, durch die Reichsgewerbeordnung aufgehoben oder überflüssig geworden? **11**, 187. — 6) Gehören Nachbarrechte zu den auf besonderen privatrechtlichen Titeln beruhenden Rechten im Sinne der §§ 17—19 R.Gew.O.? Findet auf sie die be-

schränkende Vorschrift des § 26 a. a. O. Anwendung? **13,** 57. — 7) Verfahren über Einwendungen gegen konzessionspflichtige gewerbliche Anlagen. Rechtsweg? **13,** 55. — 8) Voraussetzungen der Erteilung der Erlaubnis zum Betriebe der Gastwirtschaft, insbesondere bei Existenz einer Realgewerbeberechtigung. Verfahren? Rechtsweg? **15,** 138. — 9) Auslegung des § 7 Abs. 2 R.Gew.O. „Ausschließliche" Gewerbeberechtigung. „Landesgesetze." Ist das Reich oder der Gliedstaat verhaftet? Seit wann gilt der § 7? Beginn der Verjährungsfrist? **12,** 1. — 10) Inwiefern kann die Polizei eine nach § 16 R.Gew.O. genehmigungspflichtige gewerbliche Anlage nach einmal erteilter Genehmigung neuen Sicherheitsmaßregeln unterwerfen? Entschädigungsanspruch? Pulverfabrik, welche schon vor Erlaß der Reichsgewerbeordnung bestand. **19,** 353. — 11) Entschädigungspflicht des Staates im Falle des § 51 R.Gew.O Die Gesamtanlage muß durch die Untersagung des Gewerbebetriebes betroffen sein. **19,** 353. — 12) Umfang und Inhalt des Aufsichtsrechtes der Gemeindebehörde über die Innungen nach der Reichsgewerbeordnung. Kann ein von ihr neben der ordentlichen Vertretung der Innung bestellter außerordentlicher Vertreter die Innung im Prozesse, insbesondere behufs Wiedereinziehung unrechtmäßig verteilter Vermögensstücke, vertreten? **15,** 49. 44. — 13) Allgemeiner Zweck und Bedeutung des im § 120a R.Gew.O. vorgeschriebenen gewerblichen Verfahrens. Voraussetzungen der daraus entnommenen Einrede der Unzulässigkeit des Rechtsweges. **12,** 61. 64. — 14) Zur Begriffsbestimmung des Ausdruckes „Arbeiter" in § 120a R.Gew.O. Personen, denen eine selbständige Leitung und Beaufsichtigung eines Teiles des Betriebes übertragen ist? Ziegelmeister? **13,** 58. — 15) Zur Begriffsbestimmung von „Leistungen aus dem Arbeitsverhältnisse" im Sinne des § 120a R.Gew.O. Selbständige, neben den durch das Arbeitsverhältnis auferlegten übernommene Verpflichtungen. Entstehungsgeschichte des § 120a. **13,** 341.

### b. Verpflichtung der Gewerbeunternehmer zur Verhütung von Gefahren für die Arbeiter. § 120 Abs. 3 R.Gew.O.

1) Verpflichtung des Gewerbeunternehmers zur Anschaffung von Schutzbrillen für seine Arbeiter. **11,** 23. — 2) Haftung aus § 120 R.Gew.O. Subjektives Verschulden? Deckt den Unternehmer der Umstand, daß der Fabrikinspektor den betreffenden Mangel bei Revisionen nicht gerügt hat? **12,** 45. 130. — 3) Ist die in § 120 R.Gew.O. normierte Verpflichtung ein Ausfluß des zwischen Unternehmer und Arbeiter geschlossenen Dienstmietvertrages? Umfang dieser Pflichten? **12,** 130; **15,** 52; **19,** 189. — 4) Hat der klagende Arbeiter zu beweisen, welche Anordnung oder Einrichtung im einzelnen seitens des Gewerbeherrn zu seinem Schutze erforderlich gewesen wäre? **14,** 84. — 5) Normiert § 120 Abs. 3 nur das Rechtsverhältnis zwischen Arbeitgeber und Arbeitnehmer, oder stellt er eine Zwangspflicht auf, aus deren schuldhafter Unterlassung auch ein Dritter, mittelbar Beschädigter den Unternehmer belangen kann? **17,** 221.

## § 158.

— — — — — — — — —

## § 159. Reichshaftpflichtgesetz vom 7. Juni 1871.

1) Haftet derjenige, welcher ein Handelsgeschäft mit Aktiven und Passiven übernimmt, für die gegen den Veräußerer erwachsenen Haftpflichtansprüche als Geschäftsschulden? **15**, 51.

### § 1 des Gesetzes.

1) Ist der Anspruch aus § 1 begründet, wenn dem Kläger aus einer vorüberfahrenden Lokomotive Kohlenstaub ins Auge fliegt, und dies die Erblindung zur Folge hat? **11**, 146. — 2) Einwand der höheren Gewalt, wenn der Unfall die unmittelbare Folge des regelmäßigen Betriebes ist? **11**, 147. — 3) Ist bei durchgehenden Eisenbahnzügen als haftpflichtiger Betriebsunternehmer diejenige Bahnverwaltuug zu betrachten, auf deren Strecke der Unfall sich ereignet? **12**, 145. — 4) Begründung der Einrede des eigenen Verschuldens des Getöteten, wenn das Verhalten desselben in seiner Veranlassung und in seinen Einzelheiten unaufgeklärt ist? **13**, 9. — 5) Findet § 1 des Gesetzes auf unterirdische, dem Bergwerksbetriebe dienende (Pferde-) Eisenbahnen Anwendung? **13**, 18. — 6) Betrieb einer Eisenbahn. Kann das Ausladen einer stillstehenden Lowry zum Betriebe gehören? **14**, 26. — 7) Ist die Anlage von Eisenschienen allein ausreichend, um einen ohne Dampfkraft und ohne sonstige dem gewöhnlichen Eisenbahnbetriebe eigentümliche Merkmale erfolgenden Transportbetrieb dem Reichshaftpflichtgesetze zu unterstellen? **14**, 27. — 8) Tritt die Haftung auch beim Fehlen eines Verschuldens ein? Was ist höhere Gewalt? **14**, 82; **19**, 37. — 9) Anwendung des § 66 A.L.R. I. 16 im Falle des § 1 des Gesetzes? **16**, 62.

### § 2 des Gesetzes.

1) Begriff des Fabrikbetriebes. Gehören dazu Arbeiten zur Ausstattung der Fabrik für den Zweck der Anfertigung der Fabrikate? Analoge Fälle. **16**, 20. — 2) Begriff von Bergwerk und von Gräberei. Als was ist eine Anlage zur Gewinnung von Petroleum anzusehen? **19**, 189.

### § 3 des Gesetzes.

1) Setzt § 3 des Gesetzes die Art und den Umfang des nach §§ 1. 2 zu leistenden Schadensersatzes erschöpfend und ausschließend fest? Schmerzensgeld **11**, 61. — 2) Geltung materiellen Landesrechtes neben dem Reichshaftpflichtgesetze? Feststellung der mutmaßlichen Lebensdauer des Getöteten auf Grund landesgesetzlicher Vermutungen? **13**, 8. — 3) Begriff der Erwerbsunfähigkeit. Ursachlicher Zusammenhang mit dem Unfalle. Entziehung der innegehabten Stellung wegen der durch den Unfall verursachten langen Krankheit? **14**, 25. — 4) Sind die auf

Grund des Gesetzes betr. die Fürsorge für die Witwen und Waisen der Reichsbeamten der Civilverwaltung vom 20. April 1881 zu beziehenden Bezüge in die nach § 3 des Gesetzes zu gewährende Entschädigung einzurechnen? **15,** 114; die gesetzliche Pension eines Staatseisenbahnbeamten? **17,** 47. — 5) Kann der Verletzte außer der nachträglichen Gewährung des ihm entgangenen Diensteinkommens noch Ersatz eines weiteren — durch die Entbehrung des Diensteinkommens erwachsenen — Nachteiles — im Betrage der landesüblichen Zinsen des erstern — verlangen? **16,** 81. — 6) Höhe der Rente. Prüfung der Frage, welchen Erwerb der Verletzte künftig gemacht haben würde, wenn der Unfall nicht eingetreten wäre. Einfluß der Behauptung, daß er auch ohne den Unfall nach Ablauf bestimmter Zeit den frühern Erwerb nicht mehr hätte erzielen können. **16,** 82. Staatseisenbahnbeamte. **17,** 49. 53. — 7) Ist zur Berechnung der einem verletzten Staatseisenbahnbeamten zu gewährenden Rente von seinem zur Zeit des Unfalles bezogenen Gehalte der zur Beamten-Pensions- und Unterstützungskasse inhalts seiner Anstellungsurkunde zu leistende Beitrag abzuziehen? **17,** 49. — 8) Kann einer von zwei gleichberechtigten Teilhabern einer offenen Handelsgesellschaft, den Eisenbahnbetriebsunternehmer auf mehr als die Hälfte des der Gesellschaft durch den Unfall erwachsenen Schadens in Anspruch nehmen? **19,** 184.

§ 4 des Gesetzes.

1) Auslegung des § 4 des Gesetzes **11,** 22.

§ 5 des Gesetzes.

1) Kann ein Verletzter nach erlittenem Unfalle dem haftpflichtigen Unternehmer gegenüber auf seine Ansprüche aus §§ 1. 2. 3 des Gesetzes wirksam verzichten? Bedeutung und Ausdehnung des § 5 des Gesetzes? **16,** 31.

§ 7 des Gesetzes.

1) Hat § 7 des Gesetzes materiellrechtlichen Inhalt? **13,** 9. — 2) Hat der Verletzte Anspruch auf Wiedergewährung der Rente nach § 7 Abs. 2 des Gesetzes auch dann, wenn sie ihm durch das frühere Urteil für die Zukunft abgesprochen und nur für die Vergangenheit zuerkannt ist? **17,** 23. — 3) Erfolgt die Aufhebung oder Minderung oder Wiedergewährung der Rente vom Tage der Klagezustellung an oder von der Zeit der Änderung der maßgebenden thatsächlichen Verhältnisse? **17,** 24. — 4) Muß die wesentliche Veränderung in den maßgebenden Verhältnissen nach dem Erlasse des Urteiles oder nach der Klagerhebung eingetreten sein, um den Anspruch auf Erhöhung der Rente zu begründen? **20,** 122. Begriff der maßgebenden Verhältnisse. **20,** 123. — 5) Kann Sicherheitsleistung verlangt werden, bevor die Höhe des Schadens festgesetzt ist? **20,** 132.

§ 8 des Gesetzes.

1) Die zweijährige Verjährung trifft auch diejenige dem Verletzten nach Landesrecht zustehende Ersatzklage, welche mit kontraktlicher Ver-

schuldung begründet wird. **11,** 28. — 2) Ist nach § 8 der Tag des Todes oder Unfalles in die Verjährungsfrist einzurechnen? **11,** 44.

§ 9 des Gesetzes.

(Siehe oben § 3 des Gesetzes Nr. 5.)

## § 160. Gesetz, betr. das Urheberrecht an Schriftwerken, Abbildungen, musikalischen Kompositionen und dramatischen Werken, vom 11. Juni 1870. Verlagsrecht.

1) Inwiefern beurteilen sich die civil- und strafrechtlichen Folgen des Nachdruckes ausschließlich nach dem Urhebergesetze? **12,** 105. — 2) Gehört zum Nachdrucke selbständige geistige Arbeit? Veranstaltung veränderter Auflagen durch den Verleger. Rechte der Erben des Autors. **12,** 51. — 3) Worin liegt die dem Nachdrucke eigentümliche Verletzung des Urheberrechtes? **18,** 15. — 4) Liegt in dem Verlagsvertrage eine Begrenzung der Befugnisse des Verlegers, sodaß eine Überschreitung der festgesetzten Zahl und Stärke der Auflage nicht nur Überschreitung des gesetzlichen Nachdrucksverbotes, sondern auch Verletzung übernommener Vertragspflichten ist? Interesse des Urhebers an dieser Frage? **12,** 109. — 5) Steht dem wegen Überschreitung der vertragsmäßigen Stärke der Auflage auf Entschädigung verklagten Verleger die Einrede zu, Kläger sei, wenn auch alleiniger Kontrahent, nicht alleiniger Urheber, oder, das betreffende Verschulden sei von seinem, des Beklagten, Handlungsbevollmächtigten begangen? **12,** 111. — 6) Verjährt die Klage wegen Verletzung des Verlagsvertrages in drei Jahren oder in der gewöhnlichen Frist? **12,** 113. — 7) Unbefugte Vervielfältigung eines — quantitativ oder qualitativ — irgendwie erheblichen Teiles des Schriftwerkes als Voraussetzung des Nachdruckes? **12,** 117. Aufnahme des Titels, oder der Anordnung und Einteilung des Stoffes, oder gemeinnütziger Nachrichten über Postwesen und dgl. aus einem Adreßbuche in das neu erscheinende. **12,** 115. — 8) Steht dem Urheber bezw. Verleger eines Schriftwerkes ein Rechtsschutz dagegen zu, daß Exemplare mit einem veränderten Titelblatte unter dem Anscheine, daß es das echte sei, von Dritten zum Vertriebe gestellt werden? Nachdruck? **18,** 10. — 9) Recht des Sortimenters zu Abänderungen an den ihm überlassenen Exemplaren von Schriftwerken? **18,** 18. — 10) Verantwortlichkeit desjenigen, welcher durch einen nicht von ihm selbst, sondern in seinem Namen und für seine Rechnung von einem andern veranstalteten Nachdruck bereichert ist. **12,** 106. Vgl. **15,** 121 (offene Handelsgesellschaft). — 11) Ist das einmalige Abschreiben der Stimmen einer Oper zum Zwecke öffentlicher Aufführung als Nachdruck anzusehen? **20,** 100. — 12) Nachdruck des Autors gegen den Verleger, nachdem dieser das Manuskript verloren und der noch vorhandene Überrest als solcher sich nicht zur Publikation eignet? **20,** 96.

## § 161. Reichsgesetz, betr. das Urheberrecht an Werken der bildenden Künste, vom 9. Januar 1876.

1) Ist die Wiedergabe eines Gemäldes mittels Lithophanie eine erlaubte Nachbildung? Begriffliche Unterscheidung zwischen der zeichnenden und malenden Kunst einerseits und der plastischen andererseits. **18,** 102. — 2) Zur Auslegung von § 6 Ziffer 2, 4 des Gesetzes. Ist die Flächennachbildung eines Werkes der bildenden Kunst mittels Autotypie statthaft? **18,** 150.

## § 162.

— — — — — — — — —

## § 163. Reichsgesetz über Markenschutz, vom 30. November 1874.

1) Inwiefern ist das Warenzeichen an die Firma, für welche es zuerst eingetragen worden, geknüpft und mit ihr untrennbar verbunden? Erlöschen oder Änderung der berechtigten Firma. **11,** 141; **15,** 107. — 2) Geht bei der Verlegung einer Firma der Markenschutz dadurch verloren, daß in dem Register des neuen Niederlassungsortes die Zeit der ersten Anmeldung (zum früheren Register) aus Versehen nicht vermerkt wird? **20,** 167. — 3) Muß, wenn die Hauptniederlassung verlegt wird, in dem bisher zuständigen Register Firma und Warenzeichen gelöscht werden? **20,** 167. — 4) Begriff des Warenzeichens. Kann ein längeres Schriftstück als solches angesehen werden? **18,** 85. — 5) Formale Natur des Markenschutzrechtes. **18,** 93. — 6) Kann die Löschung eines ausländischen Warenzeichens durch den Nachweis, daß dasselbe im Heimatlande des Anmelders nicht geschützt sei, verlangt werden, obwohl der letztere die Eintragung durch den entgegengesetzten Nachweis erwirkt hat? Unzulässigkeit und Unwirksamkeit einer Eintragung. **13,** 1. — 7) Ist die Anmeldung eines Warenzeichens ohne die Absicht, dasselbe zu führen, nur zu dem Zwecke, einen anderen im Gebrauche desselben zu hindern, vom Gesetze geschützt? **13,** 158. Vgl. **15,** 106; **18,** 93. — 8) Inwiefern ist der thatsächliche Gewerbebetrieb oder doch die Möglichkeit des Betriebes eine Voraussetzung der Klage aus dem Markenschutzrechte? **15,** 105. — 9) Giebt die Priorität der Anmeldung ein ausschließliches Recht auch gegenüber demjenigen, der das Warenzeichen bisher geführt hat? **18,** 95. — 10) Negatorienklage wegen Verletzung des Markenschutzgesetzes. **15,** 104; **18,** 36. — 11) Legitimation der Liquidatoren einer Aktiengesellschaft zur Vertretung derselben im Falle der negatorischen Klage wegen Verletzung des Markenschutzrechtes? **15,** 104. — 12) Inwiefern ist die Klage auf Unterlassung des Gebrauches eines Warenzeichens durch eine widerrechtliche Bezeichnung der Ware bedingt? Frühere Anerkennung der Berechtigung durch den Kläger? **13,** 159. — 13) Macht eine nur fahrlässige objektiv widerrechtliche Benutzung eines geschützten Warenzeichens entschädigungspflichtig? Was gehört zur wissent-

lichen Verletzung des Markenschutzrechtes nach § 14 des Gesetzes? **14,** 70. 75. — 14) Kann eine Aktiengesellschaft in Liquidation, welche ihr Geschäft ohne Übertragung der Firma an einen andern veräußert hat, auf Grund des für sie eingetragenen Warenzeichens, um diesen andern für die von ihm beabsichtigte Anmeldung des Zeichens gegen einen inzwischen erfolgenden Erwerb desselben seitens eines Dritten zu schützen, auf Löschung des für einen Dritten eingetragenen Zeichens klagen? **15,** 102. — 15) Stellt der unbefugte Gebrauch eines Warenzeichens in anderer Art als durch Anbringung auf Waren selbst oder auf deren Verpackung eine Verletzung des Markenschutzrechtes dar? Abbildung auf Prospekten, Fakturen ꝛc. **17,** 101. — 16) Anwendung des Markenschutzgesetzes (insbesondere der §§ 13. 14) auf die von einem Inländer im Auslande erfolgende unbefugte Benutzung eines durch das Gesetz geschützten Warenzeichens. **18,** 28. Qualifizierung einer inländischen Handlung als Urheberschaft oder Miturheberschaft der im Auslande erfolgten rechtsverletzenden Handlung. **18,** 38. — 17) Klage auf Löschung eines eingetragenen Warenzeichens, weil dasselbe zu dem Zwecke, Waren fälschlich als Waren des Klägers erscheinen zu lassen, angemeldet sei? **18,** 93. Vgl. **13,** 157; **15,** 106. — 18) Kann der Beurteilung, ob unbefugter Gebrauch eines Warenzeichens vorliege, statt des eingetragenen Zeichens das thatsächlich vom Berechtigten gebrauchte, nicht alle Elemente des eingetragenen wiedergebende Zeichen zu Grunde gelegt werden? Wesentliche und unwesentliche Teile? Überwiegen des figürlichen Elementes? **19,** 170. — 19) Bewirkt die unrichtige Löschung des Zeichens dessen Verlust? **20,** 167.

### § 164. Reichsgesetz, betr. das Urheberrecht an Mustern und Modellen, vom 11. Januar 1876.

1) Ist Voraussetzung des Musterschutzes, daß das betreffende Muster oder Modell einen Gegenstand ästhetischer Befriedigung bilde? oder daß es Erzeugnis und Vorbild eines bestimmten Gewerbes sei? Buchstabenformen. Patrizen, Matrizen, Typen. Bedeutung der Erklärung des Anmeldenden, ob das Muster für Flächen- oder für plastische Erzeugnisse bestimmt ist. **14,** 46. Vgl. **18,** 110.

### § 165. Reichspatentgesetz, vom 25. Mai 1877.

1) Gehört der Schutz der Rechte aus Patenten zur Zuständigkeit des Patentamtes oder der ordentlichen Gerichte? **12,** 126. — 2) Entschädigungsklage wegen Patentverletzung. Nähere Bestimmung der das Patentrecht des Klägers verletzenden Handlung. Begriff des Inverkehrbringens im Sinne des § 4 des Gesetzes. Gerichtsstand der unerlaubten Handlung? **13,** 424. — 3) Hat die Erteilung eines Patentes auf ein Fabrikat das Verbot jeder beliebigen Art der Herstellung zur Folge? Ist bei der Erteilung die Beschränkung zulässig, daß das Fabrikat auf eine bestimmte Weise hergestellt wird, sodaß die Herstellung mittels eines anderen Mechanismus keine Patentverletzung ist? **14,** 78. — 4) Recht-

licher Charakter des Lizenzvertrages. Gegenstand. **17**, 54. — 5) Kann im Nichtigkeitsverfahren das als nichtig angefochtene Patent für abhängig von einem anderen Patente erklärt werden? Verhältnis zwischen Nichtigkeits- und Abhängigkeitserklärung. Sog. Verbesserungspatente. **12**, 123 flg. — 6) Kann ein Patent wegen eines entgegenstehenden Patentrechtes versagt oder für nichtig erklärt werden? **12**, 128. 129. — 7) Ist es eine gewöhnlich vorausgesetzte Eigenschaft eines Maschinenpatentes, daß nicht ein anderer schon ein Patent auf das herzustellende Fabrikat hat? **20**, 94. — 8) Bedeutung eines Gutachtens des Patentamtes und der in der Patentschrift in bezug genommenen Beschreibung und Zeichnung für die Feststellung des Inhaltes des Patentes. **14**, 79. — 9) Kommt bei der Frage, ob einem Patente ein Erfindungsgedanke zu Grunde liegt, eine erst nachträglich zu Tage getretene Eigenschaft des patentierten Gegenstandes in Betracht? **20**, 40. — 10) Begriff der Geschäftsschulden, für die der Übernehmer eines Handelsgeschäftes mit Aktiven und Passiven haftet. Ersatzpflichten wegen Verletzung von Patent- und dergl. Rechten? **15**, 133. — 11) Verjährt die Strafverfolgung wegen wissentlicher Patentverletzung in drei oder in fünf Jahren? **16**, 6. — 12) Bezieht sich § 38 des Gesetzes auch auf andere als die wegen wissentlicher Patentverletzung zu erhebenden Civilklagen? Entstehungsgeschichte des § 38. **16**, 7. — 13) Verjährung des Entschädigungsanspruches wegen Patentverletzung. Beginn? Anwendung des § 54 A.L.R. I. 6? der §§ 512 flg. A.L.R. I. 9? Unterbrechung durch das im Strafverfahren erhobene Verlangen auf Zuerkennung einer Buße? **16**, 11. — 14) Bedeutung und rechtliche Tragweite der Nichtigerklärung eines Patentes. Hat sie die Ungültigkeit des über das Patent geschlossenen Lizenzvertrages zur Folge? Grenze der Rückwirkung der Nichtigerklärung. **17**, 53. — 15) Einfluß der Nichtigerklärung des Patentes auf die Pflicht desjenigen, welcher vorher dasselbe gekauft hatte, zur Zahlung des Preises. **20**, 128.

## § 166. Enteignung. Reichsrayongesetz.

1) Konstruktion des infolge der Enteignung zwischen dem Unternehmer und dem Expropriaten entstehenden Rechtsverhältnisses. Notwendiger Verkauf? Quasikontrakt? Vermischung von öffentlichem und privatem Recht? (G., P., F.) **12**, 405; **18**, 344. 346. — 2) Ist in dem Prozesse über die Höhe der Enteignungsentschädigung eine Erweiterung des Klagantrages noch nach der in § 30 des Gesetzes vom 11. Juni 1874 verordneten sechsmonatlichen Frist zulässig? Verhältnis dieses Prozesses zum Enteignungsverfahren? (P., R.) **12**, 299. — 3) Enteignung von Teilgrundstücken. Kausalzusammenhang zwischen Schade und Enteignung. Benachteiligung durch die auf dem abgetretenen Stück errichtete Anlage? Fällt der Entschädigungsanspruch weg, wenn andere nicht expropriierte Grundbesitzer den gleichen Schaden erleiden, oder Kläger auch ohne Enteignung den gleichen Schaden erlitten haben könnte? (P.) **13**, 244. — 4) Natur der Unabänderlichkeit des Regierungsbeschlusses

der einen Partei gegenüber, wenn nur die andere den Rechtsweg beschreitet. Können auch die dem Gesamtbetrage der Entschädigungssumme zu Grunde liegenden einzelnen Ansätze nicht zum Vorteile der ersteren geändert werden, oder ist nur der Gesamtbetrag selbst unabänderlich? (P.) **14**, 267. — 5) Entschädigung für die in Ausführung eines städtischen Bebauungsplanes erfolgte Enteignung. Einwirkung des Planes auf den Wert der Grundstücke, insbesondere in dem Falle, daß der Plan nicht publiziert ist, thatsächlich aber befolgt wird. Berlin. **17**, 162. — 6) Charakter der Naturalleistungen für die bewaffnete Macht im Frieden als Enteignung. **15**, 40. — 7) Bedeutung der Eintragung des Grundstücksbesitzers im Rayonkataster in bezug auf die Auszahlung der wegen Entwertung des Grundstückes zuerkannten Rente? Aktivlegitimation eines Dritten zur Klage gegen den Fiskus auf Anerkennung eines materiellen privaten Rechtes auf die Rente? **17**, 33.

## § 166 A. Preußisches Schlachthausgesetz, vom 18. März 1868.

1) Ist der Entschädigungsanspruch wegen der auf Grund des Gesetzes verbotenen ferneren Benutzung einer Privatschlachtanstalt dadurch bedingt, daß der bisherige Betrieb gewerbepolizeilich konzessioniert war? Partielle Enteignung. **13**, 284. — 2) Inwieweit muß die Anmeldung des Entschädigungsanspruches bei der Regierung spezialisiert und substanziiert sein, um den Verlust des Anspruches zu vermeiden? **15**, 261. — 3) Kann unter Trennung der Verhandlung darüber verhandelt und vorab entschieden werden, ob ein Schadensanspruch vom Besitzer einer Privatschlächterei nach Maßgabe des § 9 des Gesetzes noch erhoben werden kann? **15**, 264.

## § 167. Reichsgesetz, betr. die Abwehr und Unterdrückung von Viehseuchen, vom 23. Juni 1880.

1) Wer ist unter dem — nach § 24 des preußischen Gesetzes vom 12. März 1881, betr. die Ausführung des Reichsgesetzes betr. die Abwehr und Unterdrückung von Viehseuchen vom 23. Juni 1880 — zur Tragung der Kosten für die tierärztliche Beaufsichtigung der Vieh- und Pferdemärkte verpflichteten Unternehmer zu verstehen? **13**, 268.

## § 168. Condictio indebiti.

(Rückforderung unter Vorbehalt gezahlter Steuern. Siehe § 358 dieses Registers.)

1) Klage einer Genossenschaft auf Rückzahlung zuviel verteilter Dividenden. Irrtum der Generalversammlung über Existenz oder Betrag des zu verteilenden Jahresgewinnes. **13**, 28. — 2) Kann, wenn ein Staatsbaubeamter Zahlungen für angeblich notwendig, den Voranschlägen aber nicht entsprechend gelieferte Materialien pflichtwidrig veranlaßt, der Fiskus die gezahlten Beträge von den Empfängern kondizieren? (G., P.) **13**, 263. — 3) Kann die Aktienzeichnung als ein der Aktiengesellschaft

indebite geleistetes Versprechen betrachtet werden, weil der Zeichner irrtümlich glaubte, sich vorher irgend jemandem, z. B. dem die Zeichnung Betreibenden, gegenüber in gleich hohem Umfange zur Zeichnung verpflichtet zu haben? **19,** 124.

## § 169. Condictio sine causa. Condictio causa data causa non secuta (mangels Eintrittes der Voraussetzung).

1) Kann, wenn der Schuldner seinem Gläubiger aus den Mitteln eines Dritten Zahlung leistet, der Dritte den gezahlten Betrag von dem gutgläubigen Empfänger kondizieren? insbesondere, wenn der Gläubiger eine fremde Sache gepfändet und sich daraus befriedigt hat? Wie ist es im Falle der Bösgläubigkeit des Gläubigers? (G.) **13,** 180. 185. — 2) Condictio causa data causa non secuta gegenüber dem in der Schuldurkunde enthaltenen Anerkenntnis? (G.) **14,** 222. — 3) Zahlung „für Rechnung" eines Dritten. Condictio sine causa des Zahlenden gegen den Zahlungsempfänger. (P.) **18,** 309. — 4) Beweislast bei der condictio causa data causa non secuta. Hat insbesondere der Kondizierende zu beweisen, daß die Voraussetzung nicht eingetreten, oder hat der Empfänger der Leistung den Eintritt derselben zu beweisen? (G.) **14,** 217. — 5) Kann, wenn ein Staatsbaubeamter Zahlungen für angeblich notwendig, aber nicht den Voranschlägen entsprechend gelieferte Materialien pflichtwidrig veranlaßt, der Fiskus die gezahlten Beträge von den Empfängern kondizieren? (G., P.) **13,** 263. — 6) Kann derjenige, welcher von einem anderen in dessen nach § 286 St.G.B. strafbaren Betriebe einer Lotterieunternehmung ein Los kauft, den Preis zurückfordern? (R., P.) **14,** 89. — 7) Haftung desjenigen, in dessen Namen und für dessen Rechnung ein anderer einen Nachdruck veranstaltet oder ein Patent verletzt rc. **12,** 105; **15,** 128. — 8) Zur Auslegung des bad. L.R.S. 1188. **18,** 351. — 9) Bereicherung, nützliche Verwendung. Siehe auch § 171 dieses Registers. — 10) Rückforderung unter Vorbehalt gezahlter Steuern. Siehe § 358 dieses Registers.

## § 170. Condictio ob turpem causam. Condictio ob injustam causam.

1) Begeht derjenige, der von einem anderen in dessen nach § 286 St.G.B. strafbaren Betriebe einer Lotterieunternehmung ein Los kauft, eine unerlaubte Handlung, oder kann er den auf Grund des mithin ungültigen Vertrages gezahlten Preis zurückfordern? **14,** 89. — 2) Hat der Fiskus gegen Reichstagsabgeordnete ein Recht auf Abforderung der gegen das Verbot des Art. 32 der Reichsverfassung empfangenen Diäten? (P.) **16,** 104. — 3) Darf der Fiskus demjenigen, der in einer außerpreußischen, in Preußen nicht zugelassenen Lotterie spielt, den auf sein Los gefallenen Gewinn klagend abfordern? (P.) **17,** 299.

## § 171. Nützliche Verwendung. Versio in rem. Bereicherung.

1) Muß derjenige, welcher durch einen nicht von ihm selbst, sondern in seinem Namen und für seine Rechnung von einem anderen veran-

stalteten Nachdruck bereichert ist, diese Bereicherung herausgeben? und ist dies nach dem Urhebergesetze ausschließlich, oder z. B. nach dem gemeinen Rechte zu beurteilen? **12,** 105. — 2) Ist derjenige, dessen Vertreter zur Empfangnahme von Geld ermächtigt ist, durch eine an diesen geleistete Zahlung bereichert? Wegfall der Bereicherung, wenn dieser das Geld unterschlägt? **13,** 5. — 3) Kann, wenn ein Schuldner seinem Gläubiger Zahlung aus dem Vermögen eines Dritten geleistet, bezw. der Gläubiger eine dem Dritten gehörige Sache gepfändet und sich daraus befriedigt hat, der Dritte den an den Gläubiger gelangten Betrag von diesem kondizieren? Gut- und Bösgläubigkeit des Gläubigers. Rechtlose Bereicherung? (G.) **13,** 180. 185. — 4) Haben die Erben des aufgeheirateten Hofwirtes gegen den Anerben Anspruch auf Ersatz der von jenem zum Besten des Hofes gemachten Verwendungen? Ankauf und Bewirtschaftung einer Wiese. (G.) **19,** 242. — 5) Voraussetzungen der Bereicherungsklage. Forderung des Beklagten gegen einen Dritten, der seinerseits Gläubiger des Klägers ist. (P.) **19,** 332. — 6) Kann darin, daß jemand einen Verlust deswegen nicht erleidet, weil ihn ein Dritter ohne Rechtsgrund trägt, eine ungerechtfertigte Bereicherung liegen? **20,** 68. — 7) Verbesserung der Lage des Arrestgläubigers durch Kautionsleistung vonseiten des Schuldners gemäß § 803 C.P.O. Keine ungerechtfertigte Bereicherung. **20,** 397.

---

# Vierter Abschnitt. Von den Familienrechten.

## Erstes Kapitel. Von der Ehe.

### § 172. Verlöbnis. Eheschließung. Ehehindernis. Ehenichtigkeit.

1) Ist das Verlöbnis vom Standpunkte des Familienrechtes oder des Obligationenrechtes zu beurteilen? **20,** 334. — 2) Erfüllungsort in betreff des Eheversprechens. **20,** 333. — 3) Befugnis zum Rücktritte vom Verlöbnisse. (P.) **17,** 247. — 4) Klage wegen Nichterfüllung eines Eheversprechens. (Bad.) **20,** 333. — 5) Beweis der Eheschließung durch Indizien? **11,** 425. — 6) Inwiefern ist die Unkenntnis sittlicher Fehler des anderen Gatten ein Irrtum in persönlichen Eigenschaften, auf Grund dessen auf Ungültigkeit der Ehe geklagt werden kann? (G., P.) **17,** 248. Kann der Mann, nachdem er das Anfechtungsrecht wegen seiner Unkenntnis, daß die Frau vor der Ehe geboren habe, durch Ablauf von sechs Wochen nach der Entdeckung verloren, dennoch auf Ungültigkeit der Ehe klagen, wenn er später entdeckt, daß die Frau noch ein zweites Kind von einem anderen Manne vor der Ehe geboren hat? (P.) **17,** 246. — 7) Anfechtung der Ehe wegen Betruges über die Vermögensverhältnisse. (G.) **18,** 223. — 8) Wiederverheiratung geschiedener Ehe-

leute. (P.) **20,** 239. — 9) Mißheirat. Morganatische Ehe. **12,** 417; **18,** 214. 216.

## § 173. Ehescheidung. Trennung von Tisch und Bett.

1) Zwingende Natur des Ehescheidungsrechtes. **16,** 138. — 2) Pflicht des Ehemannes, die Prozeßkosten der Frau vorzuschießen. Bedeutung für den Anspruch der Frau auf Bewilligung des Armenrechtes. (P.) **19,** 428. — 3) Ist durch die Vorschrift des § 77 des Reichsgesetzes vom 6. Februar 1875 das katholische Ehescheidungsrecht überhaupt aufgehoben? **12,** 235. — 4) Nach welchem Rechte sind bei Ehen zwischen Protestanten und Katholiken die Voraussetzungen der Ehescheidung zu beurteilen? Recht der Konfession des Gerichtes? des Klägers oder des Beklagten? Recht der Konfession, in deren Formen die Ehe eingegangen? Recht der Konfession des die Scheidung verlangenden Ehegatten? **12,** 236. — 5) Ist für die Frage, ob eine von dem Beklagten an dem früheren, vor der Klagerhebung aufgegebenen ehelichen Wohnsitze begangene Handlung einen Scheidungsgrund darstellt, das Recht jenes Ortes oder des Prozeßgerichtes maßgebend? (G.) **16,** 138. — 6) Örtliches Recht für die vermögensrechtlichen Wirkungen der Ehescheidung? **19,** 309. — 7) Was ist unter der die einjährige Verzeihungsfrist unterbrechenden Rüge eines Scheidungsgrundes — §§ 720 flg. A.L.R. II. 1 — zu verstehen? Faktische Trennung. **15,** 291 — 8) Ausdehnung der Rechtskraft des abweisenden Urteiles auf Scheidungsgründe, welche hätten vorgebracht werden können, aber nicht vorgebracht worden sind. Einfluß auf eine neue, vor erlangter Rechtskraft jenes Urteiles erhobene Klage. Aufstellung eines nach eingetretener Rechtskraft entstandenen Scheidungsgrundes. **19,** 408. — 9) Giebt es einen Gerichtsstand für die Klage auf dauernde Trennung von Tisch und Bett? Kann bei Ausländern auf solche erkannt werden? **11,** 29. — 10) Inwiefern setzt die Klage auf Trennung von Tisch und Bett die Schuldlosigkeit des klagenden Ehegatten voraus? (G.) **11,** 367; **18,** 231. — 11) Kann, wenn der Klagantrag auf Scheidung vom Bande der Ehe gerichtet ist, auf temporäre Trennung von Tisch und Bett erkannt werden? **11,** 414. — 12) Kann die Scheidungsklage auf eine vor dem Eheabschlusse verübte „grobe Verunglimpfung" gegründet werden? (F.) **11,** 352. — 13) Ist es grave injure im Sinne des Art. 231 Code civil, wenn die Frau dem Manne die Thatsache verheimlicht, daß ein von ihr in der Ehe geborenes Kind aus einem vor der Ehe mit einem anderen Manne vollzogenen Beischlafe herstammt? **11,** 353. — 14) Kann eine wegen Verbrechens erkannte zweijährige Zuchthausstrafe nach protestantischem Eherechte einen Scheidungsgrund bilden? Einfluß der konkreten Umstände des begangenen Verbrechens? (G.) **13,** 196. Selbständige Feststellung des Ehescheidungsrichters über die Schwere des Verbrechens? Gebundenheit an den Inhalt des Strafurteiles? **13,** 199. — 15) Ist die Verurteilung eines Ehegatten zu Zuchthausstrafe auf Grund des Reichsstrafgesetzbuches ein Ehescheidungsgrund im Sinne des Art. 232 Code civil? **15,** 313. —

16) Ist gegenseitige oder einseitige unüberwindliche Abneigung nach gemeinem protestantischen Eherechte Scheidungsgrund? **15,** 191. — 17) Verhältnis der §§ 718a und 718b A.L.R. II. 1 zu einander und zu den übrigen Scheidungsgründen. Kann bei Scheidung wegen einseitiger unüberwindlicher Abneigung eine Verschuldung des anderen Teiles entgegengestellt und angerechnet werden? insbesondere ein verziehenes Ehevergehen? **15,** 290. — 18) Muß die einseitige unüberwindliche Abneigung, um als Ehescheidungsgrund zu gelten, durch bestimmte erhebliche Thatsachen motiviert sein? (P.) **20,** 251. — 19) Ist „Blödsinn" im Sinne des Allgemeinen Landrechtes ein Scheidungsgrund? (P.) **16,** 234. — 20) Ist zur Begründung einer auf Wahnsinn gestützten Scheidungsklage die vorgängige Feststellung dieses Geisteszustandes im Wege des Entmündigungsverfahrens erforderlich? **16,** 235. — 21) Kann die Scheidungsklage gegen eine als „blödsinnig" entmündigte Person auf Wahnsinn gestützt und Beweis für diesen Zustand angetreten werden? (P.) **16,** 235. — 22) Was gehört zur Begründung der Klage wegen böslicher Verlassung? (G.) **15,** 203; **18,** 231; **20,** 208. — 23) Wird die Klage auf Ehescheidung wegen böslicher Verlassung durch einen von der klagenden Ehefrau während der Abwesenheit des Mannes begangenen Ehebruch ausgeschlossen? (G.) **18,** 225; (Mecklenb.) **20,** 208. — 24) Ist der des Ehebruches schuldigen Ehefrau gegen die Klage auf Ehescheidung die Widerklage auf Scheidung wegen des vom Manne begangenen Ehebruches gegeben? Schuldfrage und Wiederverheiratung bei dieser Sachlage. (P.) **20,** 238.

### § 174. Persönliches Verhältnis der Ehegatten.

1) Rechtlicher Charakter der sog. ehelichen Vormundschaft? Ist sie durch die Vormundschaftsordnung vom 5. Juli 1875 beseitigt? (G., P.) **16,** 148. — 2) Vertragsfähigkeit, Vertragsbefugnis, Prozeßfähigkeit der Ehefrau. (P., R.) **13,** 294; **15,** 253. — 3) Kann eine ohne ehemännliche Autorisation vorgenommene Rechtshandlung der Ehefrau von einem besonderen Rechtsnachfolger der Frau angefochten werden? (F.) **14,** 315. — 4) Wird der Ehemann dadurch, daß er eine von der Frau in Ansehung ihres vorbehaltenen Vermögens eingegangene Verpflichtung genehmigt, persönlich verhaftet, oder welche andere Wirkung hat diese Genehmigung? (P.) **16,** 259. — 5) Nichtigkeit der ohne ehemännliche Genehmigung erfolgten Verfügung der Ehefrau über ihr eingebrachtes Vermögen. Schenkung. Vorrechtseinräumung. (P.) **19,** 347. — 6) Erlischt die von einer Ledigen erteilte Vollmacht durch ihre Verheiratung? (P.) **15,** 255. — 7) Unter welchen Umständen darf die Frau sich vom Manne entfernen und verlangen, daß dieser ihr außer dem Hause Unterhalt gewähre? Ist richterliche Ermächtigung, daß sie getrennt vom Manne lebe, notwendig? (P.) **17,** 213.

### § 175. Klage auf Herstellung des ehelichen Lebens — auf eheliche Folge.

1) Klage auf eheliche Folge. Sind Einreden nur aus gerechtfertigten Scheidungsgründen zu entnehmen? Mangel einer geeigneten

ehelichen Wohnung und standesgemäßen Unterhaltes? Muß der Mann während des Prozesses bereits eine selbständige geeignete Wohnung bereit halten? (G.) **15,** 188. — 2) Unter welchen Umständen ist die Frau berechtigt, sich vom Manne zu entfernen? Erfordernis gerichtlicher Ermächtigung? (P.) **17,** 213. — 3) Klage auf eheliche Folge. Einrede, daß der Kläger mit einer Frauensperson in ehebrecherischem Umgange zusammen lebe. Abweisung zur Zeit? **17,** 388.

### § 176. Eheverträge.

1) Ist ein Ehe- und Erbvertrag formgültig, wenn er privatschriftlich errichtet und dem Gerichte verschlossen zur Aufbewahrung übergeben ist? (P.) **17,** 210. — 2) Auslegung eines Ehevertrages. Vertragsvermächtnis. Verbotene Aftererbsetzung. (Bad.) **18,** 324. — 3) Kommen bei der Berechnung, ob das Maß der nach badischem Landrechtssatze 1098 zulässigen Freigebigkeiten überschritten sei, auch durch den Vollzug des Ehevertrages empfangene Vorteile, insbesondere die Abfindungssumme nach L.R.S. 1522 und die eheliche Nutznießung nach L.R.S. 745a in Betracht? **18,** 324.

### § 177. Schenkungen unter Ehegatten.

1) Kann eine unstatthafte Schenkung unter Ehegatten von dem Verwalter des Konkurses des Schenkers widerrufen werden? (G.) **16,** 129. — 2) Liegt eine unstatthafte Schenkung unter Ehegatten vor, wenn der Ehemann, um für die Zukunft der Seinen zu sorgen, seine auf den Inhaber lautende Lebensversicherungspolice der Ehefrau eigentümlich überträgt? (G.) **16,** 128. — 3) Enthält die Bestimmung eines Ehevertrages, daß der längstlebende Ehegatte zur Übernahme aller Liegenschaften des verstorbenen um den inventarischen Anschlag berechtigt sein soll, eine freigebige Verfügung auf den Todesfall? (F., Bad.) **18,** 324. — 4) Kommen bei der Berechnung des zulässigen Maßes von Freigebigkeiten nach L.R.S. 1098 auch durch den Vollzug des Ehevertrages empfangene Vorteile in Betracht, insbesondere die Abfindungssumme nach L.R.S. 1522 und die Nutznießung nach L.R.S. 745a? (Bad.) **18,** 324. — 5) Sind zwischengeschobene Personen im Sinne der Artt. 1099 flg. Code civil auch die unehelichen Kinder des einen Ehegatten? (F.) **19,** 392.

### § 178. Römisches Dotalrecht.

1) Ist die Dotalqualität von Zahlungen daraus allein zu entnehmen, daß sie dem Ehemanne von dem Vater der Frau bei oder kurz nach Eingehung der Ehe gemacht sind? Einwand des Mannes gegen die auf eine Darlehnsschuldurkunde gestützte Zinsklage der Frau, daß ihm das Kapital als dos gegeben sei. Beweislast? **14,** 221. — 2) Ist Gegenstand des ehemännlichen Nießbrauches das gesamte Vermögen der Frau als universitas, im gegenwärtigen und künftigen Bestande, oder nur das, was sie thatsächlich besitzt? **15,** 9.

## § 179. Güterverhältnisse des gemeinen und partikularen deutschen Rechtes.

1) Kann die aufgeheiratete Meiersfrau außerhalb des Konkurses den eingebrachten Brautschatz oder anderes Vermögen, welches sie vom Manne zur Wirtschaftsführung benutzen läßt, zurückfordern? **12,** 216. — 2) Ist das gesamte Vermögen der Frau, als universitas, in gegenwärtigem und künftigem Bestande, Gegenstand des ehemännlichen Nießbrauches, oder nur das, was sie thatsächlich besitzt? **15,** 9. — 3) Können Eheleute über das für ihre Ehe einzuführende Güterrecht mit Wirkung gegen Dritte durch Vertrag verfügen? insbesondere in Hannover die Geltung des Höfegesetzes vom 2. Juni 1874 ausschließen? **16,** 135. — 4) Zwangsvollstreckung gegen die Ehefrau des Schuldners nach Hamburger Recht. **16,** 347. — 5) Wodurch entsteht nach lübischem Rechte die eheliche Gütergemeinschaft? **18,** 262. — 6) Altmünstersche Gütergemeinschaft. **20,** 256.

## § 180. Güterverhältnisse des preußischen Rechtes.

1) Kann das Eigentum an einem der Ehefrau gehörigen, dem Manne eingebrachten Grundstücke nur einheitlich beiden Gatten gegenüber festgestellt werden? Notwendige Streitgenossenschaft? **13,** 293. — 2) Wirken, wenn eine Ehefrau als Gläubigerin im Grundbuche eingetragen ist, die Beschränkungen des Verfügungsrechtes, denen sie als Ehefrau unterliegt, gegen den Dritten? Schenkung aus dem Eingebrachten ohne Genehmigung des Mannes. Vorrechtseinräumung. **19,** 346. — 3) Kann die nach § 255 A.L.R. II. 1 gebotene Sicherstellung des Eingebrachten der Frau aus § 3 Ziff. 1 des Reichsanfechtungsgesetzes wegen frauduloser Absicht angefochten werden? Wird mit der Bejahung der Frage dem § 255 a. a. O. jede Bedeutung entzogen? **16,** 28. — 4) Auslegung der §§ 329. 337 A.L.R. II. 1. Beschränkung der Vorschrift des § 329 a. a. O. auf Schulden in Beziehung auf das Eingebrachte? Wirkung der Genehmigung des Mannes? **16,** 259. — 5) Kann eine formlos versprochene und auch gegebene Mitgift nach vollzogener Ehe zurückgefordert werden? **17,** 260. Begründet das acceptierte mündliche Versprechen einer Zuwendung für den Fall der Eheschließung für den Promissar, nachdem er die Ehe geschlossen, eine Klage auf Leistung, auch wenn der Wert 150 ℳ übersteigt? **17,** 252. — 6) Auseinandersetzung der gütergemeinschaftlichen Witwe mit den Erben des Ehemannes, über dessen Nachlaß der Konkurs eröffnet ist. Inwieweit gebührt, wenn unrichtigerweise auch über das gütergemeinschaftliche Vermögen der Witwe der Konkurs eröffnet ist, in diesem den Kindern des Mannes das Vorrecht des § 54 Nr. 5 K.O.? **11,** 63. — 7) Können, wenn die allgemeine Gütergemeinschaft infolge Konkurses durch Vertrag aufgehoben ist, die ausgefallenen gütergemeinschaftlichen Gläubiger das später durch Erbfall von dem nicht persönlich verhafteten Ehegatten erworbene Vermögen in Anspruch nehmen? System der landrechtlichen allgemeinen Gütergemeinschaft überhaupt. **14,** 293. — 8) Rechte und Pflichten der

Erben untereinander und dem überlebenden Ehegatten gegenüber hinsichtlich der Wertsermittelung bei der Teilung des gütergemeinschaftlichen Vermögens. Auslegung der §§ 571—580 A.L.R. II. 1. **15,** 295. — 9) Geht bei vertraglicher Aufhebung der Gütergemeinschaft das Alleineigentum der Grundstücke auf den einen Gatten ohne Auflassung und Eintragung im Grundbuche über? **20,** 256. — 10) Rechtsverhältnisse der altmünsterschen Gütergemeinschaft. **20,** 256.

## § 181. Güterverhältnisse des französischen Rechtes.

1) Wesen und Bedeutung des Inventars für das eheliche Güterrecht. **16,** 288. — 2) Pfandrecht der Ehefrau an den zur Zeit des Eheschlusses ihrem Ehemanne, welcher Vollkaufmann ist, gehörigen Liegenschaften? Wie, wenn der Mann nur einen Titel auf einen Grundstückserwerb hat? (Bad.) **12,** 307. — 3) Vermietung eines zum eheweiblichen Sondergute gehörenden Grundstückes durch den Mann auf bestimmte Zeit. Wird das aus dem vor deren Ablaufe erfolgten Tode der Frau folgende Recht der Erben zur Kündigung ausgeschlossen oder modifiziert dadurch, daß dem überlebenden Manne der Nießbrauch am Grundstücke vermacht ist? **12,** 326. — 4) Entscheidet sich die Frage, ob ein Ehegatte Mobilien — die in die Gütergemeinschaft fallen — oder Immobilien — die davon ausgeschlossen bleiben — geerbt hat, nach dem Bestande der ungeteilten Erbschaft oder nach dem Ergebnisse der Teilung? **15,** 324. — 5) Ist das Inventar eine materielle Voraussetzung für die Geltendmachung des Sondereigentums der Frau an den eingebrachten Mobilien gegenüber Dritten? Einfluß der Kenntnis des Dritten von der Eigenschaft als Sondergut? **16,** 289. — 6) Haftung der Ehefrau für die Schulden der Gütergemeinschaft. Ist für die Rechtswohlthat des Inventars die Errichtung eines notariellen Vermögensverzeichnisses unerläßliche Voraussetzung, oder genügt ein Privatinventar? Auslegung des Art. 1483 Code civil. **12,** 330. — 7) Unter welchen Umständen kann die Frau Gütertrennung verlangen? **15,** 323. — 8) Ist eine von ausländischen, in Baden wohnenden Eheleuten entgegen dem L.R.S. 1443 vollzogene außergerichtliche Gütertrennung in Baden rechtswirksam? Zwingender Charakter dieses Gesetzes. Statutenkollision. **12,** 309. — 9) Auch die Ehefrau, welche nichts in die Ehe eingebracht hat, kann auf Gütertrennung klagen, wenn sie wegen Vermögenszerrüttung des Mannes in die Gefahr kommt, dasjenige zu verlieren, was sie durch ihre Arbeit gewinnt. **12,** 319. — 10) Muß seit Geltung der Reichskonkursordnung die Gütertrennungsklage nicht mehr zugleich gegen den Konkursverwalter, sondern nur gegen den Ehemann gerichtet werden? Intervention von Konkursgläubigern? Ist zur Begründung der Klage wegen Gefahr für das Einbringen der der Frau der Besitz eines besonderen Talentes oder Erwerbsgeschäftes erforderlich? **15,** 321. — 11) Findet, wenn die Ehefrau Gütertrennung erwirkt und auf die Gemeinschaft verzichtet hat, die Auseinandersetzung außerhalb des über das Vermögen des Ehemannes eröffneten Konkurses

statt? Anwendnng des § 14 K.O.? **12,** 336. — 12) Erstreckt sich die Legalhypothek der Ehefrau im Falle des Art. 551 Code de commerce auf Liegenschaften, welche von dem Manne in die Ehe eingebracht und durch den Ehevertrag der Gütergemeinschaft überwiesen sind, während die Ehefrau auf die Gemeinschaft verzichtet hat? **13,** 296. Wirkung solches Verzichtes überhaupt. **13,** 297. — 13) Gesetzliche Zinsen bei den Ansprüchen auf Entschädigung zwischen den Eheleuten und der Gütergemeinschaft vom Tage der Auflösung der letzteren an. Gebühren der Ehefrau die Zinsen für ihre Ersatzforderung auch dann, wenn sie auf die Gütergemeinschaft verzichtet hat? **17,** 321. — 14) Entschädigungsanspruch der Ehefrau an die Gütergemeinschaft. Kann sie Ersatz verlangen für eine vom Manne eingezogene Herausgabe, die ihr wegen einer von ihren Eltern zwecks Teilung an eines der Kinder (Geschwister der Frau) übertragenen Liegenschaft gegen dieses zustand? **12,** 338. — 14) Ist der Ehemann verpflichtet, schon vor Auflösung der Gütergemeinschaft der Ehefrau den Erlös ihres veräußerten Sondergutes zu erstatten? **14,** 312. — 15) Ist Art. 1499 Code civil durch die Civilprozeßordnung berührt worden? **16,** 288. — 16) Kommt das Vorrecht des § 54 Ziff. 5 K.O. der Ersatzforderung der Kinder wegen des beim Tode der Mutter nicht mehr vorhandenen Sondergutes derselben zu? **17,** 42. Vgl. **11,** 63.

## § 182. Vermögensnachteile der Ehescheidung und der zweiten Ehe.

1) Örtliches Recht für die vermögensrechtlichen Wirkungen der Ehescheidung? **19,** 309. — 2) Voraussetzungen und heutige Anwendbarkeit der Erhöhung der Scheidungsstrafen? Tritt sie auf seiten des Mannes ein, wenn der von ihm widerklagend behauptete Ehebruch der Frau nicht erwiesen, der von ihm selbst begangene aber erwiesen ist? (G.) **11,** 202. — 3) Ist der schuldige Teil verpflichtet, behufs Ermittelung des Betrages der Strafe ein eidlich zu bestärkendes Vermögensinventar herauszugeben? (G.) **11,** 205. — 4) Muß der Richter bei Ausmittelung des dem unschuldigen Gatten zu gewährenden standesmäßigen Unterhaltes Sachverständige vernehmen? (P.) **19,** 309. — 5) Ehescheidungsstrafe. Die Zeit der Publikation des rechtskräftig gewordenen Scheidungsurteiles ist maßgebend sowohl in bezug auf das Vermögen und die Erwerbsverhältnisse des schuldigen, als betreffs der in Anrechnung kommenden eigenen Einkünfte des unschuldigen Gatten. (G., P.) **11,** 205; **12,** 192; **19,** 309. — 6) Bildet den Gegenstand der Ehescheidungsstrafe die betreffende Quote selbst, oder nur der Wert derselben in Geld? (G.) **15,** 204. — 7) Sind resolutiv bedingte Einkünfte des zurückgenommenen eigentümlichen Vermögens der geschiedenen unschuldigen Ehefrau ihr auf die ausgemittelten Verpflegungsgelder anzurechnen? (P.) **19,** 309. — 8) Von welchem Zeitpunkte ab hat der schuldige Ehegatte Verzugszinsen von der dem unschuldigen zukommenden Scheidungsabfindung zu zahlen? (P.) **15,** 272. — 9) Verjährungsfrist der Klagen auf Ehescheidungsstrafe.

(G.) **14,** 181. — 10) Hat eine geschiedene Ehefrau Anspruch auf Alimentation gegen ihren gewesenen Ehemann? (G.) **12,** 193.

---

## Zweites Kapitel. Rechtsverhältnisse zwischen Eltern und Kindern.

### § 183. Entstehung und Beendigung.

1) Gegenbeweis gegen die Legitimität eines in der Ehe geborenen Kindes, insbesondere bei faktischer Trennung der Eheleute. Richterlicher Eid darüber, daß ein Geschlechtsumgang nicht stattgefunden? (G.) **12,** 165. — 2) Bedeutung der Präsumtion pater est quem nuptiae demonstrant? Kann ein vor der Ehe von den Eheleuten erzeugtes, in der Ehe geborenes Kind als eheliches gelten? (G.) **12,** 166. — 3) Gegenbeweis gegen die Präsumtion, daß das von der Ehefrau nach dem 181. Tage der Ehe geborene Kind vom Ehemanne herrührt, insbesondere nach der Richtung, daß die Frau schon bei Eingehung der Ehe schwanger gewesen? Vorgeschrittene Reife des Kindes? (G.) **12,** 167. — 4) Bedeutung des Anerkenntnisses der Vaterschaft? (F.) **12,** 368. — 4) Muß binnen eines Jahres seit erlangter Kenntnis von der Geburt des Kindes die Illegitimitätsklage selbst erhoben werden, oder genügt zur Erhaltung derselben eine fristgerechte gerichtliche Protestation? Inhalt einer solchen? (P.) **13,** 276. — 6) Klage eines Kindes auf Verneinung der Vaterschaft gegen denjenigen, welcher nach der gesetzlichen Vermutung als sein ehelicher Vater zu gelten hätte. (G.) **18,** 184. — 7) Eheliche und uneheliche Geburt. Siehe auch § 19a dieses Registers. — 8) Einkindschaftsvertrag. Siehe dieses Register § 188 Nr. 4.

### § 184. Persönliche Verhältnisse zwischen Eltern und Kindern.

1) Stellung des Vaters als Inhaber der väterlichen Gewalt einerseits und als natürlicher Vormund seiner Kinder andererseits. Vertretung. Restitution. Siehe § 186 dieses Registers, Nr. 1. 2. 4. — 2) Rechtliche Bedeutung des jussus patris. (G.) **15,** 195. — 3) Ist der Vater als gesetzlicher Vertreter seiner minderjährigen Kinder bei Vornahme von Rechtsgeschäften für dieselben in allen denjenigen Fällen an die Genehmigung des Vormundschaftsgerichtes gebunden, in welchen die Einholung derselben dem Vormunde obliegt? (G., P.) **15,** 201. — 4) Sind nach heutigem Rechte alle zwischen Vater und Hauskind geschlossenen Rechtsgeschäfte wirksam, auch die liberalen und Schenkungen? (G.) **16,** 113. — 5) Nichtigkeit des von den Eltern geschlossenen Vertrages, inhalts dessen bei nur faktischer Trennung der Ehe der Mutter das Recht zur Erziehung des Kindes übertragen ist? Klage der Frau gegen den Mann auf Überlassung des Kindes bei gefährdetem Interesse desselben? (G.) **17,** 129. Vgl. **18,** 188. — 6) Erziehungsrecht der

Eltern. Rechte der Mutter auf das Haben der Kinder. Einfluß des Umstandes, daß die Trennung der Ehe der Eltern bereits gerichtlich geltend gemacht oder schon ausgesprochen ist. (G.) **18,** 186.

### § 185. Alimentation der Verwandten.

1) Greift gegen den Alimentationsanspruch die Einrede durch, daß der Kläger von der öffentlichen Armenpflege unterhalten werde? (P.) **17,** 223. — 2) Bestimmt sich die auf dem Familienbande beruhende Alimentationspflicht nach dem am Wohnsitze des Berechtigten, oder nach dem am Wohnsitze des Verpflichteten geltenden Rechte? wie insbesondere, wenn der Anspruch nach jenem, nicht aber nach diesem Rechte begründet ist? **17,** 227. — 3) Ist die Streitgenossenschaft mehrerer von den Eltern auf Gewährung von Unterhalt verklagter Kinder eine notwendige im Sinne des § 59 C.P.O.? (P.) **17,** 358.

### § 186. Väterliche Gewalt.

1) Stellung des Vaters als Inhabers der väterlichen Gewalt einerseits und als natürlichen Vormundes seiner Kinder andererseits. Verschiedenheit der aus jeder dieser Funktionen fließenden Rechte. Beschränkung der väterlichen Befugnisse auf das Adventizvermögen? **15,** 194. Anwendung der aus dem Wesen der vormundschaftlichen Verwaltung und Vertretung, als einer Vertretung fremder Personen und einer Verwaltung fremden Vermögens im fremden Interesse, sich ergebenden Sätze auf Rechtshandlungen des Vaters? Dolus. (G.) **15,** 197. — 2) Ist gegen ein mit Genehmigung des Vaters von seinem minderjährigen Haussohn oder vom Vater selbst abgeschlossenes Rechtsgeschäft Restitution wegen Minderjährigkeit möglich, und unter welchen Voraussetzungen? insbesondere gegen die spekulative Übernahme eines Risikos mittels Aktienzeichnung? Worin ist hier die Läsion zu suchen? (G.) **15,** 192. — 3) Sind nach heutigem gemeinen Rechte alle zwischen Vater und Hauskind geschlossenen Geschäfte wirksam, auch die liberalen? **16,** 113. — 4) Beschränkte Berechtigung der Parallele zwischen der Verwaltungsbefugnis des Inhabers der väterlichen Gewalt und der des Vormundes. (G.) **16,** 125; (F.) **19,** 370.

### § 187. Pekulienrecht (römisches Recht).

1) Stellung des Vaters als Inhabers der väterlichen Gewalt einerseits, und als natürlichen Vormundes seiner Kinder andererseits. Beschränkung der väterlichen Befugnisse auf das Adventizvermögen? (G.) **15,** 194. Vgl. **16,** 125. — 2) Inwieweit gehört das, was das Hauskind durch eigene Thätigkeit erwirbt, zu den bona adventicia regularia oder quasi castrensia? Ansprüche. Verwaltungsrecht des Vaters am regulären Adventizgut. Veräußerung von Mobilien, Forderungsrechten; Abschluß eines Vergleiches. **16,** 124.

## § 188. Vermögensverhältnisse zwischen Eltern und Kindern nach neuerm Recht. Einkindschaft.

1) Ist der Famlienrat befugt, den Vater als gesetzlichen Vormund und Nutznießer am Vermögen seiner Kinder in seiner Verfügungsgewalt über den Erlös veräußerter (expropriierter) Immobilien zu beschränken? (F.) **11,** 347. — 2) Charakter und Gegenstand der Klage, mit welcher der Vater das gesetzliche Nießbrauchsrecht an dem seinen Kindern aus dem Nachlasse ihrer Mutter gebührenden dem Betrage nach noch zu ermittelnden Pflichtteile gegen die Erben geltend macht? Gerichtsstand der Erbschaft? **15,** 365. — 3) Hat das Kind, welches dergestalt in Einkindschaft aufgenommen ist, daß es — laut des Vertrages — mit den aus der neuen Ehe entspringenden Kindern in aller Hinsicht völlig gleiche Rechte erhält, ein Recht zur Anfechtung des Testamentes des Stiefparens, welches das Kind auf den Pflichtteil setzt? (G.) **17,** 131. — 4) Darf der Vater während der Ehe als gesetzlicher Vertreter seiner minderjährigen Kinder einen Vergleich ohne besondere Ermächtigung abschließen? Gleichstellung mit dem Vormunde? (F.) **19,** 369. — 5) Hat, wenn der Vater den Nachlaß der Mutter gegen eine Summe übernimmt, das zur Zeit des Todes der Mutter minderjährige, zur Zeit der Erbteilung großjährige oder emanzipierte Kind ein gesetzliches Pfandrecht wegen dieser Summe? (F.) **20,** 336. — 6) Bedarf der emanzipierte Minderjährige zur Quittierung über eine Kapitalsschuld seines Vaters eines besonderen Kurators? (F.) **20,** 341.

## § 189. Kinder aus ungültigen Ehen. Uneheliche Kinder.

1) Haben die unehelichen Kinder ein Intestaterbrecht am Nachlasse ihres Erzeugers? Geschichtliche Entwickelung. (G.) **12,** 227. — 2) Bedeutung des Anerkenntnisses der Vaterschaft. Ist der darauf gestützte Anspruch eines unehelichen Kindes auf Ernährung als Anspruch aus außerehelichem Beischlaf aufzufassen? (F.) **12,** 368. — 3) Vaterschaftsklage. Bedeutung des Geständnisses des Beklagten, mit der Mutter in der kritischen Zeit den Beischlaf vollzogen zu haben. Einrede, daß die Mutter mit anderen Männern geschlechtlich verkehrt habe? Kann darüber der Mutter, welche das Kind als Vormünderin vertritt, der Eid zugeschoben werden? (Bad., R.) **15,** 303. — 4) Illegitimitätsklage des Kindes gegen den gesetzlich als ehelicher Vater zu Vermutenden. (G.) **18,** 184. — 5) Schenkungen unter Ehegatten. Zwischengeschobene Personen. Uneheliche Kinder des einen Gatten? (F.) **19,** 392. — 6) Siehe auch § 19a dieses Registers.

---

## Drittes Kapitel. Von der Vormundschaft und Güterverwaltung.

### § 190. Allgemeines.

1) Ist der Familienrat befugt, den Vater als gesetzlichen Vormund seiner Kinder und Nutznießer an deren Vermögen in seiner Verfügungsgewalt über den Erlös veräußerter — expropriierter — Immobilien zu beschränken? (F.) **11,** 347. — 2) Handlungen des Vormundes eines Verschollenen nach dessen wirklichem Tode. **12,** 68. — 3) Inwiefern liegt eine Verzichterklärung außerhalb der vormundschaftlichen Befugnis? (G.) **12,** 151. — 4) Kann einer von mehreren Mitvormündern für sich allein gültig für das Mündel handeln? (G.) **12,** 150. — 5) Vormundschaftsgerichtliche Genehmigung zu einer Verfügung des Vormundes, durch welche eine Kapitalsforderung in ihrer bisherigen Gestalt zu existieren aufhört. Ausnahme für die Novation? (G.) **12,** 152. — 6) Ist die ohne die erforderliche Genehmigung des Familienrates bezw. des Gerichtes vorgenommene Rechtshandlung des Vormundes völlig wirkungslos, oder findet die Klage auf Vernichtung des Aktes statt? (F.) **12,** 332. — 7) Einfluß der Bestellung eines Vormundes und bezw. eines Pflegers für einen Großjährigen auf dessen Handlungsfähigkeit? insbesondere, wenn dem Pfleger besondere Angelegenheiten oder ein bestimmter Kreis einzelner Angelegenheiten nicht zugewiesen sind. (P.) **14,** 269. — 8) Erhält, wer infolge hohen Alters durch Schwerhörigkeit und fast vollständige Blindheit an der Verwaltung seines Vermögens gehindert ist, einen Vormund oder einen Pfleger? (P.) **14,** 271. — 9) Anwendung der aus dem Wesen der vormundschaftlichen Vertretung und Verwaltung als einer Vertretung fremder Personen und einer Verwaltung fremden Vermögens im fremden Interesse sich ergebenden Sätze auf Rechtshandlungen des Vaters für sein minderjähriges Hauskind? Unverbindlichkeit des für das Mündel geschlossenen Geschäftes im Falle arglistigen Eingriffes in sein Vermögen? (G.) **15,** 194. 197. — 10) Rechtlicher Charakter der sog. ehelichen Vormundschaft? Beseitigung durch die Vormundschaftsordnung vom 5. Juli 1875? (G., P.) **16,** 148. — 11) Rechte des Mündels, wenn der Vormund Mündelgeld gesetz- und pflichtwidrig anlegt. (P.) **11,** 307; **16,** 205.

### § 191. Altersvormundschaft.

1) Ist die ohne die erforderliche Genehmigung des Familienrates, bezw. des Gerichtes vorgenommene Rechtshandlung des Vormundes völlig wirkungslos, oder findet die Klage auf Vernichtung des Aktes statt? (F.) **12,** 332. — 2) Siehe § 190 dieses Registers.

### § 192. Kuratelen. Pflegschaften.

(Nachlaßpfleger. Siehe § 199 dieses Registers.)

1) Liegt in der Erklärung des Kurators eines eingesetzten Erben, daß er für den Kuranden die Erbschaft aus dem Testamente antrete, unter allen Umständen ein wirksamer Erbschaftsantritt? (G.) **11,** 230. — 2) Entmündigung wegen angeborenen Schwachsinnes krankhafter Natur, welcher die zweckentsprechende Besorgung der persönlichen Angelegenheiten hindert? (G.) **14,** 248. — 3) Mitwirkung eines besonderen Kurators, wenn ein emanzipierter Minderjähriger über eine Kapitalsschuld seines Vaters quittiert. (F.) **20,** 341.

### § 193. Güterverwaltungen.

(Konkursverwalter. Siehe § 348 dieses Registers.)
(Nachlaßverwalter. Siehe § 199 dieses Registers.)

1) Ist der nach § 334 St.P.O. bestellte Güterpfleger zur Vertretung des Abwesenden im Civilprozesse befugt? Oder ist der Abwesende mit zu laden? **11,** 189. — 2) Rechtswirksamkeit der Handlungen des Abwesenheitsvormundes nach dem Tode des Abwesenden. **12,** 68. — 3) Ist der Fideikommißrichter zur Bestellung eines Kurators für das Familienfideikommiß befugt? (P.) **19,** 305.

---

# Fünfter Abschnitt. Das Erbrecht.

## Erstes Kapitel. Delation der Erbschaft.

### § 194. Testamentarische Erbfolge.

a. Testamentserrichtung. Widerruf der Testamente. Ungültige Testamente.

1) Möglichst freie Auslegung der gemeinrechtlichen Vorschriften für die Formen der Testamente. **12,** 164. — 2) Formen des schriftlichen Privattestamentes, insbesondere eines Schreibensunfähigen. Muß der octavus subscriptor seinen eigenen oder des Testators Namen unterzeichnen? (G.) **12,** 162. — 3) Muß der Testator und bezw. der octavus subscriptor zeitlich nach den Zeugen unterschreiben? (G.) **12,** 164. — 4) Von welcher Bedeutung ist es, wenn zwischen dem Kontexte eines Privattestamentes und der Unterschrift ein leerer Raum, ein Strich, ein Attest über den Hergang bei der Testamentserrichtung sich befindet? (G.) **12,** 162. — 5) Öffentliches Testament. Ist es nichtig, wenn a) der Testator bei seinem Diktate einen vom Notar gefertigten Entwurf benutzt,

oder b) der Notar das Testament nicht Wort für Wort so, wie diktiert, niederschreibt, oder c) der Notar oder die Zeugen vorher von den zu treffenden Verfügungen unterrichtet sind? (F.) **13,** 306. — 6) Ist der eigenhändig geschriebene letzte Wille eines dem rheinischen Rechtsgebiete entstammenden Großherzoglich hessischen Staatsbürgers, welcher im Gebiete des Allgemeinen Landrechtes wohnt und stirbt, formgültig? **20,** 351. — 7) Form des Widerrufes einer letztwilligen Verfügung. Vernichtung der Urkunde. Genügt bei Existenz zweier Originalexemplare die Vernichtung eines einzigen? oder die Vernichtung einer beglaubigten Abschrift? Ist die Absicht, ohne Testament versterben zu wollen, erforderlich? (G.) **14,** 183. — 8) Wird die querela inofficiosi testamenti seitens der Geschwister des Erblassers ausgeschlossen durch besondere persönliche Beziehungen des letzteren zu der turpis persona, z. B. dadurch, daß dieselbe seine Ehefrau ist? (G.) **14,** 187. — 9) Testierfähigkeit der Taubstummen. Form des Taubstummentestamentes. Zuziehung eines Beistandes. (P.) **18,** 301. — 10) Ist das Testament desjenigen, der, nachdem er, im Gebiete des Allgemeinen Landrechtes wohnend, für einen Verschwender erklärt worden, seinen Wohnsitz in das Gebiet des gemeinen Rechtes verlegt und hier testiert, demnächst wieder in den Bezirk des Allgemeinen Landrechtes verzieht und hier verstirbt, ungültig oder zu Recht bestehend? **19,** 315.

### b Inhalt der Testamente. Auslegung.

1) Natur der Ungültigkeit der Erbeseinsetzung bei unbegründeter Enterbung oder Übergehung eines Noterben. (G.) **11,** 231. — 2) Wechselseitiges Testament. Erwerb des darin von den Eheleuten gemeinschaftlich ausgesetzten Vermächtnisses? (P.) **11,** 259. — 3) Findet bei testamentarischer Erbfolge Kollation statt? Kollation des nach Errichtung des Testamentes Empfangenen? (P.) **12,** 294. — 4) Bedeutung des Bestreitens, daß ein eigenhändig verfaßtes Testament wirklich an dem Tage errichtet sei, welchen das darin verzeichnete Datum nennt? Wem liegt die Beweislast ob? **12,** 315. — 5) Auslegung der testamentarischen Bestimmung, durch welche dem Erben der Zinsgenuß eines auf sein Erbteil angewiesenen Kapitales gewährt, im übrigen aber die Verfügung über das Kapital entzogen, und dieses einem bestimmten Nacherben vorbehalten wird. (P.) **12,** 385. — 6) Kann nach modernem Recht der Testator demjenigen, welchem er einen Nießbrauch vermacht, die Kautionsleistung erlassen? (G.) **13,** 170. — 7) Kann dem Arzte, welcher den Testator in seiner letzten Krankheit behandelt hat, ein Partikularvermächtnis gültig zugewendet werden? (F.) **13,** 308. — 8) Wirksamkeit der Kodizillarklausel zu Gunsten der eingesetzten turpis persona, die mit der querela inofficiosi testamenti belangt wird? (G.) **14,** 190. — 9) Auslegung durch den Richter. Wieweit steht die dem Testamentsvollstrecker im Testamente beigelegte Befugnis zur authentischen Interpretation entgegen? (G.) **14,** 194. — 10) Rechtswirksamkeit einer die Verfügungsmacht des Erben einschränkenden und insofern den Zugriff der Gläubiger desselben in den Nachlaß verbietenden Anordnung des Erblassers? (P.) **14,** 280.

— 11) Kann jemand in demselben Testamente, in dem er zum Erben eingesetzt ist, gültig enterbt werden? (G.) **15**, 165. — 12) Inwiefern ist es ein rechtmäßiger Enterbungsgrund, wenn die Descendentin sich einem unsittlichen Lebenswandel ergiebt? (G.) **15**, 166. — 13) Wird eine Enterbung hinfällig durch die nach Errichtung des enterbenden Testamentes erfolgte Verzeihung des Enterbungsgrundes? (G.) **15**, 167. — 14) Wirkung der heredis institutio ex re certa in dem Falle, daß andere Erben nicht berufen sind? Fideikommiß zu Gunsten der Intestaterben? Ist der diesbezügliche Wille des Testators erheblich, wenn er im Testamente selbst nicht zum Ausdrucke gelangt ist? (G.) **17**, 143. — 15) Enterbung von Noterben unter Angabe gesetzlicher Gründe und Einsetzung auf den Pflichtteil für den Fall, daß der eingesetzte Erbe diese Gründe nicht zu beweisen vermöge. (G.) **17**, 124. — 16) Ist die Testamentsklausel, daß die Erben, falls sie oder falls auch nur einer von ihnen das Testament anfechten sollte, sämtlich auf den Pflichtteil gesetzt sein sollen, unwirksam? (F.) **18**, 330. — 17) Ist die Erbeinsetzung einer ganzen Personenklasse wirksam? „Alte arme arbeitsunfähige Männer." Wer ist zu deren Vertretung im Prozesse legitimiert? Die Gemeinde? (G.) **19**, 257. — 18) Zuwendung alles dessen, worüber er gesetzlich zu verfügen befugt ist, seitens eines Ehegatten an den andern. (F.) **19**, 373.

### c. Testamentsvollstrecker.

1) Inwieweit ist der Richter bei Auslegung des Testamentes durch die dem Testamentsvollstrecker im Testamente beigelegte Befugnis zur authentischen Interpretation gebunden? (G.) **14**, 194. — 2) Muß der Pflichtteilserbe, welchem sein Pflichtteil als ideelle Quote des Nachlasses hinterlassen ist, in Ansehung dieser Quote sich die Bestellung eines Testamentsvollstreckers gefallen lassen? Anspruch auf Rechnungslegung gegen denselben? oder auf Mitteilung eines Status des Nachlasses? (G.) **14**, 205. — 3) Ist der auf Herausgabe des Nachlasses vom eingesetzten Erben verklagte Testamentsvollstrecker zur Bestreitung der Rechtsgültigkeit der Erbeinsetzung befugt? (G.) **16**, 140. — 4) Kann der Testamentsvollstrecker einer Verfügung über den Nachlaß, über welche alle übrigen Beteiligten einig sind, widersprechen, weil sie dem im Testamente erklärten Willen des Erblassers zuwiderläuft? (P.) **16**, 185.

## § 195. Intestaterbfolge.

1) Haben uneheliche Kinder ein Intestaterbrecht am Nachlasse ihres Erzeugers? Geschichtliche Entwickelung. (G.) **12**, 227.

## § 196. Außerordentliche Erbfolge.

1) Bedeutung der als Voraussetzung für das Erbrecht der armen Witwe erforderlichen Wohlhabenheit des Mannes. (G.) **16**, 154.

### § 197. Erbvertrag und Erbverzicht.

(Erbschaftsentsagung. Siehe § 200 dieses Registers.)

1) Kann ein Erbeinsetzungsvertrag wegen Unterlassung der Einsetzung eines Noterben angefochten werden? Wegfall der formellen Vorschriften des römischen Erbrechtes bei Erbeinsetzungsverträgen? (G.) **11**, 216. — 2) Ist der Verzicht auf eine künftige Erbschaft auch dann ungültig, wenn er sich auf eine im Ehevertrage enthaltene Erbeinsetzung bezieht? auch nach Scheidung der Ehe? (F.) **15**, 325. — 3) Erbrechtlicher Charakter des Einkindschaftsvertrages. Erbvertrag? (G.) **17**, 131. — 4) Form der Ehe- und Erbverträge. (P.) **17**, 210. — 5) Ist das Versprechen, über seinen Nachlaß in gewisser Weise zu verfügen und anderenfalls eine Konventionalstrafe zu zahlen, gültig? Verwirkung der Strafe. (G.) **19**, 232.

### § 198. Vermögensübergabe. Antizipierte Erbfolge.

1) Ist es mit dem Wesen eines bäuerlichen Gutsüberlassungsvertrages vereinbar, wenn die Abtretung Schulden halber erfolgt, ein Wertsanschlag vereinbart wird, und der Abtretende sich die Differenz zwischen Anschlag und Schuldenbetrag ausbedingt? Unterschied vom Kaufvertrage? (G.) **13**, 189. — 2) Hat der für den abgehenden Bauer und seine Frau stipulierte Altenteil die Natur einer wahren, auf dem Gute ruhenden Reallast? (G.) **13**, 188.

---

## Zweites Kapitel. Von dem Erwerbe und dem Verluste der Erbschaft.

### § 199. Ruhende Erbschaft. Nachlaßverwalter.

1) Ist derjenige, welchem der Nießbrauch am Nachlasse letztwillig zugewendet ist, als Nachlaßverwalter im Sinne des § 28 des preußischen Erbschaftssteuergesetzes vom 30. Mai 1873 aufzufassen? (F., P.) **11**, 305. — 2) Ist der für den Nachlaß des Schenkers bestellte Pfleger zur Ausübung des Widerrufsrechtes in bezug auf die Schenkung befugt? (P.) **15**, 226.

### § 200. Anfall, Erwerb, Ausschlagung der Erbschaft. Anwachsungsrecht. Vertrag über die Erbschaft. (Erbschaftskauf.)

1) Enthält die Anerkennung des Testamentes seitens des eingesetzten Erben eine Antretung der Erbschaft aus dem Testamente und die Ausübung des dem Bedachten nach l. 8 pr. § 1 Cod. de cod. **6**, 36 zustehenden Wahlrechtes? Erfordernisse des Erbschaftsantrittes überhaupt.

(G.) **11,** 233. — 2) Liegt in der Erklärung des Kurators eines eingesetzten Erben, daß er für den Kuranden die Erbschaft antrete, unter allen Umständen ein wirksamer Erbschaftsantritt? (G.) **11,** 230. — 3) Verhältnis von Deferierung, Antretung und Ausschlagung der Allodialerbschaft und der Lehnssuccession. (G.) **19,** 234. — 4) Ist die feierliche Form der Erbschaftsentsagung auch bei dem Verzichte auf ein Legat unter Universaltitel erforderlich? Bedeutung der Vorschrift des Art. 784 Code civil? (F.) **19,** 373. — 5) Unteilbarkeit des Erbschaftsantrittes. (F.) **20,** 348. — 6) Kann die hereditatis petitio gegen den Erbschaftskäufer gerichtet werden? Kann derselbe sich auf Art. 2279 Code civil berufen? (F.) **15,** 319. — 7) Ist der Erbschaftskauf im Zweifel ein aleatorisches Geschäft? (F.) **17,** 312. — 8) Was ist unter dem Verkaufe einer Erbschaft an einen Miterben à ses risques et périls zu verstehen? (F.) **17,** 312. — 9) Erbschaftseröffnung im Auslande. Anwendung ausländischen Rechtes. **20,** 351.

## § 201. Wirkungen des Erwerbes der Erbschaft. Nachlaßgläubiger.

1) Geht das Recht zum Widerruf einer außergerichtlichen Schenkung innerhalb sechs Monaten auf die Erben des Schenkers über? (P.) **12,** 289. — 2) Rechtswirksamkeit einer die Verfügungsmacht des Erben über die letztwillige Zuwendung einschränkenden und insofern den Zugriff der Gläubiger desselben verbietenden Anordnung des Erblassers? (P.) **14,** 280. — 3) Bildet die nicht zu Gunsten Dritter stipulierte Versicherungssumme einen Bestandteil des Nachlasses des Nehmers der Lebensversicherung, oder haben die Erben darauf ein besonderes, die Nachlaßgläubiger ausschließendes Recht? (G.) **16,** 129. — 4) Bezieht sich die Policeklausel, daß die genommene Arbeiterunfallversicherung beim Übergange der Fabrik auf einen anderen Betriebsunternehmer erlischt, auch auf Gesamtrechtsnachfolge? **12,** 38. — 5) Muß der Erbe des Gläubigers bei der an den Schuldner gerichteten Aufforderung zur Vertragserfüllung seine Erbeseigenschaft nachweisen, sodaß ohne dies der nicht erfüllende Schuldner Veranlassung zur Klage nicht giebt? **11,** 261. — 6) Kann der Erbe seinen Anspruch auf den noch festzustellenden Erbteil in Höhe einer bestimmten Summe wirksam cedieren? (P.) **20,** 234. — 7) Entsteht durch den infolge des Todes eines Einzelkaufmannes erfolgenden Übergang seiner Firma und seines Gewerbebetriebes auf seine mehreren Erben ohne weiteres eine Handelsgesellschaft? **16,** 341. — 8) Letztwillige Verfügung, daß der Erbe zur Fortsetzung einer bestehenden Gesellschaft verpflichtet sei. (P.) **16,** 48. — 9) Muß der vorbehaltlose Erbe nur die Gläubiger oder auch die Legatare vollständig, auch aus dem eigenen Vermögen, befriedigen? (P.) **16,** 222. — 10) Haben die Erbschaftsgläubiger, falls der vorbehaltlose Erbe durch Befriedigung von Legataren den Nachlaß erschöpft, ein unmittelbares Rückgriffsrecht gegen diese? (P.) **16,** 224. — 11) Kann die Klage auf Erbabsonderung auch gegen den Erben, oder nur gegen dessen Gläubiger gerichtet werden? (F.) **20,** 346. — 12) Unteilbarkeit der Rechtsvermischung des Vermögens

des Erben und des Nachlasses. Verlust des Absonderungsrechtes durch Annahme des Erben zum Schuldner. (F.) **20**, 348. — 13) Nachlaßgläubiger. Siehe § 202 dieses Registers.

## § 202. Beneficium inventarii. Vorbehaltserbe.

1) Bildet die Errichtung eines notariellen Vermögensverzeichnisses die notwendige Voraussetzung für die Geltendmachung der Rechtswohlthat des Inventars durch die Ehefrau, oder genügt dazu ein Privatinventar? (F.) **12**, 330. — 2) Geht für den Nachlaßgläubiger das Absonderungsrecht verloren durch Versäumung der rechtzeitigen Inskription? Kollokationsverfahren. Geht der Vermächtnisnehmer demjenigen Gläubiger vor, der den Erben als Schuldner angenommen hat? (F.) **12**, 351. — 3) Hat der Legatar, während das Konkursverfahren über den Nachlaß schwebt, unabhängig von demselben einen civilrechtlichen Anspruch auf Leistung des Offenbarungseides gegen den Benefizialerben? (P.) **16**, 220. — 4) Erschöpfung des Nachlasses durch Befriedigung von Legataren seitens des Vorbehaltserben. Beitragspflicht der Legatare dem Erben oder den Gläubigern gegenüber? (P.) **16**, 224.

## § 203. Gemeinschaft der Miterben. Teilung der Erbschaft. Kollation.

1) Rechtsverhältnis der Miterben vor und nach der Teilung. Kann insbesondere ein einzelner Miterbe vor der Teilung ein zum Nachlasse gehöriges Grundstück von einem Dritten vindizieren? (F.) **12**, 339. — 2) Miteigentum der — unabgeteilten — Miterben an den Erbschaftssachen oder an der Erbschaft? Materielle Wirkung der Verpfändung eines Sachanteiles seitens eines Erben? Gelangt formell die aufgenommene Grundschuld zur Entstehung? (P.) **16**, 252. — 3) Inwieweit ist einer von mehreren Miterben zur Geltendmachung einer Erbschaftsforderung selbständig berechtigt? (P.) **20**, 315. — 4) Kann der Erbe seinen Anspruch auf den noch festzustellenden Erbteil in Höhe einer bestimmten Summe wirksam cedieren? (P.) **20**, 234. — 5) Einrede der Verjährung gegen eine mit der Erbschaftsklage gegenüber einem Miterben von den anderen geltend gemachte Forderung, welche erst nach Ablauf der Verjährungsfrist auf die Erben gediehen ist? (G.) **12**, 179. — 6) Entscheidet sich die Frage, ob ein Ehegatte Mobilien — die in die Gütergemeinschaft fallen — oder Immobilien — die davon ausgeschlossen bleiben — geerbt hat, nach dem Bestande der ungeteilten Erbschaft oder nach dem Ergebnisse der Teilung? (F.) **15**, 324. — 7) Rechte und Pflichten der Erben untereinander und dem überlebenden Ehegatten gegenüber bezüglich der Wertsermittelung bei der Teilung des gütergemeinschaftlichen Vermögens. §§ 571—580 A.L.R. II. 1. (P.) **15**, 295. — 8) Bedeutung und Zweck der Fiktion des Art. 883 Code civil. **15**, 324; **20**, 339. — 9) Verletzung eines Miterben bei der Teilung über ein Viertel. Berechnung. Anfechtung der Teilung durch den Verwalter im Konkurse des verletzten Miterben. (F.) **17**, 311. —

10) Inwiefern kann der Gläubiger eines Miterben eine Erbteilung anfechten, wenn er der Teilungsverhandlung nicht beigetreten ist? Reichsanfechtungsgesetz? Simulation? Beweislast? (F.) **17,** 314. — 11) Beginn des Verzuges und der Verzinsungspflicht des Kollationspflichtigen. Empfang? Erbfall? Erbschaftsantritt? Erbteilung? (G.) **11,** 246. — 12) Liberalitäten, welche den Grundstock des Vermögens nicht berühren, prinzipiell der Kollationspflicht nicht unterworfen. Unentgeltliche Gewährung einer Wohnung im Hause des Erblassers? (F.) **11,** 360. — 13) Findet bei testamentarischer Erbfolge Kollation statt? (P.) **12,** 294. — 14) Ist dasjenige, was dem Erben nach Errichtung des Testamentes zugewendet ist, von der Kollationspflicht ausgeschlossen? (P.) **12,** 298. — 15) Unterliegt die verschleierte Schenkung bezüglich der Befreiung von der Einwerfung anderen Regeln als die nichtverschleierte? Was gehört zu der ausdrücklichen Ausschließung der Einwerfung im Sinne des Art. 843 Code civil? (F.) **16,** 275. — 16) Rückbringen. Kann auf die Veräußerung eines Hausgrundstückes mit Vorbehalt des lebenslänglichen Wohnungsrechtes Art. 918 Code civil Anwendung finden? (F.) **18,** 322. — 17) Teilung des mütterlichen Nachlasses zwischen Vater und Kind. Hat, wenn der Vater den Nachlaß gegen eine Summe übernimmt, das zur Zeit des Todes der Mutter minderjährige, zur Zeit der Teilung großjährige oder emanzipierte Kind ein gesetzliches Pfandrecht wegen dieser Summe? (F.) **20,** 336.

## § 204. Rechtsmittel.

1) Kann die Klage auf Ausantwortung der Erbschaft auch gegen den Erbschaftskäufer gerichtet werden, oder nur gegen den héritier apparent? (F.) **15,** 319. Einrede der Verjährung seitens des Erbschaftskäufers auf Grund des Art. 2279 Code civil? **15,** 320. — 2) Klage des Testamentserben gegen den Testamentsvollstrecker auf Herausgabe des Nachlasses. Ist der Beklagte zur Bestreitung der Rechtsgültigkeit der Erbeinsetzung legitimiert? (G.) **16,** 140. — 3) Erbschaftsklage. Erweiterung, eventuelle Verbindung mit der erbschaftlichen Singularklage. (G.) **18,** 176. — 4) Passivlegitimation bei der hereditatis petitio. (G.) **18,** 176; **19,** 242. — 5) Von wann beginnt die dreißigjährige Verjährung der Erbschaftsklage zu laufen? (G.) **11,** 236. — 6) Wem steht die Einrede der Verjährung der Erbschaftsklage zu? Ist zu ihrem Durchgreifen erforderlich, daß der im Besitz Befindliche die Erbeseigenschaft des Klägers kannte? (G.) **11,** 237. — 7) Einrede der Verjährung gegen eine mit der Erbschaftsklage geltend gemachte Forderung? Insbesondere im Streit zwischen Miterben, wenn die Forderung erst nach Ablauf der Verjährungsfrist auf die Erben übergegangen ist? (G.) **12,** 179.

# Drittes Kapitel. Kodizille. Vermächtnisse. Universalvermächtnisse. Schenkungen von Todes wegen.

## Einziger Paragraph.

## § 205.

1) Ist eine letztwillige Zuwendung, welche den Nießbrauch am Nachlasse zum Gegenstande hat, als ein Universalvermächtnis oder ein Vermächtnis unter einem Universaltitel oder als ein Partikularvermächtnis aufzufassen? (F.) Ist ein solcher Nießbraucher den Nachlaßgläubigern persönlich verhaftet? oder ist er Nachlaßverwalter im Sinne des § 28 des preußischen Erbschaftssteuergesetzes vom 30. Mai 1873? **11,** 305. 306. — 2) Kann dem Arzte, welcher den Testator in seiner letzten Krankheit behandelt hat, ein Partikularvermächtnis gültig zugewendet werden? (F.) **13,** 308. — 3) Unter welchen Umständen liegt, wenn nur Ein Erbe, dieser aber ex re certa, eingesetzt ist, ein Universalvermächtnis zu Gunsten der Intestaterben vor? (G.) **17,** 143. — 4) Enthält die Bestimmung eines Ehevertrages, daß der überlebende Ehegatte zur Übernahme aller Liegenschaften des verstorbenen zum inventarischen Anschlag berechtigt sein soll, eine freigebige Verfügung auf den Todesfall? (F., Bad.) **18,** 324. — 5) Wann vollzieht sich der Erwerb des in einem wechselseitigen Testamente von Eheleuten gemeinschaftlich ausgesetzten Vermächtnisses? (P.) **11,** 259. — 6) Unterliegen die Zinsen eines dem Schuldner aus Fürsorge zugewendeten Vermächtnisses, dessen Substanz nach seinem Tode an einen anderen fallen soll, der Zwangsvollstreckung? **11,** 373. — 7) Hat der Vermächtnisnehmer neben dem Absonderungsrechte ein gesetzliches Pfandrecht am Nachlaßgrundstücke? Kollokationsverfahren. Geht der Vermächtnisnehmer demjenigen Nachlaßgläubiger vor, welcher den Erben als Schuldner angenommen hat? (F.) **12,** 350. — 8) Klage auf Erbabsonderung gegen den Erben? Verlust des Absonderungsrechtes durch Annahme des Erben zum Schuldner. (F.) **20,** 346. — 9) Rechtswirksamkeit einer die Verfügungsmacht des Bedachten über die Zuwendung einschränkenden und insofern den Zugriff der Gläubiger desselben verbietenden Anordnung des Erblassers? Unterschied, ob diese Einschränkung im Interesse des Bedachten, oder, um den betreffenden Vermögensgegenstand für andere zu erhalten, verordnet ist. (P.) **14,** 280. — 10) Hat der Legatar, während das Konkursverfahren über den Nachlaß schwebt, unabhängig von demselben einen Anspruch auf Leistung des Offenbarungseides gegen den Benefizialerben? (P.) **16,** 220. — 11) Muß der vorbehaltlose Erbe auch die Vermächtnisnehmer vollständig, selbst aus dem eigenen Vermögen, befriedigen? (P.) **16,** 222. — 12) Beitragspflicht der Legatare den Erbschaftsgläubigern oder dem Erben — mit und bezw. ohne Vorbehalt — gegenüber? (P.) **16,** 224. — 13) Wird ein auf gewisse Forderungen angewiesenes Geldvermächtnis durch die vom Erblasser er=

folgte Einziehung der Forderungen wirkungslos? Oder dadurch, daß derselbe eine gleich hohe Summe dem Legatar bei Lebzeiten zuwendet? Auslegung des § 323 A.L.R. I. 12. (P.) **16,** 238. — 14) Ist ein stillschweigender Widerruf des Vermächtnisses rechtswirksam? (P.) **16,** 243. — 15) Ist die feierliche Form der Erbschaftsentsagung auch bei dem Verzichte auf ein Legat unter Universaltitel erforderlich? Wirkung des formlosen Verzichtes. (F.) **19,** 373. Ist es auf die erforderliche Form des Verzichtes von Einfluß, ob der Legatar bereits in Besitz gesetzt ist oder nicht? **19,** 376. — 16) Sind, wenn eines von mehreren Universalvermächtnissen mit einer verbotenen Substitution belastet ist, auch die anderen nichtig? Fällt der Anteil des so Belasteten den gesetzlichen Erben zu? Wird die Klage auf Herausgabe durch die Einrede entkräftet, das Testament sei von den Klägern anerkannt und vollzogen? (F.) **19,** 390. — 17) Fideikommiß. Auslegung der testamentarischen Bestimmung, durch welche dem Erben der Zinsgenuß eines auf sein Erbteil angewiesenen Kapitales gewährt, dieses selbst aber seiner Verfügung entzogen und einem bestimmten Nacherben vorbehalten wird. (P.) **12,** 385. — 18) Rechtsstellung des Fiduziars. Ist er als Eigentümer im Grundbuche einzutragen? Verhältnis zum Nacherben. (P.) **14,** 289; **17,** 229. — 19) Kann der Nacherbe Verfügungen des Fiduziars nicht vor Eintritt des Substitutionsfalles anfechten, auch nicht solche Verfügungen, welche gegen ein ausdrückliches Veräußerungs- und Verpfändungsverbot des Erblassers verstoßen? Unter welchen Umständen hat er eine Klage nicht nur gegen den Fiduziar, sondern auch gegen den Erwerber einer Hypothek am Fideikommißgrundstücke? (P.) **14,** 288. — 20) Der dem Erben fideikommissarisch Substituierte ist nicht Erbe, hat nur eine Anwartschaft. Fortsetzung einer offenen Handelsgesellschaft, deren Mitglied der Erblasser war. (P., R.) **16,** 40. — 21) Ist der Fiduziar die mit der fideikommissarischen Substitution beschwerte Hypothek ohne Genehmigung des Substituten einzuziehen und zur Löschung zu bringen befugt? Hat der Schuldner ihm gegenüber ein Recht auf Beibringung dieser Genehmigung? (P.) **17,** 228. — 22) Auf welche Weise kann die Unveräußerlichkeit der Lande einer Familie des hohen Adels — letztwillig — verordnet werden? (G.) **18,** 206. — 23) Wirkung der Aftererbsetzung. (F., Bad.) **18,** 328. — 24) Begriff der Schenkung von Todes wegen. Entscheidendes Merkmal. (P., G.) **18,** 42. 48. — 25) Müssen Schenkungen von Todes wegen schlechthin vor fünf Zeugen oder zu gerichtlichem Protokoll erfolgen, oder nur insoweit der Wertbetrag 500 Dukaten übersteigt? Abänderung des Justinianischen Rechtes durch die Reichsnotariatsordnung von 1512? (G.) **15,** 217. — 26) Findet auf Schenkungen von Todes wegen die Vermutung des Art. 274 H.G.B. Anwendung? **18,** 49. — 27) Gültigkeit der nicht insinuierten großen Schenkung von Todes wegen bis zum Betrage von $4666^2/_3$ *M.* (G.) **18,** 49.

## Viertes Kapitel. Von dem Noterben- und Pflichtteilsrechte.

### Einziger Paragraph.

### § 206.

1) Kommen die formellen Vorschriften des römischen Erbrechtes bei der durch Erbeinsetzungsvertrag geordneten Universalsuccession in Wegfall? Anfechtung solches Vertrages durch einen nicht eingesetzten Noterben? (G.) **11,** 216. — 2) Natur der Ungültigkeit der Erbeinsetzung bei unbegründeter Enterbung oder Übergehung eines Noterben? (G.) **11,** 231. — 3) Ist bei testamentarischer Übergehung von Noterben die Kodizillarklausel wirksam? (G.) **11,** 231. — 4) Charakter des Klagerechtes des in seinem Pflichtteile Beeinträchtigten. Sozinische Klausel. (G.) **14,** 206. — 5) Muß ein Pflichtteilserbe, welchem sein Pflichtteil als eine ideelle Quote des Nachlasses hinterlassen ist, sich die Bestellung eines Testamentsvollstreckers in Ansehung dieser Quote gefallen lassen? (G.) **14,** 206. — 6) Anspruch des Noterben gegen den Testamentsvollstrecker auf Rechnungslegung oder Mitteilung eines Status des Nachlasses? (G.) **14,** 205. — 7) Ist, wenn der Parens das dem unzulänglich bedachten Kinde entzogene Erbteil einem Legatar ausdrücklich beschieden hat, die Klage auf Ergänzung des Pflichtteiles gegen den Legatar oder gegen die Erben zu richten? (P.) **15,** 297. — 8) Ist dem Noterben gegenüber die Überschuldung seines Ehegatten ein Enterbungsgrund? Exheredatio bona mente? (P.) **15,** 302. — 9) Muß der Noterbe sich den an einer seinen Kindern gemachten Zuwendung ihm legierten Nießbrauch auf den Pflichtteil anrechnen lassen? (P.) **15,** 302. — 10) Natur und Gegenstand der Klage auf Minderung einer Schenkung unter Lebenden wegen Verletzung des Pflichtteiles. (Bad.) Gerichtsstand der Erbschaft? **15,** 363. — 11) Ist die bedingte Einsetzung eines Noterben, wenn die Bedingung zur Zeit des Todes des Erblassers noch nicht eingetreten ist, ungültig? Enterbung unter Angabe gesetzlicher Gründe und Einsetzung auf den Pflichtteil, falls der eingesetzte Erbe diese Gründe nicht zu beweisen vermöge. (G.) **17,** 124. — 12) Klage des vom Stiefparens auf den Pflichtteil gesetzten Kindes, welches laut des Einkindschaftsvertrages mit den aus der neuen Ehe etwa entspringenden Kindern in jeder Hinsicht gleiche Rechte haben soll. (G.) **17,** 131.

### § 207.

— — — — — — — — —

# Sechster Abschnitt. Das Handelsrecht.

### § 208. Handelsgebräuche. Reichs- und Landesrecht.

1) Geht in den Konsulargerichtsbezirken den materiellen Vorschriften der Konkursordnung und des Einführungsgesetzes zur Konkursordnung das dort geltende Handelsgewohnheitsrecht vor? **14,** 143. — 2) Kommt Handelsrecht in Anwendung bei der Frage, bis zu welchem Zeitpunkte derjenige, welcher eine Ware einem Spediteur übergiebt mit dem Auftrage, sie zur Verfügung eines Dritten zu halten, diesen Auftrag widerrufen kann? **14,** 150. — 3) Ist das landesrechtliche Erfordernis der Schriftform bei Verpfändung von Forderungen durch das Handelsgesetzbuch beseitigt? **14,** 300. — 4) Kann infolge Art. 6 Abs. 2 H.G.B. eine Nichthandelsfrau bezüglich ihrer Handelsgeschäfte, oder eine Handelsfrau außerhalb ihres Handelsbetriebes sich jederzeit auf landesgesetzliche Rechtswohlthaten der Frauen berufen? Verhältnis zu der Vorschrift des Art. 317 H.G.B. Württembergisches Gesetz vom 21. Mai 1828. **15,** 20. — 5) Ortsgebrauch betreffs der Frage, ob dem Kommissionär ein Recht auf Auslieferungsprovision zusteht? **17,** 31. — 6) Sind für die Vereinigungen zu einzelnen Handelsgeschäften für gemeinschaftliche Rechnung, soweit nicht im dritten Buche des Handelsgesetzbuches besondere Vorschriften gegeben sind, diejenigen über die offene Handelsgesellschaft oder die Bestimmungen des allgemeinen bürgerlichen Rechtes über Gemeinschaften maßgebend? **19,** 163. — 7) Ist bei Schadensforderungen aus Handelsgeschäften Kausalität, subjektives Verschulden, Maß des Schadens 2c nach Handels- oder Landesrecht zu beurteilen? **15,** 14; **19,** 25; **20,** 93.

## Erstes Kapitel. Vom Handelsstande.

### § 209. Der Kaufmann. Die Handelsfrau.

1) Wie lange ist jemand Dritten gegenüber als Inhaber eines Handelsbetriebes zu behandeln, nachdem er sich ihnen einmal als solchen kundgegeben, insbesondere im Falle eines nicht dem Firmenrechte unterliegenden Betriebes? Bedeutung des Geschäftsschildes, der gewerbepolizeilichen Meldung. **12,** 11. — 2) Kann infolge Art. 6 Abs. 2 H.G.B. eine Nichthandelsfrau bezüglich ihrer Handelsgeschäfte, oder eine Handelsfrau außerhalb ihres Handelsbetriebes sich jederzeit auf landesgesetzliche Rechtswohlthaten der Frauen berufen? Art. 317 H.G.B. Württembergisches Gesetz vom 21. Mai 1828. **15,** 20. — 3) Anwendung der durch die Judikatur festgestellten Sätze über die Wirkungen der Übernahme eines Handelsgeschäftes mit Aktiven und Passiven auf die Über-

nahme des Geschäftes eines Minderkaufmannes? **17,** 99. — 4) Verliert ein Kaufmann mit der Konkurseröffnung die Kaufmannseigenschaft? (P., R.) **13,** 151. — 5) Ist ein Privatbriefbeförderungsinstitut Kaufmann? **20,** 47. — 6) Kaufmannseigenschaft eines Tischlers. **20,** 125. — 7) Siehe auch § 224 dieses Registers (Handelsgeschäfte).

## § 210. Das Handelsregister.

1) Bedeutung der gesetzlich vermuteten Kenntnis veröffentlichter Registereintragungen. Offenkundigkeit im Sinne der Civilprozeßordnung? **13,** 371. — 2) Eintragung des Erlöschens oder der Änderung einer nicht eingetragenen Firma? **15,** 33. — 3) Bedeutung der Löschung im Register als Beurkundung der erfolgten Tilgung des betreffenden Rechtes, nicht als Tilgungsgrund. **20,** 170.

## § 211. Die Handelsfirma.

1) Ist es statthaft, wenn der Einzelkaufmann seine Firma in der Weise bezeichnet, daß er mit seinem Familiennamen denjenigen seiner Ehefrau verbindet? **16,** 60. — 2) Kann ein Einzelkaufmann die Firma einer Aktiengesellschaft zur eigenen Führung erwerben? **15,** 110. — 3) Ist der Vordruck der früheren — fremden — Firma mit einem das Nachfolgeverhältnis ausdrückenden Zusatz auf Briefbogen &c gestattet, wenn mit der derzeitigen — eigenen — Firma unterzeichnet wird? **19,** 23. — 4) Erfordernisse der deutlichen Unterscheidung der in demselben Orte bestehenden Firmen. Gleichartigkeit der Geschäfte. Unlautere Konkurrenz. **20,** 71. — 5) Bedeutung des Umstandes, daß der persönliche Name eines Gesellschafters mit der Firma der Gesellschaft übereinstimmt, für die Frage, ob ein von dem Gesellschafter geschlossener Vertrag im eigenen Namen oder in dem der Gesellschaft geschlossen ist. **17,** 73. — 6) Auf welchem Rechtsgrunde beruht es, daß als Inhaber des Handelsgewerbes haftet, wer zuläßt, daß es in seinem Namen ein anderer betreibt? **19,** 197. — 7) Endet die Berechtigung einer Aktiengesellschaft zur Führung ihrer Firma vor der Beendigung der Liquidation? **15,** 104. — 8) Muß das Erlöschen oder die Änderung der Firma bei Vermeidung der in Art. 25 Abs. 2 H.G.B. bestimmten Folgen auch dann in das Register eingetragen und veröffentlicht werden, wenn die Firma selbst nicht eingetragen war? Haftung des früheren Inhabers einer Firma, welche — nach Art. 10 H.G.B. oder Landesrecht — nicht eingetragen zu werden brauchte und nicht eingetragen war, die für unter dieser Firma mit Dritten von dem Übernehmer des Geschäftes eingegangenen Verbindlichkeiten, wenn auch dieser die Eintragung nicht veranlaßt und mit Wissen und Zustimmung jenes das Geschäft unter der alten Firma fortführt? Welcher Gegenbeweis steht offen? **15,** 33. — 9) Liegt darin, daß gemäß Art. 139 H.G.B. die Firma einer Handelsgesellschaft als Liquidationsfirma zu bezeichnen ist, eine Firmenänderung im Sinne des Art. 25 H.G.B.? **15,** 105. — 10) Muß bei Verlegung der Haupt-

niederlassung die Firma in dem bisher zuständigen Register gelöscht werden? **20,** 167. — 11) Unter welchen Voraussetzungen hat die Löschung oder Änderung der Firma das Erlöschen des Warenzeichens zur Folge, welches für sie eingetragen ist? Untrennbare Verknüpfung des Zeichens mit der Firma? **11,** 141; **15,** 107; **20,** 170. — 12) Tratte auf eine Firma. Erfordernis der Kaufmannseigenschaft und des wirklichen Führens der Firma. **14,** 17. — 13) Kann von den Teilhabern einer offenen Handelsgesellschaft unter der Firma der Gesellschaft gegen einen Dritten, welcher unbefugt ihren Familiennamen als Firma führt, aus Art. 27 H.G.B. geklagt werden? **18,** 139. — 14) Erfordert die Klage auf Unterlassung unbefugter Firmenführung ein besonderes Interesse des Klägers? **19,** 21; vgl. **20,** 71.

## § 212. Die Handelsbücher. Bilanz.

1) Hat die Partei ein Recht auf Vorlegung der Handelsbücher des Gegners im Prozesse? **15,** 379. — 2) Sind die Handelsbücher des Kommissionärs wegen des Kommissionsverhältnisses für ihn und den Kommittenten gemeinschaftliche Urkunden? Muß er sie vorlegen zum Beweise dessen, daß der Abschluß eines der Ausführungsanzeige entsprechenden Geschäftes thatsächlich in bezug auf den erteilten Auftrag erfolgt sei? **18,** 20. 24. — 3) Inwieweit ist der Rückversicherte verpflichtet, dem Rückversicherer die Einsicht seiner Handelsbücher und Geschäftsaufzeichnungen zu gestatten? **20,** 42. — 4) Inwiefern ist die platzübliche Kursnotierung maßgebend für die Ansetzung der betreffenden Papiere in der kaufmännischen Bilanz? **12,** 8. — 5) Ist die statutenmäßig aufgestellte Bilanz einer Aktiengesellschaft maßgebend für den auf Prozente des Reingewinnes normierten Tantièmeanspruch eines Gesellschaftsbeamten? **11,** 163. — 6) Wertsansatz der Fabrikanlage einer Aktiengesellschaft in der Bilanz. Bedeutung von Erwerbspreis, Taxe, Ertragswert für die Bilanzierung. **19,** 118.

## § 213. Vom Prokuristen.

1) Anfechtung des Anstellungsvertrages. Zerrüttete Vermögensverhältnisse. Wesentlicher Irrtum des Prinzipales? Betrug? (P.) **12,** 102. — 2) Muß im Urkundenprozesse, wenn eine zur Begründung des Anspruches dienende Urkunde von einem angeblichen Prokuristen des Beklagten ausgestellt ist, eine Urkunde der Klage beigefügt werden, aus welcher die Prokura sich ergiebt? **13,** 370. — 3) Kann ein Prokurist Besitz für seinen Prinzipal erwerben auch ohne spezielles Mandat oder Ratihabierung? Rückübertragung durch Constitutum possessorium. (G.) **19,** 248.

## § 214. Vom Handlungsbevollmächtigten.

1) Dauer der Handlungsvollmacht Dritten gegenüber; Vollmacht auf bestimmte und auf unbestimmte Zeit. **12,** 10. — 2) Steht dem wegen Über-

schreitung der vertragsmäßigen Stärke der Auflage verklagten Verleger die Einrede zu, daß der Handlungsbevollmächtigte das Verschulden begangen habe? **12,** 112. — 3) Der Handlungsbevollmächtigte ist nicht im Besitze der Geschäftskasse, sondern übt den Besitz für seinen Prinzipal aus. (S.) **19,** 238.

### § 215. Von den Handlungsgehilfen.

1) Stipulierung einer Konventionalstrafe zwischen Prinzipal und Handlungsgehilfen für den Fall, daß letzterer in ein Konkurrenzgeschäft eintritt. **20,** 106.

### § 216. Von den Handelsmaklern.

1) Rechtswirksamkeit der Amtshandlung eines nicht beeidigten Maklers. **18,** 91. — 2) Rechtsverhältnis zwischen dem Makler und dem von ihm zur Ausführung des ihm gewordenen Auftrages zugezogenen anderen Makler. **18,** 163. — 3) Auslegung einer in London von zwei dortigen Maklern als Vertretern deutscher Kontrahenten in englischer Sprache abgeschlossenen Chartepartie. Beurteilung nach deutschem oder englischem Rechte? **19,** 34. — 4) Abschluß eines Kaufes durch einen Makler mit vorbehaltener Aufgabe des Käufers. Selbsthaftung des Maklers. **20,** 37.

## Zweites Kapitel. Von den Handelsgesellschaften.

### § 217. Die offene Handelsgesellschaft.

#### a. Begriff. Errichtung.

1) Juristischer Charakter der offenen Handelsgesellschaft? Vermögenseinheit, welche wie eine bestimmte Person behandelt werden darf? **16,** 1. 17; **17,** 367. — 2) Ist ein Gesellschaftsvertrag, in welchem u. a. Grundeigentumsverhältnisse geregelt werden, trotz Art. 85 H.G.B. wegen Nichteinhaltung gewisser landesgesetzlich für Verträge über dingliche Rechte an Grundstücken vorgeschriebener Formen nichtig? oder ist der stipulierte Eigentumserwerb nichtig? **13,** 3. — 3) Rechtliche Möglichkeit der Begründung mehrerer offenen Handelsgesellschaften durch die nämlichen Personen unter der nämlichen Firma? **16,** 17. — 4) Entsteht durch den infolge des Todes eines Einzelkaufmannes erfolgenden Übergang seiner Firma und seines Gewerbebetriebes auf seine mehreren Erben ohne weiteres eine Handelsgesellschaft? **16,** 341. — 5) Excedentenvertrag. Kein Handelsgesellschaftsverhältnis. **20,** 42.

#### b. Rechtsverhältnis der Gesellschafter untereinander.

1) Übertragung eines Gesellschaftsanteiles. Abtretung eines Forderungsrechtes oder Veräußerung eines Sachenmiteigentumes? **18,** 39. —

2) Kann der eine von zwei gleichberechtigten Inhabern einer offenen Handelsgesellschaft, welcher durch einen Eisenbahnunfall verletzt wird, den Betriebsunternehmer auf mehr als die Hälfte des der Gesellschaft erwachsenen Schadens in Anspruch nehmen? **19,** 184. — 3) Siehe auch a. dieses Paragraphen Nr. 1. 2. 5.

c. Rechtsverhältnis der Gesellschaft und der Gesellschafter zu dritten Personen.

1) Offene Handelsgesellschaft hat keine juristische Persönlichkeit. **16,** 1. 17; **17,** 367. — 2) Grund, Inhalt, Gegenstand und Umfang der Vertretungsbefugnis des einzelnen Gesellschafters. **15,** 131. — 3) Beurteilung der Frage, ob ein von einem Gesellschafter geschlossener Vertrag namens der Gesellschaft, oder im eigenen Namen geschlossen ist. Bedeutung des Umstandes, daß der persönliche Name des Gesellschafters mit der Firma der Gesellschaft übereinstimmt. **17,** 73. — 4) Auf welchem Rechtsgrunde beruht es, daß als Gesellschafter haftet, wer zuläßt, daß ein anderer unter einer Firma handelt, welche ihn als Mitgesellschafter erscheinen läßt? **19,** 197. — 5) Kann die Gesellschaft gegen die Forderung eines Gesellschaftsgläubigers mit der Privatforderung eines Gesellschafters an ihn kompensieren? **11,** 116. — 6) Ist es nach § 97 Ziff. 3 der preußischen Konkursordnung vom 8. Mai 1855 unzulässig, daß der wegen einer Gesellschaftsschuld belangte Gesellschafter eine ihm von seinem Socius cedierte Forderung zur Kompensation stellt, welche der letztere selbst zur Tilgung der Gesellschaftsschuld durch Kompensation hätte verwenden können? **11,** 122. — Betreffs Kompensation siehe auch § 91 dieses Registers Nr. 8—11. — 7) Kann, nachdem aus einem Vergleiche die Gesellschaft verklagt und verurteilt worden, ein Gesellschafter gegen die wider ihn erhobene besondere Klage einwenden, bei Abschluß des Vergleiches sei ein Posten übersehen und nunmehr in Anrechnung zu bringen? **13,** 96. — 8) Klage gegen „die Handelsgesellschaft A. & B., bestehend aus F. A. und E. B." Sind A. und B. als einzelne Gesellschafter mitverklagt? **13,** 97. — 9) Ist das gegen die Gesellschaft erstrittene Urteil unmittelbar gegen die einzelnen Gesellschafter vollstreckbar? **13,** 97. — 10) Haftung der Gesellschaft für die durch einen Gesellschafter bei der Geschäftsführung Dritten zugefügten Schäden. **12,** 105; **15,** 121. 128; **17,** 93; **19,** 384; **20,** 190. — 11) Kann von den Teilhabern einer offenen Handelsgesellschaft unter der Firma der Gesellschaft gegen einen Dritten, welcher unbefugt ihren Familiennamen als Firma führt, aus Art. 27 H.G.B. geklagt werden? **18,** 139. — 12) Siehe auch b. dieses Paragraphen Nr. 2.

d. Auflösung der Gesellschaft. Austreten einzelner Gesellschafter. Fortsetzung der Gesellschaft.

1) Kann ein ausgeschiedener Gesellschafter, der eine Gesellschaftsschuld bezahlte, gegen die die Gesellschaft Fortsetzenden vollen Regreß nehmen?

Wirkung des Ausscheidens. Lösung des inneren Gemeinschaftsverhältnisses. **11,** 130. — 2) Wie ist die Auseinandersetzung eines ausgeschiedenen oder ausgeschlossenen Gesellschafters mit der fortgesetzten Gesellschaft bezüglich der zur Zeit des Austrittes abgewickelten Geschäfte herbeizuführen? **15,** 80. — 3) Wirkungen der Auflösung. Erlischt namentlich das der Gesellschaft zustehende Nießbrauchsrecht mit der Eröffnung des Konkurses? **16,** 2. — 4) Anwendung der Vorschriften über Liquidation auf den Fall des Konkurses der Gesellschaft? **16,** 3. — 5) Unter welchen Voraussetzungen besteht eine offene Handelsgesellschaft gemäß Art. 123 Ziff. 2 H.G.B. mit den Erben eines Gesellschafters fort, und in welcher Weise haften dieselben für die Verbindlichkeit dieser Gesellschaft? **16,** 40. — 6) Ist die Übertragung eines Gesellschaftsanteiles als Abtretung eines Forderungsrechtes oder als Veräußerung eines Sachenmiteigentumes aufzufassen? **18,** 39. — 7) Kann aus einem von der Gesellschaft im Kontokorrentverkehre anerkannten Saldo gegen einen nun ausgeschiedenen Gesellschafter geklagt werden, nach dessen Ausscheiden jenes Saldo auf neue Rechnung übertragen und später ein neues Saldo festgestellt ist? (G.) **18,** 246.

### e. Liquidation der Gesellschaft.

1) Befugnis des Richters, betreffs des Betriebes einzelner Geschäfte der Gesellschaft, insbesondere wenn sie in Liquidation ist, auf Antrag eines Beteiligten einzugreifen? **12,** 32. — 2) Inwiefern erfolgt die richterliche Ernennung von Liquidatoren im ordentlichen Rechtswege? **13,** 155. — 3) Darf in einem Prozesse der offenen Handelsgesellschaft in Liquidation, vertreten durch die Liquidatoren, ein Gesellschafter, welcher nicht Liquidator ist, als Zeuge vernommen werden? **17,** 365.

### f. Verjährung der Klagen gegen die Gesellschafter.

1) Wird durch eine gegen einen einzelnen Gesellschafter erfolgte Zwangsvollstreckungshandlung aus einem gegen die Gesellschaft ergangenen Urteile die Verjährung des Art. 146 H.G.B. unterbrochen? oder dadurch, daß ein Gesellschafter auf die Forderung gegen die Gesellschaft eine Abschlagszahlung leistet, ohne dabei eine eigene persönliche Schuld anzuerkennen? **13,** 97. 98. — 2) Keine Anwendung der §§ 568 flg. A.L.R. I. 9 bei der Verjährung des Art. 146 H.G.B. **19,** 140.

## § 218. Die Kommanditgesellschaft.

### a. Im allgemeinen.

1) Muß dem Dritten nicht nur die Thatsache der beschränkten Beteiligung, sondern auch die Höhe der Einlage des Kommanditisten bekannt sein, damit dieser nicht gleich einem persönlich haftenden Gesellschafter für die vor der Eintragung im Handelsregister entstandenen Verbindlichkeiten zu haften habe? **12,** 135. — 2) Steht dem Gläubiger einer Kommanditgesellschaft ein direktes Klagerecht gegen die Kommanditisten zu? Einwand

des Kommanditisten, seine Einlage sei durch Aufrechnung seiner von dem Komplementar vor und bei Errichtung der Gesellschaft als Gesellschaftsschuld anerkannten Forderung für vorgelegte Gründungskosten gedeckt? **17,** 39. — 3) Übertragung eines Gesellschaftsanteiles. Abtretung eines Forderungsrechtes oder Veräußerung eines Sachenmiteigentumes? **18,** 39.

b. Die Kommanditgesellschaft auf Aktien.

1) Ist für den Beitritt zu einer Kommanditgesellschaft auf Aktien schriftliche Form erforderlich? Rechtsgültigkeit eines formlosen Vertrages, welcher die Übernahme der Verpflichtung zum Eintritte in eine Kommanditgesellschaft auf Aktien zum Inhalte hat? **14,** 93. — 2) Siehe auch Aktiengesellschaft § 219 dieses Registers.

## § 219. Die Aktiengesellschaft.

### α. Älteres Recht.

### a. Allgemeine Grundsätze.

1) Ist für den Beitritt zu einer Aktiengesellschaft schriftliche Form erforderlich? Rechtsgültigkeit eines formlosen Vertrages, welcher die Übernahme der Verpflichtung zum Eintritt in eine Aktiengesellschaft zum Inhalt hat? **14,** 92. 93. — 2) Errichtung der Gesellschaft. Unwirksamkeit der entgegen dem Statut getroffenen Vereinbarung, daß ein Aktionär den von ihm gezeichneten Betrag nicht bar zu zahlen brauche, sondern anderswie begleichen könne; Aufrechnung auf künftige Forderungen seinerseits an die Gesellschaft. **18,** 2. — 3) Begriff der Aktie. Nominalbetrag derselben als absolute Grenze der Verpflichtung des Aktionärs. **17,** 14; **19,** 110. — 4) Fürsorge des Gesetzes für die Kundgebung und das Vorhandensein des Grundkapitales. **19,** 115. — 5) Verschiedenheit des Begriffes „Reingewinn" für den Dividendenanspruch des Aktionärs und den Tantièmeanspruch des Gesellschaftsbeamten. Einfluß des Mangels an Barmitteln. **11,** 163. — 6) Kann ein Recht auf Nachbezug von Dividenden nach der Verstaatlichung des Betriebes und der Auflösung der Aktiengesellschaft noch geltend gemacht werden? Verhältnis des Dividendenscheinbesitzers, der nicht Aktionär ist, zur Gesellschaft. **14,** 168. — 7) Rechte des Dividendenscheinbesitzers, der nicht Aktionär ist, in bezug auf Erwirkung richtiger Bilanzaufstellung und statutenmäßiger Verteilung des Reingewinnes? Hat er eine Klage gegen die Gesellschaft auf Auszahlung des bilanz- und statutenmäßig auf seinen Schein entfallenden Gewinnanteiles eines Jahres, wenn dieser infolge eines von den Organen der Gesellschaft bei Feststellung der Bilanz gefaßten Beschlusses statutenwidrig an nachbezugsberechtigte Inhaber von Dividendenscheinen früherer Jahre gezahlt ist? **15,** 95. — 8) Rechtliche Natur der statutenmäßigen Rübenlieferungspflicht der Aktionäre einer Gesellschaft für Rübenzuckerfabrikation. Befugnis der Generalversammlung bezw. des Vorstandes zur Änderung der bezüglichen Statutenbestimmungen,

bezw. zum Erlasse dem einzelnen Aktionär gegenüber. **17,** 1. 4. 5. 13; **19,** 108. — 9) Keine Klage auf Ungültigerklärung eines Generalversammlungsbeschlusses, welcher den Preis der statutenmäßig von den Aktionären zu liefernden Rüben ändert. **19,** 108. — 10) Actio doli gegen die Aktiengesellschaft, welche ihre eigenen, infolge wissentlich falscher Bilanz in die Höhe getriebenen Aktien durch eine vorgeschobene Person verpfänden läßt, auf Herausgabe der Bereicherung. Haftung der Gesellschaft für außerkontraktliches Verschulden des Vorstandes. **18,** 116. — 11) Wertsansatz in der Bilanz. Fabrikanlage. Bedeutung von Erwerbspreis, Taxe, Ertragswert für die Bilanzierung. **19,** 118.

b. Rechtsverhältnis der Aktionäre.

1) Wird, wenn der Jahresgewinn statutenmäßig festgestellt ist, das entsprechende Dividendenrecht des Aktionärs durch den Mangel der zur Auszahlung erforderlichen Barmittel berührt? **11,** 161. — 2) Begründet die Statutenbestimmung, wonach mehrere Aktiengattungen an dem Liquidationserlöse in bestimmter Reihenfolge teilnehmen (Stammprioritäts- und Stammaktien), ein Widerspruchsrecht des Einzelaktionärs (Stammaktionärs) gegen den Beschluß der Generalversammlung, das Eisenbahnunternehmen gegen Abfindung jeder einzelnen Aktiengattung mittels eines besonderen Preises (der einen über, der anderen unter Pari) zu verkaufen? Interesse der Stammaktionäre? **14,** 127. — 3) Haftung des Aktionärs aus der Zeichnung. Unerheblichkeit der Beweggründe, insbesondere eines Irrtumes des Zeichners über den Umfang der eingegangenen Vorverpflichtung. **19,** 124. — 4) Verhältnis der in Artt. 190 a. 222 H.G.B. — neue Fassung — gegebenen Klagen zu einer besonderen dem Aktionär gegen die Gesellschaft zustehenden Kontraktsklage. **17,** 16. — 5) Kann ein Aktionär sich durch Verzicht auf seine bereits voll eingezahlten Aktien von der Rübenlieferungspflicht befreien, oder nur durch statutenmäßige Veräußerung der Aktien? **17,** 3. — 6) Wirksamkeit der vollzogenen Kompensation der Aktieneinzahlungspflicht mit fälligen Forderungen an die Aktiengesellschaft. Keine gesetzliche Kompensation nach dieser Richtung; Ungleichartigkeit der Forderungen. **18,** 5; **19,** 126. — 7) Siehe ferner a. dieses Paragraphen Nr. 1. 2. 3. 5. 8. 9.

c. Organe der Aktiengesellschaft.

1) Ist die statutenmäßig aufgestellte Jahresbilanz maßgebend für den auf Prozente des Reingewinnes normierten Tantièmeanspruch eines Gesellschaftsbeamten? **11,** 163. — 2) Werden durch die Konkurseröffnung die bisherigen Organe der Aktiengesellschaft in ihrer Funktion, die Gesellschaft nach außen zu vertreten, beseitigt und durch den Verwalter ersetzt? (In- und ausländisches Recht.) **14,** 412. — 3) Kann die statutenmäßige Rübenlieferungspflicht des Aktionärs der Aktienzuckerfabrik gegenüber für ihn und seine Erben durch den Vorstand wirksam erlassen werden? Überschreitung der Vollmacht des Vorstandes? **17,** 1. Vgl. **17,**

5. — 4) Haftung der Aktiengesellschaft für außerkontraktliches Verschulden des Vorstandes. **18,** 120. — 5) Inwiefern haftet bei gesetzwidriger Dividendenzahlung der schuldige Vorstand nach Art. 241 H.G.B. demjenigen, der erst nach der Dividendenzahlung Gläubiger der Gesellschaft geworden ist, auf Erstattung des Betrages, um welchen sich sein Ausfall vermindert hätte, wenn der als Dividende ausgezahlte Betrag im Vermögen verblieben wäre? Unterscheidung der Haftung aus Art. 241 und aus Art. 248 H.G.B. **19,** 111. — 6) Liegt das nach Art. 313 H.G.B. notwendige Erfordernis des Handelsgeschäftes vor auf seiten desjenigen Kaufmannes, welcher in den Aufsichtsrat eintritt und daraufhin Aktien der Gesellschaft bei der Direktion hinterlegt? **19,** 123. — 7) Siehe noch *β* dieses Paragraphen Nr. 4.

### d. Auflösung der Gesellschaft.

1) Zulässigkeit des Einwandes gegen die Klage einer Aktiengesellschaft in Liquidation, daß mangels ferneren Gesellschaftsvermögens sie selbst nicht mehr rechtlich existiere? Elidierung des Einwandes durch die Thatsache des Schwebens einiger Geschäfte? **15,** 103. — 2) Legitimation der Liquidatoren einer Aktiengesellschaft zur Vertretung derselben im Falle der negatorischen Klage wegen Verletzung von Markenschutzrecht oder dergl.? **15,** 104. — 3) Endet die Berechtigung einer Aktiengesellschaft zur Führung ihrer Firma vor Beendigung der Liquidation? **15,** 104. — 4) Kann eine Aktiengesellschaft in Liquidation, welche ihr Geschäft ohne Übertragung der Firma an einen anderen veräußert hat, auf Grund des für sie eingetragenen Warenzeichens, um diesen anderen für die von ihm beabsichtigte Anmeldung des Zeichens gegen einen inzwischen erfolgenden Erwerb desselben seitens eines Dritten zu schützen, auf Löschung des für einen Dritten eingetragenen Zeichens klagen? **15,** 102.

### *β.* Reichsgesetz, betr. die Kommanditgesellschaften auf Aktien und die Aktiengesellschaften, vom 18. Juli 1884.

1) Anwendung der Artt. 190a. 222 H.G.B. in der Fassung des Gesetzes vom 18. Juli 1884 auf Anfechtungsklagen gegen einen vor der Einführung dieses Gesetzes gefaßten Generalversammlungsbeschluß? Wie ist nach diesen Vorschriften das Rubrum der Klage zu fassen? Inwiefern bedürfen Vorstand und Aufsichtsrat besonderer Prozeßbevollmächtigter? **14,** 142. — 2) Findet Art. 223 H.G.B. in der Fassung des Gesetzes vom 18. Juli 1884 Anwendung, wenn Ansprüche aus einer vor der Geltung dieses Gesetzes erfolgten Geschäftsführung erhoben werden? **18,** 61. — 3) Hat die Vorschrift des Art. 223 H.G.B., daß es eines Generalversammlungsbeschlusses auf Erhebung des Anspruches bedürfe, die Bedeutung eines Legitimationserfordernisses für die Klagerhebung, auf welches der Beklagte nicht verzichten kann? **18,** 62. — 4) Kann die Aktiengesellschaft den Aufsichtsrat in Anspruch nehmen, weil dieser den Gründungshergang nicht daraufhin nachgeprüft hat, ob er etwa Anlaß zur Erhebung eines Schadensersatzanspruches gegen die Gründer biete? **18,** 56. — 5) Unzulässigkeit der Kompensation gegen

die aus Artt. 184—184b. 219 H.G.B. dem Aktionär obliegende Zahlungspflicht. **19,** 126. — 6) Anfechtung eines Generalversammlungsbeschlusses. Muß der Widerspruch des Aktionärs, nachdem er gegen die Abstimmung über einen Antrag erhoben worden, nach erfolgter Abstimmung wiederholt werden? Muß er sofort begründet werden? **20,** 140. — 7) Sind bei Berechnung einer „Mehrheit von drei Vierteilen des in der Generalversammlung vertretenen Grundkapitales" auch diejenigen Aktien zu berücksichtigen, deren Inhaber zwar anwesend waren, sich aber bei der Abstimmung nicht beteiligten? **20,** 140. — 8) Siehe auch *α* dieses Paragraphen b. Nr. 4, d. Nr. 1. 3. 4.

## § 220. Eingetragene Genossenschaften.

### a. Errichtung der Genossenschaft.

1) Ist das Nebeneinanderbestehen verschiedener Arten von Genossenschaften, d. h. solcher, die auf Grund des Reichsgesetzes vom 4. Juli 1868, und solcher, die auf Grund früherer Landesgesetze, z. B. des preuß. Gesetzes vom 27. März 1867, bestehen, rechtlich möglich? Wirkung der Eintragung einer früher bestehenden Genossenschaft in das Register nach § 4 des Reichsgesetzes? Umlageverfahren. **13,** 105. — 2) Ist für den Beitritt zu einer eingetragenen Genossenschaft die schriftliche Erklärung wesentliche Form? Rechtsgültigkeit eines formlosen Vertrages, welcher die Übernahme der Verpflichtung zum Eintritt in die Genossenschaft zum Inhalte hat? **14,** 92. 93. — 3) Genügt das schriftliche Gesuch um Aufnahme, welchem die thatsächliche Aufnahme gefolgt ist, wenn das Statut für den Beitritt eine schriftliche Erklärung nach gefaßtem Aufnahmebeschlusse erfordert? **19,** 193. — 4) Ist der schriftliche Beitritt zu einem Vereine, nach erfolgter Umwandelung desselben in eine Genossenschaft für eine dem Genossenschaftsgesetze genügende Beitrittserklärung zu achten, falls das betreffende Vereinsmitglied nicht seinen Willen kundgiebt, der Genossenschaft nicht angehören zu wollen? (G.) **15,** 77. — 5) Umwandelung eines Vereines in eine eingetragene Genossenschaft. Wird die Identität der letzteren mit dem ersteren dadurch ausgeschlossen daß dieser seine Statuten zum Zwecke der Eintragung abändert? **15,** 78.

### b. Rechtsverhältnisse der Genossenschafter untereinander, sowie gegenüber der Genossenschaft und dritten Personen.

1) Ist der Genossenschafter, welcher zugleich Gläubiger der Genossenschaft ist, wegen Befriedigung seiner Forderung nach beendigtem Konkurse unter allen Umständen auf das Verteilungsverfahren angewiesen, oder kann er einen Genossenschafter als Solidarschuldner belangen? Untrennbare Verbindung der Forderung mit seiner Eigenschaft als Genossenschafter. **11,** 178. — 2) Klage einer Genossenschaft auf Rückzahlung zuviel verteilter Dividenden als condictio indebiti. Irrtum der General=

versammlung über Existenz oder Betrag des zu verteilenden Jahresgewinnes. **13**, 28. — 3) Charakter der von der Genossenschaft erhobenen Klage auf Streichung aus dem Verteilungsplane, weil der Beklagte nicht Mitglied der Genossenschaft sei, als Feststellungsklage. Wen trifft die Beweislast? **14**, 90. — 4) Prinzip und Grenze der Haftung des Genossenschafters dem Genossenschaftsgläubiger gegenüber. „Ausfall" des letzteren im Genossenschaftskonkurse. Kann er die während des Verfahrens aufgelaufenen Zinsen seiner Forderung von dem einzelnen Genossenschafter fordern? **15**, 115. — 5) Haftet als Genossenschafter, wer, ohne formgerecht beigetreten zu sein, wissentlich zuläßt, daß er Dritten als Mitglied erscheint? Dolus? **19**, 196.

### c. Organe der Genossenschaft.

1) Sind alle Mitglieder des Vorstandes für die Geschäftsführung verantwortlich, wenn das Statut eine Teilung einzelner Geschäftszweige nicht bestimmt? **12**, 76. — 2) Steht die Beschlußfassung über die Bilanz und die Verteilung der Dividende der Generalversammlung zu? Kann durch das Statut dies anders geordnet, insbesondere dies Recht dem Aufsichtsrate übertragen werden? **13**, 25. — 3) Für welchen Grad der Sorgfalt haften die Mitglieder des Aufsichtsrates? Beweislast bezüglich des Verschuldens? **13**, 45. — 4) Haben Aufsichtsratsmitglieder, die wegen Nichterfüllung ihrer Pflichten von der Genossenschaft belangt werden, die Einrede der Vorausklage bezüglich der anderen Mitglieder des Aufsichtsrates? **13**, 51. — 5) Hört die Haftung eines Aufsichtsratsmitgliedes mit dem Zeitpunkte seines Austrittes aus dem Aufsichtsrate auf, wenn er den Austritt vor der stipulierten Zeit aus unzulänglichen Gründen erklärt? **13**, 50. — 6) Bedeutung der von der Generalversammlung dem Vorstande oder dem Aufsichtsrate erteilten Decharge. Geschäfte, die aus den vorgelegten Berichten nicht erkennbar sind. **12**, 77; **13**, 51.

### d. Auflösung und Liquidation der Genossenschaft. Ausscheiden einzelner Mitglieder.

1) Bedeutung der Feststellung des Geschäftsanteiles des ausscheidenden Genossenschafters. Kann er danach zum Umlageverfahren herangezogen werden? Cession der Forderung eines Genossenschaftsgläubigers an einen ausgeschiedenen Genossenschafter. Klage des letzteren gegen die Genossenschaft oder einen einzelnen Genossenschafter. **18**, 88. — 2) Unzulässigkeit der Kompensation mit einer Forderung des Genossenschafters an die Genossenschaft gegenüber der durch den Verteilungsplan ihm auferlegten Beitragspflicht. **11**, 181. — 3) Erhalten ausgeschiedene Genossenschafter, wenn binnen drei Monaten die Genossenschaft zur Liquidation schreitet, nach Befriedigung der Gläubiger den nach Verhältnis der einzelnen Guthaben sich ergebenden Vermögensanteil gleichmäßig mit den verbliebenen Genossenschaftern, ohne von diesen eine Aus-

gleichung wegen der nach ihrem Austritte eingegangenen Verbindlichkeiten fordern zu können? Können sie umgekehrt im Falle des Konkurses zur Deckung solcher Verbindlichkeiten im Umlageverfahren herangezogen werden? **12**, 56. — 4) Giebt es ein Rechtsmittel gegen den Umlagebeschluß als solchen? **11**, 43. — 5) Ist das nach § 35 Gen.G. stattfindende Verfahren wegen Auflösung der Genossenschaft ein civilprozessuales? Anwaltszwang für die höhere Verwaltungsbehörde? **14**, 29. — 6) Auf welche Gründe kann die Anfechtungsklage des § 56 Gen.G. gestützt werden? Mangelhafte Ladung des Klägers zum Umlagetermine. **11**, 43. — 7) Erfordernis der Schriftform für den Wiedereintritt eines ausgeschiedenen Genossenschafters? **11**, 25.

## Drittes Kapitel. Von handelsrechtlichen Vereinigungen.

### § 221. Stille Handelsgesellschaft.

1) Kann dem Inhaber des Handelsgewerbes die Liquidation der noch schwebenden Geschäfte entzogen werden? **19**, 169. — 2) Beteiligung des stillen Gesellschafters nur am Gewinne, nicht am Verluste. **20**, 165. — 3) Kreditum oder stille Gesellschaft? Kündigung, wenn auf Lebenszeit abgeschlossen ist? **20**, 163.

### § 222. Vereinigung zu einzelnen Handelsgeschäften für gemeinschaftliche Rechnung.

1) Rechtliches Wesen der Vereinigung zu einzelnen Handelsgeschäften für gemeinschaftliche Rechnung. **19**, 168. — 2) Kann nach Beendigung des gemeinschaftlichen Geschäftes an Stelle des Teilnehmers, welcher dieses Geschäft führt, ein Dritter vom Richter zum Liquidator ernannt werden? **19**, 164. — 3) Konsortium zur Übernahme einer Staatsanleihe. Unterkonsortialbeteiligung. Stempelsteuer. **20**, 196.

### § 223. Andere handelsrechtliche Vereinigungen.

1) Rechtsverhältnis zwischen dem Makler und dem von ihm zur Ausführung seines Auftrages zugezogenen zweiten Makler. Sozietät? **18**, 163.

## Viertes Kapitel. Von den Handelsgeschäften.

### 1. Handelsgeschäfte im allgemeinen.

### § 224. Begriff der Handelsgeschäfte.

1) Verliert ein Kaufmann mit der Konkurseröffnung die Kaufmannseigenschaft? (P., R.) **13**, 151. — 2) Kann ein Vertrag über

Herstellung eines Eisenbahnbaues ein Handelsgeschäft sein? Eisenbahnbauunternehmer als Kaufmann? **14,** 233. — 3) Sind die Versicherungsgeschäfte einer Versicherungsgesellschaft auf Gegenseitigkeit Handelsgeschäfte? Kaufmannseigenschaft der Versicherungsgesellschaft auf Gegenseitigkeit? **14,** 237. — 4) Anwendung der Vermutung des Art. 274 H.G.B. auf Schenkungen von Todes wegen? **18,** 49. — 5) Liegt, wenn ein Kaufmann Mitglied des Aufsichtsrates einer Aktiengesellschaft wird und als solches Aktien derselben bei der Direktion hinterlegt, seinerseits ein Handelsgeschäft vor? **19,** 123. — 6) Kann ein Handelsgeschäft vorliegen unabhängig von einer Vergütung? **19,** 124. — 7) Kauf und sonstige Anschaffungsgeschäfte. Begriff. **20,** 10. — 8) Geschäfte eines Privatbriefbeförderungsinstitutes. **20,** 47. — 9) Auslegung von Art. 273 Abs. 3 H.G.B. **20,** 125.

### § 225. Auslegung der Handelsgeschäfte.

1) Unter welchen Voraussetzungen ist ein von einem Unternehmer aufgestellter Prospekt über seine Geschäftsführung, als lex contractus im einzelnen Falle zu betrachten? Öffentliche Bekanntmachung, Versendung, Aushängen des Prospektes. Treu und Glauben. **13,** 73. — 2) Welche rechtliche Bedeutung hat es, wenn der Schuldner eine Rechnung des Gläubigers diesem mit dem unterschriebenen Vermerke „als richtig anerkannt" aushändigt? Tragweite des Art. 294 H.G.B.? **13,** 84. 86. — 3) Auslegung der Klausel einer Seeversicherungspolice: „Abweichungen von obiger Reise und andere Bestimmung des Schiffes sind stillschweigend und ohne Unterbrechung des Risikos mitgedeckt gegen eventuelle Prämienregulierung nach Billigkeit". Pactum de contrahendo oder bereits Übernahme der Versicherung? **13,** 89. — 4) Rekapitulierung der durch die Judikatur festgestellten Sätze über das Rechtsverhältnis des Übernehmers eines Handelsgeschäftes mit Aktiven und Passiven zu den Geschäftsgläubigern. **17,** 97. — 5) Klage des Dritten gegen den falsus procurator. Voraussetzungen und Umfang der Haftung. Beweislast. **18,** 157. — 6) Bedeutung der Klausel telle quelle, namentlich beim Verkaufe unterwegs befindlicher Waren. Darf die Empfangnahme beschädigter Waren abgelehnt werden? **19,** 30. — 7) Auslegung einer in London von zwei dortigen Maklern als Vertretern deutscher Kontrahenten in englischer Sprache abgeschlossenen Charte-partie. Beurteilung nach englischem oder deutschem Rechte? **19,** 34. — 8) Auslegung des vor Einführung der Reichsgoldwährung geleisteten Versprechens eines Ausländers, im Auslande in deutscher Silberwährung Zahlung zu leisten. Anwendung des Art. 14 des Reichsmünzgesetzes vom 9. Juli 1873. **19,** 47. — 9) Reiseunfallversicherung. Auslegung der Police. Verletzung beim Aussteigen aus dem Eisenbahnzuge unterwegs zwecks Benutzung des Pissoirs oder beim Wiedereinsteigen. **19,** 63. — 10) Offene oder taxierte Police? Vermutung? Auslegung und Beweislast? **19,** 207. — 11) Ist, wenn das Konnossement die Güter als shipped (verladen) in das Schiff bezeichnet die Berufung auf einen angeblichen Sprachgebrauch zulässig, wonach shipped soviel als received

for shipment bedeutet? **20**, 52. 66. — 12) Willenserforschung bei Strafversprechen. **20**, 107. 111. — 13) Siehe auch § 34 dieses Registers.

## § 226. Solidarhaft.

1) Solidarische Haftung der Mitglieder des Gläubigerausschusses aus § 81 K.O. **20**, 110.

## § 227. Diligenzpflicht. Schadensersatz bei Handelsgeschäften.

1) Art 355 H.G.B. Worin besteht die Deckung? Kann der durch die Vornahme eines Deckungskaufes erwachsene Schaden ohne Abzug des daraus entstandenen Vorteiles ersetzt verlangt werden? **15**, 73. Schadensberechnung beim Deckungskaufe überhaupt. **12**, 22. — 2) Anwendung landesrechtlicher Vorschriften über Kausalität, subjektives Verschulden, Maß des Schadensersatzes ꝛc, wenn Schadensansprüche aus Handelsgeschäften erhoben werden? **15**, 14; **19**, 25; **20**, 93. — 3) Siehe auch Alphabetisches Register „Schadensersatz", „Verschulden".

## § 228. Zinsen. Kurs. Provision.

1) Ist ein Zinsanspruch nach Art. 289 H.G.B. auch bei solchen Geschäften gegeben, welche im übrigen nach ausländischem Rechte zu beurteilen sind? **14**, 30. — 2) Begriff von Kurs und Kurswert. **12**, 8. — 3) Welcher Ortsgebrauch ist entscheidend für die Frage, ob dem Kommissionär ein Recht auf Auslieferungsprovision zusteht? **17**, 31. — 4) Einfluß der Thatsache, daß derjenige Makler, welcher zur Ausführung des ihm gewordenen Auftrages einen zweiten Makler zugezogen hat, von seinem Auftraggeber keine Provision erhalten hat, auf den Provisionsanspruch des anderen. **18**, 163.

## § 229. Kontokorrentvertrag. Saldo.

1) Hauptsächliches Begriffsmerkmal des Kontokorrentes. **11**, 146. — 2) Wesen und Bedeutung des Saldos. Wirkung der Übertragung eines anerkannten Saldos auf neue Rechnung und der späteren Feststellung des neuen Saldos auf die Selbständigkeit des alten Saldos. Kann nachträglich noch der letztere gegen einen ausgeschiedenen Gesellschafter eingeklagt werden, welcher bei der Fortsetzung des Verkehres und dem Beginne der neuen Rechnung nicht mehr Teilhaber war? **18**, 246.

## § 230. Kaufmännische Anweisungen und Verpflichtungsscheine. Orderpapiere. Indossament. Rektapapiere.

1) Ist Art. 301 Abs. 2 H.G.B. auf Orderpapiere zu beschränken? **11**, 178. — 2) Fallen Inhaberpapiere unter Art. 301 H.G.B.? **14**, 102. — 3) Schließt die Bezugnahme der Urkunde auf eine Vorschrift

der Statuten des als Kontrahent beteiligten Vereines, ohne daß diese Vorschrift in die Urkunde aufgenommen ist, die Begebbarkeit aus? **12**, 100. — 4) Ist dem redlichen Inhaber gegenüber die Einrede, daß die in dem Scheine enthaltene Angabe des Verpflichtungsgrundes dem thatsächlichen Hergange nicht entspreche, zulässig? Analogie der Hypothekenbriefe? **12**, 99. — 5) Schließt die Angabe einer causa debendi in einer Urkunde die Anwendung des Art. 301 H.G.B. auf dieselbe aus? Prinzipielle Tendenz der Artt. 301 flg. **12**, 96; **14**, 101. — 6) Zum Begriffe des Indossamentes. **20**, 308. 309. — 7) Wonach bestimmt sich der Begriff der für den Handelsverkehr bestimmten Wertpapiere im Sinne der Pos. I. 2a des Tarifes zum Reichsstempelgesetze vom 1. Juli 1881? Form und Inhalt des Papieres? Absicht des Emittenten? Auf den Namen lautende, nur durch förmliche Cession übertragbare Schuldverschreibungen. **16**, 85. Anerkenntnisse der Provinzialsteuerdirektoren über Exportprämien für Zucker? **18**, 127.

### § 231. Inhaberpapiere. Legitimationspapiere.

1) Begriff des Inhaberpapieres. Muß aus der Urkunde selbst hervorgehen, daß der Inhaber als solcher forderungsberechtigt ist? **13**, 153. — 2) Juristischer Charakter der Inhaberpapiere. **18**, 8. — 3) Fallen Inhaberpapiere unter Art. 301 H.G.B.? **14**, 102. — 4) Wirkungen der Ausgabe von Inhaberpapieren ohne die im Gesetze vom 17. Juni 1833 vorgeschriebene Königliche Genehmigung. (P.) Ungültigkeit? Klagbarkeit? **14**, 102; **19**, 283. — 5) Wie ist die Rückgabe von Inhaberpapieren zu erzwingen, welche ohne Königliche Genehmigung ausgegeben sind? (P.) **19**, 282. — 6) Wirkung des Zurückgelangens eines Inhaberpapieres in die Hände des Emittenten und der darauf folgenden Weiterbegebung. **18**, 8. — 7) Spricht bei der leihweisen Hingabe von Inhaberpapieren eine Vermutung dafür, daß dies als Darlehn, oder dafür, daß dies im eigentlichen Sinne leihweise geschehen? (G., P.) **13**, 128. — 8) Steht der Schutz des Art. 307 H.G.B. auch dem Erwerber eines Retentionsrechtes zu? **13**, 129. — 9) Einlösung von Renten oder Schuldverschreibungen auf den Inhaber durch den Aussteller zwecks Herabsetzung des Zinsfußes, und neue Begebung der mit dem Vermerke über die Zinsherabsetzung versehenen Papiere. Stempelpflicht nach Nr. III des Tarifes zum Reichsstempelgesetze vom 1. Juli 1881? **18**, 6. — 10) Ist der Zinskoupon in bezug auf die einzelne Zinszahlung ein Präsentationspapier oder ein Legitimationszeichen? Kann das Zinsrecht ohne den Koupon lediglich auf Grund der Inhaberobligation geltend gemacht werden? **14**, 154. — 11) Begriff des Legitimationspapieres. Gegensätze. **18**, 130. — 12) Rechtliche Möglichkeit der Faustpfandbestellung an Legitimationspapieren? (P.) **16**, 169. — 13) Vindikation eines Sparkassenbuches. (G.) **11**, 239. — 14) Begriff der Emission von Wertpapieren. **18**, 7. — 15) Rechtliche Natur des Reportgeschäftes. Wirtschaftliche Bedeutung. Rechtsverhältnisse. **19**, 149.

### § 232. Gutgläubiger Erwerb im Handelsverkehre als Entstehungsgrund von Eigentum und Pfandrecht.

1) Steht der Schutz des Art. 307 H.G.B. auch dem Erwerber eines Retentionsrechtes zu? **13**, 129. Einrede der Arglist gegen den Eigentümer von Wertpapieren, welcher diese einem andern zum Zwecke der Verpfändung bei einem Dritten geliehen hat und sie nach Erlöschen des Pfandrechtes vom letztern vindizieren will, wenn dieser ein Retentionsrecht gegen den Verpfänder erworben hat? **13**, 127. — 2) Ist in Art. 306 H.G.B. körperliche Übergabe vorausgesetzt? **19**, 242.

### § 233. Erfordernisse der vertragsmäßigen Bestellung des kaufmännischen Faustpfandes.

1) Ist das landesgesetzliche Erfordernis der Schriftform bei Verpfändung von Forderungen durch das Handelsgesetzbuch beseitigt? **14**, 300. — 2) Begriff der beweglichen Sachen im Sinne des Handelsgesetzbuches, besonders des Art. 309. Forderungen? **17**, 57.

### § 234. Kaufmännisches Retentionsrecht.

1) Warum und inwiefern ist das kaufmännische Retentionsrecht nach Art. 314 Abs. 2 dadurch bedingt, daß die Zahlungseinstellung ꝛc nach der Übernahme der Verpflichtung, mit der Sache in bestimmter Weise zu verfahren, erfolgt? Stillschweigender Verzicht auf das Recht des Art. 314 durch Übernahme von Verpflichtungen, die dessen Ausübung widerstreiten? **12**, 91. — 2) Kann der Eigentümer Wertpapiere, die er einem andern zum Zwecke der Verpfändung bei einem Dritten geliehen, nach Erlöschen des Pfandrechtes vom letztern vindizieren, oder kann sich dieser auf das gegen den Verpfänder ihm zustehende Retentionsrecht berufen? (P., R.) **13**, 127. — 3) Wirkung des Retentionsrechtes gegen einen andern als den Schuldner des Retinierenden? **14**, 150. — 4) Gewährt das kaufmännische Retentionsrecht an einem Grundschuldbriefe Rechte in betreff der Grundschuldforderung, insbesondere im Konkurse das Recht auf abgesonderte Befriedigung aus derselben? **15**, 55; **20**, 135. — 5) Kann in bezug auf Gegenstände, welche an sich einen realisierbaren Vermögenswert nicht haben, ein kaufmännisches Retentionsrecht bestehen? **15**, 58. Vgl. **16**, 169; **20**, 133. — 6) Erstreckt sich das kaufmännische Retentionsrecht auf die dem Gläubiger cedierten Forderungen gegen den Schuldner? **18**, 234. — 7) Liegt das nach Art. 313 H.G.B. notwendige Handelsgeschäft auf seiten des Kaufmannes vor, welcher als Aufsichtsratsmitglied einer Aktiengesellschaft Aktien derselben bei der Direktion hinterlegt? **19**, 123.

### § 235. Abschließung der Handelsgeschäfte.

a. Willenserklärung. Stillschweigende Willenserklärung.

1) Unter welchen Voraussetzungen ist ein von einem Unternehmer aufgestellter Prospekt über den Kreis seiner Geschäfte und die näheren

Bestimmungen, unter welchen er die einzelnen Geschäfte abzuschließen bereit ist, als lex contractus im konkreten Falle zu betrachten? (Frachtführer, Rheder.) Öffentliche Bekanntmachung, Versendung, Aushängen des Prospektes. Treu und Glauben. **13**, 73. — 2) Abschließung des Seeversicherungsvertrages. Policeklausel: „Abweichung von der obigen Reise und andere Bestimmung des Schiffes stillschweigend und ohne Unterbrechung des Risikos mitgedeckt gegen eventuelle Prämienregulierung nach Billigkeit.“ Pactum de contrahendo? **13**, 89. — 3) Kann die Gestattung der Domizilierung eines Wechsels stillschweigend erklärt werden? **18**, 115. — 4) Siehe auch §§ 29. 104 dieses Registers.

### b. Form.

1) Formerfordernis der Schriftlichkeit für den Beitritt zur eingetragenen Genossenschaft. **14**, 92; **19**, 193. — 2) Schriftform für den Wiedereintritt eines ausgeschiedenen Genossenschafters? **11**, 25. — 3) Schriftlichkeit der Aktienzeichnung. **14**, 92. — 4) Regelung von Grundeigentumsverhältnissen in einem Vertrage über Errichtung einer offenen Handelsgesellschaft. Nichtigkeit des Vertrages oder des Eigentumserwerbes infolge der Vernachlässigung gewisser für Verträge über Grundstücke landesgesetzlich vorgeschriebener Formen? **13**, 3. — 5) Ist die in dem württembergischen Gesetze vom 21. Mai 1828 über die Intercessionen der Frauen getroffene Bestimmung eine Beschränkung der Handlungsfähigkeit, oder eine bloße Formvorschrift und folgeweise durch Art. 317 H.G.B. modifiziert? Verhältnis zwischen Artt. 317 und 6 Abs. 2 H.G.B.? **15**, 20. — 6) Muß das Konnossement den Formen des Art. 645 H.G.B. unbedingt entsprechen? **20**, 57.

### c. Verträge unter Abwesenden.

1) Verträge unter Abwesenden und unter Gegenwärtigen, durch Mittelspersonen verhandelt. Acceptationsfrist. **18**, 10. — 2) Siehe auch dieses Register § 358 b $\alpha$ Nr. 6. 10. 15, $\beta$ Nr. 1.

## § 236. Erfüllung der Handelsgeschäfte. Ort.

(Siehe auch §§ 98. 99 dieses Registers.)

1) Thatsächliche Würdigung von Umständen, aus denen sich die Absicht der Parteien betreffs des Erfüllungsortes ergiebt. **13**, 412. — 2) Kommt für die Feststellung des Erfüllungsortes neben der ausdrücklichen Vertragsbestimmung noch die Absicht der Kontrahenten in Betracht? **14**, 113. — 3) Ist Erfüllungsort beim Verkaufe schwimmender Ware derjenige Ort, wo der Ladeschein ausgehändigt werden soll? Insbesondere wenn der Käufer vom Verkäufer Rückzahlung von Vorschuß fordert? **16**, 3. — 4) Welcher Ortsgebrauch ist entscheidend für die Frage, ob dem Kommissionär ein Recht auf Auslieferungsprovision zusteht? **17**, 31. — 5) Erfüllungsort für die Verpflichtung aus dem Konnossement. **20**, 56.

## 2. Vom Kauf.

### § 237. Abschluß. Lieferungsgeschäft. Kauf nach Probe. Verpflichtungen der Kontrahenten im allgemeinen.

1) Sind die §§ 981 flg. A.L.R. I. 11 auf handelsgeschäftliche Lieferungsverträge anwendbar? **13,** 14. — 2) Kaufvertrag zwischen einer Samenhandlung als Käuferin und einem Gutsbesitzer als Verkäufer über bedeutende Quantitäten des von letzterm auf seinen Ländereien zu erntenden Samens erster Nachzucht aus Originalsaat einer bestimmten renommierten Produktionsstelle. Objekt? Auslegung des Willens. Handelsgut mittlerer Art und Güte? Mißratene Ernte. **13,** 22. — 3) Beziehen sich die Vorschriften des Art. 345 H.G.B. über das Tragen der Gefahr nur auf vertragsmäßige Ware? **13,** 101. — 4) Zeitpunkt des Überganges der Gefahr auf den Käufer bei Distanzsendungen. **13,** 168. — 5) Der Verkäufer darf nicht leichtfertig etwas versichern, was er selbst nicht weiß. **20,** 92. — 6) Berechnung des dem Käufer durch verspätete Erfüllung erwachsenen Schadens. Unterschied vom Fall der Nichterfüllung. **14,** 112. — 7) Bedeutung der Klausel „cif". **14,** 114. — 8) Haftung des Verkäufers wegen Vertragswidrigkeit der Ware, wenn der Käufer, der dieselbe in Verbindung mit anderen einem Dritten geliefert, wegen der Mängel dieser sowohl wie der anderen Waren von dem Dritten in Anspruch genommen wird? Kausalzusammenhang zwischen der vertragswidrigen Handlung des Beklagten und dem Schaden des Klägers. **15,** 14. — 9) Haftung des Verkäufers gegenüber dem Käufer, und des Käufers gegenüber demjenigen, dem er weiter verkauft, wenn in beiden Fällen ein aliud geliefert als bestellt ist. **20,** 88. — 10) Kann im Falle der Übernahme des Handelsgeschäftes mit Aktiven und Passiven derjenige, welcher Waren dem früheren Inhaber verkauft und dem Übernehmer geliefert hat, von dem ersteren als seinem Kontrahenten den Kaufpreis fordern? **19,** 129. — 11) Verkauf schwimmender Ware. Erfüllung seitens des Verkäufers. Wirkungen der Übergabe des indossierten Ladescheines. **16,** 3. Vgl. **12,** 78. — 12) Kann der Verkäufer, nachdem er die Zurücknahme der übersandten, aber ihm zur Verfügung gestellten Ware verweigert und auf Zahlung geklagt hatte, noch die Dispositionsstellung annehmen? **18,** 161. — 13) Ist der Verkaufsagent verpflichtet, die Kreditwürdigkeit der von ihm präsentierten Käufer zu prüfen und darüber dem Auftraggeber zu berichten? **18,** 112. — 14) Abschluß des Kaufes durch einen Makler mit vorbehaltener Aufgabe des Käufers. Selbsthaftung des Maklers. **20,** 37. — 15) Unter welchen Voraussetzungen hat beim Kauf nach Probe der Käufer, welcher die ihm übergebene Probe nicht aufbewahrt hat, den Beweis der Probewidrigkeit zu führen? Aufbewahrungspflicht des Käufers. **11,** 36. — 16) Heimliche Mängel der Probe. **20,** 37. — 17) Können Geschäfte nach Probe gleichwohl unter Zugrundelegung von Börsenusancen geschlossen werden? **20,** 24. — 18) Wieweit haftet der Verkäufer, welcher nach Probe verkauft hat, wenn sich bei der Warengattung eine der Probe absolut entsprechende Ware nicht herstellen läßt? **20,** 32.

## § 238. Empfangnahme. Mängel der Ware.

1) Bedeutung der Abnahme der Ware vom Frachtführer und der Dispositionsstellung für die Frage des Eigentumserwerbes. (G.) **12,** 81. — 2) Aufbewahrungspflicht des Käufers, der die Ware annimmt und wegen Mängel Preisminderung beansprucht. **20,** 6. — 3) Beziehen sich die Vorschriften des Art. 345 H.G.B. nur auf vertragsmäßige Ware? **13,** 101. — 4) Wird durch Weiterveräußerung der gekauften Ware der Käufer der wegen Mängel zu erhebenden Ansprüche gegen den Verkäufer verlustig? Genehmigung, Verzicht? Unterscheidung zwischen Mängelanzeige und Dispositionsstellung. **17,** 68. — 5) Muß die Mängelanzeige alle Mängel einzeln bezeichnen? Inwiefern ist die nachträgliche Rüge nicht speziell angezeigter Mängel ausgeschlossen? **18,** 55. — 6) Exceptio quanti minoris wegen Mangels vorbedungener Eigenschaften. Beweislast. (G., P., Engl.) **20,** 5. — 7) Wird durch die innerhalb sechs Monaten erfolgende Mängelanzeige nach Art. 349 Abs. 3 H.G.B. nur die Verjährung der Einreden gegen die aus dem fraglichen Kaufgeschäfte geltend zu machenden Ansprüche ausgeschlossen, oder kann alsdann die Einrede wegen der Mängel ohne Rücksicht auf die kurzen Fristen einer aus irgend einem andern Rechtsgrunde entstandenen Gegenforderung gegenüber kompensationsweise geltend gemacht werden? **12,** 324. — 8) Finden die ädilitischen Rechtsmittel Anwendung auf den Gattungskauf? (G.) **12,** 84.

## § 239. Distanzgeschäfte.

1) Eigentumserwerb des Käufers an der von einem andern Orte übersandten Ware? Übergabe des Orderkonnossements. Gattungskauf. Abnahme und Dispositionsstellung. (G.) **12,** 81. — 2) Beziehen sich die Vorschriften des Art. 345 H.G.B. wegen Überganges der Gefahr nur auf vertragsmäßige Ware? **13,** 101. — 3) Endpunkt des Transportes. Zeitpunkt des Überganges der Gefahr bei Distanzsendungen. Art. 345 Abs. 2 H.G.B. **13,** 168. — 4) Bedeutung der Klausel „cif" für die Übernahme der Gefahr der zu transportierenden Ware durch den Verkäufer? **14,** 114. — 5) Mängelrüge, wenn die Ware in Hamburg zu übergeben, aber Anweisung zum Versand an einen Dritten vom Käufer vorbehalten war und dieser Versand erfolgt ist. **18,** 155. — 6) Bedeutung der Klausel telle quelle, namentlich beim Verkaufe unterwegs befindlicher Waren. Darf die Empfangnahme beschädigter Waren abgelehnt werden? **19,** 30. — 7) Interesse des „cif"-Käufers an der ihm cedierten, vom Verkäufer auf den Frachtvorschuß genommenen Versicherung. **19,** 215.

## § 240. Annahmeverzug. Zahlungsverzug. Selbsthilfeverkauf. Artt. 343. 354 H.G.B.

1) Wirkungen des Verzuges des Käufers für den Fall, daß nachträglich ohne Schuld des Verkäufers die Übergabe unmöglich wird? **13,**

21. — 2) Kann der Käufer in Annahmeverzug gesetzt werden, wenn die Ware nicht zur thatsächlichen Verfügung des Verkäufers steht? Selbsthilfeverkauf nach Art. 343 H.G.B. **11,** 111. — 3) Berechnung des Interesses des Verkäufers im Falle des Art. 354 H.G.B. **12,** 188. — 4) Muß der Selbsthilfeverkauf an dem Orte, wo die Ware sich zur Zeit des Beginnes des Annahmeverzuges des Käufers befindet, oder kann er nach Umständen auch anderswo erfolgen? z. B. an dem vertragsmäßigen Bestimmungsorte, wohin die Ware nach Beginn des Verzuges transportiert ist? **15,** 1. — 5) Rechtsgültigkeit eines von einem nicht beeidigten Makler bewirkten Selbsthilfeverkaufes. **18,** 91. — 6) Unter welchen Bedingungen muß der Selbsthilfeverkauf abgeschlossen werden? Darf der Verkäufer Beschränkungen betreffs der Tradition und der Haftbarkeit für Beschaffenheit der Ware beliebig stipulieren? **19,** 198.

### § 241. Verzug des Verkäufers. Deckungskauf.

1) Schadensberechnung beim Deckungskaufe. **11,** 198; **12,** 22. — 2) Berechnung des dem Käufer durch verspätete Erfüllung erwachsenen Schadens. Unterschied vom Falle der Nichterfüllung. **14,** 112. — 3) Kann unter Umständen der Käufer, welcher auf Erfüllung des Vertrages nach Verfall einer Lieferungsrate geklagt und Verurteilung des säumigen Verkäufers erwirkt hat, aus einem nach der Klagerhebung als eventuell vollzogenen Deckungskaufe Entschädigungsansprüche gegen den Verkäufer geltend machen? Wodurch wird das Wahlrecht des Art. 355 H.G.B. absorbiert? **15,** 65. — 4) Ort des Deckungskaufes? Wahrung der Interessen beider Parteien? **11,** 198; **15,** 66. — 5) Kann der durch die Vornahme des Deckungskaufes erwachsene Schaden ohne Abzug des daraus entstandenen Gewinnes ersetzt verlangt werden? Verpflichtung des säumigen Verkäufers, dem Käufer, welcher die Ware unter Verabredung einer Konventionalstrafe für Verzögerung weiter verkauft, letztere im Falle der Verwirkung zu ersetzen. **15,** 73. — 6) Unterschied zwischen der Erklärung des Käufers, vom Vertrage zurückzutreten, und der Erklärung, sich für rückständige Lieferungen decken zu wollen. **17,** 59. — 7) Berechtigt bei einer einheitlichen, in Raten zu erfüllenden Lieferung der Verzug des Verkäufers mit einer oder einigen Raten den Käufer zu einer Teilung des Vertrages dergestalt, daß er für die verfallenen und einen beliebigen Teil der künftig verfallenden Raten sofort Schadensersatz statt Erfüllung fordert und bezüglich eines Restes auf Lieferung besteht? **17,** 59.

### §§ 242. 243.

— — — — — — — — —

## 3. Von dem Kommissionsgeschäfte.

### § 244. Allgemeines.

1) Verhältnis des Auftrages, im Namen des Auftraggebers zu handeln, zu dem Auftrage, als Kommissionär aufzutreten. **18,** 160. —

2) Entsteht das Pfandrecht des Kommissionärs bereits durch die Ausstellung des Ladescheines, der auf ihn lautet, und durch Übernahme der Ware seitens des Schiffers (Frachtführers), oder erst durch Aushändigung des Scheines an ihn? Besitzerwerb durch Anweisung? (P.) **13,** 120. — 3) Inwiefern kann die sofortige Anzeige von der Auftragsausführung seitens des Kommissionärs als zur Ausführung selbst gehörig erscheinen? **14,** 123. — 4) Welcher Ortsgebrauch ist entscheidend für die Frage, ob dem Kommissionär ein Recht auf Auslieferungsprovision zusteht? **17,** 31. — 5) Sind die Handelsbücher des Kommissionärs wegen des Kommissionsverhältnisses für ihn und den Kommittenten gemeinschaftliche Urkunden? **18,** 24. — 6) Klage des Dritten gegen den falsus procurator. **18,** 157. — 7) Darf, falls der Kommissionär als Selbstkontrahent eintritt, das Verhältnis zwischen ihm und dem Kommittenten ferner nach den Grundsätzen des Kommissionsgeschäftes beurteilt werden? insbesondere betreffend Rechtshandlungen, welche zeitlich vor der Perfektion des Kaufgeschäftes erfolgt sind? Haftung des Kommissionärs aus der Erteilung eines Rates. **19,** 97. — 8) Ist, wenn der Kommissionär in der Ausführungsanzeige nicht zugleich einen andern Verkäufer oder Käufer benennt, damit sein Eintreten als Selbstkontrahent als erfolgt anzunehmen? **19,** 100. Vgl. **20,** 113.

### § 245. Verkaufskommission.

1) Haftet der in Afrika etablierte Verkaufskommissionär, der den Erlös seinem Kommittenten nach Deutschland durch Wechsel schickt, für den Eingang der Wechselsumme? **20,** 112. — 2) Allgemeiner Auftrag, im Interesse des Kommittenten nach freiem Ermessen Spekulationspapiere für denselben zu kaufen oder zu verkaufen. Recht des Kommittenten, einen geschehenen Verkauf als nicht für seine Rechnung erfolgt zu behandeln? Anzeigepflicht des Kommissionärs. **14,** 123.

### § 246. Einkaufskommission.

1) Übergang des Eigentumes am Kommissionsgute auf den Kommittenten. **11,** 55. — 2) Liegt dem Einkaufskommissionär, der den Auftrag durch Einkauf von Dritten ausgeführt zu haben behauptet, über den Nachweis des Abschlusses eines der Ausführungsanzeige entsprechenden Geschäftes hinaus auch noch der besondere Beweis, daß dieser Abschluß in bezug auf den erteilten Auftrag erfolgt sei, insbesondere durch Vorlegung seiner Handelsbücher, ob? **18,** 20.

## 3. Von dem Speditionsgeschäfte.

### Einziger Paragraph.

### § 247.

1) Gehört es zu der dem Spediteur obliegenden Sorgfalt, dafür zu sorgen, daß die Konnossemente über die von ihm versandten Güter

spätestens gleichzeitig mit diesen am Bestimmungsorte eintreffen, und eventuell den Empfänger telegraphisch in Kenntnis zu setzen? Worin besteht, wenn er dies nicht gethan und der Empfänger daher die Ware ohne Zahlung von Nachnahme erhalten hat, der Schade des Absenders, welcher die Aushändigung nur gegen Nachnahmezahlung vorgeschrieben hatte? **13,** 60. — 2) Bis zu welchem Zeitpunkte kann derjenige, welcher eine Ware einem Spediteur übergiebt mit dem Auftrage, sie zur Verfügung eines Dritten zu halten, diesen Auftrag widerrufen? Kommt hierbei Handelsrecht in Anwendung? **14,** 150. — 3) Umfang der Haftbarkeit des Spediteurs, wenn die Sendung, welche aus verschiedenen Gegenständen besteht, ohne ein untrennbares Ganzes zu bilden, teilweise beschädigt wird. **15,** 133. — 4) Regelung der Beweislast betreffs der Frage, ob der Brand, durch welchen die dem Spediteur zur Aufbewahrung übergebenen Güter mit dem Lagergebäude vernichtet sind, ein den Spediteur befreiender Unglücksfall ist. **11,** 132. — 5) Unter welchem Gesichtspunkte kann derjenige, dessen Gut beim Spediteur lagerte und von diesem gegen Feuersgefahr versichert ist, Herausgabe der an den Spediteur für das verbrannte Gut bezahlten Versicherungssumme fordern? (G.) **11,** 218. — 6) Bezieht sich die kurze Verjährungsfrist des Art. 386 H.G.B. auch auf andere als diejenigen Ansprüche, welche gegen den Spediteur als solchen aus ihm übertragenen Transporten gerichtet sind? **11,** 136. — 7) Annoncenbureau als Spediteur. **20,** 51.

### 4. Von dem Frachtgeschäfte.

### § 248. Das Frachtgeschäft überhaupt.

(Siehe auch unten § 251. Seefracht.)

1) Zum Begriffe des Ladescheines. **13,** 74. Vgl. **16,** 3. — 2) Erreicht der Frachtvertrag mit der Ankunft der Ware am Bestimmungsorte seine Erfüllung und seinen Abschluß? **13,** 169. — 3) Gelten die Bestimmungen über das freiere Rücktrittsrecht bei Verträgen über Handlungen auch beim Frachtvertrage? (P.) **15,** 76. — 4) Ist der Frachtführer befugt, einen Transport mit durchgehendem Frachtbriefe abzulehnen, wenn der Absender die Route vorschreibt? **18,** 166. — 5) Inwiefern sind Ölgemälde im Sinne des Art. 395 H.G.B. Kostbarkeiten? Ist durch die Bemerkung „Ölgemälde" auf dem Frachtbriefe der Deklarationsvorschrift des Art. 395 a. a. O. genügt? **13,** 36. 38. — 6) Inhalt des nach Art. 405 H.G.B. vom Empfänger gegen den Frachtführer geltend zu machenden Rechtes. Tragweite des Art. 405? **13,** 75. — 7) Umfang der Haftbarkeit des Frachtführers, wenn die Transportsendung, welche, ohne ein untrennbares Ganzes zu bilden, aus verschiedenen Gegenständen besteht, teilweise beschädigt wird? **15,** 133. — 8) Begriff der — nicht zu vertretenden — höheren Gewalt. **19,** 37. — 9) Bedeutung der Abnahme der Ware vom Frachtführer durch den Käufer für den Eigentumserwerb? (G.) **12,** 81. — 10) Inwiefern darf der Frachtführer die Haftung für die durch Verschulden seiner Leute verursachte Beschädigung des Frachtgutes ausschließen? **20,** 115. — 11) Ver-

schulden des Befrachters bezw. Absenders als Voraussetzung seiner Haftung für den durch das Frachtgut verursachten Schaden. **15**, 151; **20**, 78.

### § 249. Das Frachtgeschäft der Eisenbahnen.

1) Rechtliche Zulässigkeit der Bestimmung in § 48 des Betriebsreglements. **13**, 38. — 2) Ist die Eisenbahn von der Haftung für verbrannte Gegenstände allgemein befreit, wenn dieselben leicht entzündlich, oder nur wenn sie der Selbstentzündung leicht zugänglich sind? Auslegung von Art. 424 H.G.B. und § 67 des Betriebsreglements. **15**, 146. 155. Vgl. **20**, 118. — 3) Unter welchen Umständen hat die Eisenbahn für den durch das Frachtgut oder durch ein infolge der besonderen Beschaffenheit desselben eingetretenes Ereignis erlittenen Schaden einen Ersatzanspruch gegen den Absender? Einfluß eines Verstoßes des Absenders gegen eine Reglementsbestimmung über die Art der Verpackung besonders gefährlicher Sachen. Kausalzusammenhang. Findet hier die Vermutung des § 26 A.L.R. I. 6 oder Art. 424 H.G.B. Anwendung? **15**, 151. 152. — 4) Ist die Eisenbahn befugt, einen Frachttransport mit durchgehendem Frachtbriefe abzulehnen, wenn der Absender die Route vorschreibt, insbesondere wenn der Transport durch das Ausland gehen soll? **18**, 166. — 5) Verweigerung der Annahme von Frachtgut seitens der Güterexpedition. Zuständigkeit des Landgerichtes für den deswegen gegen den Fiskus erhobenen Entschädigungsanspruch? **18**, 168. — 6) Inwiefern haftet die Eisenbahn für unterlassenen Schutz gegen Feuersgefahr bei Beförderung in offenen Wagen? **20**, 118.

## Fünftes Kapitel. Vom Seehandel.

### § 250. Allgemeine Bestimmungen. Rheder und Rhederei. Schiffer. Schiffsmannschaft.

1) Begriff der Seefahrt. Gegensatz zur Schiffahrt auf Flüssen und Binnengewässern. Greifswalder Bodden? **13**, 69. — 2) Genügt es, daß der Korrespondentrheder eine von ihm für Rechnung der Rhederei gemachte Aufwendung für zweckmäßig erachtet hat, um die Zweckmäßigkeit selbst als erwiesen anzunehmen? **11**, 193. — 3) Endet mit der Veräußerung des Schiffes die Rhederei? Erlöschen damit die Befugnisse des Korrespondentrheders? **11**, 194. — 4) Haftet der Rheder für das in Ausführung ihrer Dienstverrichtungen begangene Verschulden solcher Personen, die nur vorübergehend zur Verrichtung von Schiffsdiensten angenommen sind, insbesondere wenn ein anderes Glied der Schiffsbesatzung dadurch beschädigt ist? **13**, 114. — 5) Haftung des Rheders für Kollisionsschäden. Kollision auf hoher See, im Bereiche ausländischen Rechtes. Örtliches Recht? **19**, 7. — 6) Wie und mit welchen Wirkungen wird eine Schiffspart verpfändet? Begriff der Schiffspart als

eines Komplexes von Rechten und Pflichten. Ist das Miteigentumsverhältnis das Überwiegende (Sache), oder das Sozietätsverhältnis (Forderung)? **14,** 14. — 7) Ist der Schiffer vermöge seiner gesetzlichen Vollmacht befugt, außerhalb des Heimatshafens eine Reparatur vorzunehmen, welche nicht zur Herstellung der Seetüchtigkeit, sondern nur zur Erhaltung des Schiffes in seiner bisherigen Versicherungsklasse dient? **13,** 79. — 8) Voraussetzungen des Rechtes des Schiffers zum Anlaufen eines Nothafens zwecks Schiffsreparatur. **14,** 43. — 9) Gesichtspunkte für die Beurteilung der Frage, ob ein bestimmter Löschplatz geeignet ist oder nicht? **15,** 157. — 10) Ist der Schiffer berechtigt, mit Rechtswirkung gegen den Rheder außerhalb des Heimatshafens Anerkennungsverträge mit bezug auf solche Rechtsverhältnisse abzuschließen, die eine Folge der innerhalb seiner gesetzlichen Vollmacht eingegangenen Rechtsgeschäfte sind? oder in dieser Hinsicht Urkunden auszustellen, welche gegen den Rheder beweisen? **13,** 84. — 11) Unter welchen Umständen darf in engen Fahrwassern ein Dampfer diejenige Seite des Fahrwassers verlassen, welche an seiner Steuerbordseite liegt? Art. 21 der Kaiserl. Verordnung vom 7. Januar 1880. **19,** 14. 29. — 12) Anwendung des Art. 18 der Kaiserl. Verordnung vom 7. Januar 1880 auf einen Schleppzug oder ein geschlepptes Schiff. Minderung der Fahrt, Rückwärtsgehen im Falle der Gefahr. Geringe Manövrierfähigkeit. **19,** 19. — 13) Pfandrecht für die Heuerforderung. **19,** 90. — 14) Begründung einer Bodmereiforderung. Haftung des Versicherers der Ladung für die Gefahr der Verbodmung derselben. Begriff und Umfang dieser Gefahr. Bezahlung der Heuer seitens des versicherten Ladungsempfängers. **19,** 87. — 15) Vorrecht der Heuerforderung wegen früherer Reisen, auch wenn die Besatzung vor Antritt der letzten Reise ihre Entlassung hätte fordern können. **20,** 184.

## § 251. Von der Seefracht. Konnossement.

1) Von welchem Zeitpunkte ab beginnt die Haftung des Verfrachters aus dem Receptum? Inwiefern ist hierfür der Zeitpunkt der Aushändigung des Konnossements von Einfluß? **11,** 103. — 2) Sind, wenn im Konnossement perils of navigation von der Haftung des Verfrachters ausgenommen sind, darunter nur diejenigen Gefahren zu verstehen, welche mit Beginn der Fortbewegung des Schiffes aus dem Abladehafen anheben, oder auch die Gefahr während des Abladens? **11,** 106. — 3) Giebt die Konnossementsklausel „freight earned ship lost or not lost“ dem Verfrachter ein Recht auf die Fracht auch dann, wenn das abgeladene Gut noch vor Abgang des Schiffes einen Unfall erleidet? **11,** 110. — 4) Bedeutung der Übergabe des Orderkonnossements für den Eigentumserwerb an den darin verzeichneten Waren? **12,** 83. — 5) Kann das Konnossement auch von einer anderen Person ausgestellt werden als von dem Schiffer? Zeichnung des Konnossements vor der Abladung. **20,** 55. — 6) Muß das Konnossement den Formvorschriften des Art. 645 H.G.B. unbedingt entsprechen? **20,** 57. — 7) Ist, wenn das Konnosse-

ment die Güter als shipped bezeichnet, die Berufung zulässig auf eine angebliche Übung, das Konnossement vor der Abladung zu zeichnen, auf einen angeblichen Sprachgebrauch, wonach shipped soviel wie received for shipment bedeutet, auf Kenntnis des anderen Teiles hiervon? **20,** 52. 66. — 8) Berechnung der Fracht nicht nach der im Konnossement enthaltenen Maßangabe. Bezugnahme auf die Charteparte. Zum Verständnis der Chartepartieklausel „as far as she safely may get". **14,** 115. — 9) Auslegung einer in London von zwei dortigen Maklern als Vertretern deutscher Kontrahenten in englischer Sprache abgeschlossenen Chartepartie. Beurteilung nach englischem oder nach deutschem Rechte? **19,** 34. — 10) Unterliegen privatschriftlich errichtete Chartepartien dem allgemeinen Vertragsstempel von 1. 50 *M*? (P.) **14,** 256. — 11) Bedeutung der Penalty-Klausel in Chartepartien nach englischer Rechtsauffassung. **19,** 34. — 12) Gelten die Bestimmungen über das freiere Rücktrittsrecht bei Verträgen über Handlungen auch beim Frachtvertrage? (P.) **15,** 76. — 13) Ist der Verfrachter, welcher nach Beendigung der Abladung wegen deren Verzögerung vom Ablader Liegegeld verlangt und deswegen Klage erhebt, berechtigt, noch länger mit dem Schiffe zu warten und hierfür weiteres Liegegeld zu berechnen? **15,** 74. — 14) Kann der Schiffer dem Anspruche des legitimierten Konnossementsinhabers auf Auslieferung des Gutes den Einwand entgegensetzen, daß derselbe das von dem Befrachter auf Grund kontraktlicher Beziehungen erhaltene Konnossement dem letzteren zurückzugeben verpflichtet sei? **14,** 7. Inwiefern kann er gegen die Schadensersatzklage des Empfängers wegen Nichtauslieferung des Gutes als Cessionar des Befrachters dessen Recht gegen den Empfänger auf Rückgabe des — vertragsmäßig empfangenen — Konnossements einwenden? **14,** 12. — 15) Interesseforderung gegen den Verfrachter, welcher die verladene Ware dem legitimierten Konnossementsinhaber nicht abliefert. **20,** 62. — 16) Geht die Verpflichtung des Verfrachters auf Ablieferung speziell der verladenen Ware oder auf Ablieferung von Waren, wie sie — generisch — im Konnossement bezeichnet sind? **20,** 64. — 17) Brandschaden an Gütern, die zum Abladen bereit stehen. Schadensanspruch des legitimierten Inhabers des bereits ausgestellten Konnossements. **20,** 52. — 18) Hat ein Schiff, welches seines Tiefganges oder seiner Dimensionen wegen nicht in den eigentlichen Hafen einzulaufen vermag, im frachtrechtlichen Sinne den Bestimmungshafen schon erreicht, wenn es auf der Rhede desselben vor Anker geht? Begriff des Löschungshafens im Sinne des Art. 647 H.G.B. **14,** 8. — 19) Pflichten und Rechte des Schiffers dem Empfänger gegenüber, wenn dieser die Abnahme der Güter oder die Abnahme in einer gewissen Art und Weise verweigert. Auslegung des Art. 602 Abs. 2 H.G.B. Voraussetzungen des Schadensersatzanspruches des Empfängers gegen den Schiffer wegen der Nichtauslieferung. Darf letzterer, wenn er bei den Differenzen über die Modalitäten der Ablieferung im Rechte ist, absegeln und das Gut nach anderweiter Instruktion des Befrachters veräußern und anderweit ausliefern? **14,** 8. — 20) Muß der Schiffer, welcher einen Nothafen angelaufen hat, warten, bis auch die durch den Unfall beschädigten Güter wieder transportfähig gemacht sind, oder hat er die Fracht auch dann verdient, wenn er unter Zurücklassung der noch nicht transportfähigen Güter die Reise fortsetzt? **14,** 34. — 21) Auslegung der Konnossementsklausel, daß der Verfrachter berechtigt sei, ein anderes Schiff zu substituieren oder die Güter in ein anderes Schiff umzuladen. **14,** 38. — 22) Muß der Schiffer mangels Abnahme des Gutes seitens des Empfängers nach Artt. 629. 602 H.G.B. auch dann die Ladung niederlegen, wenn dadurch sein eigenes Interesse gefährdet — z. B. das verladene, ihm als Pfand haftende Eis schmelzen — würde? **15,** 25. — 23) Unter welchen Voraussetzungen muß der Schiffer der Anweisung des Empfängers bezüglich des Löschplatzes folgen? Ist das subjektive vernünftige Ermessen über das Geeignetsein des angewiesenen Platzes und über die etwaige Gefährdung des Schiffes maßgebend, oder der Umstand, ob der Platz sich objektiv als geeignet herausstellt oder nicht? **15,** 157. — 24) Muß der Schiffer, wenn der Empfänger das Gut nicht abnimmt, dasselbe gegen Zahlung der Fracht dem Befrachter auch dann ausliefern, wenn derselbe das Konnossement nicht in Händen hat? **15,** 25. — 25) Inhalt und Umfang der dem Verfrachter nach Artt. 607. 612 H.G.B. obliegenden Ersatzpflicht. Muß der Empfänger sich denjenigen Betrag anrechnen lassen, welchen er von seinem Versicherer, speziell demjenigen imaginären Gewinnes gezahlt erhält? **15,** 83; **20,** 52. — 26) Befreiung des Versicherers von der Pflicht, dem versicherten Rheder den diesem aus einer Schiffskollision entstehenden Schaden zu ersetzen, durch den Umstand, daß das Schiff ohne Lotsen fuhr? Hamburger Hafen- und Lotsenverhältnisse. **19,** 1. — 27) Verschulden des Befrachters als Voraussetzung seiner Haftung für den durch die Ladung verursachten Schaden. Verheimlichung gefährlicher Eigenschaften. Anspruch des Unterverfrachters aus eigenem Rechte. **20,** 76. Vgl. **15,** 151.

## § 252. Von der Haverei.

### a. Große (gemeinschaftliche) und besondere Haverei.

1) Sind, wenn das Schiff sinkt, die vom Schiffer nicht geborgenen, sondern auf dem Wrack verkauften Güter als verloren oder geborgen anzusehen? Distanzfracht. Totalverlust? **13,** 122. — 2) Prinzip der der großen Haverei zu Grunde liegenden Interessengemeinschaft. Wirkung des durch einen Unfall verursachten Aufenthaltes der Reise auf die Rechte und Pflichten des Verfrachters — Schiffers — und des Abladers. Verzögerung wegen Beschädigung der Güter. **14,** 40. 34. Voraussetzungen des Rechtes des Schiffers zum Anlaufen eines Nothafens zwecks Schiffsreparatur. **14,** 43.

### b. Schaden durch Zusammenstoß von Schiffen.

1) Schiffskollision, während das Schiff ohne Lotsen fuhr. Zwangslotsen. Hamburger Hafen- und Lotsenverhältnisse. Haftung des Ver-

sicherers? **19**, 1. — 2) Nach welchem territorialen Rechte ist zu beurteilen: a. die Haftung des Rheders eines deutschen Schiffes für den durch Kollision mit einem anderen Schiffe diesem zugefügten Schaden, wenn der Zusammenstoß auf hoher See oder wenn er im Bereiche eines ausländischen Rechtes erfolgt? b. die Frage, ob der Lotse, der den Zusammenstoß veranlaßt hat, als Zwangslotse anzusehen ist? **19**, 7. — 3) Unter welchen Umständen darf in engen Fahrwassern ein Dampfer die Steuerbordseite des Fahrwassers verlassen? Art. 21 der Kaiserl. Verordnung vom 7. Januar 1880. Anwendung des Art. 18 derselben auf einen Schleppzug oder ein geschlepptes Schiff. Geringe Manövrierfähigkeit. **19**, 14. 19. 29. Zu großer Tiefgang. **20**, 34. — 4) Haftung des Rheders des geschleppten Schiffes für Verschulden der Besatzung des Schleppers. **20**, 84. — 5) Zusammenstoß mit einem zu Anker gegangenen Schiffe. Anwendung der Artt. 22. 24 der Kaiserl. Verordnung vom 7. Januar 1880. **20**, 175.

## § 253. Von der Berge- und Hilfsleistung in Seenot.

1) Sind, wenn das Schiff sinkt, die vom Schiffer auf dem Wrack verkauften Güter als verloren oder geborgen anzusehen? **13**, 122. — 2) Maßstab für die Beurteilung, ob ein in Seenot geschlossener Vertrag in bezug auf die Höhe des Berge- und Hilfslohnes wegen erheblichen Übermaßes nach Art. 743 H.G.B. angefochten werden kann. Damalige Sachlage und subjektive Befürchtungen des Hilfeleistenden, oder demnächstiger objektiver Verlauf maßgebend? **13**, 131. Aleatorischer Charakter der über Bergung und Hilfsleistung in Seenot geschlossenen Verträge. **13**, 136. Muß der Richter, wenn er nach Art. 743 a. a. O. den Vertrag aufhebt, eine von vornherein absolut bestimmte Summe der bedungenen Vergütung substituieren? **13**, 140.

## § 254. Von der Seeversicherung.

1) Begriff der Versicherungsreise. **12**, 31. Abweichung von derselben, Erweiterung, Veränderung und Modifikation derselben. Gegensatz einer neuen, nicht unter die Versicherung fallenden Reise. Reise über den Bestimmungshafen hinaus? Auslegung bezüglicher Policeklauseln. **13**, 86. — 2) Was heißt „unterwegs“ im Art. 835 H.G.B.? **12**, 28. — 3) Begriff des Eigentumsinteresses. Kann für ein eventuelles oder zweifelhaftes Interesse Versicherung genommen werden? Anzeige der Zweifelhaftigkeit? Versicherung, für wen es angeht? **13**, 99. — 4) Muß der Versicherungsnehmer nur objektiv für die Beurteilung der Gefahr erhebliche Umstände dem Versicherer anzeigen? Ablehnung der Versicherung durch eine andere Gesellschaft. (Engl. Recht, R.) **13**, 107. — 5) Liegt eine Doppelversicherung vor, wenn die erste Versicherung in dem Momente, mit welchem die später geschlossene beginnt, ihre Wirksamkeit verlieren soll? Inwieweit ist zur Gültigkeit der späteren Versicherung ein Verzicht des Versicherungsnehmers auf die Rechte aus der

früher geschlossenen erforderlich? **13**, 111. — 6) Bedeutung der Versicherung imaginären Gewinnes. Muß gegenüber der Ersatzpflicht des Verfrachters für Beschädigung der Ware — Artt. 607. 612 H.G.B. — der Empfänger sich das anrechnen lassen, was er von seinem Versicherer, speziell dem Versicherer imaginären Gewinnes, gezahlt erhält? **15**, 83; **20**, 52. — 7) Offene oder taxierte Police? Vermutung? Auslegung und Beweislast? **19**, 207. — 8) Kann bei taxierten Policen der Versicherer im Falle eines Partialschadens eine Erhöhung der Taxe verlangen, wenn er beweist, daß dieselbe den wahren Wert des versicherten Gutes nicht erreicht? Steht ihm ein anderes Mittel zur Beseitigung der Taxe zu Gebote? Artt. 797. 799 H.G.B. (R., ausländ. Recht.) **11**, 10. — 9) Anfechtung einer taxierten Police, laut welcher Güter einschließlich imaginären Gewinnes versichert sind ohne Bezeichnung des Betrages, der für den letzteren gelten soll. Übersetzung der Taxe. **19**, 207. — 10) Versicherung für fremde Rechnung. Setzt Art. 786 H.G.B. einen unbedingten Auftrag voraus? **13**, 113. — 11) Klausel „für Rechnung wen es angeht". Für wessen Rechnung die Versicherung genommen ist? **19**, 211. — 12) Begriff des verlorenen Gutes. Verkauf von Gütern auf dem Wrack, wenn das Schiff sinkt. Totalverlust? **13**, 122. — 13) Schließt schon ein leichtes Verschulden des Versicherten die Ersatzpflicht des Versicherers aus? (G., P., R., ausländ. Recht). **14**, 119. — 14) Befreiung des Versicherers von der Pflicht, dem versicherten Rheder den diesem aus einer Schiffskollision entstehenden Schaden zu ersetzen, durch den Umstand, daß das Schiff ohne Lotsen fuhr? Hamburger Hafen- und Lotsenverhältnisse. **19**, 1. — 15) Begriff des Totalverlustes, insbesondere der Unrettbarkeit im Sinne des Art. 858 H.G.B. Kann der Versicherer dadurch in Verzug gesetzt werden, daß der Versicherte beim Verlangen der Versicherungssumme für eingetretenen Totalverlust ihm solche konkrete Thatsachen und Beweise vorlegt, aus denen die Unwahrscheinlichkeit der Wiedererlangung hervorgeht? **15**, 161. — 16) Begründung einer Bodmereiforderung. Haftung des Versicherers der Ladung für die Gefahr der Verbodmung derselben. Begriff und Umfang dieser Gefahr. Bezahlung der Heuer seitens des versicherten Ladungsempfängers. **19**, 87. — 17) Interesse des Käufers mit der Klausel „cif" an der ihm cedierten, vom Verkäufer auf Frachtvorschuß genommenen Versicherung. **19**, 215. — 18) Provisorische Versicherung. Umwandlung in eine definitive. Wird erst durch letztere der Vertrag perfekt? Unterlassung von Anzeigen seitens des Versicherungsnehmers. Kenntnis desselben von erheblichen Thatsachen. **19**, 216. — 19) Versicherung einer Getreideladung. Klausel, daß auf Verlangen des Versicherers ihm das Stauattest eines bestimmten Besichtigungsinstitutes vorzulegen sei. Bedeutung einer dieserhalb im voraus getroffenen generellen Abrede. Auslegung der demnächstigen Erklärungen beim Vertragsschlusse. Muß dies Verlangen unmittelbar nach eingetretenem Seeunfall gestellt werden? **19**, 226.

# Siebenter Abschnitt. Das Wechselrecht.

## § 255. Statutenkollision.

1) Ist die Wechselfähigkeit eines Ausländers, welcher im Inlande einen an einem ausländischen Orte domizilierten Wechsel acceptiert, nach den Gesetzen des Erfüllungsortes oder des Ortes des Vertragsschlusses zu beurteilen? Französin. Autorisation des Ehemannes. **15,** 11.

## § 256. Rechtliche Natur des Wechsels.

1) Wechselvertrag als Entstehungsgrund jeder Wechselverbindlichkeit. Wie kommt der Wechselvertrag zustande? Blankoaccept. **14,** 23. — 2) Rechtliche Bedeutung eines unausgefüllten Wechselblanketts. **14,** 94.

## § 257. Wechselfähigkeit.

1) Wechselfähigkeit einer Französin, welche ohne Autorisation ihres Ehemannes im Inlande einen nach Paris domizilierten Wechsel acceptiert? **15,** 11.

## § 258. Erfordernisse eines gezogenen Wechsels.

1) Bedeutung der Datierung des Wechsels bei Ausfüllung des Blanketts. **11,** 7. — 2) Historische Auslegung von Art. 4 Nr. 4 W.O. **11,** 155. — 3) Ist eine Urkunde, welche die Angabe mehrerer Orte oder Zeiten ihrer Ausstellung enthält, im übrigen aber den Wechselerfordernissen entspricht, ein Wechsel? **11,** 165. — 4) Wechsel auf Sicht „ohne vorgängige Präsentation". Bestimmte Zahlungszeit? **20,** 182. — 5) Ist es von Bedeutung, auf welche Stelle der Vorderseite des Wechsels die Namen von Aussteller und Acceptant geschrieben sind? **12,** 120. — 6) Rechtliche Bedeutung eines unausgefüllten Wechselblanketts. **14,** 94. — 7) Muß der Wechsel die Firma oder den Namen des Bezogenen wörtlich enthalten, oder schadet eine unwesentliche Ungenauigkeit nicht? **14,** 17. — 8) Tratte auf eine Firma. Erfordernis der Kaufmannseigenschaft und des wirklichen Führens der Firma. **14,** 17. — 9) Ungültigkeit eines Wechsels, aus welchem unzweifelhaft hervorgeht, daß der Bezogene und der Remittent dieselbe Person ist. **19,** 93. — 10) Wie läßt sich die Identität zweier auf dem Wechsel genannten Personen feststellen? **19,** 96. — 11) Wirkung eines Zusatzes zu der Unterschrift des Ausstellers, durch welchen die Haftung als solcher beseitigt werden soll? **18,** 114.

## § 259. Trassant und Remittent.

1) Verhältnis der Wechselverbindlichkeit des Trassanten und anderer Regreßschuldner zu der des Acceptanten. **11,** 19. — 2) Ist es zulässig, daß der Remittent zugleich Domiziliat ist? **15,** 114. — 3) Wird der Trassant eines Wechsels an eigene Order dadurch, daß er seinem Indossament den Zusatz „ohne Obligo" beifügt, von seiner Regreßverpflichtung als Aussteller frei? **18,** 112. — 4) Wirkung eines Zusatzes zu der Unterschrift des Ausstellers, durch welchen die Haftung als solcher beseitigt werden soll. **18,** 114. — 5) Ausstellung eines Wechsels in blanco. Ausfüllung mit Domizilvermerk seitens des Wechselnehmers. **19,** 136.

## § 260. Indossament.

1) Teilindossament. Begriff, Zulässigkeit. **11,** 148. — 2) Einrede aus der Person des Mandanten gegenüber dem wechselmäßig als Vollindossatar legitimierten Inkassoindossatar. **11,** 9. — 3) Umfaßt die Ermächtigung zur Ausfüllung eines Trattenblanketts die Befugnis zur Domizilierung des Wechsels? **19,** 136. — 4) Stehen dem durch ein nach erhobenem Proteste mangels Zahlung gegebenen Indossament legitimierten Indossatar Einreden nur aus der Person des ersten Indossanten nach Protest entgegen, oder auch aus der Person von Zwischenindossanten? **14,** 109. — 5) Wird der Trassant eines Wechsels an eigene Order dadurch, daß er seinem Indossament den Zusatz „ohne Obligo" beifügt, von seiner Regreßverpflichtung als Aussteller frei? **18,** 112. — 6) Indossierung eines Wechsels, aus welchem unzweifelhaft hervorgeht, daß der Bezogene und der Remittent dieselbe Person ist. **19,** 93.

## § 261. Präsentation und Annahme. Blankoaccept. Domizilwechsel.

1) Für die Frage nach der Vertragsfähigkeit des Acceptanten oder der Vertretungsbefugnis des in seinem Namen unterzeichnenden Vertreters ist der Zeitpunkt der Ausstellung und Übergabe des Blankoacceptes entscheidend, nicht derjenige der Ausfüllung des Blanketts. **11,** 6. — 2) Verhältnis der Wechselverpflichtung des Acceptanten zu der des Trassanten und der anderen Regreßschuldner. Kann jener die vom Trassanten geleistete Zahlung vorschützen? **11,** 19. — 3) Ist die Forderung aus einem auf Sicht zahlbaren Wechsel als fällig zu betrachten? **11,** 303. — 4) Sichtwechsel „ohne vorgängige Präsentation". **20,** 182. — 5) Ist gegen die aus einem Wechselaccepte von einem gutgläubigen Inhaber angestellte Klage die Einrede zulässig, daß der Beklagte seine Unterschrift auf einem noch leeren Wechselformulare vollzogen habe, ohne zu wissen, daß dasselbe ein solches sei, und ohne den Willen, eine Wechselverbindlichkeit einzugehen? **14,** 22. — 6) Protestierung eines uneigentlichen Domizilwechsels. Erfordernisse des Protestes. **14,** 148. — 7) „Neustrelitz, den . . . Am . . . zahlen Sie gegen diesen meinen Wechsel an

die Vorschußanstalt hierselbst oder an deren Order, bei deren Kasse die Summe von . . . A. An Herrn B. in Himmelpfort." Ist dies ein Domizilwechsel? **15,** 111. — 8) Kann die Gestattung der Domizilierung des Wechsels nur durch ausdrückliche Erklärung oder auch stillschweigend erteilt werden? **18,** 115. — 9) Ausstellung eines Wechsels in blanco. Ausfüllung mit Domizilvermerk seitens des Wechselnehmers. Einrede der Bösgläubigkeit gegen den dritten Erwerber. **19,** 136.

## § 262. Zahlung.

1) Zahlungszeit bei einem Sichtwechsel „ohne vorgängige Protestation". **20,** 182.

## § 263. Regreß mangels Zahlung.

1) Kann auch der Honorat, der den Wechsel vom Ehrenzahler eingelöst hat, sein und seiner Nachmänner Indossament ausstreichen? **12,** 134. — 2) Umfaßt der Ausdruck „Kosten" in Artt. 45. 48 W.O. auch die Provision? **14,** 106. — 3) Entsteht der Schadensersatzanspruch aus Art. 48 W.O. mit dem Augenblicke, wo der Inhaber des Wechsels den gerechtfertigten Antrag zurückweist, oder erst, wenn die Modalität, in der der Schadensersatz zu gewähren, sich aus dem weiteren Verlaufe der Dinge ergiebt? **14,** 109. — 4) Stehen dem durch ein nach erhobenem Proteste mangels Zahlung gegebenes Indossament legitimierten Indossatar nur Einreden aus der Person des ersten Indossanten nach Protest, oder auch aus der Person eines Zwischenindossanten entgegen? **14,** 109. — 5) Regreßpflicht des Ausstellers. Beseitigung derselben durch Zusätze bei seiner Unterschrift oder, im Falle des Wechsels an eigene Order, bei seinem Indossament? (Ohne Obligo u. ä.) **18,** 112. — 6) Haftet der in Afrika etablierte Kommissionär für den Eingang des Wechsels, durch welchen er dem Kommittenten den Kommissionserlös nach Deutschland schickt? **20,** 112.

## § 263 A. Ehrenintervention.

1) Anwendung des Art. 55 W.O. (Durstreichung der Indossamente) auf den Honoraten, der den Wechsel vom Ehrenzahler eingelöst hat? Tilgung der wechselrechtlichen Wirkung von Indossamenten durch Ehrenzahlung zu Ehren eines denselben vorangehenden Indossatars? **12,** 133.

## §§ 264. 265.

— — — — — — — — — —

## § 266. Wechselurkunde. Mängel derselben. Wechselfälschung.

1) Einrede der Arglist, wenn der Beklagte dem Kläger ein Trattenblankett, welches nur rechts unten seine, des Beklagten, Unterschrift trägt,

aushändigt, und der Kläger dies so ausfüllt, daß der Geber als Acceptant, er selbst als Aussteller erscheint? **12,** 118. — 2) Inwiefern muß die Legitimation des Wechselinhabers zur Zahlungsforderung aus dem Wechsel selbst hervorgehen? **12,** 132. — 3) Ist gegen die aus einem Wechselaccepte von einem gutgläubigen Wechselinhaber angestellte Klage die Einrede zulässig, daß der Beklagte seine Unterschrift auf einem noch leeren Wechselformulare vollzogen habe, ohne zu wissen, daß es ein solches sei, und ohne den Willen, eine Wechselverbindlichkeit einzugehen? **14,** 22. — 4) Rechtliche Bedeutung eines unausgefüllten Wechselblanketts? **14,** 94. — 5) Identität von Bezogenem und Remittenten. Feststellung derselben? Wirkung? **19,** 93. — 6) Postauftragssendung des Wechsels an den Bezogenen behufs Einholung des Acceptes. Fälschung durch den Postbeamten. Haftung der Postverwaltung. **19,** 101. — 7) Keine Einrede der Fälschung gegen den dritten gutgläubigen Wechselinhaber, wenn von einem Wechselnehmer abredewidrig das Wechselblankett mit einer domizilierten Adresse versehen ist? **19,** 136.

### § 267. Wechselverjährung.

1) Inwiefern wird die Verjährung der Wechselklage durch Zustellung eines Zahlungsbefehles unterbrochen? **14,** 31.

### § 268. Klagerecht des Wechselgläubigers. Unterliegendes Verhältnis.

1) Wie kommt der Wechselvertrag zustande? Einrede des Acceptanten, er habe seine Unterschrift auf einem noch leeren Wechselformulare vollzogen, ohne zu wissen, daß dasselbe ein solches sei, und ohne den Willen, eine Wechselverbindlichkeit einzugehen. **14,** 22. — 2) Einrede der Arglist, wenn der Beklagte dem Kläger ein Trattenblankett übergeben hat, welches nur rechts unten die Namensschrift des Beklagten trägt, und Kläger abredewidrig dies so ausfüllt, daß der Geber als Acceptant, er aber als Aussteller erscheint. Umfang der Beweislast des Beklagten. **12,** 118. — 3) Ausstellung eines Wechsels in blanco. Ausfüllung mit Domizilvermerk seitens des Wechselnehmers. Einrede der Bösgläubigkeit gegen den dritten Erwerber. **19,** 136. — 4) Maßgebender Zeitpunkt für die Vertragsfähigkeit des Acceptanten oder die Vertretungsbefugnis des in seinem Namen unterzeichnenden Vertreters? Begebung oder Ausfüllung des Blankoacceptes? **11,** 6. — 5) Berufung auf die weiblichen Rechtswohlthaten bei Intercessionen gegenüber der Wechselklage? (G.) **11,** 2. — 6) Einrede aus der Person des Mandanten gegenüber dem wechselmäßig als Vollindossatar legitimierten Inkassoindossatar. **11,** 9. — 7) Inwiefern muß die Legitimation des Wechselinhabers zur Zahlungsforderung aus dem Wechsel selbst hervorgehen? **12,** 132. — 8) Einrede der Zahlung. Kann der Acceptant die vom Trassanten geleistete Zahlung einwenden? **11,** 20. — 9) Art. 83 W.O. Ist derjenige, dessen Vertreter zum Empfange von Geld ermächtigt ist, durch eine an diesen geleistete Zahlung bereichert? Wegfall der Bereicherung, wenn

dieser das Geld unterschlägt? **13**, 5. — 10) Fällt der gegen den Gemeinschuldner rechtshängig gemachte Anspruch aus der Bereicherung gemäß Art. 83 W.O. unter die Kategorie von § 8, oder § 9, oder § 10 K.O.? **16**, 360. — 11) Kann der Acceptant, der im Wechselprozesse die Einrede des Gefälligkeitsacceptes auf den Eid des Klägers gestellt hat, nach erfolgter Eidesleistung eine selbständige Klage auf Rückgewähr seiner Wechselunterschrift aus dem gleichen Grunde erheben? **18**, 378. — 12) Berufung des vom Kommittenten und Giratar belangten Kommissionärs und Giranten auf das Kommissionsverhältnis. **20**, 114.

### § 269.

— — — — — — — — —

### § 270. Wechselprotest.

1) Inwiefern kann die Angabe im Wechselproteste, in dem betreffenden Geschäftslokale sei die Kasse verschlossen gefunden, dem Art. 88 Ziff. 3 W.O. genügen? Reichsbankstelle. Kassenstunden. **14**, 145. — 2) Ist ein uneigentlicher Domizilwechsel im Geschäftslokale bezw. in der Wohnung des Bezogenen, oder an der angegebenen Zahlstelle zu protestieren, und ist an letzterm Orte der Bezogene selbst zu suchen? **14**, 148.

### § 271. Der eigene Wechsel.

1) Eigener Sichtwechsel „ohne vorgängige Präsentation". Bestimmte Zahlungszeit? **20**, 182.

# Zweiter Teil.

# Civilprozeß.

## Erstes Kapitel. Allgemeine Grundsätze, betreffend den Civilprozeß und die Konkursordnung.

### § 272. Justiz- und Verwaltungssachen. Rechtsweg.

1) Giebt es einen allgemeinen Rechtssatz, daß Verpflichtungen aus einem öffentlichrechtlichen Verhältnisse civilgerichtlich nicht verfolgbar sind? **19**, 70. — 2) Vertragsmäßige Ausschließung des Rechtsweges. Schieds-

vertrag. **16,** 336. 370. — 3) Geltendmachung der Unzulässigkeit des Rechtsweges seitens des Klägers und Revisionsklägers? Prüfung der Zulässigkeit von Amts wegen? **17,** 176. — 4) Zulässigkeit des Rechtsweges in Preußen für Ansprüche gegen den Fiskus wegen ungerechtfertigter Erhebung von Staats- und Reichsabgaben. **11,** 67. 71. 91. 93. 97. 98; **12,** 64; **16,** 85; **18,** 128. — 5) Ist nach dem in Elsaß-Lothringen geltenden Landesrechte für die Klage gegen den Fiskus auf Rückzahlung von Zöllen oder anderen indirekten Steuern der Rechtsweg zulässig? Ist er durch Reichsrecht ausgeschlossen? **16,** 38. — 6) Kann gegen die Verwaltungsbehörde, welche gemäß §§ 459 flg. St.P.O. einen „Strafbescheid" erlassen hat, eine Civilklage auf dessen Aufhebung erhoben werden? (R., Elsaß-Lothr.) **16,** 410. — 7) Inwieweit ist für Streitigkeiten über die Entrichtung und die Verpflichtung zur Sicherstellung von Gemeindeabgaben der Rechtsweg zulässig? Straßenbau. (P.) **17,** 199. 245. — 8) Ist die Behauptung eines Privilegiums geeignet, den Rechtsweg über die darauf gegründete angebliche Befreiung von einer allgemeinen Staatsabgabe zulässig erscheinen zu lassen? Befreiung der Mitglieder der mediatisierten Familien von der Einkommensteuer. (P.) **17,** 235. — 9) Besteht in Elsaß-Lothringen die Vorschrift des Art. 15 Titel III des Dekretes vom $\frac{\text{28. Oktober}}{\text{5. November}}$ 1790 noch zu Recht, wonach derjenige, welcher gegen den Fiskus klagen will, vorher der Verwaltung seinen Anspruch schriftlich mitteilen muß? **17,** 416. — 10) Kann die Landesgesetzgebung die Festsetzung und Beitreibung der Strafe wegen Zuwiderhandelns gegen die Vorschriften über die Erhebung öffentlicher Abgaben und Gefälle, und den Widerspruch des Betroffenen als bürgerliche Rechtsstreitigkeit behandeln? **17,** 427. Vgl. **16,** 410. Klage auf Aufhebung eines den Formen der §§ 459 flg. St.P.O. nicht entsprechenden Zwangsbefehles? **17,** 434. — 11) Ist die etatsmäßige Gehaltserhöhung in der durch das Dienstalter bestimmten Reihenfolge Gegenstand eines klagbaren Anspruches des preußischen Richters? **11,** 291. — 12) Grenzen der Zulässigkeit des Rechtsweges gegen einen nach § 141 des Reichsbeamtengesetzes gefaßten Defektenbeschluß? Materielle und formelle Anfechtung des Beschlusses. **12,** 143. — 13) Rechtsweg über die Rechtmäßigkeit der von der Verwaltung angeordneten Versetzung eines Reichsbeamten in einstweiligen Ruhestand, insbesondere, ob die Verwaltungsbehörde mit Recht eine gesetzmäßig vollzogene Umgestaltung der Behörde, der der Beamte angehörte, angenommen hat? **12,** 70. — 14) Voraussetzungen der Unzulässigkeit des Rechtsweges im Falle des § 120 a R.Gew.O. Peremptorische und dilatorische Natur der bezüglichen Einrede. **12,** 61. — 15) Gewerbliches Vorverfahren. § 120 a R.Gew.O. Zur Begriffsbestimmung von „Leistungen aus dem Arbeitsverhältnisse." **13,** 341. — 16) Verfahren über Einwendungen gegen konzessionspflichtige gewerbliche Anlagen? Rechtsweg? **13,** 55. — 17) Rechtsweg behufs Erlangung der Erlaubnis zum Betriebe der Schankwirtschaft, bezw. zur Feststellung einer Realschankgerechtigkeit, insbesondere gegen den Eingriff einer polizeilichen Verfügung gerichtet. **15,** 138. — 18) Inwiefern erfolgt die richterliche Ernennung von Liquidatoren einer offenen Handelsgesellschaft im ordentlichen Rechtswege? **13**, 155. — 19) Ist das nach § 35 des Reichsgenossenschaftsgesetzes stattfindende Verfahren wegen Auflösung einer Genossenschaft ein civilprozessuales? Anwaltszwang für die Verwaltungsbehörde? **14**, 29. — 20) Verhältnis des in § 30 des preuß. Enteignungsgesetzes vom 11. Juni 1874 zugelassenen Prozesses zum Enteignungsverfahren. **12**, 300. — 21) Ist in Preußen für Ansprüche auf Entschädigung wegen der durch Truppenübungen verursachten Flurbeschädigungen der Rechtsweg zulässig, oder entscheidet die im Reichsgesetze vom 13. Februar 1875 vorgesehene Kommission endgültig? **15**, 37. — 22) Ist für eine Klage des Mitgliedes einer Kirchengemeinde gegen die letztere auf Gestattung des ehrlichen Begräbnisses seines Sohnes an gewöhnlicher Stelle auf dem Kirchhofe der Rechtsweg zulässig? (P.) **12**, 280. — 23) Rechtsweg für die Frage, ob eine Kirche gewohnheitsrechtlich Anspruch auf gewisse Abgaben hat. (P.) **20**, 304. — 24) Giebt es einen privatrechtlichen Anspruch des an einer Grabstelle dinglich Berechtigten gegen die zuständige Behörde auf Gestattung der Ausgrabung einer dort beerdigten Leiche? (G.) **16**, 152. — 25) Inwieweit ist durch § 47 des Gesetzes vom 1. August 1883 bei Streitigkeiten der Beteiligten über die Tragung von Schulbaulasten der Rechtsweg ausgeschlossen? Findet in dieser Hinsicht das angeführte Gesetz Anwendung, wenn die Sache vor dem 1. April 1884 bei einer Verwaltungsbehörde anhängig gemacht und von dieser bereits endgültig entschieden ist? (P.) **17**, 176. — 26) Rechtsweg und Verwaltungsstreitverfahren in Schulbaustreitigkeiten vor Geltung des Gesetzes vom 1. August 1883. (P.) **17**, 180. — 27) Inwiefern ist über die Frage, ob ein Weg ein öffentlicher sei, der Rechtsweg ausgeschlossen? (P.) **14**, 262. — 28) Ist § 1 des preuß. Gesetzes vom 11. Mai 1842, welcher die Prüfung der Rechtmäßigkeit polizeilicher Verfügungen der vorgesetzten Dienstbehörde mit Ausschluß des Rechtswegs zuweist, noch in Kraft? **18**, 123. § 6 des angeführten Gesetzes? **20**, 295. Bedeutung und Voraussetzungen der Konfliktserhebung. (P.) **20**, 300. — 29) Einfluß der Entscheidung des Gerichtshofes zur Entscheidung der Kompetenzkonflikte auf das gerichtliche Verfahren. Die verschiedenen Fälle. (P.) **11**, 391. — 30) Was ist unter Anhängigmachung einer Verwaltungsstreitsache zu verstehen? (P.) **17**, 179. — 31) Ist der nach dem Reichsunfallversicherungsgesetze gegen die Berufsgenossenschaft zustehende Entschädigungsanspruch nur in bezug auf seine Feststellung oder auch darüber hinaus dem Schutze der Civilgerichte entzogen? Was für Fälle können in Betracht kommen? **19**, 67. 69. — 32) Siehe auch § 279 (sachliche Zuständigkeit der Gerichte) und § 9 dieses Registers.

### § 273. Verhältnis der Reichsjustizgesetze zu den Landesgesetzen. Einführungs- und Ausführungsgesetze.

(Vgl. auch § 1 b dieses Registers.)

1) Richtet sich die Frage nach der Exemtion der Landesherren von der Gerichtsbarkeit der eigenen Landesgerichte in nicht vermögensrechtlichen

Angelegenheiten nach den Landesgesetzen? Einfluß der Reichsjustizgesetze? **12**, 427. — 2) Ist § 35 B.G.B. durch die Civilprozeßordnung aufgehoben? **13**, 7. — 3) Ist die Beschränkung der Prozeßfähigkeit der Ehefrau nach preußischem Allgemeinen Landrecht durch die Civilprozeßordnung aufgehoben? **13**, 294. — 4) Hat nach der Konkursordnung der Verpächter und Vermieter ein Pfandrecht an den Illaten des Unterpächters und Untermieters? Aufhebung des etwa weitergehenden rheinischen Rechtes? Art. 2102 Code civil? **13**, 39. — 5) Hat das Illatenpfandrecht des Vermieters in seiner nach dem preuß. Allgem. Landrecht bestehenden Ausdehnung durch die Reichsjustizgesetze eine Einschränkung erlitten? **13**, 258. — 6) Sind die Rechte des Vermieters an den Illaten des Mieters durch § 715 Ziff. 4 C.P.O. beschränkt? **18**, 425. — 7) Verhältnis zwischen Landes- und Reichsrecht betreffs der Begründung eines Faustpfandrechtes, welches nach § 40 K.O. ein Absonderungsrecht zur Folge hat. **19**, 26, — 8) Ist Art. 2102 Ziff. 1 Code civil durch § 7 des preuß. Ausführungsgesetzes zur Konkursordnung abgeändert? Werden dadurch die durch das bürgerliche Recht gewährten Pfand- und Zurückbehaltungsrechte berührt? **20**, 355. 357. — 9) Liquidstellung der Gegenforderung, Verweisung zum besonderen Prozesse. Einfluß der Civilprozeßordnung? (P., F., G.) **12**, 254. 325; **15**, 376; **16**, 372; **19**, 129. — 10) Ist durch die Civilprozeßordnung materielles Recht über die Pflicht zur Edition von Urkunden geschaffen? **12**, 413. — 11) Anwendung des § 18 Abs. 1 des Einführungsgesetzes zur Civilprozeßordnung auf das schiedsrichterliche Verfahren. Eröffnung des Verfahrens vor, Beendigung nach dem 1. Oktober 1879. **15**, 357. — 12) Aufhebung des § 70 des preuß. Eigentumserwerbsgesetzes durch die Vorschriften der Civilprozeßordnung über den Erlaß einstweiliger Verfügungen? **11**, 280; **20**, 242. — 13) Ist § 800 A.L.R. II. 1 durch § 14 des Einführungsgesetzes zur Civilprozeßordnung außer Kraft gesetzt? **19**, 309. — 14) Geltung der Konkursordnung und des Einführungsgesetzes dazu in den Konsulargerichtsbezirken. Geht ihren materiellen Vorschriften das dort geltende Handelsgewohnheitsrecht in Handelssachen vor? **14**, 143. — 15) Sind Prozeßvollmachten von der nach Landesrecht bestehenden Stempelpflicht befreit? (Elsaß-Lothr.) **17**, 427. — 16) Sind für das Verfahren bei Zuwiderhandlungen gegen die Vorschriften über die Erhebung öffentlicher Abgaben und Gefälle die §§ 459 flg. St.P.O. unbedingt maßgebend, oder kann die Landesgesetzgebung die Festsetzung und Beitreibung der Strafe und den Widerspruch des Betroffenen als bürgerliche Rechtsstreitigkeit behandeln? **17**, 427. Vgl. **16**, 410. — 17) Auslegung des § 11 des Einführungsgesetzes zum Gerichtsverfassungsgesetze. Sind die landesgesetzlichen Vorschriften über die Verwaltungszuständigkeit aufgehoben? insbesondere die §§ 1. 6 des preuß. Gesetzes vom 11. Mai 1842? **18**, 123; **20**, 295. — 18) Einfluß der Civilprozeßordnung auf das rheinpreußische Teilungs- und Erbschaftseröffnungsverfahren? **12**, 329. 331. — 19) Ausschließung des § 709 C.P.O. durch französisch-rechtliche Vorschriften über die Verteilung eines Benefiziarnachlasses. **18**, 398. — 20) Sind durch die Vorschriften der Civilprozeßordnung über das

Pfändungspfandrecht landesrechtliche Bestimmungen über Entstehung eines Pfandrechtes abgeändert? §§ 730. 731 C.P.O., § 16 Ausführungsgesetz zur C.P.O., § 281 A.L.R. I. 20. **20**, 307. — 21) Sind die besonderen Bestimmungen des Code civil bezüglich des Beweises des Datums von Privaturkunden — Artt. 1328. 1410 — durch die Civilprozeßordnung aufgehoben? **15**, 309. — 22) Ist seit Einführung der Reichskonkursordnung die Gütertrennungsklage nicht mehr zugleich gegen den Konkursverwalter, sondern nur gegen den im Konkurse befindlichen Ehemann zu richten? (F.) **15**, 321. — 23) Enthält Art. 1499 Code civil eine materielle Vorschrift, welche durch die Civilprozeßordnung nicht berührt ist? **16**, 288. — 24) Gegenwärtige Geltung des Art. 15 Tit. III des Dekretes vom $\frac{\text{28. Oktober}}{\text{5. November}}$ 1790 in Elsaß-Lothringen? § 4 des Einführungsgesetzes zur Civilprozeßordnung. **17**, 416. — 25) Jetzige Geltung der Artt. 557. 567 Code de procédure civile. **18**, 362. — 26) Ist Art. 23 Code de procédure civile durch die Reichsjustizgesetze aufgehoben? **20**, 345. — 27) Verhältnis zwischen § 11 des Einführungsgesetzes zum Gerichtsverfassungsgesetze und § 13 des Gerichtsverfassungsgesetzes. **20**, 300. — 28) Jetzige Gültigkeit eines Verzichtes auf die Oberappellation. **20**, 398.

## § 274. Auslegung der Prozeßgesetze.

(Siehe auch § 3 dieses Registers.)

### a. Allgemeines.

1) Inwiefern finden die allgemeinen Bestimmungen des ersten Buches der Civilprozeßordnung auf den Urkundenprozeß keine Anwendung? Aussetzung der Verhandlung bis zur Erledigung eines Strafverfahrens? **13**, 378.

### b. Historisches.

1) Entstehungsgeschichte und Tendenz des § 70 Abs. 3 G.V.G. **14**, 366. — 2) Entstehungsgeschichte des § 749 Ziff. 3 C.P.O. **12**, 387. — 3) Entstehungsgeschichte des § 11 des Einführungsgesetzes zum Gerichtsverfassungsgesetze. **20**, 296.

### c. Entscheidungen der vereinigten Civilsenate des Reichsgerichtes, betreffend Auslegung einzelner Prozeßgesetze.

1) Kann neben dem Gläubiger, welcher Konkursdividende erhält, auch der Mitverpflichtete, welcher einen selbständigen Regreßanspruch geltend macht, Dividende beanspruchen? Wirkung des Zwangsvergleiches? **14**, 172. — 2) Haben die vereinigten Civilsenate des Reichsgerichtes, wenn die Verhandlung und Entscheidung der Sache vor der Geltung des Reichsgesetzes vom 17. März 1886, betr. Abänderung des § 137 des Gerichtsverfassungsgesetzes, an sie verwiesen war, über die streitige Rechts-

frage ohne mündliche Verhandlung zu entscheiden? **16,** 398; **18,** 316; **19,** 417. — 3) Ist die Anwendung des § 4 des Gerichtskostengesetzes (Zuständigkeit des Gerichtes) auf diejenigen Fälle beschränkt, wo die Höhe angesetzter Gebühren oder die Notwendigkeit angesetzter Auslagen den Gegenstand der Erinnerung bilden, oder bezieht er sich auf alle Fälle, wo geltend gemacht wird, daß Kosten unter Verletzung des Gesetzes angesetzt seien, sei es des Gerichtskostengesetzes oder sonst des bürgerlichen Rechtes? **16,** 291. — 4) Im Anwaltsprozesse wird die Gültigkeit einer Zustellung nicht dadurch beeinträchtigt, daß der Gerichtsvollzieher den Zustellungsauftrag von der Partei in ihrem eigenen Namen erhalten hat. **17,** 392. — 5) Müssen bei der Wertsbestimmung des Streitgegenstandes die mit den künftigen Bezügen aus einem Rechte auf wiederkehrende Nutzungen oder Leistungen zugleich eingeklagten Rückstände dem nach § 9 C.P.O. zu schätzenden Kapitalwerte des Rechtes hinzugerechnet werden? **19,** 416.

### § 275. Zeitliche Wirksamkeit der Prozeßgesetze.

1) Anwendung neuer Prozeßgesetze in schwebenden Prozessen. Haben die vereinigten Civilsenate des Reichsgerichtes, an welche vor der Geltung des Reichsgesetzes vom 17. März 1886, betr. Abänderung des § 137 des Gerichtsverfassungsgesetzes, die Verhandlung und Entscheidung der Sache verwiesen war, ohne mündliche Verhandlung über die streitige Rechtsfrage zu entscheiden? **16,** 398. Siehe auch **18,** 316; **19,** 417.

### § 276. Örtliche Wirksamkeit der Prozeßgesetze.

1) Konkurs im Auslande. Siehe § 352 dieses Registers.

### § 277. Zwingende und nachgiebige (absolute und instruktionelle) Prozeßvorschriften.

1) Erfordernisse des Wiedereinsetzungsgesuches nach § 214 C.P.O. Zwingender Charakter dieses Gesetzes. **16,** 368. — 2) Bedeutung der Schikane gegenüber öffentlichem Recht. Einwand, daß die Voraussetzungen eines besonderen Gerichtsstandes vom Gegner dolos herbeigeführt seien? **16,** 393. — 3) Siehe auch Rügepflicht § 308 dieses Registers.

---

## Zweites Kapitel. Civilprozeßordnung.

### 1. Die Gerichte.

### § 278. Die Gerichtsverfassung.

1) Ist der Großherzog von Hessen in nicht vermögensrechtlichen Sachen von der Gerichtsbarkeit seiner Landesgerichte befreit? Ist es

hierbei von Einfluß, ob er Kläger oder Beklagter ist? **12**, 427. 433. — 2) Kann nach gemeinem deutschen Privatfürstenrechte ein Souverän behufs Entscheidung einer Ehesache eine besondere Behörde niedersetzen? Kann er — und insbesondere der Großherzog von Hessen — die Entscheidung einem reichsgesetzlich zugelassenen und landesgesetzlich angeordneten besonderen Gerichte übertragen? **12**, 432. 433. — 3) Folgt auch die morganatische Gemahlin des Landesherrn dem Gerichtsstande desselben in Ehesachen, sodaß auch für sie ein solcher nur durch landesherrliche Entschließung begründet werden kann? **12**, 433. — 4) Regelmäßige und zeitweilig bestellte Vertreter der ständigen Mitglieder einer Kammer (eines Senates) und des Vorsitzenden. **16**, 415. — 5) Selbständige Kognition des Vorsitzenden im Falle des § 573 Abs. 2 C.P.O. Meinungsverschiedenheit des Kollegiums. **18**, 364. — 6) Der Gerichtsschreiber als Organ des Gerichtes? **16**, 304. — 7) Ist der Gerichtsschreiber in den Fällen der §§ 458. 152 C.P.O. als Bevollmächtigter der Partei anzusehen? **17**, 391. — 8) Gerichtsvollzieher. Siehe § 284 A. dieses Registers.

## § 279. Sachliche Zuständigkeit der Gerichte.

(Siehe auch § 272 dieses Registers.)

1) Bezieht sich die in § 707 C.P.O. verordnete Ausschließlichkeit der Gerichtsstände auch auf die sachliche Zuständigkeit? **13**, 369. — 2) Findet § 70 Abs. 3 G.V.G. auf eine wegen ungerechtfertigter Erhebung einer Reichsstempelabgabe angestellte Klage Anwendung? **11**, 77. — 3) Ausschließliche Zuständigkeit des Landgerichtes in Bremen für alle Ansprüche gegen den Staat wegen ungerechtfertigter Erhebung öffentlicher Abgaben durch die Staatsbehörden. **11**, 78. — 4) Kann nach § 70 Abs. 3 G.V.G. die ausschließliche Zuständigkeit der Landgerichte für Ansprüche der Staatsbeamten gegen den Staat aus ihrem Dienstverhältnisse verordnet werden auch für den Fall, daß die Ansprüche von den Hinterbliebenen der Beamten erhoben werden? Tendenz des § 70 Abs. 3 a. a. O.? **14**, 366. — 5) Sind für die Ansprüche gegen Gerichtsvollzieher wegen pflichtwidriger Ausführung von Zwangsvollstreckungsaufträgen die Landgerichte ausschließlich zuständig? **17**, 332. Vgl. **16**, 396. — 6) Klage der Partei gegen den Gerichtsvollzieher auf Herausgabe eines Schuldtitels. Ausschließliche Zuständigkeit des Landgerichtes? **20**, 388. — 7) Ist für Ansprüche gegen den Staat wegen des einem Beamten als Vertreter des Fiskus bei Eingehung oder Erfüllung privatrechtlicher Verträge zur Last fallenden Verschuldens das Landgericht ausschließlich zuständig? **18**, 168. — 8) Zuständigkeit des Reichsgerichtes zur Entscheidung darüber, ob das Berufungsgericht in der von dem Landesherrn als Kläger anhängig gemachten Ehescheidungssache zuständig ist? **12**, 425. — 9) Ist der Großherzog von Hessen nach hessischem Rechte in nicht vermögensrechtlichen Sachen von der Gerichtsbarkeit seiner Landesgerichte befreit? **12**, 427. Ist es hierbei von Einfluß, ob er Kläger oder Beklagter ist? **12**, 433.

— 10) Kann nach gemeinem deutschen Privatfürstenrechte ein Souverän behufs Entscheidung einer Ehesache eine besondere Behörde oder ein besonderes Gericht niedersetzen? **12,** 432. Kann er — und insbesondere der Großherzog von Hessen — die Entscheidung einem reichsgesetzlich zugelassenen und landesgesetzlich angeordneten besonderen Gerichte übertragen? **12,** 433. — 11) Ist der auf das Anerkenntnis der Vaterschaft gestützte Anspruch eines unehelichen Kindes auf Ernährung als Anspruch aus außerehelichem Beischlaf aufzufassen? § 23 G.V.G. (F.) **12,** 368. — 12) Findet § 10 C.P.O. nur auf die Fälle Anwendung, wo der Wert des Streitgegenstandes maßgebend ist, oder bezieht er sich auf die sachliche Zuständigkeit im allgemeinen? § 778 Abs. 2 C.P.O. **13,** 368. — 13) Ausschließliche Zuständigkeit des Arrestgerichtes zur Entscheidung über den Widerspruch gegen den Arrestbefehl. Anwendung des § 10 C.P.O.? **18,** 361. 374. — 14) Kann das Urteil des Landgerichtes unter keinen Umständen deswegen angefochten werden, weil die Zuständigkeit des Amtsgerichtes begründet gewesen sei? **11,** 433. — 15) Innerer Grund und Tragweite der Vorschrift des § 11 C.P.O. Selbständige Prüfung des Revisionsgerichtes bezüglich der vom Amtsgerichte angenommenen ausschließlichen Zuständigkeit des Landgerichtes? **17,** 381; **18,** 169.

## § 280. Wert des Streitgegenstandes.

(Siehe auch § 324b dieses Registers — Revisionssumme —.)

1) Inwiefern können bei der Feststellung des Wertes des Streit- und Beschwerdegegenstandes Kosten in Betracht kommen? **12,** 259. — 2) Wie ist das Objekt zu bestimmen bei einer Klage auf Feststellung, daß dem Beklagten keinerlei Ansprüche gegen den Kläger zustehen? **12,** 361. — 3) Findet § 10 C.P.O. nur auf die Fälle Anwendung, wo der Wert des Streitgegenstandes maßgebend ist, oder bezieht er sich auf die sachliche Zuständigkeit im allgemeinen? **13,** 368. — 4) Bestimmt sich der Wert des Gegenstandes des Streites bei einstweiligen Verfügungen schlechtweg nach dem Objekte des Hauptstreites? **15,** 435; **16,** 333. — 5) Beschwerde des Anwaltes gegen die Festsetzung des Objektes. Fallen, wenn sie Erfolg hat, dem Gegner Gerichtskosten zur Last? **12,** 362. — 6) Darf im Falle einer auf Herabsetzung des festgesetzten Wertes des Streitgegenstandes gerichteten Beschwerde der Wert von Amts wegen noch höher festgesetzt werden? **14,** 352. — 7) Gilt im Falle eines streitigen Retentionsrechtes die retinierte Leistung oder nur die an Wert geringere Leistung, wegen deren retiniert wird, als Wert des Streitgegenstandes? Nominalwert oder Interesse? **12,** 155; **18,** 373. — 8) Ist bei der actio redhibitoria der Betrag der Futterkosten mit in Ansatz zu bringen? **13,** 396. — 9) Streit um die Priorität zwischen Hypothekengläubigern im Kollokationsverfahren. (F.) Zinsen als Nebenforderung. **18,** 372. — 10) Kann bei Klagen auf Räumung aus Pacht- und Mietsverträgen § 8 C.P.O. Anwendung finden, oder bezieht sich derselbe nur auf Feststellungsklagen? Fall, wo auf unbestrittener Grundlage der Räumungspflicht

nur darüber gestritten wird, ob die Kündigung vorschriftsmäßig erfolgt ist. **17**, 376. — 11) Ist, wenn einer von mehreren Miterben des Verpächters Aufhebung der Pacht und Rückgewähr des ganzen Pachtgegenstandes klagend fordert, das Objekt nach der Quote zu berechnen, zu welcher er erbberechtigt ist? **17**, 378. — 12) Verhältnis zwischen §§ 8 und 9 C.P.O. **19**, 420. — 13) Anwendung des § 9 C.P.O. auf die seitens der einen Partei von der andern während des Prozesses zu beziehende Rente? **16**, 333. — 14) Müssen die mit den künftigen Bezügen aus einem Rechte auf wiederkehrende Nutzungen oder Leistungen zugleich eingeklagten Rückstände dem nach § 9 C.P.O. zu schätzenden Kapitalwerte des Rechtes hinzugerechnet werden? oder ist das eine Nebenforderung im Sinne des § 4 a. a. O.? **19**, 416. — 15) Noxalklagen. **20**, 199. — 16) Ist für die Berechnung der Prozeßgebühr des Anwaltes der Wert des Streitgegenstandes zur Zeit der Vorbereitung des Verfahrens maßgebend, oder der Betrag, auf den die klägerischen Anträge in der mündlichen Verhandlung beschränkt werden? **17**, 374. — 17) Kann ein rechtskräftiger Kostenfestsetzungsbeschluß abgeändert werden, wenn der Wert des Streitgegenstandes nachträglich anders festgesetzt ist? **20**, 408.

## § 281. Gesetzlicher Gerichtsstand.

### a. Allgemeines.

1) Hat sich die Prüfung der Einrede der Unzuständigkeit des Gerichtes auf den vom Beklagten behaupteten Unzuständigkeitsgrund zu beschränken, oder sind die Voraussetzungen der Zuständigkeit alsdann von Amts wegen nach allen Richtungen hin zu erörtern? **15**, 366. — 2) Wahlrecht des Klägers unter mehreren Gerichtsständen. Konsumtion desselben durch einen von ihm oder dem Gegner gestellten Arrestantrag. Muß die Klage des Arrestaten auf Feststellung seines entgegenstehenden Rechtes und Einwilligung des Gegners in die Aufhebung des Arrestes — oder der einstweiligen Verfügung — bei dem vom Gegner angegangenen Gerichte erhoben werden? **13**, 363. — 3) Abhängigkeit des Gerichtsstandes der Feststellungsklage von dem materiellen Rechtsverhältnisse. **13**, 387. — 4) Giebt es nach der Civilprozeßordnung einen Gerichtsstand für eine Klage auf dauernde Trennung von Tisch und Bett? **11**, 32. — 5) Folgt die morganatische Gemahlin des Landesherrn dessen Gerichtsstande in Ehesachen, sodaß eventuell auch für sie ein solcher nur durch landesherrliche Entschließung begründet werden kann? **12**, 433. — 6) Welches Amtsgericht ist zuständig für den vor der Ehescheidungsklage zu erwirkenden Sühneversuch? **18**, 364. — 7) Gerichtsstand des § 690 C.P.O., wenn eine für einen Konkursgläubiger erfolgte Pfändung vom Verwalter nach § 23 K.O. angefochten wird. **18**, 393. — 8) Kann gegen die Begründung eines besonderen Gerichtsstandes geltend gemacht werden, dessen Voraussetzungen seien vom Gegner dolos herbeigeführt worden? **16**, 393.

### b. Die einzelnen Gerichtsstände.

**Gerichtsstand des Wohnsitzes. § 13 C.P.O.**

1) Was gehört zur Begründung des Wohnsitzes? **15,** 367.

**Gerichtsstand des Vermögens. § 24 C.P.O.**

2) Ist der Gerichtsstand des § 24 C.P.O. begründet, auch wenn über das Vermögen des Schuldners in England Konkurs eröffnet und nach englischem Rechte somit das Eigentum an seinem Vermögen auf den trustee übergegangen ist? **14,** 406. — 3) Ist unter dem im Bezirke des Gerichtes befindlichen Vermögen nur solches zu verstehen, welches der Zwangsvollstreckung unterliegt? Verhältnis des § 24 C.P.O. zum § 207 K.O. **16,** 392.

**Gerichtsstand der belegenen Sache. §§ 25. 26 C.P.O.**

4) Ist für die Klage auf Anerkennung, daß der Kläger bei der demnächstigen Erledigung des Fideikommisses vor dem Beklagten zur Nachfolge in dasselbe berufen sei, der dingliche Gerichtsstand des § 25 C.P.O. begründet? **13,** 386. — 5) Sind alle Klagen auf Löschung einer Hypothek dem dinglichen Gerichtsstande unterworfen, auch die persönlichen? **15,** 386; auch die eines Hypothekengläubigers gegen den ihm vorgehenden? **20,** 403.

**Gerichtsstand der Erbschaft. § 28 C.P.O.**

6) Ist der Gerichtsstand der Erbschaft begründet für die Klagen a. auf Nichtigerklärung einer Schenkung wegen Geistesschwäche des schenkenden Erblassers, b. auf Minderung einer Schenkung unter Lebenden wegen Verletzung des Pflichtteiles? **15,** 363. — 7) Ist für die Klage, mit welcher der Vater das gesetzliche Nießbrauchsrecht an dem seinen Kindern aus dem Nachlasse ihrer Mutter gebührenden, dem Betrage nach noch zu ermittelnden Pflichtteile gegen die Erben geltend macht, der Gerichtsstand der Erbschaft begründet? (P.) **15,** 365.

**Gerichtsstand des Vertrages (Erfüllungsortes). § 29 C.P.O.**

8) Klage auf eine accessorische Konventionalstrafe. Gerichtsstand des Erfüllungsortes der Hauptobligation? **15,** 435. — 9) Redhibitorische Klage auf Wiederabnahme der Ware und Rückzahlung des Kaufpreises. **20,** 358.

**Gerichtsstand der Verwaltungsführung. § 31 C.P.O.**

10) Ansprüche aus der Führung der Generalagentur einer Versicherungsgesellschaft. Vermögensverwaltung. **20,** 364.

**Gerichtsstand der unerlaubten Handlung. § 32 C.P.O.**

11) Entschädigungsklage wegen Patentverletzung. **13,** 424.

## § 282. Vereinbarter (prorogierter) Gerichtsstand.

1) Kann für die Widerspruchsklage gegen einen vom Amtsgerichte erlassenen Arrest auf das Landgericht prorogiert werden? **18**, 374.

## § 283.

— — — — — — — — —

## § 284. Ausschließung und Ablehnung der Richter.

1) Ablehnung eines Schiedsrichters wegen Befangenheit. In welcher Weise und mit welcher Wirkung erfolgt sie im schiedsrichterlichen Verfahren selbst und in dem durch die Klage auf Erlassung des Vollstreckungsurteiles veranlaßten ordentlichen Verfahren? **13**, 349. — 2) Ist Beschlußunfähigkeit des Gerichtes im Sinne des § 45 C.P.O. vorhanden, wenn die Kammer (der Senat), vor welche die Sache gehört, durch Ausscheiden des abgelehnten Mitgliedes beschlußunfähig wird? Berücksichtigung ständiger und zeitweilig bestellter Vertreter. **16**, 414. — 3) Kann, wenn ein ganzer Senat (Kammer) abgelehnt ist, über das jeden einzelnen Richter betreffende Ablehnungsgesuch von den vier (zwei) andern unter Zuziehung eines Vertreters entschieden werden? **16**, 415.

## § 284 A. Gerichtsvollzieher.

1) Inwieweit steht den preußischen Gerichtsvollziehern ein Anspruch auf Erstattung der ihnen infolge militärischer Dienstleistungen entgangenen Gebühren zu? **13**, 33. — 2) Vernehmung des Gerichtsvollziehers als Zeugen über den Hergang bei einer von ihm vorgenommenen Zustellung, von deren Gültigkeit die Zulässigkeit des Rechtsmittels abhängt. **17**, 405. — 3) Ist der Gerichtsvollzieher befugt, gepfändete Sachen ohne Auftrag dem Schuldner als unentbehrlich wieder frei zu geben? **18**, 389. — 4) Zustellungsauftrag der Partei an den Gerichtsvollzieher im Anwaltsprozesse. **17**, 392. Vgl. **19**, 398. — 5) Verantwortlichkeit des Auftraggebers für den durch die Handlung des Gerichtsvollziehers Dritten zugefügten Schaden. Spolienklage gegen den Gläubiger, wenn bei einem Dritten Sachen gepfändet sind, zu deren Herausgabe derselbe nicht bereit war. **14**, 358; **16**, 403. — 6) Stellung des Gerichtsvollziehers als Mandatar des mit der Zwangsvollstreckung ihn beauftragenden Gläubigers einerseits, als öffentlicher Beamter andererseits. Haftung gegenüber dem Gläubiger. (P.) **16**, 399. Vgl. **18**, 390; **20**, 389. — 7) Sind für die Ansprüche gegen Gerichtsvollzieher wegen pflichtwidriger Ausführung von Aufträgen die Landgerichte ausschließlich zuständig? **17**, 332. — 8) Ausschließliche Zuständigkeit des Landgerichtes bei einer Klage der Partei gegen den Gerichtsvollzieher auf Herausgabe eines ihm gelegentlich eines Auftrages übergebenen Schuldtitels? **20**, 388.

## 2. Die Parteien.

### § 285. Prozeßfähigkeit. Gesetzlicher Vertreter.

1) Partei= und Prozeßfähigkeit. **12**, 398; **13**, 332. — 2) Ist die Einrede der mangelnden Parteifähigkeit eine prozeßhindernde? **12**, 400. — 3) Bedeutung der Einrede der mangelnden Prozeßfähigkeit. Unterschied von der Einrede der mangelnden Legitimation zur Sache. **13**, 331. — 4) Worin besteht die gesetzliche Folge der Versäumung der zur Beibringung von Legitimationsnachweisen 2c (§ 54 C.P.O.) richterlich gesteckten Fristen? **14**, 433. — 5) Eideszuschiebung an den gesetzlichen Vertreter einer nicht prozeßfähigen Partei. **15**, 305. — 6) Darf eine prozeßunfähige Partei als Zeuge vernommen werden? **17**, 366. — 7) Ist ein Gemeinschuldner handlungs= oder prozeßunfähig? Vertretung desselben durch den Konkursverwalter. (R., engl., belg., franz. Recht.) **11**, 401; **13**, 152; **14**, 408. 412. 425. — 8) Inwieweit ist die im preuß. Allgem. Landrecht beschränkte Prozeßfähigkeit der Ehefrau durch die Civilprozeßordnung berührt worden? **13**, 294. — 9) Welche Bedeutung hat es gegenüber § 51 C.P.O., wenn der Ehemann sich der Klage seiner Frau anschließt? (F., R.) **16**, 287. — 10) Wer vertritt im Prozesse das Deutsche Reich? Landesbehörden? Stempelsachen. **11**, 93. Reichsmilitärfiskus. **15**, 37; **20**, 148. — 11) Ist der nach § 334 St.P.O. bestellte Güterpfleger zur Vertretung des Abwesenden im Prozesse befugt? **11**, 189. — 12) Ist eine mit dem Aufsichtsrechte in bezug auf einen Zweig der Staatsverwaltung gesetzlich betraute Behörde zur Vertretung des Staates im Prozesse befugt? **11**, 95. — 13) Kann ein Konsul als gesetzlicher Vertreter seines Heimatsstaates im Prozesse auftreten, oder bedarf er besonderer Vollmacht? **14**, 430. — 14) Kann ein von der Gemeindebehörde kraft ihres Aufsichtsrechtes neben der ordentlichen Vertretung der Innung bestellter außerordentlicher Vertreter die Innung im Prozesse vertreten? **15**, 44. — 15) Legitimation der Liquidatoren einer Aktiengesellschaft zur Vertretung derselben im Falle einer negatorischen Klage wegen Verletzung von Markenschutzrecht? **15**, 104. — 16) Darf das Berufungsgericht, weil dem mit einem gesetzlichen Vertreter nicht versehenen Beklagten die Prozeßfähigkeit schon zur Zeit der Klagerhebung gemangelt habe und noch mangele, das Verfahren aussetzen, bis derselbe selbst oder durch einen gesetzlichen Vertreter es aufnehmen könne? **18**, 383. — 17) Prozeßhandlungen im Sinne des § 52 C.P.O.? Vergleich? **19**, 362. — 18) Hat die Ermächtigung des Vertreters einer prozeßunfähigen Partei zur Prozeßführung denselben Umfang wie die Prozeßvollmacht? **19**, 362.

### § 286. Streitgenossenschaft. Haupt= und Nebenintervention. Streitverkündung. Subjektive Klagenverbindung.

1) Sind, wenn die Klage „gegen die offene Handelsgesellschaft A. & B., bestehend aus F. A. und E. B.," gerichtet ist, die einzelnen Gesellschafter A. und B. mit verklagt? **13**, 97. — 2) Kann das Eigentum an einem der Ehefrau gehörigen, dem Manne eingebrachten Grund=

stücke nur einheitlich beiden Ehegatten gegenüber festgestellt werden? Notwendige Streitgenossenschaft? (P.) **13**, 290. — 3) Besteht, wenn der Kläger gegen die in erster Instanz säumigen Mitbeklagten keine Anträge gestellt, die Berufung nur gegen die übrigen verfolgt hat und nunmehr die Revision gegen alle einlegt, zwischen den säumigen und den nichtsäumigen Beklagten Streitgenossenschaft? Zulässigkeit der Revision den ersteren gegenüber? **13**, 409. — 4) Hat die nach bürgerlichem Rechte in dem dem Prozesse zu Grunde liegenden materiellen Rechtsverhältnisse begründete Solidarverbindlichkeit der Streitgenossen auch ihre solidarische Haftung für die Prozeßkosten zur Folge? **15**, 381. — 5) Ist die Streitgenossenschaft mehrerer von den Eltern auf Alimentation verklagter Kinder eine notwendige im Sinne des § 59 C.P.O.? (P.) **17**, 358. — 6) Sind in dem zur Auflösung eines Grundstückskaufvertrages — Art. 1184 Code civil — angestellten Prozesse der beklagte Käufer und seine ihm beitretenden Hypothekengläubiger Streitgenossen im Sinne des § 58 oder des § 59 C.P.O.? **17**, 409. — 7) Kann der allen Streitgenossen zugeschobene Eid deshalb nur einem derselben auferlegt werden, weil das Gericht durch die demnächstige Eidesleistung dieses einen bereits das Gegenteil der behaupteten Thatsache für erwiesen und so die Zuschiebung an die anderen für unzulässig erachtet? **12**, 13. — 8) Kann die Hauptinterventionssache in der Berufungsinstanz gegen nur eine der Parteien des Hauptprozesses fortgesetzt und verhandelt werden? oder ist die Streitgenossenschaft dieser Parteien ipso jure eine notwendige im Sinne des § 59 C.P.O.? **17**, 339. — 9) Ist die Hauptinterventionsklage den Parteien des Hauptprozesses selbst, oder ihren Prozeßbevollmächtigten zuzustellen? **15**, 428. — 10) Kann derjenige, dem eine rechtshängige Forderung im Wege der Zwangsvollstreckung überwiesen ist, eine Hauptinterventionsklage erheben? **20**, 420. — 11) Muß im Falle der Klage auf Auflösung eines Kaufvertrages und Einräumung von Eigentum und Besitz an dem verkauften Grundstücke (Resiliationsklage) derjenige, der die Rechtsbeständigkeit des vom Beklagten ihm bestellten Hypothekenrechtes geltend machen will, als Haupt- oder als Nebenintervenient auftreten? Identität des Gegenstandes der Hauptklage und der Hauptintervention. **14**, 341. — 12) Ist der Nebenintervenient Prozeßpartei? **20**, 393. — 13) Zur Bestimmung des rechtlichen Interesses am Obsiegen einer Partei als Voraussetzung der Nebenintervention. **14**, 436. — 14) Inwieweit ist der Nebenintervenient befugt, Anträge zur Sache selbst zu stellen? **15**, 413. — 15) Kann gegen den Nebenintervenienten ein Versäumnisurteil erlassen werden, wenn die Hauptpartei erschienen ist? **15**, 429. — 16) Beschränkung des Rechtsstreites auf das Verhältnis zwischen Kläger und Beklagten, Ausschließung der Geltendmachung jeglichen eigenen Rechtes des Nebenintervenienten. **17**, 34. — 17) Kann der Litisdenunziat und Nebenintervenient als Zeuge vernommen werden? **20**, 390. — 18) Inwiefern kann dem Nebenintervenienten der Eid zugeschoben werden? **20**, 393. — 19) Kann der Nebenintervenient, welcher einen andern Anwalt zuzieht, als die Hauptpartei, von der in die Kosten der Nebenintervention verurteilten Gegenpartei die Erstattung der Gebühren und Auslagen seines Anwaltes unbedingt fordern, oder nur dann, wenn er die Notwendigkeit der Annahme eines eigenen Anwaltes besonders darlegt? **13,** 433. Vgl. **14,** 395 (Streitgenossen). — 20) Intervention von Konkursgläubigern des Ehemannes bei der Gütertrennungsklage des französischen Rechtes? **15,** 321. — 21) Darf das Gericht, wenn einer Nebenintervention ausschließlich wegen Fehlens des Interesses des Nebenintervenienten am Ausfalle des Prozesses widersprochen wird, die Nebenintervention wegen eines Formmangels als unzulässig zurückweisen? Dispositive Natur der Vorschriften des § 67 C.P.O. **15,** 396. — 22) Welches Rechtsmittel ist zulässig gegen die in einem Endurteile ausgesprochene Entscheidung, daß eine Nebenintervention als unzulässig verworfen werde? **15,** 412. — 23) Findet gegen die Entscheidung, welche die Zulässigkeit der Nebenintervention nicht in besonderem Zwischenurteile, sondern in dem Endurteile über die Hauptsache ausspricht, sofortige Beschwerde oder Berufung statt? **18,** 139. — 24) Kann mit der sofortigen Beschwerde neben dem Zwischenurteile über die Zulassung der Nebenintervention auch die Entscheidung über die Kosten derselben angefochten werden, welche auf Grund des Zwischenurteiles im Endurteile erlassen ist? **19,** 413. — 25) Festsetzung der Kosten der Nebenintervention auf Grund eines nur über die „Kosten des Rechtsstreites" entscheidenden Urteiles? **15,** 417. — 26) Muß der Nebenintervenient die Rechtsmittelfrist der Hauptpartei einhalten, oder läuft für ihn eine eigene Frist seit der an ihn selbst bewirkten Zustellung? Muß ihm das Urteil zugestellt werden? **18,** 416. — 27) Adzitation dritter Personen zum Prozesse. Ist solche nach der Civilprozeßordnung zulässig? **12,** 221.

### § 287. Prozeßbevollmächtigte. Anwaltszwang. Rechtsanwaltsordnung.

1) Kann der bevollmächtigte Anwalt einen Vertreter mit der Wirkung bestellen, daß dieser eigentlicher Prozeßbevollmächtigter wird, und daß der Tod des erstern eine Unterbrechung des Verfahrens nicht zur Folge hat? Wirksame Zustellung alsdann seitens des Substituierten an den Gegenanwalt? **11,** 369. — 2) Hat der nach der Zustellung des Urteiles erster Instanz erfolgte Tod des Prozeßbevollmächtigten die Unterbrechung des Verfahrens zur Folge, oder kann die Zustellung der Berufungsschrift nunmehr an den Gegner selbst erfolgen? **13,** 310. — 3) Mit welchem Zeitpunkte tritt infolge der freiwilligen Aufgabe der Rechtsanwaltschaft die Unfähigkeit des Anwaltes zur Vertretung der Partei ein? Unterbrechung des Verfahrens nach Verkündung, aber vor Zustellung des Urteiles. **19,** 394. — 4) Inwiefern bedürfen im Falle der Klage aus Artt. 190a. 222 H.G.B. — Fassung des Gesetzes vom 18. Juli 1884 — der Vorstand und der Aufsichtsrat besonderer Prozeßbevollmächtigter? **14,** 142. — 5) Unwirksamkeit der Zustellung des Urteiles erster Instanz an den nur für die zweite Instanz bestellten Prozeßbevollmächtigten. **19,** 405. — 6) Zustellung der Rechtsmittelschrift an den Prozeßbevollmächtigten der unteren Instanz, wenn die zustellende Partei von der erfolgten Bestellung eines solchen für die höhere Instanz nichts weiß und nichts wissen muß? Mehrere Berufungen gegen dasselbe Urteil.

**14,** 348. 371; **16,** 355; **18,** 396. — 7) Muß ein nach § 276 C.P.O. erlassenes Zwischenurteil an den für die Berufung gegen das Endurteil bestellten Prozeßbevollmächtigten zugestellt werden, oder an denjenigen der ersten Instanz? **16,** 354. — 8) Ist die Hauptinterventionsklage den Parteien des Hauptprozesses persönlich oder ihren Prozeßbevollmächtigten zuzustellen? **15,** 428. — 9) Welchem gegnerischen Prozeßbevollmächtigten ist die Rechtsmittelschrift zuzustellen, wenn der Gegner zugleich mit der Bestellung eines Anwaltes für die untere Instanz einen eventuellen Bevollmächtigten für die höhere bestellt hat? **18,** 395. — 10) Gilt die für die Berufungsinstanz erteilte Prozeßvollmacht in dem Falle, daß in demselben Prozesse gegen ein oder mehrere Urteile mehrere Berufungen eingelegt werden, nur für eine Berufung? **14,** 371. — 11) Bedarf der Prozeßbevollmächtigte, wenn — ohne Unterbrechung des Verfahrens — an Stelle der prozeßunfähig gewordenen Partei deren gesetzlicher Vertreter den Prozeß fortführt, einer neuen Vollmacht seitens des letztern? **16,** 339. — 12) Schließt die Prozeßvollmacht, insbesondere im Anwaltsprozesse, jegliches Handeln des Vollmachtgebers in eigener Person aus? **17,** 397. — 13) Ist der vom gesetzlichen Vertreter einer prozeßunfähigen Partei bestellte Prozeßbevollmächtigte in der Befugnis zur Abschließung eines Vergleiches beschränkt? §§ 77. 52 C.P.O. **19,** 368. — 14) Sind Prozeßvollmachten von der nach der Landesgesetzgebung bestehenden Stempelpflicht befreit? (Elsaß-Lothr.) Auslegung des § 2 des Gerichtskostengesetzes. **17,** 427. — 15) Gesetzliche Folge der Versäumung der zur Beibringung der Vollmacht richterlich gesteckten Frist (§ 85 C.P.O.)? **14,** 433. — 16) Allgemeiner Charakter des Berufes des Rechtsanwaltes und seiner Stellung dem Publikum gegenüber. **14,** 285. — 17) Wenn es sich in der Beschwerdeinstanz um eine in erster Instanz von einem Amtsgerichte ergangene Verfügung handelt, fällt der Anwaltszwang für die Beschwerde weg. **12,** 357. — 18) Im Anwaltsprozesse wird die Gültigkeit einer Zustellung nicht dadurch beeinträchtigt, daß der Gerichtsvollzieher den Auftrag von der Partei in ihrem eigenen Namen erhalten hat. **17,** 392. Vgl. **19,** 398. — 19) Verantwortlichkeit des Rechtsanwaltes für Veruntreuungen seines Bureauvorstehers? Unterschlagung einer vom Gegner des Mandanten zur Abführung an denselben dem Bureauvorsteher eingezahlten Summe durch den letztern. (P.) **14,** 283. — 20) Hat die von einem auswärtigen Rechtsanwalte vertretene Partei Anspruch auf Ersatz der Reisekosten, welche durch die am Wohnorte ihres Anwaltes vorgenommene Beweisaufnahme erwachsen wären, wenn sie einen am Sitze des Gerichtes wohnenden Anwalt bevollmächtigt hätte, und dieser an jenen Ort gereist wäre, während nunmehr ihr Anwalt dieser Beweisaufnahme ohne Verursachung von Kosten beigewohnt hat? **14,** 377. — 21) Stehen einem Rechtsanwalte für die Vertretung durch einen nicht zum Stellvertreter bestellten (§ 25 der Rechtsanwaltsordnung), über zwei Jahre im Vorbereitungsdienste befindlichen Rechtskundigen die vollen Anwaltsgebühren zu? **14,** 393; **15,** 433. — 22) Zustellung von Anwalt zu Anwalt. Siehe dieses Register § 296 Nr. 33—37.

## § 288. Prozeßkosten im allgemeinen.

1) Giebt der Schuldner, welcher die von dem Erben des Gläubigers an ihn gerichtete Aufforderung zur Erfüllung nicht befolgt, weil jener seine Erbeseigenschaft nicht gleichzeitig dargelegt hat, dadurch Veranlassung zur Klage? **11,** 261. — 2) Entsprechende Anwendung des § 89 C.P.O. auf die Kosten des Kostenfestsetzungsverfahrens. Hat der Kostenpflichtige Veranlassung zur Anbringung des Festsetzungsgesuches gegeben, solange ihm nicht die Kostenrechnung vergeblich mitgeteilt ist? **14,** 320. — 3) Fallen, wenn der Anwalt gegen den Beschluß über Festsetzung des Objektes mit Erfolg Beschwerde einlegt, dem Gegner Gerichtskosten zur Last? **12,** 362. — 4) Auf welche Weise und nach welchen Gesichtspunkten ist bei dem Verfahren zur Sicherung des Beweises über die Kostenerstattungspflicht zu entscheiden? **13,** 325. — 5) Ist in einem Urteile, welches vorab dem Grunde nach den Klaganspruch für gerechtfertigt erklärt, der Beklagte in die Kosten zu verurteilen? **13,** 390. — 6) Inwiefern hat ein Urteil, welches eine prozeßhindernde Einrede zurückweist, über die Kosten zu entscheiden? Bedeutung des Ausdruckes „unterliegende Partei" in § 87 C.P.O. **13,** 413. — 7) Kann ein Streitgenosse (oder ein Nebenintervenient), welcher einen andern Rechtsanwalt bestellt hat, als sein Genosse (bezw. als die Hauptpartei), von dem in die Kosten (der Nebenintervention) verurteilten Gegner die Erstattung der Anwaltskosten unbedingt fordern, oder nur dann, wenn er die Notwendigkeit der Annahme eines eigenen Anwaltes zur zweckentsprechenden Prozeßführung besonders darlegt? **13,** 433; **14,** 395. — 8) Können auf Grund eines Urteiles, welches ohne Erwähnung der durch die Nebenintervention verursachten Kosten über die „Kosten des Rechtsstreites" entscheidet, die Kosten der Nebenintervention festgesetzt werden? **15,** 417. — 9) Haften Streitgenossen, welche materiell solidarisch verpflichtet sind, auch für die Prozeßkosten solidarisch? **15,** 381. — 10) Kostenzahlungspflicht bei Anträgen auf Sicherung des Beweises. **15,** 417. — 11) Kostenentscheidung, wenn die Berufung dem Wortlaute nach verworfen, sachlich aber das erste Urteil durch Hinzufügen eines Vorbehaltes abgeändert wird? **15,** 422. — 12) Entwickelung des Beschwerderechtes in Kostenangelegenheiten im Gebiete der Allgem. Gerichtsordnung. **16,** 305. Bedeutung für die Auslegung des Gerichtskostengesetzes. **16,** 308. — 13) Kann der Kostenfestsetzungsbeschluß nach Ablauf der zweiwöchigen Notfrist abgeändert werden, wenn der Wert des Streitgegenstandes nachträglich anders festgesetzt ist? **20,** 408. — 14) Kommt, wenn der in erster Instanz kostenpflichtig abgewiesene Kläger in der Berufungsinstanz beantragt, die Sache für erledigt zu erklären und dem Beklagten die Kosten aufzuerlegen, § 94 C.P.O. zur Anwendung? **15,** 424. — 15) Was ist im Falle des durch den Widerspruch des Arrestbeklagten veranlaßten Verfahrens die Hauptsache im Sinne des § 94 C.P.O.? Bildet ausschließlich noch der Kostenpunkt den Streitgegenstand, wenn die erste Instanz, nachdem sie den Arrest für begründet erklärt, auf die Anzeige des Arrestklägers von der Freigebung der Pfandstücke,

seinem Antrage gemäß den Arrest durch Beschluß aufgehoben hat? **16,** 324. — 16) Inwiefern hat der Richter bei Festsetzung der Kosten zu prüfen, ob Auslagen des Anwaltes zweckentsprechend und notwendig waren? **13,** 312. — 17) Beweisaufnahme am Wohnorte des bevollmächtigten auswärtigen Anwaltes. Anspruch auf Ersatz der Reisekosten, welche im Falle der Bestellung eines am Gerichtssitze wohnhaften Anwaltes durch dessen Reise dorthin entstanden sein würden? **14,** 377. — 18) Ist die unterliegende Partei zur Erstattung der Gebühren mehrerer Anwälte verpflichtet, wenn der Wechsel in der Person des Gegenanwaltes durch den Gegner schuldvoll veranlaßt wurde? Wonach ist zu beurteilen, ob ein Wechsel eintreten mußte? **15,** 393. — 19) Inwiefern müssen die Gebühren des den Verkehr der Partei mit dem Prozeßbevollmächtigten vermittelnden Anwaltes vom unterliegenden Gegner erstattet werden? Notwendigkeit eines solchen Vermittlers, sei es ein Rechtsanwalt oder eine andere Person? **15,** 402. — 20) Ist ein Kompensationsanspruch gegen eine Kostenerstattungsforderung vom Schuldner mittels Beschwerde — gegen den Festsetzungsbeschluß oder gegen Erteilung der Vollstreckungsklausel? — oder mittels Klage geltend zu machen? **13,** 360. — 21) Unzulässigkeit eines Rechtsmittels gegen Entscheidungen, welche lediglich den Kostenpunkt betreffen. **13,** 327. 395; **15,** 424; **16,** 324; **18,** 418; **20,** 430. — 22) Zwangsvollstreckung aus dem Schiedsspruche. Notwendigkeit des Vollstreckungsurteiles, auch wenn es sich lediglich um die Kosten handelt. **19,** 406. — 23) Entsprechende Anwendung des § 100 C.P.O., wenn die Kosten nicht nach Quoten, sondern zeitlich verteilt sind? **19,** 430. — 24) Zum Begriffe des vollstreckbaren Titels im Sinne des § 98 C.P.O. **20,** 414. — 25) Vgl. noch § 154 dieses Registers.

## § 289. Gerichtsgebühren.

1) System des Gerichtskostengesetzes. **16,** 294. — 2) Sind für die dem Gerichte erster Instanz mitzuteilende Abschrift des Berufungsurteiles Schreibgebühren zu erheben? **11,** 409. — 3) Gebühr für das bedingte Endurteil: entweder Beweis- oder Entscheidungsgebühr. Erledigung auch ohne Läuterung? **11,** 383. — 4) Sind Gerichtskosten zu berechnen und fallen sie dem Gegner zur Last, wenn der Anwalt gegen den Beschluß über Festsetzung des Wertes des Streitgegenstandes mit Erfolg Beschwerde einlegt? **12,** 362. — 5) Welche Partei ist zur Zahlung eines Kostenvorschusses verpflichtet, wenn die Herbeiführung der Abnahme eines vom Beklagten zugeschobenen Eides, auf dessen Leistung durch bedingtes Endurteil erkannt ist, vom Kläger beantragt wird? **13,** 426. — 6) Verbindlichkeit desjenigen, dem durch gerichtliche Entscheidung die Kosten des Verfahrens auferlegt sind, zur Zahlung der Gerichtskosten. Wirkung einer spätern abändernden Entscheidung. **15,** 414. — 7) Gerichtskostenzahlungspflicht bei Anträgen auf Sicherung des Beweises. **15,** 417. — 8) Bedeutung der Ausdrücke „Ansatz" und „Zahlungspflichtiger" im Gerichtskostengesetze. **16,** 295. 297. — 9) Verhältnis der in §§ 16. 47.

48 des Gerichtskostengesetzes gegebenen Rechtsmittel zu dem in § 4 a. a. O. geordneten. **16,** 309. — 10) Auslegung des § 2 des Gerichtskostengesetzes. Stempelpflichtigkeit der Prozeßvollmachten. **17,** 427. — 11) Ist die Beweisgebühr voll oder nur zur Hälfte zu erheben, wenn der Schwurpflichtige die Eidesleistung weigert? **18,** 403. — 12) Einziehung der Kosten vom Revisionskläger, nachdem das Berufungsurteil aufgehoben, die Sache zurückverwiesen und die Entscheidung über die Kosten dem Endurteile vorbehalten ist. **20,** 428. — 13) Ist die Anwendung des § 4 des Gerichtskostengesetzes (Zuständigkeit des Gerichtes) auf diejenigen Fälle beschränkt, in welchen die Höhe angesetzter Gebühren oder die Notwendigkeit angesetzter Auslagen den Gegenstand der Erinnerung bilden, oder bezieht er sich auf alle Fälle, wo geltend gemacht wird, daß Kosten unter Verletzung des Gesetzes angesetzt seien, sei es des Gerichtskostengesetzes oder sonst des bürgerlichen Rechtes? **16,** 291.

## § 290. Anwaltsgebühren.

1) Bedeutung des Ausdruckes „auswärtiger Anwalt" im Sinne des § 87 C.P.O. und der §§ 18. 37 der Rechtsanwaltsordnung?. Inwiefern hat der Richter bei der Festsetzung der Kosten zu prüfen, ob Auslagen eines Anwaltes zur zweckentsprechenden Rechtsverfolgung notwendig waren? **13,** 312. — 2) Kann der Nebenintervenient, welcher einen andern Anwalt zuzieht, als die Hauptpartei, von der in die Kosten der Nebenintervention verurteilten Gegenpartei die Erstattung der Gebühren und Auslagen seines Anwaltes unbedingt fordern, oder nur dann, wenn er die Notwendigkeit der Annahme eines eigenen Rechtsanwaltes besonders darlegt? **13,** 433. Vgl. **14,** 395 (Streitgenossen). — 3) Stehen dem Anwalte im Falle der Vertretung durch einen nicht zum Stellvertreter bestellten (§ 25 der Rechtsanwaltsordnung), über zwei Jahre im Vorbereitungsdienste befindlichen Rechtskundigen die vollen Anwaltsgebühren zu? **14,** 393; **15,** 433. — 4) Ist die unterliegende Partei zur Erstattung der Gebühren mehrerer Anwälte verpflichtet, wenn der Wechsel in der Person des Gegenanwaltes durch die andere Partei schuldvoll veranlaßt wurde? Wonach ist zu beurteilen, ob ein Wechsel eintreten mußte? **15,** 394. — 5) Unter welchen Voraussetzungen kann Erstattung der Gebühren des den Verkehr der Partei mit dem Prozeßbevollmächtigten vermittelnden Anwaltes vom Gegner verlangt werden? **15,** 402. — 6) Ist, wenn ein Urteil gegen Sicherheitsleistung für vorläufig vollstreckbar erklärt ist, der vom Rechtsanwalte gestellte Antrag auf vorläufige Verwahrung der betreffenden Summe als solcher gebührenpflichtig? **11,** 364. — 7) Ist der Anwalt zur Berechnung der Beweisgebühr berechtigt, wenn nach erlassenem Beweisbeschlusse im nächsten Termine vom Gerichte eröffnet wird, daß der betreffende Zeuge sein Zeugnis zu verweigern erklärt hat? **12,** 393. — 8) Gebühren des Rechtsanwaltes a) für den Antrag auf Erlaß einer einstweiligen Verfügung? b) für den Antrag auf Sicherung des Beweises zum Zwecke der Begründung des ersten Antrages? c) für die Beweisaufnahme in dem hierdurch veranlaßten besondern Verfahren?

Bedeutung und gegenseitiges Verhältnis der §§ 20. 22. 23. 29. 30 der Gebührenordnung für Rechtsanwälte? **13,** 319. — 9) Steht dem Anwalte eine Beweisgebühr für die Vertretung der Partei zu, welche, zur Edierung eines eidlich zu bestärkenden Inventars verurteilt, diesen Eid ableistet? Begriff des Beweisaufnahmeverfahrens im Sinne des § 13 Ziff. 4 der Gebührenordnung für Rechtsanwälte. **14,** 394. — 10) Darf der Anwalt die bei Bestellung von Briefen durch die Stadtpost entstehenden Porti ersetzt verlangen, oder sind dieselben durch die „Prozeßgebühr" gedeckt? **15,** 404. — 11) Ist für die Berechnung der Prozeßgebühr des Anwaltes des Berufungsbeklagten der Wert des Streitgegenstandes zur Zeit der Vorbereitung des Verfahrens maßgebend, oder der Betrag, auf den der Gegner seine vorher angekündigten Anträge in der mündlichen Verhandlung beschränkt? **17,** 374. — 12) Kann, wenn lediglich eine prozeßhindernde Einrede vorgebracht und lediglich auf Grund dieser der Prozeß erledigt wird, die volle Prozeßgebühr gefordert werden, weil die Informationseinziehung sich auf das ganze Streitverhältnis erstreckt habe? **19,** 429; **20,** 426. — 13) Vergleichsgebühr, wenn vor Verhandlung des Beklagten zur Hauptsache mit dessen Einwilligung der Kläger die Klage unter Übernahme der Kosten zurücknimmt? **20,** 414.

### § 290 A. Zeugen- und Sachverständigengebühren.

1) Unter welcher Voraussetzung kann der als Zeuge oder Sachverständiger vernommene Beamte nach Maßgabe der für Dienstreisen geltenden Vorschriften liquidieren an Stelle der gewöhnlichen Gebühren? **11,** 436. — 2) Instanzenzug für die Beschwerde gegen die Festsetzung der Gebühren durch einen ersuchten oder beauftragten Richter in Civil- und Strafsachen. Ist im Civilverfahren zunächst die Entscheidung des Prozeßgerichtes einzuholen? **17,** 352.

### § 291. Armenrecht.

1) Muß eine das Armenrecht für die zweite Instanz nachsuchende Partei jedenfalls vorläufig Berufung einlegen, oder ist ihr, wenn ohne deren Einlegung bis zur rechtskräftigen Entscheidung über ihr Gesuch die Berufungsfrist abgelaufen ist, Wiedereinsetzung in den vorigen Stand zu gewähren? Unabwendbarer Zufall? Beobachtung der von der Partei vernünftigerweise zu erwartenden Sorgfalt. **12,** 375; **17,** 389. — 2) Das Gericht welcher Instanz hat nach Beendigung des Rechtsstreites über die Verpflichtung einer zum Armenrechte zugelassenen Partei zur Nachzahlung der gestundeten Beträge zu beschließen? **12,** 416. — 3) Ist eine arme Partei, welche zur Zeit nur zu einer ratenweisen Nachzahlung der gestundeten Beträge imstande ist, zu solcher verpflichtet? **12,** 417. — 4) Darf der einer armen Partei durch das zuständige Gericht bestellte Anwalt die Vertretung deshalb ablehnen, weil er die beabsichtigte Rechtsverfolgung für aussichtslos hält? **15,** 340. — 5) Kann der Anwalt der armen Partei von dem unterliegenden Gegner auch solche

Kosten beitreiben, welche die erstere, abgesehen vom Armenrechte, von demselben gesetzlich nicht fordern könnte? **15,** 396. — 6) Ist, wenn das Armenrecht in der vorigen Instanz bewilligt war, in der höhern das Vermögen der Partei zur Bestreitung der Kosten nicht mehr zu prüfen? **19,** 428. — 7) Bedeutung der Pflicht des Ehemannes, die Scheidungsprozeßkosten der Frau vorzuschießen, für deren Anspruch auf Armenrecht. (P.) **19,** 428. — 8) Hat gegen die zu Gunsten der armen Partei erlassenen Beschlüsse der Gegner ein Beschwerderecht? **20,** 417.

### 3. Allgemeine Grundsätze des Verfahrens.

#### § 292. Mündlichkeit. Öffentlichkeit.

1) Darf das Urteil auf die nicht protokollierte Aussage eines Zeugen gegründet werden, welcher bei anderer Besetzung der Richterbank vernommen ist? **14,** 379. 383; **17,** 344. — 2) Gilt das Prinzip, daß nur der Inhalt der der Urteilsfällung unmittelbar vorhergehenden Verhandlung der maßgebende Streitstoff ist, ausnahmslos? §§ 248. 276 C.P.O. **15,** 353. — 3) Kann nach Schluß der Verhandlung auf Grund neuer Thatsachen und Beweismittel die Wiedereröffnung beschlossen werden, oder darf die Veranlassung hierzu nur aus der stattgehabten Verhandlung entnommen werden? Abgang eines Richters nach Schluß der Verhandlung. **16,** 417. — 4) Darf das Urteil auf den Eindruck gegründet werden, welchen ein Zeuge bei seiner Vernehmung durch einen ersuchten oder beauftragten Richter auf diesen gemacht hat? **17,** 425. — 5) Muß in allen Fällen, bezüglich deren die Civilprozeßordnung nicht sagt, daß die Entscheidung ohne mündliche Verhandlung erfolgen könne, solche stattfinden? **16,** 412. — 6) Nichtausschließung der Öffentlichkeit in einem Falle, wo Ausschließung gesetzlich vorgeschrieben ist. **16,** 394.

#### § 293. Vorbereitende Schriftsätze.

1) Charakter der Berufungs- (Revisions-) Schrift als vorbereitender Schriftsatz. Erweiterung der angekündigten Anträge. **16,** 344. — 2) Zustellung eines Klageschriftsatzes, dessen Ladung keinen bestimmten Termin angiebt. **13,** 334. — 3) Über Klageschrift siehe ferner § 300 dieses Registers.

#### § 294. Verhandlungsmaxime. Richterliches Amt. Fragerecht.

1) Kann, wenn auf Scheidung vom Bande der Ehe geklagt ist, auf temporäre Trennung von Tisch und Bett erkannt werden? **11,** 414. — 2) Kann der Richter auf Grund von Thatsachen, wegen deren Ehescheidung beantragt ist, Ungültigkeit der Ehe aussprechen? **11,** 354. — 3) Zulässigkeit eventueller Sachanträge. Eventuelle Einlegung der Anschlußberufung. **13,** 358. — 4) Wird durch die Anträge der Parteien der Streitstoff nur in materieller Beziehung abgegrenzt, oder auch in

Ansehung von Prozeßfragen, die nicht dem Belieben der Parteien unterliegen? **14**, 357. — 5) Richterliche Beurteilung unabhängig von der rechtlichen Auffassung der Partei. **20**, 44. 70. 166. — 6) Was sind sach- und prozeßleitende Verfügungen und Entscheidungen? **11**, 410. — 7) Kann das Revisionsgericht die Verhandlung bis zur Erledigung des Strafverfahrens aussetzen, wenn der betreffende Verdacht erst in der Revisionsverhandlung zur Sprache kommt? **11**, 366. — 8) Kann im Urkundenprozesse die Verhandlung bis zur Erledigung eines bezüglichen Strafverfahrens ausgesetzt werden? **13**, 377. — 9) Bedeutung des strafgerichtlichen Urteiles für den Civilrichter. **20**, 103. — 10) Giebt es gegen die Verlegung eines Termines oder die Vertagung einer Verhandlung eine Beschwerde? **15**, 422. Gegen die Aussetzung der Verhandlung gemäß § 140 C.P.O.? Voraussetzungen des Aussetzungsbeschlusses. **15**, 427. — 11) Ist eine unzulässige Kompensation deswegen zuzulassen, weil der Kläger die Zulässigkeit der Einrede nicht bestritten hat? Stillschweigendes Einverständnis? **13**, 176. — 12) Ist eine strafgerichtliche Verurteilung eines Ehegatten, wenn der andere deswegen auf Scheidung klagt, nur nach dem Inhalte des Strafurteiles zu beurteilen, oder kann der Eherichter über die Schwere des Verbrechens selbständige Feststellung treffen? **13**, 199. — 13) Ist, wenn nach rechtskräftig gewordenem bedingten Endurteile die schwurpflichtige Partei stirbt, die neue Verhandlung auf die Beweisführung hinsichtlich des im Eidesthema bezeichneten Beweissatzes zu beschränken? Teilweise Rechtskraft des demnächst aufzuhebenden bedingten Urteiles? **13**, 379. — 14) Hat das Gericht von Amts wegen die Erledigung des bedingten Urteiles herbeizuführen? **13**, 427. — 15) Hat es bei dem in erster Instanz auferlegten richterlichen Eide, wenn die schwurpflichtige Partei das Urteil nicht angefochten hat, sein Bewenden, obwohl das Berufungsgericht die zum Eid gestellte Thatsache auf Grund neuer Verhandlungen für völlig erwiesen erachtet? **15**, 208. — 16) Bildet die rechtsirrige Zulassung der Berufung einen Grund zur Aufhebung des Berufungsurteiles auch dann, wenn nur der Revisions- und Berufungsbeklagte sie geltend macht? **19**, 394. — 17) Darf das Beschwerdegericht im Falle einer auf Herabsetzung des festgesetzten Wertes des Streitgegenstandes gerichteten Beschwerde den Wert von Amts wegen noch höher festsetzen? **14**, 352. — 18) Hat sich die Prüfung der Einrede der Unzuständigkeit auf die vom Beklagten behaupteten Gründe zu beschränken, oder müssen die Voraussetzungen der Zuständigkeit alsdann von Amts wegen nach allen Richtungen hin erörtert werden? **15**, 366. — 19) Muß das Gericht, wenn einer Nebenintervention ausschließlich wegen fehlenden Interesses des Intervenienten am Ausfalle des Prozesses widersprochen wird, die Formalien des Beitrittes von Amts wegen prüfen? **15**, 396. — 20) Ist die Zulässigkeit des Rechtsweges von Amts wegen zu prüfen? **17**, 177. — 21) § 276 C.P.O. Notwendigkeit, Bedeutung und Wirkung des Beschlusses, daß die Verhandlung auf den Grund des Anspruches zu beschränken? **16**, 311. — 22) Darf die geschlossene Verhandlung nur auf Grund des Inhaltes der stattgehabten Verhandlung, oder auch auf Grund neuer Thatsachen und Beweismittel wieder eröffnet werden? **16,** 417. — 23) Ermessen des Richters betreffs Edition von Handelsbüchern. **18,** 24. — 24) Ist die Vorschrift der l. 14 § 1 Cod. de comp. 4, 31 über Verweisung illiquider Kompensationseinreden zum besondern Prozesse durch die Civilprozeßordnung beseitigt? **15,** 376. — 25) Verweisung der Kompensationsforderung zum getrennten Prozesse gemäß § 136 Abs. 2 oder § 274 C.P.O. Muß der Beklagte wegen der Gegenforderung besondere Klage erheben, oder bleibt insofern der Rechtsstreit anhängig? auch wenn er keine Widerklage erhoben hat? **16,** 378. — 26) Wirkung der in einem von zwei verbundenen Prozessen vor angeordneter Verbindung geschehenen Eidesleistung auf die Entscheidung des andern Prozesses. **18,** 378. — 27) Anwendung des richterlichen Fragerechtes. **12,** 402; **14,** 210; **18,** 5. 190; **19,** 377. 305; **20,** 47. 201. 385.

### § 295. Beurkundung der mündlichen Verhandlung.

1) Anwendung des § 267 C.P.O. auf den Fall der Verletzung des § 148 a. a. O.? **12,** 436. — 2) Gegenstand und Umfang der Beweiskraft des Sitzungsprotokolles. Verhältnis zur Beweiskraft des Thatbestandes. In welcher Ausdehnung sind die Aussagen der Zeugen und Sachverständigen zu protokollieren? **13,** 418. 422. — 3) Bedeutung des Umstandes, daß das Protokoll irrtümlich die mündliche Verhandlung als vor der Beweisaufnahme geschehen registriert. **14,** 385. — 4) Kann, wenn das Protokoll die geschehene Verkündung der Entscheidung nicht feststellt, die Verkündung anderweit nachgewiesen werden? **16,** 332. Genügt die Angabe, das Urteil sei „erlassen"? **17,** 420.

### § 296. Zustellung.

1) Allgemeine Bedeutung der förmlichen Zustellung als nicht dem Interesse des Empfängers dienend. **11,** 404. Vgl. **19,** 426. — 2) Inwiefern kann die Partei auf die Rüge mangelhafter Zustellung nicht wirksam verzichten? **14,** 338. — 3) Beweiskraft der Zustellungsurkunde als öffentliche Urkunde. Ist Ergänzung und Berichtigung ihrer Beurkundungen durch andere Beweise zulässig? Zustellung kein Formalakt. **17,** 405. 413. — 4) Das Aufnehmen der Zustellungsurkunde ein wesentliches Moment des Zustellungsaktes. **19,** 423. — 5) Kann der Thatbestand einer Zustellung durch jegliches Beweismittel nachgewiesen werden? **19,** 423. — 6) Unterscheidung zwischen wesentlichen und unwesentlichen Fehlern des Zustellungsverfahrens. **17,** 407. — 7) Genügt bei der Zustellung durch den Gerichtsvollzieher die Beglaubigung der zu übergebenden Abschrift des Schriftstückes durch Stempeldruck des Beglaubigungsvermerkes und des Namens des beglaubigenden Anwaltes? **14,** 335. — 8) Zulässigkeit und Modus der telegraphischen Zustellung des Arrestbefehles? **14,** 335. — 9) Ist die Gültigkeit der Zustellung durch die Post dadurch bedingt, daß der Gerichtsvollzieher den auf die Urschrift des zuzustellenden Schriftstückes zu setzenden Vermerk über die Übergabe

an die Post auf die übergebene Abschrift abschriftlich überträgt? **14**, 392. Vgl. **15**, 412. — 10) Ist in dem Falle, daß das anzufechtende Urteil zugleich mit der Berufungsschrift zugestellt werden soll, auch die öffentliche Zustellung möglich? Ist in diesem Falle das Berufungsgericht zuständig, beide Zustellungen zu bewilligen? **15**, 346. — 11) Kann für die eine Notfrist in Lauf setzende Zustellung die Übergabe des zuzustellenden Schriftsatzes durch einen andern Akt ersetzt werden, z. B. durch die Vereinbarung der Parteien oder ihrer Anwälte, daß die Übergabe als geschehen gelten solle? **15**, 373. — 12) Ist die Zustellung unwirksam, wenn anstatt der beglaubigten Abschrift des zuzustellenden Schriftstückes die Urschrift übergeben wird? **15**, 411. — 13) Zustellung durch die Post. Entbehrlichkeit der Bezeichnung der Person, für welche zugestellt wird, auf der dem Empfänger zu übergebenden Zustellungsurkunde. **15**, 412. — 14) Zustellung an eine von mehreren Personen, welche ein gemeinschaftliches Geschäftslokal haben, in diesem; an einen Gesellschafter, welcher seinen Berufsgeschäften gewöhnlich im Geschäftslokale der offenen Handelsgesellschaft obliegt, in diesem Lokale mittels Übergabe an den Gewerbegehilfen der Gesellschaft. **16**, 349. — 15) Ist der Gerichtsschreiber in den Fällen der §§ 152. 458 C.P.O. als Beauftragter der Partei anzusehen? **17**, 391. — 16) Die Gültigkeit einer Zustellung wird im Anwaltsprozesse nicht dadurch beeinträchtigt, daß der Gerichtsvollzieher den Zustellungsauftrag von der Partei in ihrem eigenen Namen erhalten hat. **17**, 392. Vgl. **19**, 398. — 17) Muß dem Zustellungsempfänger urkundlich erkennbar gemacht werden, in wessen Auftrag die Zustellung geschieht, oder nur, für wen dieselbe erfolgt? Inkorrektheit der üblichen Formulare. **17**, 400. 414. — 18) Ist, obwohl in der Zustellungsurkunde als Auftraggeber des Gerichtsvollziehers eine andere Person als die Partei oder ihr Prozeßbevollmächtigter angegeben ist, die für die Partei oder den Anwalt vorgenommene Zustellung dennoch gültig, wenn diese Person mit dem Betriebe der Zustellung beauftragt, oder letztere nachträglich genehmigt worden ist? **17**, 411. — 19) Ersatzzustellung. Ist der Begriff „erwachsen“ in § 166 C.P.O. von der durch das Lebensalter bedingten körperlichen Entwickelung zu verstehen, oder in uneigentlichem Sinne in bezug auf vorgeschrittenes Verständnis und Intelligenz? Wirkung von Mängeln. Nachweis, daß das betreffende Schriftstück trotzdem in die Hände des Adressaten gelangt ist. **14**, 338. — 20) Findet Ersatzzustellung statt, wenn a. der angetroffene Anwalt an der Empfangnahme behindert ist? b. der angetroffene Anwalt die Übergabe an seinen Gehilfen stillschweigend genehmigt oder generell anordnet? **17**, 406. — 21) Kann eine ungültig geschehene Ersatzzustellung dadurch die Bedeutung einer gültigen Zustellung erlangen, daß der Empfänger den Adressaten rechtzeitig unter Behändigung der übergebenen Schriftstücke von der geschehenen Zustellung in Kenntnis setzt? **17**, 403. — 22) Ist eine Ersatzzustellung deswegen nichtig, weil die Person, welcher der Postbote das verschlossene Schriftstück übergeben hat, zu den Prozeßgegnern des Adressaten gehört? **17**, 409. — 23) Kann ein vom prozeßbevollmächtigten Anwalte bestellter Vertreter nach dessen Tode eine wirksame Zustellung vornehmen? **11,** 370. — 24) Tod des Prozeßbevollmächtigten nach Zustellung des Urteiles erster Instanz. Kann die Zustellung der Berufungsschrift an die Partei selbst geschehen? **13,** 310. — 25) Unwirksamkeit der Zustellung des Urteiles erster Instanz an den nur für die zweite Instanz bestellten Prozeßbevollmächtigten. **19,** 405. — 26) Kann die vorgeschriebene Zustellung einer Ausfertigung des Schiedsspruches in der Berufungsinstanz noch nachgeholt werden? Zustellung an den Vertreter der Partei? **13,** 431. — 27) Muß die Zustellung der Rechtsmittelschrift an den bei Gelegenheit eines früher gegen dasselbe Urteil eingelegten Rechtsmittels von dem Gegner für die gleiche Instanz bestellten Prozeßbevollmächtigten geschehen, oder kann sie an den Bevollmächtigten der vorigen Instanz geschehen? **14,** 348. Vgl. **14,** 371. — 28) Muß ein nach § 276 C.P.O. erlassenes Zwischenurteil an den für die Berufung gegen das Endurteil bestellten Prozeßbevollmächtigten oder an denjenigen der ersten Instanz zugestellt werden? **16,** 354. — 29) Ist beim Vorhandensein eines für die höhere Instanz bestellten Prozeßbevollmächtigten die Zustellung der Rechtsmittelschrift an denjenigen der unteren Instanz auch dann ungültig, wenn die zustellende Partei von jener Bestellung nichts weiß und nichts wissen muß? **14,** 351. 375; **16,** 355; **18,** 396. — 30) Zustellung der Hauptinterventionsklage an die Prozeßbevollmächtigten der Parteien des Hauptprozesses? **15,** 428. — 31) Restitution gegen den Ablauf der Berufungsfrist gemäß § 213 C.P.O., wenn die dem Gerichtsvollzieher übergebene Berufungsschrift den Prozeßbevollmächtigten des Gegners nicht bezeichnet und daher an den Gegner selbst zugestellt ist? **16,** 365. — 32) Welchem gegnerischen Prozeßbevollmächtigten ist die Rechtsmittelschrift zuzustellen, wenn der Gegner zugleich mit der Bestellung eines Anwaltes für die untere Instanz schon einen eventuellen Bevollmächtigten für die höhere bestellt hat? **18,** 395. — 33) Inwieweit kann das Datum des Empfangsbekenntnisses bei der Zustellung von Anwalt zu Anwalt als unrichtig, durch Schreibfehler veranlaßt, nachgewiesen werden? **13,** 366. Vgl. **19,** 426. — 34) Kann der Nachweis der Zustellung von Anwalt zu Anwalt geführt werden durch eine Bescheinigung des zustellenden Anwaltes? **14,** 348. Vgl. **19,** 426. — 35) Beweiskraft der Empfangsbescheinigung des Anwaltes bei der Zustellung von Anwalt zu Anwalt. **15,** 373. — 36) Kann bei der Zustellung von Anwalt zu Anwalt die Partei, welcher zugestellt ist, die geschehene Zustellung durch das von ihrem Anwalte ausgestellte Empfangsbekenntnis beweisen? Erfordernis der Aushändigung desselben an den zustellenden Anwalt? **17,** 336. — 37) Empfangsbekenntnis des Anwaltes ohne Bezeichnung des Tages des Empfanges. **19,** 423. — 38) Wirkung der Zustellung eines nicht verkündeten Urteiles. **16,** 331. — 39) Klage auf Auflösung eines Kaufvertrages — Art. 1184 Code civil —. Gilt die von dem als Nebenintervenient dem beklagten Käufer beigetretenen Hypothekengläubiger bewirkte Zustellung des Urteiles auch für den Beklagten? **17,** 409. — 40) Zustellung an den Zustellungsauftraggeber selbst. **20,** 373. — 41) Zwangsvollstreckung ohne Zustellung nach § 671 C.P.O. **11,** 402; **20,** 433.

### § 297. Ladungen. Termine. Fristen.

1) Ist zu einer Ladung die Angabe eines bestimmten Termines unerläßlich? **13,** 335. — 2) Ist die Klage wegen nicht ordnungsmäßiger Ladung abzuweisen? Heilung des Mangels durch Verhandeln seitens des Beklagten? Verzicht desselben auf den bezüglichen Einwand? Abweisung angebrachtermaßen wegen Mangels der Ladung in der Klageschrift? Kann der Kläger Vertagung verlangen? Widerspruch des Beklagten. **13,** 334 flg. — 3) Giebt es eine Beschwerde gegen die Verlegung eines Termines? **15,** 422. — 4) Worin besteht die gesetzliche Folge der Versäumung der zur Beibringung von Vollmacht, Legitimationsnachweisen rc gesteckten richterlichen Fristen? **14,** 433. — 5) Muß bei Zustellung eines Schriftsatzes, welcher den Klagantrag nachträglich erweitert, die Einlassungs- oder die Zustellungsfrist gewahrt werden, damit demgemäß ein Versäumnisurteil ergehen könne? **15,** 392. — 6) Findet § 200 Abs. 2 C.P.O. auf die sechsmonatliche Frist des § 26 K.O. Anwendung? **17,** 328. — 7) Wirkung des Ablaufes einer der Hauptpartei gesetzten Notfrist gegen den Intervenienten. **18,** 416. — 8) Siehe auch § 320b dieses Registers.

### § 298. Folgen der Versäumung. Restitution.

1) Wiedereinsetzung in den vorigen Stand, wenn der Gerichtsvollzieher, der das zuzustellende Schriftstück spätestens am dritten Tage vor Ablauf der Notfrist erhalten, innerhalb der letztern eine unwirksame Zustellung vornimmt? **11,** 375. — 2) Revision gegen ein Urteil, durch welches einem in erster Instanz zurückgewiesenen Antrage auf Wiedereinsetzung in den vorigen Stand gegen die Versäumung der Frist zum Einspruche gegen ein Versäumnisurteil stattgegeben, und die Sache in die erste Instanz zurückverwiesen ist? **12,** 373. — 3) Restitution gegen die Versäumung der Berufungsfrist infolge der Dauer des Verfahrens auf das Gesuch um Bewilligung des Armenrechtes für die zweite Instanz. Unabwendbarer Zufall. Vernünftigerweise von der Partei zu erwartende Sorgfalt. **12,** 375; **17,** 389. — 4) Worin besteht die Folge der Versäumung der richterlichen Frist zur Beibringung von Legitimationsnachweisen, Vollmacht rc? **14,** 433. — 5) Schutz des § 213 C.P.O. gegen Säumnis des Gerichtsvollziehers, nicht gegen eigene Lässigkeit. Berufungsschrift ohne Bezeichnung des Prozeßbevollmächtigten des Gegners, daher an den Gegner selbst zugestellt. **16,** 365. — 6) Wiedereinsetzung in den vorigen Stand nach § 211 C.P.O. im Falle eigener Säumigkeit der Partei? **16,** 366. — 7) Bedeutung der für das Wiedereinsetzungsgesuch in § 214 C.P.O. vorgeschriebenen Erfordernisse; absolutes Gesetz. **16,** 368.

### § 299. Unterbrechung und Aussetzung des Verfahrens.

1) Tritt durch den Tod des Anwaltes keine Unterbrechung ein, wenn der Anwalt einen Vertreter bestellt hat? **11,** 369. — 2) Beispiel

des § 9 K.O. **12**, 226. — 3) Hat der nach der Zustellung des Urteiles erster Instanz erfolgte Tod des Prozeßbevollmächtigten die Unterbrechung des Verfahrens zur Folge? Zustellung der Berufungsschrift an den Gegner selbst? **13**, 310. — 4) Unterbrechung des Verfahrens durch eintretende Unfähigkeit oder Tod des Anwaltes nach Verkündung, aber vor Zustellung des Urteiles. **19**, 397. — 5) Muß im Falle des Todes des gesetzlichen Vertreters nach § 223 C.P.O. auf Antrag des Gegners das Verfahren ausgesetzt werden? **14**, 436. — 6) Wird durch die ausländische Konkurseröffnung über das Vermögen des Beklagten das Verfahren unterbrochen? **16**, 337. — 7) Unterliegt die Entscheidung, daß das Verfahren für unterbrochen zu achten, der Beschwerde? **16**, 340. 359. — 8) Unterbrechung des Verfahrens, wenn, nachdem die Erben eines Kaufmannes N. dessen Prozeß übernommen haben, über die Handelsgesellschaft N. der Konkurs eröffnet ist? **16**, 340. — 9) Wird durch die vom Berufungsgerichte ausgesprochene Aussetzung des Verfahrens dasjenige Verfahren betroffen, welches noch in erster Instanz anhängig geblieben war? **16**, 355. — 10) Darf das Berufungsgericht, wenn es zu der Ansicht gelangt, daß dem mit einem gesetzlichen Vertreter nicht versehenen Beklagten die Prozeßfähigkeit schon zur Zeit der Klagezustellung gefehlt habe und noch fehle, das Verfahren so lange auszusetzen, bis der Beklagte dasselbe selbst oder durch einen gesetzlichen Vertreter aufnehmen kann? **18**, 383. — 11) Wirkungen der Unterbrechung des Verfahrens. **11**, 369. — 12) Inwiefern kann auf die Wirkungen der Unterbrechung des Verfahrens nach § 267 C.P.O. verzichtet werden? **14**, 333. — 13) Wie wird das durch die Konkurseröffnung unterbrochene Verfahren vom Verwalter aufgenommen, wenn gegen den nachmaligen Gemeinschuldner auf Grund des für vorläufig vollstreckbar erklärten Urteiles Zwangsvollstreckung vorgenommen ist, und der Verwalter zwecks Rückerstattung ein Rechtsmittel einlegt? Revisionsinstanz. **11**, 400. — 14) Bedeutung, sowie Art und Weise der Aufnahme eines unterbrochenen Verfahrens. Interesse an der Aufnahme. Kann im Falle des Konkurses das Verfahren gleichzeitig von einem Konkursgläubiger gegen den Gegner des Gemeinschuldners und von diesem Gegner gegen den Gemeinschuldner aufgenommen werden? **13**, 315. — 15) Kann der einen Prozeß des Gemeinschuldners aufnehmende Verwalter Einwendungen erheben, die dem Gemeinschuldner nicht zugestanden hätten? Widerspruch gegen einen Arrestbefehl? **20**, 361. 363. — 16) Kann die Anzeige von der neuen Anwaltsbestellung — § 227 C.P.O. — in dem zuzustellenden Schriftsatze auch nur stillschweigend enthalten sein? **14**, 333. — 17) Kann der eine Konkursforderung betreffende Rechtsstreit nur vom Gläubiger oder auch vom Gemeinschuldner oder vom Konkursverwalter aufgenommen werden? **16**, 360. — 18) Kann der Konkursverwalter den Gläubiger einer von ihm bestrittenen Konkursforderung zur Aufnahme des zur Zeit der Eröffnung des Verfahrens anhängigen Rechtsstreites auffordern und laden? **16**, 363. — 19) Beschwerde gegen jeden die Aussetzung und Aufnahme des Verfahrens betreffenden Beschluß. **15**, 427; **16**, 359; **18**, 188. 384.

4. Verfahren in erster Instanz (vor dem Landgerichte).

**§ 300. Klagerhebung. Objektive Klagenverbindung. Rechtshängigkeit. Abtretung des Klaganspruches. Änderung, Verbesserung, Zurücknahme der Klage.**

1) Klagerhebung. Bestimmtheit des Antrages und der Angabe des Gegenstandes des erhobenen Anspruches im Falle der Feststellungsklage? Praktische Bedeutung? **12,** 388. — 2) Kann durch Zustellung einer Klageschrift, welche keine Mitteilung über den angesetzten Termin enthält, die Klage erhoben werden? **13,** 335. — 3) Kann, wenn auf eine nicht ordnungsmäßig erhobene Klage Versäumnisurteil gegen den Beklagten ergangen ist, durch Zustellung desselben oder — nach Aufhebung des Urteiles infolge Einspruches — durch Zustellung der Berufungsschrift die Klagerhebung nachgeholt werden? **13,** 338. — 4) Kann im Falle eines quantitativ bestimmten Anspruches auf eine vertragsmäßige Leistung eine Klage auf Verurteilung dem Grunde nach erhoben werden, ohne einen bestimmten Betrag zu fordern? **13,** 435. — 5) Wie ist nach Artt. 190a. 222 H.G.B. — Fassung des Gesetzes vom 18. Juli 1884 — das Rubrum der Klage zu fassen? **14,** 142. — 6) Muß das Gericht, wenn die Klage mangelhaft zugestellt und deswegen die Verjährung inzwischen vollendet, der Einwand der Verjährung auch vom Beklagten erhoben ist, die Klage als nicht ordnungsmäßig erhoben zurückweisen, oder, in der Sache erkennend, als verjährt abweisen? **14,** 340. — 7) Muß, wenn gegen einen ausländischen Gemeinschuldner, welcher Vermögen im Inlande hat, geklagt wird, der Antrag eine Beschränkung der Vollstreckbarkeit auf die im Inlande dem Zugriffe bereiten Vermögensstücke in sich tragen? **14,** 412. — 8) Unschädlichkeit einer inkorrekten Bezeichnung des Beklagten, über dessen Person kein Zweifel besteht. **15,** 145. — 9) Klagezustellung als Kündigung der Darlehnsforderung. Ist, wenn seitdem bis zum Tage des Urteiles die Kündigungsfrist verstrichen ist, der Beklagte zu verurteilen? (G., P.) **17,** 150. — 10) Im ordentlichen Verfahren nach § 563 C.P.O. darf kein anderer Klagegrund aufgestellt werden, als im vorausgegangenen Urkundenprozesse. **11,** 4. — 11) Verweisung der Gegenforderung zum besondern Prozesse. Muß der Beklagte besondere Klage erheben? **16,** 378. — 12) Inwiefern läßt sich das interdictum quod vi aut clam mit der Klage auf Anerkennung und Schutz des Rechtes verbinden? **17,** 123. — 13) Eventuelle Häufung zweier Klagen. Inwiefern erwächst, wenn die prinzipale Klage vom ersten Richter für begründet erachtet und die eventuelle unentschieden gelassen ist, auch die letztere an das Berufungsgericht? **18,** 385. — 14) Wie entsteht Rechtshängigkeit? **16,** 375. — 15) Verhältnis zwischen den Vorschriften über Rechtskraft des Urteiles und über Klagänderung und Rechtshängigkeit. **14,** 347; **16,** 376; **18,** 410. — 16) Kompensationseinrede. Kann während des Schwebens des Prozesses der den Betrag, mit welchem aufgerechnet werden soll, übersteigende Teil der Gegenforderung besonders eingeklagt werden? **16,** 356. Rechtshängigkeit der Kompensationsforderung? **16,** 375; **18,** 408. — 17) Kann im Urkundenprozesse der Beklagte daraus, daß er Klage auf Feststellung

des Nichtbestehens des Klaganspruches erhoben hat, die Einrede der Rechtshängigkeit herleiten, auch wenn die zur Begründung der Feststellungsklage dienenden Thatsachen nicht mit den im Urkundenprozesse zulässigen Beweismitteln dargethan werden können? **17,** 327. — 18) Ausdehnung der Rechtshängigkeit im Ehescheidungsprozesse auf alle Scheidungsgründe, auch diejenigen, welche hätten vorgebracht werden können, aber nicht vorgebracht sind. **19,** 408. — 19) Ist das Urteil, welches im Falle der §§ 237. 238 C.P.O. über die Pflicht des Rechtsnachfolgers zur Übernahme des Prozesses entscheidet, ein Zwischenurteil? **11,** 317. — 20) Kommt § 236 C.P.O. zur Anwendung, wenn die eingeklagte Forderung vor der Klagerhebung vom Kläger cediert ist, und während des Prozesses die Signifikation erfolgt? (F.) **11,** 341. — 21) Rechte des Gläubigers aus Pfändung und Überweisung einer rechtshängigen Forderung. **20,** 420. Rechte des Cessionars einer rechtshängigen Forderung. **20,** 422. — 22) Klagänderung, Änderung des Klagegrundes, des Gegenstandes, des Antrages, Beschränkung und Erweiterung des Antrages. Bedeutung und Verhältnis dieser Begriffe zu einander. **14,** 427. — 23) Ist es Klagänderung, wenn der Kläger, nachdem er sich als Nichtberechtigter herausgestellt hat, an Stelle des Berechtigten den Prozeß fortführen will? **11,** 341. Vgl. **19,** 185. — 24) Inwieweit ist in Ehesachen Klagänderung zulässig? **11,** 354. — 25) Bezieht sich § 240 Ziff. 2 C.P.O. auch auf eine Steigerung des ursprünglichen Antrages, oder nur auf eine Anfügung neu entstandener Ansprüche? **12,** 301. — 26) Erweiterung des Klagantrages in dem Prozesse über die Höhe der Enteignungsentschädigung nach Ablauf der sechsmonatlichen Frist des § 30 des Ges. vom 11. Juni 1874? (P.) **12,** 299. — 27) Ist es Klagänderung, wenn der Kläger, nachdem er ursprünglich die Kompensation eines bestimmten Betrages geltend gemacht, indem er mittels Kompensation festzustellen beantragt, daß er dem Beklagten nichts mehr schulde, die Zahlung des Betrages fordert? oder ist es nur Erweiterung des früheren Antrages? **14,** 346. — 28) Muß bei Zustellung eines den Klagantrag nachträglich erweiternden Schriftsatzes die Einlassungs- oder die Zustellungsfrist gewahrt werden, damit demgemäß Versäumnisurteil ergehen könne? **15,** 392. — 29) Dingliche Klage expressa causa? Ist es Ergänzung oder Änderung der Klage, wenn der Kläger auf die in der Klageschrift erzählend erwähnte Thatsache in der mündlichen Verhandlung seinen Anspruch gründet? **11,** 242. — 30) Liegt, wenn der in erster Instanz kostenpflichtig abgewiesene Kläger in der zweiten beantragt, die Sache für erledigt zu erklären und dem Beklagten die Kosten aufzuerlegen, Zurücknahme der Klage vor? Anwendung des § 94 C.P.O.? **15,** 424. — 31) Zurücknahme der Klage unter Übernahme der Kosten vor Verhandlung des Beklagten zur Hauptsache, mit dessen Einwilligung. Liegt Vergleich vor? **20,** 414.

### § 301. Feststellungsklage.

1) Richterliches Ermessen bezüglich des rechtlichen Interesses. **12,** 148. — 2) Kann das in § 231 C.P.O. erforderte rechtliche Interesse

auch ein strafrechtliches sein? **16**, 390. — 3) Klage auf Feststellung, daß dem Beklagten keinerlei Ansprüche gegen den Kläger zustehen. Wie ist der Wert des Streitgegenstandes zu bestimmen? **12**, 361. — 4) Was gehört bei der Feststellungsklage zur Bestimmtheit des Antrages und der Angabe des Gegenstandes des erhobenen Anspruches? Ersichtlichkeit des qualitativen und quantitativen Inhaltes des Anspruches? Praktische Bedeutung. **12**, 388. — 5) Kann auf Feststellung der Entschädigungspflicht für die durch eine verschuldete Körperverletzung entstehende Verminderung der Erwerbsfähigkeit geklagt werden, wenn der Verletzte noch nicht erwerbsfähig war? Möglichkeit des Todes vor Erreichung eines erwerbsfähigen Lebensalters. **13**, 372. — 6) Welcher Gerichtsstand ist für die Klage auf Feststellung, daß der Kläger bei der demnächstigen Erledigung des Fideikommisses vor dem Beklagten zur Succession in dasselbe berufen sei, begründet? Eigentumsklage? Dinglicher Gerichtsstand? **13**, 386. — 7) Kann im Falle eines quantitativ bestimmten Anspruches auf eine vertragsmäßige Leistung Klage auf Verurteilung dem Grunde nach erhoben werden, ohne einen bestimmten Betrag zu fordern? **13**, 435. — 8) Beweislast bei der negativen Feststellungsklage. Trifft sie grundsätzlich den Beklagten? Klage einer eingetragenen Genossenschaft auf Streichung des Beklagten aus dem Verteilungsplane. **14**, 91. — 9) Ist es bei einer negativen Feststellungsklage zulässig, eine engere als die beantragte Feststellung im Urteile auszusprechen? **14**, 104. — 10) Ist es Erweiterung des früheren Antrages oder Klagänderung, wenn der Kläger, nachdem er ursprünglich die Kompensation eines bestimmten Betrages geltend gemacht und dieserhalb festzustellen beantragt hat, daß er dem Beklagten nichts mehr schulde, nunmehr Zahlung des Betrages fordert? **14**, 346. — 11) Ist gegen die Feststellungsklage des § 134 K.O. Widerklage zulässig? **16**, 118. — 12) Kann im Urkundenprozesse der Beklagte daraus, daß er Klage auf Feststellung des Nichtbestehens des Klaganspruches erhoben hat, die Einrede der Rechtshängigkeit herleiten, auch wenn die zur Begründung der Feststellungsklage dienenden Thatsachen nicht mit den im Urkundenprozesse zulässigen Beweismitteln dargethan werden können? **17**, 327. — 13) Unzulässigkeit einer Klage über Rechtsfragen bezüglich noch nicht begründeter Rechtsverhältnisse. **18**, 172.

## § 301 A. Widerklage.

1) Ist gemäß § 33 Abs. 1 C.P.O. bei der Widerklage ein rechtlicher, oder ein thatsächlicher Zusammenhang erforderlich? **11**, 423. — 2) Ist die Widerklage nur unter der in § 33 C.P.O. erwähnten Voraussetzung zulässig? Widerklage gegen die Feststellungsklage des § 134 K.O.? **16**, 118. — 3) Muß auf die Klage des eingetragenen Eigentümers nach § 7 des Eigentumserwerbsgesetzes die Verurteilung des Beklagten auch dann erfolgen, wenn derselbe den vertragsmäßigen Eigentumserwerb nicht nur durch Einrede, sondern auch durch Widerklage geltend macht? (P.) **15**, 253. — 4) Kann der auf Scheidung verklagte Gatte ein Ehevergehen des andern Teiles widerklagend rügen, wenn bezüglich desselben

die einjährige Frist des § 721 A.L.R. II. 1 zwischen Klagerhebung und erster mündlicher Verhandlung abgelaufen ist? **15**, 292. — 5) Erfordernis des Sühneversuches für die Erhebung der Widerklage in Ehesachen? **15**, 293. — 6) Widerklage wegen einer Gegenforderung. Muß, wenn letztere zum besondern Prozesse verwiesen wird, der Beklagte und Widerkläger eine neue Klage erheben? **16**, 378. — 7) Kann eine Thatsache, welche einredeweise der Klage auf Herstellung des ehelichen Lebens entgegengesetzt ist, deswegen nicht durch Eideszuschiebung bewiesen werden, weil auf dieselbe Thatsache die Widerklage auf Ehescheidung gestützt ist? oder kann eventuell nach Weigerung des Eides durch den Kläger sowohl die Klage als auch mangels Beweises die Widerklage abgewiesen werden? **17**, 386. — 8) Neuer Anspruch in der Berufungsinstanz. **20**, 410.

## § 302. Prozeßhindernde Einreden.

(Siehe auch § 310 dieses Registers.)

1) Giebt es eine „Einrede der mangelnden Passivlegitimation"? **11**, 391. — 2) Peremptorische und dilatorische Wirkung der Einrede der Unzulässigkeit des Rechtsweges aus § 120a R.Gew.O. **12**, 61. — 3) Auslegung eines Parteivorbringens als Einrede der Unzulässigkeit des Rechtsweges. Anwendungsfall des § 248 Abs. 2 C.P.O. Kann die Einrede aus einem Schiedsvertrage hergeleitet werden? **16**, 336. 370. — 4) Kann die Unzulässigkeit des Rechtsweges in der Revisionsinstanz von dem die Revision verfolgenden Kläger geltend gemacht werden? **17**, 176. — 5) Ist die Einrede der mangelnden Parteifähigkeit eine prozeßhindernde? **12**, 400. — 6) Bedeutung der prozeßhindernden Einrede der mangelnden Prozeßfähigkeit. Unterschied von der Einrede der mangelnden Legitimation zur Sache. **13**, 331. — 7) Hat sich die Prüfung der Einrede der Unzuständigkeit des Gerichtes auf den vom Beklagten behaupteten Grund zu beschränken, oder sind die Voraussetzungen der Zuständigkeit alsdann von Amts wegen nach allen Richtungen hin zu erörtern? **15**, 366. — 8) Greift die Einrede der mangelnden Erstattung der Kosten eines früheren Prozesses auch dann Platz, wenn die frühere Klage durch Urteil abgewiesen war? **15**, 382. — 9) Kann von der compensando durch Einrede geltend gemachten Gegenforderung der den Betrag, mit welchem aufgerechnet werden soll, übersteigende Teil in besonderer Klage eingeklagt werden? **16**, 356. — 10) Einrede der Rechtshängigkeit im Urkundenprozesse, wenn der Beklagte Klage auf Feststellung des Nichtbestehens des Klaganspruches erhoben hat. **17**, 327. — 11) Liegt, wenn das Gericht ohne Erledigung einer erhobenen prozeßhindernden Einrede die Verhandlung zur Hauptsache anordnet und diese Verhandlung erfolgt, hierin ein Verzicht des Beklagten auf die Einrede? **13**, 338. — 12) Inwiefern hat ein Urteil, welches eine prozeßhindernde Einrede zurückweist, über die Kosten zu entscheiden? **13**, 413. — 13) Ist gegen das Zwischenurteil, durch welches eine prozeßhindernde Einrede verworfen wird, die Berufung nur in dem Falle zulässig, daß eine abgesonderte Verhandlung über die Einrede stattgefunden hat? **15**, 399.

### § 303. Verhandlungstermin. Feststellung des Parteivorbringens zum Protokoll.

1) Dürfen in der mündlichen Verhandlung über die Restitutionsklage andere als die in der Klageschrift erwähnten Restitutionsgründe geltend gemacht werden? **14,** 332. — 2) Giebt es eine Beschwerde gegen die Vertagung einer Verhandlung? **15,** 422. Gegen die Aussetzung nach § 140 C.P.O.? Voraussetzungen des Aussetzungsbeschlusses. **15,** 427. — 3) Objekt für die Prozeßgebühr des Anwaltes, wenn die angekündigten Anträge in der mündlichen Verhandlung beschränkt werden. **17,** 374. — 4) Protokoll s. § 295 dieses Reg.

### § 304. Rechtzeitigkeit des Parteivorbringens. Neu entstandene Thatsachen.

1) Ablauf der Kündigungsfrist seit der Klagezustellung bis zum Tage des Urteilserlasses. (G., P.) **17,** 150. — 2) Antrag auf eine Anordnung in betreff vorläufiger Vollstreckbarkeit nach Schluß der mündlichen Verhandlung. **20,** 423. — 3) Vgl. Alphabet. Reg. „Neue Einrede".

### § 305. Freie Beweiswürdigung. Gesetzliche Beweisregeln.

1) Inwiefern kann der Beweis der Eheschließung durch Indizien geführt werden? **11,** 425. — 2) Stellt Art. 1483 Code civil eine Beweisregel auf, oder enthält er eine Formvorschrift? **12,** 330. — 3) Anwendung des § 260 C.P.O. in dem Rechtsstreite über die dem Grundeigentümer für das ihm enteignete Grundstück zu gewährende Entschädigung? **12,** 402. — 4) Ist eine strafgerichtliche Verurteilung eines Ehegatten, wenn der andere deswegen auf Scheidung klagt, nur nach dem Inhalte des Strafurteiles zu beurteilen, oder kann der Eherichter über die Schwere des Verbrechens selbständige Feststellung treffen? Behauptung des Beklagten, daß er unschuldig verurteilt sei? **13,** 199. — 5) Zustellung von Anwalt zu Anwalt. Welcher Nachweis muß mindestens erbracht werden, um die geschehene Zustellung zu erweisen? Gesetzliche Beweisregel. **13,** 367. — 6) Beschränkung der freien richterlichen Beweiswürdigung durch die Vorschriften über die Aufnahme der Beweise. **13,** 421. — 7) Verstoß gegen den Grundsatz von der freien Beweiswürdigung, wenn eine Reihe von Thatsachen nicht in ihrer Gesamtheit geprüft, sondern nur jede einzelne für sich auf ihre Beweiskraft hin erörtert ist? **14,** 326. — 8) In welchem einzigen Falle kann die Vernehmung eines über erhebliche Thatsachen vorgeschlagenen Zeugen unterlassen werden? **15,** 336. — 9) Inwiefern kann das Urteil auf ein Protokoll über eine im strafgerichtlichen Verfahren unbeeidigt abgegebene Zeugenaussage gegründet werden? **15,** 342. — 10) Was ist Wahrheit einer Thatsache? Ist bei hoher Wahrscheinlichkeit der Richter verpflichtet, die Möglichkeit des richterlichen Eides zu erwägen? **15,** 338. — 11) Bedeutung und Würdigung der Aussage einer dem Gesetze zuwider als Zeuge vernommenen Partei als einer nach § 259 C.P.O. zu berücksichtigenden Parteierklärung? **17,** 370. — 12) Persönlicher Eindruck eines

Zeugen auf den ihn vernehmenden ersuchten oder beauftragten Richter. **17**, 425. — 13) Bildung der richterlichen Überzeugung auch ohne Beweisaufnahme. **18**, 163. — 14) Inwiefern kann die freie richterliche Schadensschätzung einen Revisionsgrund darbieten? **18**, 339. — 15) Sachverständigenbeweis bei Urkundenauslegung? **19**, 209. — 16) Bedeutung des Strafurteiles für den Civilrichter. **20**, 103. — 17) Bedeutung, wenn die Partei ablehnt, ihren Schaden zu liquidieren. **20**, 106. — 18) Abrede der Parteien, daß nur ein in bestimmt vorgeschriebener Weise festgestellter Schade vergütet werde. **20**, 402.

### § 306. Notorietät.

1) Begriff der Offenkundigkeit im Sinne der Civilprozeßordnung. Verhältnis zu der Publizität der Eintragungen im Handelsregister. Beweis der Offenkundigkeit? Urkundenprozeß. **13**, 371. — 2) Ist ein vom Berufungsgerichte als unbestrittene allgemeine wissenschaftliche Wahrheit hingestellter Satz für eine das Revisionsgericht bindende thatsächliche Feststellung zu achten? **17**, 271.

### § 307. Gerichtliches Geständnis.

1) Voraussetzungen des Widerrufes. Kann nur der Gestehende widerrufen? Irrtum der Partei odes ihres Vertreters? Beweisführung über die Beschaffenheit des Irrtumes. **11**, 406.

### § 308. Rügepflicht der Parteien betreffs formeller Mängel des Verfahrens.

1) Was versteht § 267 C.P.O. unter der nächsten mündlichen Verhandlung? Muß dieselbe von der anzufechtenden Verhandlung zeitlich getrennt sein, in einem andern Termine erfolgen? Anwendung des § 267 C.P.O. auf Beweiserhebungen? auf das Verfahren in Ehesachen? auf den Fall der Verletzung des § 148 a. a. O.? **12**, 436. — 2) Heilung des Mangels der ordnungsmäßigen Ladung in der Klageschrift durch Verhandeln seitens des Beklagten? **13**, 337. — 3) Inwiefern kann auf die Wirkungen der Unterbrechung des Verfahrens nach § 267 C.P.O. verzichtet werden? **14**, 333. — 4) Inwiefern kann die Partei auf die Rüge mangelhafter Zustellung nicht wirksam verzichten? **14**, 338. — 5) Formmangel des Beitrittes des Nebenintervenienten. Heilung gemäß § 267 C.P.O. **15**, 398. — 6) Kann ein Verstoß gegen den Grundsatz von der Mündlichkeit und Unmittelbarkeit bei der Aufnahme des Zeugenbeweises durch Unterlassen einer Rüge geheilt werden? **17**, 348. — 7) Bezieht sich § 267 C.P.O. auf die Verletzung der Vorschriften über Verpflichtung und Beeidigung von Zeugen und Sachverständigen? **17**, 380.

### § 309. Entscheidungen. Beschlüsse.

1) Giebt es Ausnahmen von der Vorschrift, daß nicht verkündete Entscheidungen den Parteien von Amts wegen zuzustellen sind? **11**, 403.

— 2) Was sind Prozeß- oder Sachleitung betreffende Verhandlungen und Entscheidungen? **11,** 410. — 3) Unerheblichkeit der äußern Form einer Entscheidung für den ihr beizumessenden Charakter als Beschluß oder Endurteil oder Zwischenurteil ꝛc. **15,** 392. 413; **18,** 139; **20,** 384. — 4) Begriff der Entscheidung im Sinne des § 701 C.P.O. **16,** 322. — 5) Gehört die Verkündung der Entscheidung zu den wesentlichen Förmlichkeiten der mündlichen Verhandlung? Nachweis anders als durch das Protokoll? **16,** 331. — 6) Muß allen Entscheidungen, bezüglich deren die Civilprozeßordnung nicht sagt, daß sie ohne mündliche Verhandlung erfolgen können, eine solche vorangehen? **16,** 412. — 7) Notwendigkeit, Bedeutung und Wirkung des Beschlusses, daß die Verhandlung auf den Grund des Anspruches zu beschränken. § 276 C.P.O. **16,** 311. — 8) Ist über die Anträge des Gläubigers aus § 773 C.P.O. durch Beschluß oder durch Urteil zu entscheiden? **18,** 356. — 9) Müssen Beschlüsse mit Gründen versehen werden? **18,** 427. — 10) Rechtskraft eines Beschlusses. Ausdehnung auf die Gründe seiner Entscheidung? **18,** 435.

### § 310. Endurteil. Teilurteil. Zwischenurteil. (Rechtskraft des Urteiles im formellen Sinne.)

1) Begriff des End- und des Zwischenurteiles. **17,** 350. 359. — 2) Gehört die Verkündung des Urteiles zu den wesentlichen Förmlichkeiten der mündlichen Verhandlung? Nachweis der Verkündung? Zustellung ohne Verkündung? **16,** 331. Begriff des Erlassens eines Urteiles. **17,** 420. — 3) Analoge Anwendung des § 286 Abs. 2 C.P.O. auf das schiedsrichterliche Verfahren? **18,** 370. — 4) Inwiefern ist der Richter bei der actio communi dividundo an den Klagantrag gebunden? **12,** 193. — 5) Aufgabe, Inhalt und Ausführung des Teilungsurteiles. **12,** 193. 200. — 6) Inwiefern ist eine Verurteilung zum Schadensersatze unter Vorbehalt der spätern Liquidation des Schadens zulässig? Muß die spätere Liquidation zum Gegenstande eines neuen Prozesses gemacht werden? **12,** 353. — 7) Inhalt des Urteiles auf die aus Art. 743 H.G.B. hergeleitete Anfechtungsklage. Muß eine absolut bestimmte Summe festgesetzt werden? **13,** 140. — 8) Gegenstand und Inhalt des nach §§ 136 Abs. 2. 274 C.P.O. im getrennten Prozesse über die Gegenforderung ergehenden Urteiles. Aufhebung des über die Hauptsache erlassenen Urteiles? Entsprechende Anwendung der §§ 503. 563 C.P.O.? **16,** 380. — 9) Revision gegen Teilurteile, deren Entscheidungsgegenstand die Revisionssumme nicht erreicht, während das Objekt des Prozesses über 1500 M beträgt? Werden, wenn zwei Teilurteile gleichzeitig angegriffen werden, die Beschwerdesummen zusammengerechnet? **13,** 352; **17,** 47. — 10) Ist es bei einer negativen Feststellungsklage zulässig, eine andere als die beantragte Feststellung im Urteile auszusprechen? **14,** 104. — 11) Kann, wenn geklagt ist auf Erteilung einer Abrechnung und auf dementsprechende Zahlung, der Beklagte durch Teilurteil zur Rechnungslegung verurteilt werden unter Vorbehalt weiterer Verhandlung

über den Anspruch auf Auszahlung bis nach Erteilung der Abrechnung? **14,** 200. — 12) Ist das nach § 274 C.P.O. ergehende Teilurteil ein wirkliches Teilurteil im Sinne des § 273 C.P.O.? **16,** 379. — 13) Unter welchen Voraussetzungen kann ein Teilurteil erlassen werden? Reife zur Endentscheidung. **16,** 423. — 14) Ist das Urteil, welches im Falle der §§ 237. 238 C.P.O. über die Verpflichtung des Rechtsnachfolgers zur Übernahme des Prozesses entscheidet, ein Zwischenurteil? Unterschied, ob das Urteil diese Pflicht bejaht oder verneint? Berufung? **11,** 317. — 15) Ist das Urteil, welches den Einspruch gegen das einen Eid als verweigert anzusehen erklärende Versäumnisurteil verwirft, ein Zwischenurteil? **13,** 398. — 16) Kann mit der sofortigen Beschwerde neben dem Zwischenurteile über die Zulassung der Nebenintervention auch die Entscheidung über die Kosten der Nebenintervention angefochten werden, welche auf Grund des Zwischenurteiles in dem Endurteile erlassen ist? Gehört sie ihrer funktionellen Bedeutung nach zu dem Zwischenurteile? **19,** 413. — 17) Wirkung des zur Hauptsache erlassenen rechtskräftigen Versäumnisurteiles auf ein gegen ein Zwischenurteil eingelegtes Rechtsmittel? **14,** 343. — 18) Sind andere bedingte Urteile als die auf den Eid erkennenden zulässig? **16,** 328; **20,** 390. — 19) Anwendungsfall des § 248 Abs. 2 C.P.O. **16,** 336. — 20) Inwiefern kann über eine Einrede (Kompensationseinrede) ein Zwischenurteil ergehen (dahin, daß die Gegenforderung dem Grunde nach gerechtfertigt sei)? Findet § 276 C.P.O. Anwendung? **12,** 363. — 21) Darf in einem Urteile, welches vorab dem Grunde nach den Klaganspruch für gerechtfertigt erklärt, der Beklagte in die Kosten verurteilt werden? **13,** 390. — 22) Vorabentscheidung über den Grund des Anspruches. Darf derselbe in der Urteilsformel durch Angabe der Thatsachen, aus denen er sich zusammensetzt, näher bestimmt und begrenzt werden? **13,** 405. — 23) Können, wenn in dem nach § 276 C.P.O. erlassenen Urteile unzulässige Festsetzungen enthalten sind, diese mittels der Berufung beseitigt werden, oder ist letztere unzulässig? **13,** 403. — 24) Rechtliche Bedeutung der in den Gründen eines den Klaganspruch seinem Grunde nach zuerkennenden Zwischenurteiles enthaltenen Bemerkung, daß eine gewisse Einrede in bestimmter Höhe unbegründet, darüber hinaus aber begründet sei? Widersprechende teilweise Aberkennung? **14,** 355. — 25) Kann unter Trennung der Verhandlung darüber verhandelt und vorab entschieden werden, ob ein Schadensanspruch nach Maßgabe des § 9 des preuß. Schlachthausgesetzes vom 18. März 1868 von dem Besitzer einer Privatschlächterei noch erhoben werden kann? **15,** 264. — 26) Welche rechtlichen Folgen hat es, wenn gegen die eine prozeßhindernde Einrede verwerfende oder den Klaganspruch dem Grunde nach zuerkennende Vorabentscheidung die Berufung oder die Revision eingelegt wird, nachher aber von dem Instanzgerichte ein rechtskräftiges Endurteil erlassen ist? Verliert mit der endgültigen Abänderung der Vorentscheidung in höherer Instanz das auf Grund weiterer mündlicher Verhandlung ergangene Endurteil seine Bedeutung? **15,** 348. — 27) Kann, wenn nach erlassener Vorentscheidung — §§ 248. 276 C.P.O. — das Endurteil gesprochen ist, mit dem gegen letzteres eingelegten Rechtsmittel der Inhalt jenes Zwischenurteiles angefochten werden? Rechtskraft der sog. Elemente des Urteiles. Abhängigkeit des Endurteiles von der endgültigen Rechtskraft des Zwischenurteiles. **15**, 351; **16**, 353. — 28) § 276 C.P.O. Notwendigkeit, Bedeutung und Wirkung des Beschlusses, daß die Verhandlung auf den Grund des Anspruches zu beschränken. **16**, 311. — 29) Darf ein Urteil, durch welches der streitige Anspruch dem Grunde nach für begründet erklärt wird, erlassen werden, solange der Prozeßstoff noch die Möglichkeit zuläßt, daß — nach der im Urteile selbst angegebenen nähern Bestimmung und Begrenzung — der Anspruch sich schließlich als nicht vorhanden herausstellt? **16**, 385. — 30) Zusammenhang zwischen den Vorschriften über Rechtskraft des Urteiles, über Rechtshängigkeit und über Klagänderung. **14**, 347; **16**, 376; **18**, 410. — 31) Ist gegen denjenigen, der mit der Wechselklage wegen Nichtigkeit des Wechsels rechtskräftig abgewiesen ist und nun mit der Behauptung, der Beklagte habe ihm ein wertloses Papier verkauft, auf Erstattung des Preises klagt, der Einwand zulässig, der Wechsel sei gültig? Replica rei judicatae? **11**, 384. — 32) Verhältnis des rechtskräftigen Urteiles zu dem für vorläufig vollstreckbar erklärten. **18**, 287. — 33) Umfang der Rechtskraft des abweisenden Urteiles im Ehescheidungsprozesse. **19**, 408. — 34) Kann nach Erlaß des Urteiles vorläufige Vollstreckbarkeit angeordnet, und die Abwendung der Vollstreckung gestattet werden? **20**, 423.

## § 311. Thatbestand des Urteiles.

1) Gegenstand und Umfang der Beweiskraft des Sitzungsprotokolles. Verhältnis zu derjenigen des Thatbestandes. **13**, 418. — 2) Berichtigungsverfahren nach § 291 C.P.O. zum Zwecke der Erreichung der Übereinstimmung der Angaben des Thatbestandes über die Erklärungen von Sachverständigen oder Zeugen mit dem bezüglichen Inhalte des Protokolles? **13**, 423. — 3) Erstreckt sich die Beweiskraft des Thatbestandes auch auf nicht notwendige Bestandteile desselben? **17**, 348. — 4) Kann das Berufungsgericht wegen wesentlicher Mangelhaftigkeit des Thatbestandes die Sache in die erste Instanz zurückverweisen? **17**, 358. — 5) In welcher Weise muß das Urteil die Thatsache der Eideszuschiebung und -zurückschiebung angeben, damit diese Thatsache als thatsächlich festgestellt in der höheren Instanz gelten kann? **17**, 424.

## § 312. Entscheidungsgründe.

1) Kann, wenn das Sitzungsprotokoll und die Entscheidungsgründe des ersten Urteiles die Aussagen von Sachverständigen oder Zeugen abweichend wiedergeben, der Berufungsrichter seine Überzeugung auf die Angaben des Urteiles gründen? **13**, 418. — 2) Rechtliche Bedeutung der in den Gründen eines den Klaganspruch seinem Grunde nach zuzuerkennenden Zwischenurteiles enthaltenen Bemerkung, daß eine gewisse Einrede in bestimmter Höhe unbegründet, darüber hinaus aber begründet

sei? Widersprechende teilweise Aberkennung? **14,** 355. — 3) Inwiefern kann das Urteil auf ein Protokoll über eine im strafgerichtlichen Verfahren unbeeidigt abgegebene Zeugenaussage gegründet werden? **15,** 342. — 4) Aufhebung eines Urteiles wegen Mangels von Gründen. **18,** 17; **20,** 147. — 5) Rechtskraft der Entscheidungsgründe. **11,** 385. 391; **15,** 348; **16,** 357; **18,** 435 (Beschluß).

### § 313. Versäumnisurteil. Einspruch.

1) Worauf erstreckt sich im Falle der Versäumnis des Berufungsklägers die richterliche Prüfung vor Erlaß des Versäumnisurteiles? Unfähigkeit der vor Zustellung des Urteiles eingelegten Berufung, durch Versäumnisurteil verworfen zu werden? **12,** 364. — 2) Muß bei Zustellung eines den Klagantrag nachträglich erweiternden Schriftsatzes die Einlassungs- oder die Zustellungsfrist gewahrt werden, damit demgemäß Versäumnisurteil ergehen könne? **15,** 392. — 3) Kann gegen den Nebenintervenienten Versäumnisurteil ergehen, wenn die Hauptpartei erschienen ist? **15,** 429. — 4) Wirkung des zur Hauptsache ergangenen rechtskräftigen Versäumnisurteiles auf den frühern Prozeßinhalt? insbesondere auf ein gegen ein Zwischenurteil eingelegtes Rechtsmittel? **14,** 343. — 5) Inwiefern unterliegen Versäumnisurteile der Berufung? **13,** 398. — 6) Steht dem Kläger, wenn sein Antrag auf Erlaß des Versäumnisurteiles betreffs eines Teiles des Anspruches zugelassen, zum andern Teil aber in dem nämlichen Urteile zurückgewiesen wird, die Berufung oder die sofortige Beschwerde zu? **15,** 390. — 7) Ist, wenn das Berufungsurteil einem in erster Instanz zurückgewiesenen Antrage auf Wiedereinsetzung in den vorigen Stand gegen die Versäumung der Frist zum Einspruch stattgiebt und die Sache in die erste Instanz zurückverweist, hiergegen Revision zulässig? **12,** 373. — 8) Ist der Einspruch ein Rechtsmittel? Zulässigkeit des Einspruches, wenn es sich nach rechtskräftig entschiedener Hauptsache nur noch um die Kosten handelt? **13,** 327. — 9) Versäumnisverfahren in den Fällen der §§ 805. 807 C.P.O. Welche Partei ist Kläger? **20,** 380.

### § 314. Allgemeine Bestimmungen über Beweisaufnahme. Beweisbeschluß. Glaubhaftmachung.

1) Tragweite der vorgeschriebenen Unanfechtbarkeit des Beschlusses, welcher die eine oder die andere Art der Beweisaufnahme anordnet. Anordnung der Eidesleistung vor dem Prozeßgerichte. **11,** 377. — 2) Anwendung des § 267 C.P.O. auf Beweiserhebungen? **12,** 436. — 3) Inwiefern kann der ersuchte Richter Beweisaufnahme beschließen und vornehmen? **13,** 399. — 4) Stellung des beauftragten oder ersuchten Richters als der Korrektur des Prozeßgerichtes unterworfen. Ausnahmen von dem Prinzip des § 539 C.P.O. **17,** 352. — 5) Beschränkung der freien richterlichen Beweiswürdigung durch die Vorschriften über die Aufnahme der Beweise. **13,** 421. — 6) Ist die Abnahme des im

bedingten Endurteile auferlegten Eides eine Beweisaufnahme? **13**, 427. — 7) Begriff des Beweisaufnahmeverfahrens im Sinne des § 13 Ziff. 4 der Gebührenordnung für Rechtsanwälte. **14**, 395. — 8) Auf welche Weise und nach welchen Gesichtspunkten ist über die Kostenerstattungspflicht bei dem Verfahren zur Sicherung des Beweises (Civilprozeßordnung Buch 2 Tit. 12) zu entscheiden? **13**, 325. — 9) Reicht zur Glaubhaftmachung nach § 266 Abs. 2 C.P.O. die Vorschlagung eines Zeugen ohne Nennung seines Namens aus? insbesondere, wenn derselbe durch einen zu ersuchenden Richter vernommen werden müßte? **14**, 438; **16**, 369. — 10) Wie läßt sich die Identität zweier auf dem Wechsel genannten Personen feststellen? Namensgleichheit. **19**, 96.

### § 315. Außergerichtliches Geständnis.

1) Äußerung eines Kontrahenten gegenüber einem Dritten über den Inhalt des Vertrages. Bedeutung für die Vertragsauslegung. **20**, 111.

### § 316. Zeugenbeweis.

(Zeugengebühren. Siehe § 290 A. dieses Registers.)

1) Begriff des Zeugnisses. **17**, 366. — 2) Welche Personen überhaupt können als Zeugen vernommen werden? **20**, 392. — 3) In welcher Ausdehnung sind die Aussagen der Zeugen zu protokollieren? **13**, 422. — 4) Dürfen einem Zeugen Fragen vorgelegt werden, welche nur mittelbar auf den betreffenden Beweissatz Bezug haben? **14**, 331. — 5) Erfordernis mündlicher Äußerung des Zeugen. Inwiefern kann der Zeuge eine schriftliche Aufzeichnung dessen, was er zur Sache weiß, überreichen? **16**, 116. — 6) Muß ein Zeuge bei einer nachträglichen, wiederholten Vernehmung abermals zur wahrhaften Aussage verpflichtet werden? **17**, 380. — 7) Darf in dem vom Vater geführten Prozesse seines minderjährigen Haussohnes der letztere als Zeuge vernommen werden? **12**, 188. — 8) Darf ein Zeuge, welcher ursprünglich selbst Prozeßpartei gewesen und bei dem Ausgange des Prozesses beteiligt ist, insonderheit die Ehefrau der Partei, auch nicht nachträglich beeidigt werden? **13**, 416. — 9) Ist die Ehefrau in betreff der Dos Rechtsvorgängerin des Ehemannes im Sinne des § 350 Ziff. 4 C.P.O.? **13**, 417. — 10) Darf eine prozeßunfähige Partei als Zeuge vernommen werden? **17**, 366. — 11) Darf im Prozesse der offenen Handelsgesellschaft in Liquidation ein Gesellschafter, welcher nicht Liquidator ist, als Zeuge vernommen werden? Ist er Partei? **17**, 365. — 12) Unmittelbare Beteiligung eines Zeugen am Ausgange des Prozesses. Vernehmung des Gerichtsvollziehers über den Hergang bei einer Zustellung, von deren Gültigkeit die Zulässigkeit des Rechtsmittels abhängt. **17**, 405. — 13) Kann der Litisdenunziat und Nebenintervenient als Zeuge vernommen werden? **20**, 390. — 14) Kann die Aussage eines Zeugen, welcher gesetzlich nicht hätte vernommen werden dürfen, dennoch für die richterliche Entscheidung verwertet werden? **12**, 189; **17**, 370. — 15) Darf

ein unbeeidigt vernommener Zeuge deswegen, weil sein Zeugnis unglaubwürdig erscheint, nicht nachträglich beeidigt werden? **13,** 418. — 16) Bezieht sich § 267 C.P.O. auf die Verletzung der Vorschriften über die Verpflichtung und Beeidigung der Zeugen? **17,** 380. — 17) Verfahren betreffend die Rechtmäßigkeit einer Zeugnisverweigerung. Kann, wenn letztere vor dem ersuchten Richter erfolgt, das Prozeßgericht ohne Ladung des Zeugen und ohne Zwischenurteil das Endurteil erlassen und in dessen Gründen die Weigerung für berechtigt erklären? **13,** 414. — 18) Haben die Parteien gegen den die Zeugnisweigerung für unrechtmäßig erklärenden Beschluß ein Beschwerderecht? **20,** 378. — 19) Kann, wenn das Protokoll und die Entscheidungsgründe des ersten Urteiles die Zeugenaussagen abweichend wiedergeben, der Berufungsrichter seine Überzeugung auf die Angaben des Urteiles gründen? **13,** 418. — 20) Zeugenverhör vor dem Berufungsgerichte. Verschiedene Besetzung des Gerichtes bei der Zeugenvernehmung und bei der Urteilsfällung. **14,** 379. 383. Vgl. **17,** 344. — 21) Inwiefern kann das Urteil auf ein Protokoll über eine im strafgerichtlichen Verfahren unbeeidigt abgegebene Zeugenaussage gegründet werden? **15,** 342. — 22) Darf, wenn ein Beweis durch Vorlegung von Protokollen über die in früheren Prozessen erfolgten Vernehmungen eines Zeugen geführt ist, die Abhörung dieses gegenbeweislich benannten Zeugen unterlassen werden? **15,** 335. — 23) Beweiswürdigung mit Rücksicht auf den Eindruck, welchen der vom ersuchten Richter vernommene Zeuge auf diesen gemacht hat. **17,** 425. — 24) Ist Zeugenbenennung zulässig über den Besitz einer als Beweismittel dienenden Urkunde, deren Vorlegung im Prozesse gefordert wird? **16,** 395. — 25) Zur begrifflichen Unterscheidung zwischen Sachverständigen und sachverständigen Zeugen. Beeidigung der letzteren. **20,** 394.

## § 317. Sachverständigenbeweis.

(Gebühren der Sachverständigen. Siehe § 290 A. dieses Registers.)

1) Zur begrifflichen Unterscheidung zwischen Sachverständigen und sachverständigen Zeugen. **20,** 394. — 2) Sachverständigenbeweis bei Urkundenauslegung? **19,** 209. — 3) Muß der Richter bei Ausmittelung des standesmäßigen Unterhaltes des geschiedenen unschuldigen Ehegatten Sachverständige vernehmen? (P., R.) **19,** 309. — 4) In welcher Ausdehnung sind die Aussagen der Sachverständigen zu protokollieren? **13,** 422. — 5) Abweichende Darstellungen der Sachverständigenaussagen im Protokolle und in den Gründen des ersten Urteiles. Kann der Berufungsrichter sich auf das letztere stützen? **13,** 418. — 6) Darf ein Sachverständiger sein Gutachten „unter Berufung auf den geleisteten Eid" abgeben? Heilung gemäß § 267 C.P.O.? **17,** 380. — 7) Darf der Sachverständige in den Fällen des § 358 C.P.O. unbeeidigt vernommen werden? **20,** 394.

## § 318. Urkundenbeweis.

### a. Beweiskraft der Urkunden.

1) Form der Unterschrift einer Urkunde. Faksimilierte Unterschrift. **14,** 97. — 2) Kann eine Urkunde, welche sich sowohl als Grundschuldanteilschein wie als Obligation darstellt, als ersterer ungültig und gleichzeitig als letztere gültig sein? **14,** 101. — 3) Ist die Erheblichkeit einer Urkunde im Sinne des § 543 Ziff. 7 b C.P.O. ausschließlich aus ihr selbst zu beurteilen? **14,** 329. — 4) Ist der Beweis der Ausstellungszeit — der Richtigkeit des Datums — ein Teil des Echtheitsbeweises einer Urkunde? **16,** 438. — 5) Inwieweit ist bei der Zustellung von Anwalt zu Anwalt der Nachweis zulässig, daß das Datum des Empfangsbekenntnisses infolge Schreibfehler unrichtig angegeben sei? Gesetzliche Beweisregel? **13,** 366. Beweiskraft der Empfangsbescheinigung überhaupt. **15,** 373. — 6) Beweiskraft der Zustellungsurkunde als öffentliche Urkunde. Ist Ergänzung oder Berichtigung ihrer Beurkundungen durch andere Beweise zulässig? **17,** 405. 413; **19,** 423.

### b. Verfahren beim Urkundenbeweise.

1) Natur und Voraussetzungen der in § 394 C.P.O. bezeichneten Klage. Ist durch die Civilprozeßordnung materielles Recht über die Pflicht zur Edition von Urkunden geschaffen? **12,** 413. — 2) Ist Zeugenbenennung über den vom Gegner bestrittenen Besitz einer als Beweismittel dienenden Urkunde, deren Vorlegung im Prozesse gefordert wird, zulässig, oder ist der Editionseid das einzige statthafte Beweismittel? **16,** 395. — 3) Hat die Partei im Prozesse ein Recht auf Vorlegung der Handelsbücher des Gegners? Richterliches Ermessen? **15,** 379. — 4) Sind die Handelsbücher des Kommissionärs für ihn und den Kommittenten wegen des Kommissionsverhältnisses gemeinschaftliche Urkunden? **18,** 24. — 5) Inwieweit sind die Geschäftsbücher 2c des Rückversicherten im Verhältnisse zum Rückversicherer gemeinschaftliche Urkunden? **20,** 45.

## § 319. Beweis durch Eid.

### a. Schiedseid.

1) Kann dem Fabrikeigentümer der Eid über eine Handlung seines mit der Leitung des Betriebes 2c betrauten Werkmeisters zugeschoben werden? „Vertreter" im Sinne des § 410 C.P.O.? **13,** 355. — 2) Ist der Eid als Beweismittel für die Thatsachen, welche die Restitutionsklage begründen, in sämtlichen Fällen der letztern ausgeschlossen? **14,** 332. — 3) Eideszuschiebung an den gesetzlichen Vertreter einer nicht prozeßfähigen Partei. **15,** 305. — 4) Zur begrifflichen Unterscheidung zwischen Thatsachen und Urteil im Sinne des § 410 C.P.O. Inwie-

weit kann über den Wert einer Sache der Eid zugeschoben werden? **15,** 336. — 5) Ist Eideszuschiebung über die fraudulöse Absicht des Schuldners — § 3 Ziff. 1 des Reichsanfechtungsgesetzes — an denjenigen zulässig, welcher mittels einer ihm ausgestellten vollstreckbaren Urkunde ein Pfändungspfandrecht gegen den Schuldner erlangt hat? Rechtsnachfolger? **15,** 368. — 6) Ist die Eideszuschiebung unzulässig, wenn vermöge gesetzlicher Beweisregel das Gegenteil für bewiesen zu erachten ist? **15,** 375. — 7) Setzt die Bestimmung des § 411 C.P.O. voraus, daß eine Beweisaufnahme stattgefunden hat? **18,** 163. — 8) Voraussetzungen der Zulässigkeit der Eideszuschiebung gemäß § 577 Abs. 2 C.P.O. **17,** 386. — 9) Kann der Delat, welcher den ihm zugeschobenen Eid in erster Instanz, obwohl es gesetzlich unzulässig war, zurückgeschoben hat, in der Berufungsinstanz den Eid annehmen? **17,** 422. — 10) Inwiefern kann dem Nebenintervenienten der Eid zugeschoben werden? **20,** 393. — 11) Ist der von einer offenen Handelsgesellschaft angenommene Eid auch von demjenigen zu leisten, welcher zur Zeit der Annahme Gesellschafter war, vor der Eidesleistung aber ausgeschieden ist? **14,** 20. — 12) Kann der allen Streitgenossen zugeschobene Eid deshalb nur einem derselben auferlegt werden, weil das Gericht durch die demnächstige Eidesleistung dieses einen bereits das Gegenteil der behaupteten Thatsache für erwiesen erachtet? Unterschied vom richterlichen Eide. **12,** 13. — 13) Beschränkung der gesetzlichen Beweisfolge der Weigerung oder Leistung des Eides auf den konkreten Prozeß? **11,** 421. — 14) Wirkung eines unter Verletzung von Prozeßgesetzen geleisteten Eides. **13,** 400. — 15) Unwiderruflichkeit der Weigerung der Eidesleistung durch den Schwurpflichtigen. **18,** 404. — 16) Bildet die Eidesweigerung einen Bestandteil der Beweisaufnahme? Beweisgebühr? **18,** 403. — 17) Ist der Widerruf der Annahme oder Zurückschiebung eines Eides zulässig im Falle der nach dem Tode der schwurpflichtigen Partei eintretenden neuen Verhandlung? **13,** 384. — 18) Ist, wenn nach rechtskräftig gewordenem bedingten Endurteile die schwurpflichtige Partei stirbt, die neue Verhandlung auf die Beweisführung hinsichtlich des im Eidesthema des Urteiles bezeichneten Beweissatzes zu beschränken? **13,** 379. — 19) Behält ein im Urkundenprozesse geleisteter Eid seine Bedeutung nach Umleitung der Sache in das ordentliche Verfahren? **13,** 399; nach durchgeführtem Urkundenprozesse in dem nachfolgenden ordentlichen Verfahren? **14,** 219; **18,** 378. — 20) Zulassung und Voraussetzungen des Gegenbeweises, den der im Urkundenprozesse unter Vorbehalt seiner Rechte verurteilte Beklagte im Nachverfahren gegen den dort vom Kläger geschworenen Eid unternimmt. **14,** 322. — 21) Darf in bezug auf den Gegenbeweis gegen einen ausgeschworenen Eid, wo solcher überhaupt zulässig, unter Umständen auf einen richterlichen Eid erkannt werden? **14,** 322. — 22) Muß zur Führung des Gegenbeweises gegen einen geschworenen Eid dargethan werden, daß gerade derjenige Eid wissentlich falsch geschworen ist, auf welchen das Urteil sich gründet oder gründen würde, oder genügt der Nachweis anderweiter Verletzung der Eidespflicht? Wie, wenn zwar einzelne Sätze der Eidesformel, aber nicht der unmittelbar erhebliche, als falsch beschworen nachgewiesen sind? **14**, 322. Ist außer dem Beweise des Meineides noch der gegenteilige Beweis der objektiven Unrichtigkeit zu erbringen? **14**, 325. — 23) Ist ein durch Beschluß normierter und abgeleisteter Eid nach § 418 Abs. 2 C.P.O. für bedeutungslos zu erachten, wenn noch andere Beweismittel geltend gemacht werden? **17**, 334. — 24) Unerheblichkeit eines in erster Instanz von dem Gegner der beweispflichtigen Partei zugeschobenen und von der letztern geschworenen Eides für die Berufungsinstanz. **17**, 335. — 25) Wirkung der in einem von zwei verbundenen Prozessen vor angeordneter Verbindung geschehenen Eidesleistung auf die Entscheidung des andern Prozesses. **18**, 378. — 26) Ist der Beschluß, welcher die Eidesleistung vor dem Prozeßgerichte anordnet, obwohl der Schwurpflichtige in großer Entfernung von dessen Sitze wohnt, anfechtbar? **11**, 377. — 27) Kann die Anordnung des § 441 Abs. 1 C.P.O. ohne mündliche Verhandlung beschlossen werden? **16**, 412. — 28) Ist, falls in der Berufungsinstanz ein bedingtes Urteil ergehen soll, über die Berufung als solche bedingt zu erkennen, oder unter unbedingter Aufhebung des erstinstanzlichen Urteiles ein bedingtes Urteil über die Sache selbst zu erlassen? **12**, 358. — 29) Hat das Gericht die Erledigung des bedingten Endurteiles von Amts wegen herbeizuführen? **13**, 427. — 30) Aufgabe und Inhalt des Läuterungsverfahrens. Ist die Berücksichtigung sachlicher Einreden auch dann ausgeschlossen, wenn sie erst nach der Rechtskraft des bedingten Endurteiles entstanden sind? Außergerichtlicher Vergleich. **17**, 341. — 31) Ist das Urteil, welches den Einspruch gegen das einen Eid als verweigert anzusehen erklärende Versäumnisurteil verwirft, ein Zwischenurteil? Berufung dagegen? **13**, 397. — 32) Welche Partei ist vorschußpflichtig, wenn die Herbeiführung der Abnahme eines vom Beklagten zugeschobenen Eides, auf dessen Leistung durch bedingtes Urteil erkannt ist, vom Kläger beantragt wird? **13**, 426.

### b. Richterlicher Eid.

1) Anfechtung der Legitimität eines in der Ehe geborenen Kindes wegen Dissidien der Eheleute. Kann ein richterlicher Eid darüber auferlegt werden, daß ein Geschlechtsumgang nicht stattgefunden? **12**, 165. — 2) Hat es bei dem in erster Instanz auferlegten richterlichen Eide, wenn die schwurpflichtige Partei dies Urteil nicht angefochten hat, sein Bewenden, auch wenn das Berufungsgericht die zum Eide verstellte Thatsache auf Grund neuer Verhandlungen für völlig erwiesen erachtet? **15**, 208. — 3) Ist das Gericht, wenn es eine Reihe von Indizien für nicht beweiskräftig hält, und insofern der ganze Beweis mißlungen erscheint, verpflichtet, zu prüfen, ob etwa ein richterlicher Eid aufzuerlegen wäre? **14**, 327. — 4) Muß der Richter im Falle hoher Wahrscheinlichkeit einer zu beweisenden Thatsache die Möglichkeit des richterlichen Eides erwägen? Revisionsgrund? Freiheit des richterlichen Eides von den Beschränkungen des § 410 C.P.O. **15**, 338.

5. Rechtsmittel.

## § 320. Gemeinschaftliche Bestimmungen über Rechtsmittel und Rechtsmitteleinlegung, insbesondere für Berufung und Revision.

### a. Zulässigkeit der Rechtsmittel.

1) Tritt die Rechtskraft eines Urteiles, gegen welches ein Rechtsmittel nicht zulässig ist, mit der Verkündung ein? **13,** 355. — 2) Rechtsmittelsystem in Konsularsachen. Berufungssumme? **13,** 409. — 3) Ist der Einspruch ein Rechtsmittel? Anwendung des § 94 C.P.O.? **13,** 327. — 4) Ist, wenn das eingelegte Rechtsmittel in der Hauptsache unzulässig ist, auch die Abänderung der Entscheidung über die Kosten unstatthaft? **13,** 395. — 5) Anwendung des § 94 C.P.O. auf das Rechtsmittel des Arrestbeklagten, wenn die erste Instanz, nachdem sie durch Urteil den Arrest für gerechtfertigt erklärt, auf die Anzeige des Arrestklägers, daß er die Pfandstücke freigegeben habe, seinem Antrage gemäß den Arrest durch Beschluß aufgehoben hat? **16,** 324. — 6) Kann, wenn nach erlassener Vorabentscheidung — §§ 248. 276 C.P.O. — das Endurteil gesprochen ist, mit dem gegen letzteres eingelegten Rechtsmittel der Inhalt jenes Zwischenurteiles angefochten werden? **15,** 351; **16,** 353. — 7) Vernehmung des Gerichtsvollziehers als Zeugen über den Hergang bei einer von ihm vorgenommenen Zustellung, von welcher die Zulässigkeit des Rechtsmittels abhängt. **17,** 405. — 8) Liegt, wenn der kostenpflichtig abgewiesene Kläger in der höheren Instanz beantragt, die Sache für erledigt zu erklären und dem Beklagten die Kosten aufzuerlegen, Zurücknahme des Rechtsmittels vor? Anwendung des § 94 C.P.O.? **15,** 424. Vgl. **18,** 421; **20,** 430. — 9) Formelle Rechtskraft s. a. § 310 dieses Registers.

### b. Fristenlauf. Rechtsmitteleinlegung. Zurücknahme. Verzicht.

1) Kann eine vor Zustellung des Urteiles eingelegte Berufung durch nachträgliche Zustellung wirksam werden? **11,** 371. — 2) Wirkungslosigkeit der vor Zustellung des Urteiles eingelegten Berufung. Ist solche Berufung fähig, durch Versäumnisurteil zurückgewiesen zu werden? **12,** 365. — 3) Muß der Nebenintervenient die Rechtsmittelfrist der Hauptpartei einhalten, oder läuft für ihn eine eigene Frist? **18,** 416. — 4) Tod des Prozeßbevollmächtigten nach Zustellung des Urteiles erster Instanz. Kann die Berufungsschrift dem Gegner selbst zugestellt werden? **13,** 310. — 5) Ist die Einreichung der Revisionsschrift zur Terminsbestimmung bereits ein Handeln des Anwaltes in der Revisionsinstanz? **14,** 333. — 6) Ist beim Vorhandensein eines für die höhere Instanz bestellten Prozeßbevollmächtigten die Zustellung der Rechtsmittelschrift an den Prozeßbevollmächtigten der untern Instanz auch dann ungültig, wenn die zustellende Partei von jener Bestellung nichts weiß und nichts wissen muß? Mehrere Berufungen gegen dasselbe Urteil. **14,** 348. 371; **16,** 355; **18,** 396. — 7) Welchem gegnerischen Prozeßbevollmächtigten ist

die Rechtsmittelschrift zuzustellen, wenn der Gegner zugleich mit der Bestellung eines Anwaltes für die untere Instanz schon einen eventuellen Bevollmächtigten für die höhere bestellt hat? **18**, 395. — 8) Vertretung der Staatsanwaltschaft bei Anfechtungsklagen im Entmündigungsverfahren und bei Ehenichtigkeitsklagen. Zustellung der Rechtsmittelschrift an den bei dem höheren Gerichte das Amt des Staatsanwaltes ausübenden Beamten und Einlegung des Rechtsmittels seitens desselben. **18**, 405. 407. — 9) Charakter der Revisions- (Berufungs-) Schrift als vorbereitender Schriftsatz. **16**, 345. — 10) Muß der Verzicht auf die Berufung oder Revision, um bindend zu sein, ausdrücklich erklärt sein? **16**, 345; **18**, 421; **15**, 424.

### c. Anschließung an das Rechtsmittel.

1) Kann der Berufungsbeklagte noch mit Erfolg Anschlußberufung einlegen, nachdem das Berufungsurteil auf Revision des Gegners uneingeschränkt aufgehoben und die Sache in die Instanz zurückverwiesen ist? **12**, 410. — 2) Kann sich der Berufungsbeklagte der Berufung auch dann anschließen, wenn der Berufungskläger im Termine nicht erscheint und gegen ihn Versäumnisurteil beantragt wird? Bedeutung der Anschlußberufung überhaupt? **12**, 434. — 3) Kann eine Anschlußberufung eventuell, d. h. für den Fall erhoben werden, wenn dem prinzipalen Antrage auf Verwerfung der Berufung nicht sollte stattgegeben werden? **13**, 358. — 4) Anfechtungsklage des Entmündigten gegen den Entmündigungsbeschluß. Kann sich die Staatsanwaltschaft der von demjenigen, der die Entmündigung beantragt hat, eingelegten Revision anschließen? **13**, 432. — 5) Ist Anschließung an die vom Gegner innerhalb der Revisionsfrist erklärte Anschlußrevision zulässig? **17**, 47.

## § 321. Zulässigkeit der Berufung.

1) Ist der Berufungsrichter bei Prüfung der Zulässigkeit der Berufung an die rechtliche Auffassung des ersten Richters über die Natur der Klage gebunden? **13**, 292. — 2) Berufung gegen ein Urteil, welches im Falle der §§ 237. 238 C.P.O. die Verpflichtung des Rechtsnachfolgers zur Übernahme des Prozesses bejaht oder verneint? **11**, 317. — 3) Keine Berufung gegen ein Zwischenurteil, welches auf Verwerfung der Einrede der mangelnden Passivlegitimation lautet. Wie, wenn in den Gründen die Zulässigkeit des Rechtsweges erörtert und bejaht, darüber aber im Tenor nicht entschieden ist, auch die Einrede der Unzulässigkeit des Rechtsweges nicht erhoben war? **11**, 390. — 4) Berufung gegen das Urteil, welches den Einspruch gegen das einen auferlegten Eid als verweigert anzusehen erklärende Versäumnisurteil verwirft? **13**, 397. — 5) Können, wenn in dem nach § 276 C.P.O. erlassenen Urteile unzulässige Festsetzungen enthalten sind, diese mittels der Berufung beseitigt werden, oder ist letztere unzulässig? **13**, 403. — 6) Ist gegen das eine prozeßhindernde Einrede verwerfende Zwischenurteil die Berufung

nur dann zulässig, wenn abgesondert über die Einrede verhandelt ist? **15,** 399. — 7) Ist die Berufung zulässig gegen eine Entscheidung, welche sich unrichtigerweise als bedingtes Zwischenurteil bezeichnet, welche aber ein, nach einer Seite hin unvollständiges, bedingtes Endurteil ist? **16,** 286. — 8) Ist die Zulässigkeit der Berufung bedingt durch einen dem Berufungskläger durch das erstinstanzliche Urteil gegebenen Beschwerdegrund in der Hauptsache, oder ist sie auch zulässig, wenn dasselbe, abgesehen von dem Kostenpunkte, vollständig nach seinen Anträgen erkannt hat? **13,** 390. — 9) Bildet die rechtsirrtümliche Zulassung der Berufung einen Grund zur Aufhebung des Berufungsurteiles auch dann, wenn nur der Revisions- und Berufungsbeklagte sie geltend macht? **19,** 394. — 10) Ist, wenn es sich nach rechtskräftig entschiedener Hauptsache nur noch um die Kosten handelt, die Berufung gegen ein Urteil zulässig, durch welches der Einspruch gegen ein Versäumnisurteil verworfen ist? **13,** 327. — 11) Inwiefern unterliegen Versäumnisurteile der Berufung? **13,** 398. — 12) Ist gegen das Urteil, welches dem Antrage des Klägers auf Erlaß des Versäumnisurteiles teilweise stattgiebt, betreffs des andern Teiles des Anspruches aber denselben zurückweist, die Berufung oder die sofortige Beschwerde zulässig? **15,** 390. — 13) Möglichkeit mehrerer Berufungen in einem Prozesse. Umfang der Prozeßvollmacht. **14,** 371; vgl. **14,** 348. — 14) Kann der klagende bezw. widerklagende Ehegatte, welcher infolge der von ihm behaupteten unüberwindlichen Abneigung bei Scheidung der Ehe für den allein schuldigen Teil erklärt ist, nur wegen der Schuldfrage die Berufung einlegen und zu deren Begründung neue Scheidungsgründe vorbringen? **15,** 288. — 15) Zulässigkeit der Berufung gegen ein Urteil, wenn dasselbe unzulässig, und statt dessen ein Beschluß zu erlassen war. **18,** 361; **20,** 395. — 16) Ist in Konsularsachen die Berufung von einer Berufungssumme abhängig? **13,** 409.

## § 322. Verfahren in der Berufungsinstanz.

1) Charakteristik des Rechtsmittels der Berufung als novum judicium, und andererseits als beschränkt auf die Anfechtung des ersten Urteiles innerhalb der durch die erstinstanzlichen Klaganträge gezogenen Grenzen. **13,** 392. — 2) Stellung des Berufungsgerichtes, an welches das Revisionsgericht die Sache zur anderweiten Verhandlung zurückgewiesen hat. **12,** 408. — 3) Ist es ein neuer Anspruch im Sinne des § 491 C.P.O., wenn eine Gegenforderung, die in erster Instanz nur einem der mehreren Klagansprüche entgegengesetzt war, nunmehr diesen allen gegenüber compensando geltend gemacht wird? **13,** 376. — 4) Kann der klagende bezw. widerklagende Ehegatte, welcher infolge der von ihm behaupteten unüberwindlichen Abneigung bei Scheidung der Ehe für allein schuldig erklärt ist, nur wegen der Schuldfrage die Berufung einlegen und zu deren Begründung neue Scheidungsgründe vorbringen? **15,** 288. — 5) Kann eine in erster Instanz nicht vorgebrachte Retentionseinrede in der Berufungsinstanz unbeschränkt erhoben werden, oder nur nach Maßgabe des § 491 Abs. 2 C.P.O.? **15,** 421. — 6) Kann

die Berufung gegen ein Urteil, durch welches der Antrag auf Wiedereinsetzung in den vorigen Stand gegen Versäumung einer Notfrist zurückgewiesen ist, auf neue Thatsachen und Beweismittel gestützt werden? **16,** 368. — 7) Kann ein in erster Instanz erhobener, damals aber noch anderweit rechtshängiger Anspruch nach Aufhebung dieser Rechtshängigkeit in zweiter Instanz geltend gemacht werden? **20,** 409. — 8) Inwiefern erwächst, wenn im Falle eventueller Häufung zweier Klagen die prinzipale Klage vom ersten Richter für begründet erachtet und demnach die eventuelle unentschieden gelassen ist, auch die letztere an das Berufungsgericht? **18,** 385. — 9) Kann der Berufungsbeklagte, nachdem das Berufungsurteil auf Revision des Gegners uneingeschränkt aufgehoben und die Sache zurückverwiesen ist, nun noch mit Erfolg Anschlußberufung einlegen? **12,** 410. — 10) Kann, wenn der Berufungskläger im Termine nicht erscheint und gegen ihn Versäumnisurteil beantragt wird, der Berufungsbeklagte sich der Berufung anschließen? **12,** 434. — 11) Kann die in § 865 C.P.O. vorgeschriebene Zustellung einer Ausfertigung des Schiedsspruches noch in der Berufungsinstanz nachgeholt werden? **13,** 431. — 12) Inwiefern können die in der Berufungsschrift enthaltenen Anträge in der mündlichen Verhandlung erweitert werden? Bindet der nicht ausdrücklich erklärte Verzicht auf solche Erweiterung? **16,** 344. — 13) Wird durch die vom Berufungsgerichte ausgesprochene Aussetzung des Verfahrens auch dasjenige Verfahren betroffen, welches noch in der ersten Instanz anhängig geblieben war? **16,** 355. — 14) Unerheblichkeit eines unter Verschiebung der Beweislast in erster Instanz geschworenen Eides für die Berufungsinstanz. **17,** 335. — 15) Kann der Eidesdelat den in erster Instanz unzulässigerweise zurückgeschobenen Eid in der Berufungsinstanz annehmen? **17,** 422.

### § 323. Urteil des Berufungsgerichtes.

1) Voraussetzung für die Zurückweisung eines in der Berufungsinstanz neu angetretenen Beweises. **11,** 413. — 2) Unterschied thatsächlicher Feststellungen des Berufungsrichters von Deduktionen, die das Revisionsgericht nicht binden. **12,** 27. — 3) Thatbestand des Berufungsurteiles. Inwiefern muß dem Revisionsgerichte der Inhalt von erheblichen Urkunden vorliegen? **16,** 18. — 4) Ist, falls in der Berufungsinstanz ein bedingtes Urteil ergehen soll, über die Berufung als solche bedingt zu erkennen, oder unter Aufhebung des ersten Urteiles ein bedingtes Urteil in der Sache selbst zu erlassen? insbesondere, wenn das erste Urteil ein unbedingtes ist? **12,** 358. — 5) Worauf erstreckt sich im Falle der Versäumnis des Berufungsklägers die Prüfung des Gerichtes vor Erlaß des Versäumnisurteiles? Nachweis der Zustellung des Urteiles und der Berufungsschrift? **12,** 364. — 6) Kann das Berufungsgericht, falls das angefochtene Urteil nur über Zulassung einer prozeßhindernden Einrede entschieden hat, unter Abweisung der Einrede in der Sache selbst erkennen, wenn in erster Instanz zur Hauptsache vollständig verhandelt ist? **12,** 377. — 7) Relative Rechtskraft des Berufungsurteiles, wenn es auf Revision des Berufungsbeklagten uneingeschränkt aufgehoben ist,

sodaß das neue Berufungsurteil nicht noch günstiger für den Berufungskläger ausfallen kann? **12,** 408. — 8) Bedeutung des Begriffes reformatio in pejus? **12,** 409. — 9) Stellung des Berufungsgerichtes, wenn das Revisionsgericht die Sache zur anderweiten Verhandlung zurückverwiesen hat? **12,** 408. — 10) Ist, wenn das Rechtsmittel in der Hauptsache als unzulässig zu verwerfen ist, auch die Abänderung der Kostenentscheidung unstatthaft? **13,** 395. — 11) Kostenpunkt, wenn dem Wortlaute nach die Berufung verworfen, sachlich aber durch Hinzufügen eines Vorbehaltes das erste Urteil abgeändert wird? **15,** 422. — 12) Kann das Urteil auf die nicht protokollierte, nur im Thatbestande mitgeteilte Aussage eines Zeugen gegründet werden, welcher vor dem Berufungsgerichte bei einer andern Besetzung der Richterbank vernommen ist, als in welcher es das Urteil fällt? **14,** 379. 383. Vgl. **17,** 344. — 13) Hat es bei dem in erster Instanz auferlegten richterlichen Eide, wenn die schwurpflichtige Partei dies Urteil nicht angefochten hat, sein Bewenden, obwohl das Berufungsgericht die zum Eide verstellte Thatsache auf Grund neuer Verhandlungen für völlig erwiesen erachtet? oder ist der nunmehr überflüssige Eid zu beseitigen? **15,** 208. — 14) Findet die Zurückverweisung der Sache in die erste Instanz nach § 500 Ziff. 3 C.P.O. auch dann statt, wenn in erster Instanz die Klage abgewiesen ist? **14,** 357; **16,** 311; **17,** 349; **19,** 247. — 15) Anwendungsgebiet des § 501 C.P.O. Bezieht er sich auch auf Mängel des Urteilsverfahrens? Kann wegen wesentlicher Mangelhaftigkeit des Thatbestandes die Sache in die erste Instanz zurückverwiesen werden? **17,** 358. — 16) Ist ein Berufungsurteil, welches wegen wesentlicher Mängel des Verfahrens die Sache in die erste Instanz zurückverweist, ein revisibles Endurteil? ein Zwischenurteil? **17,** 358. — 17) Kann, wenn im Falle eventueller Häufung zweier Klagen die prinzipale vom ersten Richter für begründet erachtet, und die eventuelle unentschieden gelassen ist, das Berufungsgericht das Urteil aufheben und die Sache zur Verhandlung und Entscheidung über die eventuelle Klage zurückverweisen? **18,** 385.

## § 324. Zulässigkeit der Revision.

### a. Überhaupt.

1) Kann der Restitutionsgrund, daß ein Zeuge einen Meineid begangen, als Revisionsgrund geltend gemacht werden? **11,** 367. — 2) Inwiefern unterliegt die Frage, ob Sävitien für bewiesen zu erachten, der Nachprüfung des Revisionsgerichtes? Thatsächliche Feststellung. **11,** 413. — 3) Ist die Revision zulässig gegen ein Urteil, durch welches einem in erster Instanz zurückgewiesenen Antrage auf Wiedereinsetzung in den vorigen Stand gegen die Versäumung der Frist zum Einspruche gegen ein Versäumnisurteil stattgegeben, und die Sache in die erste Instanz zurückverwiesen ist? **12,** 373. — 4) Revision gegen ein Urteil, welches wegen wesentlicher Mängel des Verfahrens die Sache in die erste Instanz zurückverweist? **17,** 358. — 5) Ist die Revision gegen ein pro petitis lautendes Urteil zulässig? **13,** 395. — 6) Bildet es einen — die Revision

zulässig machenden — Beschwerdegrund für den Kläger, wenn das Berufungsgericht, nachdem das Landgericht unter Beschränkung der Verhandlung auf den Grund des Anspruches die Klage abgewiesen hat, den Anspruch für gerechtfertigt erklärt, aber zur Verhandlung über die Höhe desselben die Sache an das Landgericht zurückverweist, dies auch vom Kläger in der Berufung selbst beantragt ist? **14**, 356. — 7) Ist die Revision gegenüber solchen Mitbeklagten zulässig, welche in erster Instanz nicht erschienen, und gegen welche das erste und das zweitinstanzliche Urteil nicht ergangen ist? Einfluß notwendiger Streitgenossenschaft? **13**, 408. — 8) Neues Vorbringen in bezug auf Thatsachen, welche die Zulässigkeit der Revision betreffen. **15**, 410; **18**, 418. — 9) Keine Revision gegen die der Beschwerde unterliegenden Entscheidungen. **14**, 436; **18**, 188. — 10) Fällt eine auf Rückerstattung einer zu Unrecht erhobenen Reichsstempelabgabe gerichtete Klage unter § 509 Abs. 2 C.P.O.? **11**, 77. — 11) Ist dadurch, daß ein Amtsgericht sich rechtskräftig für unzuständig erklärt hat, weil ein zur ausschließlichen Zuständigkeit des Landgerichtes gehöriger Anspruch in Frage stehe, für das Revisionsgericht die selbständige Prüfung der Frage ausgeschlossen, ob das Landgericht ausschließlich zuständig, und ob mithin die Revision ohne Rücksicht auf den Wert des Beschwerdegegenstandes zulässig sei? **17**, 381; **18**, 169. — 12) Klage gegen den Gerichtsvollzieher auf Herausgabe eines mit einem Auftrage übergebenen Schuldtitels. Ist die Revision unbedingt zulässig? **20**, 388. — 13) Ist, wenn vor 1879 für etwaige künftige Prozesse auf die Oberappellation verzichtet wurde, jetzt die Revision unzulässig? (G., Bremen, R.) **20**, 398.

### b. Revisionssumme.

1) Als Wert des Beschwerdegegenstandes gilt der Nominalwert, nicht das etwa abweichende Interesse der Parteien. Wie im Falle eines streitigen Retentionsrechtes? **12**, 155. — 2) Zeitpunkt für die Berechnung der Revisionssumme. Ist Revision zulässig, falls ein bestimmter Betrag pro Tag gefordert wird, und die Summe dieser Gelder nur dann 1500 ℳ übersteigt, wenn sie bis zum Tage der Verkündung des Berufungsurteiles berechnet werden? **15**, 74. Ist die Revision unzulässig, wenn vor ihrer Einlegung der Revisionskläger klaglos gestellt wird? **15**, 405. Revision gegen ein Urteil, welches nach Erledigung der Hauptsache nur noch über die Prozeßzinsen befindet, wenn diese mehr als 1500 ℳ betragen? **11**, 387. — 3) Berechnung der Revisionssumme bei einer zum Zwecke der Erwirkung des Erbenzeugnisses erhobenen Feststellungsklage. **12**, 161. — 4) Ist gegen ein Teilurteil, welches über einen die Revisionssumme nicht erreichenden Streitgegenstand entscheidet, die Revision unzulässig? **13**, 354. Vgl. **18**, 373. — 5) Ist bei gleichzeitiger Revisionseinlegung gegen zwei in demselben Prozesse ergangene Teilurteile die Revision gegen beide zulässig, wenn die Revisionssumme nur in bezug auf eines für sich allein vorhanden ist? Zusammenrechnung der Beschwerdesummen? **13**, 352; **17**, 47. — 6) Ist nur das Interesse

des Revisionsklägers an der Aufhebung des Berufungsurteiles, oder auch das etwa höhere gegenteilige Interesse des Revisionsbeklagten maßgebend? **16**, 342. — 7) Berechnung im Einzelfalle. **17**, 11. — 8) Inwiefern können bei Feststellung des Wertes des Beschwerdegegenstandes Kosten in Betracht kommen? **12**, 259; **18**, 373. — 9) Streit um die Priorität zwischen Hypothekengläubigern im Kollokationsverfahren. Zinsen als Nebenforderung. **18**, 372. — 10) Recht auf wiederkehrende Nutzungen oder Leistungen. Gleichzeitige Einklagung von Rückständen. Zusammenrechnung? **19**, 416. — 11) Noxalklagen. **20**, 199. — 12) Vgl. auch § 280 dieses Registers (Wert des Streitgegenstandes).

## § 325. Verletzung des Gesetzes als Revisionsgrund. Neues Vorbringen.

1) Ist es Gesetzesverletzung, wenn eine Vorschrift richtig angewendet, aber falsch citiert ist? **12**, 306. 308. — 2) Was ist ein Gesetz im Sinne der §§ 511—513. 525 C.P.O.? Feuersozietätsreglement für Berlin vom 1. Mai 1794? **13**, 215. — 3) Beurteilung eines Urteiles, durch welches die Berufung wider ein den Klaganspruch dem Grunde nach, aber unter Beifügung einschränkender auf die Liquidstellung abzielender Modifikationen, für gerechtfertigt erklärendes Urteil in Ansehung dieser Modifikationen für unzulässig, im übrigen für unbegründet erachtet ist. **13**, 401. — 4) Freie Prüfung und Auslegung eines Urteiles seitens des Revisionsgerichtes. **13**, 404. — 5) Aufhebung eines Urteiles wegen Mangels von Gründen. **18**, 17; **20**, 147. — 6) Inwiefern muß dem Revisionsgerichte der Inhalt von erheblichen Urkunden vorliegen? **16**, 18. — 7) Falsche Auslegung eines Konnossements als Revisionsgrund? **14**, 115. — 8) Bildet es einen Revisionsgrund, wenn bei der Beweiswürdigung die Prüfung, ob etwa ein richterlicher Eid aufzuerlegen wäre, unterlassen wird? **14**, 327; **15**, 338. — 9) Inwiefern kann die freie richterliche Schadensschätzung einen Revisionsgrund darbieten? **18**, 339. — 10) Ist es Revisionsgrund, wenn in einem Falle, wo das Gesetz Ausschließung der Öffentlichkeit vorschreibt, diese nicht ausgeschlossen ist? **16**, 394. — 11) Neues Vorbringen auch in der Revisionsinstanz gestattet in bezug auf Thatsachen, welche die Zulässigkeit der Revision betreffen? **15**, 410. — 12) Siehe auch Alphabet. Register „Neues Vorbringen".

## § 326. Revisible und nicht revisible Rechtsnormen.

1) Zur Auslegung von §§ 511. 525 C.P.O. Folgerungen aus dem festgestellten Bestehen und Inhalt des Gesetzes. **11**, 209. — 2) Anscheinende Vertragsauslegung des Berufungsrichters in Wirklichkeit als Feststellung einer Rechtsnorm. **13**, 89. — 3) Sind Anhangssatz 234 zum Bad. Landrecht und § 30 des badischen Einführungsgesetzes zu den Reichsjustizgesetzen vom 3. März 1879 revisible Rechtsnormen? **12**, 306. — 4) Ist das Feuersozietätsreglement für Berlin vom 1. Mai 1794 ein Gesetz im Sinne der §§ 511—513. 525 C.P.O.? **13**, 215. — 5) Ist

die preuß. Dienstinstruktion für Baubeamte vom 28. April 1870 ein revisibles Gesetz? **13,** 259. — 6) Ist die rheinische Notariatsordnung vom 25. April 1822 ein revisibles Gesetz? **13,** 308. — 7) Revisibilität einer Entscheidung über Partikularrecht, wenn die Art der Auslegung gegen allgemeine oder gemeinrechtliche Grundsätze verstößt. Württembergisches Gesetz vom 21. Mai 1828 über die Intercessionen der Frauen. **15,** 20. — 8) Revisibilität von Normen des Eisenbahnbetriebsreglements, welchen als abstrakten die Kontrahenten (Bahn und Absender) sich unterworfen haben? **15,** 147. — 9) Kann die Revision auf Verletzung einer in die Gesetzsammlung nicht aufgenommenen Allerh. Kabinetsorder gestützt werden? (P.) **16,** 212. — 10) Verletzung des gemeinen protestantischen Kirchenrechtes oder des mecklenburgischen Ehescheidungsrechtes? **18,** 225; **20,** 208.

## § 327. Entscheidung des Revisionsgerichtes.

1) Freie Prüfung und Auslegung eines Urteiles seitens des Revisionsgerichtes. **13,** 404. — 2) Unterschied zwischen thatsächlichen Feststellungen des Berufungsrichters und Deduktionen, die das Revisionsgericht nicht binden. **12,** 27. — 3) Selbständige Interpretation einer Urkunde durch das Revisionsgericht? **12,** 28. — 4) Bedeutung des Verbotes der reformatio in pejus für die Revisionsinstanz? **12,** 410. — 5) Stellung des Revisionsgerichtes einem Berufungsurteile gegenüber, durch welches die Berufung wider ein den Klaganspruch dem Grunde nach, aber unter Beifügung einschränkender, auf die Liquidstellung abzielender Modifikationen, für gerechtfertigt erklärendes Urteil in Ansehung dieser Modifikationen für unzulässig, im übrigen für unbegründet erachtet worden ist. **13,** 401. — 6) Kann durch die Revision die Ergänzung des Berufungsurteiles in Ansehung eines übergangenen Nebenanspruches erwirkt werden? **11,** 409. — 7) Hat das Revisionsgericht die Zulässigkeit des Rechtsweges auch dann zu prüfen, wenn diese Frage weder von den Parteien, noch von den Instanzgerichten angeregt ist? **11,** 66. — 8) Bildet die rechtsirrtümliche Zulassung der Berufung einen Grund zur Aufhebung des Berufungsurteiles auch dann, wenn nur der Revisions- und Berufungsbeklagte sie geltend macht? **19,** 394. — 9) Muß die Revision zurückgewiesen werden, wenn ein kumulativ aufgestellter Klagegrund vom Berufungsgerichte aus irrigen prozessualen Gründen zurückgewiesen und nunmehr zur — abweisenden — Endentscheidung reif ist? **11,** 243. — 10) Ist, wenn das eingelegte Rechtsmittel in der Hauptsache unzulässig ist, auch die Abänderung der Kostenentscheidung unstatthaft? **13,** 395. — 11) Aufhebung des ganzen Berufungsurteiles und Zurückverweisung der Sache wegen Untrennbarkeit des Prozeßstoffes, obwohl teilweise derselbe bereits der definitiven Entscheidung des Revisionsgerichtes unterliegt. **13,** 405. — 12) Aussetzung der Verhandlung bis zur Erledigung des Strafverfahrens, wenn der Verdacht der Strafthat erst in der Revisionsinstanz zur Sprache kommt? **11,** 366.

## § 328. Beschwerde.

### a. Einfache Beschwerde.

1) Beschwerde gegen die Verlegung eines Termines oder die Vertagung einer Verhandlung? **15,** 422. Gegen die Aussetzung der Verhandlung gemäß § 140 C.P.O.? **15,** 427; **18,** 188. — 2) Beschwerde gegen die Entscheidung, daß das Verfahren für unterbrochen zu erachten? **16,** 340. 359; daß die Aufnahme des unterbrochenen Verfahrens zuzulassen oder abzulehnen? **16,** 359. — 3) Beschwerde gegen die Anordnung einer Frist zur Klagerhebung nach § 806 C.P.O. **16,** 367. — 4) „Dringliche Fälle". Begriff? Abwendung einer im Zuge befindlichen Zwangsvollstreckung. **12,** 355. — 5) Ist es ein besonderer beim Amtsgerichte anhängiger Rechtsstreit im Sinne des § 532 Abs. 2 C.P.O., wenn das Amtsgericht auf Ersuchen des als Prozeßgericht fungierenden Landgerichtes die Beitreibung einer von diesem nach § 774 C.P.O. festgesetzten Strafe verfügt? Anwaltszwang für die gegen diese Verfügung eingelegte Beschwerde? **12,** 356. — 6) Darf das Beschwerdegericht im Falle einer auf Herabsetzung des festgesetzten Wertes des Streitgegenstandes gerichteten Beschwerde den Wert von Amts wegen noch höher festsetzen? **14,** 352. — 7) Hat, wenn das Beschwerdegericht das Gericht, welches das Arrestgesuch zurückgewiesen hat, anweist, Arrest anzuordnen, der Schuldner das Rechtsmittel der Beschwerde, oder welchen Rechtsbehelf sonst? **14,** 391. — 8) Instanzenzug für die Beschwerde gegen die Festsetzung von Zeugen- oder Sachverständigengebühren durch den beauftragten oder ersuchten Richter? Ist zunächst die Entscheidung des Prozeßgerichtes einzuholen? **17,** 352. — 9) Hat gegen die zu Gunsten der armen Partei erlassenen Beschlüsse der Gegner ein Beschwerderecht? Verhältnis der §§ 530 und 118 C.P.O. zu einander. **20,** 417.

### b. Sofortige Beschwerde.

1) Ist die sofortige Beschwerde ein besonderes, von der einfachen an sich verschiedenes Rechtsmittel? **15,** 431. Vgl. **18,** 188. — 2) Ist gegen das Urteil, welches dem Antrage des Klägers auf Erlaß des Versäumnisurteils betreffs eines Teiles des Anspruches stattgiebt, betreffs des andern aber ihn zurückweist, die Berufung oder die sofortige Beschwerde das zulässige Rechtsmittel? **15,** 390. — 3) Unterliegt ein Beschluß, der eine im Zwangsvollstreckungsverfahren erhobene Beschwerde als unzulässig verwirft, nach § 701 C.P.O. der sofortigen oder der einfachen Beschwerde? **15,** 431. — 4) Einwendungen des Schuldners gegen einen bezüglich einer ihm zustehenden Forderung erlassenen Pfändungsbeschluß. Steht ihm die sofortige Beschwerde, oder der § 685 C.P.O., oder beides nach seiner Wahl zu Gebote? **16,** 321. — 5) Rechtsbehelf der Parteien in den Fällen, wo vollstreckbare Ausfertigung nur auf Anordnung des Vorsitzenden erteilt werden kann. **20,** 375. — 6) Findet gegen den Beschluß, welcher ein Arrestgesuch zurückweist, so-

fortige oder einfache Beschwerde statt? Anwendung des § 701 C.P.O.? **16**, 367. — 7) Sofortige Beschwerde gegen die Entscheidung, welche die Zulässigkeit der Nebenintervention nicht in besonderem Zwischenurteile, sondern im Endurteile über die Hauptsache ausspricht. **18**, 139. — 8) Kann mit der sofortigen Beschwerde gegen das Zwischenurteil über die Zulassung der Nebenintervention auch die in dem Endurteile getroffene Entscheidung über die Kosten derselben angefochten werden? **19**, 413. — 9) Sofortige Beschwerde gegen Beschlüsse des Vollstreckungsgerichtes in Fällen, wo vorgängiges Gehör der Parteien vorgeschrieben ist und stattgefunden hat. **18**, 431. — 10) Beschwerderecht der Parteien gegen die die Zeugnisweigerung für unrechtmäßig erklärende Entscheidung? **20**, 378.

### c. Weitere Beschwerde.

1) Zum Begriff „neuer selbständiger Beschwerdegrund". **14**, 353. — 2) Inwiefern kommt es für die Frage, ob ein neuer selbständiger Beschwerdegrund vorliegt, nicht nur auf den Inhalt, sondern auch auf die Gründe der Entscheidung an? **16**, 318. — 3) Innerer Grund und Bedeutung der in § 531 Abs. 2 C.P.O. bestimmten Beschränkung der Zulässigkeit der weiteren Beschwerde. **17**, 372. — 4) Liegt ein neuer selbständiger Beschwerdegrund vor, wenn die bestätigende Entscheidung des Beschwerdegerichtes ihrem Sinne nach dem Beschwerdeführer ungünstiger ist als die angefochtene Entscheidung? **13**, 324. — 5) Ist eine Beschwerde darüber statthaft, daß eine vom Beschwerdeführer erhobene Beschwerde nicht als unzulässig verworfen ist? **16**, 322. — 6) Neuer Beschwerdegrund für die weitere Beschwerde, wenn die vorige Beschwerde als unzulässig verworfen ist? **12**, 355. 357. — 7) Ist auf weitere Beschwerde gegen einen Beschluß, welcher eine Beschwerde als unzulässig verworfen hat, materiell über den Gegenstand der ersten Beschwerde zu entscheiden, oder muß, wenn die weitere Beschwerde begründet ist, die Sache zur Entscheidung über das Begründetsein der ersten Beschwerde an das Beschwerdegericht zurückgewiesen werden? **14**, 387. — 8) Neuer selbständiger Beschwerdegrund, wenn der erste Richter das Gesuch aus sachlichen Gründen zurückgewiesen, der zweite auf die Beschwerde die Zuständigkeit des ersten verneint und deswegen die Beschwerde verworfen hat? **12**, 395. — 9) Liegt ein neuer selbständiger Beschwerdegrund vor, wenn, nachdem in erster Instanz die Verfügung eines Arrestes abgelehnt war, das Beschwerdegericht zwar den Arrest beschließt, dabei aber nach Ansicht des Beschwerdeführers die Höhe der bezüglichen Sicherheitssummen nicht günstig genug für ihn bestimmt? **14**, 321. — 10) Ist ein neuer selbständiger Beschwerdegrund vorhanden, wenn das Beschwerdegericht die Prüfung der rechtlichen Erheblichkeit der zur Begründung der Beschwerde vorgebrachten neuen Thatsachen ablehnt? **17**, 371. — 11) Kann in dem vom Beschwerdegerichte beobachteten Verfahren, insbesondere in der Unterlassung der Prüfung eines Beschwerdepunktes ein neuer selbständiger Beschwerdegrund gefunden werden? **18**, 425; vgl. **18**, 432.

6. Wiederaufnahme des Verfahrens.

## § 329. Nichtigkeits- und Restitutionsklage.

1) Umfang der Verhandlung, wenn die Wiederaufnahme des Verfahrens aus einem lediglich ein Beweismittel betreffenden Grunde beantragt wird. **13,** 385. — 2) Dürfen in der mündlichen Verhandlung über die Restitutionsklage andere als die in der Klageschrift erwähnten Restitutionsgründe geltend gemacht werden? **14,** 332. — 3) Gegen welches Urteil ist die Restitutionsklage zu richten, wenn in dem früheren Verfahren die Berufung gegen das erste Urteil und die Revision gegen das Berufungsurteil zurückgewiesen sind? **15,** 388. — 4) Ist der Eid als Beweismittel für die Thatsachen, welche die Restitutionsklage begründen, in sämtlichen Fällen der letzteren ausgeschlossen? **14,** 332. — 5) Kann der Beweis der Echtheit einer neu aufgefundenen Urkunde durch Eideszuschiebung geführt werden? **16,** 438. — 6) Ist die Erheblichkeit einer Urkunde im Sinne des § 543 Ziff. 7b C.P.O. lediglich aus ihr selbst zu entnehmen? Ist also die Restitutionsklage unbegründet, wenn die Urkunde nur in Verbindung mit anderen neuen Beweismitteln, z. B. einem Zeugnisse dafür, daß sie einer Partei zugesandt worden, die Entscheidung beeinflußt haben würde? Wie, wenn der Zeuge bereits über verwandte Punkte vernommen ist? **14,** 329. — 7) Anwendung der Vorschriften über den Urkundenbeweis in dem Restitutionsklage-Verfahren wegen einer neu entdeckten Urkunde? **16,** 395. 438. — 8) Muß zur Begründung der Restitutionsklage aus § 543 Ziff. 1 C.P.O. dargethan werden, daß gerade derjenige Eid, oder derjenige Satz der Eidesformel wissentlich falsch beschworen ist, der in concreto für die Urteilsbegründung unmittelbar erheblich ist? Muß auch noch der gegenteilige Beweis der objektiven Unrichtigkeit erbracht werden? **14,** 322. 325. — 9) Wird der Beginn der fünfjährigen Frist für die Statthaftigkeit der Restitutionsklage außer der Rechtskraft des anzufechtenden Urteiles bedingt durch die Kenntnis des eventuellen Restitutionsklägers von dem Anfechtungsgrunde? **15,** 383.

7. Besondere Prozeßarten.

## § 330. Urkunden- und Wechselprozeß.

1) Muß, wenn eine zur Begründung des Anspruches dienende Urkunde von einem angeblichen Vertreter des Beklagten ausgestellt ist, der Klage eine Urkunde beigefügt werden, aus welcher hervorgeht, daß derselbe befugt war, als Vertreter zu handeln? Prokurist. **13,** 370. — 2) Unzulässigkeit eines anderen, als des im Urkundenprozesse aufgestellten Klagegrundes in dem nachträglichen ordentlichen Verfahren. **11,** 4. — 3) Wegen Nichtbeifügung einer Urkunde zur Klageschrift oder wegen Nichtantretung des Beweises durch Vorlegung einer Urkunde ist die Klage nicht abzuweisen, wenn die durch die Urkunde zu beweisende Thatsache als offenkundig oder unbestritten keines Beweises bedarf. **12,** 133.

— 4) Bedürfen offenkundige Thatsachen auch im Urkundenprozesse keines Beweises? **13,** 370; vgl. **12,** 133. — 5) Inwiefern finden die allgemeinen Bestimmungen des ersten Buches der Civilprozeßordnung auf den Urkundenprozeß keine Anwendung? Kann die Verhandlung bis zur Erledigung eines bezüglichen Strafverfahrens ausgesetzt werden? **13,** 377. — 6) Qualität des zum Urkundenprozesse geeigneten Anspruches. Unzulässigkeit eines Klagantrages mit einer besonderen Maßgabe bezüglich der Zwangsvollstreckung. **18,** 413. — 7) Prozedur, wenn der im Wechselprozesse Verurteilte nach Abwendung der sofortigen Vollstreckung durch Sicherheitsleistung, von dem Vorbehalte der Ausführung seiner Rechte keinen Gebrauch macht? **12,** 223. — 8) Behält ein im Urkundenprozesse geleisteter Eid seine Bedeutung nach Umleitung der Sache in das ordentliche Verfahren? **13,** 399. Nach durchgeführtem Urkundenprozesse in dem nachfolgenden ordentlichen Verfahren? **14,** 219; **18,** 378. — 9) Sind die im Urkundenprozesse nicht erwähnten Einwendungen im folgenden ordentlichen Verfahren ausgeschlossen? **14,** 105. — 10) Voraussetzungen und Zulassung des Gegenbeweises, den der im Urkundenprozesse unter Vorbehalt seiner Rechte verurteilte Beklagte im Nachverfahren gegen einen dort vom Kläger geschworenen Eid unternimmt. **14,** 322. — 11) Inwieweit können die im Urkundenprozesse verworfenen Einreden im Nachverfahren, auf neue Beweismittel gestützt, wiederholt werden? **14,** 323. — 12) Kann der Beklagte daraus, daß er bereits Klage auf Feststellung des Nichtbestehens des Klaganspruches erhoben hat, die Einrede der Rechtshängigkeit herleiten, auch wenn die zur Begründung der Feststellungsklage erforderlichen Thatsachen nicht mit den im Urkundenprozesse zulässigen Beweismitteln dargethan werden können? **17,** 327. — 13) Kann der Acceptant, der im Wechselprozesse die Einrede des Gefälligkeitsacceptes auf den Eid des Klägers gestellt, nach erfolgter Eidesleistung eine selbständige Klage auf Rückgewähr seiner Wechselunterschrift aus dem gleichen Grunde erheben? **18,** 378. — 14) Wie läßt sich die Identität zweier auf dem Wechsel genannten Personen feststellen? Genügt die Namensgleichheit? **19,** 96.

## § 331. Ehesachen.

1) Gerichtsstand für eine Klage auf dauernde Trennung von Tisch und Bett? **11,** 32. — 2) Gerichtsstand des Großherzoges von Hessen und seiner morganatischen Gemahlin in Ehesachen? **12,** 417 flg. — 3) Anwendung des § 267 C.P.O. auf das Verfahren in Ehesachen? **12,** 436. — 4) Selbständige Kognition des Vorsitzenden im Falle des § 573 Abs. 2 C.P.O. Kann das Gericht eine Ehescheidungsklage deswegen zurückweisen, weil den Vorschriften über den Sühneversuch nicht genügt sei? **18,** 364. — 5) Ist für die Erhebung der Widerklage der Sühneversuch unnötig? **15,** 293. — 6) Zuständigkeit desjenigen Amtsgerichtes zur Vornahme des Sühneversuches, bei welchem der Ehemann zur Zeit des bezüglichen Antrages seinen Wohnsitz hat; Unerheblichkeit der Veränderung des letzteren vor Erhebung der Klage. **18,** 364. —

7) Inwieweit ist in Ehesachen Klagänderung zulässig? Ausspruch der Ungültigkeit der Ehe auf Grund von Thatsachen, wegen deren Ehescheidung beantragt ist? **11,** 354. — 8) Einstweilige Verfügung betreffs der Kinder während eines Eheprozesses. **18,** 189. — 9) Ist eine strafgerichtliche Verurteilung eines Ehegatten, wenn der andere Gatte deswegen auf Scheidung klagt, nur nach dem Inhalte des Strafurteiles zu beurteilen, oder kann der Ehescheidungsrichter über die Schwere des Verbrechens selbständige Feststellung treffen? Behauptung des Beklagten, daß er unschuldig verurteilt sei? **13,** 199. — 10) Kann der klagende bezw. widerklagende Ehegatte, welcher infolge der von ihm behaupteten unüberwindlichen Abneigung bei Scheidung der Ehe für den allein schuldigen Teil erklärt ist, nur wegen der Schuldfrage Berufung einlegen und zu deren Begründung neue Scheidungsgründe vorbringen? **15,** 288. — 11) Kann der wegen Scheidung beklagte Gatte ein Ehevergehen des anderen Teiles widerklagend rügen, wenn bezüglich desselben die einjährige Frist des § 721 A.L.R. II. 1 in dem Zeitraum zwischen Klagerhebung und der ersten mündlichen Verhandlung abgelaufen ist? **15,** 292. — 12) Umfang der Rechtskraft des abweisenden Urteiles im Scheidungsprozesse. Einfluß auf eine neue vor erlangter Rechtskraft jenes Urteiles erhobene Klage. Aufstellung eines nach eingetretener Rechtskraft entstandenen Scheidungsgrundes. **19,** 408. — 13) Kann eine Thatsache, die der Klage auf Herstellung des ehelichen Lebens einredeweise entgegengesetzt ist, deswegen nicht durch Eideszuschiebung bewiesen werden, weil auf dieselbe Thatsache die Widerklage auf Ehescheidung gestützt ist? oder kann nach Verweigerung des Eides durch den Kläger sowohl die Klage als auch mangels Beweises die Widerklage abgewiesen werden? **17,** 386. — 14) Vertretung der Staatsanwaltschaft in Ehenichtigkeitsklagen bei Eröffnung der höheren Instanzen. **18,** 405. 407.

## § 332. Entmündigungssachen.

1) Anfechtungsklage des Entmündigten gegen den Entmündigungsbeschluß. Regelung der Parteistellung der Staatsanwaltschaft und desjenigen, der die Entmündigung beantragt hat. Kann sich erstere der von dem letzteren eingelegten Revision anschließen? **13,** 432. — 2) Ist zur Begründung der auf Wahnsinn gegründeten Ehescheidungsklage die vorgängige Feststellung dieses Zustandes mittels des Entmündigungsverfahrens erforderlich? **16,** 235. — 3) Kann gegen eine wegen Geisteskrankheit entmündigte Person ein neues Entmündigungsverfahren behufs Feststellung einer anderen — inzwischen weiter entwickelten — Krankheitsform stattfinden? **16,** 236. — 4) Vertretung der Staatsanwaltschaft bei Eröffnung der höheren Instanzen für Anfechtungsklagen im Entmündigungsverfahren. **18,** 405. 407.

## § 332 A. Mahnverfahren.

1) Wie muß ein Zahlungsbefehl, mittels dessen der dingliche Anspruch gegen den Hypothekenschuldner geltend gemacht werden soll, lauten?

**17**, 283. — 2) Hat die Zustellung eines Zahlungsbefehles die gleichen Wirkungen wie die Erhebung der Klage im Falle des § 41 des preuß. Eigentumserwerbsgesetzes? **17**, 281. — 3) Inwiefern wird die Verjährung der Wechselklage durch Zustellung eines Zahlungsbefehles unterbrochen? **14**, 31.

### § 332 B. Konsularsachen.

1) Rechtsmittelsystem in Konsularsachen? Berufungssumme? **13**, 409. — 2) Geltung der Konkursordnung und des Einführungsgesetzes zur Konkursordnung in den Konsulargerichtsbezirken? Geht ihren materiellen Vorschriften das dort geltende Handelsgewohnheitsrecht vor? **14**, 143.

## 8. Die Zwangsvollstreckung.

### § 333. Allgemeine Bestimmungen.

1) Vollstreckbare Urkunde. Kann sich der Schuldner ihr gegenüber auf einen im innern Zusammenhange damit stehenden vorangegangenen Vertrag berufen? **11**, 287. — 2) Wesen und Bedeutung des Vollstreckungsurteiles. **16**, 420. — 3) Begriff der Vollstreckbarkeit eines Urteiles. **16**, 421. — 4) Sind Urteile auf Klagabweisung für vorläufig vollstreckbar zu erklären? **16**, 421. — 5) Verhältnis des rechtskräftigen Urteiles zu dem für vorläufig vollstreckbar erklärten. **18**, 287. — 6) Gehören Handlungen, welche die Zwangsvollstreckung nur vorbereiten, zu der Instanz, in der das betreffende Urteil erging, oder betreffen sie die Zwangsvollstreckung? Antrag auf vorläufige Verwahrung, wenn das Urteil gegen Sicherheitsleistung vorläufig vollstreckbar ist. **11**, 365. — 7) Ist die im Laufe des Prozesses nachgesuchte Eintragung einer Vormerkung zur Erhaltung des Rechtes auf Auflassung eine Maßregel der Zwangsvollstreckung? **11**, 280. — 8) Der Gerichtsschreiber welcher Instanz hat bezüglich des durch Teilurteil rechtskräftig zugesprochenen Klaganspruches während des Schwebens des Prozesses in höherer Instanz die vollstreckbare Ausfertigung und das Rechtskraftattest zu erteilen? **18**, 424. — 9) Rechtsbehelf der Parteien in den Fällen, wo vollstreckbare Ausfertigung nur auf Anordnung des Vorsitzenden erteilt werden darf. **20**, 375. — 10) Zweck der Klage auf Erteilung der Vollstreckungsklausel? Kann oder muß der nach § 667 C.P.O. Verklagte in diesem Verfahren die ihm nach Erlaß des Hauptturteiles gegen den Rechtsvorgänger des jetzigen Klägers entstandenen Einwendungen geltend machen? **11**, 434. — 11) Begriff des ausländischen „Urteiles" im Sinne der §§ 660. 661 C.P.O. In welchem Zeitpunkte muß, wenn § 661 Ziff. 4 angewendet werden soll, der Schuldner ein Deutscher sein? **16**, 428. — 12) Kann aus einem ausländischen Urteile auf Verurteilung zur Zahlung geklagt werden? **16**, 431. — 13) Ist ein Vollstreckungsurteil zu einem ausländischen Urteile zu erlassen, aus welchem keine Vollstreckungshandlung vorzunehmen ist (Verurteilung zur Abgabe einer Willenserklärung)? **16**, 420. — 14) Ist eine Privaturkunde über die Rechtsnachfolge, deren Unterschriften gerichtlich oder notariell beglaubigt

sind, hinreichend, um eine vollstreckbare Ausfertigung für die Rechtsnachfolger der Prozeßpartei zu erlangen? **13,** 330. — 15) Sind gegen die Klage auf Zulassung der Zwangsvollstreckung aus einem ausländischen Urteile auch andere als aus § 661 C.P.O. entnommene Einwendungen zulässig, insbesondere aus §§ 686. 687? Einrede der Zahlung der rechtskräftigen Forderung? **13,** 347. — 16) Kann nach Erlaß des Urteiles Entscheidung über Anordnung der vorläufigen Vollstreckbarkeit und Abwendung der Vollstreckung beantragt werden? **20,** 423. — 17) Darf die Vollstreckungsklausel für das nach Erlaß eines eine prozeßhindernde Einrede verwerfenden oder den Grund des Anspruches für gerechtfertigt erklärenden Zwischenurteiles demnächst ergangene Endurteil vor Eintritt der Rechtskraft des Zwischenurteiles erteilt werden? Prüfung des Inhaltes des Urteiles durch den Gerichtsschreiber bei Erteilung des Rechtskraftattestes. **15,** 355. — 18) Kann das gegen die offene Handelsgesellschaft erstrittene Urteil unmittelbar gegen die einzelnen Gesellschafter vollstreckt werden? **13,** 97. — 19) Inwieweit geht die Vollstreckung vorläufig vollstreckbarer Entscheidungen auf Gefahr des Gläubigers? (G., P., R.) **11,** 415. 422. — 20) Erwirbt der Gläubiger an der Summe, welche der Schuldner zwecks Abwendung der Zwangsvollstreckung bei Gericht einzahlt, ein Faustpfandrecht? **12,** 222. — 21) Konstruktion des Rechtes, welches demjenigen Gläubiger, dessen Zwangsvollstreckung gegen Hinterlegung seitens des Interventionsklägers aufgehoben ist, an dem hinterlegten Gelde zusteht. Pfändungspfandrecht? (an dem Anspruch auf Auszahlung?) Bedingte Zahlung? **12,** 395. — 22) Geht bei der Zwangsversteigerung beweglicher Sachen nach § 718 C.P.O. das Eigentum auf den Ersteher infolge des Zuschlages über, wenngleich derselbe nicht sofortige Barzahlung leistet? **13,** 272. — 23) Bezieht sich die in § 707 C.P.O. verordnete Ausschließlichkeit der Gerichtsstände auch auf die sachliche Zuständigkeit? **13,** 369. — 24) Anfechtung einer vollstreckbaren Schuldurkunde und der infolge ihrer Vollstreckung an den Gerichtsvollzieher geleisteten Zahlung. Steht letztere betreffs der Anfechtbarkeit der freiwilligen Zahlung gleich? **14,** 80; **17,** 30. — 25) Rechtswirksamkeit einer die Verfügungsmacht des Bedachten über die Zuwendung einschränkenden und insofern den Zugriff der Gläubiger desselben verbietenden Anordnung des Erblassers? (P.) **14,** 280. — 26) Findet gegen den Beschluß, der eine im Zwangsvollstreckungsverfahren erhobene Beschwerde als unzulässig verwirft, einfache oder sofortige Beschwerde statt? **15,** 431. — 27) Wird zum Begriffe der Entscheidung im Sinne des § 701 C.P.O. vorausgesetzt, daß vorher beide Parteien gehört sind? **16,** 322. — 28) Ist die Frage, ob ein gepfändetes Forderungsrecht nach § 749 C.P.O. von der Pfändung ausgeschlossen ist oder nicht, im Zwangsvollstreckungsverfahren zu entscheiden? **16,** 319. — 29) Hat derjenige, in dessen Vermögen nach bürgerlichem Rechte der gegen einen Dritten erwirkte vollstreckbare Titel vollstreckt werden durfte und vollstreckt worden ist, seine auf § 715 oder § 749 C.P.O. gestützten Einwendungen gegen die Zwangsvollstreckung im Wege des § 690 oder des § 685 a. a. O. geltend zu machen?

**16**, 347. — 30) Keine Anwendung des § 685 C.P.O. auf Entscheidungen im Zwangsvollstreckungsverfahren, welche dem Prozeßgerichte erster Instanz übertragen sind. **18**, 433. — 31) Anwendung des § 685 C.P.O. bei der Pfändung von Forderungen. **16**, 320. — 32) Ein Beschluß des Vollstreckungsgerichtes ist in Fällen, wo vorgängiges Gehör beider Parteien vorgeschrieben ist und stattgefunden hat, nicht nach § 685 C.P.O., sondern nur mit der sofortigen Beschwerde anfechtbar. **18**, 431. — 33) Anwendung der Vorschriften über die Zwangsvollstreckung auf den 5. Abschnitt des 8. Buches der Civilprozeßordnung? insbesondere Anwendung des § 701 C.P.O. auf Entscheidungen im Arrestverfahren? **16**, 367. — 34) Unwirksamkeit der ohne Beobachtung des § 671 C.P.O. geschehenen Zwangsvollstreckungshandlung. **20**, 434. Vgl. **11**, 402. Konvaleszíert das infolgedessen ungültige Pfändungspfandrecht durch Nachholung des betreffenden Aktes? Eigentumswechsel der gepfändeten Sache. **20**, 433. — 35) Anwendung des § 671 C.P.O. bei der Zwangsvollstreckung zur Erwirkung von Unterlassungen. **20**, 385. — 36) Haftung des Staates, wenn der Gerichtsvollzieher das beigetriebene Geld unterschlägt. (G.) **11**, 206. — 37) Stellung des Gerichtsvollziehers bei der Zwangsvollstreckung als Mandatar des Gläubigers einerseits, als öffentlicher Beamter andererseits. Haftung gegenüber dem Gläubiger. (P.) **16**, 399. Vgl. **18**, 390; **20**, 389. — 38) Über Gerichtsvollzieher siehe noch § 284 A dieses Registers.

### § 334. Einspruch dritter Personen. §§ 690. 710 C.P.O.

1) Hat der Käufer, welcher die gekaufte Sache im Besitze des Verkäufers beläßt, ein Recht zum Widerspruche gegen eine in dieselbe von einem Gläubiger des Verkäufers vorgenommene Pfändung? (F.) **13**, 299. — 2) Suspensiv bedingter Verkauf und Übergabe der Sache an den Käufer. Interventionsklage des Eigentümers gegen denjenigen, der die Sache im Wege der Zwangsvollstreckung gegen den Käufer gepfändet hat? Bona fides des Beklagten. (P.) **14**, 260. — 3) Klage aus § 690 C.P.O. gegen die Pfändung einer Forderung? Ist in diesem Falle das Gericht, in dessen Bezirk der Pfändungsbeschluß erlassen, oder dasjenige, in dessen Bezirk dem Drittschuldner der Beschluß zugestellt ist, zuständig? **12**, 380. — 4) Konstruktion des Rechtes, welches demjenigen Gläubiger, dessen Zwangsvollstreckung gegen Sicherheitsleistung seitens des Interventionsklägers aufgehoben ist, an dem hinterlegten Gelde zusteht. Pfändungspfandrecht? an dem Anspruche auf Auszahlung? Bedingte Zahlung? Wie ist nach Abweisung der Interventionsklage die Auszahlung von der Hinterlegungsstelle zu erlangen? Hat das Prozeß- oder das Vollstreckungsgericht die erforderliche Anweisung an die Stelle zu erlassen? Bedarf es der Zustimmung des Hinterlegenden oder eines dieselbe ergänzenden Urteiles? (P.) **12**, 394. — 5) Materielle Folge der Unterlassung der nach § 690 C.P.O. zustehenden Klage? Stillschweigender Verzicht? (G.) **13**, 180. — 6) Hat derjenige, in dessen Vermögen nach Civilrecht das gegen einen Dritten ergangene Urteil voll-

streckt werden durfte und vollstreckt ist, Einwendungen aus §§ 715. 749 C.P.O. gemäß § 690 oder § 685 C.P.O. geltend zu machen? **16,** 347. — 7) Kann ein Dritter lediglich auf Grund seines Eigentumsrechtes der Pfändung von Illaten des Mieters vonseiten des Vermieters widersprechen? **20,** 355. — 8) Kann derjenige, der ein Forderungsrecht auf Leistung bezw. Übertragung der gepfändeten Sache des Schuldners hat, nach § 690 C.P.O. der Zwangsvollstreckung widersprechen? insbesondere bei Pfändung von Früchten auf dem Halme deren Käufer? **18,** 365. — 9) Kann der Gläubiger des Verpächters die auf dem verpachteten Grundstücke stehenden Früchte pfänden lassen? Interventionsrecht des Verpächters im umgekehrten Falle? (G., R.) **18,** 368. — 10) Gerichtsstand des § 690 C.P.O., wenn der Konkursverwalter eine für einen Konkursgläubiger erfolgte Pfändung nach § 23 K.O. anficht? **18** 393. — 11) Ist die Zuständigkeit des Vollstreckungsgerichtes für die Klage aus § 710 C.P.O. noch begründet, wenn der Erlös des Pfandstückes dem pfändenden Gläubiger ausgezahlt ist? **12,** 370. — 12) Kann der Vermieter wegen der gesamten, auf die ganze Vertragszeit entfallenden noch nicht fälligen Mietszinsen vorzugsweise Befriedigung aus den Illaten des Mieters vor andern Gläubigern fordern? Ist der Anspruch davon abhängig, daß er ihn bei der von einem andern Gläubiger vorgenommenen Pfändung geltend macht? (P., R.) **13,** 253. — 13) Bezieht sich § 710 C.P.O. auf die Hypothek, deren Gläubiger der Mobiliarpfändung des zum Grundstücke gehörigen Zubehörs widerspricht, oder nur auf Vorzugsrechte, die an den beweglichen Sachen als solchen bestehen? **17,** 325. — 14) Hat der Dritte, in dessen Gewahrsam vom Gerichtsvollzieher Sachen gepfändet sind, zu deren Herausgabe er nicht bereit war, die Spolienklage auf Freigabe und Schadensersatz gegen den Gläubiger? Ist die Einrede zulässig, der Kläger sei nicht Eigentümer der Sachen, oder das Rechtsgeschäft, mittels dessen er sie erworben, sei anfechtbar? **14,** 358.

## § 335. Vollstreckungspfandrecht.

1) Sind durch die Vorschriften der Civilprozeßordnung über Entstehung des Pfändungspfandrechtes landesrechtliche Bestimmungen über Entstehung eines Pfandrechtes abgeändert? **20,** 307. — 2) Konstruktion des Rechtes, welches demjenigen Gläubiger, dessen Zwangsvollstreckung gegen Kaution des Interventionsklägers aufgehoben ist, an dem hinterlegten Gelde zusteht. Pfändungspfandrecht? an dem Anspruche auf Auszahlung? Bedingte Zahlung? **12,** 395. — 3) Pfändungspfandrecht ohne Besitznahme infolge der Pfändung eines Anspruches auf Herausgabe von Sachen? **13,** 344. — 4) Ist derjenige, der vom Schuldner eine vollstreckbare Urkunde erhält und mittels derselben ein Pfändungspfandrecht erlangt, bezw. überhaupt der Pfandgläubiger, der Rechtsnachfolger des Schuldners im Sinne des § 11 des Reichsanfechtungsgesetzes und des § 410 C.P.O.? **15,** 368. — 5) Erwirbt der Gläubiger durch die Pfändung von Sachen, die gesetzlich der Pfändung nicht unterliegen, ein

Pfandrecht? **18**, 389. — 6) Wird in Elsaß-Lothringen durch Pfändung eines zur Benefiziarmasse gehörigen Objektes auch dann ein Pfandrecht nicht erworben, wenn der Einspruch des Art. 990 Code de procédure civile noch nicht erhoben ist? **18**, 398. — 7) Ist das Recht des pfändenden Gläubigers, ein älteres Pfandrecht anzufechten, abhängig davon, daß der Schuldner die Pfändung beanstandet? **11**, 403. Vgl. **20**, 436. — 8) Konvalesziert das mangels notwendiger Zustellung ungültige Pfändungspfandrecht durch Nachholung des Aktes? **20**, 433. — 9) Rechtswirkung des Pfändungspfandrechtes an Hypotheken- und Grundschuldforderungen Dritten gegenüber. (P., R.) **20**, 311.

## § 336. Zwangsvollstreckung wegen Geldforderungen.

### a. In bewegliche körperliche Sachen.

1) Geht bei der Pfandversteigerung nach § 718 C.P.O. das Eigentum auf den Ersteher infolge des Zuschlages über, wenngleich derselbe nicht sofortige Barzahlung leistet? **13**, 272. — 2) Eigentumsübergang durch den gerichtlichen Verkauf. Kenntnis des Erstehers vom frühern Titel eines andern. (P.) **19**, 324. — 3) Erwirbt der Gläubiger durch die Pfändung von Sachen, die gesetzlich der Pfändung nicht unterliegen, ein Pfandrecht? Darf sie der Gerichtsvollzieher ohne Auftrag wieder freigeben? **18**, 389. — 4) Wie wird die Anschlußpfändung bewirkt? Ist die Zustellung der Protokollabschrift an den zuerst pfändenden Gerichtsvollzieher zur Wirksamkeit der Pfändung erforderlich? **13**, 345. — 5) Hat derjenige, in dessen Vermögen die geschehene Zwangsvollstreckung aus dem gegen einen Dritten ergangenen Urteile nach Civilrecht erfolgen durfte, Einwendungen aus § 715 C.P.O. gemäß § 685 oder § 690 C.P.O. geltend zu machen? **16**, 347. — 6) Rechte des Hypothekengläubigers gegenüber der Pfändung, Versteigerung, Wegschaffung solcher beweglicher Sachen, welche von dem Grundeigentümer auf das Grundstück zu dessen Benutzung und Besorgung gebracht waren. (F.) **17**, 323. — 7) Kann, wenn ein Gläubiger eine unanfechtbare Pfändung erwirkt hat, die infolge der Versteigerung erlangte Befriedigung aus § 23 Ziff. 1 K.O. angefochten werden? **17**, 26. — 8) Ist die Anfechtung einer Pfändung auf Grund von § 23 Ziff. 2 K.O. deswegen ausgeschlossen, weil der Gläubiger vor der Konkurseröffnung durch die Versteigerung Befriedigung erlangt hat? **17**, 26.

### b. In Forderungen und andere Vermögensrechte.

1) Eigentlicher Akt der Zwangsvollstreckung in eine Forderung? Zustellung des Pfändungsbeschlusses an den Drittschuldner? **12**, 381. — 2) Art und Weise der Pfändung des Anspruches auf Rückgabe einer vom Schuldner gemeinschaftlich mit andern Personen bestellten Kaution? **13**, 176. — 3) Inwiefern und mit welchem Zeitpunkte erwirbt der Gläubiger bei der Pfändung eines Anspruches auf Herausgabe von Sachen

ein Pfandrecht an denselben? **13,** 343. — 4) Kann der Gläubiger einer zum Vereine deutscher Eisenbahnverwaltungen gehörigen Bahn den Anspruch derselben gegen die Generalsaldierungsstelle auf Überweisung ihres Guthabens von einer oder von mehreren Vereinsbahnen wirksam pfänden und sich überweisen lassen? **15,** 5. — 5) Wie wird die Pfändung einer Grundschuldforderung bewirkt? (P., R.) **20,** 307. Rechtswirkung des Pfandrechtes Dritten gegenüber. **20,** 311. — 6) Pfändung einer verbrieften Forderung, deren Dokument sich im Besitze eines Dritten befindet. (P., R.) **20,** 307. — 7) Pfändung einer Forderung, welche dem Schuldner gegen den pfändenden Gläubiger selbst zusteht. **20,** 371; vgl. **17,** 291. — 8) Ist der Schuldner einer gepfändeten Geldforderung zur Zahlung an die Hinterlegungsstelle berechtigt, oder auf Verlangen seines Gläubigers, des Exekussus, verpflichtet? Wie, wenn er zugleich dessen Gläubiger ist und jene Forderung desselben wegen seiner Gegenforderung im Wege des Arrestes hat pfänden lassen? (P.) **17,** 291. — 9) Rechte des Gläubigers auf Pfändung und Überweisung einer rechtshängigen Forderung. **20,** 420. — 10) Bedeutung der Benachrichtigung gemäß § 744 C.P.O. **17,** 328. — 11) Wird eine gepfändete Forderung durch die Überweisung zur Einziehung aus dem Vermögen des Schuldners ausgeschieden und auf den Gläubiger übertragen? **18,** 399; **11,** 51. Vgl. **11,** 137. — 12) Wird in Elsaß-Lothringen durch Pfändung eines zur Benefiziarmasse gehörigen Objektes auch dann ein Pfandrecht nicht erworben, wenn der Einspruch des Art. 990 Code de procéd. civ. noch nicht erhoben ist? **18,** 398. — 13) Unterliegen die Zinsen eines dem Schuldner aus Fürsorge zugewendeten Vermächtnisses, dessen Substanz nach seinem Tode an einen andern fallen soll, der Zwangsvollstreckung? § 749 Ziff. 3 C.P.O. **11,** 373. — 14) Grund und Tendenz der Pfändungsbeschränkung des § 749 Ziff. 3 C.P.O.? Kann eine letztwillige Zuwendung an einen Intestaterben, durch welche ihm nur der Zinsgenuß, nicht die Verfügung über das Kapital selbst zufällt, als eine freigebige, auf Fürsorge beruhende angesehen werden? **12,** 383. — 15) Entstehungsgeschichte des § 749 Ziff. 3 C.P.O. **12,** 387. — 16) § 749 Ziff. 3. Kommt für die Bestimmung des notdürftigen Unterhaltes des Schuldners seine Erwerbsfähigkeit, und also die Möglichkeit weitern Erwerbes in Betracht? oder die Alimentationspflicht eines Dritten? **12,** 386. — 17) Ist die Frage, ob ein gepfändetes Forderungsrecht zu den durch § 749 C.P.O. geschützten gehöre oder nicht, im Zwangsvollstreckungsverfahren zu entscheiden? mittels sofortiger Beschwerde oder mittels „Erinnerung oder Einwendung"? **16,** 319. 320. — 18) Hat derjenige, in dessen Vermögen das gegen einen Dritten ergangene Urteil nach bürgerlichem Rechte vollstreckt werden durfte und vollstreckt ist, Einwendungen aus § 749 C.P.O. gemäß § 690 oder § 685 a. a. O. geltend zu machen? **16,** 347.

### c. In das unbewegliche Vermögen. Subhastations- und Kollokationsverfahren.

(Verteilung der Kaufgelder. S. d dieses Paragraphen.)

1) Subhastation und Zuschlag eines nicht dem Subhastaten gehörigen Grundstückes. Präklusion des wahren — auf einem andern Grundbuchblatte eingetragenen — Eigentümers? (P.) **11**, 275. — 2) Was gehört zu der in § 13 Ziff. 2 der Subhastationsordnung vom 15. März 1869 für das Patent vorgeschriebenen „Bezeichnung, welche genügt, das Grundstück von anderen zu unterscheiden"? (P.) **11**, 278. — 3) Faktische Verbindung zweier Grundstücke, deren jedes ein selbständiges Grundbuchblatt hat, zu einem untrennbaren Ganzen. Wirkung der Adjudikation des einen auf die Eigentums- und Hypothekenverhältnisse des andern Grundstückes. Auslegung des vom Subhastationsrichter im Zuschlagsurteile gemachten Vorbehaltes angeblicher Ansprüche. (P.) **15**, 249. — 4) Erwirbt der Ersteher eines Grundstückes das Eigentum einer Parzelle, welche mit dem versteigerten Grundstücke thatsächlich als Pertinenz verbunden ist, während sie, ohne ein selbständiges Grundbuchblatt zu haben, nach den Steuerbüchern Teil eines andern selbständigen Grundstückes ist? (P.) **18**, 275. — 5) Eigentumserwerb des Erstehers an den auf dem Grundstücke vorhandenen, zum Zubehör von dessen Eigentümer bestimmten beweglichen Sachen, welche demselben indes nicht mehr gehören. (P.) **19**, 321. — 6) Wirkungen der Beschlagnahme eines Grundstückes zum Zwecke der Zwangsversteigerung. Erwirbt der betreibende Gläubiger nach dem Gesetze vom 13. Juli 1883 ein Pfandrecht? (P.) **12**, 262; **19**, 295. — 7) Rechtswirkung der Beschlagnahme lediglich zu Gunsten des betreibenden Gläubigers. (P.) **20**, 293. — 8) Eintrittsrecht des dinglich Berechtigten gegenüber dem den Zwangsverkauf betreibenden nicht eingetragenen Gläubiger? — Analogische Auslegung des § 37 A.L.R. I. 20. (P.) **12**, 262. — 9) Tendenz und Bedeutung des ius offerendi des Allgem. Landrechtes? (P.) **12**, 261. — 10) Wird durch Eintragung einer Vormerkung im Wege des Arrestes nach neuestem preuß. Recht ein im Konkurse wirksames Absonderungsrecht geschaffen? **16**, 69. — 11) Kann der Pfandgläubiger in der Subhastation, ohne sein Pfandrecht aufzugeben, auf die Geltendmachung seines Vorranges zu Gunsten nachstehender Gläubiger verzichten? (G.) **12**, 210. — 12) Ist die in der Subhastation an den infolge der Prioritätscession aufgerückten Gläubiger aus den Kaufgeldern geleistete Zahlung auf dessen Forderung mit der Wirkung der Tilgung dieser Forderung erfolgt, oder ist sie als Zahlung an den Prioritätscedenten anzusehen, welcher seinerseits nur obligatorisch zur Abführung des Geldes an jenen verbunden ist? (G.) **12**, 211. — 13) Hindert der Widerspruch des Erstehers und der Gläubiger den Übergang einer dinglichen Last auf ersteren, wenn der Widerspruch nicht verfolgt und trotz desselben das Grundstück mit seinen Lasten subhastiert ist? (G.) **13**, 191. — 14) Nach welchen Grundsätzen hat die Verrechnung des Betrages zu geschehen, welchen ein Gläubiger auf eine ihm für mehrere Forderungen haftende Hypothek,

insbesondere auf eine Kautionshypothek, in der Subhastation erhoben hat? Wahlrecht des Gläubigers? (G.) **13,** 191. — 15) Ist der eingetragene Gläubiger zur Anfechtung einer ihm vorgehenden Hypothek auf Grund des Reichsanfechtungsgesetzes auch ohne vollstreckbaren Titel im Sinne der §§ 644. 702 C.P.O. befugt? Preuß. Gesetz vom 13. Juli 1883. In welcher Hinsicht kann das Zuschlagsurteil die Eigenschaft eines vollstreckbaren Titels erlangen? **17,** 167. — 16) Ist der Subhastat beim Widerspruche gegen Berücksichtigung nicht vollstreckbarer Forderungen den Beschränkungen des § 686 C.P.O. unterworfen? (P.) **17,** 170. — 17) Kündigung der Verpachtung des subhastierten Grundstückes durch die Gläubiger. Ist bis zur Räumung für das Pachtverhältnis zwischen Adjudikatar und Pächter der alte Pachtvertrag maßgebend? (P.) **17,** 284. — 18) Kann der Hypothekengläubiger, dem das Grundstück mit Zubehör verpfändet war, gegen die Mobiliarpfändung solcher Stücke Widerspruch erheben? (F., R.) **17,** 323. — 19) Inwieweit ist bei der Zwangsverwaltung der Eigentümer in der Verfügung über die Einkünfte beschränkt? (P.) **20,** 290. — 20) Kollokationsverfahren. Geht dem Nachlaßgläubiger, der den Erben zum Schuldner angenommen hat, der Vermächtnisnehmer vor? (F.) **12,** 351.

d. Verteilungsverfahren. Kaufgelderbelegung.

1) Muß der dem Teilungsplane widersprechende Gläubiger seinen Widerspruch im Termine zur Erklärung über den Plan begründen? **11,** 403. — 2) Inwiefern hat derjenige, dessen Liquidat bei dem Kaufgelderverteilungsverfahren Widerspruch erfahren hat, seinerseits gegen den Widersprechenden Klage zu erheben? Wirkung einer Verschiebung der Parteirollen auf die Behauptungs- und Beweislast im Prozesse? (P.) **15,** 221. Vgl. **17,** 170. — 3) Kann der Widerspruch gegen ein Liquidat bei der Subhastation auf den bloßen Legitimationsmangel des Liquidanten gestützt werden? Richtung des Widerspruches gegen den Verteilungsplan als solchen. (P.) **15,** 223. — 4) Behandlung der Korrealhypothek. Übernahme eines andern bedingten Anspruches. Anspruch des Schuldners auf den Kaufgelderüberschuß gegenüber der kontraktlichen Verpflichtung des Erstehers und betreibenden Gläubigers, falls seine Forderung bezahlt wird, die Korrealhypothek zur Löschung zu bringen. (P.) **17,** 182. — 5) Muß der betreibende Gläubiger, welcher Erstattung der in der Zwangsverwaltung gemachten Auslagen aus dem Kaufgelde verlangt, nachweisen, daß die betreffenden Ausgaben zur Erhaltung und nötigen Verbesserung des Grundstückes gemacht sind, oder genügt der Beweis, daß er dem Verwalter auf sein Verlangen zu den gedachten Zwecken die Gelder hingegeben hat? § 24 des preuß. Gesetzes vom 13. Juli 1883. **17,** 273. — 6) Kann der Hypothekengläubiger, dem das Grundstück mit Zubehör verpfändet war, gegen die Mobiliarpfändung des beweglichen Zubehöres Widerspruch erheben, oder kann er beim Verteilungsverfahren bezüglich des Erlöses ein Vorzugsrecht geltend machen? (F., P., R.) **17,** 323. — 7) Kann die auf eine Hypothek entfallenden Kaufgelder, wenn sie

vom Verwalter des wider den Subhastaten eröffneten Konkurses mit Erfolg angefochten ist, der nachstehende Hypothekengläubiger beanspruchen? **20,** 29. — 8) Kollokationsverfahren. Geht der Vermächtnisnehmer einem Nachlaßgläubiger vor, welcher den Erben als Schuldner angenommen hat? (F.) **12,** 351.

### § 337. Zwangsvollstreckung zur Erwirkung der Herausgabe von Sachen und zur Erwirkung von Handlungen und Unterlassungen.

1) Anwendungsgebiete des § 773 und des § 774 C.P.O. Wie wird ein Urteil auf Befreiung von einer Bürgschaft vollstreckt? **18,** 435. — 2) Erfolgt die Zwangsvollstreckung aus einem auf eine negatorische Klage ergangenen Urteile gemäß § 773 oder § 774 oder § 775 C.P.O.? **15,** 343. — 3) Findet, wenn das Amtsgericht auf Ersuchen des als Prozeßgericht fungierenden Landgerichtes die Beitreibung einer von diesem nach § 774 C.P.O. festgesetzten Strafe verfügt, für die Beschwerde gegen diese Verfügung Anwaltszwang statt? **12,** 356. — 4) Ist § 774 C.P.O. anwendbar, wenn es sich um Herausgabe von Sachen handelt, oder zur Vornahme der betreffenden Handlung noch weitere Mittel gehören, wie Beschaffung von Geldmitteln, Pfändern, Bürgen? **13,** 341. — 5) Was ist unter dem Prozeßgerichte erster Instanz im Sinne des § 778 Abs. 2 C.P.O. zu verstehen? **13,** 369. Kann die Klage auf das Interesse wegen Nichterfüllung einer aus einem amtsgerichtlichen Urteile fließenden Verpflichtung bei dem Landgerichte erhoben werden, in dessen Bezirk das betreffende Amtsgericht belegen ist? **13,** 367. — 6) Ist über den Antrag des Gläubigers, ihn zu ermächtigen zur Vornahme der Handlung auf Kosten des Schuldners und und diesen zur Vorausbezahlung der Kosten zu verurteilen, durch Beschluß oder durch Urteil zu entscheiden? **18,** 356. — 7) Beginn der Zwangsvollstreckung zur Erwirkung von Unterlassungen. Zustellung von Schuldtitel und Strafandrohungsbeschluß. **20,** 385.

### § 338. Offenbarungseid.

Siehe § 62 dieses Registers.

## 9. Arrest und einstweilige Verfügungen. Neuntes und zehntes Buch der Civilprozeßordnung.

### § 339. Arrest und einstweilige Verfügungen.

#### a. Gemeinsames. Arrest.

1) Anwendung der Vorschriften über die Zwangsvollstreckung auf den 5. Abschnitt des 8. Buches der Civilprozeßordnung? **16,** 367. Anwendung des § 690 C.P.O. gegenüber einem Arreste? **18,** 376. — 2) Zahlung einer Geldsumme zur Hinterlegungsstelle zwecks Sicherung des Arrestaten. Verwahrungsvertrag? Wer ist zum Empfange der Summe berechtigt? Worauf gründet sich sein Anspruch? Aufhebung des Arrestes. **11,** 321. Vgl. **18,** 284. — 3) Wird durch Eintragung einer Vormerkung im

Wege des Arrestes nach neuestem preuß. Rechte ein im Konkurse wirksames Absonderungsrecht geschaffen? **16**, 69. — 4) Bedarf es, damit das Gericht die Anordnung eines Arrestes oder einer einstweiligen Verfügung von einer Sicherheitsleistung abhängig mache, des Angebotes einer solchen vonseiten des Antragstellers? Stehen sich in dieser Hinsicht die Fälle, daß Anspruch und Grund der Anordnung glaubhaft, und daß sie oder einer von ihnen nicht glaubhaft gemacht sind, gleich? **12**, 366. — 5) Widerspruch des Verwalters, nachdem der Arrestat in Konkurs geraten. Darf das Gericht sein Ermessen über Glaubhaftmachung und Sicherheitsleistung durch Rücksicht auf die Lage der Konkursgläubiger bestimmen lassen? **20**, 361. — 6) Wonach ist die Höhe des nach § 803 C.P.O. festzustellenden Geldbetrages zu bemessen? **20**, 397. — 7) Ist die Zustellung des Arrestbefehles mittels telegraphischer Depesche zulässig? Wie muß sie bewirkt werden? **14**, 335. — 8) Erlöschen des Arrestpfandrechtes durch Befriedigung des Arrestklägers? **15**, 405. — 9) Findet gegen den das Arrestgesuch zurückweisenden Beschluß einfache oder sofortige Beschwerde statt? **16**, 367. — 10) Welcher Rechtsbehelf steht dem Schuldner zu Gebote, wenn das Beschwerdegericht das Gericht, welches das Arrestgesuch zurückgewiesen hat, anweist, Arrest anzuordnen? **14**, 391. — 11) Ist der Gläubiger als solcher berechtigt, gegen einen auf Antrag eines andern Gläubigers über das Vermögen des Schuldners angeordneten Arrest Widerspruch zu erheben? **12**, 401. Vgl. **18**, 375. — 12) Muß, wenn der Beklagte einen Arrest oder eine einstweilige Verfügung erwirkt hat, die Klage des Gegners auf Feststellung seines dem entgegenstehenden Rechtes und Einwilligung des Beklagten in die Aufhebung der getroffenen Anordnung bei dem vom Beklagten angegangenen Gerichte erhoben werden? Ist die Klage als Widerspruch im Sinne der §§ 804. 815 C.P.O. aufzufassen? **13**, 363. 365. Vgl. **18**, 378. — 13) Welche Partei ist in den Fällen des § 805 und des § 807 C.P.O. Kläger? **20**, 380. — 14) Aufhebung des Arrestbefehles durch Beschluß auf Antrag des Arrestklägers. Zustellung des Beschlusses an den Arrestbeklagten und eventuell den Drittschuldner und den Interventionskläger? Zurückerlangung der vom Antragsteller hinterlegten Kaution? **15**, 405. 430. — 15) Interesse des Arrestbeklagten an der Aufhebung eines den Arrest für begründet erklärenden Urteiles auch nach Freigabe der gepfändeten Sachen. Besteht der Streitgegenstand nur noch im Kostenpunkte? § 94 C.P.O. **16**, 324. — 16) Giebt es eine Beschwerde gegen die Anordnung einer Frist zur Klagerhebung nach § 806 C.P.O.? **16**, 367. — 17) Inwiefern kann der Gläubiger des Arrestschuldners den gegen diesen erlassenen Arrestbefehl angreifen? (R., F.) **18**, 374. — 18) Ausschließliche Zuständigkeit des Arrestgerichtes zur Entscheidung über den Widerspruch gegen den Arrestbefehl Anwendung des § 10 C.P.O.? **18**, 361. 374. — 19) Ist der Arrestkläger auf Rückgabe der bestellten Kaution anzutragen berechtigt, nachdem der Gegner in der Hauptsache rechtskräftig verurteilt ist? Unterschied je nach dem die Kaution die Glaubhaftmachung des Arrestanspruches oder des Arrestgrundes ergänzen soll? **11**, 430. Vgl. **18**, 378. — 20) Aus=

zahlung einer zur Abwendung des Arrestvollzuges — § 803 C.P.O. — hinterlegten Summe. Kann der Arrest als „beseitigt" im Sinne des § 24 der preuß. Hinterlegungsordnung vom 14. März 1879 gelten, wenn er durch ein für vorläufig vollstreckbar erklärtes Urteil aufgehoben ist? **18**, 284. — 21) Kann der Arrestkläger aus der gemäß § 803 C.P.O. hinterlegten Summe sich in weiterem Maße befriedigen, als der arrestierte Gegenstand selbst ihm Befriedigung gewährt haben würde? **20**, 396. — 22) Ist das Recht des später pfändenden Gläubigers zur Anfechtung eines älteren Arrestpfandrechtes abhängig davon, daß der Arrestat die Arrestpfändung beanstandet? **11**, 403. — 23) Bedeutung der Freigebung der im Wege des Arrestes gepfändeten Sachen? **16**, 326.

### b. Einstweilige Verfügungen.

1) Ist der § 70 des preuß. Eigentumserwerbsgesetzes vom 5. Mai 1872, welcher zur Eintragung einer Vormerkung durch den Prozeßrichter nur die Glaubhaftmachung des zu sichernden Rechtes fordert, durch die weitergehenden Vorschriften der Civilprozeßordnung über den Erlaß einstweiliger Verfügungen aufgehoben? **11**, 280. — 2) Regelt § 18 des preuß. Ausführungsgesetzes zur Civilprozeßordnung vom 24. März 1879 nur die Formen des Verfahrens oder die materiellen Voraussetzungen der Vermittelung des Prozeßrichters? **11**, 281. — 3) Ist eine einstweilige Verfügung dahin zulässig, daß der Beklagte angehalten werde, auf eine behauptete Geldforderung einstweilen, unter Vorbehalt aller Rechte, eine Abschlagszahlung zu leisten? Alimentationsverbindlichkeit. **15**, 377. — 4) Berechnung des Wertes des Streitgegenstandes. Inwiefern kommt der Wert der Hauptsache in Betracht? **15**, 435; **16**, 333. — 5) Einstweilige Verfügung betreffs der Kinder während eines Eheprozesses. **18**, 189. — 6) Klage auf Feststellung des der vom Beklagten erwirkten einstweiligen Verfügung entgegenstehenden Rechtes des Betroffenen und auf Einwilligung des Beklagten in die Aufhebung der Maßregel. **13**, 363.

### § 340. Schiedsrichterliches Verfahren.

1) Anwendung des § 18 Abs. 1 des Einführungsgesetzes zur Civilprozeßordnung auf schiedsrichterliches Verfahren. **15**, 357. — 2) Kann auf eine Behörde kompromittiert werden? **13**, 407. — 3) Vorbehalt der gesetzlichen Rechtsmittel gegen den Ausspruch des Schiedsgerichts in einem vor und bezw. nach Einführung der Civilprozeßordnung geschlossenen Schiedsvertrage. Einfluß auf die Rechtsgültigkeit des Vertrages? **13**, 430. — 4) Ist die Vereinbarung mehrerer Schiedsgerichtsinstanzen zulässig und rechtswirksam? **17**, 434. — 5) Kann ein wirksamer Schiedsspruch vorliegen, wenn einer der Schiedsrichter ihn nicht unterschreibt? **18**, 369. — 6) Hat das Schiedsgericht darüber zu entscheiden, ob der Streit überhaupt nicht durch Schiedsrichter oder nicht durch das Schiedsgericht in seiner konkreten Zusammensetzung entschieden werden dürfe? ist sein Beschluß über diese Fragen ein Schiedsspruch? Ablehnung eines Schieds-

richters wegen Befangenheit. **13,** 349. — 7) Ist die Zustellung des Schiedsspruches an den Vertreter der Partei wirksam? § 865 C.P.O. Nachholung in der Berufungsinstanz? **13,** 431. — 8) Liegt ein einheitliches schiedsrichterliches Verfahren vor, wenn der Schiedsspruch durch gerichtliches Urteil für nichtig erklärt ist, und nun die Schiedsrichter zu einem neuen Spruche zusammengetreten sind? **15,** 357. — 9) Kann zu einem Schiedsspruche, aus welchem keine Vollstreckungshandlung vorzunehmen ist (der z. B. zur Abgabe einer Willenserklärung verurteilt), ein Vollstreckungsurteil erlassen werden? **16,** 420. — 10) Das Vollstreckungsurteil ist Voraussetzung der Zwangsvollstreckung aus dem Schiedsspruche auch dann, wenn es sich ausschließlich um die Kosten handelt. **19,** 406. — 11) Rücktritt eines im Schiedsvertrage ernannten Schiedsrichters, Weigerung der Unterzeichnung des Schiedsspruches. Tritt infolgedessen der Schiedsvertrag außer Kraft? **18,** 369.

### § 340 A. Aufgebotsverfahren.

1) Urkundenaufgebot. Statutenvorschrift, daß das Aufgebot in Zeitungen bekannt gemacht werde, welche an den namentlich bezeichneten Orten erscheinen. (P.) **11,** 372.

---

## Drittes Kapitel. Konkursordnung.

### 1. Konkursrecht.

### § 341. Allgemeine Bestimmungen.

1) Objektive Voraussetzungen der Konkurseröffnung. **11,** 42. — 2) Zur Auslegung von §§ 1. 5. 6. 23. 24. 35 K.O. **12,** 42. — 3) Verliert ein Kaufmann mit der Konkurseröffnung die Kaufmannseigenschaft? (P., R.) **13,** 151. — 4) Handlungs- und Prozeßfähigkeit des Gemeinschuldners. (R., ausländisches Recht.) **11,** 401; **13,** 152; **14,** 408. 412. 425. — 5) Wirkungen der Konkurseröffnung auf juristische Personen. Werden die bisherigen Organe der Aktiengesellschaft in ihrer Funktion, die Gesellschaft nach außen zu vertreten, beseitigt und durch den Konkursverwalter ersetzt? (Allgemeines, luxemburg., belg., franz. Recht.) **14,** 412. — 6) Ergreift die Wirkung der luxemburgischen Konkurseröffnung auch das außerhalb Luxemburgs belegene Vermögen des Kridars? **14,** 422. — 7) Gehört der gesetzliche Nießbrauch des Mannes an denjenigen Vermögensstücken zu seiner Konkursmasse, welche die Ehefrau erst nach der Konkurseröffnung erworben hat? **15,** 8. — 8) Verwaltung eines Kuxes im Konkurse des Eigentümers. **17,** 174. — 9) Voraussetzungen der Anwendung der §§ 8—10 K.O. Kann ein Prozeß, in dem der Gemeinschuldner Beklagter ist, für diesen

anhängig sein im Sinne des § 8 K.O.? **11,** 399. — 10) Betrifft, wenn von dem in erster Instanz verurteilten nachmaligen Gemeinschuldner auf Grund des für vorläufig vollstreckbar erklärten Urteiles die Klagesumme beigetrieben ist, der vom Konkursverwalter in höherer Instanz geltend gemachte Anspruch auf Rückerstattung das zur Konkursmasse gehörige Vermögen? Wie geschieht die Aufnahme des Verfahrens? **11,** 400. — 11) Kann das unterbrochene Prozeßverfahren vom Verwalter erst in der Revisionsinstanz aufgenommen werden? **11,** 401. — 12) Beispiel des § 9 K.O. **12,** 226. — 13) Ist ein gegen den Beklagten als Konkursgläubiger nach § 134 K.O. angestellter Feststellungsprozeß, falls er nun seinerseits in Konkurs verfällt, ein für oder ein gegen ihn anhängiger Rechtsstreit im Sinne der §§ 8. 9 K.O.? **16,** 118. — 14) Fällt der gegen den Gemeinschuldner rechtshängig gemachte Bereicherungsanspruch aus Art. 83 W.O. unter die Kategorie der in § 8 oder § 9 oder § 10 K.O. bezeichneten Ansprüche? **16,** 360. — 15) Aufnahme des Rechtsstreites über eine vom Konkursverwalter bestrittene Konkursforderung. **16,** 360. — 16) Kann im Falle des Konkurses — § 132 Abs. 2 K.O. — das Verfahren gleichzeitig von einem Konkursgläubiger gegen den Gegner des Gemeinschuldners und von diesem gegen den Gemeinschuldner aufgenommen werden? **13,** 315. — 17) Aufnahme eines Prozesses durch den Verwalter. Kann derselbe Einwendungen erheben, die dem Kridar nicht zugestanden hätten? **20,** 363. — 18) Kann der Konkursverwalter die vom Gemeinschuldner als Miterben vorgenommene Teilung wegen Verletzung desselben über $^1/_4$ anfechten? (R., F.) **17,** 311. — 19) Verhältnis der §§ 11 und 207 K.O. zu einander. **14,** 407. — 20) Findet, wenn die Ehefrau Gütertrennung erwirkt und auf die Gemeinschaft verzichtet hat, die Auseinandersetzung außerhalb des über das Vermögen des Ehemannes eröffneten Konkurses statt? Anwendung des § 14 K.O.? (F.) **12,** 336. — 21) Ist dasjenige, was die Ehefrau des Gemeinschuldners von diesem durch Rechtsgeschäft erworben hat, mit dessen Mitteln erworben? Kann die Zurückerstattung desselben zur Masse lediglich auf Grund des § 37 K.O. gefordert werden? **14,** 21. — 22) Geltung der Konkursordnung und des Einführungsgesetzes zur Konkursordnung in den Konsulargerichtsbezirken. Geht in Handelssachen ihren materiellen Vorschriften das dort geltende Handelsgewohnheitsrecht vor? **14,** 143.

## § 342. Erfüllung der Rechtsgeschäfte.

1) Kann der Konkursverwalter, welcher gemäß § 15 K.O. sich für Erfüllung eines zweiseitigen Vertrages entscheidet, unter allen Umständen Gewährung der vertragsmäßigen Gegenleistung an die Masse fordern, oder ist er an Änderungen, welche der Inhalt des Vertrages nach dessen Abschluß erlitten hat, gebunden? **11,** 49. — 2) Die Erfüllung eines zweiseitigen Rechtsgeschäftes, welche der Konkursverwalter nach § 15 K.O. wählt, ihrem Wesen nach verschieden von der ursprünglich vom Gemeinschuldner intendierten Erfüllung. Wirkung der Anweisungsannahme zu

Gunsten des Assignatars, wenn eine Forderung angewiesen ist, die erst durch Vertragsleistungen des Anweisenden gegenüber dem Assignaten entstehen soll, und diese Leistungen nach § 15 a. a. O. vom Konkursverwalter bewirkt werden? **11,** 139. — 3) Hebt die Konkurseröffnung über das Vermögen einer Versicherungsgesellschaft auf Gegenseitigkeit die Verbindlichkeit desjenigen auf, welcher zwecks Gründung der Gesellschaft zur Bildung eines Garantiefonds gezeichnet und auf diese Schuld eigene Wechsel ausgestellt hat? **13,** 30. — 4) Ausschließliche Beziehung der §§ 15—21 K.O. auf das Interesse der Konkursgläubiger. Zweck und Inhalt des § 21 a. a. O., Verhältnis zum rheinischen Resiliationsrechte. Kann sich auf § 21 auch der Pfandgläubiger berufen, welcher durch die vom Verwalter zugelassene Auflösung des Kaufvertrages sein an der Kaufsache erworbenes Pfandrecht verliert? **17,** 79. 85. — 5) Kann der Verwalter im Nachlaßkonkurse das den Erben des Mieters nach § 371 A.L.R. I. 21 zustehende Recht zur Kündigung des Mietsvertrages ausüben? **18,** 269. — 6) Ist der Gläubiger, welchem gegenüber bei Konstituierung seiner Hypothek der nachher in Konkurs geratene Eigentümer sich verpflichtet hat, eine ihm bereits heimgezahlte Vorhypothek zur Löschung zu bringen, der Masse gegenüber auf die Interesseforderung wegen der Nichterfüllung beschränkt, oder kann die Masse über die Vorhypothek zu seinem Nachteile verfügen? (P., R.) **19,** 59.

### § 343. Anfechtung.

(Siehe auch Anfechtung außerhalb des Konkurses. § 151 dieses Registers.)

1) Natur des Anfechtungsrechtes als persönliches Forderungsrecht? **13,** 6. — 2) Prinzip der Anfechtung: Zurückholen weggegebener Objekte in den Vermögenskreis der Masse. Ist die Klage begründet, wenn vor ihrer Erhebung das von dem Gemeinschuldner erworbene Vermögensstück durch den Beklagten zur Befriedigung der Gläubiger des ersteren verwendet ist? **14,** 311. — 3) Inhalt der Verurteilung des Anfechtungsbeklagten. Zur Auslegung der §§ 30. 31 K.O. Bereicherung der Masse? **16,** 23. — 4) Wirkung der Anfechtung nur zu Gunsten der Konkursgläubiger, nicht anderer Beteiligter, z. B. des der angefochtenen Hypothek nachstehenden Hypothekengläubigers. **20,** 29. — 5) Steht die gegen den Verwalter ergangene rechtskräftige Abweisung der Anfechtung dem Absonderungsberechtigten entgegen, welcher als solcher die Anfechtungsklage erhebt? **16,** 36. — 6) Findet die Bestimmung des § 200 Abs. 2 C.P.O. auf die sechsmonatliche Frist des § 26 K.O. Anwendung? **17,** 328. — 7) Ist die Frist des § 26 K.O., falls der eventuell anzufechtenden Pfändung eine Benachrichtigung gemäß § 744 C.P.O. vorhergegangen ist, vom Tage dieser Anzeige oder erst vom Tage der erfolgten Pfändung zu berechnen? **17,** 328. — 8) Anfechtung der rheinischen Urteilshypothek. Ist die Hypothekeneinschreibung oder das Urteil selbst anfechtbar? **18,** 134. — 9) Gerichtsstand des § 690 C.P.O., wenn der Konkursverwalter eine für einen Konkursgläubiger erfolgte Pfändung nach § 23 K.O. anficht. **18,** 393. — 10) Zur Aus-

legung der §§ 23. 24 K.O. **12**, 42. — 11) Kann nach § 23 Ziff. 1 und 2 eine Sicherung oder Befriedigung angefochten werden, welche ein absonderungsberechtigter Gläubiger erlangt hat? Anfechtung von Pfändung und von der auf Grund derselben erfolgten Versteigerung. **17**, 26. — 12) Genügt zur Anwendung des § 24 Ziff. 1 K.O. das Bewußtsein, daß die betreffende Rechtshandlung die übrigen Gläubiger benachteiligen könne? dolus oder culpa? **11**, 175. Ist die „Absicht, den einen Gläubiger zu begünstigen" identisch mit der „die anderen zu benachteiligen"? **11**, 177. — 13) Kann die Behauptung, daß der Gemeinschuldner in dem Bewußtsein, seine Gläubiger zu benachteiligen, gehandelt, und daß der Beklagte hiervon Kenntnis gehabt habe, durch die Thatsache begründet werden, daß das an den letztern verkaufte Vermögensstück einen den Kaufpreis weit übersteigenden Wert gehabt hat? **15**, 338. — 14) Ist eine Benachteiligung der Gläubiger durch den Vertragsschluß (§ 24 Ziff 2 K.O.) dann ausgeschlossen, wenn das Entgelt dem Werte der veräußerten Gegenstände völlig entspricht? **18**, 122. — 15) Kann die einfache Begünstigung des einen Konkursgläubigers vor dem andern, namentlich die Zahlung einer fälligen Forderung, aus § 24 Ziff. 1 K.O. angefochten werden? **16**, 62. — 16) Ist nach § 25 Ziff. 2 K.O. anfechtbar eine Sicherstellung oder Rückgewähr eines Heiratsgutes, welche vom Gemeinschuldner in anderer Art bewirkt ist, als in welcher er sie zu bewirken verpflichtet war? **15**, 19.

## § 344. Aussonderung. Absonderung.

1) Zur Auslegung von §§ 1. 5. 6. 35 K.O. **12**, 42. — 2) Giebt der Anfechtungsanspruch auf Rückgewähr einer Spezies im Konkurse des Anfechtungsbeklagten ein Recht auf Aussonderung? **13**, 5. — 3) Hat der Verpächter und Vermieter ein Absonderungsrecht an den Illaten des Unterpächters und Untermieters? Aufhebung des etwa weitergehenden rheinischen Rechtes durch die Konkursordnung? Art. 2102 Code civil? **13**, 39. — 4) Begriff des laufenden Mietszinses im Sinne des § 41 Ziff. 4 K.O.? **13**, 255. — 5) Muß das Absonderungsrecht von dem Gläubiger, insbesondere dem Massegläubiger, geltend gemacht werden — und wie? — oder ist es von Amts wegen vom Konkursverwalter zu berücksichtigen? (R.) **14**, 1. — 6) Hat der Vermieter als Massegläubiger, wenn der Konkursverwalter Illaten des Mieters verkauft, ein Absonderungsrecht an deren Erlöse? (F., R.) **14**, 1. — 7) Kann auf Grund des § 37 K.O. dasjenige, was die Ehefrau des Gemeinschuldners von diesem durch Rechtsgeschäft erworben hat, zur Konkursmasse zurückverlangt werden? Lebensversicherung zu Gunsten der Frau. **14**, 21. — 8) Gewährt das kaufmännische Retentionsrecht an einem Grundschuldbriefe das Recht auf abgesonderte Befriedigung aus der Grundschuld? **15**, 55. — 9) Kann ein als Konkursgläubiger Aufgetretener dennoch seine Eigenschaft als Absonderungsberechtigter geltend machen und eine Anfechtungsklage erheben? Eintragung in die Tabelle als vollstreckbarer Titel? Einwand der gegen den Verwalter ergangenen rechtskräftigen Abweisung

der Anfechtung? **16,** 36. — 10) Wird für eine Forderung durch Eintragung einer Vormerkung im Wege des Arrestes nach neuestem preuß. Rechte ein im Konkurse wirksames Absonderungsrecht geschaffen? **16,** 69. — 11) Wie muß der in § 57 K.O. gedachte Verzicht auf abgesonderte Befriedigung zum Ausdrucke gebracht werden? Verliert ein Gläubiger sein Absonderungsrecht dadurch, daß er seine Forderung im Konkurse anmeldet und demnächst seine Akkordrate vorbehaltlos annimmt? **16,** 68. — 12) Kann nach § 23 Ziff. 1. 2 K.O. eine Sicherung oder Befriedigung angefochten werden, welche ein absonderungsberechtigter Gläubiger erlangt hat? **17,** 28. — 13) Hat der Verkäufer ein Recht auf Aussonderung der dem Gemeinschuldner übersandten, von diesem zur Disposition gestellten Waren? insbesondere, wenn er anfänglich die Dispositionsstellung nicht angenommen und auf Zahlung geklagt hatte? **18,** 161. — 14) Haben außer den in § 41 K.O. genannten Retentionsrechten andere Zurückbehaltungsrechte Anspruch auf abgesonderte Befriedigung? Vertragsmäßiges Retentionsrecht an Grundschuld- und Hypothekenbriefen. **15,** 55; **16,** 169; **20,** 133.

## § 345. Aufrechnung.

1) Aufrechnung seitens eines Gesamtschuldners. Wirkung zu Gunsten der Mitschuldner. **11,** 121.

## § 346. Massegläubiger. Massekosten.

1) Inwieweit sind ausgeschriebene Zubußen im Konkurse eines Gewerken als Massekosten anzusehen? **17,** 171. — 2) Vorzugs- bezw. Absonderungsrecht des Vermieters als Massegläubigers an den Illaten des Mieters. Wegschaffung und Verkauf derselben durch den Konkursverwalter. Recht am Erlöse? **14,** 1.

## § 347. Konkursgläubiger.

1) Intervention von Konkursgläubigern bei der Gütertrennungsklage des französischen Rechtes? **15,** 321. — 2) Kann das Vorrecht des § 54 K.O. für Forderungen beansprucht werden, die vor dem 1. Oktober 1879 entstanden sind? **17,** 41. — 3) Kann eine Steuerforderung des Staates eine Forderung aus einer Freigebigkeit des Gemeinschuldners im Sinne des § 56 Ziff. 4 K.O. sein? Wissentlich falsche Deklarierung eines Einkommens, welches er, der Gemeinschuldner, nicht gehabt? **14,** 118. — 4) Auseinandersetzung der gütergemeinschaftlichen Witwe mit den Rechtsnachfolgern des verstorbenen Ehemannes, über dessen Nachlaß der Konkurs eröffnet ist. Inwieweit gebührt, wenn unrichtigerweise auch über das gütergemeinschaftliche Vermögen der Witwe der Konkurs eröffnet ist, den Kindern des Ehemannes das Vorrecht des § 54 Nr. 5 K.O. gegenüber der Witwe? (R. und P.) **11,** 63. Vgl. **17,** 42. — 5) Kommt das Vorrecht des § 54 Ziff. 5 K.O. der Ersatzforderung der Kinder

wegen des beim Tode der Mutter nicht mehr vorhandenen Sondergutes derselben zu? (F., P., R.) **17,** 42. Vgl. **11,** 63. — 6) Beteiligung eines absonderungsberechtigten Gläubigers am Zwangsvergleiche als Konkursgläubiger, Entnahme seiner Akkorddividende ohne Vorbehalt. Verzicht im Sinne des § 57 K.O.? **16,** 68. — 7) Bezieht sich § 61 K.O. auf Wechselschulden? **11,** 19. — 8) Kann neben dem Gläubiger, welcher Konkursdividende erhält, auch der Mitverpflichtete, welcher einen selbständigen Regreßanspruch geltend macht, Dividende beanspruchen? Wirkung des Zwangsvergleiches? (G., R., ausländ. R.) **14,** 172. — 9) Kann ein nicht angemeldetes Vorrecht nach erfolgter Feststellung der Forderung zur Tabelle noch beansprucht werden? **20,** 412.

2. Konkursverfahren.

## § 348. Konkursverwalter. Gläubigerausschuß.

1) Der Verwalter als Vertreter der Interessen der Gesamtheit der Gläubiger. **14,** 307; **20,** 109. — 2) Vertretung des Gemeinschuldners durch den Konkursverwalter. Aktiengesellschaft. (Deutsches und ausländ. Recht.) **14,** 406. 408. 412. 425. — 3) Inwieweit ist der Verwalter berufen, an Stelle des Gemeinschuldners im Prozesse aufzutreten? Gütertrennungsklage des französischen Rechtes. **15,** 322. — 4) Persönliche Haftbarkeit des Konkursverwalters, der ohne Berücksichtigung eines Absonderungsrechtes den Erlös verwerteter Sachen anderweit verwendet? (F., R.) **14,** 1. — 5) Kann eine unstatthafte Schenkung unter Ehegatten von dem Verwalter des Konkurses des Schenkers widerrufen werden? **16,** 129. — 6) Befugnis des Verwalters zur Aufnahme eines eine — von ihm bestrittene — Konkursforderung betreffenden Rechtsstreites bezw. zur Ladung des Gläubigers zwecks Aufnahme? **16,** 360. — 7) Ist der Konkursverwalter berechtigt, eine vom Gemeinschuldner als Miterben vorgenommene Teilung wegen Verletzung desselben über ein Viertel anzufechten? (R., F.) **17,** 311. — 8) Kann der Verwalter im Nachlaßkonkurse das den Erben des Mieters nach § 371 A.L.R. I. 21 zustehende Kündigungsrecht ausüben? **18,** 269. — 9) Klage des Verwalters gegen die Mitglieder des früheren Gläubigerausschusses auf Grund des § 81 K.O. **20,** 108.

## § 349. Das Verfahren.

1) Ist zur Eröffnung des Konkurses das Vorhandensein von mehr als einem Gläubiger erforderlich? Objektive Voraussetzungen der Konkurseröffnung überhaupt. **11,** 42. — 2) Ist die Eintragung in die Konkurstabelle (§ 152 K.O.) für den Gläubiger, dessen Forderung festgestellt und nicht im Prüfungstermine vom Gemeinschuldner ausdrücklich bestritten ist, ein vollstreckbarer Titel im Sinne des § 2 des Reichsanfechtungsgesetzes? **16,** 35. — 3) Kann ein nicht angemeldetes Vorrecht nach erfolgter Feststellung der Forderung zur Tabelle noch beansprucht werden? **20,** 412.

### § 350. Zwangsvergleich.

1) Hat neben dem Gläubiger, welcher Konkursdividende erhält, auch der Mitverpflichtete, welcher einen selbständigen Regreßanspruch geltend macht, ein Recht auf konkursmäßige Befriedigung? Wirkung des Zwangsvergleiches? (G., N., ausländ. Recht.) **14,** 172. — 2) Geht durch Beteiligung am Zwangsvergleichsverfahren und vorbehaltlose Annahme der bezüglichen Akkorddividende das Absonderungsrecht des Gläubigers verloren? **16,** 68.

### § 351. Konkurs über das Vermögen von Handelsgesellschaften, Genossenschaften, eines Nachlasses.

1) Erlischt das einer offenen Handelsgesellschaft zustehende Nießbrauchsrecht mit der Eröffnung des Konkurses? Anwendung der Vorschriften über die Liquidation auf den Fall des Konkurses? **16,** 2. — 2) Können im Falle des Konkurses der Genossenschaft ausgeschiedene Mitglieder zur Deckung der nach ihrem Ausscheiden kontrahierten Schulden — für welche sie den Gläubigern nicht haften — im Umlageverfahren herangezogen werden? **12,** 56. — 3) Kann nach Beendigung des Genossenschaftskonkurses der Konkursgläubiger die während des Verfahrens aufgelaufenen Zinsen seiner Forderung von dem einzelnen Genossenschafter verlangen? Prinzip und Grenze der Haftung des Genossenschafters. § 197 K.O. und § 51 Abs. 5 des Genossenschaftsgesetzes. **15,** 115. —. 4) Kann der Verwalter im Nachlaßkonkurse das den Erben des Mieters nach § 371 A.L.R. I. 21 zustehende Recht zur Kündigung des Mietsvertrages ausüben? **18,** 269.

### § 352. Konkurs im Auslande.

1) Ist die inländische Rechtsverfolgung gegen einen ausländischen Schuldner durch die ausländische Konkurseröffnung über sein Vermögen gehindert? **14,** 405. 413. 424. Gerichtsstand des § 24 C.P.O.? Verhältnis dieses Paragraphen zum § 207 K.O.? **16,** 392. — 2) Verhältnis der §§ 11 und 207 K.O. zu einander. **14,** 407. — 3) Ist der Gemeinschuldner handlungs- oder prozeßunfähig? Vertretung durch den Verwalter. (R., engl., belg. Recht, F.) **11,** 401; **14,** 408. 412. 425. — 4) Ist die Klage gegen einen ausländischen Gemeinschuldner, welcher Vermögen im Inlande hat, gegen ihn selbst oder gegen den Konkursverwalter zu richten? insbesondere gegen eine luxemburgische Aktiengesellschaft? Kann der Klagantrag einfach auf Verurteilung zur Zahlung gerichtet sein, oder muß er eine Beschränkung der Vollstreckbarkeit auf die im Inlande dem Zugriff bereiten Vermögensstücke in sich tragen? **14,** 412. — 5) Ergreift nach Luxemburger Recht die Wirkung der dortigen Konkurseröffnung nur das dort befindliche oder auch auswärts belegenes Vermögen? **14,** 422. — 6) Unterliegt ein im Inland befindliches Vermögensstück, welches der ausländische Konkursverwalter

für die Konkursmasse erworben hat, dem Zugriffe inländischer Gläubiger? **14,** 424. — 7) Wirksamkeit des ausländischen Konkurses in Deutschland. Unterbrechung des Verfahrens. **16,** 61. 337. 339.

§ 353.

— — — — — — — — —

# Dritter Teil.

# Staatsrecht.

## § 354. Kompetenz der Verwaltungsbehörden, insbesondere der Polizeibehörden. Verwaltungsverfahren.

1) Aufgabe und Kompetenz der Polizei im allgemeinen. (P.) **19,** 354. — 2) Vertretung des Staates im Prozesse durch die mit der Aufsicht über den betreffenden Zweig der Verwaltung gesetzlich betraute Behörde? **11,** 25. — 3) Ist die Klage auf Entschädigung wegen der durch Truppenübungen verursachten Flurbeschädigungen gegen die Intendantur des betreffenden Armeekorps als legitimierten gesetzlichen Vertreter des Reichsfiskus zu richten? **15,** 37. — 4) Was für Entscheidungen der Deichbehörde sind der richterlichen Nachprüfung entzogen? **11,** 227. — 5) Ausschließliche Kompetenz der Verwaltungsbehörde zur Entscheidung darüber, ob und von welchem Zeitpunkte ab ein Reichsbeamter einstweilen in den Ruhestand zu versetzen sei. **12,** 70. — 6) Überschreitung des Staatshaushaltsetats. Privatrechtliche Bedeutung der Revision seitens der Oberrechnungskammer in bezug auf die Verantwortlichkeit des betreffenden Beamten? **13,** 258. — 7) Giebt es eine allgemeine Rechtsnorm, nach welcher das Aufsichtsrecht des Staates oder der Gemeinde über die Vermögensverwaltung der Korporationen rc die Befugnis zur Bestellung eines Vertreters behufs Rechtsverfolgung neben der geordneten Vertretung verleiht? **15,** 47. Hat die Gemeindebehörde dies Recht in Ansehung der Innungen behufs Wiedereinziehung unrechtmäßig verteilter Vermögensstücke? **15,** 44. Umfang und Inhalt des Aufsichtsrechtes der Gemeindebehörde über die Innungen. **15,** 49. — 8) Verfahren bei Erteilung und Versagung der Erlaubnis zum Betriebe der Schankwirthschaft, insbesondere in der Provinz Posen. Kann die Erlaubnis durch Klage im ordentlichen Rechtswege erlangt werden? Realschankgerechtigkeit. **15,** 138. — 9) Inwiefern kann die Polizei eine

nach §§ 16 flg. R.Gew.O. genehmigungspflichtige gewerbliche Anlage nach einmal erteilter Genehmigung neuen Sicherheitsmaßregeln unterwerfen? Entschädigungsanspruch? Anlagen, welche vor Erlaß der Reichsgewerbeordnung schon bestanden haben? Pulverfabriken? **19,** 353. — 10) Was ist unter der Untersagung der Benutzung einer gewerblichen Anlage im Sinne des § 51 R.Gew.O. zu verstehen? **19,** 359. — 11) Gegen wen ist die Klage auf Anerkennung einer Befreiung von einer durch eine polizeiliche Verfügung auferlegten Verpflichtung zu richten? § 2 des Gesetzes vom 11. Mai 1842. (P.) **15,** 145. — 12) Ist § 1 des preuß. Gesetzes vom 11. Mai 1842, welcher die Prüfung der Rechtmäßigkeit polizeilicher Verfügungen der vorgesetzten Dienstbehörde mit Ausschluß des Rechtsweges zuweist, noch in Kraft? **18,** 123. § 6 des genannten Gesetzes? Konfliktserhebung. Bedeutung der Entscheidung der Dienstbehörde. **20,** 295. Fall, wo die Mißbilligung von der vorgesetzten Behörde indirekt, in einem anderen Falle, gegen die zu Grunde liegende Polizeiverordnung ausgesprochen ist. **20,** 304. — 13) Rechtsweg und Verwaltungsstreitverfahren betreffend Schulbaulasten. (P.) **17,** 176. — 14) Inwiefern steht der Hinterlegungsstelle die selbständige Entscheidung über die Auszahlung hinterlegter Gelder zu? (P.) **18,** 284. — 15) Siehe auch Justiz- und Verwaltungssachen, § 272 dieses Registers.

### § 355. Wegepolizei. Öffentliche Wege.

1) Inwiefern ist die Frage, ob ein Weg ein öffentlicher sei, dem Rechtswege entzogen? Streit mit der Wegepolizei und Streit zwischen Privaten. (P.) **14,** 262. — 2) Siehe auch §§ 84 flg. dieses Registers.

### § 356. Öffentliche Armen- und Krankenpflege.

1) Hat ein Armenverband Anspruch auf Ersatz der einem Armen gewährten Unterstützungen gegen den Unterstützten selbst, falls dieser wieder Vermögen erworben hat? (G.) **14,** 197. — 2) Subsidiarität der dem Armenverbande obliegenden öffentlichrechtlichen Unterstützungspflicht gegenüber privatrechtlichen Verpflichtungen anderer. (P.) **17,** 226. — 3) Kann ein Ortsarmenverband Ersatz der für einen Unterstützungsbedürftigen gemachten Aufwendungen von dem Fiskus aus der von diesem dem Unterstützten zu zahlenden Pension fordern? (R.) **19,** 186.

### § 357. Naturalleistungen für die bewaffnete Macht im Frieden. Militärwesen. Wehrpflicht.

1) Zulässigkeit des Rechtsweges in Preußen für Ansprüche auf Entschädigung wegen der durch Truppenübungen verursachten Flurbeschädigungen. Reichsgesetz vom 13. Februar 1875. Erhebung der Klage gegen die Intendantur des betreffenden Armeekorps als Vertreter des Reichsfiskus? **15,** 37. Vgl. **20,** 148. — 2) Charakter der Naturalleistungen für die bewaffnete Macht im Frieden als Enteignung. **15,** 40. —

3) Materiellrechtliche und prozessuale Vertretung des Reichsmilitärfiskus durch die Landeskontingentsverwaltungen. **15**, 37; **20**, 148. — 4) Staatsrechtliche Gestaltung der Militärverwaltung. Verhältnis zwischen Reich und Gliedstaaten. **20**, 150. — 5) Anspruch eines preußischen Gerichtsvollziehers auf Erstattung der ihm infolge seiner Einberufung zum Militärdienste entgangenen Gebühren? **13**, 33.

## § 358. Öffentliche Abgaben.

a. Allgemeines. Erbschaftssteuer. Gewerbesteuer. Grundsteuer. Zölle. Einkommensteuer. Kommunalabgaben.

1) Rechtsweg für Ansprüche gegen den Fiskus wegen ungerechtfertigter Erhebung von Abgaben. **11**, 67. 71. 93. 97. — 2) Ausschließliche Zuständigkeit des Landgerichtes in Bremen für Ansprüche gegen den Fiskus wegen ungerechtfertigter Erhebung von Abgaben. **11**, 78. — 3) Verjährt die subsidiäre Haftung des Brennereiunternehmers für die bei Kontraventionen seiner Gewerbegehilfen zu entrichtende Branntweinsteuer in einem oder in drei Jahren? Entstehungsgeschichte und Voraussetzungen des § 7 des preuß. Gesetzes vom 18. Juni 1840. **11**, 330. — 4) Kann die Gemeinde im Wege des Vertrages einzelne Einwohner des Stadtbezirkes von der Gemeindesteuer befreien? (F., P.) **12**, 273. — 5) Ist eine Forderung, deren Schuldner Ausländer, und für welche ein ausländisches Grundstück verpfändet ist, erbschaftssteuerpflichtig? Aus- oder inländisches Vermögen des Gläubigers? (P.) **13**, 278. — 6) Kann eine Steuerforderung des Staates eine Forderung aus einer Freigebigkeit des Gemeinschuldners im Sinne des § 56 Ziff. 4 K.O. sein? z. B., wenn derselbe wissentlich falsch ein Einkommen, welches er nicht gehabt, deklariert? **14**, 118. — 7) Beschränkung der Bedeutung des § 12 des Vereinszollgesetzes vom 1. Juli 1869 auf Fragen betreffend die zolltechnische Rubrizierung von Waren nach dem Zolltarife. Rechtsweg für die Rückforderungsklage von Zöllen gegen den elsaß-lothringischen Fiskus. **16**, 38. — 8) Kann die Gemeinde aus dem bestätigten Abgabenverteilungsplane (Gesetz vom 3. Januar 1845) einen privatrechtlichen Anspruch gegen einen Interessenten auf Zahlung der auf ihn repartierten Schulbeiträge herleiten? (P.) **17**, 181. — 9) Rechtsweg und Verwaltungsstreitverfahren in Schulbaulaststreitigkeiten. (P.) **17**, 176. — 10) Charakter der nach § 15 des preuß. Gesetzes vom 2. Juli 1875 zu leistenden Beiträge zu den Kosten von Straßenanlagen als indirekte Gemeindesteuer. **17**, 199. 245. — 11) Inwieweit ist für Streitigkeiten über Entrichtung und über Verpflichtung zur Sicherstellung von Gemeindeabgaben der Rechtsweg zulässig? (P.) **17**, 199. 245. — 12) Irrtum des Käufers über die Höhe des im Falle der Bebauung des gekauften Grundstückes an die Stadt zu zahlenden Straßenanlagenbeitrages. (G.) **19**, 260. — 13) Ist die Befreiung der standesherrlichen Familien von der Einkommensteuer ein Privilegium? Ist deswegen der Rechtsweg zulässig? (P.) **17**, 235. —

14) Betrifft der § 3 des Reichsgesetzes vom 13. Mai 1870 wegen Beseitigung der Doppelbesteuerung dasjenige Einkommen, welches jemand aus dem Gewerbebetriebe eines andern bezieht? **13,** 145. — 15) Welchem Staate steht das Recht zu, das Einkommen des Aktionärs aus den Aktien zu besteuern, wenn derselbe in einem andern Bundesstaate wohnt, als in welchem die Aktiengesellschaft ihr Gewerbe betreibt? ist dieses sein Einkommen als aus Gewerbebetrieb fließend anzusehen? **13,** 142. — 16) Liegt in der gleichzeitigen Besteuerung des Einkommens der Aktiengesellschaft und des Aktionärs aus den Aktien eine unstatthafte Doppelbesteuerung? **13,** 148. — 17) Bedeutung und Tendenz der reichsrechtlichen Vorschrift, daß derjenige Staat zur Besteuerung des Einkommens aus Gewerbebetrieb und Grundbesitz berechtigt ist, in dessen Gebiet sich die Einkommensquelle befindet. Haben, wenn der Betrieb eines Gewerbes sich über das Gebiet mehrerer Staaten erstreckt, diese alle ein anteilmäßiges Steuerrecht? Gesichtspunkte für die Bestimmung dieser Anteile. **15,** 27. Welches ist die Quelle des durch Fabrikbetrieb erzielten Einkommens? Gütererzeugung oder Güterumsatz? **15,** 31. — 18) Verhältnis des bremischen Gesetzes, betreffend die Einkommensteuer, vom 17. Dezember 1874 zum Reichsgesetze wegen Beseitigung der Doppelbesteuerung vom 13. Mai 1870. **15,** 28.

### b. Urkundenstempel.

#### α. Reichsrecht.

1) Ist reichsgesetzlich der Rechtsweg wegen unrichtiger Erhebung von Reichsstempelabgaben ausgeschlossen? **11,** 71. 91. 97; **18,** 128. — 2) Verhältnis zwischen Reich und Bundesstaat bei Erhebung und Verteilung der Reichsstempelabgaben? **11,** 75. — 3) Ist die Klage auf Rückerstattung einer von der Landesbehörde zu Unrecht erhobenen Reichsstempelabgabe gegen den Staat oder das Reich zu richten? Fällt diese Klage unter § 509 Ziff. 2 C.P.O. und § 70 Abs. 3 G.V.G.? **11,** 77; **18,** 128. — 4) Vertretung des Reichsfiskus in einem Stempelprozesse durch eine Landesbehörde? Preußen. **11,** 93. — 5) Auslegung der Befreiungsbestimmung 3 zum Tarif II Nr. 4 des Reichsgesetzes vom 1. Juli 1881. **11,** 79. Vgl. Entsch. des R.G.'s in Straff. Bd. 8 Nr. 94. — 6) Sind Briefe, welche den bereits erfolgten Abschluß eines der in Nr. 4 lit. a des Tarifes II zum Reichsgesetze vom 1. Juli 1881 bezeichneten Geschäfte bestätigen, nicht zu den „Briefen über die unter a bezeichneten Geschäfte" im Sinne der Bestimmung unter Nr. 3 der Befreiungen zu rechnen? **13,** 161. — 7) Abwälzung der Lotteriestempelsteuer auf die Losabnehmer, indem in dem Plane der angenommene Steuerbetrag nach der Zahl der auszugebenden Lose verteilt und der entsprechende Betrag dem Kaufpreise der einzelnen Lose zugeschlagen wird. Berechnung der Steuer. Nennwert sämtlicher Lose. **16,** 64. — 8) Wonach bestimmt sich der Begriff der für den Handelsverkehr bestimmten Wertpapiere im Sinne der Position I 2 a des Tarifes zum Reichsstempelgesetze vom 1. Juli 1881? Fallen auf den Namen lautende, nur durch förmliche Cession

übertragbare Schuldverschreibungen unter diese Position? **16,** 85. — 9) Einlösung von Renten- oder Schuldverschreibungen auf den Inhaber durch den Aussteller zwecks Herabsetzung des Zinsfußes, und neue Begebung der mit dem entsprechenden Vermerke versehenen Papiere. Stempelpflicht nach Nr. III des Tarifes zum Gesetze vom 1. Juli 1881? **18,** 6. — 10) Abgrenzung der „im Inlande abgeschlossenen Geschäfte" im Sinne des Abs. 1, und der „durch briefliche oder telegraphische Korrespondenz zwischen einem Orte des Inlandes und einem Orte des Auslandes zustande gekommenen Geschäfte" im Sinne des Abs. 3 des § 6 des Reichsstempelgesetzes vom 3. Juni 1885. **18,** 25. — 11) Bedeutung der Befreiung in Pos. I 1 des Tarifes zum Reichsstempelgesetze vom 3. Juni 1885. **18,** 54. — 12) Ist, wenn in Veranlassung der Herabsetzung des Grundkapitales einer Aktiengesellschaft bei Zusammenlegung je einer gewissen Anzahl von Aktien je eine dieser Aktienurkunden auf einen höheren Nominalwert als den ursprünglichen abgestempelt wird, von diesem ganzen neuen Nominalbetrage die Stempelabgabe nach Pos. I 1 des Tarifes zum Reichsstempelgesetze vom 3. Juni 1885 zu entrichten? **18,** 51. — 13) Ist, wenn ein Konsortium eine Staatsanleihe übernimmt und den Stempel zahlt, der Vertrag eines Dritten mit einem Mitgliede des Konsortiums auf Beteiligung an dessen Anteil nochmals stempelpflichtig als Anschaffungsgeschäft über Wertpapiere? **20,** 196. — 14) Zur Auslegung von Tarifposition 4 A 2, § 7 und § 15 des Gesetzes vom $\frac{\text{1. Juli 1881}}{\text{29. Mai 1885}}$. **20,** 8. — 15) Wird die Stempelpflichtigkeit der Platzgeschäfte — Tarifposition 4 B des Gesetzes vom 29. Mai 1885 — dadurch ausgeschlossen, daß nach Probe oder über eine individualisierte Warenmenge gehandelt ist? Entstehungsgeschichte dieser Position. **20,** 15. — 16) Sind Bekanntmachungen der Regierungen über die Börsennotierungen von Terminpreisen unbedingt maßgebend dafür, ob gewisse Waren börsenmäßig gehandelt werden? **20,** 25. — 17) Sind die von den Provinzialsteuerdirektoren über Steuervergütungen für ausgeführten Zucker ausgestellten Anerkenntnisse für den Handelsverkehr bestimmte Schuldverschreibungen im Sinne der Tarifposition II 4 A 2 zum Reichsstempelgesetze vom $\frac{\text{1. Juli 1881}}{\text{29. Mai 1885}}$? **18,** 127.

### β. Landesrecht.

1) Sind durch § 11 des Reichsgesetzes vom 1. Juli 1881, welcher bestimmt, daß die nach Nr. 4 des Tarifes stempelpflichtigen Schriftstücke in den Gliedstaaten keiner weiteren Abgabe unterliegen, die entgegenstehenden landesrechtlichen Vorschriften aufgehoben? Tarifposition, betreffend Kauf- und Lieferungsverträge, zum preuß. Stempelgesetze vom 7. März 1822. Kabinetsorder vom 30. April 1847. Sind dieselben wieder wirksam geworden mit dem Inkrafttreten des Reichsgesetzes vom 29. Mai 1885, welches den § 11 a. a. O. wieder beseitigt? **19,** 176. — 2) Was ist im § 12 Abs. 3 Satz 2 des preußischen Stempelgesetzes vom 7. März 1822 unter einem im Lande befindlichen Gegenstande zu verstehen?

Darlehnsurkunde, ausgestellt im Auslande über eine im Inlande rückzahlbare Summe Geldes? **11,** 255. — 3) Stempelpflichtigkeit des Schriftstückes, in welchem der Schuldner unter einem vom Gläubiger ausgestellten Pfandempfangsscheine die Einhändigung des Originalscheines bekennt. Schuldverschreibung? (P.) **12,** 256. — 4) Stempelpflichtigkeit der bei einem Gutsaustausche gegen Vergütung erfolgenden Abtretung eines Forderungsrechtes, welches den rechtlichen Charakter einer unbeweglichen Pertinenz des Grundstückes trägt? Kauf- oder Cessionsstempel? Analogische Ausdehnung des § 5f des Stempelgesetzes? (P.) **12,** 265. — 5) Kaufstempel. Inwiefern ist nur der schriftlich festgesetzte Kaufpreis oder auch der Wert des Kaufobjektes oder ein mündlich stipulierter anderweiter Preis für die Höhe des Stempels maßgebend? Unterliegt, wenn der Verkäufer einer Apotheke eine besondere Vergütung dafür sich stipuliert, daß er für seine Person auf die in dem Grundstücke ausgeübte Konzession verzichtet, diese Vergütung dem Kaufstempel? (P.) **13,** 265. — 6) Unterliegen privatschriftlich errichtete Chartepartien dem allgemeinen Vertragsstempel von 1,50 ℳ? (P.) **14,** 256. — 7) Ist ein in einem Mietsvertrage enthaltener Schiedsvertrag gesondert stempelpflichtig? Unterschied von dem Falle, daß ein Versicherungsvertrag einen Schiedsvertrag enthält. (P.) **14,** 258. — 8) Unterliegt die in der Cessionsurkunde enthaltene Abrede über Stundung, Verzinsung, hypothekarische Eintragung des Cessionspreises dem besondern Schuldverschreibungsstempel? (P.) **20,** 288. — 9) Unterliegen Indossamente auf Reichsbankanteilscheinen oder Aktien dem Cessionsstempel? „Öffentliche Papiere". „Cessionsinstrument". (P.) **15,** 230. — 10) Empfangsbekenntnisse einer Kreditbank über gezahlte Spareinlagen in sog. Quittungsbüchern als Schuldverschreibungen im Sinne des Stempeltarifes? (P.) **16,** 210. — 11) Erstreckt sich die durch Allerh. Kabinetsorder vom 8. März 1847 ausgesprochene Stempelfreiheit nur auf öffentliche Sparkassen? (P.) **16,** 212. — 12) Ist die in § 12 des preuß. Gesetzes vom 24. Mai 1861 bestimmte Frist von sechs Monaten für Erhebung der Klage auf Rückzahlung entrichteter Stempelsteuer eine Verjährungs- oder eine Präklusivfrist? **17,** 206. — 13) Ist ein Vertrag über Beschaffung von Elektrizität zu Beleuchtungszwecken als Lieferungsvertrag oder als Vertrag über Handlungen zu verstempeln? (P.) **17,** 269. — 14) Sind Prozeßvollmachten von der nach Landesrecht bestehenden Stempelpflicht seit 1. Oktober 1879 befreit? **17,** 427. — 15) Unterliegt das Protokoll über die Auktion mehrerer von verschiedenen Eigentümern einem konzessionierten Pfandleiher verpfändeten Sachen einem nach dem Gesamterlöse zu berechnenden Stempel, oder ist letzterer nach den besonderen Anteilen der einzelnen Verpfänder zu berechnen? (P.) **19,** 318. — 16) Begriff des „Vertragsstempels" in § 11 des preuß. Gesetzes vom 24. Mai 1861. **11,** 98.

### c. Beitreibungsverfahren.

1) Schließt der § 2 der preußischen Verordnung vom 7. September 1879 die Anstellung einer im übrigen begründeten Klage gegen

eine vorgenommene Zwangsvollstreckung aus? **14**, 360. — 2) Steht dem Dritten, bei welchem in seinem Gewahrsame befindliche Sachen vom Vollziehungsbeamten gepfändet sind, zu deren Herausgabe er nicht bereit war, die Spolienklage auf Freigabe und Schadensersatz gegen den Gläubiger zu? **14**, 358. — 3) Sind die Zuwiderhandlungen gegen die Vorschriften über die Erhebung öffentlicher Abgaben (§§ 459 flg. St.P.O.) als Strafsachen anzusehen? Civilklage gegen die Behörde auf Aufhebung des erlassenen Strafbescheides? (R., Elsaß-Lothr.) **16**, 410; **17**, 427.

## § 359. Rechtsverhältnisse der Beamten.

### a. Reichsbeamte.

1) Steht für das Gericht, vor welchem auf Grund des Reichsbeamtengesetzes ein vermögensrechtlicher Anspruch verfolgt wird, die Thatsache, daß der Beamte von der Verwaltung einstweilig in Ruhestand versetzt ist, unanfechtbar fest, sodaß es sich eben nur um den Anspruch eines einstweilen in Ruhestand versetzten Beamten handelt, oder ist der Rechtsweg zulässig über die Rechtmäßigkeit dieser Verwaltungsmaßregel, insbesondere darüber, ob die Behörde mit Recht eine gesetzmäßig vollzogene Umgestaltung der Behörde, der der Beamte angehörte, angenommen hat? **12**, 70. — 2) Grenzen der Zulässigkeit des Rechtweges gegen einen nach § 141 des Reichsbeamtengesetzes gefaßten Defektenbeschluß. Materielle und formelle Anfechtung des Beschlusses. **12**, 143. — 3) Sind die auf Grund des Gesetzes, betreffend die Fürsorge für die Waisen und Witwen der Reichsbeamten der Civilverwaltung, vom 20. April 1881 zu beziehenden Witwen- und Waisengelder in die nach dem Reichshaftpflichtgesetze zu gewährende Entschädigung einzurechnen? Rechtliche Natur des Anspruches auf diese Gelder. **15**, 114.

### b. Landesbeamte.

1) Haftet der Staat für Unterschlagungen des Gerichtsvollziehers? Allgemeine Gesichtspunkte für die Haftung des Staates für Delikte seiner Beamten. Gesetzliche Nötigung, gewisse Rechtshandlungen durch bestimmte staatliche Beamte vornehmen zu lassen. (G.) **11**, 206. — 2) Haben preußische Richter einen klagbaren Anspruch, nach der durch das Dienstalter bestimmten Reihenfolge in die etatsmäßigen Gehaltszulagen aufzurücken? Verleihung der höheren Gehaltsstufe durch die Justizverwaltung. Wie, wenn der Betreffende zur Zeit der Erreichung der entscheidenden Anciennität sein Pensionsgesuch eingereicht hatte, oder wenn er unmittelbar darauf aus dem Dienste scheidet? **11**, 291. — 3) Nach welchem Orte wird der Wohnungsgeldzuschuß eines Beamten berechnet, welcher seinen Wohnsitz an einem andern Orte, als an dem Sitze seiner Behörde hat? (P.) **20**, 267. — 4) Bildet der Anspruch des Beamten auf Fortbezug seines Gehaltes einen Bestandteil seines Vermögens, und ist derselbe bei Berechnung der zu entrichtenden Ehescheidungsstrafe als Dividendus mit-

zurechnen? **12,** 192. — 5) Inwieweit steht den preußischen Gerichtsvollziehern ein Anspruch auf Erstattung der ihnen infolge ihrer Einberufung zum Militärdienste entgangenen Gebühren zu? **13,** 33. — 6) Kann auch für solche Ansprüche der Staatsbeamten gegen den Staat aus ihrem Dienstverhältnisse, welche von den Hinterbliebenen der Beamten erhoben werden, die ausschließliche Zuständigkeit der Landgerichte nach § 70 Abs. 3 G.V.G. verordnet werden? **14,** 366. — 7) Inwiefern hat ein Richter ein klagbares Recht auf Zahlung von Gehaltszulage infolge Aufrückens in eine höhere Gehaltsklasse? Übergehung bei der Verleihung der Zulage zum Vorteile jüngerer Richter. (P.) **15,** 275. — 8) Haben die Erben eines im aktiven Dienste verstorbenen Richters einen Anspruch auf die Gehaltszulage, welche zwar erst nach dessen Tode, aber rückwirkend für eine Zeit, wo er noch lebte, an andere im Dienstalter jüngere Richter verliehen ist? (P.) **15,** 274. — 9) Wird einem Beamten, welcher nach Bewilligung, aber vor der Vollziehung seiner Pensionierung verhaftet und nach dem für den Übertritt in den Ruhestand bestimmten Tage strafgerichtlich der bürgerlichen Ehrenrechte für verlustig erklärt wird, der Anspruch auf die ihm bewilligte Pension entzogen? (P.) **17,** 240. — 10) Bedeutung und Wirkung der Suspension eines Beamten. (P.) **17,** 242. — 11) Sind die Bezüge der infolge des Ausführungsgesetzes zum Gerichtsverfassungsgesetze in den Ruhestand getretenen Richter und Staatsanwälte als Pension im Sinne des Gesetzes vom 27. März 1872 zu betrachten? Anwendbarkeit des § 27 Ziff. 2 a. a. O.? (P.) **18,** 273. — 12) Wird das Recht des einstweilen in den Ruhestand versetzten Beamten auf den Bezug von Wartegeld durch die Übernahme eines Kommunalamtes beeinflußt? (P.) **19,** 283. — 13) Regelung der Rechte und Pflichten der Staatsbeamten in den neu erworbenen preußischen Landesteilen nach altpreußischem Rechte. **18,** 175. — 14) Haftung der Gerichtsvollzieher. Einfluß ihrer Beamtenqualität. **16,** 399; **18,** 390; **20,** 389.

### § 359 A. Sonstige staatsrechtliche Verhältnisse verschiedenen Inhaltes.

1) Darf der Kaiser oder der Bundesrat Gesetze abändern oder authentisch deklarieren? **11,** 71; **20,** 25. — 2) Wirkung der Beseitigung des Inhabers der Staatsgewalt und der Kassierung seiner Regierungshandlungen auf die Ernennung eines Staatsbeamten und auf eine von diesem erteilte Ermächtigung zur Vornahme von Privatrechtshandlungen für den Staat? **14,** 430. — 3) Bedürfen Hausgesetze einer Familie des hohen Adels der kaiserlichen Bestätigung? Kommen für ihre Auslegung auch staatsrechtliche Gesichtspunkte in Betracht? Materielle, lokale Geringfügigkeit des betreffenden Territoriums. **18,** 202. — 4) Auf welche Weise kann in einer Familie des hohen Adels die Unveräußerlichkeit der Lande verordnet werden? Folgt die Unteilbarkeit und Unveräußerlichkeit der Herrschaft schon aus der Anordnung der Primogenitursuccession? **18,** 206. — 5) Wird in der Hand des ersten zur Succession berufenen Kognaten das landesherrliche Territorium freies Allod? **18,**

209. — 6) Ausschluß der Successionsrechte in ein reichsunmittelbares Territorium durch Mißheirat? **18**, 214. 216. — 7) Ist nach § 50 des Postgesetzes der Reichskanzler ermächtigt, Bestimmungen über das Maß der Haftung der Postverwaltung zu treffen? **19**, 106. — 8) Vertretung des Deutschen Reiches im Prozesse? **11**, 75. 93; **15**, 37; **20**, 148. — 9) Übergang der Aktiva und Passiva des kurhessischen Fiskus auf den preußischen infolge der Annexion. **16**, 265. — 10) Regelung der Rechte und Pflichten der Staatsbeamten in den neu erworbenen preußischen Landesteilen nach altpreußischem Rechte. **18**, 175. — 11) Staatliche Geltung der kanonischen Rechtssätze über die sog. res spiritualibus annexae? **12**, 242. — 12) In welchen Formen kam nach dem preußischen Staatsrechte des 18. Jahrhunderts ein Gesetz zustande? **13**, 217. — 13) Auslegung des Art. 32 der Reichsverfassung. Dürfen Reichstagsabgeordnete auch aus den Mitteln von Privatpersonen keine Besoldung oder Entschädigung empfangen? oder beschränkt sich das Verbot auf Bezüge aus öffentlichen Mitteln? Verbietet der Art. 32 nur das Nehmen oder auch das Geben? Zweck und Entstehungsgeschichte des Gesetzes. **16**, 89. — 14) Fließt aus dem einer Behörde gesetzlich übertragenen Aufsichtsrechte bezüglich eines Zweiges der Staatsverwaltung auch das Recht, den Staat in dieser Hinsicht Dritten gegenüber im Prozesse zu vertreten? **11**, 95. — 15) Rechtlicher Charakter der Reichsbank. **15**, 236. — 16) Ist § 89 Abs. 2 des kurhessischen Gesetzes vom 8. März 1831, der die Pensionsrechte kurhessischer Pfarrwitwen regelte, auch auf Witwen von Pfarrern anwendbar, die nach der Annexion auf einer im Gebiete des vormaligen Kurfürstentumes belegenen Pfarrei angestellt sind? oder ist das Gesetz durch die Annexion oder die spätere preußische Gesetzgebung beseitigt? **16**, 263. — 17) Kann gegen die Verwaltungsbehörde, welche gemäß § 459 St.P.O. einen „Strafbescheid" erlassen hat, eine Civilklage auf dessen Aufhebung erhoben werden? (R., Elsaß-Lothr.) **16**, 410. — 18) Verletzung eines Staatseisenbahnbeamten. Gehalt, Pension, Pensionierung. Berechnung der nach dem Reichshaftpflichtgesetze zu gewährenden Rente. **17**, 47. — 19) Was ist unter Anhängigmachen einer Verwaltungsstreitsache zu verstehen? (P.) **17**, 179. — 20) Staatsrechtlicher Charakter des Staatshaushaltsetats und der parlamentarischen Genehmigung einer Überschreitung desselben. (P.) **13**, 261. — 21) Amtsbefugnisse der Konsuln nach internationalem Recht. **14**, 430.

# Vierter Teil.

# Kirchenrecht.

Einziger Paragraph.

## § 360.

1) Ist die Kirche als Anstalt eine juristische Person, oder nur die dazu gehörigen einzelnen Lokalverbände, Gemeinden? Identität der Korporation der Kirchengemeinde und der Gesamtheit der Eingepfarrten. (P.) **17**, 192. — 2) Voraussetzungen für die Entstehung einer Tochtergemeinde mit juristischer Persönlichkeit. Mitwirkung des Staates. Örtliche Begrenzung. (P.) **15**, 237. — 3) Fortdauernde Geltung des katholischen Ehescheidungsrechtes trotz § 77 des Reichsgesetzes vom 6. Februar 1875. Nach dem Rechte welcher Konfession die Scheidung von Ehen zwischen Protestanten und Katholiken zu beurteilen sei? (G.) **12**, 235. — 4) Steht dem Mitgliede einer Kirchengemeinde gegen letztere ein klagbares Recht auf die bestimmungsmäßige Benutzung eines in ihrem Eigentum befindlichen Begräbnisplatzes, auf Gestattung des ehrlichen Begräbnisses eines Familiengliedes an gewöhnlicher Kirchhofsstelle, zu? (P.) **12**, 280. — 5) Stehen die alten Kirchhöfe — am linken Rheinufer — im Eigentum der Kirchen- oder der Civilgemeinde? (F.) **14**, 305. — 6) Besteht in den ehemals sächsischen Landesteilen der Provinz Sachsen die landrechtliche Kirchenbaupflicht des Patrons? Entgegenstehendes Provinzialrecht? (P.) **12**, 292. — 7) Steht bei der Teilung eines Pfarrsprengels — ohne Dotierung der Tochterkirche aus dem Stiftungsvermögen der Mutterkirche — dem Patrone der letztern ohne weiteres der Patronat, oder wenigstens das Recht zur Präsentation des Pfarrers in bezug auf die Tochterkirche zu? Wesen und Charakter des Patronatrechtes. (G.) **15**, 168. Auslegung von c. 3 X. 3, 48. **15**, 173. — 8) Beitragspflicht des Patrones der Tochterkirche zum Bau der bei der Mutterkirche belegenen gemeinschaftlichen Pfarrgebäude. Selbständigkeit der Tochterkirche als eigene Korporation und als eigene Parochie. (P.) **17**, 153. — 9) Wird die Klage betreffend die den Gemeindemitgliedern als solchen obliegende Kirchenbaulast mit Recht gegen die Kirchengemeinde, vertreten durch den Gemeindekirchenrat, gerichtet? (P.) **17**, 192. — 10) Anwendung des § 89 Abs. 2 des kurhessischen Gesetzes vom 8. März 1831, betreffend die Pensionsrechte der Pfarrerswitwen, auf Witwen von Pfarrern, die nach der Annexion auf einer im Gebiete des vormaligen Kurfürstentumes belegenen Pfarrei angestellt sind? **16**, 263. — 11) Siehe auch Rechtsverhältnisse in Beziehung auf Kirche und Schule, § 90 dieses Registers.

II.

# Alphabetisches Register.

Die fetten Ziffern bezeichnen den Band, die gewöhnlichen die Seite.

# A

**Abladung.** 1) Ausstellung des Konnossements vor der Abladung des Frachtgutes. **20,** 52. — 2) Siehe Befrachter, Schiffer.

**Ablehnung.** 1) Ablehnung eines Schiedsrichters wegen Befangenheit. In welcher Weise und mit welcher Wirkung erfolgt sie im schiedsrichterlichen Verfahren selbst und in dem durch die Klage auf Erlassung des Vollstreckungsurteiles veranlaßten ordentlichen Verfahren? **13,** 349. — 2) Ablehnung einzelner Mitglieder der Kammer (des Senates) und der ganzen Kammer (Senates). Verfahren. Beschlußunfähigkeit. Vertreter. **16,** 414.

**Ablieferung.** Siehe Abnahme, Auslieferung.

**Abnahme.** 1) Klage des Verkäufers auf Vornahme der dem Käufer vorbehaltenen Spezifikation und Abnahme der Ware? (G.) **14,** 243. — 2) Bedeutung der Abnahme vom Frachtführer für den Eigentumserwerb des Käufers an der Ware. (G.) **12,** 81. — 3) Pflichten und Rechte des Schiffers dem Empfänger gegenüber, wenn dieser die Abnahme der Güter oder die Abnahme in einer gewissen Art und Weise verweigert? Niederlegung. Darf er, wenn er bei den Differenzen über die Modalitäten der Ablieferung im Rechte ist, absegeln und die Güter nach anderweiter Instruktion des Befrachters veräußern und anderweit ausliefern? **14,** 8. — 4) Pflichten des Schiffers mangels Abnahme des Gutes durch den Empfänger. Muß er die Ladung auch dann niederlegen, wenn dadurch sein eigenes Interesse gefährdet würde? Schmelzendes Eis. Auslieferung an den Befrachter gegen Zahlung der Fracht, wenn dieser das Konnossement nicht in Händen hat? **15,** 25. — 5) Verkauf unterwegs befindlicher Waren mit der Klausel telle quelle. Darf die Empfangnahme beschädigter Ware abgelehnt werden? **19,** 30. — 6) Redhibitorische Klage auf Wiederabnahme der Ware und Rückzahlung des Kaufpreises. Erfüllungsort? Gerichtsstand? **20,** 358. — 7) Siehe auch Auslieferung.

**Abneigung.** Siehe Unüberwindliche Abneigung.

**Abnötigung.** Begriff der widerrechtlichen Abnötigung im Sinne des § 207 A.L.R. I. 16. **17,** 214.

**Abrechnung.** Siehe §§ 138. 144 des systematischen Registers; ferner Kontokorrent.

**Abschätzung.** Siehe Schätzung, Taxe.

**Abschlagszahlung.** Gegenstand einer einstweiligen Verfügung. **15,** 377.

**Abschrift.** 1) Ist die Gültigkeit der Zustellung durch die Post dadurch bedingt, daß der Gerichtsvollzieher den auf die Urschrift des zuzustellenden Schriftstückes zu setzenden Vermerk über die Übergabe an die Post auf die übergebene Abschrift überträgt? **14,** 392. Vgl. **15,** 412. — 2) Ist das einmalige Abschreiben der Stimmen einer Oper zum Zwecke öffentlicher Aufführung als Nachdruck anzusehen? **20,** 100.

**Absender.** Siehe §§ 248. 249. 251 des systematischen Registers.

**Absicht.** Siehe Benachteiligung.

**Absolutes** und **dispositives Recht.** Siehe §§ 8. 277. 308 des systematischen Registers.

**Absonderung** der Güter wegen Überschuldung des einen gütergemein-

gestützt auf ein erfolgtes Anerkenntnis der Vaterschaft, ein Anspruch aus außerehelichem Beischlaf im Sinne des § 23 G.V.G.? (F.) **12,** 368. — 4) Kann gegen eine Alimentenforderung mit der Ersatzforderung aus einer vom Kläger begangenen Entwendung kompensiert werden? (F.) **14,** 309. — 5) Alimentationspflicht als Zustand, dessen Regelung durch einstweilige Verfügung dahin geordnet werden kann, daß der Schuldner eine Summe zu zahlen habe? **15,** 379. — 6) Ist Hilfsbedürftigkeit Voraussetzung des Alimentationsanspruches? Greift gegen den auf privatrechtlichen Gründen beruhenden Anspruch auf Gewährung des notdürftigen Unterhaltes die Einrede durch, daß der Kläger von der öffentlichen Armenpflege unterhalten werde? (P.) **17,** 223. — 7) Bestimmt sich die auf dem Familienbande beruhende Alimentationspflicht nach dem am Wohnsitze des Berechtigten, oder nach dem am Wohnsitze des Verpflichteten geltenden Rechte? wie insbesondere, wenn diese Pflicht nach dem erstern, nicht aber nach dem letztern begründet ist? **17,** 227. — 8) Sind mehrere von den Eltern auf Alimentation verklagte Kinder notwendige Streitgenossen im Sinne des § 59 C.P.O.? **17,** 358.

**Allgemeine Gütergemeinschaft.** 1) System der landrechtlichen allgemeinen Gütergemeinschaft. Rechte der Gläubiger nach Auflösung der Gemeinschaft. (P.) **14,** 293. — 2) Im übrigen siehe §§ 179 flg. des systematischen Registers.

**Allgemeine Seeversicherungsbedingungen.** Siehe Quellenregister unter Bremen und Hamburg. (Fünfter Teil des Quellenregisters, Landesgesetze.)

**Allod.** 1) Ermittelung des Allods behufs Abfindung der Geschwister und Miterben des Anerben. Maßgebender Zeitpunkt? **14,** 195. — 2) Wird, falls die Kognaten bei Aussterben des Mannesstammes zur Succession in das Familienfideikommiß berufen sind, in der Hand des ersten Kognaten das Gut freies Allod? insbesondere ein landesherrliches Territorium? (G.) **18,** 209. — 3) Verhältnis von Antragung, Antretung und Ausschlagung der Allodialerbschaft und der Lehnssuccession. (G.) **19,** 234.

**Alluvion.** Rechtsverhältnisse betreffend Eigentum und Nutzungsrecht an Bett und Wasserlauf, Alluvionen, entstehenden Inseln bei nicht schiff- und flößbaren Flüssen. (F.) **12,** 340.

**Altenteil.** 1) Hat der in dem Gutsüberlassungsvertrage von dem abgehenden Bauer für sich und seine Frau stipulierte Altenteil die Natur einer wahren, auf dem Gute ruhenden Reallast? (G.) **13,** 188. — 2) Analoge Anwendung des bei Altenteilen zugelassenen Eintragungsmodus — Verweisung auf den zu Grunde liegenden Vertrag — auf andere Eintragungen in der zweiten Abteilung des Grundbuches. (P.) **20,** 274.

**Alter.** Siehe § 19b des systematischen Registers.

**Alternative Obligation.** 1) Wahlrecht und Wahlpflicht des Schuldners. Übergang der Wahl auf den Gläubiger infolge des Verzuges des Schuldners? (G.) **12,** 184. 187. — 2) Emission von Obligationen,

gelaufene Zinsrückstand der Forderung, gegen welche kompensiert werden soll, außer Betracht bei der Anrechnung bleibt. (G.) **17**, 142.

**Anbieten der Erfüllung.** Siehe Annahmeverzug.

**Anciennität.** Etatsmäßige Erhöhung des Richtergehaltes mit Erreichung einer gewissen Anciennität. Inwiefern kann ein Richter auf Zahlung der Zulage klagen? Verleihung der Zulage an jüngere Richter nach seinem Tode mit rückwirkender Kraft. Klage der Erben? (P.) **11**, 291; **15**, 275.

**Änderung** der Klage. Siehe Klagänderung.

**Änderung** der Reise. Siehe Reise.

**Anerbe.** 1) Maßgebender Zeitpunkt für die Ermittelung des Allods zur Abfindung der Geschwister und Miterben des Anerben eines Meierhofes, welcher von der Mutter herrührt, und auf welchem ein aufgeheirateter Wirt gesessen hat. **14**, 195. — 2) Verliert der Anerbe durch Aufheiratung auf einen andern Hof sein Anerbenrecht? (G., Waldeck.) **18**, 190.

**Anerkenntnis.** 1) Condictio causa data causa non secuta gegenüber dem in dem Schuldscheine enthaltenen Anerkenntnisse? (G.) **14**, 222. — 2) Formlosigkeit der Anerkennung unwirksamer Geschäfte Minderjähriger nach erreichter Selbständigkeit. (P.) **11**, 324. — 3) Wie muß die Schuldanerkennung beschaffen sein, um die Verjährung zu unterbrechen? Muß sie direkt dem Gläubiger gegenüber erfolgen? (G.) **15**, 178. — 4) Tritt der Erbe dadurch, daß er das Testament anerkennt, die Erbschaft aus demselben an? (G.) **11**, 233. — 5) Sind die Anerkenntnisse der Provinzialsteuerdirektoren über Zuckerexportprämien für den Handelsverkehr bestimmte Schuldverschreibungen im Sinne der Tarifposition II 4 A² zum Reichsstempelgesetze vom $\frac{\text{1. Juli 1881}}{\text{29. Mai 1885}}$? **18**, 127. — 6) Servitutenerwerb durch Anerkennung. Form. Lichtrecht. (F.) **20**, 350. — 7) Anerkennungsvertrag des Schiffers in bezug auf die innerhalb seiner gesetzlichen Vollmacht eingegangenen Rechtsgeschäfte. **13**, 84. — 8) Welche rechtliche Bedeutung hat es, wenn der Schuldner die Rechnung des Gläubigers mit dem unterschriebenen Vermerke „als richtig anerkannt" zurückreicht? **13**, 84. — 9) Anfechtung der eigenen, vom Geschäftsherrn anerkannten Rechnung durch den Rechnungspflichtigen wegen Irrtums? (G., P.) **14**, 253. — 10) Siehe auch Anerkennungsvertrag, Geständnis, Ratihabition.

**Anerkenntnis der Vaterschaft.** Bedeutung nach franz. Rechte? Ist der auf solches Anerkenntnis gestützte Anspruch eines außerehelichen Kindes auf Ernährung als Anspruch aus außerehelichem Beischlafe aufzufassen im Sinne des § 23 G.V.G.? (F.) **12**, 368.

**Anerkennungsklage.** Siehe Feststellungsklage.

**Anerkennungsvertrag.** Siehe § 144 des systematischen Registers. (Abrechnung und Anerkennung.)

**Anfechtung.** 1) Anfechtung von Verfügungen des Fiduziars über das Fideikommißgrundstück, welche gegen ausdrückliches Veräußerungs- und

Verpfändungsverbot des Erblassers verstoßen, seitens des Nacherben vor Eintritt des Substitutionsfalles. Hat der Nacherbe unter Umständen auch ein direktes Klagerecht gegen den Erwerber einer Hypothek? (P.) **14,** 288. — 2) In welcher Form muß nach § 7 A.L.R. II. 2 die Erklärung des Ehemannes, die Ehelichkeit des Kindes anfechten zu wollen, abgegeben werden? Anfechtungsklage? Protestation? **13,** 276; **18,** 288. — 3) Gelten die Beschränkungen des § 38 des Eigentumserwerbsgesetzes auch für Klagen auf Anfechtung einer Hypothek oder Grundschuld? (P.) **16,** 253. — 4) Anfechtung der Auflassung und des Eigentumsüberganges von seiten eines Dritten. (P.) **20,** 225. — 5) Inwiefern kann der Gläubiger eines Miterben, ohne der Teilungsverhandlung beigetreten zu sein, die Erbteilung anfechten? (F.) **17,** 314. — 6) Quittungserteilung über eine Kapitalsschuld des Vaters seitens des emanzipierten Minderjährigen ohne besondern Kurator. (F.) **20,** 341. — 7) Auf welche Gründe kann die von einem Genossenschafter gegen den Verteilungsplan gerichtete Anfechtungsklage gestützt werden? **11,** 43. — 8) Verhältnis der in Artt. 190 a 222 H.G.B. — neue Fassung — gegebenen Klagen zu einer besondern dem Aktionär gegen die Gesellschaft zustehenden Kontraktsklage. **17,** 16. — 9) Muß der gegen die Abstimmung erhobene Widerspruch nach der Abstimmung wiederholt, muß er alsbald begründet werden? Berechnung der Mehrheit von drei Vierteln des in der Generalversammlung vertretenen Grundkapitales. **20,** 140. — 10) Prinzip der Anfechtung von Rechtshandlungen nach der Konkursordnung und nach dem Reichsgesetze vom 21. Juli 1879: Zurückholen weggegebener Objekte in den betreffenden Vermögenskreis. Ein gegen den Anfechtenden gerichteter Betrug? (G., P., R.) **14,** 312. Vgl. **15,** 65. — 11) Anfechtung und Nichtigkeit der Rechtsgeschäfte überhaupt. Siehe § 35 des systematischen Registers. — 12) Anfechtung wegen Verkürzung der Gläubiger. Siehe § 151 des systematischen Registers, — im Konkurse. Siehe § 343 des systematischen Registers. — 13) Anfechtung der Erbteilung. Siehe noch § 203 des systematischen Registers. — 14) Anfechtung letztwilliger Verfügungen. Siehe §§ 194. 206 des systematischen Registers. — 15) Anfechtung des Generalversammlungsbeschlusses seitens eines Aktionärs. Siehe noch § 219 des systematischen Registers.

**Anfechtungsanspruch.** Persönliches Forderungsrecht? Giebt der Anfechtungsanspruch auf Rückgewähr einer Spezies ein Recht auf Aussonderung im Konkurse des Anfechtungsbeklagten? **13,** 5.

**Angabe** an Zahlungsstatt. Siehe Zahlungsstatt.

**Angebrachtermaßen.** Siehe Klagabweisung.

**Angeschuldigter.** Siehe Abwesender.

**Anhängigmachen** einer Verwaltungsstreitsache. (P.) **17,** 179.

**Animus iuris exercendi.** Ersitzung einer Servitut; muß der Wille auf die Ausübung der Servitut gerichtet sein, oder genügt die Meinung, Eigentümer zu sein? (G.) **12,** 175; (P.) **16,** 217.

**Anlage.** 1) Anlegung von Mündelgeld. Siehe Vormund. — 2) Öffent-

**Anwalt.** Siehe Anwaltszwang, Armenanwalt, Auswärtiger Anwalt, Rechtsanwalt.

**Anwaltsgebühren.** Siehe § 290 des systematischen Registers.

**Anwaltszwang.** 1) Beschwerde gegen das Amtsgericht, welches auf Ersuchen des als Prozeßgericht fungierenden Landgerichtes die Beitreibung einer von diesem nach § 774 C.P.O. festgesetzten Strafe verfügt. Kein Anwaltszwang, sobald es sich in der Beschwerdeinstanz um eine in erster Instanz von einem Amtsgerichte erlassene Verfügung handelt. **12,** 356. — 2) Besteht für die höhere Verwaltungsbehörde in dem Verfahren nach § 35 des Genossenschaftsgesetzes Anwaltszwang? **14,** 29. — 3) Unterbrechung des Verfahrens durch Unfähigkeit oder Tod des Anwaltes nach Verkündung, aber vor Zustellung des Urteiles. **19,** 397. — 4) Beherrscht das Prinzip des Anwaltszwanges auch das Zustellungsverfahren? Zustellungsauftrag an den Gerichtsvollzieher seitens der Partei in ihrem eigenen Namen. **17,** 392. Vgl. **19,** 398. — 5) Siehe auch § 287 des systematischen Registers.

**Anwartschaft.** Siehe Wohlerworbene Rechte.

**Anweisung.** 1) Ist zur Wirksamkeit der Besitzübertragung durch Anweisung erforderlich, daß der Detentor von der Anweisung Kenntnis hat? (P.) **11,** 59. — 2) Entsteht das Pfandrecht des Kommissionärs bereits durch Ausstellung des auf ihn lautenden Ladescheines und Übernahme der Ware seitens des Schiffers, oder durch Aushändigung des Scheines an ihn? Besitzerwerb durch Anweisung? (P., R.) **13,** 20. — 3) Ist die Forderung des Assignanten an den Assignaten noch Gegenstand des Zugriffes der Gläubiger des erstern, wenn zwar der Assignat die Anweisung angenommen hat, aber vom Assignatar noch nicht ausdrücklich als Schuldner statt des Assignanten angenommen ist? (P., R.) **11,** 137. Vgl. **18,** 399. — 4) Müssen die Anweisungen und Verpflichtungsscheine des Art. 301 Abs. 2 H.G.B. Orderpapiere sein? **11,** 178.

**Anzeigepflicht.** 1) Müssen nur objektiv für die Beurteilung der Gefahr erhebliche Umstände angezeigt werden? Frühere Ablehnung der Versicherung seitens einer andern Gesellschaft. (Engl. Recht, R.) **13,** 107. — 2) Umwandlung der provisorischen Versicherung in eine definitive. Perfektion des Vertrages? Unterlassung von Anzeigen seitens des Versicherungsnehmers. Kenntnis desselben von erheblichen Thatsachen. **19,** 216. — 3) Falsche Angaben des Versicherungsnehmers über die Eigentumsverhältnisse der zu versichernden Sachen. **20,** 137. — 4) Verheimlichung gefährlicher Eigenschaften des Frachtgutes seitens des Absenders bezw. Befrachters. **15,** 151; **20,** 78.

**Apotheke.** Verkauf einer Apotheke. Rechtsgültigkeit der Vereinbarung einer besondern Vergütung dafür, daß der Verkäufer auf die in dem Grundstücke ausgeübte Konzession verzichtet? Kaufstempel. (P.) **13,** 265.

**Appellation.** Wirksamkeit und jetzige Bedeutung eines vor 1879 im voraus vereinbarten Verzichtes auf eine eventuelle Appellation. **20,** 398.

**Aqua profluens.** Rechtsverhältnis zwischen Ober- und Unterlieger. (G.) **17,** 120.

Gegner schikanös herbeigeführt? **16,** 393. — 11) Kann aus der Geltendmachung des Mangels einer gesetzlich notwendigen Formalität unter Umständen der Einwand des Dolus entnommen werden? **17,** 406. — 12) Arglistiges Verleiten zum Kontraktschlusse mit einem Dritten, insbesondere seitens des Bürgermeisters zum Nachteile seiner Gemeinde. Grund und Gegenstand der Klage. Schadensliquidation. (G.) **17,** 112. — 13) Anfechtung eines Dechargebeschlusses, der auf Grund unrichtiger oder unvollständiger Vorlagen gefaßt ist; Arglist? **18,** 63. Vgl. **12,** 77. — 14) Ist derjenige, welcher arglistig anstatt eines andern Geld eingezogen hat, dem Berechtigten dasselbe zu verzinsen schuldig? (G.) **18,** 197. — 15) Geltendmachung des beneficium cedendarum actionum mittels exceptio doli generalis. **18,** 238. — 16) Actio doli gegen eine Aktiengesellschaft, welche ihre eigenen infolge wissentlich falscher Bilanz in die Höhe getriebenen Aktien durch eine vorgeschobene Person verpfänden läßt, auf Herausgabe der Bereicherung. **18,** 116. — 17) Haftet als Genossenschafter, wer, ohne formgerecht beigetreten zu sein, wissentlich zuläßt, daß er Dritten als Mitglied der Genossenschaft erscheint? **19,** 196. — 18) Dolose Empfehlung. (F.) **19,** 382; **20,** 190 (offene Handelsgesellschaft). — 19) Kann die Haftung für Dolus vertragsmäßig abgelehnt werden? **20,** 116. 193. — 20) Inwiefern darf der Frachtführer die Haftung für arglistiges Verhalten seiner Leute ausschließen? **20,** 115.

**Arme.** Einsetzung der Armen einer Gemeinde im Testamente. Vertretung derselben. (G.) **19,** 259.

**Armenanwalt.** Darf der vom zuständigen Gerichte bestellte Armenanwalt die Vertretung der Partei deswegen ablehnen, weil er die beabsichtigte Rechtsverfolgung für aussichtslos hält? **15,** 340.

**Armenpflege,** öffentliche. Siehe § 356 des systematischen Registers.

**Armenrecht** im Prozesse. Siehe § 291 des systematischen Registers.

**Armenverband.** 1) Hat ein Armenverband Anspruch auf Ersatz der einem Armen gewährten Unterstützungen gegen den Unterstützten selbst, falls dieser wieder Vermögen erworben hat? (G.) **14,** 197. — 2) Subsidiarität der dem Armenverbande obliegenden Unterstützungspflicht gegenüber privatrechtlichen Verpflichtungen anderer. (P.) **17,** 226. — 3) Kann der Ortsarmenverband Ersatz der für einen Unterstützten gemachten Aufwendungen von dem Fiskus aus der von diesem dem Unterstützten zu zahlenden Pension fordern? **19,** 186.

**Arme Witwe.** Bedeutung der als Voraussetzung für das Erbrecht der armen Witwe erforderlichen Wohlhabenheit des Mannes. (G.) **16,** 154.

**Arrest.** 1) Anwendung der Vorschriften über die Zwangsvollstreckung auf den 5. Abschnitt des 8. Buches der Civilprozeßordnung? **16,** 367. — 2) Wird durch Eintragung einer Vormerkung im Wege des Arrestes nach neuestem Rechte ein im Konkurse wirksames Absonderungsrecht geschaffen? (P.) **16,** 69. — 3) Klage des Arrestaten auf Einwilligung des Beklagten in die Aufhebung des Arrestes. Ist sie als Widerspruch

Irrtumes oder Simulation der Kontrahenten. (P.) **20,** 225. — 5) Geht bei vertragsmäßiger Aufhebung der Gütergemeinschaft das Alleineigentum gütergemeinschaftlicher Grundstücke auf den einen Ehegatten ohne Auflassung und Eintragung im Grundbuche über? (P.) **20,** 256. — 6) Anwendung des § 70 des Eigentumserwerbsgesetzes, wenn nicht der Bucheigentümer, sondern ein Dritter zur Auflassung verpflichtet ist? (P.) **20,** 242. — 7) Siehe auch § 53 des systematischen Registers.

**Auflösende Bedingung.** Siehe Bedingung.

**Auflösung** der offenen Handelsgesellschaft, der Aktiengesellschaft, der eingetragenen Genossenschaft. Siehe §§ 217d. 219d. 220d des systematischen Registers.

**Auflösungsklage** des französischen Rechtes. 1) Einrede gegen den Verkäufer, daß er einen Teil der Preisforderung an einen Dritten cediert habe? **11,** 362. — 2) Muß derjenige, welcher die Rechtsbeständigkeit der ihm von dem auf Auflösung verklagten Käufer bestellten Hypothek geltend machen will, als Haupt- oder als Nebenintervenient auftreten? **14,** 341. — 3) Verhältnis des Auflösungsrechtes zu den Vorschriften des § 21 K.O. **17,** 79. — 4) Inhalt und Wirkungen des Auflösungsrechtes. **17,** 84. — 5) Macht die Abweisung der Klage auf Vertragserfüllung auf Grund der Einrede der Nichterfüllung das Urteil über die auf Auflösung gerichtete Widerklage entbehrlich? (F.) **17,** 306. — 6) Sind der beklagte Käufer und seine ihm beitretenden Hypothekargläubiger Streitgenossen im Sinne des § 58 oder des § 59 C.P.O.? Wirkung des gegen jenen ergehenden Urteiles gegen die Gläubiger? Gilt die von letzteren bewirkte Urteilszustellung für den Beklagten? **17,** 409. — 7) Begründet die Entwährung des Kaufobjektes für den Käufer einen Anspruch auf Auflösung des Vertrages gemäß Art. 1184 Code civil? **18,** 331.

**Aufnahme** des unterbrochenen Verfahrens. Siehe § 299 des systematischen Registers.

**Aufrechnung.** Siehe Kompensation.

**Aufrechnung** im Konkurse. Wird die Wirkung der seitens eines correus gegen den Gläubiger vollzogenen Kompensation dadurch beeinflußt, daß letzterer im Konkurse ist? § 98 der preuß. Konkursordnung vom 8. Mai 1855. **11,** 121.

**Aufschiebende Bedingung.** Siehe Bedingung.

**Aufsichtsrat.** 1) Kann durch das Statut einer eingetragenen Genossenschaft die Beschlußfassung über Bilanz und Verteilung der Dividende dem Aufsichtsrate übertragen werden? **13,** 25. — 2) Schadensklage der Genossenschaft gegen Aufsichtsratsmitglieder wegen Pflichtverletzung. Beweislast bezüglich des Verschuldens? Einrede der Vorausklage bezüglich anderer Mitglieder? Grad der zu prästierenden Sorgfalt? Vorzeitiger Austritt aus dem Aufsichtsrate. Decharge. **13,** 45. — 3) Klage der Aktiengesellschaft gegen den Aufsichtsrat, weil derselbe den Gründungshergang nicht geprüft hat? **18,** 56. — 4) Liegt, wenn ein Kaufmann Mitglied des Aufsichtsrates einer Aktiengesellschaft wird und

nur Aussicht auf ein mit keiner Öffnung versehenes Dach des Nachbarhauses gewähren? (F.) **15**, 328.

**Aussonderung.** 1) Giebt der Anfechtungsanspruch auf Rückgewähr einer Spezies ein Aussonderungsrecht im Konkurse des Anfechtungsbeklagten? **13**, 5. — 2) Siehe auch § 344 des systematischen Registers.

**Aussteller.** Siehe Trassant.

**Ausstreichung.** Siehe Durchstreichung.

**Auswärtiger Anwalt.** 1) Bedeutung dieses Ausdruckes im Sinne von § 87 C.P.O., §§ 18. 37 der Rechtsanwaltsordnung? **13**, 312. — 2) Anspruch der von einem auswärtigen Anwalte vertretenen Partei auf Ersatz derjenigen Reisekosten, welche durch die am Wohnorte desselben erfolgte Beweisaufnahme erwachsen wären, wenn sie einen am Sitze des Gerichtes wohnhaften Anwalt bestellt, und dieser sich nach jenem Orte begeben hätte, während nunmehr ihr Anwalt der Beweisaufnahme ohne Verursachung von Kosten beigewohnt hat? **14**, 377.

**Ausweichen.** Vorschriften über Ausweichen der Schiffe auf See. 1) Kollision in engen Fahrwassern. Verlassen der Steuerbordseite. **19**, 1. 14. 19. 29; **20**, 34. — 2) Haftung des Rheders des geschleppten Schiffes für Verschulden der Besatzung des Schleppers. **20**, 84. — 3) Zusammenstoß mit einem zu Anker gegangenen Schiffe. **20**, 175.

**Auszahlung.** Auszahlung des im Wege der Sicherheitsleistung hinterlegten Geldes seitens der Hinterlegungsstelle. **12**, 394; **18**, 284.

**Außerehelicher Beischlaf.** Siehe Beischlaf.

**Außergerichtliches Geständnis.** Äußerung eines Kontrahenten gegenüber einem Dritten über den Inhalt des Vertrages. Bedeutung für die Vertragsauslegung. **20**, 111.

**Außerkontraktliches Verschulden.** Siehe §§ 112. 147 flg. des systematischen Registers.

**Außerordentliche Erbfolge.** Siehe Arme Witwe.

**Außerordentliche Ersitzung.** Siehe Ersitzung.

**Auszug.** Siehe Altenteil.

**Authentische Deklaration.** Hat der Bundesrat oder der Kaiser die Befugnis zur authentischen Deklaration von Gesetzen? **11**, 71; **20**, 25.

**Autonomie.** 1) Müssen Hausgesetze der hochadeligen Familien, um rechtsgültig zu sein, vom Kaiser bestätigt sein? **18**, 202. — 2) Kann durch das Hausgesetz einer hochadeligen Familie bestimmt werden, daß eine Mißheirat den Verlust der Successionsrechte zur Folge habe? **18**, 216. — 3) Auf welche Weise kann in einer hochadeligen Familie die Unveräußerlichkeit der Lande verordnet werden? **18**, 206.

**Autor.** Siehe §§ 160—162. 164 des systematischen Registers (Reichsgesetze betreffend das Urheberrecht an Schriftwerken 2c, an Werken der bildenden Künste, an Photographieen, Mustern und Modellen).

**Autorisation.** Siehe Genehmigung.

**Autotypie.** Ist die Flächennachbildung eines Werkes der bildenden Künste mittels Autotypie unbeschränkt statthaft? **18**, 151.

**Aval.** Bürgschaft der Ehefrau. Einfluß auf die Wechselobligation. Mangel der Bürgschaftsform. **11**, 1.

## B

Beglaubigung der Unterschriften zur Erlangung einer vollstreckbaren Urteilsausfertigung für den Rechtsnachfolger der Prozeßpartei hinreichend? **13**, 330. — 2) Zustellung durch den Gerichtsvollzieher. Genügt die Beglaubigung der zu übergebenden Abschrift durch Stempeldruck des Beglaubigungsvermerkes und des Namens des beglaubigenden Anwaltes? **14**, 335.

**Begräbnis.** Kann ein einzelnes Mitglied einer Kirchengemeinde gegen diese auf Gestattung des ehrlichen Begräbnisses auf dem der Gemeinde gehörigen Kirchhofe für sich oder seine Familienglieder klagen? Einfluß von öffentlichrechtlichen und polizeilichen Gesetzesvorschriften bezüglich des Begräbnisses. (P.) **12**, 280.

**Begründung.** Siehe Beweislast, Entscheidungsgründe, Substanziierung.

**Begünstigung.** 1) Ist die einfache Begünstigung eines Konkursgläubigers vor dem andern, namentlich die Zahlung einer fälligen Forderung, aus § 24 Ziff. 1 K.O. anfechtbar? **16**, 62. — 2) Ist die Absicht, einen Gläubiger zu begünstigen, identisch mit der Absicht, die anderen zu benachteiligen? **11**, 177.

**Behörde.** 1) Kann auf eine Behörde kompromittiert werden? **13**, 407. — 2) Umgestaltung einer Behörde. Einstweilige Versetzung eines ihr angehörigen Reichsbeamten in den Ruhestand. Rechtsweg? **12**, 70. — 3) Siehe auch § 354 des systematischen Registers. (Kompetenz der Verwaltungsbehörde.)

**Beilaß.** Siehe Zubehör.

**Beischlaf.** 1) Ansprüche aus außerehelichem Beischlaf im Sinne des § 23 G.V.G. Gehört dahin der auf das Anerkenntnis der Vaterschaft gestützte Anspruch eines unehelichen Kindes auf Alimentierung? **12**, 368. — 2) Anfechtung der Ehe wegen Irrtumes, wenn der Mann entdeckt, daß die Frau vor dem Eheschlusse zweimal von verschiedenen Männern geschwängert ist und geboren hat. (G., P.) **17**, 246.

**Beistand.** Muß, wenn ein Taubstummer testiert, ein Beistand zugezogen werden? (P.) **18**, 301.

**Beitragspflicht** der Legatare dem Erben oder unmittelbar den Nachlaßgläubigern gegenüber? (P.) **16**, 224.

**Beitritt** zu einer Gesellschaft, offenen Handelsgesellschaft, Aktiengesellschaft, eingetragenen Genossenschaft. Siehe §§ 139. 217. 218. 219. 220 des systematischen Registers.

**Beitritt** zum Vertrage. 1) Wirkt die von dem Gläubiger gegenüber einem Mitschuldner bezüglich des andern abgegebene Entlassungserklärung zu Gunsten des letzteren auch ohne dessen Beitritt? (G.) **11**, 126. — 2) Übernahme des Hofes mit Schulden und Lasten. Bedarf es des Beitrittes der Hofesgläubiger? (G.) **16**, 137. — 3) Übernahme eines ganzen Vermögens ohne Beitritt der Gläubiger. (G.) **17**, 100. — 4) Inwiefern kann der neue Erwerber eines Grundstückes aus dem Vertrage, laut dessen der Gläubiger des früheren Eigentümers diesem verspricht, die Generalhypothek aus dem zu erwirkenden freiwilligen Urteile an diesem Grundstücke nicht geltend zu

vollstreckbaren Urkunde ein Pfändungspfandrecht gegen den Schuldner erlangt hat, der Eid zugeschoben werden? Rechtsnachfolger? **15**, 368. — 9) Ist eine Benachteiligung durch den Vertragsschluß dann ausgeschlossen, wenn das Entgelt dem Werte des veräußerten Objektes völlig entspricht? **18**, 122.

**Benefizialerbe.** Siehe § 202 des systematischen Registers.

**Benefiziarmasse.** Wird § 709 C.P.O. durch französisch-rechtliche Vorschriften über die Verteilung eines Benefiziarnachlasses ausgeschlossen? **18**, 398.

**Beneficium cedendarum actionum** für den Rückbürgen gegen den Bürgen. Geltendmachung des b. c. a. mittels exceptio doli generalis. **18**, 235. 238.

**Beneficium competentiae.** Pfändungsbeschränkung des § 749 Ziff. 3 C.P.O. Grund und Tendenz? „Notdürftiger" Unterhalt. Kommt dabei die Erwerbsfähigkeit des Schuldners oder die Alimentationspflicht eines Dritten in Betracht? **12**, 384.

**Beneficium divisionis.** Hat es der Korrealschuldner dem Gläubiger gegenüber? (P.) **16**, 166.

**Beneficium excussionis personalis.** Siehe Vorausklage.

**Beneficium inventarii.** Siehe § 202 des systematischen Registers.

**Beneficium separationis.** Siehe Absonderungsrecht.

**Benutzung.** Störung in der Benutzung öffentlicher Sachen. Siehe § 156 des systematischen Registers.

**Bereicherung.** 1) Ist derjenige, dessen Vertreter zum Empfange von Geld ermächtigt ist, durch die an diesen erfolgte Zahlung bereichert? Unterschlagung des Geldes durch den Vertreter. **13**, 5. — 2) Fällt der gegen den Gemeinschuldner rechtshängig gemachte Bereicherungsanspruch aus Art. 83 W.O. unter die Kategorie des § 8, oder § 9, oder § 10 K.O.? **16**, 360. — 3) Bereicherung infolge Nachdruckes. Ist der Anspruch auf deren Erstattung nach dem Urhebergesetze vom 11. Juni 1870 oder nach gemeinem Rechte zu beurteilen? **12**, 105. — 4) Kann darin, daß jemand einen Verlust nicht erleidet, weil ihn ein Dritter ohne Rechtsgrund trägt, eine ungerechtfertigte Bereicherung liegen? **20**, 68. — 5) Verbesserung der Lage des Arrestgläubigers durch Kautionsleistung von seiten des Schuldners nach § 803 C.P.O. **20**, 397. — 6) Actio doli gegen eine Aktiengesellschaft, welche ihre eigenen infolge wissentlich falscher Bilanz in die Höhe getriebenen Aktien durch eine vorgeschobene Person verpfänden läßt, auf Herausgabe der Bereicherung. **18**, 116. — 7) Voraussetzungen der Bereicherungsklage. Fall, wo der Beklagte eine Forderung gegen einen Dritten hat, der seinerseits Gläubiger des Klägers ist. (P.) **19**, 332. — 8) Zahlung mit den Mitteln eines Dritten; Pfändung einer einem Dritten gehörigen Sache und Verwertung. Kann der Dritte den an den Gläubiger gelangten Betrag als ungerechtfertigte Bereicherung von diesem kondizieren? (G.) **13**, 180. 185. — 9) Auslegung der §§ 30. 31 K.O. Bereicherung der Masse? **16**, 23.

die Berufung statt gegen das Urteil, durch welches ein Einspruch gegen ein Versäumnisurteil verworfen ist? **13**, 327. — 9) Können, wenn in dem nach § 276 C.P.O. erlassenen Urteile unzulässige Festsetzungen enthalten sind, diese mittels der Berufung beseitigt werden, oder ist letztere unzulässig? **13**, 403. — 10) Möglichkeit mehrerer Berufungen in einem Prozesse. **14**, 348. 371. — 11) Ehescheidung wegen einseitiger unüberwindlicher Abneigung. Kann der folgeweise für allein schuldig erklärte Gatte nur wegen der Schuldfrage Berufung einlegen? (P.) **15**, 288. — 12) Ist gegen das Urteil, welches dem Antrage des Klägers auf Erlaß des Versäumnisurteiles zum Teil stattgiebt, zum andern Teil aber ihn zurückweist, die Berufung das zulässige Rechtsmittel für den Kläger, oder die sofortige Beschwerde? **15**, 390. — 13) Ist gegen das eine prozeßhindernde Einrede verwerfende Zwischenurteil die Berufung nur dann zulässig, wenn abgesondert über die Einrede verhandelt ist? **15**, 399. — 14) Wird von der gegen das Endurteil eingelegten Berufung auch das nach §§ 248. 276 C.P.O. erlassene, noch nicht rechtskräftige Zwischenurteil miterfaßt? **15**, 351; **16**, 353. — 15) Ist die Berufung des Arrestbeklagten nach § 94 C.P.O. unzulässig, wenn die erste Instanz, nachdem der Arrest durch Urteil für gerechtfertigt erklärt worden, auf die Anzeige des Arrestklägers von der Freigebung der Pfandstücke, seinem Antrage gemäß den Arrest durch Beschluß aufhebt? **16**, 324. — 16) Berufung gegen eine Entscheidung, welche sich unrichtigerweise als bedingtes Zwischenurteil bezeichnet, welche aber ein — nach einer Seite hin unvollständiges — bedingtes Endurteil ist? **16**, 286. — 17) Keine Berufung gegen die Entscheidung, welche die Zulässigkeit der Nebenintervention nicht mittels besondern Zwischenurteiles, sondern in dem Endurteile über die Hauptsache ausspricht. **18**, 139. — 18) Zulässigkeit der Berufung gegen ein Urteil, wenn dasselbe unzulässig und statt dessen ein Beschluß zu erlassen war. **18**, 361. — 19) Anwendung des § 94 C.P.O., wenn der kostenpflichtig abgewiesene Kläger in der Berufungsinstanz beantragt, die Sache für erledigt zu erklären, und die Kosten dem Beklagten aufzuerlegen? **15**, 424; **18**, 418; **20**, 430.

**Berufungsfrist.** Siehe Rechtsmittelfrist.

**Berufungsinstanz.** 1. Neues Vorbringen. 1) Novum judicium. Andererseits Beschränkung auf die Anfechtung des ersten Urteiles innerhalb der durch den Klagantrag gezogenen Grenzen. **13**, 392. — 2) Voraussetzung für die Zurückweisung eines neu angetretenen Beweises. **11**, 413. — 3) Kann eine Gegenforderung, die in erster Instanz nur einem der mehreren Klagansprüche entgegengesetzt war, in der zweiten Instanz diesen allen gegenüber nur unter Erbringung des § 491 Abs. 2 C.P.O. erforderten Nachweises geltend gemacht werden? **13**, 376. — 4) Neues Vorbringen einer Retentionseinrede. Anspruch im Sinne des § 491 C.P.O.? **15**, 421. — 5) Ehescheidung wegen einseitiger unüberwindlicher Abneigung. Kann der folgeweise für allein schuldig erklärte Gatte nur wegen der Schuldfrage Berufung einlegen und zu deren Begründung neue Scheidungsgründe vorbringen? (P.) **15**, 288. — 6) Kann die Berufung gegen ein Urteil, durch welches der Antrag auf Restitution gegen Versäumung einer Notfrist zurückgewiesen ist, auf neue Thatsachen und Beweismittel gestützt werden? **16**, 368. — 7) Zur Begriffsbestimmung der „neuen" Ansprüche im Sinne des § 491 C.P.O. **13**, 376; **15**, 288; **20**, 409.

**Berufungsinstanz.** 2. Verfahren. 1) Unerheblichkeit des in erster Instanz von dem Gegner der beweispflichtigen Partei zugeschobenen und von letzterer geleisteten Eides für die Berufungsinstanz. **17**, 335. — 2) Kann der Eidesdelat den in erster Instanz unzulässigerweise zurückgeschobenen Eid in der Berufungsinstanz annehmen? **17**, 422. — 3) Eventuelle Häufung zweier Klagen. Inwiefern erwächst, wenn die prinzipale Klage vom Instanzrichter für begründet erachtet und die eventuelle unentschieden gelassen ist, auch die letztere an das Berufungsgericht? **18**, 385. — 4) Muß der Berufungsbeklagte, welcher Erlaß des Versäumnisurteiles gegen den nicht erschienenen Berufungskläger beantragt, die Zustellung des Urteiles erster Instanz und der Berufungsschrift nachweisen? **12**, 364.

— 3. Urteil. 1) Muß, falls in der Berufungsinstanz auf einen Eid erkannt werden soll, über die Berufung als solche bedingt erkannt, oder unter unbedingter Aufhebung des ersten Urteiles ein bedingtes Urteil in der Sache selbst erlassen werden? namentlich, wenn das erste Urteil ein unbedingtes ist? **12**, 358. — 2) Worauf erstreckt sich im Falle der Versäumnis des Berufungsklägers die richterliche Prüfung vor Erlaß des Versäumnisurteiles? Ist die vor Zustellung des Urteiles eingelegte Berufung fähig, durch ein solches zurückgewiesen zu werden? **12**, 364. — 3) Kann das Berufungsgericht, falls das angefochtene Urteil nur über Zulassung einer prozeßhindernden Einrede entschieden hat, aber in erster Instanz vollständig zur Hauptsache verhandelt worden ist, unter Abweisung der Einrede in der Sache selbst erkennen? **12**, 377. — 4) Relative Rechtskraft des Berufungsurteiles, wenn es auf Revision des Berufungsbeklagten uneingeschränkt aufgehoben ist. Kann das neu ergehende Berufungsurteil noch mehr zu Gunsten des Berufungsklägers entscheiden? **12**, 408. — 5) Kostenpunkt, wenn dem Wortlaute nach die Berufung verworfen, sachlich aber das erste Urteil durch Hinzufügen eines Vorbehaltes abgeändert wird? **15**, 422. — 6) Findet die Zurückverweisung der Sache in die erste Instanz nach § 500 Ziff. 3 C.P.O. auch dann statt, wenn in erster Instanz die Klage abgewiesen ist? **14**, 357; **16**, 311; **17**, 349. — 7) Zurückverweisung in die erste Instanz wegen Mängel des Urteilsverfahrens? Revisibilität des zurückverweisenden Urteiles? **17**, 358. — 8) Kann, wenn bei eventueller Häufung zweier Klagen die prinzipale vom ersten Richter für begründet erachtet und die eventuelle unentschieden gelassen ist, das Berufungsgericht das Urteil aufheben und die Sache zur Verhandlung und Entscheidung über die eventuelle Klage zurückverweisen? **18**, 385.

aus einer Schuldurkunde ohne Bezeichnung eines bestimmten Gläubigers. (G.) **11,** 249. — 2) Donatio sub modo. Ungewißheit, materielle Unbestimmbarkeit der dem Beschenkten auferlegten Gegenleistung. **18,** 180. — 3) Bestimmung des Kaufpreises durch einen Dritten. (F.) **18,** 344. — 4) Abschluß eines Kaufes durch einen Makler mit vorbehaltener Aufgabe des Käufers. **20,** 37. — 5) Unbestimmtheit und Unbestimmbarkeit des Gegenstandes der Cession. (P.) **20,** 237. — 6) Recht zur Sache, wenn der Gegenstand des ihm zu Grunde liegenden Rechtsgeschäftes unbestimmt ist? (P.) **20,** 238.

**Bestimmung.** Siehe Destination.

**Bestimmungsort.** Hat ein Schiff, welches seines Tiefganges oder seiner Dimensionen wegen nicht in den eigentlichen Hafen einzulaufen vermag, im frachtrechtlichen Sinne den Bestimmungsort schon erreicht, wenn es auf der Rhede desselben vor Anker geht? **14,** 8.

**Betagte Forderung.** Siehe Fälligkeit, Kündigung.

**Betreibender Gläubiger.** 1) Rechte des die Zwangsversteigerung betreibenden Gläubigers aus der Beschlagnahme des Grundstückes. Pfandrecht? Jus offerendi des dinglich Berechtigten? (P.) **12,** 262; **19,** 295. — 2) Anspruch des betreibenden Gläubigers auf Erstattung der in der Zwangsverwaltung gemachten Auslagen aus dem Kaufgelde. Beweislast. Auslegung des § 24 Ziff. 1 des Gesetzes vom 13. Juli 1883. (P.) **17,** 273. — 3) Rechtswirkung der Beschlagnahme lediglich zu Gunsten des betreibenden Gläubigers. (P.) **20,** 293.

**Betrieb.** 1) Ausladen einer stillstehenden Lowry als zum Eisenbahnbetriebe gehörig? **14,** 26. — 2) Ist der Einwand der höhern Gewalt ausgeschlossen, wenn der Unfall die unmittelbare Folge des regelmäßigen Betriebes ist? **11,** 147.

**Betriebsreglement.** Siehe Eisenbahnbetriebsreglement.

**Betriebsunternehmer.** 1) Begriff im Sinne des § 1 des Reichshaftpflichtgesetzes. Derjenige, für dessen Rechnung der Betrieb erfolgt, in welchem der Unfall stattfindet? Durchgehende Eisenbahnzüge. **12,** 145. — 2) Siehe auch Gewerbeunternehmer.

**Betrug.** 1) Entschädigungspflicht des Betrügers. Entziehung eines von dem bloßen Wohlwollen eines andern abhängigen Vorteiles. (P.) **16,** 168. — 2) Versetzung des Gegenkontrahenten in sinnlose Trunkenheit in betrügerischer Absicht. Notwendigkeit der Anzeige nach § 92 A.L.R. I. 4? **12,** 276. — 3) Anfechtung eines Anstellungsvertrages wegen Betruges, weil der Angestellte seine zerrütteten Vermögensverhältnisse dem Prinzipale verheimlicht und ihn von Erkundigungen geflissentlich abgehalten habe. **12,** 102. — 4) Ist ein gegen den Anfechtenden gerichteter Betrug die Grundlage des Anfechtungsrechtes? (G., P., R.) **15,** 64. — 5) Ist für die Rechtsfolgen des Betruges erheblich, ob der Irrtum des Betrogenen entschuldbar oder unentschuldbar ist? (G.) **18,** 224. — 6) Anfechtung der Ehe wegen Betruges über die Vermögensverhältnisse. (G.) **18,** 223. — 7) Siehe auch Arglist.

**Bett.** 1) Eigentums- und Nutzungsverhältnisse betreffend Wasserlauf und

Bett der nicht schiff- und flößbaren Flüsse. (F.) **12,** 340. — 2) Siehe auch Tisch und Bett.

**Beurkundung** der mündlichen Verhandlung. Siehe § 303 des systematischen Registers.

**Beweggrund.** Willenserklärung. Unerheblichkeit irriger Beweggründe. **19,** 126.

**Bewegliche Sachen.** 1) Was ist nach dem Sprachgebrauche des Handelsgesetzbuches unter beweglichen Sachen zu verstehen? Art. 309. Forderungen? **17,** 57. — 2) Wonach ist zu beurteilen, ob ein Anspruch beweglicher oder unbeweglicher Natur ist? **12,** 338. — 3) Pfändung und Wegschaffung beweglicher Zubehörstücke eines Grundstückes. Rechte des Hypothekengläubigers. (F., R.) **17,** 323. — 4) Eigentumserwerb des Grundstückserstehers an beweglichem Zubehör, welches noch auf dem Grundstücke vorhanden, aber dem Eigentümer nicht mehr gehört. (P.) **19,** 321.

**Beweis.** Siehe die folgenden Wörter und §§ 314 flg. des systematischen Registers.

**Beweisaufnahme.** 1) Beweisaufnahme durch einen ersuchten Richter. Inwiefern kann derselbe selbständig Beweiserhebung beschließen und vornehmen? **13,** 399. — 2) Unanfechtbarkeit des Beschlusses, welcher die eine oder die andere Art der Beweisaufnahme anordnet, insbesondere die Eidesleistung vor dem Prozeßgerichte. **11,** 377. — 3) Beschränkung der freien richterlichen Beweiswürdigung durch die Vorschriften über die Aufnahme der Beweise. **13,** 421. — 4) Ist die Abnahme des im bedingten Urteile auferlegten Eides eine Beweisaufnahme? **13,** 427. — 5) Bildung der richterlichen Überzeugung auch ohne Beweisaufnahme. **18,** 163.

**Beweisaufnahmeverfahren.** Begriff. § 13 Ziff. 4 der Gebührenordnung für Rechtsanwälte, § 323 C.P.O. **14,** 395.

**Beweisaufnahme zum ewigen Gedächtnisse.** Siehe Beweisgebühr Nr. 2 und Sicherung des Beweises.

**Beweisgebühr.** 1) Ist der Anwalt zur Berechnung der Beweisgebühr berechtigt, wenn nach erlassenem Beweisbeschlusse im nächsten Termine vom Gerichte eröffnet wird, daß der betreffende Zeuge das Zeugnis verweigert hat? **12,** 293. — 2) Gebühren des Rechtsanwaltes bei Beweisaufnahme zum ewigen Gedächtnisse. **13,** 319. — 3) Steht dem Anwalte die Beweisgebühr zu für die Vertretung der Partei, welche, zur Edierung eines eidlich zu bestärkenden Inventares verurteilt, diesen Eid ableistet? **14,** 394. — 4) Darf, wenn der Schwurpflichtige die Eidesleistung weigert, die Beweisgebühr voll, oder nur zu $^5/_{10}$ erhoben werden? **18,** 403.

**Beweiskraft.** 1) Gegenstand und Umfang der Beweiskraft des Sitzungsprotokolles. Verhältnis zur Beweiskraft des Thatbestandes. **13,** 418. — 2) Müssen die vorgebrachten Indizien nicht nur jedes einzelne für sich, sondern auch in ihrer Gesamtheit auf ihre Beweiskraft hin geprüft werden? Pflicht zur Prüfung, ob etwa ein richterlicher Eid aufzuerlegen ist. **14,** 326. — 3) Beweiskraft der Empfangsbescheinigung

der Dividende der Generalversammlung der Genossenschaft zu? Übertragung dieses Rechtes auf den Aufsichtsrat? **13,** 25. — 2) Ist die statutenmäßig aufgestellte Bilanz einer Aktiengesellschaft maßgebend für den auf Prozente des Reingewinnes normierten Tantièmenanspruch eines Gesellschaftsbeamten? **11,** 163. — 3) Inwiefern ist die platzübliche Kursnotierung maßgebend für die Ansetzung von Papieren in der kaufmännischen Bilanz? **12,** 8. — 4) Kann der ausgeschiedene Gesellschafter zwecks Auseinandersetzung bezüglich der zur Zeit des Austrittes abgewickelten Geschäfte von der fortgesetzten Gesellschaft verlangen, daß sie ihm Inventar und Bilanz über die Lage des Vermögens für diesen Zeitpunkt vorlege? **15,** 80. — 5) Actio doli gegen eine Aktiengesellschaft, welche ihre eigenen, infolge wissentlich falscher Bilanz in die Höhe getriebenen Aktien durch eine vorgeschobene Person verpfänden läßt, auf Herausgabe der Bereicherung. **18,** 116. — 6) Wertsansatz einer Fabrikanlage in der Bilanz. Bedeutung von Erwerbspreis, Taxe, Ertragswert für die Bilanzierung. **19,** 118.

**Bildende Künste.** Begriffliche Unterscheidung zwischen der zeichnenden und malenden Kunst einerseits und der plastischen andererseits. **18,** 107.

**Binnenschiffahrt.** Gegensatz zur Seefahrt. Greifswalder Bodden? **13,** 69.

**Blankett.** 1) Rechtliche Bedeutung eines unausgefüllten Wechselblankettes? **14,** 94. — 2) Bedeutung der Niederschrift des eigenen Namens auf ein leeres Blatt. **17,** 117. — 3) Genügt ein (später abredegemäß ausgefülltes) Blankett zur Wahrung der Schriftform? (P.) **14,** 297; **15,** 61. — 4) Haftet derjenige, welcher ein Blankett unterschreibt und fortgiebt, gemäß dem später hergestellten Inhalte, wenn er sich mit der Ausfüllung durch den andern Kontrahenten (Wechsel, Cession 2c) ausdrücklich oder stillschweigend einverstanden erklärt, oder wenn er die ihm bekannt gewordene Ausfüllung nachträglich genehmigt? (G., P.) **14,** 297; **15,** 61; **17,** 117. Vgl. **16,** 87. — 5) Abredewidrige Ausfüllung eines rechts unten vom Geber unterschriebenen Trattenblankettes durch den Empfänger, so, daß dieser als Aussteller, jener als Acceptant erscheint. **12,** 118. — 6) Bedeutung der Datierung des Wechsels bei Ausfüllung des Blankettes. **11,** 7. — 7) Umfaßt die Ermächtigung zur Ausfüllung eines Trattenblankettes die Befugnis zur Domizilierung des Wechsels? Wechselrecht des dritten Erwerbers im Falle abredewidriger Domizilierung? **19,** 136.

**Blankoaccept.** 1) Ist für die Vertragsfähigkeit des Acceptanten oder die Vertretungsbefugnis des in seinem Namen unterzeichnenden Vertreters der Zeitpunkt der Ausstellung und Übergabe des Blankoacceptes, oder derjenige der Ausfüllung desselben maßgebend? **11,** 6. — 2) Vollziehung der Unterschrift auf einem noch leeren Wechselformulare, ohne zu wissen, daß dasselbe ein solches ist, und ohne den Willen, eine Wechselverbindlichkeit einzugehen. Kann daraus der Acceptant eine Einrede gegen den gutgläubigen Wechselinhaber herleiten? Abschluß des Wechselvertrages. **14,** 22.

**Blankocession.** 1) Ist Blankocession ohne weiteres zur vollwirksamen

## C

**Certioration.** Siehe Denunziation, Signifikation.
**Cessante jure concedentis cessat jus concessum.** Geltung und Ausnahme von diesem Satze nach dem preuß. Allgem. Landrechte. **17,** 159.
**Cessibilität.** 1) Cession der Forderung aus einer Bürgschaft oder des Anspruches auf eine noch nicht verfallene Konventionalstrafe ohne Cession des Hauptanspruches? (P.) **15,** 278. 283. — 2) Cession der Rechte aus zweiseitigen beiderseits nicht erfüllten Verträgen? (G., P., F.) **13,** 11; **15,** 305. — 3) Kann der Erbe den Anspruch auf seinen noch festzustellenden Erbteil in Höhe einer bestimmten Summe cedieren? (P.) **20,** 234.
**Cessio legis.** Siehe Fingierte Cession.
**Cession.** 1) Cessionsurkunde. Verhältnis zum unterliegenden Vertrage. Cession als Erfüllung. Heilung des Formmangels des unterliegenden Vertrages durch die Cession? (P.) **12,** 249. — 2) Begreift das Wort „Cession" in § 236 Abs. 2 C.P.O. das durch Überweisung zur eigenen Einziehung (§ 736 C.P.O.) begründete Recht mit in sich? **20,** 420. — 3) Wirkung der Abtretung der Rechte aus einem unerfüllten zweiseitigen Vertrage? Verpflichtung des anderen Teiles zur Gegenleistung an den Cessionar? Selbständige Legitimation des letzteren zur Klage? (G., P.) **13,** 11. — 4) Ist im Falle der Cession der Rechte aus einem zweiseitigen, beiderseits nicht erfüllten Vertrage gegen die Klage des Cessionars die Einrede zulässig, daß der Cedent noch nicht erfüllt habe, oder die Kompensation mit der infolgedessen von demselben verwirkten Konventionalstrafe? (F.) **15,** 305. — 5) Hat derjenige, welcher einen Anspruch auf Cession hat, gegen den Drittschuldner eine utilis actio? (G.) **20,** 201. — 6) Unbestimmtheit und Unbestimmbarkeit des Gegenstandes der Cession. Cession eines Inbegriffes. (P.) **20,** 237. — 7) Haftet der Cedent, welcher für Bonität garantiert, bis zum Betrage der Forderung? Beweislast betreffs der Höhe der Valuta? (F.) **16,** 273. — 8) Kann die Haftung des Cedenten, welcher die garantie de fait übernommen hat, durch Vertrag über den Betrag des Cessionspreises hinaus erweitert werden? (F.) **17,** 310. — 9) Ist die Übereignung eines Gesellschaftsanteiles als Abtretung eines Forderungsrechtes aufzufassen? **18,** 39. — 10) Rückgewähr von Heiratsgut seitens des Gemeinschuldners mittels Cession, wenn er nur zur Barzahlung verpflichtet ist. Anfechtbarkeit nach § 25 Ziff. 2 K.O. **15,** 19. — 11) Form der Cession einer verbrieften Forderung. Übergabe des mit dem Namen des Cedenten versehenen Dokumentes mit der Abrede, daß der Empfänger — Cessionar — über die Namensschrift den Übertragungsvermerk setzen könne. (P.) **15,** 61. — 12) Wirkung der Cession der Hypothek seitens des Grundstückseigentümers, welcher dieselbe seinerseits mittels Cession erworben hatte. (F.) **16,** 281. — 13) Wodurch erwirbt der Cessionar das Eigentum der Forderung? (F.) **11,** 340. — 14) Schenkung einer verbrieften Forderung. Heilung der Formlosigkeit. (P.) **17,** 295. — 15) Abtretung eines Konkursvorrechtes. Unmittelbare Wirkung, oder nur Entstehung eines obligatorischen Anspruches gegen den Cedenten auf Herauszahlung?

(G.) **16**, 120. — 16) Örtliches Recht für die Beurteilung der Cession eines Erbteiles. **20**, 235. — 17) Wirkung der Cession der Forderung aus einer Bürgschaft, und bezw. des Anspruches auf eine noch nicht verfallene Konventionalstrafe, ohne Cession der Hauptforderung? (P.) **15**, 278. 283. — 18) Unwirksamkeit der Cession gegenüber Dritten wegen mangelnder Signifikation. Auch gegenüber der Konkursmasse des Cedenten? (F.) **14**, 306. — 19) Cession der Forderung eines Genossenschaftsgläubigers an einen ausgeschiedenen Genossenschafter. Klage des letzteren gegen die Genossenschaft oder einzelne Mitglieder. **18**, 88. — 20) Recht des Zahlung leistenden Bürgen auf Abtretung der Klagen gegen Hauptschuldner und Mitbürgen. (G.) **18**, 236. 240. — 21) Hat im Falle einer Teilcession der andere Miteigentümer der Forderung ein gesetzliches Vorkaufsrecht? (P.) **19**, 290. — 22) Exceptio legis Anastasianae. Siehe Lex Anastasiana. — 23) Siehe auch Blankocession, Cessionar, Cessionsinstrument, Fingierte und erzwingbare Cession.

**Cessionar.** 1) Einrede aus der Person des Cedenten gegen den Cessionar, welcher nur für Rechnung und im Interesse des Cedenten auftritt. **11**, 129. — 2) Kommt für das Verhältnis zwischen Cessionar und Cessus der Beginn der Einforderbarkeit der Forderung in Betracht? (F.) **15**, 306. — 3) Welche Rechte gewinnt der Cessionar aus der Abtretung eines Konkursvorrechtes? (G.) **16**, 120. — 4) Wodurch erwirbt der Cessionar das Eigentum der Forderung? (F.) **11**, 340. — 5) Sind gegen den Cessionar Einreden aus der Person des Cedenten zulässig, welche nach der Cession, und bezw. welche nach der Denunziation entstanden sind? (G.) **14**, 109. — 6) Muß der Cessionar einer Hypothek die nicht eingetragene, aber ihm bekannte Vorrechtseinräumung seitens seines Cedenten zu Gunsten eines nachstehenden Gläubigers gegen sich gelten lassen? (P.) **15**, 264. — 7) Einrede aus dem persönlichen Schuldverhältnisse gegen denjenigen, der eine Hypothek entgeltlich erworben hat. Nachweis der mala fides des Cessionars. (P.) **16**, 198. — 8) Wirkung der Entwährung des Kaufobjektes auf die Rechte des Cessionars der Kaufpreisforderung. (F.) **18**, 331. — 9) Kompensation mit Gegenforderungen an den Cedenten gegenüber dem Cessionar. Wie, wenn zur Zeit der Bekanntmachung der Cession a) die Forderung fällig, die Gegenforderung nicht fällig, b) die Forderung nicht fällig, die Gegenforderung fällig, c) keine von beiden fällig war? (P.) **11**, 302. — 10) Eigentumserwerb an der cedierten Forderung. Bedeutung der Signifikation. (F.) **11**, 340. — 11) Kann der Cessionar, dem der Verkäufer einen Teil der Preisforderung cediert hat, als Nebenintervenient des wegen Nichtzahlung auf Auflösung des Vertrages vom Verkäufer verklagten Käufers, dem ersteren die Cession entgegensetzen? (F.) **11**, 362. — 12) Rechtsstellung des Cessionars einer rechtshängigen Forderung. **20**, 422.

**Cessionsinstrument.** 1) Was ist unter einem Cessionsinstrumente im Sinne des preuß. Stempelgesetzes vom 7. März 1822 zu verstehen? **15**, 232. — 2) Unterliegt die in der Cessionsurkunde enthaltene

**Condictio indebiti.** 1) Klage einer Genossenschaft auf Rückzahlung zuviel verteilter Dividenden als condictio indebiti? Irrtum der Generalversammlung über Existenz oder Höhe des zu verteilenden Jahresgewinnes. **13,** 28. — 2) Kann, wenn ein Staatsbaubeamter Zahlungen für angeblich notwendig, den Voranschlägen aber nicht entsprechend, gelieferte Materialien pflichtwidrig veranlaßt, der Fiskus die gezahlten Beträge von den Empfängern kondizieren? (G., P.) **13,** 263. — 3) Kann die Aktienzeichnung als ein der Gesellschaft indebite gegebenes Versprechen betrachtet werden, wenn der Zeichner irrtümlich glaubte, so viel zeichnen zu müssen? **19,** 124. — 4) Zahlung durch eine Mittelsperson an einen Nichtberechtigten. Voraussetzungen der Rückforderung. (P.) **19,** 332.

**Condictio ob causam datorum.** Siehe Condictio sine causa.

**Condictio ob injustam causam.** 1) Kann der Fiskus das gegen das Verbot des Art. 32 der Reichsverfassung Empfangene dem Reichstagsabgeordneten abfordern? (P.) **16,** 104. — 2) Darf der Fiskus demjenigen, der in einer außerpreußischen, in Preußen nicht zugelassenen Lotterie spielt, den auf sein Los gefallenen Gewinn klagend abfordern? (P.) **17,** 299.

**Condictio sine causa. C. causa data causa non secuta.** 1) Kann derjenige, welcher von einem andern in dessen nach § 286 St.G.B. strafbaren Betriebe einer Lotterieunternehmung ein Los gekauft hat, wegen Ungültigkeit des Vertrages den Preis zurückfordern? (R., P.) **14,** 89. — 2) Kann, wenn der Schuldner seinem Gläubiger aus den Mitteln eines Dritten Zahlung leistet, der Dritte den gezahlten Betrag von dem gutgläubigen Empfänger kondizieren, insbesondere wenn der Gläubiger eine fremde Sache gepfändet und sich daraus befriedigt hat? von dem bösgläubigen? (G.) **13,** 180. 185. — 3) Kann, wenn ein Staatsbaubeamter Zahlungen für gelieferte, angeblich notwendige, aber nicht den Voranschlägen entsprechende Materialien pflichtwidrig veranlaßt, der Fiskus die gezahlten Beträge von den Empfängern kondizieren? (G., P.) **13,** 263. — 4) Beweislast bei der cond. c. d. c. n. s., insbesondere bezüglich des Eintrittes oder Nichteintrittes der Voraussetzung? Anerkenntnis im Schuldschein. (G.) **14,** 217. 222. — 5) Zahlung „für Rechnung" eines Dritten. Condictio sine causa des Zahlenden gegen den Zahlungsempfänger. (P.) **18,** 309. — 6) Bereicherung, nützliche Verwendung. Siehe Bereicherung und § 171 des systematischen Registers.

**Conditio.** Siehe Bedingung.

**Confessio in jure.** Siehe Geständnis.

**Constitutum debiti proprii.** Stillschweigender Verzicht auf eine Einrede gegen die ursprüngliche Schuld? Constitutum hinsichtlich einer Wechselschuld. (G.) **11,** 3.

**Constitutum possessorium.** 1) Voraussetzungen. Erfordernis des thatsächlichen Besitzes des Konstituenten. Kenntnis des Detentors. **11,** 57. 59. 61. Muß der Konstituent juristischer Besitzer sein? **19,** 239. — 2) Bedingtes constitutum possessorium? Eigentumserwerb?

Geltung? **15,** 309. — 4) Ist der Beweis der Richtigkeit des Datums ein Teil des Echtheitsbeweises einer Urkunde? **16,** 438.

**Debitor cessus.** Siehe Cession, Cessionar, Denunziation, Signifikation.

**Decharge.** 1) Bedeutung, Umfang, Anfechtbarkeit eines von der Generalversammlung gefaßten Dechargebeschlusses. **12,** 77; **13,** 51; **18,** 63. — 2) Erstreckt sich die Dechargierung auch auf Geschäfte, die aus den gemachten Vorlagen nicht zu ersehen und zu übersehen sind? **13,** 51.

**Deckungskauf.** 1) Begriff der Deckung? Schadensberechnung? Kompensation von Nachteil und Vorteil? Ort des Deckungskaufes? Wahrung der Interessen beider Parteien? Verschuldete ungünstige Bedingungen. **11,** 198; **12,** 22; **15,** 66. — 2) Kann unter Umständen der Käufer noch, nachdem er auf Erfüllung des Vertrages nach Verfall einer Lieferungsrate geklagt und Verurteilung des säumigen Verkäufers erwirkt hat, aus einem nach der Klagezustellung als eventuell vollzogenen Deckungskaufe Entschädigungsansprüche gegen den Verkäufer geltend machen? **15,** 65.

**Decretum divi Marci.** Sind die Strafbestimmungen desselben durch das Reichsstrafgesetzbuch aufgehoben? **11,** 244; **18,** 218.

**Defektenbeschluß.** Materielle und formelle Anfechtung desselben nach dem Reichsbeamtengesetze? Rechtsweg? **12,** 143.

**Deich.** 1) Stackwerke als Gegenstand der Deichpflicht. Richterliche Nachprüfung von Entscheidungen der Deichbehörde. Inhalt der Deichpflicht: Naturalleistung oder Kostenbeitrag? **11,** 225. — 2) Rechtlicher Charakter der ordentlichen und außerordentlichen Deichlast? Reallast? Erlöschung dadurch, daß das deichpflichtige Grundstück in das Hoheitsrecht eines andern Staates gelangt? (Hannover.) **13,** 204.

**Deklaration.** Kann die Steuerforderung des Staates im Sinne des § 56 Ziff. 4 K.O. eine Forderung aus einer Freigebigkeit des Gemeinschuldners sein, wenn dieser ein Einkommen, welches er thatsächlich nicht besaß, wissentlich deklarierte? **14,** 118.

**Deklarierung.** Verheimlichung gefährlicher Eigenschaften des Frachtgutes seitens des Absenders bezw. Befrachters. **15,** 51; **20,** 78.

**Delation** der Erbschaft. Verhältnis von Delation, Erwerb und Ausschlagung der Allodialerbschaft und der Lehnssuccession. (G.) **19,** 234.

**Delation** des Eides. Siehe Eideszuschiebung.

**Delikt.** Siehe Unerlaubte Handlung, Verbrechen, Verschulden.

**Denunziation.** 1) Sind gegen den Cessionar Einreden aus der Person des Cedenten zulässig, welche nach der Denunziation entstanden sind? (G.) **14,** 109. — 2) Siehe auch Signifikation (F.).

**Depesche.** Siehe Telegraphische Depesche.

**Deposition.** 1) Sicherheitsleistung des Interventionsklägers zur Aufhebung der für den Beklagten bewirkten Zwangsvollstreckung. Recht des letztern an dem hinterlegten Gelde? Hat, um die Auszahlung nach erfolgter Abweisung der Klage zu erlangen, das Prozeß- oder das Vollstreckungsgericht Anweisung an die Hinterlegungsstelle zu erlassen? Zustimmung des Hinterlegers? **12,** 394. — 2) Erwirbt der

Gläubiger an dem vom Schuldner zur Abwendung der Zwangsvollstreckung bei Gericht eingezahlten Gelde ein Faustpfandrecht? (G.) **12**, 222. — 3) Rechtsverhältnis zwischen dem deponierenden Arrestgläubiger und dem Staate, der das Geld zum Depositum nimmt. Subjekt und Voraussetzungen des Anspruches auf Auszahlung. (P.) **11**, 320. 430; **15**, 430; **18**, 284. — 4) Ist der Schuldner einer gepfändeten Geldforderung zur Zahlung an die Hinterlegungsstelle berechtigt, oder auf Verlangen seines Gläubigers, des Exekussus, verpflichtet? Wie, wenn er zugleich dessen Gläubiger ist und jene Forderung desselben wegen seiner Gegenforderung im Wege des Arrestes hat pfänden lassen? (P.) **17**, 291. — 5) Hinterlegung einer Summe zur Abwendung des Arrestvollzuges. Selbständige Entscheidung der Hinterlegungsstelle über die Auszahlung? Kann der Arrest als beseitigt gelten im Sinne des § 24 der preuß. Hinterlegungsordnung vom 14. März 1879, wenn er durch ein vorläufig vollstreckbares Urteil aufgehoben ist? **18**, 284. — 6) Ungenügende Überwachung der Hinterlegung der vom Konkursverwalter vereinnahmten Gelder von seiten des Gläubigerausschusses. **20**, 108. — 7) Siehe auch Niederlegung (Seerecht).

**Depositum.** Siehe Verwahrungsvertrag.

**Depositum irregulare.** 1) Ist es dem preuß. Allgem. Landrechte bekannt? **11**, 322. — 2) Ob gegen die Forderung des Deponenten Kompensation oder Retention zulässig? (G.) **12**, 89.

**Destination.** 1) Erwerb einer Servitut durch Widmung. Durchgangsrecht. Ist eine an dem einen Grundstücke vorhandene Thür ein unzweideutiges Anzeichen? **19**, 387. — 2) Art. 693 Code civil. **13**, 304.

**Detention.** Siehe Gewahrsam.

**Deutliche Willenserklärung.** 1) Kann in einer undeutlichen Erklärung, welche noch der Auslegung bedarf, dennoch eine ausdrückliche Willenserklärung gefunden werden? (P.) **11**, 311. — 2) Ist zur Novation eine ausdrückliche oder nur eine deutliche Erklärung des Novationswillens erforderlich? (G.) **14**, 210.

**Deviation.** Begriff der versicherten Seereise. Abweichung, Erweiterung derselben. Gegensatz zu einer neuen (nicht unter die Versicherung fallenden) Reise. Fahrt über den Bestimmungshafen hinaus? **13**, 86.

**Devolutiveffekt.** 1) Stellung des Berufungsgerichtes, an welches das Revisionsgericht die Sache zur anderweiten Verhandlung und Entscheidung zurückverwiesen hat. **12**, 408. — 2) Charakteristik der Berufungsinstanz als novum judicium und andererseits als beschränkt auf die Anfechtung des ersten Urteiles innerhalb der durch die erstinstanzlichen Anträge gezogenen Grenzen. **13**, 392. — 3) Kann eine in erster Instanz nicht vorgebrachte Retentionseinrede in der Berufungsinstanz unbeschränkt erhoben werden, oder nur nach Maßgabe des § 491 Abs. 2 C.P.O.? **15**, 421. — 4) Wird durch die vom Berufungsgerichte ausgesprochene Aussetzung des Verfahrens auch dasjenige Verfahren betroffen, welches noch in der ersten Instanz anhängig geblieben war? **16,** 355. — 5) Inwiefern erwächst, wenn im Falle eventueller Häufung zweier Klagen die prinzipale vom ersten Richter für begründet erachtet, und demnach die eventuelle unentschieden gelassen ist, auch die letztere an das Berufungsgericht? **18,** 385. — 6) Kann das Berufungsgericht, falls das angefochtene Urteil nur über Zulassung einer prozeßhindernden Einrede entschieden hat, unter Abweisung der Einrede in der Sache selbst erkennen, wenn in erster Instanz zur Hauptsache vollständig verhandelt ist? **12,** 377. — 7) Findet die Zurückverweisung der Sache in die erste Instanz nach § 500 Ziff. 3 C.P.O. auch dann statt, wenn in erster Instanz die Klage abgewiesen ist? **14,** 357; **16,** 311; **17,** 349; **19,** 247. — 8) Begrenzung des Anwendungsgebietes des § 501 C.P.O. **17,** 358. — 9) Inwiefern kann die freie richterliche Schadensschätzung einen Revisionsgrund darbieten? **18,** 339. — 10) Bildet es einen Revisionsgrund, wenn bei der Beweiswürdigung die Prüfung, ob etwa ein richterlicher Eid aufzuerlegen wäre, unterlassen wird? **14,** 327; **15,** 338. — 11) Aufhebung des ganzen Berufungsurteiles und Zurückverweisung der Sache wegen Untrennbarkeit des Prozeßstoffes, obwohl teilweise derselbe bereits der definitiven Entscheidung des Revisionsgerichtes unterliegt. **13,** 405. — 12) Bildet die rechtsirrtümliche Zulassung der Berufung einen Grund zur Aufhebung des Berufungsurteiles auch dann, wenn nur der Revisions- und Berufungskläger sie geltend macht? **19,** 394. — 13) Kann ein in erster Instanz erhobener, damals aber noch anderweit rechtshängiger Anspruch nach Aufhebung dieser Rechtshängigkeit in zweiter Instanz geltend gemacht werden? **20,** 409.

**Dezeptive Marke.** **18,** 99.

**Diätenverbot.** Staats- und civilrechtliche Bedeutung des Art. 32 der Reichsverfassung. **16,** 89.

**Dicta et promissa.** Siehe § 127 d des systematischen Registers.

**Diebstahl.** 1) Kann gegen eine Alimentenforderung mit einer Ersatzforderung aus begangener Entwendung kompensiert werden? (F.) **14,** 309. — 2) Unzulässigkeit der Kompensation gegen die Forderung aus widerrechtlicher Aneignung fremden Besitzes. (G.) **19,** 237.

**Dienstalter.** Siehe Anciennität.

**Dienstbarkeit.** Siehe Servituten.

**Dienstbehörde.** Siehe Behörde, Polizei, Ruhestand, Verwaltungsbehörde.

**Diensteinkommen.** 1) Kann nach dem Reichshaftpflichtgesetze der Verletzte außer der Gewährung des ihm entgangenen Diensteinkommens noch Zinsen dieses Betrages verlangen? **16,** 81. — 2) Siehe auch Gehalt, Pension.

**Dienstleistung,** militärische. Siehe Militärdienst.

**Dienstmiete, Dienstvertrag.** 1) Haftung des Dienstherrn aus dem Dienstvertrage für den durch mangelhaften Zustand dienstlich benutzter Lokalitäten 2c verursachten Schaden. Anwendung auf die Klage des Beamten gegen den Staat. (G., P.) **18,** 173. — 2) Charakter der

Haftung aus § 120 R.Gew.O. Ist sie ein Ausfluß des Dienstvertrages? **12**, 46; **15**, 52.

**Dienstzeit.** Siehe Anciennität, Militärdienstzeit.

**Dies.** Siehe Fälligkeit, Kündigung.

**Differenzgeschäft.** Entbehrt ein Geschäft, bei welchem wirkliche Lieferung von keiner Seite beabsichtigt ist, der Klagbarkeit? **12**, 17.

**Diktierung.** Ist ein öffentliches Testament nichtig, wenn der Testator beim Diktieren einen vom Notar gefertigten Entwurf benutzt, oder wenn der Notar das Testament nicht Wort für Wort so, wie diktiert, niederschreibt? (F.) **13**, 306.

**Dilatorische Einrede.** Inwiefern wirkt die Einrede der Unzulässigkeit des Rechtsweges aus § 120a R.Gew.O. dilatorisch? **12**, 61.

**Diligentia.** Siehe Verschulden.

**Dingliche Klage.** Actio expressa causa. **11**, 242.

**Dingliche Rechte** an fremden Sachen. Siehe §§ 63 flg. des systematischen Registers.

**Dinglicher Gerichtsstand.** Siehe § 281b des systematischen Registers.

**Dispositionsfähigkeit.** Siehe Handlungsfähigkeit, Verfügungsfähigkeit.

**Dispositionsstellung.** Siehe Zurdispositionstellung.

**Dispositives und absolutes Recht.** Siehe § 8 (materielles Recht) und § 308 (Prozeßrecht) des systematischen Registers

**Distanzfracht.** Sind, wenn das Schiff sinkt, die vom Schiffer nicht geborgenen, auf dem Wrack verkauften Güter als verloren anzusehen? Distanzfracht. Totalverlust? **13**, 122.

**Distanzgeschäft. Distanzsendung.** 1) Eigentumserwerb des Käufers an der von einem andern Orte übersandten Ware. (G.) **12**, 81. — 2) Zeitpunkt des Überganges der Gefahr bei Distanzsendungen. Art. 345 Abs. 2 H.G.B. Endpunkt des Transportes. **13**, 168. — 3) Bedeutung der Klausel „cif" für die Übernahme der Gefahr durch den Verkäufer? **14**, 114. — 4) Mängelrüge, wenn die Ware von auswärts in Hamburg zu übergeben, aber Anweisung zum Versande an einen Dritten vom Käufer vorbehalten war, und dieser Versand erfolgt ist. **18**, 155. — 5) Verkauf unterwegs befindlicher Ware. Darf die Empfangnahme beschädigter Ware abgelehnt werden, wenn mit der Klausel telle quelle gekauft ist? **19**, 30. — 6) Interesse des „cif"-Käufers an der ihm cedierten, vom Verkäufer auf den Frachtvorschuß genommenen Versicherung. **19**, 215. — 7) Vgl. auch §§ 237 flg. des systematischen Registers.

**Dissidien** der Eheleute. Anfechtung der Legitimität eines in der Ehe geborenen Kindes auf Grund faktischer Trennung der Ehegatten. (G.) **12**, 165.

**Dividende.** 1) Begriff des Reingewinnes für das Dividendenrecht. Einfluß des Mangels an flüssigen Mitteln. **11**, 161. 163. — 2) Beschlußfassung über Verteilung der Dividende einer Genossenschaft. Zuständiges Organ? Irrtum über Existenz oder Höhe des Jahresgewinnes. Condictio indebiti auf Rückzahlung zuviel verteilter Dividenden. **13,** 25. — 3) Inwiefern haftet bei gesetzwidriger Dividendenzahlung der schuldige Vorstand nach Art. 241 H.G.B. demjenigen, der erst nach der Auszahlung Gläubiger der Gesellschaft geworden ist, auf Erstattung des Betrages, um welchen sich sein Ausfall vermindert hätte, wenn der als Dividende bezahlte Betrag im Vermögen verblieben wäre? **19,** 111. — 4) Kann der Dividendenscheinbesitzer, der nicht Aktionär ist, gegen die Aktiengesellschaft klagen auf Auszahlung des bilanz- und statutenmäßig auf seinen Schein entfallenden Gewinnanteiles eines Jahres, wenn dieser infolge eines von den Organen der Gesellschaft bei Feststellung der Bilanz gefaßten Beschlusses statutenwidrig an nachbezugsberechtigte Inhaber von Dividendenscheinen früherer Jahre gezahlt ist? **15,** 95. — 5) Kann ein Recht auf Nachbezug von Dividenden noch nach Auflösung der Aktiengesellschaft und nach Verstaatlichung ihres Eisenbahnbetriebes geltend gemacht werden? Verhältnis des Dividendenscheinbesitzers, der nicht Aktionär ist, zur Gesellschaft? **14,** 168. — 6) Siehe auch Konkursdividende, Zwangsvergleich.

**Dolo desinens possidere.** 1) Haftung des unredlichen Besitzers, der sich des Besitzes entschlägt, als dolo desinens possidere. (P.) **20,** 206. — 2) Erfordernis doloser Weiterveräußerung? (G., P.) **11,** 299. — 3) Unter welchen Umständen geht die actio de pauperie gegen den Eigentümer des Tieres als dolo desinens possidere? (G.) **20,** 205.

**Dolus.** Siehe Arglist, Betrug.

**Domizil.** Siehe Wohnsitz.

**Domizilwechsel.** 1) „Neustrelitz, den . . . Am . . . zahlen Sie gegen diesen Wechsel an die Vorschußanstalt hierselbst oder an deren Order, bei deren Kasse die Summe von x. *M.* A. An Herrn B. in Himmelpfort." Ist dies ein Domizilwechsel? **15,** 111. — 2) Ist es zulässig, daß der Remittent zugleich Domiziliat ist? **15,** 114. — 3) Kann die Gestattung der Domizilierung des Wechsels nur durch ausdrückliche Erklärung, oder auch stillschweigend erteilt werden? **18,** 115. — 4) Umfaßt die Ermächtigung zur Ausfüllung eines Trattenblankettes die Befugnis zur Domizilierung des Wechsels? Abredewidrige Domizilierung. Einreden gegen den dritten Erwerber? **19,** 136. — 5) Art und Ort des Protestes bei uneigentlichen Domizilwechseln. **14,** 148.

**Donatio.** Siehe Ehegatten, Insinuation, Schenkung.

**Don manuel.** Voraussetzungen eines gültigen Handgeschenkes. (F.) **18,** 353.

**Doppelbesteuerung.** 1) Inwiefern soll die Doppelbesteuerung durch das Reichsgesetz vom 13. Mai 1870 verhindert werden? **13,** 149. Gleichzeitige Besteuerung des Einkommens des Aktionärs aus den Aktien und desjenigen der Aktiengesellschaft? **13,** 148. — 2) Bedeutung und Tendenz der reichsrechtlichen Vorschrift, daß derjenige Staat zur Besteuerung des Einkommens aus Gewerbebetrieb und Grundbesitz berechtigt ist, in dessen Gebiet sich die Einkommensquelle befindet.

## E

Wechselobligation. Inwieweit kann sie sich der Wechselklage gegenüber auf die weiblichen Rechtswohlthaten bezüglich der Intercession berufen? (G.) **11,** 1. — 6) Ist dasjenige, was die Ehefrau des Gemeinschuldners von diesem durch Rechtsgeschäft erworben hat, als mit dessen Mitteln erworben nach § 37 K.O. zur Konkursmasse zurückzuerstatten? Lebensversicherung zu Gunsten der Frau. **14,** 21. — 7) Kann die querela inofficiosi testamenti gegen die Ehefrau des Erblassers gerichtet werden? (G.) **14,** 187. — 8) Kann eine ohne ehemännliche Autorisation vorgenommene Rechtshandlung der Ehefrau von ihrem Singularsuccessor angefochten werden? (F.) **14,** 315. — 9) Erlischt die von einer Ledigen erteilte Vollmacht durch ihre Verheiratung? (P.) **15,** 255. — 10) Sind die aus der sog. ehelichen Vormundschaft sich ergebenden Beschränkungen der Handlungsfähigkeit der Ehefrau durch die Vormundschaftsordnung modifiziert? (G., P.) **16,** 148. — 11) Gilt die Rechtsregel, daß die aufgeheiratete Frau das in den Hof Eingebrachte nicht zurückfordern kann, für alle Bauerhöfe, oder nur für Meierhöfe? (G.) **16,** 154. — 12) Wirkung der ehemännlichen Genehmigung von Verpflichtungen, die die Ehefrau in Ansehung ihres Eingebrachten eingeht. Beschränkung der Vorschrift des § 329 A.L.R. II. 1 auf Schulden bezüglich des Eingebrachten. (P.) **16,** 259. — 13) Welche Bedeutung hat es gegenüber § 51 C.P.O., wenn der Ehemann sich der Klage seiner Ehefrau anschließt? Französisches Güterrecht. **16,** 287. — 14) Zwangsvollstreckung gegen die Ehefrau des Schuldners nach Hamburger Recht. Einwendungen derselben aus §§ 715. 749 C.P.O. **16,** 347. — 15) Unter welchen Umständen ist die Frau vom Manne Gewährung von Unterhalt außer dem Hause zu verlangen berechtigt? (P.) **17,** 213. — 16) Klage des Ehemannes auf Ungültigkeit der Ehe nach Ablauf von sechs Wochen seit der Entdeckung, daß die Frau vorehelich ein Kind geboren hat, wenn er später entdeckt, daß sie noch ein zweites Kind von einem andern Manne vor der Ehe geboren hat. (P.) **17,** 246. — 17) Gebühren der Ehefrau die gesetzlichen Zinsen für ihre Ersatzforderung bei Auflösung der Gütergemeinschaft, wenn sie auf die Gemeinschaft verzichtet hat? (F.) **17,** 321. — 18) Wirken, wenn eine Ehefrau als Gläubigerin im Grundbuche eingetragen ist, die Beschränkungen des Verfügungsrechtes, denen sie als Ehefrau unterliegt, gegen den Dritten? Vorrechtseinräumung ohne ehemännliche Genehmigung. Nichtigkeit von Verfügungen über ihr eingebrachtes Vermögen ohne diese Genehmigung. (P.) **19,** 346. — 19) Verschiedene Rechte des Mannes und der Frau, im Falle der andere Teil die Ehe bricht. (P.) **20,** 240. — 20) Siehe auch die folgenden Wörter, sowie Frau, Mutter.

**Ehegatten.** 1) Notwendige Streitgenossenschaft der Ehegatten, wenn es sich um das Eigentum der Frau an einem eingebrachten Grundstücke handelt? (P.) **13,** 294. — 2) Unstatthafte Schenkung unter Ehegatten, wenn der Mann, um für die Zukunft der Seinen zu sorgen, seine auf den Inhaber lautende Lebensversicherungspolice der Frau eigentümlich überträgt? **16,** 128. Widerruf durch den Verwalter im

Konkurse des Schenkers? **16,** 129. — 3) Berechnung des zulässigen Maßes von Freigebigkeiten nach L.R.S. 1098. (B.) **18,** 324. — 4) Sind zwischengeschobene Personen im Sinne der Artt. 1099. 1100 Code civil auch die unehelichen Kinder des einen Gatten? (F.) **19,** 392. — 5) Siehe auch Ehefrau, folgende Wörter.

**Ehehindernis.** Wiederverheiratung geschiedener Eheleute. (P.) **20,** 239.

**Eheliche Folge.** 1) Klage auf eheliche Folge. Sind Einreden nur aus gerechtfertigten Scheidungsgründen zu entnehmen? Mangel einer geeigneten ehelichen Wohnung und standesgemäßen Unterhaltes? Muß der Mann während des Prozesses eine geeignete Wohnung bereit halten? (G.) **15,** 188. — 2) Klage auf eheliche Folge, Einrede und Widerklage auf Scheidung wegen Ehebruches des Klägers. Beweis. Unzulässigkeit der Eideszuschiebung. **17,** 386.

**Eheliche Geburt.** Siehe § 19 des systematischen Registers.

**Eheliche Güterverhältnisse.** Römisches Recht. Siehe Dos.

— Gemeines deutsches Recht. Siehe § 179 des systematischen Registers.

— Preußisches Recht. Siehe § 180 des systematischen Registers.

— Französisches Recht. Siehe § 181 des systematischen Registers.

**Eheliche Vormundschaft.** Siehe Vormundschaft.

**Ehelicher Wohnsitz.** Siehe Wohnsitz.

**Ehemann.** 1) Eheungültigkeitsklage des Mannes wegen vorehelicher Geburten der Frau. (P.) **17,** 246. — 2) Pflicht des Mannes, die Prozeßkosten der Frau vorzuschießen. Bedeutung für den Anspruch der Frau auf Bewilligung des Armenrechts. (P.) **19,** 428. — 3) Wird der Ehemann dadurch, daß er eine von der Frau betreffs des Vorbehaltenen eingegangene Verpflichtung genehmigt, persönlich verhaftet? (P.) **16,** 259. — 4) Verschiedenheit der Rechte des Mannes und der Frau, im Falle der andere Teil die Ehe bricht. (P.) **20,** 240. — 5) Ehemännliche Autorisation, Genehmigung. Siehe Genehmigung. — 6) Ehemännlicher Nießbrauch. Siehe Nießbrauch. — 7) Siehe auch Ehefrau, Eheliche Folge und die folgenden Wörter.

**Ehenichtigkeit.** 1) Anfechtung der Ehe wegen Irrtums durch den Mann nach Ablauf von sechs Wochen seit der Entdeckung, daß die Frau vorehelich ein Kind geboren, wenn er später entdeckt, daß sie ein zweites Kind von einem andern Manne vor der Ehe geboren hat. (P., G.) **17,** 246. — 2) Genügt die im Eheungültigkeitsprozesse vom Manne aufgestellte Behauptung, daß das von der Frau in der Ehe geborene Kind nicht von ihm erzeugt sei, als Anfechtungserklärung im Sinne des § 7 A.L.R. II. 2? **18,** 292.

**Ehenichtigkeitsklage.** Vertretung der Staatsanwaltschaft bei Eröffnung der höheren Instanzen. **18,** 405. 407.

**Eherecht.** Statutenkollision. Ist eine von ausländischen, in Baden

bei der demnächstigen Erledigung des Fideikommisses vor dem Beklagten zur Nachfolge in dasselbe berufen sei, eine Eigentumsklage? **13,** 388. — 2) Siehe auch §§ 57. 59 des systematischen Registers.

**Eigentumsverlust.** 1) Verlust des Eigentumes infolge unerlaubter Selbsthilfe. Aufhebung dieser Privatstrafe durch das Reichsstrafgesetzbuch. **11,** 244; **18,** 218. — 2) Siehe auch §§ 45. 46 des systematischen Registers.

**Eigentumsvorbehalt.** 1) Bei Verbauen von Materialien in ein fremdes Haus. Rechtswirksamkeit, insbesondere gegenüber einer auf das fertige Gebäude aufgenommenen Hypothek. Einfluß des guten Glaubens des Gläubigers. (G.) **12,** 158. — 2) Wirksamkeit des Eigentumsvorbehaltes beim Kaufvertrag. (G., F.) **20,** 327.

**Einbringen.** Siehe § 181 des systematischen Registers. (Franz. eheliches Güterrecht.)

**Einfache Beschwerde.** Siehe § 328a des systematischen Registers.

**Einführungsgesetze zu den Reichsjustizgesetzen.** Siehe § 273 des systematischen Registers.

**Eingebrachtes Vermögen.** Siehe Ehefrau, Illaten.

**Eingetragene Genossenschaft.** Siehe § 220 des systematischen Registers.

**Eingetragener Eigentümer.** 1) Ist im Sinne des Eigentumserwerbsgesetzes vom 5. Mai 1872 sowohl der vor, als der nach dem 1. Oktober 1872 Eingetragene als solcher zu verstehen? Ersitzung dem ersteren gegenüber? (P.) **15,** 260. 256. — 2) Ist auf die Klage des eingetragenen Eigentümers nach § 7 des Eigentumserwerbsgesetzes die Verurteilung des Beklagten auszusprechen, wenn derselbe den vertragsmäßigen Erwerb nicht nur durch Einrede, sondern durch Widerklage geltend macht? (P.) **15,** 253. — 3) Über die Wirkung der von einem vor Geltung des Eigentumserwerbsgesetzes eingetragenen Eigentümer herrührenden Auflassung. (P.) **16,** 226. Vgl. **20,** 227. — 4) Wird durch § 9 Abs. 2 des Eigentumserwerbsgesetzes das von einem eingetragenen, aber nicht wahren Eigentümer erworbene Eigentum geschützt? (P.) **16,** 227. — 5) Siehe auch Grundbuchverfassung.

**Einkaufskommission.** 1) Übergang von Besitz und Eigentum an der gekauften Ware auf den Kommittenten. (P.) **11,** 52. — 2) Liegt dem Einkaufskommissionär, der von Dritten eingekauft zu haben behauptet, über den Nachweis des Abschlusses eines der Ausführungsanzeige entsprechenden Geschäftes hinaus noch der besondere Beweis, daß der Abschluß mit bezug auf den erteilten Auftrag erfolgt sei, ob? Muß er seine Handelsbücher vorlegen? **18,** 20.

**Einkindschaft.** Erbrechtliche Bedeutung des Einkindschaftsvertrages? Erbvertrag? Anfechtung des Testamentes des Stiefparens seitens des auf den Pflichtteil gesetzten Kindes, welches laut des Einkindschaftsvertrages mit den etwa aus der neuen Ehe entspringenden Kindern in jeder Hinsicht gleiche Rechte haben soll? (G.) **17,** 131.

**Einkommen.** 1) Einkommen des Aktionärs aus den Aktien. Einkommen aus Gewerbebetrieb? Welchem Bundesstaate steht das diesbezügliche

Steuerrecht zu, wenn der Aktionär in einem andern Staate wohnt, als in welchem die Gesellschaft ihr Gewerbe betreibt? **13,** 142. Liegt in der gleichzeitigen Besteuerung dieses Einkommens und desjenigen der Aktiengesellschaft eine unstatthafte Doppelbesteuerung? **13,** 148. — 2) Welches ist die Quelle des durch Fabrikbetrieb erzielten Einkommens? Gütererzeugung oder Güterumsatz? **15,** 31. — 3) Bedeutung und Tendenz der reichsrechtlichen Vorschrift, daß derjenige Staat zur Besteuerung des Einkommens aus Gewerbebetrieb und Grundbesitz berechtigt ist, in dessen Gebiet sich die Einkommensquelle befindet. Ausdehnung eines Betriebes über die Grenze eines Staates hinaus. Anteilmäßiges Steuerrecht der mehreren Staaten. **15,** 27. — 4) Geltung des bremischen Gesetzes, betreffend die Einkommensteuer vom 17. Dezember 1874 gegenüber dem Reichsgesetze wegen Beseitigung der Doppelbesteuerung vom 13. Mai 1870? **15,** 28. — 5) Siehe auch Diensteinkommen.

**Einlage.** 1) Haftet der Kommanditist unbeschränkt für die vor der Eintragung im Handelsregister entstandenen Verbindlichkeiten der Gesellschaft, wenn der Dritte die Höhe seiner Einlage nicht kannte, wohl aber die Thatsache der beschränkten Beteiligung? **12,** 135. — 2) Einrede des vom Gesellschaftsgläubiger belangten Kommanditisten, seine Einlage sei durch Aufrechnung seiner Forderung für vorgelegte Gründungskosten gedeckt? **17,** 39. — 3) Wertsansatz der Einlage in der Bilanz. Fabrikanlage. **19,** 118.

**Einlassunghindernde Einrede.** Siehe Prozeßhindernde Einrede.

**Einlassungsfrist.** Muß bei Zustellung eines den Klagantrag nachträglich erweiternden Schriftsatzes die Einlassungs- oder die Zustellungsfrist gewahrt werden, damit demgemäß Versäumnisurteil ergehen könne? **15,** 392.

**Einlegung der Rechtsmittel.** Siehe Rechtsmitteleinlegung.

**Einrede.** 1) Inwiefern kann über eine Einrede, namentlich eine Kompensationseinrede, ein Zwischenurteil ergehen? Anwendung des § 276 C.P.O.? **12,** 363. — 2) Ist die Berücksichtigung sachlicher Einreden auch dann im Läuterungsverfahren ausgeschlossen, wenn sie erst nach Eintritt der Rechtskraft des bedingten Endurteiles entstanden sind? **17,** 341. — 3) Sind Einreden gegen die Klage auf eheliche Folge nur aus gerechtfertigten Ehescheidungsgründen zu entnehmen? (G.) **15,** 188. — 4) Ausschluß nicht geltend gemachter Einreden durch das rechtskräftige Urteil. **20,** 124. — 5) Verhältnis des Retentionsrechtes zur Einrede des nicht erfüllten Vertrages. (G.) **14,** 233. — 6) Einrede aus der lex Anastasiana. Siehe dieses Wort. — 7) Siehe ferner Beneficium cedendarum actionum, divisionis, excussionis; Dilatorische Einrede, Exceptio, Kompensationseinrede, Neue Einrede, Prozeßhindernde Einrede, Retentionseinrede, Vorausklage.

**Einreden in der Exekutionsinstanz.** 1) Anwendung des § 685 C.P.O. bei der Pfändung von Forderungen. **16,** 320. — 2) Keine Anwendung des § 685 C.P.O. auf Entscheidungen im Zwangsvollstreckungsverfahren, welche dem Prozeßgerichte erster Instanz übertragen sind. **18,** 433. — 3) Ist ein Beschluß des Vollstreckungsgerichtes in Fällen, wo vorgängiges Gehör beider Parteien vorgeschrieben ist und stattgefunden hat, nach § 685 C.P.O. anfechtbar? **18,** 431. — 4) Hat derjenige, in dessen Vermögen nach bürgerlichem Rechte der gegen einen Dritten erwirkte vollstreckbare Titel vollstreckt werden durfte, seine auf § 715 oder § 749 C.P.O. gestützten Einwendungen gegen die Zwangsvollstreckung im Wege des § 690 oder des § 685 a. a. O. geltend zu machen? **16,** 347. — 5) Ist die Frage, ob ein gepfändetes Forderungsrecht nach § 749 C.P.O. von der Pfändung ausgeschlossen ist oder nicht, im Zwangsvollstreckungsverfahren zu entscheiden? **16,** 319. — 6) Ist der Subhastat beim Widerspruche gegen Berücksichtigung nicht vollstreckbarer Forderungen den Beschränkungen des § 686 C.P.O. unterworfen? (P.) **17,** 170. — 7) Kann der Hypothekengläubiger, dem auch das Zubehör verhaftet ist, gegen die Mobiliarpfändung von Zubehörstücken Widerspruch erheben? (F., R.) **17,** 323. — 8) Einwendungen aus § 749 C.P.O. **11,** 373; **12,** 383. 386. — 9) Rechtsbehelf der Parteien in den Fällen, wo vollstreckbare Ausfertigung nur auf Anordnung des Vorsitzenden erteilt werden darf. **20,** 375.

**Einseitiges Rechtsgeschäft.** 1) Kann durch den einseitigen Willen des Schuldners ein Forderungsrecht ohne bestimmtes Subjekt entstehen? **11,** 249. — 2) Öffentliche Aussetzung einer Belohnung für die Ergreifung eines Verbrechers. (P.) **11,** 283. — 3) Zeichnung eines Beitrages für den von der Regierung zu bewirkenden Bau einer Bahn. (G.) **15,** 212. — 4) Constitutum debiti proprii hinsichtlich einer Wechselschuld. (G.) **11,** 3.

**Einspruch.** 1) Ist, wenn es sich nach rechtskräftig entschiedener Hauptsache nur noch um die Kosten handelt, die Berufung gegen ein Urteil zulässig, welches den Einspruch gegen ein Versäumnisurteil verwirft? Einspruch als Rechtsmittel? **13,** 327. — 2) Ist das Urteil, welches den Einspruch gegen das einen Eid als verweigert anzusehen erklärende Versäumnisurteil verwirft, ein Zwischenurteil? **13,** 398. — 3) Revision gegen das Urteil, welches dem in erster Instanz abgewiesenen Antrage auf Wiedereinsetzung in den vorigen Stand gegen die Versäumung der Frist zum Einspruche stattgiebt? **12,** 373. — 4) Einspruch gemäß Art. 990 Code de procédure civile. Verhältnis zu dem Pfandrechtserwerbe nach § 709 C.P.O. **18,** 398. — 5) Siehe auch Interventionsklage.

**Einstellung** des Gewerbebetriebes. 1) Findet die beschränkende Vorschrift des § 26 R.Gew.O. auf Nachbarrechte Anwendung? **13,** 57. — 2) Nur Anlagen, welche nach §§ 16—18 a. a. O. der Genehmigung bedürfen, genießen die Vergünstigung des § 26 a. a. O. **11,** 185; insbesondere nicht Zuckerfabriken. **11,** 186. — 3) Sind Landesgesetze, welche gegenüber einer mit obrigkeitlicher Genehmigung errichteten gewerblichen Anlage eine Klage nicht auf Einstellung des Betriebes, sondern nur auf Entschädigung geben, durch die Reichsgewerbeordnung

und desjenigen, der die Entmündigung beantragt hat. Kann sich erstere der von dem letzteren eingelegten Revision anschließen? **13,** 432. — 2) Ist wegen angeborenen Schwachsinnes krankhafter Natur, welcher die zweckentsprechende Besorgung der persönlichen Angelegenheiten hindert, die Entmündigung auszusprechen? (G.) **14,** 248. — 3) Ist zur Begründung der auf Wahnsinn gestützten Ehescheidungsklage die vorgängige Feststellung dieses Geisteszustandes im Wege des Entmündigungsverfahrens erforderlich? **16,** 235. — 4) Kann gegen eine wegen Geisteskrankheit entmündigte Person ein neues Verfahren behufs Feststellung einer andern — inzwischen weiter entwickelten — Krankheitsform stattfinden? **16,** 236. — 5) Anfechtung eines Vertrages wegen Geistesstörung. Kundbarkeit. Genügt der Beweis, daß die Ursache der Entmündigung zur Zeit des vor derselben geschlossenen Vertrages dem andern Kontrahenten bekannt war? (F.) **16,** 281.

**Entsagung.** Siehe Verzicht.

**Entsagung** der Erbschaft. Siehe Erbschaftsentsagung.

**Entschädigung.** Siehe Schadensersatz.

**Entscheidungen.** 1) Unerheblichkeit der äußeren Form einer gerichtlichen Entscheidung für den ihr beizumessenden Charakter als Beschluß oder End- oder Zwischenurteil ꝛc. **15,** 392. 413; **18,** 139; **20,** 384. — 2) Müssen nicht verkündete Entscheidungen ausnahmslos von Amts wegen zugestellt werden? **11,** 403. — 3) Was sind Prozeß- oder Sachleitung betreffende Entscheidungen? **11,** 410. — 4) Gehört die Verkündung der Entscheidung zu den wesentlichen Förmlichkeiten der mündlichen Verhandlung? **16,** 331. — 5) Muß allen Entscheidungen, betreffs deren das Gesetz nicht sagt, daß sie ohne mündliche Verhandlung erfolgen können, eine solche vorangehen? **16,** 412. — 6) Wird zum Begriffe der Entscheidung im Sinne des § 701 C.P.O. vorausgesetzt, daß vorher beide Parteien gehört sind? **16,** 322.

**Entscheidungsgründe.** 1) Rechtskraft der Entscheidungsgründe. **11,** 385. 391; **15,** 348; **16,** 357; **18,** 435 (Beschluß). — 2) Inwiefern kommt es für die Frage, ob ein neuer selbständiger Beschwerdegrund vorliege, nicht nur auf den Inhalt, sondern auch auf die Gründe der Entscheidung an? **16,** 318. — 3) Aufhebung eines Urteiles wegen Mangels von Gründen. **18,** 17; **20,** 147.

**Entschuldbarer Irrtum.** Siehe Irrtum.

**Entwährung.** Siehe § 127e des systematischen Registers.

**Entwendung.** 1) Kann gegen die Klage auf Gewährung von Alimenten mit der Ersatzforderung aus einer vom Kläger begangenen Entwendung kompensiert werden? (F.) **14,** 309. — 2) Keine Kompensation gegen den Anspruch aus widerrechtlicher Entwendung. (G.) **19,** 237.

**Erbabsonderung.** Siehe Absonderungsrecht.

**Erbanteil.** Siehe Erbe, Erbteilung, Miterben.

**Erbe.** 1) Rechtswirksamkeit der vom Erben des Gläubigers ohne gleichzeitige Nachweisung der Erbeseigenschaft an den Schuldner gerichteten Aufforderung zur Erfüllung? **11,** 260. — 2) Kann der Erbe seinen Anspruch auf den noch festzustellenden Erbteil in Höhe einer bestimmten

3) Verkauf schwimmender Ware. Erfüllung seitens des Verkäufers. **16,** 3. Vgl. **12,** 78. — 4) Die Erfüllung eines zweiseitigen Vertrages, welche der Konkursverwalter nach § 15 K.O. wählt, ihrem Wesen nach verschieden von der ursprünglich vom Gemeinschuldner intendierten Erfüllung. **11,** 139. — 5) Verlust des Anspruches auf ein Geldvermächtnis durch Zuwendung der gleich hohen Summe bei Lebzeiten des Erblassers. Rechtliche Konstruktion? Erfüllung? (P.) **16,** 241. — 6) Siehe auch Auflösungsklage, Nichterfüllung, Verschulden, Zweiseitiger Vertrag.

**Erfüllung** der Rechtsgeschäfte im Konkurse. Siehe § 342 des systematischen Registers.

**Erfüllungsinteresse.** 1) Berechnung des dem Käufer durch verspätete Erfüllung erwachsenen Schadens. Unterschied vom Falle der Nichterfüllung. **14,** 112. — 2) Klage auf das Interesse wegen Nichterfüllung einer aus einem amtsgerichtlichen Urteile fließenden Verpflichtung. § 778 C.P.O. Kann sie bei dem dem Amtsgerichte übergeordneten Landgerichte erhoben werden? **13,** 367. — 3) Setzt die Verpflichtung zur Entschädigung wegen Nichterfüllung eines Vertrages ein Verschulden voraus? (F.) **17,** 319. — 4) Wirkungen der Nichterfüllung eines zweiseitigen Vertrages vonseiten des einen Teiles auf die Rechte des andern. **17,** 79. — 5) Ist der Gläubiger, welchem bei Konstituierung seiner Hypothek der nachher in Konkurs verfallene Eigentümer versprochen hat, eine voreingetragene, bereits heimgezahlte Hypothek zur Löschung zu bringen, der Masse gegenüber auf die Interesseforderung wegen der Nichterfüllung beschränkt? (P., R.) **19,** 59. — 6) Klage auf Erfüllung eines Eheversprechens oder auf Schadensersatz wegen Nichterfüllung? Örtliches Recht? Baden. **20,** 333.

**Erfüllungsort.** 1) Verschiedenheit der Erfüllungsorte für beide Kontrahenten bei zweiseitigen Verträgen. Thatsächliche Würdigung von Umständen, aus welchen die Absicht der Parteien sich ergiebt. **13,** 412. — 2) Bedeutung der im Prozesse über den Erfüllungsort geäußerten Parteiansichten oder des im Falle einer Vereinbarung vermutlich gewählten örtlichen Rechtes gegenüber der auf einen andern Ort hinweisenden Natur des Rechtsgeschäftes. **12,** 36. — 3) Erfüllungsort der Forderungen des Mandatars? Örtliches Recht. **12,** 35. — 4) Ist bei Verträgen der vom Wohnsitze der Parteien verschiedene Ort, wo nur eine einzelne zur Erfüllung gehörige Handlung vorgenommen werden muß, als Erfüllungsort maßgebend? Statutenkollision. **14,** 114. — 5) Kommt für die Feststellung des Erfüllungsortes neben der ausdrücklichen Vertragsbestimmung noch die Absicht der Kontrahenten in Betracht? **14,** 113. — 6) Ist die Wechselfähigkeit eines Ausländers, welcher im Inlande einen an einen ausländischen Ort domizilierten Wechsel acceptiert, nach den Gesetzen des Erfüllungsortes oder des Ortes des Vertragsschlusses zu beurteilen? **15,** 11. — 7) Klage auf eine accessorische Konventionalstrafe. Gerichtsstand des Erfüllungsortes der Hauptobligation? **15,** 435. — 8) Ist Erfüllungsort beim Verkaufe schwimmender Ware derjenige Ort, wo der Ladeschein

## F

Übernahme aller Liegenschaften des verstorbenen zu dem inventarischen Anschlag berechtigt sein soll, eine freigebige Verfügung auf den Todesfall? (F., Bad.) **18**, 324.

**Freigebung.** Bedeutung der Freigebung der im Wege des Arrestes gepfändeten Sachen. Klagezurücknahme? Verzicht? Erledigung der Hauptsache im Sinne des § 94 C.P.O.? **16**, 324.

**Freight earned ship lost or not lost.** Auslegung dieser Konnossementsklausel. **11**, 110.

**Freiheitsstrafe.** Zuchthausstrafe als Ehescheidungsgrund. (G.) **13**, 196; (F.) **15**, 313.

**Freikux.** Inhalt der Freikuxberechtigung? Verhältnis zu den Gewerken? Aufbereitung der Erze? (P.) **12**, 268.

**Freiwillige Veräußerung.** Begriff im Sinne des § 1 des preuß. Eigentumserwerbsgesetzes. **20**, 259.

**Fremdes Verschulden.** Siehe § 148 des systematischen Registers.

**Frist.** 1) Ist die Frist in §§ 3. 4 R.A.G. und §§ 24. 25 K.O. Verjährungs- oder Präklusivfrist? **17**, 71. — 2) Charakter des in § 12 des preußischen Gesetzes vom 24. Mai 1861 bestimmten Zeitraumes von sechs Monaten für die Erhebung der Klagen auf Rückzahlung entrichteter Stempelsteuer als Verjährungs- oder als Ausschließungsfrist? **17**, 206. — 3) Präklusivfrist der Berliner Schlußscheinbedingungen bei Fondsgeschäften. **11**, 142. — 4) Berechnung der sechsmonatlichen Frist des § 26 K.O. **17**, 328. — 5) Vertragschließung durch Vermittler. Acceptationsfrist. **18**, 10. — 6) Die Frist des § 7 A.L.R. II. 2 ist Präklusiv-, nicht Verjährungsfrist. **18**, 290. — 7) Policeklausel, daß der Anspruch binnen bestimmter Frist erhoben werden muß. Einleitung einer Untersuchung wegen Brandstiftung gegen den Versicherten, demnächstige Einstellung. Einfluß auf Beginn oder Lauf der Frist? **19**, 132. — 8) Fristen des § 41 des preuß. Eigentumserwerbsgesetzes. **20**, 233. — 9) Siehe auch Präklusivfrist, Rechtsmittelfrist, Verjährung.

**Fromme Stiftung.** Vertretung im Prozesse. **19**, 259.

**Früchte.** Pfändung von Früchten auf dem Halme. Entgegenstehende dingliche oder persönliche Rechte an den stehenden Früchten. Käufer, Pächter, Verpächter. (G., R.) **18**, 365.

**Furcht.** Siehe Drohung.

**Fürsorge.** Fürsorge eines Dritten für den Schuldner. § 749 Ziff. 3 C.P.O. Letztwillige Zuwendung an den Intestaterben, durch welche dieser nur den Zinsgenuß, nicht die Verfügung über das Kapital erhält? **12**, 383.

**Futterkosten.** Wert des Streitgegenstandes. Ist der Betrag der Futterkosten bei der actio redhibitoria mit in Ansatz zu bringen? Ist der Anspruch auf deren Ersatz ein Schadensersatzanspruch? Nebenforderung? **13**, 396.

# G

**Geistliche.** Gehören Geistliche zu den Staatsdienern im Sinne der Verordnung vom 23. September 1867? (P.) **16**, 266.

**Geld.** 1) Muß der für die Anfechtungsklage erforderliche vollstreckbare Titel auf Zahlung von Geld gerichtet sein, oder genügt ein Urteil auf Herausgabe von Sachen? **18**, 145; auf Bestellung einer Sicherheit? **19**, 204. — 2) Inwiefern ist die Deichpflicht nur auf einen Geldbeitrag zu den von der Deichbehörde selbst ausgeführten Anlagen rc gerichtet? (G.) **11**, 229. — 3) Inhalt einer Geldschuld? **19**, 48. — 4) Emission von Obligationen auf Geldbeträge in österreichischer oder deutscher oder süddeutscher Silberwährung. Wahlrecht des Gläubigers. Anwendbarkeit des Art. 14 des Reichsmünzgesetzes vom 9. Juli 1873. **19**, 47. — 5) Ist die Verpflichtung aus der Aktienzeichnung eine gewöhnliche Geldschuld? **19**, 128. — 6) Bezieht sich § 754 C.P.O. auf Pfändung von Geldforderungen? **20**, 369.

**Geldbrief.** 1) Eigentumserwerb für den Prinzipal an dem Geldbriefe, welchen der Prokurist vom Postboten in Empfang nimmt. (G.) **19**, 248. — 2) Geldbrief als Gegenstand des Frachtgeschäftes. **20**, 49.

**Geldvermächtnis.** Wird ein auf gewisse Forderungen angewiesenes Geldvermächtnis durch die vom Erblasser geschehene Einziehung der Forderungen wirkungslos? oder dadurch, daß er dem Legatar eine gleich hohe Summe bei Lebzeiten zuwendet? Rechtliche Konstruktion. (P.) **16**, 238.

**Gelegenheitsgesellschaft.** 1) Rechtliches Wesen der Vereinigung zu einzelnen Handelsgeschäften für gemeinschaftliche Rechnung. **19**, 168. — 2) Kann nach Beendigung des gemeinschaftlichen Geschäftes an Stelle des geschäftführenden Teilhabers ein Dritter vom Richter zum Liquidator ernannt werden? **19**, 164.

**Gemälde.** Siehe Ölgemälde.

**Gemeinde.** 1) Hat die Gemeinde nach den in Preußen geltenden Städteordnungen die Befugnis, im Wege des Vertrages einzelne Einwohner des Gemeindebezirkes von der Gemeindesteuer zu befreien? **12**, 273. — 2) Charakter der nach § 15 des preuß. Gesetzes vom 2. Juli 1875 zu leistenden Beiträge als indirekte Gemeindesteuer. Rechtsweg für diesbezügliche Streitigkeiten. **17**, 199. 245. — 3) Kann die Gemeinde aus dem bestätigten Abgabenverteilungsplan einen privatrechtlichen Anspruch gegen einen Interessenten auf Zahlung der auf ihn repartierten Schulbeiträge herleiten? (P.) **17**, 181. — 4) Ist die Gemeinde verpflichtet zur Tragung der Kosten der tierärztlichen Beaufsichtigung der Vieh- und Pferdemärkte? Viehseuchengesetz vom 23. Juni 1880. Preuß. Ausführungsgesetz vom 12. März 1881 § 24. **13**, 268. — 5) Die Gemeinde als Besitzerin der Servitut, daß der Eigentümer eines Parkes rc denselben dem Besuche des Publikums offenzuhalten und dieserhalb zu unterhalten hat? (G.) **14**, 214. — 6) Stehen die alten Kirchhöfe — am linken Rheinufer — im Eigentume der Kirchen- oder der Civilgemeinde? (F.) **14**, 305. — 7) Ist, wenn „alte arme arbeitsunfähige Männer“ zu Erben eingesetzt sind, die Gemeinde zu deren Vertretung im Prozesse berufen? (G.) **19**, 257. —

kapitales auch diejenigen Aktien zu berücksichtigen, deren Inhaber zwar anwesend, aber bei der Abstimmung nicht beteiligt waren? **20,** 140. — 5) Muß der Widerspruch eines Aktionärs, nachdem er gegen die Abstimmung über einen Antrag erhoben worden, nach erfolgter Abstimmung wiederholt werden? Art. 190a H.G.B. Muß er alsbald begründet werden? **20,** 140. — 6) Siehe auch Gewerkschaftsbeschluß und § 219 des systematischen Registers.

**Genossenschaft.** 1) Umwandlung eines Vereines in eine eingetragene Genossenschaft. Identität der letztern mit dem Vereine, wenn dieser zum Zwecke der Eintragung die Statuten abändert? **15,** 78. — 2) Eingetragene Genossenschaft. Siehe §§ 220 und (Konkurs) 351 des systematischen Registers.

**Genossenschaftsbeschluß.** Siehe Generalversammlung.

**Genossenschaftsregister.** Wirkung der Eintragung einer schon vor dem Reichsgesetze vom 4. Juli 1868 errichteten Genossenschaft in das Register gemäß § 4 a. a. O.? **13,** 105.

**Genuskauf.** Siehe Gattung.

**Genus non perit.** Trägt der Verfrachter die Gefahr der im Konnossement verzeichneten Waren? **20,** 64.

**Gepfändete Sachen.** Siehe Pfändung.

**Gerichtliche Taxe.** 1) Genügt bei Grundstücken von geringerem Werte die Zuziehung nur eines Sachverständigen? (P.) **15,** 284. — 2) Bedeutung der nach landesgesetzlichen Vorschriften aufgenommenen Taxe und des so ermittelten Wertes für die Bilanz. **19,** 120. — 3) Siehe auch Taxe.

**Gerichtsbarkeit.** Exemtion des Landesherrn in nicht vermögensrechtlichen, besonders in Ehe-Sachen, von der Gerichtsbarkeit seiner Landesgerichte. Landes- oder Reichsrecht? Großherzog von Hessen. **12,** 427. 433.

**Gerichtsgebrauch.** 1) Ist eine dreißigjährige Gerichtspraxis geeignet, eine neue partikuläre Rechtsbildung hervorzubringen? **13,** 198. — 2) Siehe auch Reichsgericht.

**Gerichtsgebühren. Gerichtskosten.** Siehe § 289 des systematischen Registers.

**Gerichtsschreiber.** 1) Der Gerichtsschreiber als Organ des Gerichtes. **16,** 304. — 2) Prüfung des Inhaltes des Urteiles durch den Gerichtsschreiber bei Erteilung des Zeugnisses über die Rechtskraft. **15,** 355. — 3) Ist in den Fällen der §§ 458. 152 C.P.O. der Gerichtsschreiber als Mandatar der Partei anzusehen? **17,** 391. — 4) Der Gerichtsschreiber welcher Instanz hat betreffs des durch Teilurteil rechtskräftig zugesprochenen Klaganspruches die vollstreckbare Ausfertigung und das Rechtskraftattest zu erteilen, während der Prozeß in höherer Instanz schwebt? **18,** 424. — 5) Haben in den Fällen, wo vollstreckbare Ausfertigung nur auf Anordnung des Vorsitzenden erteilt werden darf, die Parteien das Recht der Beschwerde, oder müssen sie sich zunächst an das Gericht wenden, dessen Gerichtsschreiber die Klausel erteilt oder versagt hat? **20,** 375.

**Gerichtsstand.** 1) Gerichtsstand des Großherzogs von Hessen und seiner morganatischen Gemahlin in Ehesachen? **12,** 417 flg. — 2) Wahlrecht des Klägers unter mehreren Gerichtsständen. Konsumtion desselben durch einen von ihm oder dem Gegner gestellten Arrestantrag? Gerichtsstand für die auf das bessere Recht des Klägers gestützte Klage auf Aufhebung des Arrestes — bezw. der einstweiligen Verfügung —? **13,** 365. — 3) Abhängigkeit des Gerichtsstandes der Feststellungsklage von dem materiellen Rechtsverhältnisse. **13,** 387. — 4) Kann gegen die Begründung eines besondern Gerichtsstandes geltend gemacht werden, dessen Voraussetzungen seien vom Gegner dolos herbeigeführt worden? **16,** 393. — 5) Giebt es nach der Civilprozeßordnung einen Gerichtsstand für die Klage auf dauernde Trennung von Tisch und Bett? **11,** 32. — 6) Siehe auch Zuständigkeit, sowie § 281 des systematischen Registers.

**Gerichtsvollzieher.** 1) Inwieweit steht den preußischen Gerichtsvollziehern ein Anspruch auf Erstattung der ihnen infolge militärischer Dienstleistungen entgangenen Gebühren zu? **13,** 33. — 2) Restitution gemäß § 213 C.P.O. Schutz gegen Säumnis des Gerichtsvollziehers, nicht gegen eigene Lässigkeit. **16,** 365. — 3) Vernehmung des Gerichtsvollziehers als Zeugen über den Hergang bei einer von ihm vorgenommenen Zustellung, von deren Gültigkeit die Zulässigkeit des Rechtsmittels abhängt. **17,** 405. — 4) Ist der Gerichtsvollzieher befugt, gepfändete Sachen ohne Auftrag dem Schuldner als unentbehrlich wieder frei zu geben? **18,** 389. — 5) Sind für die Ansprüche gegen Gerichtsvollzieher wegen pflichtwidriger Ausführung von Zwangsvollstreckungsaufträgen die Landgerichte ausschließlich zuständig? **17,** 332. — 6) Klage gegen den Gerichtsvollzieher auf Herausgabe eines Schuldtitels. Ist das Landgericht ausschließlich zuständig? **20,** 388. — 7) Stellung des Gerichtsvollziehers als Mandatar des mit der Zwangsvollstreckung ihn beauftragenden Gläubigers einerseits, als öffentlicher Beamter andererseits. Haftung gegenüber dem Gläubiger. (P.) **16,** 399. Vgl. **18,** 390; **20,** 389. — 8) Haftung des Staates, wenn der Gerichtsvollzieher die bei der Zwangsvollstreckung vereinnahmten Gelder unterschlägt? **11,** 206. — 9) Verantwortlichkeit des Auftraggebers für den durch die Handlung des Gerichtsvollziehers Dritten zugefügten Schaden. Spolienklage gegen den Gläubiger, wenn bei einem Dritten Sachen gepfändet sind, zu deren Herausgabe derselbe nicht bereit war. **14,** 358; **16,** 403.

**Gesamthypothek.** Siehe Korrealhypothek.

**Gesamtschuldner.** Siehe Solidarobligation.

**Geschäft.** Was ist im Sinne des § 172 A.L.R. I. 16 unter einem Geschäfte zu verstehen? **16,** 106; **17,** 300.

**Geschäftsfähigkeit.** Siehe Handlungsfähigkeit.

**Geschäftsführender Gesellschafter.** 1) Grund, Inhalt, Gegenstand und Umfang der Vertretungsbefugnis eines Handelsgesellschafters. **15,** 131. — 2) Haftung der Gesellschaft für die durch einen Gesellschafter bei

Grundeigentumsverhältnisse geregelt werden, trotz Art. 85 H.G.B. wegen Nichtbeobachtung gewisser für Verträge über Grundstücke landesgesetzlich vorgeschriebenen Formen nichtig? oder der stipulierte Eigentumserwerb? **13,** 3. — 2) Vertragsbestimmung, daß der Beitritt zur Sozietät durch Namensschrift im Hauptbuche derselben erfolgt. Wirkung des Umstandes, daß solches Buch thatsächlich nie existiert hat? (G.) **15,** 77. — 3) Bestimmung des Gesellschaftsvertrages, daß die Erben eines Gesellschafters in der Gesellschaft verbleiben sollen. Wirkung in bezug auf die Erben und die übrigen Gesellschafter. (P., R.) **16,** 40.

**Gesetz.** 1) In welchen Formen kam nach dem preußischen Staatsrechte des 18. Jahrhunderts ein Gesetz zustande? **13,** 217. — 2) Was ist ein Gesetz im Sinne der §§ 511—513. 525 C.P.O.? Feuersozietätsreglement für Berlin vom 1. Mai 1794? **13,** 215. — 3) Ist die Kabinetsorder vom 8. März 1847 ein Gesetz? (P.) **16,** 212; die in der Gesetzsammlung veröffentlichen revidierten Reglements der Landfeuersozietäten? (P.) **16,** 370. — 4) Unkenntnis der Gesetze schützt nicht. Gilt das auch bei gewohnheitsrechtlichen Normen? (P.) **18,** 260. — 5) Hat der Kaiser oder der Bundesrat die Befugnis zur authentischen Deklaration von Gesetzen? **11,** 71; **20,** 25. — 6) Auslegung der Gesetze. Siehe §§ 3 und (Prozeßgesetze) 274 des systematischen Registers. — 7) Örtliche Wirksamkeit (Statutenkollision). Siehe §§ 7. 255. 352 des systematischen Registers.

**Gesetzgebung.** Entschädigungspflicht des Staates für Aufhebung von wohlerworbenen Rechten durch die Gesetzgebung? **12,** 3.

**Gesetzliche Beweisregel.** Siehe Beweisregel.

**Gesetzliche Cession.** Siehe Fingierte Cession.

**Gesetzlicher Gerichtsstand.** Siehe § 281 des systematischen Registers.

**Gesetzlicher Vertreter.** 1) Kann ein Konsul als gesetzlicher Vertreter seines Heimatsstaates im Prozesse auftreten? **14,** 430. — 2) Muß im Falle des Todes des gesetzlichen Vertreters nach § 223 C.P.O. auf Antrag des Gegners das Verfahren ausgesetzt werden? **14,** 436. — 3) Eideszuschiebung an den gesetzlichen Vertreter einer nicht prozeßfähigen Partei, insbesondere an die Mutter und Vormünderin des unehelichen, gegen den Erzeuger klagenden Kindes. (R., Bad.) **15,** 303. — 4) Prozeßhandlungen im Sinne des § 52 C.P.O.? Vergleiche? **19,** 362. — 5) Vertretung des Reichsmilitärfiskus. **15,** 37; **20,** 148. — 6) Siehe auch Prozeßfähigkeit, Vater, Vormund.

**Gesetzliches Erbrecht.** Siehe §§ 195 flg. des systematischen Registers.

**Gesetzliches Pfandrecht.** 1) Gesetzliches Pfandrecht der Ehefrau an den zur Zeit der Eheschließung dem Manne, welcher Vollkaufmann ist, gehörigen Liegenschaften. Erstreckt es sich auf Grundstücke, auf deren Erwerb der Ehemann nur einen Titel hat? (F.) **12,** 307. — 2) Erstreckt sich die Legalhypothek der Ehefrau im Falle des Art. 551 Code de commerce auf Liegenschaften, welche von dem Manne eingebracht und durch den Ehevertrag der Gütergemeinschaft überwiesen sind, wenn die Frau auf die Gemeinschaft verzichtet hat? (F.) **13,** 296. — 3) Inwieweit geht das gesetzliche Pfandrecht der Ehefrau für ihren Ersatzanspruch gegen den Mann wegen einer von ihr übernommenen Mitverbindlichkeit für dessen Schuld dem gegen den Mann erlangten Pfändungspfandrechte des Gläubigers dieser Schuld vor? (F.) **14,** 307. — 4) Findet Art. 2151 Code civil auf die Zinsen gesetzlicher Hypotheken Anwendung? **20,** 342. — 5) Hat, wenn bei der Erbteilung der Vater den mütterlichen Nachlaß gegen eine Summe übernimmt, das beim Tode der Mutter minderjährige, bei der Teilung großjährige oder emanzipierte Kind ein gesetzliches Pfandrecht wegen dieser Summe? (F.) **20,** 336. — 6) Hat der Vermächtnisnehmer neben dem Absonderungsrechte ein gesetzliches Pfandrecht am Nachlaßgrundstücke? (F.) **12,** 350. — 7) Hat der Vermieter ein Pfandrecht an den Illaten des Aftermieters? (F., R.) **13,** 39. — 8) Beschränkung des Vermieterpfandrechtes auf die durch den Zinszahlungstermin bezeichnete Mietsperiode, oder Erstreckung auf die gesamten auf die ganze Vertragszeit entfallenden nicht fälligen Mietszinsen? Inner- und außerhalb des Konkurses. Widerspruch gegen Pfändung und Wegschaffung? (P., R.) **13,** 253. — 9) Ist das gesetzliche Pfandrecht des Vermieters an den Mieterillaten durch § 715 Ziff. 4 C.P.O. beschränkt? **18,** 425. — 10) Erstreckt sich das Pfandrecht des Vermieters auch auf solche vom Mieter eingebrachten Sachen, welche Eigentum eines Dritten sind? (F.) **20,** 355. — 11) Pfandrecht der Heuerforderung. **19,** 90; **20,** 184.

**Gesetzliche Zinsen.** Siehe Zinsen.

**Geständnis.** Bedeutung des außergerichtlichen Geständnisses des mit der Vaterschaftsklage Belangten, mit der Mutter in der kritischen Zeit den Beischlaf vollzogen zu haben. (Bad.) **15,** 304.

**Geständnis,** gerichtliches. Wer kann widerrufen? Nur der Gestehende? Irrtum der Partei oder ihres Vertreters? Beweisführung über die Beschaffenheit des Irrtums. **11,** 406.

**Getreide.** Versicherung einer Getreideladung. Klausel, daß auf Verlangen des Versicherers ihm das Stauattest eines bestimmten Besichtigungsinstitutes vorzulegen sei. **19,** 226.

**Getrennter Prozeß, getrennte Verhandlung.** Siehe Kompensationseinrede, Prozeßhindernde Einrede, Vorabentscheidung.

**Gewagtes Geschäft.** 1) Aleatorischer Charakter der über Berge- und Hilfsleistung in Seenot geschlossenen Verträge. **13,** 136. — 2) Ist der Erbschaftskauf im Zweifel ein gewagtes Geschäft? **17,** 312.

**Gewährleistung.** Siehe §§ 113 (Cession) und 127 d, e (Kauf) des systematischen Registers.

**Gewahrsam.** 1) Kein Faustpfand ohne körperliche Gewahrsam. Umgehung des Gesetzes? Nichtigkeit? (P.) **13,** 120. 203. — 2) Verhältnis zwischen Landes- und Reichsrecht betreffs der Begründung eines Faustpfandrechtes, welches ein Absonderungsrecht im Konkurse

Kontraventionen seiner Gewerbegehilfen zu entrichtende Branntweinsteuer in einem oder in drei Jahren? **11,** 330.

**Gewerbeunternehmer.** 1) Begriff. Privat- und öffentlichrechtliche Beziehungen. **13,** 146. — 2) Verpflichtung, die Arbeiter mit Schutzbrillen zu versehen. § 120 R.Gew.O. **11,** 23. — 3) Deckt den Unternehmer der Umstand, daß der Fabrikinspektor den betreffenden Mangel bei Revisionen nicht gerügt hat? **12,** 45. Erfordernis subjektiven Verschuldens des Unternehmers? **12,** 45. 130. — 4) Ist die in § 120 R.Gew.O. gesetzlich normierte Verpflichtung ein Ausfluß des zwischen Unternehmer und Arbeiter geschlossenen Dienstmietvertrages? Umfang dieser Pflicht? **12,** 130. — 5) Muß der klagende Arbeiter beweisen, welche Anordnung oder Einrichtung im einzelnen zu seinem Schutze seitens des Gewerbeunternehmers erforderlich gewesen wäre? **14,** 84. — 6) Regreßanspruch des nach dem Reichshaftpflichtgesetze verurteilten Betriebsunternehmers gegen den Dritten, durch dessen Verschulden der Unfall herbeigeführt ist? Gesetzliche Cession der Ansprüche des Verletzten? Kann die Klage auf § 120 Abs. 3 R.Gew.O. gestützt werden? (P.) **17,** 219.

**Gewerbliche Arbeiter.** 1) Begrenzung der Anwendung des Krankenversicherungsgesetzes auf „gewerbliche Arbeiter" im weitesten Sinne des Wortes. **17,** 86. — 2) Siehe auch Arbeiter.

**Gewerkenversammlung.** Siehe Gewerkschaftsbeschluß.

**Gewerkschaftsbeschluß.** 1) Sind zur Einberufung der Gewerkenversammlung a) nach dem Ausscheiden eines Mitgliedes des Grubenvorstandes die im Vorstande verbleibenden Mitglieder, b) solange die Gewerkschaft weder einen Repräsentanten noch einen Grubenvorstand hat, jeder Gewerke rechtlich befugt? (P.) **16,** 174. — 2) Muß die Einladung zur Versammlung die zu verhandelnden Anträge speziell formulieren? Genügt die Tagesordnung „Antrag auf Bewilligung von Betriebsmitteln", wenn letztere mittels Zubußen aufgebracht werden sollen? (P.) **17,** 171.

**Gewinn.** 1) Ist der Fiskus berechtigt, demjenigen, der in einer außerpreußischen, in Preußen nicht zugelassenen Lotterie spielt, den auf sein Los gefallenen Gewinn klagend abzufordern? (P.) **17,** 312. — 2) Hat derjenige, der in Gemeinschaft mit einem andern in einer in Preußen nicht zugelassenen Lotterie spielt, eine Klage auf Herausgabe seines Anteiles an dem auf das Los gefallenen von dem andern erhobenen Gewinne? (G.) **18,** 242. — 3) Siehe Reingewinn.

**Gewohnheitsrecht.** 1) Unterschied von Herkommen. **11,** 212. — 2) Elemente der Bildung von Gewohnheitsrecht und Observanz. Hindert die irrige Meinung der die Rechtsnorm Übenden, dieselbe beruhe auf einem Gesetze, die Entstehung des entsprechenden Gewohnheitsrechtes? **12,** 294. — 3) Erfordernis der Übung. (P.) **20,** 304. — 4) Siehe auch Handelsgebrauch.

**Gezogener Wechsel.** Erfordernisse. Siehe § 258 des systematischen Registers.

**Giro.** Siehe Indossament.

— 6) Wird durch § 9 Abs. 2 des Eigentumserwerbsgesetzes das vom eingetragenen Nichteigentümer erworbene Eigentumsrecht geschützt? (P.) **16,** 227. — 7) Nichterwähnung im Grundschuldbriefe, daß der verpfändende Miteigentümer im Grundbuche nur als Miterbe eingetragen ist. (P.) **16,** 255. — 8) Kann der Gläubiger, der das lübische Recht und dessen statutarische Geltung nicht kennt, für die Gültigkeit der ihm von dem in beerbter Ehe nach lübischem Rechte lebenden eingetragenen Eigentümer bestellten Hypothek sich auf den Glauben des Grundbuches berufen? (P.) **18,** 262. — 9) Verhältnis des Eigentumserwerbes durch Inädifikation zum Bucheigentume. (P.) **18,** 279. — 10) Nur für denjenigen, der ein Recht auf ein für einen andern schon eingetragenes Recht erwirbt, wirkt der Glaube des Grundbuches. Vorrechtseinräumung seitens der Ehefrau für eine vom Eigentümer neu zu bestellende Hypothek. (P.) **19,** 342. — 11) Eintragung in der zweiten und dritten Abteilung unter Verweisung auf den Begründungstitel, Reglements des betreffenden Kreditinstitutes 2c. (P.) **20,** 223. 274. — 12) Ist ein Recht durch seine gelegentliche Erwähnung im Grundbuche wirksam eingetragen? (P.) **20,** 282.

**Grunddienstbarkeit.** Siehe Grundgerechtigkeit.

**Gründe.** Siehe Entscheidungsgründe.

**Grundeigentum.** Siehe Eigentumserwerb, Enteignung, Grundbuchverfassung, Grundstück, Quelle, Rayonkataster, Uferrecht.

**Gründer, Gründung.** Unterscheidung von Angaben über die Beschaffenheit einer Sacheneinlage, welche lediglich bei den Verhandlungen vor Abschluß des Gesellschaftsvertrages von dem Einbringenden gegenüber den demnächstigen Mitkontrahenten gemacht sind, um sie zur Beteiligung zu veranlassen, und solchen Zusicherungen, aus welchen die Aktiengesellschaft als solche Rechte herleiten kann. Actio doli seitens der Gesellschaft gegen den Gründer wegen böswilliger Wertsübersetzung einer Einlage. Muß der Aufsichtsrat den Gründungshergang daraufhin nachprüfen? **18,** 56.

**Grundgerechtigkeit.** 1) Pflicht des Grundeigentümers, die Benutzung eines Flusses zum Betriebe einer Mühle zu gestatten und das Wehr im Flusse zu unterhalten. Grundgerechtigkeit oder Reallast? (G., P.) **11,** 315. — 2) Entstehung einer Grundgerechtigkeit, dadurch, daß der Eigentümer ein Grundstück zu Diensten des andern benutzt? oder durch Veräußerung des erstern? Wille, daß die bisherige Benutzungsart fortdauern solle. Unkenntnis des Erwerbers von der betreffenden Anlage? (P.) **13,** 249. — 3) Hindert die Meinung, das Eigentumsrecht auszuüben, die Ersitzung einer Grundgerechtigkeit? **12,** 175 (G.); **16,** 217 (P.). — 4) Aussichtsrecht. (F.) **13,** 305. — 5) Erwerb der Dienstbarkeit des Lichtrechtes. (F.) **20,** 349. — 6) Teilweise Erlöschung einer Realservitut durch usucapio libertatis. (G.) **14,** 211. — 7) Öffentlichrechtliche Servitut der Unbebaubarkeit eines Grundstückes entsprechend dem städtischen Bebauungsplane. (P.) **17,** 166. — 8) Zehnjährige Ersitzung einer Grundgerechtigkeit aus einem translativen, nicht vom Eigentümer herrührenden Titel? Existenz von bezüglichen Anlagen. (P.) **16**, 215. Voraussetzungen und Wirkungen des bösen Glaubens. **16**, 218. — 9) Ist die außerordentliche Ersitzung von Grundgerechtigkeiten gegen ein Familienfideikommiß-Grundstück von besondern, aus der Natur des Familienfideikommisses herzuleitenden Voraussetzungen abhängig? (G., P.) **19**, 266.

**Grundkapital.** Fürsorge des Handelsgesetzbuches für die Kundgebung und das Vorhandensein des Grundkapitales der Aktiengesellschaft. **19**, 115.

**Grundschuld.** 1) Kann eine Grundschuld durch Begebung von Anteilscheinen abgetreten werden? Untrennbare Verknüpfung der Grundschuld mit dem Grundschuldbrief. (P.) **14**, 94. — 2) Gewährt das kaufmännische Retentionsrecht an einem Grundschuldbrief Rechte betreffs der Grundschuldforderung? Absonderung im Konkurse? Grundschuldbrief als Träger der Forderung? (P.) **15**, 55. — 3) Ist eine Grundschuld wirksam verpfändet oder cediert, wenn der Grundschuldbrief, mit dem Namen des Veräußernden versehen, übergeben wird mit der Abrede, daß der Empfänger über die Namensschrift den Übertragungsvermerk setzen könne? (P.) **15**, 55. — 4) Öffentlicher Glaube des Grundschuldbriefes, welcher mehrere Personen als Grundstücksmiteigentümer aufführt, ohne einen bestimmten Anteil des Konstituenten oder dessen Miterbeneigenschaft erkennen zu lassen? (P.) **16**, 255. — 5) Aufnahme einer Grundschuld auf das Nachlaßgrundstück seitens eines Miterben vor der Teilung. (P.) **16**, 252. — 6) Kann unter Umständen in der Bestellung einer befristeten Grundschuld eine Befristung auch der zu Grunde liegenden Darlehnsschuld liegen? Begrenzung des Grundsatzes von der Unabhängigkeit der Grundschuld von der persönlichen Forderung. (P.) **17**, 148. — 7) Blankocession einer Grundschuld durch bloße Namensschrift des Cedenten? (P.) **17**, 118. — 8) Wird die Pfändung einer Grundschuldforderung nach § 730 oder nach § 732 C.P.O. bewirkt? (P., R.) **20**, 307. — 9) Siehe im übrigen Hypothek.

**Grundstück.** 1) Formen der Verträge über Grundstücke. Ist ein Vertrag über Errichtung einer offenen Handelsgesellschaft, in welchem u. a. Grundeigentumsverhältnisse geregelt werden ohne Beobachtung jener Formen, trotz Art. 85 H.G.B. nichtig? oder ist dies betreffs des stipulierten Eigentumserwerbes der Fall? **13**, 3. — 2) Siehe auch Liegenschaft, Zwangsvollstreckung in das unbewegliche Vermögen. — 3) Siehe auch §§ 48. 53 des systematischen Registers.

**Gutachten.** Sachverständigenbeweis. Siehe § 317 des systematischen Registers.

**Güter.** Sind Briefe Güter im Sinne des Handels, insbesondere des Frachtgeschäftes? **20**, 47.

**Gütererzeugung, Güterumsatz.** Quelle des durch Fabrikbetrieb erzielten Einkommens? **15**, 31.

**Gütergemeinschaft.** Siehe Güterrecht, Gütertrennung.

**Guter Glaube.** Siehe Glaube, Redlicher Besitz.

**Güterpfleger.** Ist der nach § 334 St.P.O. bestellte Güterpfleger zur Vertretung des Abwesenden im Prozesse befugt? **11,** 189.

**Güterrecht,** eheliches; römisches Recht. Siehe Dos.

— deutsches Recht. Siehe § 179 des systematischen Registers.

— preuß. Recht. Siehe § 180 des systematischen Registers.

— französ. Recht. Siehe § 181 des systematischen Registers.

**Gütertrennung.** 1) Begründung der Gütertrennungsklage? Besitz eines besondern Talentes oder Erwerbsgeschäftes? Passivlegitimation? Ehemann und Konkursverwalter? Intervention von Konkursgläubigern? (F., R.) **15,** 321 flg. — 2) Gütertrennungsklage derjenigen Ehefrau, welche nichts in die Ehe eingebracht hat, welche aber wegen Vermögenszerrüttung des Mannes in die Gefahr kommt, das zu verlieren, was sie durch ihre Arbeit erwirbt. (F.) **12,** 319. — 3) Ist eine von ausländischen in Baden wohnenden Eheleuten entgegen dem L.R.S. 1443 außergerichtlich vollzogene Gütertrennung in Baden rechtswirksam? **12,** 309. — 4) Findet, wenn die Frau Gütertrennung erwirkt und auf die Gemeinschaft verzichtet hat, die Auseinandersetzung außerhalb des über das Vermögen des Mannes eröffneten Konkurses statt? Anwendung des § 14 K.O.? (F.) **12,** 336. — 5) Wirkung der eheweiblichen Verzichterklärung auf die Gütergemeinschaft. (F.) **13,** 296.

**Gute Sitte.** 1) Verstößt ein Vertrag, mittels dessen die Haftung des Cedenten, welcher die garantie de fait übernommen, über den Betrag des Cessionspreises hinaus erweitert wird, gegen die guten Sitten? (F.) **17,** 310. — 2) Vertrag über die Erbschaft eines Lebenden. Verzicht auf eine im Ehevertrage enthaltene Erbeinsetzung. (F.) **15,** 325. — 3) Verstößt die Klausel eines Testamentes, wonach die Erben bei Anfechtung desselben auf den Pflichtteil gesetzt sein sollen, gegen die guten Sitten? (F.) **18,** 330. — 4) Verstößt das pactum de non licitando gegen die guten Sitten? Klage auf das vereinbarte Entgelt? § 270 preuß. St.G.B. (G., P.) **18,** 219. Vgl. **20,** 242. — 5) Inwiefern darf der Frachtführer die Haftung für Verschulden seiner Leute ausschließen? **20,** 115.

**Gutgläubiger Besitz, Erwerb.** Siehe Arglist, Glaube, Redlicher Besitz.

**Gutsüberlassungsvertrag.** 1) Ist es mit dem Wesen eines bäuerlichen Gutsüberlassungsvertrages unvereinbar, wenn die Abtretung Schulden halber erfolgt, ein Wertsanschlag vereinbart wird, und der Abtretende sich die Differenz zwischen Anschlag und Schuldenbetrag ausbedingt? Unterschied vom Kaufvertrage? (G.) **13,** 189. — 2) Hat der für den abtretenden Bauer und seine Frau stipulierte Altenteil die Natur einer wahren, auf dem Gute ruhenden Reallast? (G.) **13,** 188. — 3) Haftet der Übernehmer aus der mit dem abgehenden Wirte vereinbarten Übernahme aller Schulden und Lasten des Hofes den Hofesgläubigern unmittelbar, auch ohne deren Beitritt zum Vertrage? (G.) **16,** 117.

# H

— 7) Entspricht die Verweisung auf vertragsmäßige oder gesetzliche Bestimmungen (Reglements) im Eintragungsvermerke der Vorschrift, daß eine bestimmte Summe eingetragen werden soll? Zins- und sonstige Nebenleistungen. (P.) **20,** 223.

e. Gesamthypothek. Siehe Korrealhypothek.

f. Guter Glaube des Erwerbers der Hypothek. Siehe Grundbuchverfassung.

g. Hypothekarische Klage, Einreden gegen die Klage (P.) Siehe § 77e des systematischen Registers.

h. Kautionshypothek.

1) Klage gegen den eingetragenen Gläubiger auf Löschung der Kautionshypothek. Bezahlung der Forderungen durch den Vorbesitzer des Klägers. (P.) **18,** 265. — 2) Grundsätze betreffend die Verrechnung des Betrages, welchen ein Gläubiger in der Subhastation auf die Kautionshypothek, die ihm für mehrere Forderungen haftet, erhoben hat. Wahlrecht des Gläubigers? (G.) **13,** 191.

i. Korrealhypothek. Siehe dieses Wort.

k. Landschaftliche Pfandbriefdarlehen.

Rechtliche Natur des Zuschußdarlehns. Haftet dafür das Grundstück, auf welchem ein Pfandbriefdarlehn unter Bezugnahme auf die für Zinsleistungen, Amortisation rc gegebenen Bestimmungen des landschaftlichen Regulatives eingetragen ist? (P.) **20,** 220.

l. Löschung der Hypothek.

1) Klage des neuen Grundstückserwerbers auf Löschung einer Hypothekinskription, wenn der Gläubiger des frühern Eigentümers diesem versprochen hat, die Generalhypothek aus dem zu erwirkenden freiwilligen Urteile an diesem Grundstücke nicht geltend zu machen? (F.) **15,** 310. — 2) Sind alle Klagen auf Löschung einer Hypothek dem dinglichen Gerichtsstande unterworfen? **15,** 386; **20,** 403. — 3) Recht des Fiduziars zur Einziehung und Löschung der Hypothek ohne Genehmigung des Nacherben? (P.) **17,** 228. — 4) Klage gegen den eingetragenen Hypothekengläubiger auf Löschungsbewilligung, nachdem der Vorbesitzer des Klägers die Hypothek oder, bei der Kautionshypothek, die gesicherten Forderungen ausbezahlt hat. **18,** 265. — 5) Welche rechtliche Bedeutung hat es, wenn der Eigentümer dem neuen Hypothekengläubiger die Löschung einer voreingetragenen, bereits heimgezahlten Post zusagt? Einfluß der Konkurseröffnung, bevor er die zur Löschung erforderliche Erklärung abgegeben hat? **19,** 59. — 6) Geht, wenn eine Hypothek aus Versehen gelöscht gewesen und nach Erwirkung der Beschlagnahme des Grundstückes von Amts wegen wieder eingetragen ist, das aus letzterer dem betreibenden Gläubiger erwachsene Recht demjenigen des Hypothekengläubigers vor? (P.) **19,** 295.

m. Rangordnung der Hypotheken.

1) Bedeutung und Wirkung der Abtretung des Vorranges. (G.) **12,** 203. — 2) Geht der ersteingetragene Pfandgläubiger, dessen Eintrag nach der Eintragung des zweiten gestrichen ist, dem letztern vor, wenn die Streichung nichtig oder anfechtbar ist? (F.) **12,** 319. —

3) Muß der Erwerber eines Grundstückes, für welches irrtümlich zwei Grundbuchblätter bestehen, einer vor seinem Erwerbe bestellten und auf dem einen Blatte eingetragenen Hypothek das Vorrecht vor den auf dem andern Blatte, welches allein er gekannt hat, seitdem eingetragenen Hypotheken verschaffen? **13,** 249. — 4) Wirkung einer nicht eingetragenen Prioritätscession gegen den von ihr Kenntnis habenden Hypothekencessionar? (P.) **15,** 264. — 5) Findet Art. 2151 Code civil auf die einer Inskription nicht bedürfenden Hypotheken Anwendung? **17,** 323. — 6) Einräumung des Vorrechtes an den Grundeigentümer für eine von ihm neu zu bestellende Hypothek seitens der als Gläubigerin eingetragenen Ehefrau ohne Genehmigung des Mannes. (P.) **19,** 341. — 7) Klage eines nachfolgenden Gläubigers gegen den ihm vorgehenden auf Löschung der Hypothek. Gerichtsstand der belegenen Sache. **20,** 403.

n. Rechtlicher Inhalt und Umfang der Hypothek.

1) Recht des Hypothekengläubigers, der auf ein fertiges Gebäude kreditiert, an Baumaterialien, die ein Dritter dem Grundeigentümer zum Verbauen in das Grundstück unter Vorbehalt des Eigentumes überlassen hat? (G.) **12,** 160. — 2) Erstreckt sich das Pfandrecht am Gebäude auf die Feuerversicherungsgelder? (G.) **12,** 172. — 3) Finden die Bestimmungen des preußischen Eigentumserwerbsgesetzes über den Umfang des Hypothekenrechtes Anwendung auf Hypotheken, welche vor dem 1. Oktober 1872 bestellt sind? **12,** 169. — 4) Einrede aus dem persönlichen Schuldverhältnisse gegen den entgeltlichen Erwerber einer Hypothek. Nachweis der mala fides. (P.) **16,** 198. 5) Wirkung der Cession der Hypothek seitens des Grundstückseigentümers, welcher dieselbe mittels Cession erst seinerseits erworben hatte. (F.) **16,** 281. — 6) Ist in der Subhastation der eingetragene Gläubiger zur Anfechtung einer ihm vorgehenden Hypothek auf Grund des Reichsanfechtungsgesetzes auch ohne einen vollstreckbaren Titel im Sinne der §§ 644. 702 C.P.O. berechtigt? Gesetz vom 13. Juli 1883. (P.) **17,** 167. — 7) Rechte des Hypothekengläubigers gegenüber der Mobiliarpfändung von Zubehörstücken. (F., R.) **17,** 323. — 8) Ist die Thatsache, daß im Grundbuche eine Hypothek für jemanden eingetragen steht, ein Eingriff seitens desselben in das Eigentum des eingetragenen Eigentümers? **18,** 268.

o. Übernahme von Hypothekenschulden seitens des Erwerbers des belasteten Grundstückes. Siehe § 75 Nr. 5 und § 77 f des systematischen Registers.

p. Verpfändung der Hypothek. Siehe § 79 des systematischen Registers.

**Hypothekenbrief.** 1) Rechtliche Möglichkeit der Faustpfandbestellung an Hypothekenbriefen? Sicherstellung, Zurückbehaltungsrecht. (P.) **16,** 169. — 2) Blankocession mecklenburgischer Hypothekenscheine mittels bloßer Namensniederschrift des Cedenten? Anwendung der Regel „Hand muß Hand wahren“ auf mecklenburgische Hypothekenscheine?

verpflichtet, während thatsächlich das Darlehn nur dem Mitaussteller der Urkunde zu gute kommt? (G.) **12,** 220. — 2) Inwiefern und unter welchem Gesichtspunkte findet gegenüber der Wechselklage die Berufung auf die weiblichen Rechtswohlthaten bezüglich der Intercession statt? (G.) **11,** 2. — 3) Ist die in dem württembergischen Gesetze vom 21. Mai 1828 über die Intercessionen der Frauen getroffene Bestimmung eine Formvorschrift oder eine Beschränkung der Handlungsfähigkeit? Artt. 6 Abs. 2 und 317 H.G.B. **15,** 20. — 4) Ist der Verzicht eines Gläubigers auf sein Vorzugsrecht zu Gunsten eines andern Gläubigers desselben Schuldners rechtlich wie eine Intercession zu behandeln? (G.) **16,** 119. — 5) Siehe auch Bürgschaft.

**Interdikte.** 1) Prinzip der römischen Interdikte zum Schutze des Gebrauches öffentlicher Sachen. Anwendung der Interdikte zu Gunsten erst späterhin üblich gewordener Gebrauchsarten? Schutz einer Wassermühle gegen Entziehung des Mahlwassers? **15,** 183. Heutige Anwendbarkeit überhaupt. **16,** 145; **18,** 258. — 2) Ist ein Gewerbetreibender auf Grund der Interdikte verbunden, seine Abfallwässer nicht mehr in den öffentlichen Fluß zu leiten, wenn durch dieselben das Flußwasser zur Berieselung der unteren Grundstücke untauglich wird? **16,** 146. — 3) Kann lediglich auf Grund der Interdikte, ohne Vorliegen von Verschulden, Schadensersatz gefordert werden? **16,** 147.

**Interdictum de liberis exhibendis.** Klage der Mutter gegen den Vater auf Überlassung des Kindes bei Gefährdung der Interessen des letztern? **17,** 129.

**Interdictum quod vi aut clam.** Ziel des Interdiktes? Ist es eine Besitzklage? Inwiefern läßt es sich mit der Klage auf Feststellung und Schutz des Rechtes verbinden? (G.) **17,** 123.

**Interesse.** 1) Seeversicherung. Begriff des Eigentumsinteresse? Kann für ein eventuelles oder zweifelhaftes Interesse Versicherung genommen werden? Anzeige der Zweifelhaftigkeit? Versicherung für wen es angeht? **13,** 99. — 2) Klage auf das Interesse wegen Nichterfüllung einer aus einem amtsgerichtlichen Urteile fließenden Verpflichtung. § 778 C.P.O. Kann sie bei dem Landgerichte, in dessen Bezirke das Amtsgericht belegen ist, erhoben werden? **13,** 367. — 3) Siehe auch Erfüllungsinteresse, Feststellungsklage, Imaginärer Gewinn, Kausalzusammenhang, Rechtliches Interesse, Schadensersatz, Wert.

**Internationales Privatrecht.** 1) Aufhebung inländischer Sätze desselben durch Reichsrecht? **11,** 31. 33. — 2) Nach welchem territorialen Rechte ist die Haftung des Rheders bei Kollision auf hoher See oder in fremdländischem Rechtsgebiete, und die Frage, ob der die Kollision veranlassende Lotse als Zwangslotse anzusehen ist, zu beurteilen? **19,** 7. — 3) Siehe auch § 7 des systematischen Registers.

**Interpretation** der Gesetze. Siehe §§ 3 und (Prozeßgesetze) 274 des systematischen Registers.

Code civil, überhaupt und insonderheit für das eheliche Güterrecht. **16,** 288. — 5) Ist das Inventar materielle Voraussetzung für die Geltendmachung des Sondereigentumes der Frau an den eingebrachten Mobilien gegenüber Dritten? Kenntnis des Dritten von der Sondergutseigenschaft. (F.) **16,** 289. — 6) Rechtswohlthat des Inventars im Erbrechte. Siehe § 202 des systematischen Registers.

**Inverkehrbringen.** Begriff. Patentgesetz vom 25. Mai 1877 § 4. **13,** 424.

**Irreguläre Servituten.** 1) Verpflichtung eines Grundeigentümers, ein Wehr im Flusse, zwecks Betriebes einer Mühle seitens der Berechtigten, zu unterhalten. (P.) **11,** 315. — 2) Servitut des Inhaltes, einen Park dem Pubikum offen zu halten und dieserhalb zu unterhalten. (G.) **14,** 214. — 3) Öffentlich-rechtliche Servitut der Unbebaubarkeit eines Grundstückes entsprechend dem städtischen Bebauungsplane. (P.) **17,** 166.

**Irrtum.** 1) Einfluß eines faktischen Irrtumes der eine Rechtsnorm Übenden auf die Bildung eines entsprechenden Gewohnheitsrechtes? **12,** 294. — 2) Irrtum in bezug auf den Widerruf eines gerichtlichen Geständnisses. **11,** 405. — 3) Einfluß des Irrtumes über die Zahlungsfähigkeit des Mitkontrahenten? **12,** 102. — 4) Hat derjenige, welcher beim Vertragsschlusse über eine gewöhnlich vorausgesetzte Eigenschaft irrt, ein Recht zum Rücktritte, wenn der Mangel bis zur vertragsmäßigen Zeit der Übergabe beseitigt werden kann? Kauf. Hausschwamm. (P.) **13,** 281. — 5) Inwiefern kann der Rechnungspflichtige seine von dem Geschäftsherrn anerkannte Rechnung wegen Irrtumes anfechten? Herausgreifen einzelner Posten. (G., P.) **14,** 253. — 6) Error in persona. (F.) **17,** 74. — 7) Inwiefern ist die Unkenntnis sittlicher Fehler des Ehegatten ein Irrtum in den persönlichen Eigenschaften, auf Grund dessen auf Ungültigkeit der Ehe geklagt werden kann? (G., P.) **17,** 248. — 8) Anfechtung eines Dechargebeschlusses, der auf Grund unrichtiger oder unvollständiger Vorlagen gefaßt ist. **18,** 63. Vgl. **12,** 77. — 9) Ist für die Rechtsfolgen des Betruges die Vermeidlichkeit oder Entschuldbarkeit des Irrtumes des Betrogenen erheblich? (G.) **18,** 224. — 10) Kann unter Umständen die Unkenntnis lokaler, nicht publizierter Rechtsnormen als unentschuldbarer Irrtum erscheinen? (P.) **18,** 264. — 11) Irrige Meinung des Geschäftsführers, sein eigenes Geschäft zu führen. (F.) **18,** 356. — 12) Irrtum im Beweggrunde. Unerheblichkeit. **19,** 126. — 13) Irrtum des Stellvertreters beim Kontraktsschlusse. **19,** 226. — 14) Vertragsanfechtung wegen Irrtumes über Eigenschaften. Irrtum über die Höhe des im Falle der Bebauung des gekauften Grundstückes an die Stadt zu zahlenden Straßenanlagebeitrages. Zum Begriffe der Voraussetzung. (G.) **19,** 260. — 15) Unkenntnis davon, daß ein Dritter bereits ein Patent auf das durch die Maschine, deren Patent man kauft, herzustellende Fabrikat hat. **20,** 94. — 16) Irrtum bei der Auflassung. Anfechtung vonseiten eines Dritten. (P.) **20,** 225.

## K

3) Ist eine Versicherungsgesellschaft auf Gegenseitigkeit Kaufmann? **14,** 237. — 4) Privatinstitut für Briefbeförderung. **20,** 47. — 5) Tischler. **20,** 125.

**Kaufmännischer Konkurs.** Siehe § 351 des systematischen Registers.

**Kaufmännischer Verpflichtungsschein.** Siehe Verpflichtungsschein.

**Kaufmännisches Faustpfand. Kaufmännisches Pfandrecht.** 1) Ist das landesgesetzliche Erfordernis der Schriftform bei Verpfändung von Forderungen durch das Handelsgesetzbuch beseitigt? **14,** 300. — 2) Begriff der beweglichen Sachen im Sinne des Handelsgesetzbuches, besonders des Art. 309. Forderungen? **17,** 57.

**Kaufmännisches Retentionsrecht.** Siehe Retentionsrecht.

**Kaufpreis.** Siehe Condictio ob injustam causam, Condictio sine causa, Lex Anastasiana, Zahlung, sowie § 77f des systematischen Registers.

**Kaufstempel.** 1) Inwiefern ist auch der Wert des Kaufobjektes oder ein abweichend vom Vertrage mündlich stipulierter Preis für die Höhe des Stempels maßgebend? Besondere Vergütung dafür, daß der Verkäufer einer Apotheke für seine Person auf die in dem Grundstücke ausgeübte Konzession verzichtet. (P.) **13,** 265. — 2) Preußischer Kaufstempel von Schriftstücken, welche nach Nr. 4 des Tarifes zum Reichsstempelgesetze vom 1. Juli 1881 stempelpflichtig sind, vor und nach dem Reichsgesetze vom 29. Mai 1885. **19,** 176. — 3) Kauf oder Cessionsstempel, wenn bei einem Gutsaustausche ein Forderungsrecht, welches den Charakter einer unbeweglichen Pertinenz trägt, abgetreten wird? (P.) **12,** 265.

**Kausalzusammenhang.** 1) Genügt es zur Feststellung desselben, wenn ein Verschulden erwiesen ist, auf welches der angerichtete Schaden bei gewöhnlichem Verlaufe zurückzuführen ist? **12,** 190. Dazwischentreten eines ungewöhnlichen Ereignisses. **13,** 65. Vgl. Nr. 7.— 2) Kausalzusammenhang zwischen dem Verschulden des Agenten, der einen Auftrag eines Dritten, welchen dieser nicht erteilt hat, irrtümlich dem von ihm Vertretenen übermittelt, und dem diesem erwachsenen Schaden. **12,** 20. — 3) Erfordernis der Kausalität zwischen Abschluß des Vertrages und Nachteil der Gläubiger im Falle des § 3 Ziff. 2 des Reichsanfechtungsgesetzes vom 21. Juli 1879. Spätere Flucht des Schuldners unter Mitnahme der durch den Vertrag erlangten Mittel. **13,** 42. — 4) Schadensanspruch wegen Benachteiligung durch die Enteignung von Teilgrundstücken. Kausalzusammenhang. (P.) **13,** 244. — 5) Begriff der Erwerbsunfähigkeit im Sinne des § 3 des Reichshaftpflichtgesetzes. Ursachlicher Zusammenhang mit dem Unfalle. Entziehung der innegehabten Stellung wegen der durch den Unfall verursachten langen Krankheit. **14,** 25. — 6) Ist bei der Schadensersatzforderung aus einem Handelsgeschäfte die Frage des Kausalzusammenhanges nach Handels- oder Landesrecht zu beurteilen? Enthält Art. 283 H.G.B. eine bezügliche Bestimmung? Haftung des Verkäufers, wenn der Käufer die Ware in Verbindung mit anderen einem Dritten liefert und wegen der Mängel sowohl dieser als der anderen Waren von dem Dritten in Anspruch genommen wird? **15,** 14. Vgl. **20,** 88. — 7) Kann das Darthun von Umständen genügen, unter welchen eine andere als die behauptete Entstehungsursache des Schadens ausgeschlossen erscheint? **15,** 147. Vgl. Nr. 1. — 8) Kausalzusammenhang zwischen dem durch das Frachtgut der Eisenbahn zugefügten Schaden und der reglementswidrigen Art der Verpackung? Rechtsvermutung? **15,** 152. — 9) Höhe der nach dem Reichshaftpflichtgesetze zu gewährenden Rente. Einfluß der Behauptung, daß der Verletzte auch ohne den Unfall nach Ablauf bestimmter Zeit den frühern Erwerb nicht mehr hätte erzielen können. **16,** 82; **17,** 49. 53. — 10) Unrichtige Angaben des Mandatars über die zu kaufende Ware. Kann er, wenn dadurch der Mandant zum Kaufe veranlaßt ist, gegen dessen Schadensklage einwenden, daß derselbe vorher den Verkäufer wegen Mangels versprochener Eigenschaften in Anspruch nehmen möge? (G.) **16,** 133. — 11) Muß zwischen der Verletzung der Vorschriften über die Öffentlichkeit des Verfahrens und dem angefochtenen Urteile ein Kausalzusammenhang nachgewiesen werden, um die Revision darauf zu gründen? **16,** 394. — 12) Genügt, damit die Vermutung des § 25 A.L.R. I. 6 Platz greife, jede, auch noch so entfernte Möglichkeit, daß der Schade durch die unerlaubte Handlung entstanden sei? **17,** 202. — 13) Ungerechtfertigter Arrest. Anspruch des Schuldners auf die Differenz zwischen dem Zinsertrage der von ihm hinterlegten (§ 803 C.P.O.) Wertpapiere und dem gesetzlichen Zinsfuße? **19,** 432. — 14) Schädigung der Masse dadurch, daß der Gläubigerausschuß die Hinterlegung der vereinnahmten Gelder nicht kontrolliert. **20,** 110. — 15) Siehe auch Konkurrierendes Verschulden.

**Kaution.** Siehe Sicherheitsleistung.

**Kautionshypothek.** 1) Grundsätze, betreffend die Verrechnung des Betrages, welchen ein Gläubiger in der Subhastation auf eine Kautionshypothek, die ihm für mehrere Forderungen haftet, erhoben hat? Wahlrecht des Gläubigers? (G.) **13,** 191. — 2) Klage gegen den eingetragenen Gläubiger auf Löschung. Was gehört zur Begründung der Klage? Bezahlung der Forderungen durch den Vorbesitzer des Klägers. (P) **18,** 265.

**Kenntnis.** Siehe Bekanntmachung, Cessionar, Glaube, Offenkundigkeit, Redlicher Besitz, § 77e des systematischen Registers.

**Kerze.** Patent auf das Eintauchen von Kerzen in Paraffin zum Schutze der zur Verzierung angebrachten Abziehbilder. **20,** 40.

**Kinder.** 1) Ist die Streitgenossenschaft mehrerer von den Eltern auf Alimentation verklagter Kinder eine notwendige im Sinne des § 59 C.P.O.? **17,** 358. — 2) Nichtigkeit des die Erziehung eines Kindes der Mutter übertragenden Vertrages der faktisch getrennt lebenden Eheleute? Klage der Frau gegen den Mann auf Überlassung des Kindes bei Gefährdung der Interessen desselben? (G.) **17,** 129. — 3) Rechte der Mutter auf das Haben der Kinder gegenüber dem Vater. Einfluß des Umstandes, daß die Trennung der Ehe gerichtlich schon in Antrag gebracht oder bereits ausgesprochen ist. (G.) **18,** 186. —

**Klagabweisung.** 1) Muß eine Klage, weil die Klageschrift keine Ladung enthält, abgewiesen werden? Abweisung angebrachtermaßen? **13,** 334. — 2) Muß das Gericht, wenn die Klage mangelhaft zugestellt, infolge dessen die Verjährung inzwischen vollendet, der Einwand der Verjährung auch vom Beklagten erhoben ist, die Klage als nicht ordnungsmäßig erhoben zurückweisen, oder, in der Sache selbst erkennend, als verjährt abweisen? **14,** 340. — 3) Abweisung der Klage auf eheliche Folge zur Zeit, infolge der Einrede, daß Kläger mit einer Frauensperson Ehebruch treibe. **17,** 388.

**Klagänderung.** 1) Ist es unzulässige Änderung oder nur Ergänzung der Klage, wenn der Kläger auf die in der Klage erzählend erwähnten Thatsachen in der Verhandlung seinen Anspruch gründet? **11,** 243. — 2) Ist es Klagänderung, wenn der Kläger, nachdem er sich als Nichtberechtigter herausgestellt hat, an Stelle und als Vertreter des Berechtigten den Prozeß fortführen will? **11,** 341. Vgl. **19,** 185. — 3) Ist es Klagänderung, wenn der Kläger, nachdem er ursprünglich die Kompensation eines bestimmten Betrages geltend gemacht und beantragt hat, festzustellen, daß er dem Beklagten nichts mehr schulde, nunmehr die Zahlung des Betrages fordert? **14,** 346. — 4) Inwieweit ist in Ehesachen Klagänderung zulässig? **11,** 354. — 5) Ist Klagänderung und Änderung des Klagegrundes begrifflich identisch? **14,** 427. — 6) Verhältnis der Vorschriften über Rechtskraft des Urteiles und über Klagänderung und Rechtshängigkeit. **14,** 347; **16,** 376; **18,** 410.

**Klagantrag.** 1) Erweiterung des Klagantrages in dem Prozesse über die Höhe der Enteignungsentschädigung noch nach Ablauf der sechsmonatigen Frist des § 30 des preußischen Enteignungsgesetzes vom 11. Juni 1874? **12,** 299. — 2) Bezieht sich § 240 Ziff. 2 C.P.O. nur auf Anfügung neu entstandener Ansprüche, oder auch auf Steigerung des ursprünglichen Antrages? **12,** 301. — 3) Kann auf temporäre Trennung von Tisch und Bett erkannt werden, wenn der Klagantrag auf Scheidung der Ehe dem Bande nach gerichtet ist? **11,** 414. — 4) Bestimmtheit des Antrages und der Angabe des Gegenstandes des Anspruches bei der Feststellungsklage. Muß der Inhalt des Anspruches qualitativ und quantitativ erhellen? **12,** 388. — 5) Kann dem Antrage auf Scheidung der Antrag auf Ungültigkeit der Ehe hinzugefügt werden? **11,** 351. — 6) Sind, wenn die Klage gegen „die Handelsgesellschaft A. & B., bestehend aus F. A. und E. B." gerichtet ist, die Gesellschafter A. und B. als mit verklagt zu betrachten? **13,** 97. — 7) Bestimmtheit des Klagantrages. Klage auf Feststellung der Schadensersatzpflicht für die durch schuldhafte Körperverletzung entstehende Verminderung der Erwerbsfähigkeit, wenn der Verletzte noch in nicht arbeits- und erwerbsfähigem Alter steht? **13,** 372. — 8) Kann im Falle eines quantitativ bestimmten Anspruches auf eine vertragsmäßige Leistung Klage auf Verurteilung dem Grunde nach erhoben werden, ohne einen bestimmten Betrag zu fordern? **13,** 435. — 9) Negative Feststellungsklage. Darf das Urteil eine engere als die im Antrage begehrte Feststellung aussprechen? **14**, 104. — 10) Muß, wenn gegen einen ausländischen Gemeinschuldner im Inlande geklagt wird, der Klagantrag eine Beschränkung der Vollstreckbarkeit auf die im Inlande dem Zugriffe bereiten Vermögensstücke in sich tragen? **14**, 412. — 11) Bedeutung und gegenseitiges Verhältnis der Begriffe Änderung, Erweiterung, Beschränkung des Antrages, Klagänderung, Änderung des Klagegrundes. **14**, 427. — 12) Muß bei Zustellung eines den Klagantrag nachträglich erweiternden Schriftsatzes die Einlassungs- oder nur die Zustellungsfrist gewahrt sein? **15**, 392. — 13) Objekt für die Berechnung der Prozeßgebühr des Anwaltes, falls der angekündigte Antrag in der mündlichen Verhandlung eingeschränkt wird? **17**, 374. — 14) Klagantrag im Urkundenprozesse. Unzulässigkeit der Hinzufügung einer besonderen Maßgabe betreffs der Zwangsvollstreckung. **18**, 413.

**Klagbarkeit.** Siehe §§ 9. 105. 272 des systematischen Registers.

**Klagbegründung.** Siehe Klagantrag, Expressa causa, Substanziierung.

**Klage.** 1) Gelten die Beschränkungen des § 38 des Eigentumserwerbsgesetzes nur für Einreden, oder auch für Klagen auf Anfechtung einer Hypothek oder Grundschuld? (P.) **16**, 253. — 2) Erhebung der Klage als Kündigung der Darlehnsforderung. (G., P.) **17**, 150. — 3) Siehe auch Actio.

**Klagegrund.** 1) Ist in dem ordentlichen Verfahren des § 563 C.P.O. ein anderer Klagegrund statthaft als der im Urkundenprozesse vorgebrachte? **11**, 4. — 2) Siehe auch Ehescheidungsgrund, Klagänderung.

**Klagenkumulation,** objektive. Siehe Klagenverbindung.

— subjektive. Siehe Streitgenossen.

**Klagenverbindung.** 1) Inwiefern läßt sich das Interdictum quod vi aut clam mit der Klage auf Feststellung und Schutz des Rechtes verbinden? **17**, 123. — 2) Ist die Revision zurückzuweisen, wenn ein kumulativ aufgestellter Klagegrund vom Berufungsgerichte aus irrigen prozessualen Gründen zurückgewiesen und nunmehr zur abweisenden Endentscheidung reif ist? **11**, 243. — 3) Eventuelle Häufung zweier Klagen. Inwiefern erwächst, wenn die prinzipale vom ersten Richter zugesprochen und die eventuelle unentschieden gelassen ist, die letztere an das Berufungsgericht? Zurückverweisung zur Verhandlung über die eventuelle Klage? **18**, 385.

**Klagenvererbung.** Siehe Vererblichkeit.

**Klagenverjährung.** Siehe Verjährung.

**Klagerhebung.** Siehe Klage, Rechtshängigkeit, Rechtskraft.

**Klagerweiterung.** 1) Bezieht sich § 240 Ziff. 2 C.P.O. auch auf eine Steigerung des ursprünglichen Antrages, oder nur auf eine Anfügung neu entstandener Ansprüche? **12**, 301. — 2) Erweiterung des Klagantrages in dem Prozesse über die Höhe der Enteignungsentschädigung nach Ablauf der sechsmonatigen Frist des § 30 des preuß. Gesetzes vom 11. Juni 1874. **12**, 399. — 3) Ist es Klagerweiterung, wenn der Kläger, nachdem er Kompensation geltend gemacht, indem er mittels Kompensation festzustellen beantragte, daß er dem Beklagten nichts mehr schulde, die Zahlung des Betrages fordert? **14,** 346. — 4) Muß bei Zustellung eines den Klagantrag erweiternden Schriftsatzes die Einlassungs- oder die Zustellungsfrist gewahrt werden, damit demgemäß Versäumnisurteil ergehen könne? **15,** 392. — 5) Materielle Bedeutung der Unterlassung zulässiger Klagerweiterung. **20,** 124. — 6) Siehe auch Klagänderung.

**Klageschrift.** 1) Fehlen einer ordnungsmäßigen Ladung in der Klageschrift. Abweisung wie angebracht? Heilung des Mangels durch Verhandeln? Rechtshängigkeit? **13,** 334 flg. — 2) Wie ist nach Artt. 190 a. 222 H.G.B. (Fassung des Gesetzes vom 18. Juli 1884) das Rubrum der Klage zu fassen? **14,** 142. — 3) Unschädlichkeit einer inkorrekten Bezeichnung des Beklagten, über dessen Person kein Zweifel besteht. **15,** 145. — 4) Siehe auch Klagantrag.

**Klageverbesserung.** Siehe Klagänderung, Klagerweiterung.

**Klagezurücknahme.** Siehe Zurücknahme.

**Klausel.** Siehe Charteparti e, Konnossement, Police, Verwirkungsklausel, Vollstreckbarkeit.

**Kleinkaufmann.** Übernahme des Geschäftes eines Kleinkaufmannes mit Aktiven und Passiven. **17,** 99.

**Knabe.** Schuldhafte körperliche Verletzung eines Knaben. Klage auf Feststellung der Entschädigungspflicht für Verminderung der Erwerbsfähigkeit. Möglichkeit des Todes vor Erreichung eines überhaupt erwerbsfähigen Lebensalters. **13,** 372.

**Knappschaftsverein.** Invalidenunterstützung. Statutenmäßige Abänderung der einzelnen Sätze. Einfluß auf den Anspruch des einzelnen Mitgliedes. (P.) **11,** 270.

**Kodizillarklausel.** 1) Wirksamkeit der Kodizillarklausel zu Gunsten der eingesetzten persona turpis, welche mit der querela inofficiosi testamenti beklagt wird? (G.) **14,** 190. — 2) Wirksamkeit bei Übergehung von Noterben? (G.) **11,** 231.

**Kognaten.** 1) Wird das Familienfideikommißgut, im Falle der Berufung der Kognaten bei Aussterben des agnatischen Mannesstammes, in der Hand des ersten Kognaten freies Allod? (G.) **18,** 209. — 2) Vorzug des Mannesstammes in der kognatischen Familie, welche in das Familienfideikommiß nach Erlöschen des agnatischen Mannesstammes succediert. (G.) **18,** 217.

**Kohlenstaub.** Ist der Anspruch aus § 1 des Reichshaftpflichtgesetzes begründet, wenn dem Kläger aus einer vorüberfahrenden Lokomotive Kohlenstaub ins Auge fliegt, und dies die Erblindung zur Folge hat? **11,** 146.

**Kollation.** 1) Findet bei testamentarischer Erbfolge Kollation statt? Ist dasjenige, was dem Erben nach Errichtung des Testamentes zugewendet ist, von der Kollation ausgeschlossen? (P.) **12,** 294. — 2) Was gehört zu der in Art. 843 Code civil gemeinten ausdrücklichen Ausschließung der Einwerfung? Unterliegt die verschleierte Schen-

des Kommissionärs auf den Kommittenten. **20**, 113. — Siehe auch Einkaufskommission, Selbstkontrahent, Verkaufskommission.

**Kommissionsauftrag.** 1) Allgemeiner Auftrag, nach freiem Ermessen Spekulationspapiere für den Kommittenten zu kaufen oder zu verkaufen. Recht des Kommittenten, einen geschehenen Verkauf als nicht für seine Rechnung erfolgt anzusehen? **14**, 123. — 2) Verhältnis des Kommissionsauftrages zum Vollmachtsauftrag. **18**, 160.

**Kommissionsgut.** Übergang von Besitz und Eigentum am Kommissionsgut auf den Kommittenten im Falle der Einkaufskommission. (P.) **11**, 52.

**Kommittent.** Siehe Einkaufskommission, Kommissionär, Verkaufskommission.

**Kommodat.** Siehe Leihvertrag.

**Kommunalbeamte, Kommunalsteuer** u. ä. Siehe Gemeinde.

**Kompensation.** 1) Aufrechnung seitens eines Gesamtschuldners im Konkurse des Gläubigers. Wirkung zu Gunsten der Mitschuldner. **11**, 121. — 2) Auslegung der §§ 97 Ziff. 3, 98 preuß. K.O. vom 8. Mai 1855. **11**, 121. — 3) Beherrschendes Prinzip für die Kompensationsbefugnis gegenüber dem Cessionar. (P.) **11**, 302. — 4) Kann der Kommanditist dem Gesellschaftsgläubiger gegenüber seine eingetragene Einlage als durch Aufrechnung mit seiner von dem Komplementar vor und bei Errichtung der Gesellschaft als Gesellschaftsschuld anerkannten Forderung für vorgelegte Gründungskosten gedeckt darthun? **17**, 39. — 5) Kompensation verzinslicher Forderungen. Berechnung. (G.) **17**, 141. — 6) Kompensation zwischen der Aktieneinzahlungsschuld und Forderungen des Aktionärs gegen die Gesellschaft? **18**, 1; **19**, 126. — 7) Kompensation der Ehescheidungsgründe. (G.) **18**, 228; **20**, 208 (Bösliche Verlassung und Ehebruch). — 8) Siehe ferner § 119 des systematischen Registers.

**Kompensationseinrede.** 1) Inwiefern kann über eine Kompensationseinrede ein Zwischenurteil ergehen? Anwendung des § 276 C.P.O.? **12**, 363. — 2) Ist die Vorschrift der l. 14 § 1 Cod. de comp. 4, 31 über Verweisung illiquider Kompensationseinreden zum besonderen Prozeß durch die Civilprozeßordnung beseitigt? **15**, 376. — 3) Gestaltung des weiteren Verfahrens, wenn nach §§ 136 Abs. 2. 274 C.P.O. die Gegenforderung zum getrennten Prozeß verwiesen ist. Neue Klage? Inhalt des demnächstigen Urteiles? **16**, 371. — 4) Rechtskraft der Entscheidung über Bestehen und Nichtbestehen einer einredeweise geltend gemachten Gegenforderung? Gleichzeitige besondere Einklagung des den Betrag, mit welchem aufgerechnet werden soll, übersteigenden Teiles der Gegenforderung? **16**, 356. — 5) Wird durch die Einrede der Kompensation Rechtshängigkeit begründet? **16**, 375; **18**, 408. — 6) Inwiefern liegt in der Erklärung, kompensieren zu wollen, eine Kündigung der Gegenforderung? (P.) **17**, 148.

**Kompetenz.** Siehe Gerichtsstand, Zuständigkeit.

**Kompetenzkonflikt.** Einfluß der Entscheidung des Gerichtshofes zur

einflußt, daß dies geschieht, nachdem über das Vermögen des Gläubigers Konkurs eröffnet ist? (P., R.) **11,** 121. — 4) Betrifft, wenn aus dem für vorläufig vollstreckbar erklärten Urteile Zwangsvollstreckung gegen den nachmaligen Gemeinschuldner vorgenommen ist, der nach der Konkurseröffnung in höherer Instanz vom Verwalter geltend gemachte Anspruch auf Rückzahlung des Beigetriebenen das zur Masse gehörige Vermögen? **11,** 400. — 5) Hebt die Konkurseröffnung über eine Versicherungsgesellschaft auf Gegenseitigkeit die Verbindlichkeit desjenigen auf, welcher zwecks Gründung der Gesellschaft zur Bildung eines Garantiefonds gezeichnet hat? **13,** 30. — 6) Verliert ein Kaufmann mit der Konkurseröffnung die Kaufmannseigenschaft? (P., R.) **13,** 151. — 7) Persönliche Wirkungen der Konkurseröffnung auf physische und juristische Personen. Vertretung des Gemeinschuldners durch den Verwalter. Aktiengesellschaft. (R., ausländ. Recht.) **11,** 401; **13,** 152; **14,** 408. 412. 425; **16,** 392. — 8) Erlischt das einer offenen Handelsgesellschaft zustehende Nießbrauchsrecht durch die Eröffnung des Gesellschaftskonkurses? **16,** 2. — 9) Wird durch die im Auslande erfolgte Konkurseröffnung über das Vermögen des Beklagten das Verfahren unterbrochen? **16,** 337. — 10) Konkurseröffnung über das Vermögen einer angeblichen Handelsgesellschaft N., wenn nach dem Tode eines Einzelkaufmannes dessen mehrere Erben seine Firma und seinen Handelsbetrieb übernommen haben und einen Prozeß fortführen. Unterbrechung des Verfahrens? **16,** 340. — 11) Wirkung der Konkurseröffnung in bezug auf Erfüllung der Rechtsgeschäfte. Siehe § 342 des systematischen Registers. — 12) Unterbrechung und Aufnahme des Prozeßverfahrens. Siehe § 341 Nr. 9—17 des systematischen Registers.

**Konkursgläubiger.** 1) Ausschließliche Beziehung der §§ 15—21 K.O. auf das Interesse der Konkursgläubiger. **17,** 85. — 2) Siehe auch Gläubigerausschuß und § 347 des systematischen Registers.

**Konkurs im Auslande.** 1) Handlungs- und Prozeßfähigkeit des Gemeinschuldners. (Engl., franz., belg. Recht.) **14,** 408. 412. 425. — 2) Ist die inländische Rechtsverfolgung gegen einen ausländischen Schuldner durch die ausländische Konkurseröffnung über sein Vermögen gehindert? §§ 11. 207 R.K.O. § 24 C.P.O. **14,** 405. 407. 413. 424; **16,** 392. — 3) Wirksamkeit des ausländischen Konkurses in Deutschland. Unterbrechung des Verfahrens? **16,** 61. 337. 339. — 4) Ist die Klage gegen einen ausländischen Kridar, der Vermögen im Inlande hat, gegen ihn selbst oder gegen den Konkursverwalter zu richten? Klagantrag? **14,** 412. — 5) Ergreift nach Luxemburger Recht die Wirkung der dortigen Konkurseröffnung auch das auswärts belegene Vermögen des Kridars? **14,** 422. — 6) Unterliegt ein inländisches Vermögensstück, welches der ausländische Konkursverwalter für die Masse erworben hat, dem Zugriffe inländischer Gläubiger? **14,** 424.

**Konkurskurator.** Siehe Konkursverwalter.

**Konkursmasse.** 1) Begriff und Wesen der Konkursmasse. **14,** 306. —

2) Muß die Ehefrau desjenigen, welcher sein Leben zu ihren Gunsten versichert hat, wenn über seinen Nachlaß der Konkurs eröffnet ist, die erhobene Versicherungssumme nach § 37 K.O. zur Masse zurückerstatten? Erworben mit den Mitteln des Mannes? **14,** 21. — 3) Betrifft, wenn auf Grund des für vorläufig vollstreckbar erklärten Urteiles Zwangsvollstreckung gegen den nachmaligen Gemeinschuldner vorgenommen ist, der nach der Konkurseröffnung in höherer Instanz vom Verwalter geltend gemachte Anspruch auf Rückzahlung des Beigetriebenen das zur Masse gehörige Vermögen? **11,** 400. — 4) Gehört der gesetzliche Nießbrauch des Ehemannes an denjenigen Vermögensstücken, welche die Frau erst nach Eröffnung des Verfahrens erworben hat, zur Konkursmasse des Mannes? **15,** 8. — 5) Ist der Gläubiger, welchem gegenüber bei Bestellung seiner Hypothek der nachmalige Gemeinschuldner sich verpflichtet hat, eine ihm bereits heimgezahlte Vorhypothek zur Löschung zu bringen, der Masse gegenüber auf die Interesseforderung wegen der Nichterfüllung beschränkt, oder kann die Masse zu seinem Nachteile über die Vorhypothek verfügen? (P., R.) **19,** 59.

**Konkursprivilegien.** 1) Kann das Vorrecht des § 54 K.O. für Forderungen, die vor dem 1. Oktober 1879 entstanden sind, beansprucht werden? **17,** 41. — 2) Vorrecht der Kinder wegen der Ersatzforderung für das beim Tode der Mutter nicht mehr vorhandene Sondergut derselben? **17,** 42. — 3) Vorrecht der Kinder des Gemeinschuldners gegenüber der überlebenden Witwe im Konkurse über das gütergemeinschaftlich besessene Vermögen? **11,** 64. — 4) Kann ein nicht angemeldetes Vorrecht nach erfolgter Feststellung der Forderung zur Tabelle noch beansprucht werden? **20,** 412.

**Konkursrecht,** materielles. Siehe §§ 341—347. 351. 352 R.K.O. des systematischen Registers.

— nach älterem Rechte. Siehe § 103 des systematischen Registers.

**Konkurstabelle.** Siehe Tabelle.

**Konkursverwalter.** 1) Verkauf und Wegschaffen von Sachen, die als Illaten des Gemeinschuldners dem Vorzugsrechte des Vermieters unterliegen, durch den Verwalter. Recht des Vermieters am Erlöse? (F., R.) **14,** 1. — 2) Ist die Klage gegen einen ausländischen Gemeinschuldner, welcher Vermögen im Inlande hat, gegen ihn selbst oder gegen den Konkursverwalter zu richten? **14,** 412. — 3) Der Verwalter als Vertreter der Interessen der Gesamtheit der Gläubiger. **14,** 307; **20,** 109. — 4) Vertretung des Gemeinschuldners durch den Konkursverwalter nach deutschem und ausländischem Rechte. Vertretung der im Konkurse befindlichen Aktiengesellschaft nach außen? **14,** 408. 412. 425. — 5) Inwieweit ist der Verwalter berufen, an Stelle des Gemeinschuldners im Prozesse aufzutreten? Gütertrennungsklage des französischen Rechtes. **15,** 321. — 6) Widerruf einer unstatthaften Schenkung unter Ehegatten durch den Verwalter des Konkurses des Schenkers? (G.) **16,** 129. — 7) Ist der Konkurs-

und den Stempel zahlt, der Vertrag eines Dritten mit einem Mitgliede auf Beteiligung an dessen Anteile nochmals stempelpflichtig als Anschaffungsgeschäft über Wertpapiere? (R.) **20**, 196.

**Konstitut.** Siehe Constitutum.

**Konsul.** Amtsbefugnisse der Konsuln nach internationalem Rechte. Kann ein Konsul als gesetzlicher Vertreter seines Heimatsstaates im Prozesse auftreten, oder muß er besondere Vollmacht beibringen? **14**, 430.

**Konsulargerichtsbarkeit.** 1) Geltung der Konkursordnung und des Einführungsgesetzes zur Konkursordnung in den Konsulargerichtsbezirken? Geht ihren materiellen Vorschriften das dort geltende Handelsgewohnheitsrecht vor? **14**, 143. — 2) Rechtsmittelsystem in Konsularsachen? Berufungssumme? **13**, 409.

**Konsulargerichtsbezirk.** Siehe Konsulargerichtsbarkeit.

**Konsularsachen.** Siehe Konsulargerichtsbarkeit.

**Kontingentsverwaltung.** Siehe Landeskontingentsverwaltung.

**Kontokorrent.** Wesen und Bedeutung des Kontokorrents. Selbständigkeit des anerkannten Saldos. Übertragung desselben auf neue Rechnung. **11**, 146; **18**, 246.

**Konvaleszenz.** Konvalesziert ein mangels Beobachtung des § 671 C.P.O. ungültiges Pfandrecht durch Nachholung der erforderlichen Zustellung? **20**, 433.

**Konventionalstrafe.** 1) Zulässige Höhe. Unschätzbares Interesse. Wird die Konventionalstrafe dadurch, daß die Hauptforderungssumme — z. B. durch Teilzahlungen — sich vermindert, auch geringer? **12**, 25. — 2) Kann der Anspruch auf eine noch nicht verfallene Konventionalstrafe ohne den Hauptanspruch cediert werden? (P.) **15**, 283. — 3) Gerichtsstand für die Klage auf eine accessorische Konventionalstrafe? Erfüllungsort der Hauptobligation? **15**, 435. — 4) Greifen die Unterscheidungen des preuß. Allgem. Landrechtes von mittelbarem und unmittelbarem Schaden Platz, wenn aus einem Handelsgeschäfte der Ersatz einer bezahlten Konventionalstrafe als Schadensersatz gefordert wird? **19**, 25. — 5) Bedeutung der Penalty-Klausel in Chartepartien nach englischer Rechtsauffassung. **19**, 34. — 6) Strafversprechen in bezug auf die Erbfolge. (G.) **19**, 232. — 7) Nachweis einer Verschuldung? **20**, 33. — 8) Strafversprechen des Handlungsgehilfen für den Fall, daß er in ein Konkurrenzgeschäft eintritt. **20**, 106. — 9) Siehe auch Verwirkungsklausel.

**Konzession.** 1) Schlachthausbetrieb ohne die erforderliche gewerbepolizeiliche Konzession. Verbot des ferneren Privatbetriebes infolge des preußischen Schlachthausgesetzes vom 18. März 1868. Entschädigungsanspruch? **13**, 284. — 2) Siehe Gewerbebetrieb Nr. 2 und 5.

**Kopie.** Siehe Abschrift.

**Körperverletzung.** 1) Schuldhafte Körperverletzung eines noch nicht in arbeits- und erwerbsfähigem Lebensalter stehenden Knaben. Klage auf Feststellung der Entschädigungspflicht für Verminderung der Erwerbsfähigkeit? **13**, 372. — 2) Haftpflichtgesetz. Siehe § 159 des systematischen Registers.

**Korporation.** 1) Können die Mitglieder einer öffentlich-rechtlichen Korporation klagbare Ansprüche gegen dieselbe auf Teilnahme am Korporationsvermögen allein aus der Mitgliedschaft herleiten, oder bedürfen sie dazu eines besonderen Erwerbstitels? Klage auf Gestattung des ehrlichen Begräbnisses auf dem Kirchhofe der Kirchengemeinde für den Sohn des Klägers? (P.) **12,** 280. 284. — 2) Sind die Rechte und Pflichten, welche nicht die Korporation als solche, aber doch die sämtlichen Mitglieder als solche betreffen, von der bezw. gegen die Korporation, oder von den bezw. gegen die sämtlichen einzelnen Mitglieder geltend zu machen? (P.) **17,** 196. — 3) Siehe auch Juristische Person.

**Korporationsrechte.** Siehe Juristische Person.

**Korpsintendantur.** Siehe Intendantur.

**Korrealhypothek.** 1) Kann der Gläubiger einer Korrealhypothek auf seine Befriedigung aus dem einen Grundstücke verzichten, ohne sein Realrecht an dem andern zu verlieren? insbesondere wenn er das Grundstück ersteht, die Hypothek durch Cession erwirbt und durch seinen Verzicht beabsichtigt und bewirkt, daß eine nacheingetragene ihm zustehende Hypothek, die sonst ausgefallen wäre, zur Hebung gelangt? (P.) **16,** 164. — 2) Behandlung der Korrealhypothek bei der Zwangsversteigerung. Übernahme eines Ersatzanspruches. Anspruch des Subhastaten auf den Kaufgelderüberschuß gegenüber der kontraktlichen Pflicht des Erstehers und betreibenden Gläubigers, falls seine Forderung bezahlt wird, die Korrealhypothek zur Löschung zu bringen. (P.) **17,** 182.

**Korrealobligation.** Siehe Mitverbindlichkeit (F.), Solidarobligation.

**Korrespondentrheder.** 1) Um die Zweckmäßigkeit einer vom Korrespondentrheder für Rechnung der Rhederei gemachten Aufwendung zu erweisen, kann es genügen, daß er selbst sie für zweckmäßig erachtete. **11,** 193. — 2) Erlöschen seine Befugnisse mit der Veräußerung des Schiffes? **11,** 195.

**Korrespondenz.** Abgrenzung der „im Inlande geschlossenen Geschäfte“ und der „durch briefliche oder telegraphische Korrespondenz zwischen einem Orte des Inlandes und einem Orte des Auslandes zustande gekommenen Geschäfte“ im Sinne des Abs. 1 und des Abs. 3 des § 6 des Reichsstempelgesetzes vom 3. Juni 1885. **18,** 25.

**Kostbarkeit.** Hängt der Begriff der Kostbarkeit im Sinne des Art. 395 H.G.B. nur von dem Stoffe oder auch von dem Kunstwerte des Gegenstandes ab? Ölgemälde? **13,** 36.

**Kosten.** 1) Was ist unter Kosten in § 4 C.P.O. zu verstehen? **13,** 397. — 2) Ist in Artt. 45. 48 W.O. unter Kosten die Provision mitverstanden? **14,** 106. — 3) Mit welchem Zeitpunkte entsteht der Anspruch des Fiskus gegen den Verurteilten auf Zahlung der Kosten des Strafverfahrens, der Strafvollstreckung? **20,** 260. — 4) Prozeßkosten im allgemeinen. Siehe § 288 des systematischen Registers. — 5) Gerichtskosten. Siehe § 289 des systematischen Registers. — 6) Anwaltsgebühren. Siehe § 290 des systematischen Registers. — 7) Gebühren der Zeugen und Sachverständigen. Siehe § 290 A des systematischen Registers.

**Kostenanschlag.** Überschreitung. Siehe Voranschlag.

**Kostenerstattung.** 1) Ist ein Kompensationsanspruch gegen die Forderung auf Erstattung der Prozeßkosten mittels Beschwerde gegen den Festsetzungsbeschluß oder gegen Erteilung der Vollstreckungsklausel oder mittels Klage geltend zu machen? **13**, 360. — 2) Verschiedene Rechtsanwälte der mehreren Streitgenossen, bezw. des Nebenintervenienten und der Hauptpartei. Kostenerstattungspflicht des unterliegenden Gegners. **13**, 433; **14**, 395. — 3) Muß die unterliegende Partei die Gebühren mehrerer Anwälte erstatten, wenn der Wechsel in der Person des Gegenanwaltes durch den Gegner schuldvoll veranlaßt ist? Wonach ist zu beurteilen, ob der Wechsel eintreten mußte? **15**, 393. — 4) Greift die prozeßhindernde Einrede der mangelnden Erstattung der Kosten des früheren Prozesses auch dann Platz, wenn die frühere Klage durch Urteil abgewiesen war? **15**, 382. — 5) Unter welchen Voraussetzungen muß der unterliegende Gegner die Gebühren des den Verkehr der Partei mit dem Prozeßbevollmächtigten vermittelnden Anwaltes erstatten? **15**, 402.

**Kostenfestsetzung.** 1) Inwiefern ist bei der Festsetzung zu prüfen, ob Auslagen eines Anwaltes zur zweckentsprechenden Rechtswahrung notwendig waren? **13**, 312. — 2) Wie ist ein Kompensationsanspruch gegen eine Kostenerstattungsforderung zur Geltung zu bringen? Beschwerde gegen den Festsetzungsbeschluß oder gegen Erteilung der Vollstreckungsklausel? Selbständige Klage? **13**, 360. — 3) Entsprechende Anwendung des § 89 C.P.O. auf die Kosten des Festsetzungsverfahrens. Hat der Kostenschuldner Veranlassung zur Anbringung des Festsetzungsgesuches gegeben, solange ihm nicht die Kostenrechnung vergeblich mitgeteilt ist? **14**, 320. — 4) Genügt zum Zwecke der Festsetzung der Kosten der Nebenintervention ein Urteil, welches lediglich über die „Kosten des Rechtsstreites" entscheidet? **15**, 417. — 5) Entsprechende Anwendung des § 100 C.P.O., wenn die Kosten nicht nach Quoten, sondern zeitlich verteilt sind? **19**, 430. — 6) Kann der rechtskräftige Festsetzungsbeschluß abgeändert werden, wenn der Wert des Streitgegenstandes nachträglich anders festgesetzt ist? **20**, 408. — 7) Zum Begriffe des vollstreckbaren Titels im Sinne des § 98 C.P.O. **20**, 414.

**Kostenpunkt.** 1) Einspruch gegen Urteile, die nur den Kostenpunkt betreffen. **13**, 327. — 2) Inwiefern hat ein Urteil, welches eine prozeßhindernde Einrede zurückweist, über die Kosten zu entscheiden? **13**, 413. — 3) Wie ist über die Kosten zu entscheiden, wenn die Berufung dem Wortlaute nach verworfen, sachlich aber das erste Urteil durch Hinzufügen eines Vorbehaltes abgeändert wird? **15**, 422. — 4) Unzulässigkeit eines Rechtsmittels gegen Entscheidungen, welche lediglich den Kostenpunkt betreffen. Erledigung der Hauptsache vor und nach Einlegung des Rechtsmittels. **15**, 424; **18**, 418; **20**, 430. — 5) Wird nur noch um den Kostenpunkt gestritten, wenn die erste Instanz, nachdem sie den Arrest für gerechtfertigt erklärt, auf die Anzeige

§§ 248. 276 C.P.O. **15**, 353. — 3) Inwiefern darf der Zeuge sich auf eine überreichte schriftliche Aufzeichnung dessen, was er zur Sache weiß, beziehen? **16**, 116. — 4) Darf die geschlossene Verhandlung auf Grund neuer Thatsachen oder Beweismittel wieder eröffnet werden, oder darf die Veranlassung hierzu nur aus der stattgehabten Verhandlung entnommen werden? **16**, 417. — 5) Darf das Urteil auf den Eindruck gegründet werden, welchen ein Zeuge bei seiner Vernehmung durch einen beauftragten oder ersuchten Richter auf diesen gemacht hat? **17**, 425.

**Münster.** Altmünstersche Gütergemeinschaft. **20**, 256.

**Musikwerk.** Nachdruck. **20**, 100.

**Muster.** Siehe Probe.

**Musterschutz.** Siehe § 164 des systematischen Registers.

**Mutter.** Siehe Kinder.

**Mutterkirche.** Siehe Tochterkirche.

**Mutuum.** Siehe § 123 des systematischen Registers.

## N

**Nachbarrecht.** 1) Allgemeiner Inhalt. Schadensersatz wegen Immissionen abhängig von subjektivem Verschulden? Klage auf Ersatz erst künftig entstehenden Schadens? (G., F., P.) **11**, 341. 345. — 2) Anwendung der §§ 17—19. 26 R.G.O. auf Nachbarrechte? **13**, 57. — 3) Ist der Anspruch eines Müllers wegen Entziehung des zum Mühlenbetriebe notwendigen Wassers durch einen Oberlieger als Nachbarrecht aufzufassen? (P.) **13**, 57. — 4) Klage gegen den Nachbar auf Abstellung des übermäßigen Eindringens seiner Bienen auf das klägerische Grundstück. (G.) **12**, 174. — 5) Inhalt der Pflicht zur clôture. Hingabe des zur Erbauung der Scheidewand erforderlichen Bodens. (F.) **13**, 302. — 6) Aussichtsfenster. (F.) **13**, 305. — 7) Berechtigt eine vom Eigentümer auf seinem Grundstücke vorgenommene Erdaufschüttung, welche der Grenzmauer Feuchtigkeit zuführt, den Nachbar zur negatorischen Klage? (G.) **15**, 205. — 8) Erwerb des Rechtes auf Lichtöffnungen und Schutz gegen Verbauen derselben. (F.) **20**, 348. — 9) Siehe auch Bau, Quelle.

**Nachbezugsrecht.** Siehe Dividende.

**Nachbildung.** Siehe § 161 des systematischen Registers.

**Nachdruck.** 1) Erfordernis selbständiger geistiger Arbeit? Änderungen des Schriftwerkes durch den Verleger bei neuen Auflagen. Ansprüche der Erben des Autors? **12**, 51. — 2) Inwiefern bemessen sich die civil- und strafrechtlichen Folgen des Nachdruckes ausschließlich nach dem Urhebergesetze vom 11. Juni 1870? Anspruch auf die Bereicherung gegen denjenigen, welcher durch einen in seinem Namen und für seine Rechnung von einem Dritten veranstalteten Nachdruck bereichert ist? **12**, 105. Vgl. **15**, 121. — 3) Überschreitung der vertragsmäßigen Zahl und Stärke der Auflagen durch den Verleger. Klage aus dem

Verlagsvertrage? Einreden? Verjährung? **12,** 109. — 4) Ist es Voraussetzung des Nachdruckes, daß ein (quantitativ oder qualitativ) irgend erheblicher Teil des alten Werkes vervielfältigt wird? Herausgabe eines Adreßbuches unter Benutzung eines bereits vorhandenen? **12,** 115. — 5) Worin liegt die dem Nachdrucke eigentümliche Verletzung des Urheberrechtes? **18,** 15. — 6) Kann durch veränderten Abdruck eines Titelblattes zu dem Zwecke, Exemplare eines Schriftwerkes mit den neuen Titelblättern zu versehen, unter Umständen ein Nachdruck im Sinne des Reichsgesetzes vom 11. Juni 1870 begangen werden? **18,** 10. — 7) Nachdruck des Autors gegen den Verleger. **20,** 96. — 8) Ist das einmalige Abschreiben der Stimmen einer Oper zwecks öffentlicher Aufführung als Nachdruck anzusehen? **20,** 100.

**Nacherbe.** Siehe Fideikommissarische Substitution.

**Nachfolge.** Siehe Rechtsnachfolge.

**Nachgiebiges und zwingendes Recht.** Siehe §§ 8 (materielles Recht) und 277 (Prozeßrecht) des systematischen Registers.

**Nachindossament.** Stehen dem durch ein nach Protesterhebung mangels Zahlung gegebenes Indossament legitimierten Indossatar Einreden nur aus der Person des ersten Nachindossanten entgegen, oder auch aus der Person eines Zwischenindossanten? **14,** 109.

**Nachlässigkeit.** Siehe Fahrlässigkeit.

**Nachlaß.** 1) Gehört die nicht zu Gunsten Dritter stipulierte Versicherungssumme zum Nachlasse des Nehmers der Lebensversicherung? **16,** 129. — 2) Nach welchem Prinzipe entscheidet sich, ob, wenn eine Lebensversicherung zu Gunsten der Erben abgeschlossen ist, die Versicherungssumme zum Vermögen bezw. zum Nachlasse des Versicherungsnehmers oder zum Vermögen der Erben selbst gehört? (F., Bad.) **11,** 173.

**Nachlaßgläubiger.** 1) Separationsrecht. Erfordernis rechtzeitiger Inskription? Steht der Gläubiger, welcher den Erben als Schuldner angenommen hat, dem Vermächtnisnehmer nach? (F.) **12,** 351. — 2) Haben die Nachlaßgläubiger, falls der Erbe (mit und bezw. ohne Vorbehalt) durch Befriedigung von Legataren den Nachlaß erschöpft, ein unmittelbares Rückgriffsrecht gegen diese? (P.) **16,** 224. — 3) Siehe auch Absonderungsrecht und § 201 des systematischen Registers.

**Nachlaßsteuer.** Siehe Erbschaftssteuer.

**Nachlaßteilung.** Siehe Erbteilung.

**Nachlaßverkauf.** Siehe Erbschaftskauf.

**Nachlaßvertrag.** Siehe Erlaß.

**Nachlaßverwalter.** 1) Ist derjenige, welchem der Nießbrauch am Nachlasse vermacht ist, als Nachlaßverwalter im Sinne des § 28 des preußischen Erbschaftssteuergesetzes vom 30. Mai 1873 aufzufassen? (F., P.) **11,** 305. — 2) Widerruf der Schenkung durch den Nachlaßpfleger? (P.) **15,** 226.

**Nachsichtwechsel.** Siehe Sichtwechsel.

der Nebenintervention. **14,** 436. — 3) Prüfung der Formalien des Beitrittes von Amts wegen? Instruktionelle Natur der Vorschriften des § 67 C.P.O. **15,** 396. — 4) Intervention von Konkursgläubigern im Prozesse auf die Gütertrennungsklage des franz. Rechtes? **15,** 321. — 5) Welches Rechtsmittel giebt es gegen die in einem Endurteile ausgesprochene Verwerfung der Nebenintervention als unzulässig? **15,** 412. — 6) Inwieweit ist der Nebenintervenient befugt, Anträge zur Sache selbst zu stellen? **15,** 413. — 7) Festsetzung der Kosten der Nebenintervention auf Grund eines lediglich über „die Kosten des Rechtsstreites" entscheidenden Urteiles? **15,** 417. — 8) Kann gegen den Nebenintervenienten Versäumnisurteil ergehen, wenn die Hauptpartei erschienen ist? **15,** 429. — 9) Beschränkung des Prozesses auf das Verhältnis der Hauptparteien, Ausschließung der Geltendmachung eigener Rechte des Nebenintervenienten. **17,** 34. — 10) Findet gegen die Entscheidung, welche die Zulässigkeit der Nebenintervention nicht in einem besondern Zwischenurteile, sondern in dem Endurteile über die Hauptsache ausspricht, sofortige Beschwerde oder Berufung statt? **18,** 140. — 11) Unselbständigkeit des Nebenintervenienten gegenüber der Hauptpartei. Muß ihm das Urteil zugestellt werden? Läuft für ihn eine eigene Rechtsmittelfrist? **18,** 416. — 12) Kann die im Endurteile getroffene Entscheidung über die Kosten der Nebenintervention mit sofortiger Beschwerde angefochten werden gleichzeitig mit dem Zwischenurteile über die Zulassung der Nebenintervention? **19,** 413. — 13) Kann der Nebenintervenient als Zeuge vernommen werden? Inwiefern ist Eideszuschiebung an ihn zulässig? Ist er Partei? **20,** 390. — 14) Siehe auch Hauptintervention.

**Negative Feststellungsklage.** Siehe Feststellungsklage.

**Negative Paternitätsklage.** Siehe Illegitimitätsklage.

**Negatorische Klage.** Siehe § 59 des systematischen Registers.

**Negotiorum gestio.** Siehe Geschäftsführung.

**Negotium claudicans.** 1) Bedarf es einer besonderen Form, wenn ein Minderjähriger nach erreichter Selbständigkeit ein früheres unwirksames Geschäft anerkennt? (P.) **11,** 324. — 2) Rechtshandlung des Vormundes ohne Genehmigung des Familienrates oder des Gerichtes. (F.) **12,** 332. — 3) Quittung des emanzipierten Minderjährigen über eine Kapitalsschuld seines Vaters ohne besonderen Kurator. (F.) **20,** 341. — 4) Kann, wer mit einem negotiorum gestor kontrahiert hat, vom Vertrage zurücktreten, solange der Geschäftsherr sich über Genehmigung nicht erklärt hat? (G., F.) **17,** 77.

**Nemini res sua servit.** Geltung der Regel nach preuß. Allgem. Landrecht? **13,** 251.

**Nemo sibi causam possessionis mutare potest.** Bedeutung dieses Satzes. **19,** 241.

**Nennwert.** 1) Lotterie. Begriff des Nennwertes der sämtlichen Lose. **16,** 64. — 2) Nominalbetrag der Aktie als absolute Grenze der Verpflichtungen des Aktionärs. **17,** 14. — 3) Ist, wenn in Anlaß der Herabsetzung des Grundkapitales einer Aktiengesellschaft bei Zusam=

Patente erklären? Verhältnis zwischen Teilnichtigkeits- und Abhängigkeitserklärung. **12**, 123. Kann ein Patent wegen eines entgegenstehenden Patentes für nichtig erklärt werden? **12**, 129. — 7) Bedeutung der Nichtigerklärung eines Patentes. Hat sie die Ungültigkeit des über das Patent geschlossenen Lizenzvertrages zur Folge? Grenze der Rückwirkung der Nichtigkeitserklärung. **17**, 53. — 8) Kauf eines Patentes, welches nachträglich für nichtig erklärt wird. Einfluß auf die Rechte des Käufers und des Verkäufers. **20**, 128. — 9) Siehe auch Anfechtung und §§ 105. 194. 206 des systematischen Registers.

**Nichtigkeit** der Ehe. Siehe Ehenichtigkeit.

**Niederlegung.** 1) Niederlegung des Gutes durch den Schiffer, falls der Empfänger die Annahme weigert. Pflichten und Rechte des Schiffers. **14**, 8. — 2) Muß er es auch dann niederlegen, wenn dadurch sein eigenes Interesse gefährdet würde? Schmelzen des verladenen Eises. **15**, 25.

**Nießbrauch.** 1) Wird, wenn der Mann ein zum eheweiblichen Sondergute gehörendes Grundstück auf bestimmte Zeit vermietet hat und die Frau vor deren Ablauf stirbt, das Recht der Erben zur Kündigung dadurch modifiziert, daß dem überlebenden Manne der Nießbrauch am Grundstücke vermacht ist? (F.) **12**, 326. — 2) Ist die letztwillige Zuwendung des Nießbrauches am Nachlasse als ein Universalvermächtnis oder als Vermächtnis unter einem Universaltitel oder als Partikularvermächtnis aufzufassen? Erbschaftssteuer? (F., P.) **11**, 305. — 3) Ist der Satz des römischen Rechtes, daß die Kautionsleistung demjenigen, welchem der Nießbrauch vermacht ist, vom Testator nicht erlassen werden kann, noch in Kraft? (G.) **13**, 170. — 4) Passivlegitimation des Nießbrauchers in dem das Eigentum betreffenden Prozesse? Vollstreckung des gegen den Eigentümer allein erlassenen Urteiles dem Nießbraucher gegenüber? (P.) **13**, 293. — 5) Inwiefern kann die Bestimmung der Art und Höhe einer zu leistenden Nießbrauchskaution erst in der Zwangsvollstreckungsinstanz erfolgen, und in welcher Weise geht die Vollstreckung vor sich? **13**, 339. — 6) Gegenstand des gesetzlichen Nießbrauchsrechtes des Ehemannes? Vermögensstücke, welche die Ehefrau erst nach der Konkurseröffnung erwirbt. Zugehörigkeit zur Konkursmasse des Mannes? **15**, 8. — 7) Muß der Noterbe sich den an einer seinen Kindern gemachten Zuwendung ihm legierten Nießbrauch auf den Pflichtteil aufrechnen lassen? (P.) **15**, 302. — 8) Erlischt der einer offenen Handelsgesellschaft zustehende Nießbrauch durch die Eröffnung des Gesellschaftskonkurses? **16**, 2. — 9) Rechtsstellung desjenigen, dem von dem Nießbraucher die Ausübung des Nießbrauchsrechtes übertragen ist. Verzicht des Nießbrauchers gegenüber dem Eigentümer. Schlechte Bewirtschaftung. (G.) **16**, 111. — 10) Grundsätzliche Verschiedenheit von Wohnungsrecht und Nießbrauchsrecht. (F.) **18**, 323. — 11) Siehe auch Kindesvermögen, Pekulienrecht.

**Nießbraucherbürgschaft.** Siehe Nießbrauch Nr. 3 und 5.

## O

**Oberappellation.** Jetzige Bedeutung eines vor 1879 erklärten Verzichtes auf die Oberappellation. Grundsätzliche Verschiedenheit der letztern von der jetzigen Revision. **20,** 398.

**Obereigentum.** (P.) **13,** 388. (G.) **18,** 254.

**Oberlieger.** 1) Hat der Wassermühlenbesitzer gegen die Verfügung des Oberliegers über die auf des letztern Grundstücke entspringende Quelle des öffentlichen Flusses ein Widerspruchsrecht? (G.) **12,** 183. — 2) Ist der Anspruch eines Müllers wegen Entziehung des zum Mühlenbetriebe notwendigen Wassers durch den Oberlieger als Nachbarrecht aufzufassen? (P.) **13,** 57. — 3) Rechtsverhältnis zwischen Ober- und Unterlieger in betreff des abfließenden Wassers. (G.) **17,** 120. — 4) Klage des Unterliegers, wenn der Oberlieger durch Zuführung schädlicher Abflüsse das Wasser des öffentlichen Flusses zur Berieselung untauglich macht. Unterlassung? Schadensersatz? (G.) **16,** 146. — 5) Eigentum an Privatflüssen. Kann der Unterlieger jeder oberhalb stattfindenden Zuleitung außer der des auf natürlichem Wege zufließenden Wassers widersprechen? (P.) **16,** 178.

**Oberrechnungskammer.** Haftung des Staatsbeamten gegenüber dem Staate für die von ihm veranlaßte Etatsüberschreitung. Einfluß der Revision durch die Oberrechnungskammer? (P.) **13,** 258.

**Oberreichsanwalt, Oberstaatsanwalt.** Vertretung der Staatsanwaltschaft bei Eröffnung der höheren Instanzen für Anfechtungsklagen im Entmündigungsverfahren und für Ehenichtigkeitsklagen. **18,** 405. 407.

**Obervormundschaftliche Genehmigung.** 1) Notwendigkeit derselben zur Novation und überhaupt zu einer Verfügung des Vormundes, durch welche eine Kapitalforderung des Mündels in ihrer bisherigen Gestalt zu existieren aufhört. (G.) **12,** 152. — 2) Ist die ohne die erforderliche Genehmigung des Gerichtes vorgenommene Rechtshandlung des Vormundes völlig wirkungslos, oder findet die Klage auf Vernichtung des Aktes statt? (F.) **12,** 332.

**Objekt.** Wert des Streitgegenstandes. Siehe § 280 und (Revisionssumme) § 324 b des systematischen Registers.

**Objektive Klagenverbindung.** Siehe Klagenverbindung.

**Obligation.** Siehe Schuldverschreibung.

**Observanz.** Siehe Herkommen.

**Octavus subscriptor.** Muß er zeitlich nach den Zeugen, und muß er seinen oder des schreibensunfähigen Testators Namen unterzeichnen? (G.) **12,** 162.

**Offenbarungseid. Offenbarungspflicht.** 1) Innerer Grund der Offenbarungspflicht des Schuldners. Muß der schuldige Ehegatte zur Ermittelung des Betrages der Scheidungsstrafe ein eidlich zu bestärkendes Inventar seines Vermögens herausgeben? (G.) **11,** 205. — 2) Wie und bei welchem Gerichte ist ein nach materiellem Rechte zu erfordernder Offenbarungseid zu erzwingen? **11,** 397. — 3) Auseinandersetzung eines ausgeschiedenen oder ausgeschlossenen Gesellschafters mit der fortgesetzten Gesellschaft bezüglich der zur Zeit des Austrittes abgewickelten Geschäfte. Kann er verlangen, daß ihm Inventar und Bilanz über die Vermögenslage zu diesem Zeitpunkte vorgelegt werde? **15,** 80. — 4) Hat der Legatar, während das Konkursverfahren über den Nachlaß schwebt, unabhängig von demselben einen Anspruch auf Leistung des Offenbarungseides gegen den Benefizialerben? (P.) **16,** 220. — 5) Inwieweit ist der Rückversicherte verpflichtet, dem Rückversicherer die Einsicht seiner Geschäftsbücher zu gestatten? **20,** 42. — 6) Eidesleistung der zur Edierung eines eidlich zu bestärkenden Inventars verurteilten Partei. Beweisgebühr für den Anwalt? **14,** 394.

**Offene Handelsgesellschaft.** Siehe § 217 des systematischen Registers

**Offene Police.** Siehe Police.

**Offenkundigkeit.** 1) Begriff im Sinne der Civilprozeßordnung. Unterschied von der Publizität der Eintragungen im Handelsregister. Beweis der Offenkundigkeit? **13,** 371. — 2) Ist zur Anfechtung eines Vertrages wegen Geistesschwäche nach Art. 503 Code civil unbedingt Offenkundigkeit des Zustandes erforderlich, oder genügt der Beweis der Kenntnis des andern Kontrahenten? (F.) **16,** 281. — 3) Ist ein vom Berufungsgerichte als unbestrittene, allgemeine wissenschaftliche Wahrheit hingestellter Satz für eine das Revisionsgericht bindende thatsächliche Feststellung zu erachten? **17,** 271.

**Offenlegung.** Siehe Editionspflicht, Offenbarungspflicht.

**Öffentliche Abgaben.** Siehe Gemeindesteuer, Kirchenbaulast, Schulumlagen, Staatsabgaben, § 358 des systematischen Registers.

**Öffentliche Armenpflege.** Siehe Armenverband.

**Öffentliche Flüsse.** Siehe § 85 des systematischen Registers.

**Öffentliche Gebrauchsrechte.** Siehe Gemeingebrauch.

**Öffentliche Klage.** Siehe Strafverfolgung.

**Öffentliche Lasten.** Siehe Öffentliche Abgaben.

**Öffentliche Lotterie.** Siehe Lotterie.

**Öffentliche Papiere.** Was sind öffentliche Papiere im Sinne des Tarifes zum preußischen Stempelgesetze vom 7. März 1822? Aktien, die an der Börse gehandelt werden. Reichsbankanteilscheine. **15,** 230.

**Öffentlicher Weg.** Siehe § 84 des systematischen Registers.

**Öffentliche Sachen.** Siehe Gemeingebrauch, Verkehrsfähige Sachen.

**Öffentliches Amt.** Auslegung dieses Ausdruckes im Sinne des Allerh. Erlasses vom 14. Juni 1848. (P.) **19,** 287.

**Öffentliche Urkunden.** Beweiskraft. Siehe § 318a des systematischen Registers.

**Öffentliche Versteigerung.** Siehe Versteigerung.

**Öffentliche Zustellung.** Siehe Zustellung.

**Öffentlichkeit.** Öffentliche Verhandlung in einem Falle, wo das Gesetz Ausschließung der Öffentlichkeit vorschreibt. **16,** 394.

**Öffentlichrechtliche Servitut** der Unbebaubarkeit eines Grundstückes in

# P

Eisenbahnverwaltungen gehörigen Bahn den Anspruch derselben gegen die Generalsaldierungsstelle auf Überweisung ihres Guthabens von einer oder von mehreren Vereinsbahnen wirksam pfänden und sich überweisen lassen? **15**, 5. — 9) Klagerecht des Gläubigers, dem ein Anspruch seines Schuldners nach früherem Rechte im Wege der Pfändung überwiesen war, gegen den Drittschuldner. (P.) **16**, 246. — 10) Pfändung von Forderungen. Steht zwecks Einwendungen dem Schuldner die sofortige Beschwerde oder die „Erinnerung oder Einwendung" nach § 685 C.P.O. zu Gebote, oder beides nach seiner Wahl? **16**, 320. Ist überhaupt die Frage, ob eine gepfändete Forderung den Schutz des § 749 C.P.O. genieße, im Zwangsvollstreckungsverfahren zu entscheiden? **16**, 319. — 11) Hat derjenige, gegen welchen die Pfändung auf Grund eines gegen einen Dritten ergangenen Urteiles nach Civilrecht erfolgen durfte, seine Einwendungen aus §§ 715. 749 C.P.O. gemäß § 685 oder § 690 C.P.O. geltend zu machen? **16**, 347. — 12) Anfechtung einer Pfändung aus § 23 Ziff. 2 K.O., wenn der Gläubiger vor der Konkurseröffnung durch die Versteigerung der gepfändeten Sachen befriedigt ist? Anfechtung dieser Befriedigung aus § 23 Ziff. 1 K.O.? **17**, 26. — 13) Ist der Schuldner einer gepfändeten Geldforderung zur Zahlung an die Hinterlegungsstelle berechtigt und auf Verlangen seines Gläubigers, des Exekussus, verpflichtet? Wie, wenn er zugleich dessen Gläubiger ist und jene Forderung desselben wegen seiner Gegenforderung mit Arrest belegt hat? (P.) **17**, 291. — 14) Rechte des Hypothekengläubigers im Falle der Pfändung beweglicher Zubehörstücke des Grundstückes. (F., R.) **17**, 323. — 15) Pfändung von Früchten auf dem Halme. Widerspruchsrechte von persönlich und dinglich Berechtigten. Gemeines Recht und Civilprozeßordnung. **18**, 365. — 16) Erwirbt der Gläubiger durch die Pfändung von gesetzlich der Pfändung entzogenen Sachen ein Pfandrecht? Darf solche Sachen der Gerichtsvollzieher ohne Auftrag wieder freigeben? **18**, 389. — 17) Pfändung eines zur Benefiziarmasse gehörigen Objektes (Elsaß-Lothringen). Pfandrechtserwerb? Verhältnis des § 709 C.P.O. zu Art. 990 Code de procédure civile. **18**, 398. — 18) Pfändung einer Forderung, deren Schuldner der pfändende Gläubiger selbst ist. **17**, 291; **20**, 371. — 19) Pfändung einer Grundschuldforderung. (P., R.) **20**, 307. — 20) Sind durch die Vorschriften der Civilprozeßordnung über Entstehung eines Pfändungspfandrechtes landesrechtliche Bestimmungen über Entstehung von Pfandrechten abgeändert? **20**, 307. — 21) Pfändung einer verbrieften Forderung, deren Dokument sich im Besitze eines Dritten befindet. (P., R.) **20**, 307. — 22) Rechtswirkung des Pfändungspfandrechtes an Hypotheken und Grundschuldforderungen Dritten gegenüber. (P., R.) **20**, 311. — 23) Pfändung unbeweglicher Sachen. Siehe Subhastation, Zwangsvollstreckung. — 24) Siehe auch Anschlußpfändung, Überweisung, Vollstreckungspfandrecht.

**Pfändungspfandrecht.** Siehe Pfändung, Vollstreckungspfandrecht.

das Muster für Flächen- oder für plastische Erzeugnisse bestimmt ist. **14,** 46.

**Platzgeschäft.** 1) Stempelpflichtigkeit der Platzgeschäfte — Tarifposition 4 B zum Reichsgesetze vom 29. Mai 1885 —, wenn nach Probe oder über eine individualisierte Warenmenge gehandelt ist? **20,** 15. — 2) Siehe auch §§ 237 flg. des systematischen Registers.

**Police.** 1) Begriff der taxierten Police. Erhöhung der Taxe bei taxierten Seeversicherungspolicen im Falle eines Partialschadens. **11,** 10. — 2) Bezieht sich die Klausel, daß beim Übergange der Fabrik an einen andern Unternehmer die genommene Arbeiterversicherung erlösche, sowohl auf Gesamt- als auf Sonderrechtsnachfolge? **12,** 38. — 3) „Abweichung von der obigen Reise und andere Bestimmung des Schiffes stillschweigend und ohne Unterbrechung des Risikos mitgedeckt gegen eventuelle Prämienregulierung nach Billigkeit." Ist damit eine Versicherung bereits fest übernommen, oder nur ein pactum de contrahendo geschlossen? **13,** 89. — 4) Eigentümliche Übertragung der auf den Inhaber lautenden Lebensversicherungspolice seitens des Ehemannes auf die Ehefrau. Unstatthafte Schenkung zwischen Ehegatten? **16,** 128. — 5) Verpfändung einer Police. Recht des Pfandgläubigers. (Österreich.) **16,** 205. Muß der Eigentümer die für jenen durch Versäumung der bestimmten Klagefrist eingetretene Verwirkung des Anspruches gegen sich gelten lassen? (P.) **16,** 203. — 6) Offene oder taxierte Police? Vermutung für das eine oder das andere? Auslegung, Beweislast? Anfechtung einer taxierten Police, laut welcher Güter einschließlich des imaginären Gewinnes versichert sind ohne Bezeichnung des Betrages, der für den letztern gelten soll. Übersetzung der Taxe. **19,** 207. — 7) Vorschriften der Police über Rechtsmittel und Schadensfeststellung. **20,** 398. — 8) Siehe auch Verwirkungsklausel.

**Polizei. Polizeibehörde. Polizeiverfügung.** 1) Gegen wen ist die Klage auf Anerkennung der Befreiung von einer durch eine polizeiliche Verfügung auferlegten Verpflichtung zu richten? Preuß. Gesetz vom 11. Mai 1842 § 2. Feststellung einer Realschankgerechtigkeit im Rechtswege. **15,** 145. 138. — 2) Streit mit der Wegepolizei darüber, ob ein Weg ein öffentlicher sei. Rechtsweg? (P.) **14,** 262. — 3) Rechtmäßigkeit polizeilicher Verfügungen. Ausschluß des Rechtsweges in Preußen. Auslegung des § 11 des Einführungsgesetzes zum Gerichtsverfassungsgesetze. **18,** 123; **20,** 295. 304. — 4) Aufgabe und Kompetenz der Polizei im allgemeinen. (P.) **19,** 354. — 5) Polizeiliche Beschränkung bezw. Untersagung des Betriebes gewerblicher genehmigungspflichtiger Anlagen (Pulverfabrik). Entschädigungspflicht des Staates. (P., R.) **19,** 353.

**Polizeigesetz.** 1) Stehen öffentlichrechtliche und polizeiliche Gesetzesvorschriften betreffs des Begräbnisses der Möglichkeit von bezüglichen Privatrechten entgegen? **12,** 285. — 2) Ist das Eisenbahn-Betriebsreglement ein Polizeigesetz im Sinne des § 26 A.L.R. I. 6? **15,** 156.

**Pollizitation.** Kann dem Staate gegenüber eine Pollizitation rechts-

wenn der Gegner gleichzeitig einen Anwalt für die untere Instanz und eventuell einen solchen für die höhere bestellt hat? **18,** 395. Vgl. **14,** 350. 374; **16,** 355. — 5) Zustellung des Urteiles erster Instanz an den nur für die zweite bestellten Prozeßbevollmächtigten. **19,** 405. — 6) Muß die Hauptinterventionsklage den Parteien persönlich, oder ihren Prozeßbevollmächtigten zugestellt werden? **15,** 428. — 7) Gilt die für die zweite Instanz erteilte Prozeßvollmacht in dem Falle, daß in demselben Prozesse gegen ein oder mehrere Urteile mehrere Berufungen eingelegt werden, nur für *eine* Berufung? **14,** 371. — 8) Bedarf, wenn (ohne Unterbrechung des Verfahrens) an Stelle der prozeßunfähig gewordenen Partei ihr gesetzlicher Vertreter das Verfahren fortführt, der Prozeßbevollmächtigte einer neuen Vollmacht? **16,** 339. — 9) Ist der vom gesetzlichen Vertreter eines Prozeßunfähigen bestellte Prozeßbevollmächtigte in der Befugnis zum Abschlusse eines Vergleiches beschränkt? §§ 52. 77 C.P.O. **19,** 368. — 10) Inwiefern bedürfen bei der Klage aus Artt. 190 a. 222 H.G.B. (Reichsgesetz vom 18. Juli 1884) der Vorstand und der Aufsichtsrat verschiedener Prozeßbevollmächtigten? **14,** 142. — 11) Siehe auch *Anwaltszwang*.

**Prozeßfähigkeit.** 1) Ist der Gemeinschuldner handlungs- oder prozeßunfähig? Vertretung durch den Konkursverwalter. (R., engl., belg. Recht, F.) **11,** 401; **13,** 152; **14,** 408. 412. 425. — 2) Begriff der Prozeßfähigkeit. **12,** 398; **13,** 332. — 3) Darf eine prozeßunfähige Partei als Zeuge vernommen werden? **17,** 366. — 4) Darf das Berufungsgericht, weil dem mit einem gesetzlichen Vertreter nicht versehenen Beklagten die Prozeßfähigkeit zur Zeit der Klagezustellung gemangelt habe und noch mangele, das Verfahren aussetzen, bis es der Beklagte selbst oder durch einen gesetzlichen Vertreter aufnehmen könne? **18,** 383. — 5) Siehe auch *Ehefrau, Gesetzlicher Vertreter, Handlungsfähigkeit, Prozeßbevollmächtigter.*

**Prozeßgebühr.** 1) Sind die Porti für Stadtpostbriefe durch die Prozeßgebühr des Anwaltes gedeckt? **15,** 404. — 2) Volle Prozeßgebühr, trotzdem der Prozeß sich nur um eine prozeßhindernde Einrede gedreht hat? **19,** 429; **20,** 426. — 3) Höhe der Prozeßgebühr, wenn im Termine der Klaganspruch ermäßigt wird. **20,** 427.

**Prozeßgericht.** 1) Was ist unter dem Prozeßgerichte erster Instanz im Sinne des § 778 Abs. 2 C.P.O. zu verstehen? **13,** 369. — 2) Begriff von Prozeßgericht im Sinne des § 187 C.P.O. **15,** 347. — 3) Stellung des beauftragten oder ersuchten Richters als der Korrektur des Prozeßgerichtes unterworfen. Ausnahmen von dem Prinzipe des § 539 C.P.O. **17,** 352. — 4) Keine Anwendung des § 685 C.P.O. auf Entscheidungen im Zwangsvollstreckungsverfahren, welche dem Prozeßgerichte erster Instanz übertragen sind. **18,** 433.

**Prozeßgesetze.** Siehe §§ 273 flg. des *systematischen Registers.*

**Prozeßhandlung.** Prozeßhandlungen im Sinne des § 52 C.P.O.? Vergleiche? **19,** 362.

**Prozeßhindernde Einrede.** 1) Ist die Einrede der mangelnden Parteifähigkeit eine prozeßhindernde? **12,** 400. — 2) Giebt es eine „Einrede der mangelnden Passivlegitimation"? **11,** 391. — 3) Peremptorische und dilatorische Wirkung der Einrede der Unzulässigkeit des Rechtsweges aus § 120 a R.Gew.O. **12,** 61. — 4) Bedeutung der prozeßhindernden Einrede der mangelnden Prozeßfähigkeit. Unterschied von der Einrede der mangelnden Legitimation zur Sache? **13,** 331. — 5) Liegt, wenn das Gericht ohne Erledigung einer erhobenen prozeßhindernden Einrede die Verhandlung zur Hauptsache anordnet und diese Verhandlung erfolgt, hierin ein Verzicht auf die Einrede? **13,** 338. — 6) Inwiefern muß das Urteil, welches die prozeßhindernde Einrede zurückweist, über die Kosten entscheiden? **13,** 413. — 7) Greift die Einrede der mangelnden Erstattung der Kosten eines frühern Prozesses auch dann Platz, wenn die frühere Klage durch Urteil abgewiesen war? **15,** 382. — 8) Ist gegen das eine prozeßhindernde Einrede verwerfende Zwischenurteil die Berufung nur im Falle abgesonderter Verhandlung zulässig? **15,** 399. — 9) Auslegung eines Parteivorbringens als Einrede der Unzulässigkeit des Rechtsweges. **16,** 336. — 10) Ist die Prüfung der Einrede der Unzuständigkeit des Gerichtes auf den vom Beklagten behaupteten Grund beschränkt? **15,** 366. — 11) Einrede der Rechtshängigkeit im Urkundenprozesse, wenn der Beklagte auf Feststellung des Nichtbestehens des Klaganspruches anderweit Klage erhoben hat. **17,** 327. — 12) Volle oder halbe Prozeßgebühr, wenn die Verhandlung und Entscheidung nur eine prozeßhindernde Einrede zum Gegenstande hat? **19,** 429; **20,** 426. — 13) Siehe auch Rechtsweg.

**Prozeßkosten.** Siehe Kosten.

**Prozeßleitende Verfügungen.** 1) Erfordernis mündlicher Verhandlung. **16,** 412. — 2) Was sind Prozeß- oder Sachleitung betreffende Verhandlungen und Entscheidungen? **11,** 410.

**Prozeßvertreter.** Siehe Prozeßbevollmächtigter.

**Prozeßvollmacht.** 1) Stempelpflichtigkeit nach Landesrecht. **17,** 427. — 2) Im übrigen siehe Prozeßbevollmächtigter.

**Prozeßzinsen.** Siehe Zinsen.

**Publicus usus.** Siehe Gemeingebrauch.

**Publikation.** 1) Erfordernis der Publikation eines städtischen Bebauungsplanes zur Entstehung der entsprechenden Servitut der Unbebaubarkeit eines Grundstückes. (P.) **17,** 166. — 2) Bezieht sich der Satz ignorantia juris nocet auch auf nicht publizierte Gesetze? (P.) **18,** 260. — 3) Siehe auch Verkündung.

**Publikum.** 1) Servitut des Inhaltes, einen Park dem Besuche des Publikums offen zu halten? (G.) **14,** 214. — 2) Klage auf Löschung eines eingetragenen Warenzeichens wegen beabsichtigter Täuschung des Publikums durch den Gebrauch der Marke? **18,** 99.

**Publizität.** 1) Prinzip der Publizität in bezug auf Bedeutung und Wirkung der Pfandeintragung und -Streichung. (F.) **12,** 320. —

## Q

# R

Beweismitteln dargethan werden können? **17,** 327. — 8) Ausdehnung der Rechtshängigkeit in Ehescheidungssachen. Neue Klage vor erlangter Rechtskraft des die Klage abweisenden Urteiles. **19,** 408. — 9) Ist ein in erster Instanz erhobener, aber anderweit rechtshängiger Anspruch, nachdem diese Rechtshängigkeit beendigt, für die zweite Instanz ein neuer Anspruch im Sinne des § 491 C.P.O.? **20,** 409. — 10) Rechte des Gläubigers aus Pfändung und Überweisung einer rechtshängigen Forderung. **20,** 420. — 11) Rechte des Cessionars einer rechtshängigen Forderung. **20,** 422. — 12) Siehe auch Res litigiosa.

**Rechtshoffnung.** Siehe Hoffnungsrecht, Wohlerworbene Rechte.

**Rechtshülfe.** Siehe Ersuchter Richter.

**Rechtsirrtum.** Kann die Unkenntnis lokaler, nicht publizierter Rechtsnormen als unentschuldbarer Irrtum erscheinen? (P.) **18,** 264.

**Rechtskraft, formelle.** 1) Wann wird ein Urteil, gegen welches ein Rechtsmittel nicht zulässig ist, rechtskräftig? **13,** 355. — 2) Beschränkung der neuen Verhandlung im Falle des nach rechtskräftig gewordenem bedingten Urteile erfolgten Todes der schwurpflichtigen Partei. Teilweise Rechtskraft des demnächst aufzuhebenden Urteiles. **13,** 379. — 3) Abhängigkeit des auf Grund eines Zwischenurteiles gemäß §§ 248. 276 C.P.O. erlassenen Endurteiles von der endgültigen Rechtskraft des Zwischenurteiles. Kann mit dem Rechtsmittel gegen das Endurteil der Inhalt des Zwischenurteiles angefochten werden? **15,** 348; **16,** 353. — 4) Ist das Gericht an ein Zwischenurteil, welches die Entscheidung vom Erfolge eines anders als mittels Eidesleistung zu erbringenden Beweises abhängig macht, gebunden? **16,** 330. — 5) Verhältnis des rechtskräftigen Urteiles zu dem für vorläufig vollstreckbar erklärten. **18,** 287. — 6) Der Gerichtsschreiber welcher Instanz hat betreffs des durch Teilurteil rechtskräftig zugesprochenen Klaganspruches das Rechtskraftattest und die Vollstreckungsklausel zu erteilen, während der Prozeß in höherer Instanz schwebt? **18,** 424. — 7) Kann ein Kostenfestsetzungsbeschluß nach Ablauf der zweiwöchigen Notfrist abgeändert werden, wenn der Wert des Streitgegenstandes anders festgesetzt wird? **20,** 408. — 8) Vgl. auch Rechtskraft im materiellen Sinne. — 9) Über Zulässigkeit der Rechtsmittel überhaupt siehe § 320 des systematischen Registers und über Zulässigkeit der Revision siehe § 324a des systematischen Registers.

**Rechtskraft im materiellen Sinne.** 1) Ist für den Betrag der Ehescheidungsstrafe der Vermögensbestand zur Zeit der Klagerhebung oder zur Zeit der Rechtskraft des Scheidungsurteiles maßgebend? **11,** 205. — 2) Rechtskraft der sog. Elemente des Urteiles? **11,** 384; **15,** 348. — 3) Steht der Anfechtungsklage des im Konkurse zur Absonderung Berechtigten die rechtskräftige Abweisung der Anfechtungsklage des Konkursverwalters entgegen? **16,** 36. — 4) Wirkung der Abweisung der Wechselklage wegen Nichtigkeit des Wechsels auf die nunmehr erhobene Klage auf Erstattung der Valuta. **11,** 384. — 5) Rechtskraft der Entscheidung über Bestehen oder Nichtbestehen einer einredeweise geltend gemachten Gegenforderung. **16**, 356; **18**, 408. — 6) Zusammenhang zwischen den Vorschriften über Rechtskraft des Urteiles und über Klagänderung sowie Rechtshängigkeit. **14**, 347; **16**, 376. — 7) Inwiefern steht dem rechtskräftig verurteilten Schuldner gegen die Klage auf abermalige Verurteilung aus demselben Schuldgrunde die Einrede der rechtskräftig entschiedenen Sache zu? (G., P.) **16**, 434. Klage aus einem ausländischen Urteile auf Verurteilung zur Zahlung? **16**, 431. — 8) Ist im Läuterungsverfahren die Berücksichtigung sachlicher Einreden auch dann ausgeschlossen, wenn sie erst nach der Rechtskraft des bedingten Endurteiles entstanden sind? Außergerichtlicher Vergleich. **17**, 341. — 9) Ist das Revisionsgericht bei der Prüfung, ob § 509 Ziff. 2 C.P.O. Platz greift, dadurch gebunden, daß das Amtsgericht sich rechtskräftig für unzuständig erklärt hat, weil das Landgericht ausschließlich zuständig sei? **17**, 381. — 10) Wirkung des gegen den mit der Auflösungsklage verklagten Grundstückskäufer ergehenden Urteiles (F.) gegen seine ihm beitretenden Hypothekargläubiger? **17**, 409. — 11) Wirkung der in einem von zwei verbundenen Prozessen vor angeordneter Verbindung erfolgten Eidesleistung auf die Entscheidung des andern Prozesses. **18**, 378. — 12) Rechtskraft eines Beschlusses. Ausdehnung auf die Gründe der Entscheidung? **18**, 435. — 13) Ausdehnung der Rechtskraft des die Scheidungsklage abweisenden Urteiles. **19**, 408. — 14) Keine nachträgliche Ergänzung des rechtskräftig abgeurteilten Schadensanspruches. **20**, 123. — 15) Ausschluß nicht geltend gemachter Einwendungen durch das rechtskräftige Urteil. **20**, 124. — 16) Wirkung der zur Tabelle erfolgten Feststellung einer Konkursforderung. **20**, 412. — 17) Relative Rechtskraft des Berufungsurteiles. Kann, nachdem letzteres auf Revision des Berufungsbeklagten uneingeschränkt aufgehoben ist, das neu ergehende Berufungsurteil noch mehr zu Gunsten des Berufungsklägers entscheiden? **12**, 408. — 18) Natur der Unabänderlichkeit des nach § 29 des preußischen Enteignungsgesetzes vom 11. Juni 1874 erlassenen Regierungsbeschlusses der einen Partei gegenüber, wenn nur die andere den Rechtsweg beschreitet. Abänderung einzelner Ansätze zum Vorteile der erstern Partei? **14**, 267. — 19) Vgl. auch formelle Rechtskraft. — 20) Siehe ferner § 13 des systematischen Registers.

**Rechtskraftattest.** Prüfung des Inhaltes des Urteiles durch den Gerichtsschreiber bei der Erteilung des Rechtskraftattestes. **15**, 355.

**Rechtskundiger.** Siehe Referendar.

**Rechtsmittel.** 1) Ist der Einspruch ein Rechtsmittel? **13**, 329. — 2) Grundsätzliche Verschiedenheit der Revision von der ehemaligen Oberappellation. **20**, 401. — 3) Vorschriften der Police über Rechtsmittel. **20**, 398. — 4) Über Zulässigkeit der Rechtsmittel überhaupt siehe § 320 des systematischen Registers.

**Rechtsmitteleinlegung.** 1) Einlegung eines Rechtsmittels, insbesondere der Berufung, vor Zustellung des Urteiles. Wird sie durch dessen nachträgliche Zustellung wirksam? **11**, 371. — 2) Muß eine das

Armenrecht für die zweite Instanz nachsuchende Partei auf alle Fälle vorläufig Berufung einlegen, oder ist ihr, wenn bis zur rechtskräftigen Entscheidung über ihr Gesuch, die Berufungsfrist abgelaufen ist, Restitution zu erteilen? Unabwendbarer Zufall? **12**, 375; **17**, 389. — 3) Kann der Berufungsbeklagte noch Anschlußberufung einlegen, nachdem das Berufungsurteil auf Revision des Gegners uneingeschränkt aufgehoben und die Sache zurückverwiesen ist? **12**, 410. — 4) Ist die vor Zustellung des Urteiles eingelegte Berufung fähig, durch Versäumnisurteil zurückgewiesen zu werden? **12**, 365. — 5) Kann noch Anschlußberufung eingelegt werden, wenn der Berufungskläger im Termine nicht erscheint und gegen ihn Versäumnisurteil beantragt wird? **12**, 434. — 6) Zeitpunkt der Einlegung des Rechtsmittels als maßgebend für dessen Zulässigkeit. **15**, 405; **18**, 420; **20**, 430. — 7) Anfechtbarkeit der Entscheidung über die Kosten, wenn nach Einlegung des Rechtsmittels der Rechtsstreit in der Hauptsache sich erledigt. **18**, 418; **20**, 430. — 8) Sind betreffs der Rechtsmitteleinlegung gegen einen Schiedsspruch die früheren Vorschriften oder diejenigen der Civilprozeßordnung maßgebend, wenn das schiedsrichterliche Verfahren vor dem 1. Oktober 1879 eröffnet, der Spruch aber erst nach diesem Tage gefällt ist? **15**, 357. — 9) Zustellung der Rechtsmittelschrift an den Prozeßbevollmächtigten der untern Instanz beim Vorhandensein eines für die höhere bestellten? Mehrere Berufungen gegen dasselbe Urteil. Entschuldbare Unkenntnis der zustellenden Partei von jener Bestellung. **14**, 348. 371; **16**, 355; **18**, 396. — 10) Siehe auch Zustellung.

**Rechtsmittelfrist.** 1) Wiedereinsetzung in den vorigen Stand nach § 213 C.P.O. **16**, 364. — 2) Muß der Nebenintervenient die Frist der Hauptpartei einhalten, oder läuft für ihn eine eigene Frist seit der an ihn selbst bewirkten Urteilszustellung? **18**, 416. — 3) Siehe auch Rechtsmitteleinlegung.

**Rechtsmittelschrift.** 1) Charakter der Berufungs- und Revisionsschrift als vorbereitender Schriftsatz. Erweiterung der angekündigten Anträge. **16**, 344. — 2) Siehe auch Rechtsmitteleinlegung.

**Rechtsnachfolge. Rechtsnachfolger.** 1) Ist das Urteil, welches im Falle der §§ 237. 238 C.P.O. über die Pflicht des Rechtsnachfolgers zur Übernahme des Prozesses in gegenwärtiger Lage entscheidet, ein Zwischenurteil? Berufung? **11**, 317. — 2) Anfechtung von Rechtshandlungen des Schuldners gegen den Rechtsnachfolger des andern Kontrahenten. Böser Glaube des Singularsuccessors. **12**, 141. — 3) Behält die vom Fabrikanten genommene Arbeiterversicherung ihre Gültigkeit, wenn die Fabrik an einen andern Unternehmer — durch Sonder- oder durch Gesamtrechtsnachfolge — übergeht? **12**, 38. — 4) Erteilung der vollstreckbaren Urteilsausfertigung nach § 665 C.P.O., wenn die Rechtsnachfolge durch eine Privaturkunde mit gerichtlicher oder notarieller Beglaubigung der Unterschriften nachgewiesen wird? **13**, 330. — 5) Ist der Pfändungspfandgläubiger Rechtsnachfolger des Schuldners im Sinne des § 410 C.P.O. und des § 11 R.A.G.? **15**,

368. — 6) Unfallversicherung. Kann über die Rechtsnachfolge eines Dritten (vgl. § 8 des Reichsunfallversicherungsgesetzes) in den Entschädigungsanspruch des primär Berechtigten gegen die Berufsgenossenschaft das Schiedsgericht oder der Genossenschaftsvorstand entscheiden? Rechtsweg? **19**, 67. — 7) Inwieweit ist die gemäß § 86 Nr. 2 bis 4 des Krankenversicherungsgesetzes neu errichtete Pensionskasse Rechtsnachfolgerin der ältern bereits bestehenden Krankenkasse? **20**, 1. — 8) Siehe auch Res litigiosa, Singularsuccession.

**Rechtsnormen.** Revisibilität. Siehe § 326 des systematischen Registers.

**Rechtsquellen.** Siehe §§ 1 flg. des systematischen Registers.

**Rechtsvermutung.** Siehe Vermutung.

**Rechtsvorgänger.** 1) Ist die Ehefrau betreffs der Dos Rechtsvorgängerin des Mannes im Sinne des § 350 Ziff. 4 C.P.O.? **13**, 417. — 2) Siehe auch Rechtsnachfolge.

**Rechtsweg.** 1) Rechtsweg in Preußen für Ansprüche gegen den Fiskus wegen ungerechtfertigter Erhebung von Staats- und Reichsabgaben. **11**, 67. 71. 91. 93. 97. 98; **12**, 64; **16**, 85; **18**, 128. — 2) Kann ein preußischer Richter klagen auf etatsmäßige Gehaltserhöhung in der durch das Dienstalter bestimmten Reihefolge? **11**, 291. — 3) Gewerbliches Vorverfahren. § 120 a R.Gew.O. **12**, 61; **13**, 341. — 4) Rechtsweg betreffend die Rechtmäßigkeit der von der Verwaltung verfügten Versetzung eines Reichsbeamten in einstweiligen Ruhestand. **12**, 70. — 5) Rechtsweg gegen einen nach § 141 des Reichsbeamtengesetzes gefaßten Defektenbeschluß. **12**, 143. — 6) Klage auf Gestattung ehrlichen Begräbnisses auf dem Kirchhofe gegen die Kirchengemeinde. (P.) **12**, 280. — 7) Klage des an einer Grabstelle dinglich Berechtigten gegen die Behörde auf Gestattung der Ausgrabung einer dort beerdigten Leiche? (G.) **16**, 152. — 8) Inwiefern erfolgt die richterliche Ernennung von Liquidatoren einer offenen Handelsgesellschaft im ordentlichen Rechtswege? **13**, 155. — 9) Rechtsweg über die Frage, ob ein Weg ein öffentlicher sei? (P.) **14**, 262. — 10) Einwendungen gegen konzessionspflichtige gewerbliche Anlagen. Rechtsweg? **13**, 55. — 11) Rechtsweg behufs Erlangung der Erlaubnis zum Schankwirtschaftsbetriebe, insbesondere gegenüber einer polizeilichen Verfügung. **15**, 138. — 12) Rechtsweg für Ansprüche auf Entschädigung wegen der durch Truppenübungen verursachten Flurbeschädigungen? (P.) **15**, 37. — 13) Rechtsweg für die Klage auf Rückforderung von Zöllen gegen den Fiskus. (Elsaß-Lothringisches Landesrecht, R.) **16**, 38. — 14) Kann in Elsaß-Lothringen gegen die Verwaltungsbehörde, welche gemäß §§ 459 flg. St.P.O. einen „Strafbescheid" erlassen hat, Civilklage auf dessen Aufhebung erhoben werden? **16**, 410. — 15) Geltendmachung der Unzulässigkeit des Rechtsweges durch den Kläger und Revisionskläger? Prüfung von Amts wegen? **17**, 176. — 16) Rechtsweg und Verwaltungsstreitverfahren in Schulbaulaststreitigkeiten. (P.) **17**, 176. — 17) Einrede der Unzulässigkeit des Rechtsweges auf Grund eines Schiedsvertrages der Parteien? **16**, 336. 370. — 18) Rechtsweg für Streitigkeiten über die Beitragspflicht zu den Kosten einer von der Gemeinde hergestellten Straßenanlage? (P.) **17**, 199. 245. — 19) Befreiung der Mitglieder der standesherrlichen Familien von der Einkommensteuer. Privilegium? Rechtsweg? (P.) **17**, 235. — 20) Ist der Landesgesetzgebung durch § 4 des Einführungsgesetzes zur C.P.O. auch die Erschwerung des Rechtsweges verboten? Besteht die Vorschrift des Art. 15 Tit. III des franz. Dekretes vom $\frac{\text{28. Oktober}}{\text{5. November}}$ 1790 noch zu Recht? Inhalt dieser Vorschrift? **17**, 416. — 21) Klage auf Aufhebung eines den Formen der §§ 459 flg. St.P.O. nicht entsprechenden Zwangsbefehles? **17**, 434. — 22) Ausschluß des Rechtsweges für die Prüfung der Rechtmäßigkeit polizeilicher Verfügungen in Preußen. Aufhebung der landesgesetzlichen Vorschriften durch die Reichsjustizgesetze? Auslegung des § 11 des Einführungsgesetzes zum G.V.G. **18**, 123; **20**, 295. — 23) Giebt es einen allgemeinen Rechtssatz des Inhaltes, daß Verpflichtungen aus einem öffentlichrechtlichen Verhältnisse civilgerichtlich nicht verfolgbar sind? **19**, 70. — 24) Rechtsweg für die Frage, ob einer Kirche ein gewohnheitsrechtlicher Anspruch auf gewisse Abgaben zusteht. (P.) **20**, 305. — 25) Einfluß der Entscheidung des Gerichtshofes zur Entscheidung der Kompetenzkonflikte auf das gerichtliche Verfahren. Die verschiedenen Fälle. (P.) **11**, 391. — 26) Betreffs Unfall- und Krankenversicherung siehe § 142e Nr. 4 und 8 des systematischen Registers. — 27) Siehe ferner § 272 des systematischen Registers.

**Rechtswohlthat.** Siehe Absonderungsrecht, Beneficium cedendarum actionum, Beneficium competentiae, Vorausklage, Weibliche Rechtswohlthaten und § 202 des systematischen Registers (Inventar).

**Rechtzeitigkeit** des Parteivorbringens. Siehe Neue Einrede.

**Recht zur Sache.** 1) Verhältnis des Eigentumserwerbsgesetzes zu den landrechtlichen Regeln von den Wirkungen des bösen Glaubens beim Erwerbe dinglicher Rechte. (P.) **15**, 267. — 2) Vormerkung zur Erhaltung des Rechtes auf Auflassung oder auf Eintragung des Eigentumsüberganges; vorläufiger Vermerk der erfolgten Veräußerung eines Trennstückes. § 64 der Grundbuchordnung. (P.) **15**, 269. — 3) Klage des Nacherben vor Eintritt des Substitutionsfalles gegen den Erwerber einer Hypothek am Fideikommißgrundstücke? (P.) **14**, 288. Vgl. **18**, 300. — 4) Bildet die Kenntnis von der obligatorischen Verpflichtung des eingetragenen Eigentümers, einem andern das Eigentum zu übertragen, ein Hindernis für den Erwerb von dinglichen Rechten am Grundstücke? (P.) **18**, 294. — 5) Wirkung des Rechtes zur Sache in bezug auf bewegliches Zubehör gegenüber dem Ersteher des Grundstückes. (P.) **19**, 321. — 6) Kann ein wirkliches Recht zur Sache bestehen, wenn der Gegenstand des ihm zu Grunde liegenden Rechtsgeschäftes unbestimmt ist? (P.) **20**, 238.

gründe geltend gemacht werden? **14,** 332. — 5) Beginn der fünfjährigen Frist. Ist außer der Rechtskraft des anzufechtenden Urteiles erforderlich, daß der eventuelle Restitutionskläger den Anfechtungsgrund kennt? **15,** 383. — 6) Gegen welches Urteil ist die Klage zu richten, wenn in dem frühern Verfahren die Berufung und die Revision zurückgewiesen ist? **15,** 388. — 7) Kann der Beweis der Ausstellungszeit einer Privaturkunde, auf welche die Restitutionsklage gestützt wird, durch Beweismittel jeder Art geführt werden? der Beweis der Echtheit der neu aufgefundenen Urkunde? **16,** 438. — 8) Anwendung der Vorschriften über den Urkundenbeweis in dem Verfahren wegen neu entdeckter Urkunden? **16,** 395.

**Retentionseinrede.** 1) Vindikation von Wertpapieren, die der Eigentümer einem andern zum Zwecke der Verpfändung bei einem Dritten geliehen, nach Erlöschen des Pfandrechtes. Kann sich der Dritte auf ein ihm gegen den Verpfänder zustehendes kaufmännisches Retentionsrecht berufen? (P., R.) **13,** 127. — 2) Verhältnis zur Einrede des nicht erfüllten Vertrages. (G.) **14,** 233. — 3) Abweisung einer Klage wegen entgegenstehender Schadensersatzpflicht. Unterschied dieses Falles von demjenigen einer Retentionseinrede? **14,** 105. — 4) Kann eine in erster Instanz nicht vorgebrachte Retentionseinrede in der zweiten unbeschränkt erhoben werden, oder nur nach Maßgabe des § 491 Abs. 2 C.P.O.? „Anspruch"? **15,** 421.

**Retentionsrecht,** kaufmännisches. 1) Kann gegenüber der Vindikation von Wertpapieren, die der Eigentümer einem andern zum Zwecke der Verpfändung bei einem Dritten geliehen hat, nach Erlöschen des Pfandrechtes, der Dritte sich auf ein ihm gegen den Verpfänder zustehendes kaufmännisches Retentionsrecht berufen? Ist der Erwerber eines Retentionsrechtes durch Art. 307 H.G.B. geschützt? (P., R.) **13,** 127. 129. — 2) Wirkung des kaufmännischen Rentionsrechtes gegen einen andern als den Schuldner des Retinierenden? **14,** 150. — 3) Warum und inwiefern ist das kaufmännische Retentionsrecht nach Art. 314 Abs. 2 H.G.B. dadurch bedingt, daß die Zahlungseinstellung 2c nach der Übernahme der Verpflichtung, mit der Sache in bestimmter Weise zu verfahren, erfolgt? Stillschweigender Verzicht auf das Recht des Art. 314 durch Übernahme von Verpflichtungen, die dessen Ausübung widerstreiten? **12,** 91. — 4) Erstreckt sich das kaufmännische Retentionsrecht auf die dem Gläubiger cedierten Forderungen gegen den Schuldner? **18,** 234. — 5) Retentionsrecht an Gegenständen, welche an sich einen realisierbaren Vermögenswert nicht haben? Giebt das Retentionsrecht an einem Grundschuldbriefe Rechte betreffs der Grundschuldforderung? **15,** 55; **20,** 135. — 6) Retentionsrecht der Aktiengesellschaft an Aktien, welche ein Kaufmann als Mitglied des Aufsichtsrates bei der Direktion hinterlegt? Requisit des Handelsgeschäftes? **19,** 123. — 7) Faustpfand an Legitimationspapieren und an Hypothekenbriefen? Zurückbehaltungsrecht? (P.) **16,** 169. Wirksamkeit im Konkurse? **20,** 133.

der ausschließlichen Zuständigkeit des Landgerichtes in Rücksicht auf § 509 Ziff. 2 C.P.O., nachdem sich das Amtsgericht auf Grund des § 70 Abs. 3 des Gerichtsverfassungsgesetzes rechtskräftig für unzuständig erklärt hat. § 11 C.P.O. **17**, 381; **18**, 169. — 10) Klage einer Partei gegen den Gerichtsvollzieher auf Herausgabe eines Schuldtitels. **20**, 388. — 11) Ist, wenn vor 1879 für etwaige künftige Prozesse auf die Oberappellation verzichtet wurde, die Revision jetzt unzulässig? (G., Bremen, R.) **20**, 398. — 12) Siehe auch Revisionssumme.

**Revokationsklage.** Erbliche Übertragung von Besitz und Genuß des Lehnsgutes durch den Besitzer. Revokationsklage des Lehnsherrn, der Agnaten. Verjährung. (G.) **17**, 134.

**Rhede.** Ankerung eines Schiffes auf der Rhede, weil es wegen seines Tiefganges oder seiner Dimensionen nicht in den Hafen einlaufen kann. Ist damit der Bestimmungsort in frachtrechtlichem Sinne erreicht? Löschungshafen. **14**, 8.

**Rheder.** 1) Endet die Rhederei mit der Veräußerung des Schiffes? **11**, 194. — 2) Kann ein Schiffsmann, welcher durch ein in Ausführung der Dienstverrichtung begangenes Verschulden einer nur vorübergehend in Dienst genommenen Person beschädigt ist, den Rheder in Anspruch nehmen? **13**, 114. — 3) Haftung des deutschen Rheders für Beschädigung eines andern Schiffes durch Zusammenstoß auf hoher See oder im Bereiche fremden Rechtes. Örtliches Recht? **19**, 7. — 4) Haftung des Rheders des geschleppten Schiffes für Verschulden der Besatzung des Schleppers? **20**, 84. — 5) Siehe auch Korrespondentrheder.

**Richter.** 1) Klaganspruch preußischer Richter auf Gewährung der etatsmäßigen Gehaltszulage mit Erreichung des bestimmten Dienstalters. **11**, 291. — 2) Klage eines Richters auf Zahlung von Gehaltszulage infolge Aufrückens in eine höhere Gehaltsklasse? Übergehung bei der Verleihung der Zulage zum Vorteile jüngerer Richter. Klage der Erben infolge der nach seinem Tode an jüngere Richter mit rückwirkender Kraft erfolgten Verleihung? (P.) **15**, 274. — 3) Sind die Bezüge der infolge des Ausführungsgesetzes zum Gerichtsverfassungsgesetze in den Ruhestand getretenen Richter und Staatsanwälte als Pension im Sinne des Gesetzes vom 27. März 1872 zu betrachten? Anwendbarkeit des § 27 Ziff. 2 dieses Gesetzes? (P.) **18**, 273.

**Richterliche Frist.** Worin besteht die gesetzliche Folge der Versäumung der zur Beibringung von Vollmacht, Legitimationsnachweisen ꝛc richterlich gesteckten Frist? **14**, 433.

**Richterliche Kenntnis.** Siehe Offenkundigkeit.

**Richterliche Hypothek.** Siehe Urteilshypothek. (F.)

**Richterlicher Eid.** Siehe § 319b des systematischen Registers.

**Richterliches Amt.** Siehe § 294 des systematischen Registers.

**Richterliches Pfandrecht.** Siehe Urteilshypothek, Vollstreckungspfandrecht.

**Rübenlieferungspflicht** der Aktionäre einer Zuckerfabrik. Rechts-

## S

§ 267 C.P.O.? **17**, 380. — 7) Darf der Sachverständige in den Fällen des § 358 C.P.O. unbeeidigt vernommen werden? **20**, 394. — 8) Inwiefern kann der als Sachverständiger vernommene Beamte nach Maßgabe der für Dienstreisen geltenden Vorschriften liquidieren? **11**, 436. — 9) Instanzenzug für die Beschwerde gegen Festsetzung der Gebühren durch den ersuchten oder beauftragten Richter. **17**, 352.

**Saldo.** 1) Begriff des Saldos. Kontokorrentverkehr. Klage aus einem frühern Saldo, das nachher auf neue Rechnung übertragen worden, gegen einen inzwischen ausgeschiedenen Gesellschafter? (G.) **11**, 146; **18**, 246. — 2) Siehe auch Girokonto.

**Salva liquidatione.** Siehe Klagantrag und Schadensliquidation Nr. 25.

**Samen.** 1) Kaufvertrag zwischen einer Samenhandlung als Käuferin und einem Gutsbesitzer als Verkäufer über bedeutende Quantitäten des von letzterem auf seinen Ländereien zu erntenden Samens erster Nachzucht aus Originalsaat einer bestimmten renommierten Produktionsstelle. Objekt? Auslegung des Willens. Anwendung des Art. 335 H.G.B.? Mißratene Ernte. **13**, 22. — 2) Haftung des Verkäufers gegen den Käufer, und des Käufers gegen denjenigen, an den er weiter verkauft, wenn in beiden Fällen Winterraps- statt Winterrübsensamen geliefert ist. **20**, 88.

**Samtverbindlichkeit.** 1) Unterschied von der Übernahme der Mitverbindlichkeit. (F.) **14**, 307. — 2) Siehe Solidarobligation.

**Sänger.** Krankenversicherungszwang. **17**, 86.

**Schade.** 1) Zum Begriffe des Schadens. Entziehung eines von dem bloßen Wohlwollen eines andern abhängigen Vorteiles. (P.) **16**, 168. — 2) Greifen die Unterscheidungen des Allgem. Landrechtes von mittelbarem und unmittelbarem Schaden Platz, wenn aus einem Handelsgeschäfte Schadensersatz, insbesondere Ersatz einer Konventionalstrafe gefordert wird? **19**, 25; **20**, 93. — 3) Siehe auch Erfüllungsinteresse, Interesse, Kausalzusammenhang, Schadensersatz.

**Schadensersatz. Schadensliquidation.** 1) Schadensersatz beim Bergbau. **11**, 266. 334. — 2) Entschädigung wegen Immissionen. Nachbarrecht. **11**, 185. 341. 345. — 3) Zwangsvollstreckung aus vorläufig vollstreckbaren Entscheidungen, welche nachher aufgehoben werden. Arrest. **11**, 415; **19**, 432. — 4) Haftung des Verkäufers, welcher schuldhafterweise die verborgenen Mängel der Ware nicht kennt, auf vollen Schadensersatz? (F.) **12**, 323. — 5) Ist der Anspruch auf Ersatz der Futterkosten bei der actio redhibitoria ein Schadensersatzanspruch? **13**, 396. — 6) Entsteht der Schadensersatzanspruch aus Art. 48 W.O. mit dem Augenblicke, wo der Wechselinhaber den gerechtfertigten Antrag zurückweist, oder erst wenn die Modalität, in welcher der Schadensersatz zu gewähren, sich aus dem weitern Verlaufe der Dinge ergiebt? **14**, 109. — 7) Anspruch der Witwe und der Kinder des Getöteten gegen den Tötenden. Konkurrierendes Ver-Verschulden des erstern. (P.) **14**, 254. — 8) Ist bei der Schadensersatzforderung aus einem Handelsgeschäfte die Frage des Kausalzusammenhanges nach Handels- oder Landesrecht zu beurteilen? Enthält Art. 283 H.G.B. eine diesbezügliche Bestimmung? **15**, 14. — 9) Entschädigungspflicht der offenen Handelsgesellschaft für den von ihren Vertretern bei der Geschäftsführung zugefügten Schaden. Wissentliche Verletzung eines fremden Urheberrechtes rc. **15**, 121. Vgl. **12**, 105. — 10) Inwieweit muß, damit der Schadensanspruch auf Grund des preußischen Schlachthausgesetzes vom 18. März 1868 gewahrt bleibe, die Anmeldung des Anspruches bei der Regierung spezialisiert und substanziiert sein? **15**, 261. — 11) Solidarische Haftbarkeit mehrerer Anstifter eines Schadens. (G.) **16**, 147. — 12) Besteht auf Grund der Interdikte zum Schutze öffentlicher Flüsse eine Schadensersatzpflicht ohne Nachweis eines Verschuldens? (G.) **16**, 147. — 13) Schadensanspruch der Anlieger einer Eisenbahn wegen des durch Lokomotivfunken verursachten Brandes? **17**, 103. — 14) Ist die Entschädigungspflicht wegen Nichterfüllung eines Vertrages durch ein Verschulden bedingt? (F.) **17**, 319. — 15) Greifen die Unterscheidungen des Allgem. Landrechtes von mittelbarem und unmittelbarem Schaden Platz, wenn aus einem Handelsgeschäfte Schadensersatz, insbesondere Ersatz einer Konventionalstrafe, gefordert wird? **19**, 25. — 16) Anspruch aus gesetzwidriger Dividendenzahlung gegen den schuldigen Vorstand der Aktiengesellschaft seitens desjenigen, der erst nachher Gläubiger der Gesellschaft geworden ist, als wirklicher Schadensanspruch. **19**, 113. — 17) Abstrakte und konkrete Schadensberechnung. **19**, 432. — 18) Entbehrter Gebrauch von Geld. Gesetzliche Zinsen. **19**, 434. — 19) Abschluß durch einen Makler mit Vorbehalt der Aufgabe des Käufers. Rechte des Verkäufers. **20**, 37. — 20) Brandschaden an Gütern, die zum Abladen bereit stehen. Schadensanspruch des legitimierten Inhabers des bereits ausgestellten Konnossements. **20**, 52. — 21) Haftung des Rheders des geschleppten Schiffes für Verschulden der Besatzung des Schleppers. **20**, 84. — 22) Umfang der Haftung des Pächters eines Landgutes wegen vernachlässigter Düngung. (P.) **20**, 261. — 23) Klage wegen Nichterfüllung eines Eheversprechens. (Bad.) **20**, 333. — 24) Schadensberechnung beim Deckungskaufe. **11**, 198; **12**, 22; **15**, 66. — 25) Inwiefern ist Verurteilung zum Schadensersatz zulässig unter Vorbehalt der spätern Liquidation des Schadens? Muß letztere zum Gegenstande eines neuen Prozesses gemacht werden? **12**, 353. — 26) Klage der Genossenschaft gegen Aufsichtsratsmitglieder wegen Pflichtverletzung. Beweislast bezüglich des Verschuldens? Grad der zu prästierenden Sorgfalt? Einrede der Vorausklage mit Bezug auf die anderen Mitglieder? Vorzeitiger Austritt. Decharge. **13**, 45. — 27) Berechnung des Schadens. Kompensation von Nachteil und Vorteil, vermehrten Kosten und nicht gewolltem Luxus. **13**, 264. — 28) Berechnung des dem Käufer durch verspätete Erfüllung erwachsenen Schadens. Unterschied vom Falle der Nichterfüllung. **14**, 112. — 29) Kann der Beschädigte im Falle arglistigen Verleitens zu einem Kaufvertrage mit einem Dritten ohne weitere Liquidation den Ersatz des an ihn gezahlten Preises gegen

zu ersetzen, durch den Umstand, daß dessen Schiff ohne Lotsen fuhr? Hamburger Hafen- und Lotsenverhältnisse. Zwangslotsen. **19,** 1. — 2) Nach welchem örtlichen Rechte ist zu beurteilen a. die Haftung des Rheders eines deutschen Schiffes für den durch Kollision mit einem andern Schiffe diesem zugefügten Schaden, wenn der Zusammenstoß auf hoher See, oder wenn er im Bereiche eines ausländischen Rechtes erfolgt? b. die Frage, ob der Lotse, der den Zusammenstoß veranlaßt hat, als Zwangslotse anzusehen ist? **19,** 7. — 3) Unter welchen Umständen darf ein Dampfer in engem Fahrwasser die Steuerbordseite desselben verlassen? **19,** 14. 29; **20,** 34. — 4) Anwendung des Art. 18 der Kaiserl. Verordnung vom 7. Januar 1880 auf einen Schleppzug oder ein geschlepptes Schiff. Geringe Manövrierfähigkeit. **19,** 19. — 5) Haftet der Rheder des geschleppten Schiffes für Verschulden der Besatzung des Schleppers? (R., Engl., Franz.) **20,** 84. — 6) Vorsichtsmaßregeln eines zu Anker gegangenen Schiffes. Kollision mit einem andern Schiff durch konkurrierendes Verschulden des erstern. Artt. 22. 24 der Kaiserl. Verordnung vom 7. Januar 1880. **20,** 175.

**Schiffspart.** Begriff. Komplex von Rechten und Pflichten. Ist das Miteigentumsverhältnis das Prävalierende oder das Sozietätsverhältnis? Sache oder Forderung? Verpfändung einer Schiffspart. (G., Bremen.) **14,** 14.

**Schiffsreparatur.** Ist der Schiffer außerhalb des Heimatshafens zur Vornahme einer Reparatur berechtigt, welche nicht zur Herstellung der Seetüchtigkeit dient, sondern nur zur Erhaltung des Schiffes in der bisherigen Versicherungklasse? Bedeutung des Ausdruckes „Erhaltung" in Art. 496 H.G.B.? **13,** 79. 81.

**Schikane.** Siehe Arglist.

**Schlachtbetrieb.** 1) Ist der Entschädigungsanspruch wegen der auf Grund des preuß. Schlachthausgesetzes vom 18. März 1868 verbotenen fernern Benutzung einer Privatschlachtanstalt dadurch bedingt, daß der bisherige Betrieb gewerbepolizeilich konzessioniert war? **13,** 284. — 2) Inwieweit muß die Anmeldung des Anspruches bei der Regierung substanziiert und spezialisiert sein? **15,** 261.

**Schlepper.** 1) Anwendung des Art. 18 der Kaiserl. Verordnung vom 7. Januar 1880 zur Verhütung des Zusammenstoßens der Schiffe auf See auf einen Schleppzug oder ein geschlepptes Schiff. Geringe Manövrierfähigkeit. **19,** 19. — 2) Haftet der Rheder des geschleppten Schiffes für das Verschulden der Besatzung des Schleppers? (R., Engl., Franz.) **20,** 84.

**Schloß.** Hat die innere Einrichtung des vom Besitzer in ein Hotel umgewandelten Schlosses die Eigenschaft von Zubehör? (G.) **15,** 214.

**Schlußnotenstempel.** 1) Zulässigkeit des Rechtsweges für die Rückforderung in Preußen? **11,** 98. — 2) Siehe auch § 358 b $\alpha$ des systematischen Registers.

**Schmerzensgeld.** Steht dem Verletzten auf Grund des Reichshaftpflichtgesetzes ein Anspruch auf Schmerzensgeld zu? **11,** 61.

**Schreibensunfähigkeit.** Formen des schriftlichen Privattestamentes eines

— 12) Wonach ist die Höhe des nach § 803 C.P.O. festzustellenden Geldbetrages zu bemessen? **20,** 397.

**Sicherstellung.** Kann die nach § 255 A.L.R. II. 1 gebotene Sicherstellung des Eingebrachten der Frau aus § 3 Ziff. 1 des Reichsanfechtungsgesetzes angefochten werden? Verliert mit der Bejahung der Frage der § 255 a. a. O. jede Bedeutung? **16,** 28.

**Sicherung des Beweises.** 1) Anwaltsgebühren für den Antrag auf Erlaß einer einstweiligen Verfügung und auf Sicherung des Beweises, und für das dementsprechende Beweisaufnahmeverfahren. Formelle und materielle Gesichtspunkte für die Entscheidung über die Kostenerstattungspflicht in dem Verfahren des 12. Titels 2. Buches der Civilprozeßordnung. **13,** 319. 325. — 2) Gerichtskostenzahlungspflicht bei Anträgen auf Sicherung des Beweises. **15,** 417.

**Sichtwechsel.** 1) Ist die Forderung aus einem auf Sicht zahlbaren Wechsel als fällig zu behandeln? **11,** 303. — 2) Wechsel „auf Sicht ohne vorgängige Präsentation." **20,** 182.

**Siegel.** Unbefugte Führung des Siegels eines Geschlechtes. Negatorische Klage. (G.) **18,** 19.

**Signifikation.** 1) Rechtliche Bedeutung der Signifikation, insbesondere mit bezug auf den Eigentumserwerb an der cedierten Forderung. (F.) **11,** 340. — 2) Unwirksamkeit der Cession Dritten gegenüber wegen mangelnder Signifikation. Auch gegenüber der Konkursmasse des Cedenten? (F.) **14,** 306.

**Silberwährung.** Siehe Goldwährung.

**Simulation.** 1) Ist bei der Vindikation gegenüber einem Vertrage, welcher seinem Wortlaute nach sich als Kaufvertrag darstellt, der Einwand erheblich, es sei nur Sicherstellung des Klägers beabsichtigt gewesen? (G.) **13,** 201. Vgl. **13,** 299 (F.). — 2) Ist ein Darlehnsrückzahlungsversprechen, welches nur zur Einkleidung einer Schenkung benutzt ist, wegen Simulation ungültig? (P.) **15,** 293. — 3) Kann der Gläubiger eines Miterben die Erbteilung wegen Simulation anfechten? (F.) **17,** 314. — 4) Anfechtung der Auflassung und der Eintragung des Eigentumsüberganges seitens eines Dritten wegen Simulation der Kontrahenten. (P.) **20,** 229. — 4) Darf ein Kontrahent einem Dritten, der sich auf den Vertrag beruft, entgegenhalten, derselbe sei simuliert? (F., G.) **20,** 336. — 6) Siehe auch Umgehung des Gesetzes, Verschleierte Schenkung.

**Singularsuccession.** 1) Erlöschen der vom Fabrikbesitzer genommenen Arbeiterversicherung durch Übertragung der Fabrik an einen andern Unternehmer? **12,** 38. — 2) Anfechtung von Rechtshandlungen des Schuldners. Mala fides des Singularsuccessors als Voraussetzung der actio Pauliana gegen denselben? **12,** 141. — 3) Zum Begriffe der besondern Rechtsnachfolge. Anfechtung einer ohne ehemännliche Genehmigung vorgenommenen Rechtshandlung der Ehefrau durch ihren Singularsuccessor. (F.) **14,** 315. — 4) Siehe auch Rechtsnachfolge.

**Sitte.** Siehe Gute Sitte.

**Sittlichkeit.** Unkenntnis sittlicher Fehler des andern Ehegatten als

oder derjenige, auf dessen Namen dieser das Sparkassenbuch schreiben läßt, das Eigentum an dem letztern? **11**, 241. — 2) Siehe auch Legitimationspapier.

**Spediteur.** 1) Gehört es zu der dem Spediteur obliegenden Sorgfalt, dafür zu sorgen, daß die Konnossemente über die versandten Güter spätestens gleichzeitig mit denselben am Bestimmungsorte eintreffen, und eventuell den Empfänger telegraphisch in Kenntnis zu setzen? Worin besteht, wenn dies nicht geschieht und der Empfänger daher die Ware ohne Zahlung von Nachnahme erhalten hat, der Schaden des Absenders, welcher die Aushändigung nur gegen Zahlung von Nachnahme vorgeschrieben hatte? **13**, 60. — 2) Beweislast bezüglich des etwaigen Verschuldens des Spediteurs, wenn die ihm zur Aufbewahrung übergebenen Güter mit dem Lagergebäude durch Brand vernichtet sind. Verjährungsfrist des etwaigen Ersatzanspruches. **11**, 132. — 3) Inwiefern kann derjenige, dessen Ware beim Spediteur lagerte und von diesem versichert war, Herausgabe der an den Spediteur für die verbrannte Ware gezahlten Versicherungssumme verlangen? (G.) **11**, 218. — 4) Umfang der Haftbarkeit des Spediteurs, wenn die zu transportierende Sendung, welche aus verschiedenen Gegenständen besteht, ohne ein untrennbares Ganzes zu bilden, teilweise beschädigt wird? **15**, 133. — 5) Annoncenbureau als Spediteur. **20**, 51.

**Spekulationspapier.** Siehe Aktienzeichnung Nr. 2, Kommissionsauftrag Nr. 1.

**Spezialgerichtshof.** Siehe Besondere Gerichte.

**Spezialvollmacht** zur Insinuation einer großen Schenkung. (G.) **18**, 251.

**Spezieller Rechtstitel.** Siehe Privilegium.

**Spezifikation.** Perfektion des Kaufvertrages, wenn dem Käufer innerhalb gewisser Grenzen eine Spezifikation der Ware noch vorbehalten wird? (Bestimmung der Nummer des Garnes.) Annahmeverzug? Klage auf Vornahme der Spezifikation und Abnahme? (G.) **14**, 243.

**Spiel.** Siehe Lotterie.

**Spolienklage.** Pfändung von Sachen bei einem Dritten, der nicht bereit war, sie aus seinem Gewahrsam herauszugeben. Spolienklage desselben gegen den Gläubiger auf Freigabe und Schadensersatz. Ist die Einrede zulässig, der Kläger sei nicht Eigentümer der Sachen, oder das betreffende Erwerbsgeschäft sei anfechtbar? **14**, 358.

**Staat.** 1) Vertretung des Staates im Prozesse durch die mit der Aufsicht über den betreffenden Verwaltungszweig gesetzlich betraute Behörde? **11**, 95. — 2) Haftung des Staates für Delikte der Beamten. Gerichtsvollzieher. **11**, 206. — 3) Kann ein Konsul als gesetzlicher Vertreter seines Heimatsstaates im Prozesse auftreten? **14**, 430. — 4) Kann dem Staate gegenüber eine Pollizitation rechtsgültig erklärt werden? (G.) **15**, 213. — 5) Ist für die Entstehung einer Filialkirchengemeinde mit juristischer Persönlichkeit die Mitwirkung des Staates erforderlich? Form und Eigenschaften der urkundlichen Er-

**Statusklage.** Siehe Familienverhältnisse, Illegitimitätsklage, Vaterschaft und § 19 des systematischen Registers.

**Statut.** 1) Beruht die statutenmäßige Rübenlieferungspflicht der Aktionäre einer Zuckerfabrik auf dem Gesellschaftsstatute als solchem, oder auf besonderen von der Aktiengesellschaft mit jedem einzelnen Aktionär geschlossenen Verträgen? Abänderung der bezüglichen Statutenbestimmungen durch die Generalversammlung? **17,** 5. — 2) Siehe auch Hoffnungsrecht, Sonderrecht und §§ 142 e. 219. 220 des systematischen Registers.

**Statutenkollision.** 1) Nach welchem Rechte ist eine Statutenkollision zu entscheiden? **20,** 351. — 2) Bestimmt die auf dem Familienbande beruhende Alimentationspflicht sich nach dem am Wohnsitze des Verpflichteten geltenden Rechte? **17,** 227. — 3) Siehe ferner §§ 7. 255. 276 des systematischen Registers.

**Stauen.** Klausel, daß auf Verlangen des Versicherers ihm das Stauattest eines bestimmten Besichtigungsinstitutes vorzulegen sei. (Seerecht.) **19,** 226.

**Stellvertreter.** 1) Zeichnung eines Blankoacceptes durch Stellvertreter. Welcher Zeitpunkt ist für die Frage nach der Vertretungsbefugnis maßgebend? Derjenige der Ausfüllung des Blankettes? **11,** 6. — 2) Besitzerwerb durch einen Stellvertreter, der nicht im fremden Namen auftritt? (G.) **11,** 128. — 3) Tendenz in Doktrin und Praxis betreffs der Frage nach der Verantwortlichkeit des Prinzipals zc für ein schuldhaftes Verhalten seiner Vertreter bei faktischen Verrichtungen. Begriff der letzteren im Gegensatze zu Rechtsgeschäften in deren Beziehung zum Gegenkontrahenten. **15,** 123. 126. — 4) Zahlung an einen zum Empfange ermächtigten Vertreter; Unterschlagung des Geldes durch denselben. Ist und bleibt der Vertretene bereichert? **13,** 5. — 5) Steht dem Vertretenen die Kenntnis des Stellvertreters von einer die Rechtswirkung des Vertrages hindernden Thatsache entgegen? (P.) **15,** 264. — 6) Kann der mit einem negotiorum gestor Kontrahierende vom Vertrage zurücktreten, solange der Vertretene über die Genehmigung der Geschäftsführung sich nicht erklärt hat? (G., F.) **17,** 77. — 7) Haftung des falsus procurator. Verhältnis des Auftrages, im Namen des Auftraggebers zu handeln, zu dem Auftrage, als Kommissionär aufzutreten. **18,** 157. — 8) Regelmäßige Zulässigkeit der Stellvertretung bei Rechtsgeschäften. Insinuation einer großen Schenkung durch einen Bevollmächtigten. (G.) **18,** 251. — 9) Irrtum des Stellvertreters beim Kontraktschlusse wirkt gegen den Vertretenen. **19,** 226. — 10) Constitutum possessorium von seiten des Stellvertreters im Besitze? (G.) **19,** 239. — 11) Siehe auch Constitutum possessorium, Geschäftsführender Gesellschafter, Prokurist.

**Stempelabgabe. Stempelfreiheit. Stempelpflicht** und ähnliches. Siehe § 358 des systematischen Registers.

**Stempeldruck.** 1) Zustellung durch den Gerichtsvollzieher. Genügt die Beglaubigung der zu übergebenden Abschrift durch Stempeldruck des

Beglaubigungsvermerkes und des Namens des beglaubigenden Anwaltes? **14,** 335. — 2) Unterzeichnung durch Stempeldruck des Namens. **20,** 126.

**Steuer.** 1) Kann die Vorschrift der preußischen Städteordnungen, daß alle Einwohner des Stadtbezirkes zur Teilnahme an den Gemeindelasten verpflichtet sind, durch privaten Vertrag, mittels dessen die Gemeinde einzelnen Einwohnern Befreiung von Gemeindesteuern gewährt, abgeändert werden? **12,** 273. — 2) Kann eine Steuerforderung des Staates eine Forderung aus einer Freigebigkeit des Gemeinschuldners im Sinne des § 56 Ziff. 4 K.O. sein? Wissentlich falsche Deklaration eines Einkommens, welches er, der Gemeinschuldner, nicht hat. **14,** 118. — 3) Siehe Einkommen, Erbschaftssteuer, Gemeinde, Gewerbesteuer, Kirchenbaulast, Schulbaulast, Staatsabgaben, Zölle; ferner § 358 des systematischen Registers.

**Steuerbücher.** Abweichung der thatsächlichen Verhältnisse eines Grundstückes von den Angaben der Steuerbücher und dem wiederum verschiedenen Inhalte des Grundbuches. (P.) **18,** 275.

**Steuervergütung.** Siehe Exportprämie.

**Stiftung.** Einsetzung alter armer arbeitsunfähiger Männer zu Erben. Vertretung derselben im Prozesse. **19,** 259.

**Stille Handelsgesellschaft.** 1) Kann dem Inhaber des Handelsgewerbes bei Beendigung der Gesellschaft die Liquidation der noch schwebenden Geschäfte entzogen werden? **19,** 196. — 2) Kreditum oder stille Gesellschaft? Kündigung in dem Falle, daß auf Lebenszeit abgeschlossen ist? **20,** 163. — 3) Beteiligung nur am Gewinne, nicht am Verluste? **20,** 165.

**Stillschweigende Willenserklärung.** 1) Constitutum debiti proprii als Verzicht auf eine Einrede gegen die ursprüngliche Schuld. (G.) **11,** 5. — 2) Stillschweigendes Einverständnis des Klägers in die Zulassung einer Kompensationseinrede, wenn er deren Zulässigkeit nicht bestreitet? **13,** 176. — 3) Materiellrechtliche Folge der Nichterhebung der nach § 690 C.P.O. zustehenden Klage? Stillschweigender Verzicht? **13,** 180. — 4) Bedeutung des Umstandes, daß, während nach dem Gesellschaftsvertrag der Beitritt durch Namenszeichnung im Hauptbuche der Gesellschaft erfolgt, thatsächlich ein solches Buch nie existiert hat? Stillschweigende Abänderung des Vertrages? (G.) **15,** 77. — 5) Kann die Übernahme einer Korrealobligation stillschweigend geschehen, oder muß das Wort „solidarisch" oder ein sprachlich gleichbedeutendes ausdrücklich hinzugefügt werden? (G.) **15,** 175. — 6) Stillschweigender Widerruf eines Vermächtnisses. (P.) **16,** 239. 243. — 7) Enthält der Verzicht auf das Pfandrecht oder dessen Vorrang einen Verzicht auf die Forderung? **16,** 247. — 8) Weiterveräußerung der gekauften Ware. Kann darin unter Umständen eine stillschweigende Genehmigung der Ware oder ein stillschweigender Verzicht auf Ansprüche wegen Mängel gefunden werden? **17,** 68. — 9) Unter welchen Umständen liegt in der heredis institutio ex re certa, falls andere Erben nicht berufen sind, ein Fideikommiß zu Gunsten der Intestat-

**Technischer Dienst.** Siehe Faktische Verrichtungen.

**Teilbarkeit.** 1) Kann der einzelne Mitberechtigte bei teilbaren Leistungen die anteilige Leistung an ihn selbständig einklagen? (P.) **20,** 320. 324. — 2) Unteilbarkeit des Erbschaftsantrittes und der Annahme des Erben zum Schuldner seitens der Legatare und Erbschaftsgläubiger. (F.) **20,** 348.

**Teilcession.** Hat im Falle einer Teilcession der Miteigentümer der Forderung (Hypothek) ein gesetzliches Vorkaufsrecht? (P.) **19,** 290.

**Teilindossament.** Begriff, Zulässigkeit und Wirkungen des Teilindossamentes nach ausländischem und deutschem, älterem und jetzigem Rechte. **11,** 148.

**Teilung der Erbschaft.** Siehe Erbteilung.

**Teilungsklage.** Klage auf Teilung lediglich der Nutzungen des gemeinschaftlichen Eigentumes; auf Einwilligung in die Verpachtung des gemeinschaftlichen Gutes unter gewissen Bedingungen? Gegen einen von mehreren Miteigentümern? Aufgabe und Inhalt des Teilungsverfahrens überhaupt. Begrenzung durch den Klagantrag? Ausführung des Teilungsurteiles. Thatsächliche Schwierigkeiten. (G.) **12,** 193.

**Teilurteil.** 1) Inwiefern ist Verurteilung zum Schadensersatze unter Vorbehalt der Liquidation des Schadens zulässig? **12,** 353. — 2) Ist gegen ein Teilurteil, welches über einen die Revisionssumme nicht erreichenden Teil des über 1500 *M* betragenden Streitgegenstandes entscheidet, Revision zulässig? Wie, wenn gleichzeitig gegen ein anderes Teilurteil Revision eingelegt wird, dessen Gegenstand die Revisionssumme übersteigt? Zusammenrechnung der Beschwerdesummen? **13,** 354. 352. — 3) Wesen des Teilurteiles, besonders in bezug auf die Berufungsinstanz. Klage auf Erteilung einer Abrechnung und dementsprechende Zahlung. Kann der Beklagte durch Teilurteil zur Rechnungslegung verurteilt werden, unter Vorbehalt weiterer Verhandlung über den Anspruch auf Auszahlung bis nach erfolgter Rechnungslegung? **14,** 200. — 4) Ist das in § 274 C.P.O. vorgesehene Urteil ein wirkliches Teilurteil im Sinne des § 273 C.P.O.? Inhalt und Gegenstand des demgemäß über die Gegenforderung demnächst ergehenden Urteiles. **16,** 379. — 5) Unter welchen Voraussetzungen kann ein Teilurteil erlassen werden? **16,** 425. — 6) Welcher Gerichtsschreiber erteilt die vollstreckbare Ausfertigung des Teilurteiles, während im übrigen der Prozeß in höherer Instanz schwebt? **18,** 424.

**Teilweise Nichtigkeit.** Nichtigkeit einer nicht gerichtlich insinuierten Schenkung nur bezüglich des den Betrag von 500 solidi übersteigenden Teiles. **14,** 193; **18,** 49.

**Teilzahlung.** 1) Einfluß der auf die Hauptschuld geleisteten Teilzahlungen auf die Höhe der festgesetzten Konventionalstrafe? **12,** 25. — 2) Annahmeverzug, wenn der Schuldner die Zahlung des weitaus größten Teiles der schuldigen Summe anbietet? **14,** 106.

**Telegraphische Depesche.** Ist die Zustellung des Arrestbefehles mittels Telegrammes zulässig? wie muß sie bewirkt werden? **14,** 335.

**Telle quelle.** Bedeutung der Klausel telle quelle, namentlich beim

## U

einen andern Akt ersetzt werden, z. B. durch die Vereinbarung, daß sie als geschehen gelten solle? **15,** 373.

# V

**Valuta.** 1) Unterliegt die in der Cessionsurkunde enthaltene Abrede über Stundung, Verzinsung, hypothekarische Eintragung des Cessionspreises dem besondern Schuldverschreibungsstempel? (P.) **20,** 288. — 2) Siehe auch Lex Anastasiana.

**Vasall.** Siehe § 81 des systematischen Registers. (Lehnrecht.)

**Vater. Väterliche Gewalt.** 1) Stellung des Vaters als Inhaber der väterlichen Gewalt einer- und als natürlicher Vormund seiner Kinder andererseits. Gegenseitige Ergänzung der aus jeder dieser Funktionen fließenden Rechte. Unverbindlichkeit eines Geschäftes wegen Dolus des Vaters? Restitution wegen Minderjährigkeit gegen die spekulative Übernahme eines Risikos seitens des Vaters mittels Aktienzeichnung? (G.) **15,** 192. — 2) Bedarf der Vater der Genehmigung des Vormundschaftsgerichtes zu Rechtshandlungen für seine minderjährigen Kinder in denselben Fällen, in welchen die Vormundschaftsordnung vom 5. Mai 1875 dies für den Vormund vorschreibt? (P., G.) **15,** 201. — 3) Kann der Vater in seiner Verfügungsgewalt über den Erlös veräußerter (enteigneter) Immobilien seiner Kinder durch den Familienrat beschränkt werden? (F.) **11,** 347. — 4) Verwaltungsrecht des Vaters am regulären Adventizgut. Veräußerung von Mobilien, Forderungsrechten. Befugnis zum Abschlusse eines Vergleiches. **16,** 124. — 5) Rechtsgeschäfte zwischen Vater und Hauskind. (G.) **16,** 113. — 6) Beschränkte Berechtigung der Parallele zwischen der Verwaltungsbefugnis des Inhabers der väterlichen Gewalt und derjenigen des Vormundes. **16,** 125. Vgl. **15,** 201. — 7) Klage eines Kindes auf Verneinung der Vaterschaft gegen denjenigen, welcher nach der gesetzlichen Vermutung als sein ehelicher Vater gilt. (G.) **18,** 184. — 8) Beschaffenheit, Form, Frist der nach § 7 A.L.R. II. 2 erforderlichen Erklärung des Vaters, die Ehelichkeit seines Kindes anfechten zu wollen. **13,** 276; **18,** 288. — 9) Gleichstellung des Vaters während der Ehe mit dem Vormunde? Darf er für seine minderjährigen Kinder ohne besondere Ermächtigung einen Vergleich abschließen? (F.) **19,** 369. — 10) Hat, wenn den mütterlichen Nachlaß der Vater gegen eine Summe übernimmt, das zur Zeit des Todes der Mutter minderjährige, bei der Erbteilung großjährige oder emanzipierte Kind ein gesetzliches Pfandrecht wegen dieser Summe? (F.) **20,** 336. — 11) Siehe Erziehungsrecht.

**Vaterschaft.** 1) Bedeutung des Anerkenntnisses der Vaterschaft? (F.) **12,** 368. — 2) Leugnen der Vaterschaft zu einem in der Ehe geborenen Kinde. (G.) **12,** 165. — 3) Pater est quem nuptiae demonstrant. **12,** 166. — 4) Klage eines Kindes auf Verneinung der Vaterschaft gegen denjenigen, welcher nach der gesetzlichen Vermutung als sein ehelicher Vater zu gelten hätte. (G.) **18,** 184. — 5) Beschaffenheit der zur Wahrung der Frist des § 7 A.L.R. II. 2 er-

Charakter der vis im Sinne der Besitz- und Ersitzungstheorie? (G.) **12**, 175.

**Verbotene Handlung.** Siehe unerlaubte Handlung.

**Verbotener Vertrag.** 1) Verträge über den Verkauf von Lospapieren. Verstoß gegen § 286 St.G.B. **14**, 84; **18**, 79. — 2) Verzichterklärung des Verletzten auf seine Ansprüche aus dem Reichshaftpflichtgesetze nach erlittenem Unfalle. **16**, 31. — 3) Pactum de non licitando. (P., R.) **18**, 221; **20**, 247. — 4) Uneingeschränktes Verbot des Code civil, über die Erbschaft eines Lebenden zu verfügen. Verzicht auf eine im Ehevertrage enthaltene Erbeinsetzung. **15**, 325. — 5) Diätenverbot der Reichstagsabgeordneten. **16**, 104. — 6) Sozietätsvertrag zum Zwecke des Spielens in einer in Preußen nicht zugelassenen Lotterie. (P., G.) **18**, 242. — 7) Siehe auch §§ 105. 152 A des systematischen Registers.

**Verbrechen.** Kann eine wegen Verbrechens erkannte zweijährige Zuchthausstrafe einen Ehescheidungsgrund bilden? Konkrete Umstände des Verbrechens? Gebundenheit des Eherichters an den Inhalt des Strafurteiles bezüglich der Schwere des Verbrechens? (G.) **13**, 196. 199.

**Verbreitung.** Setzt der Begriff der Verbreitung beim Nachdrucke eine Mehrheit körperlicher Exemplare voraus? **20**, 100.

**Verbriefte Forderung.** 1) Wie vollzieht sich für die formlose Schenkung eines verbrieften Forderungsrechtes der Akt der Übergabe? (P.) **14**, 264. — 2) Wird im Falle mündlicher Schenkung einer verbrieften Forderung durch Übergabe des Schuldscheines und Einziehung der Forderung seitens des Beschenkten der Mangel der gerichtlichen Form geheilt und die Rückforderung ausgeschlossen? (P.) **17**, 295. — 3) Pfändung einer verbrieften Forderung, deren Dokument sich im Besitze eines Dritten befindet. (P., R.) **20**, 307.

**Verein.** 1) Inwiefern tritt, wenn mehrere Personen zu einem bestimmten Zwecke einen Fonds zusammenbringen und unter Hinweis auf denselben kontrahieren, eine auf diesen Fonds beschränkte Haftung ein? Selbständiges Vereinsvermögen? (G.) **12**, 229. — 2) Prozeßfähigkeit eines Personenvereines mit dauernden Zwecken, wechselndem Mitgliederbestande und ohne Korporationsrechte? Generalversammlung. Modus der Berufung? Einfluß auf die Gültigkeit der gefaßten Beschlüsse? (G.) **12**, 233. — 3) Rechts- und Handlungsfähigkeit der Vereine mit wechselnden Mitgliedern ohne Korporationsrechte. (F., Bad.) **18**, 346. — 4) Umwandlung eines Vereines in eine eingetragene Genossenschaft. Mitgliedschaft des Vereines und der Genossenschaft. **15**, 77. — 5) Siehe auch Privatgesellschaft.

**Vereinbarter Gerichtsstand.** Siehe Prorogation.

**Verein deutscher Eisenbahnverwaltungen.** Aufgabe und rechtliche Bedeutung der Generalsaldierungsstelle. **15**, 5.

**Vereinigte Civilsenate.** 1) Haben die vereinigten Civilsenate des Reichsgerichtes, wenn die Verhandlung und Entscheidung der Sache vor der Geltung des Reichsgesetzes vom 17. März 1886 betr. Abänderung des § 137 des Gerichtsverfassungsgesetzes an sie verwiesen war, über

6) Die zweijährige Verjährung nach dem Reichshaftpflichtgesetze trifft auch diejenige dem Verletzten nach Landesrecht zustehende Ersatzklage, welche mit kontraktlicher Verschuldung begründet wird. **11**, 28. — 7) Objektive und subjektive Voraussetzungen der Verjährung der Erbschaftsklage. **11**, 236. — 8) Anfang der Verjährungsfrist für die Entschädigungsansprüche aus § 7 R.Gew.O. **12**, 5. — 9) Einrede der Verjährung gegen eine mit der Erbschaftsklage geltend gemachte Forderung? Insbesondere unter Miterben, welche die Forderung bereits als verjährte erworben haben? (G.) **12**, 179. — 10) Inwiefern hindert der Ablauf der Verjährung die Kompensation? (P.) **12**, 254. — 11) Verjährung der Klage wegen Fehlens einer besonders versprochenen Eigenschaft in der kurzen für Gewährleistungsansprüche bestimmten Frist. (F.) **12**, 352. — 12) Inwiefern wird die Verjährung der Wechselklage durch Zustellung eines Zahlungsbefehles unterbrochen? **14**, 31. — 13) Ablauf der Verjährung nach erfolgter, aber mangelhafter Klagezustellung. In welcher Form erfolgt die Abweisung der Klage? **14**, 340. — 14) Erfordernisse des Beginnes der Klagenverjährung. Rechtsverletzung, Nachlässigkeit des Gläubigers? Speziell bei der Klage aus einem unverzinslichen Darlehn? (G.) **15**, 178. — 15) Unterbrechung der Verjährung durch Schuldanerkennung. Wie muß diese beschaffen sein? Muß sie direkt dem Gläubiger gegenüber erfolgen? (G.) **15**, 178. — 16) Verjährung der Ansprüche wegen Patentverletzung. Beginn. Kenntnis von der Verletzung? Anwendung der §§ 54 I. 6, 512 flg. I. 9 A.L.R.; Unterbrechung durch das Verlangen einer Buße im Strafprozesse? **16**, 7 flg. — 17) Zinsenverjährung. Verwandeln sich vorbedungene Zinsen nach dem Verzuge in Verzugszinsen? (P.) **16**, 183. — 18) Charakter der Fristen der §§ 3. 4 R.A.G. und der §§ 24. 25 K.O. als Verjährungs- oder als Präklusivfrist? **17**, 71. — 19) Verlust des Rechtes als Wirkung der vollendeten Verjährung? §§ 568. 569 A.L.R. I. 9. **17**, 208. — 20) Merkmale der Unterscheidung von Verjährung und Präklusivfrist. **17**, 206. — 21) Berechnung einer neuern nach Monaten bestimmten Verjährungsfrist. (P.) **17**, 209. — 22) Keine Anwendung der §§ 568 flg. A.L.R. I. 9 bei verschiedenen Verjährungen, insbesondere bei derjenigen des Art. 146 H.G.B. **19**, 140. — 23) Siehe auch Ersitzung, Unvordenklichkeit.

**Verkauf.** Siehe Kauf.

**Verkaufskommission.** 1) Allgemeiner Auftrag, nach freiem Ermessen Spekulationspapiere für den Kommittenten zu kaufen oder zu verkaufen. Recht des Kommittenten, einen geschehenen Verkauf als nicht für seine Rechnung erfolgt anzusehen? Anzeigepflicht des Kommissionärs. **14**, 123. — 2) Haftet der in Afrika etablierte Verkaufskommissionär für den Eingang des Wechsels, durch welchen er dem Kommittenten den Erlös nach Deutschland schickt? **20**, 112.

**Verkaufsselbsthilfe.** Siehe Selbsthilfeverkauf.

**Verkehr.** Inverkehrbringen. Begriff im Sinne des § 4 des Patentgesetzes vom 25. Mai 1877. **13**, 424.

dem Arzte, welcher den Testator in seiner letzten Krankheit behandelt hat, ein Partikularvermächtnis gültig zugewendet werden? (F.) **13,** 308. — 4) Ist die letztwillige Zuwendung des Nießbrauches am Nachlasse als Universal- oder als Partikularvermächtnis oder als Vermächtnis unter einem Universaltitel aufzufassen? Erbschaftssteuer davon? Persönliche Haftung eines solchen Nießbrauchers den Gläubigern gegenüber? (F., P.) **11,** 305. — 5) Form des Verzichtes auf ein Legat unter Universaltitel? (F.) **19,** 373. — 6) Belastung des einen von mehreren Universalvermächtnissen mit einer verbotenen Substitution. (F.) **19,** 390. — 7) Siehe auch Geldvermächtnis, Vermächtnisnehmer, Vertragsvermächtnis, Widerruf.

**Vermächtnisnehmer.** 1) Legalhypothek am Nachlaßgrundstücke? Rangverhältnis gegenüber dem Nachlaßgläubiger, welcher den Erben als Schuldner angenommen hat? (F.) **12,** 350. — 2) Ist, wenn der Parens das dem Noterben entzogene Erbteil einem Legatar ausdrücklich beschieden hat, die Klage auf Ergänzung des Pflichtteils gegen diesen oder gegen die Erben zu richten? (P.) **15,** 297. — 3) Hat der Vermächtnisnehmer unabhängig von dem über den Nachlaß eröffneten Konkursverfahren gegen den Benefizialerben einen Anspruch auf Leistung des Offenbarungseides? (P.) **16,** 220. — 4) Müssen von dem vorbehaltlosen Erben auch die Legatare vollständig, selbst aus dem eigenen Vermögen, befriedigt werden? (P.) **16,** 222. — 5) Beitragspflicht der Legatare zwecks Befriedigung der Nachlaßgläubiger. (P.) **16,** 224. — 6) Verliert auch der Legatar das Separationsrecht durch Annahme des Erben zum Schuldner? (F.) **20,** 348.

**Vermieter.** 1) Umfang des durch das Vermieterpfandrecht geschützten Rechtes des Vermieters inner- und außerhalb des Konkurses. „Laufender Zins"? Erfordernis der Geltendmachung des Rechtes gegenüber dem pfändenden Gerichtsvollzieher? (P., R.) **13,** 253. — 2) Hat, wenn die Erben des Mieters gemäß § 371 A.L.R. I. 21 kündigen, der Vermieter einen Entschädigungsanspruch? **18,** 269. — 3) Recht des Vermieters an Illaten, welche einem Dritten gehören? (F.) **20,** 355. — 4) Recht an heimlich fortgeschafften Illaten. **20,** 357. — 5) Siehe auch § 130 des systematischen Registers.

**Vermischung.** Unteilbarkeit der Rechtsvermischung des Vermögens des Erben und des Nachlasses. (F.) **20,** 348.

**Vermittelndes Recht.** Siehe §§ 8 (Civilrecht). 277. 308 (Prozeßrecht) des systematischen Registers.

**Vermittler.** 1) Rechtzeitigkeit der Annahme einer Offerte bei den durch Mittelspersonen verhandelten Verträgen. **18,** 10. — 2) Begriff des Vermittlers eines Geschäftes im Sinne des Reichsstempelgesetzes vom 3. Juni 1885. **18,** 27. — 3) Siehe Agent, Makler.

**Vermittlung des Prozeßrichters** zwecks Eintragung einer Vormerkung im Grundbuche. (P.) **11,** 280; **20,** 242.

**Vermögen.** 1) Kann das Vermögen solche Ansprüche und Verbindlichkeiten in sich enthalten, die erst nach dem Tode des bisherigen Inhabers fällig werden? **16,** 129. — 2) Bildet der Anspruch eines

Seeversicherung, ein leichtes Verschulden des Versicherten die Ersatzpflicht des Versicherers aus? (G., P., R., ausländ. Recht.) **14,** 118. — 8) Haftung des Absenders und Befrachters für die durch das Frachtgut verursachte Beschädigung durch ein Verschulden seinerseits bedingt. Verheimlichung gefährlicher Eigenschaften des Gutes. **15,** 151; **20,** 78. — 9) Verschulden als Voraussetzung der Schadensersatzpflicht bei der Klage auf Grund der Interdikte zum Schutze der öffentlichen Flüsse. (G.) **16,** 147. — 10) Ist die Schadensersatzpflicht wegen Nichterfüllung eines Vertrages durch Verschulden des Verpflichteten bedingt? (F.) **17,** 319. — 11) Haftung der Aktiengesellschaft für außerkontraktliches Verschulden des Vorstandes. **18,** 120. — 12) Haftung des Eisenbahnfiskus für Beschädigung eines Arbeiters bei Ausführung des dienstlichen Befehles eines Bau- und Betriebsinspektors. (P.) **19,** 348. — 13) Gehört zur Klage auf Zahlung der Konventionalstrafe der Nachweis einer Verschuldung? **20,** 33. — 14) Inwiefern darf der Frachtführer die Haftung für Verschulden seiner Leute im Vertrage ablehnen? **20,** 115. — 15) Siehe auch Arglist, Kausalzusammenhang, Körperverletzung, Konkurrierendes Verschulden.

**Verschulden anderer.** Siehe § 148 des systematischen Registers und (Haftung nach § 2 des Reichshaftpflichtgesetzes) § 159 des systematischen Registers.

**Verschweigen.** 1) Verschweigen begangener Pflichtwidrigkeiten seitens des Gesellschaftsvorstandes in der zur Decharge berufenen Generalversammlung als erneutes Verschulden. **12,** 78. — 2) Siehe auch Anzeigepflicht, Verheimlichung.

**Verschwender.** Testierfähigkeit des Verschwenders? (G., P.) **19,** 316.

**Versehen.** Siehe Verschulden.

**Versehen der Beamten.** 1) Haftung der Beamten für jedes Versehen. **18,** 392. — 2) Subsidiäre Haftung der Gerichtsvollzieher? **16,** 396; **18,** 390. — 3) Ist der Strafvollstreckungsrichter oder der Gefängnisvorstand für die rechtzeitige Entlassung eines Strafgefangenen verantwortlich? Schadensersatz für die zu lange erfolgte Behandlung und Verpflegung des wegen Erkrankung in eine gesonderte Krankenanstalt gebrachten Gefangenen? **13,** 222. — 4) Privatrechtliche Verantwortlichkeit des Beamten für die von ihm veranlaßte Etatsüberschreitung dem Fiskus gegenüber? Rechtliche Grundlagen. Revision durch die Oberrechnungskammer, Genehmigung der Überschreitung seitens des Landtages. (P.) **13,** 258. — 5) Haftung des Posthalters für die Postillone. Pflichten des Posthalters im allgemeinen. Doppelstellung des Postillons dem Posthalter und der Postverwaltung gegenüber. **17,** 62. — 6) Haftung des Staates für Versehen seiner Beamten. (G., F., P.) **11,** 206; **17,** 105; **19,** 101. — 7) Geht bei Verlegung einer Firma der Markenschutz dadurch verloren, daß in dem neuen Register die Zeit der ersten Anmeldung (zum Register des frühern Niederlassungsortes) aus Versehen des Richters nicht vermerkt wird? **20,** 167.

**Vervielfältigung.** Nachdruck. Mehrheit körperlicher Exemplare. Einmaliges Abschreiben. **20,** 100.

**Verwahrungsvertrag.** 1) Besteht zwischen demjenigen, welcher eine Geldsumme zur Sicherstellung des Arrestaten zur staatlichen Hinterlegungsstelle einzahlt, und dem Staate ein Verwahrungsvertrag? (P.) **11,** 320. — 2) Ist das Rechtsverhältnis zwischen Girokontoinhaber und Bank nach den Regeln vom Depositum zu beurteilen? (G.) **12,** 85. — 3) Kennt das preuß. Allgem Landrecht ein depositum irregulare im Sinne des römischen Rechtes? **11,** 322. — 4) Ist gegen die Klage aus dem depositum irregulare Kompensation zulässig? oder Retention? (G.) **12,** 89. — 5) Inwiefern ist gegen die actio depositi directa die Einrede zulässig, Beklagter habe nach geschehener Hinterlegung das Eigentum der deponierten Sache erlangt? Einrede der Schenkung? (G.) **15,** 210.

**Verwalter.** Siehe Konkursverwalter, Nachlaßverwalter, Vertreter.

**Verwaltung.** Siehe Decharge, Kindesvermögen, Nießbrauch, Pekulienrecht, Vermögensverwaltung, Vormund, Vormundschaft.

**Verwaltungsbehörde.** 1) Vertretung des Staates im Prozesse durch die mit der Aufsicht über den betreffenden Zweig der Verwaltung gesetzlich betraute Behörde? **11,** 25. — 2) Muß sich die höhere Verwaltungsbehörde in dem nach § 35 des Reichsgenossenschaftsgesetzes stattfindenden Verfahren wegen Auflösung der Genossenschaft durch einen Rechtsanwalt vertreten lassen? **14,** 29. — 3) Kann gegen die Verwaltungsbehörde, welche nach § 459 St.P.O. einen „Strafbescheid" erlassen hat, eine Civilklage auf dessen Aufhebung erhoben werden? (R., Elsaß-Lothringen.) **16,** 410. — 4) Muß noch nach Einführung der Civilprozeßordnung derjenige, welcher gegen den Fiskus eine Klage erheben will, vorher der Verwaltung seinen Anspruch schriftlich mitteilen? (F.) **17,** 416. — 5) Sind die landesgesetzlichen Vorschriften über die Zuständigkeit der Verwaltungsbehörden und -gerichte aufgehoben durch die Reichsjustizgesetze? **18,** 123. — 6) Siehe auch Deich, Hinterlegungsstelle, Intendantur, Oberrechnungskammer; ferner über Kompetenz der V. § 354 des systematischen Registers.

**Verwaltungssachen.** Siehe Rechtsweg, Verwaltungsverfahren.

**Verwaltungsstreitsachen.** Siehe Verwaltungsverfahren.

**Verwaltungsverfahren.** 1) Schließt der § 2 der Königl. Verordnung vom 7. September 1879 die Anstellung einer im übrigen begründeten Klage gegen eine vorgenommene Zwangsvollstreckung aus? (P.) **14,** 360. — 2) Erlaubnis zum Betriebe der Schankwirtschaft. Materielle Voraussetzungen. Realgewerbeberechtigung. Verfahren. Rechtsweg zur Erlangung der Erlaubnis bezw. zur Feststellung der Realgerechtigkeit gegenüber einer beschränkenden Polizeiverfügung. (P.) **15,** 138. — 3) Verwaltungsstreitverfahren und Rechtsweg in Schulbaulaststreitigkeiten. (P.) **17,** 176. — 4) Was ist unter Anhängigmachen einer Verwaltungsstreitsache zu verstehen? (P.) **17,** 179. —

5) Enteignungsverfahren. Siehe Enteignung. — 6) Siehe ferner Rechtsweg.

**Verwaltungszwangsverfahren.** Siehe Verwaltungsverfahren Nr. 1.

**Verwandte.** Siehe §§ 185 (Alimentation), 195 (Erbrecht) des systematischen Registers.

**Verweigerung des Zeugnisses.** Siehe Zeugnisverweigerung.

**Verweisung zum getrennten Prozesse, zur getrennten Verhandlung.** Siehe Kompensationseinrede, Vorabentscheidung.

**Verwendung,** nützliche. Siehe § 171 des systematischen Registers.

**Verwirkung.** 1) Geht ein Beamter dadurch, daß er, nach Bewilligung seiner Pensionierung, vor dem Tage, auf den sein Übertritt in den Ruhestand bestimmt ist, verhaftet und nach diesem Tage strafgerichtlich verurteilt und der bürgerlichen Ehrenrechte für verlustig erklärt wird, des Anspruches auf die ihm bewilligte Pension verlustig? (P.) **17,** 240. — 2) Siehe auch Selbsthilfe.

**Verwirkungsklausel.** 1) Feuerversicherung. Inwiefern kann der Versicherte, welcher die im Vertrage festgesetzte Frist für die Einreichung des Verzeichnisses aller vor dem Brande vorhanden gewesenen Sachen versäumt, die daran geknüpfte Folge der Verwirkung aller Ansprüche beseitigen? (G.) **16,** 121. — 2) Muß der Eigentümer der verpfändeten Police den für den Pfandbesitzer durch Versäumung der bestimmten Klagefrist eingetretenen Verlust des Anspruches gegen sich gelten lassen? (P., Österreich.) **16,** 203. — 3) Vertragsmäßige Verwirkung der Rechte aus der Lebensversicherung durch mutwillige oder unnötige Gefährdung des Lebens. Bewußtsein oder schuldhaftes Nichtbewußtsein von der Lebensgefährlichkeit einer bestimmten Handlung. **18,** 142. — 4) Bedingung der Erhebung des Anspruches binnen bestimmter Frist. Ist es auf deren Beginn oder Lauf von Einfluß, daß gegen den Versicherten eine Untersuchung wegen Brandstiftung eingeleitet und demnächst eingestellt ist? Prinzip der Vertragstreue und der Billigkeit. **19,** 132. — 5) Verschweigen von Umständen, welche auf den Entschluß des Versicherers zur Eingehung der Versicherung Einfluß zu üben geeignet sind. **20,** 137.

**Verzeihung.** 1) Wird eine Enterbung durch die nach Errichtung des enterbenden Testamentes erfolgte Verzeihung des Enterbungsgrundes hinfällig? (G.) **15,** 167. — 2) Kann bei Scheidung der Ehe wegen einseitiger unüberwindlicher Abneigung ein bereits verziehenes Ehevergehen des andern Teils gegenübergestellt und betreffs der Schuldfrage angerechnet werden? (P.) Was ist unter der die einjährige Verzeihungsfrist unterbrechenden Rüge — §§ 720. 721 A.L.R. II. 1 — zu verstehen? Ablauf der Frist zwischen Klagerhebung und erstem Termine. Widerklage. **15,** 290.

**Verzicht.** 1. Materielles Recht.

1) Constitutum debiti proprii als Verzicht auf Einreden gegen die ursprüngliche Schuld? **11,** 5. — 2) Stillschweigender Verzicht auf das Rententionsrecht des Art. 314 H.G.B. durch Übernahme von Verpflichtungen, die dessen Ausübung widerstreiten? **12,** 91. — 3) Ver-

zichterklärung durch den Vormund. (G.) **12**, 151. — 4) Verzicht oder Schenkung, wenn ein Wohnungs- und Nutzungsrecht an den Eigentümer des damit belasteten Grundstückes unentgeltlich abgetreten wird? (F.) **11**, 349. — 5) Wirkung des von einem Ehegatten erklärten Verzichtes auf die Gütergemeinschaft. (F.) **13**, 297. — 6) Liegt in dem Verzichte auf eine bereits eröffnete Succession in ein Lehn- oder Familienfideikommißgut auch der Verzicht für den Fall, daß in der Person des nunmehrigen Nachfolgers ein neuer Successionsfall eintritt? (G.) **14**, 226. — 7) Verzicht der Ehefrau auf eine Servitut ihres Grundstückes ohne Genehmigung des Mannes. Kann er vom spätern Grundstückskäufer angefochten werden? (F.) **14**, 314. — 8) Wirksamkeit eines Verzichtes auf eine gerichtliche Urteilshypothek? Ungültigkeit der trotzdem erfolgenden Eintragung? (F.) **15**, 311. — 9) Ist der Verzicht auf eine künftige Erbschaft auch dann ungültig, wenn er sich auf eine im Ehevertrage enthaltene Erbeinsetzung bezieht? auch nach Scheidung der Ehe? (F.) **15**, 325. — 10) Kann der Verletzte nach dem Unfalle auf seine Ansprüche aus §§ 1. 2. 3 des Reichshaftpflichtgesetzes gegenüber dem haftpflichtigen Unternehmer wirksam verzichten? **16**, 31. — 11) Verzicht auf abgesonderte Befriedigung gemäß § 57 K.O. **16**, 68. — 12) Verzicht des Nießbrauchers gegenüber dem Eigentümer. Wirkung auf das Recht desjenigen, dem die Ausübung des Nießbrauchsrechtes übertragen ist? (G.) **16**, 111. — 13) Verzicht des Gläubigers einer Korrealhypothek auf Befriedigung aus dem einen Grundstücke ohne Verlust des Realrechts an dem andern? (P.) **16**, 164. — 14) Enthält die Entsagung des Pfandrechtes oder des Vorranges desselben einen Verzicht auf die Forderung? (P.) **16**, 247. — 15) Bedeutung der Freigebung der im Wege des Arrestes gepfändeten Sachen? Verzicht? **16**, 326. — 16) Kann ein Aktionär sich durch Verzicht auf seine bereits volleingezahlte Aktie von der Rübenlieferungspflicht, die ihm statutarisch obliegt, befreien? **17**, 3. — 17) Verzicht der Ehefrau auf die Gütergemeinschaft. Wird ihre Ersatzforderung vom Tage der Auflösung der Gemeinschaft an gesetzlich verzinst? (F.) **17**, 321. — 18) Stillschweigender Verzicht auf das Anerbenrecht. (G.) **18**, 195. — 19) Abkommen des Grundstückseigentümers mit dem Darlehnsgeber, eine vor der neuen Hypothek eingetragene schon heimgezahlte Hypothek zur Löschung zu bringen. **19**, 59. — 20) Form des Verzichtes auf ein Legat unter Universaltitel? (F.) **19**, 373. — 21) Unterlassen der an sich zulässigen Klagerweiterung. **20**, 124. — 22) Siehe auch V o r r e c h t s a b t r e t u n g.

— 2. Prozeßrecht.

1) Verzicht des Beklagten auf die erhobene prozeßhindernde Einrede, wenn das Gericht ohne deren Erledigung die Verhandlung zur Hauptsache anordnet, und diese Verhandlung erfolgt? **13**, 338. — 2) Verzicht auf die Wirkungen der Unterbrechung des Verfahrens gemäß § 267 C.P.O.? **14**, 333. — 3) Unwirksamkeit des Verzichtes auf die Rüge mangelhafter Zustellung. **14**, 338. — 4) Muß ein Verzicht auf die Berufung (Revision) oder auf Erweiterung der ange-

Gesetze vom 13. Juli 1883 der eingetragene Gläubiger zur Anfechtung einer ihm vorgehenden Hypothek auf Grund des Reichsanfechtungsgesetzes auch dann befugt, wenn er einen vollstreckbaren Titel im Sinne der §§ 644. 702 C.P.O. nicht besitzt? (P.) **17,** 167. — 4) In welcher Hinsicht kann das Zuschlagsurteil die Eigenschaft eines vollstreckbaren Titels erlangen? (P.) **17,** 169. — 5) Muß der für die Anfechtungsklage erforderliche vollstreckbare Titel auf Zahlung von Geld gerichtet sein, oder genügt ein Urteil auf Herausgabe von Sachen? **18,** 145; auf Bestellung einer Sicherheit? **19,** 204. — 6) Schiedsspruch ohne Vollstreckungsurteil kein zur Zwangsvollstreckung geeigneter Titel. **19,** 406. — 7) Zum Begriffe des vollstreckbaren Titels im Sinne des § 98 C.P.O. **20,** 414. — 8) Siehe auch Urteilshypothek.

**Vollstreckbare Urkunde.** 1) Anfechtung einer vollstreckbaren Urkunde und der infolge ihrer Vollstreckung an den Gerichtsvollzieher geleisteten Zahlung. **14,** 80; **17,** 30. — 2) Kann sich der Schuldner gegenüber der Zwangsvollstreckung aus einer vollstreckbaren Urkunde auf einen im innern Zusammenhange damit stehenden vorangegangenen Vertrag berufen? **11,** 287. — 3) Ist derjenige, der mittels einer vollstreckbaren Urkunde ein Pfändungspfandrecht erlangt hat, Rechtsnachfolger des Schuldners im Sinne des § 11 des Reichsanfechtungsgesetzes und des § 410 C.P.O., sodaß ihm der Eid über die fraudulöse Absicht des Schuldners (§ 3 Ziff. 1 des Reichsanfechtungsgesetzes) zugeschoben werden kann? **15,** 368. — 4) Ist nach § 25 Ziff. 2 K.O. anfechtbar eine Sicherstellung oder Rückgewähr von Heiratsgut, welche in anderer Art bewirkt ist, als in welcher der Gemeinschuldner sie zu bewirken verpflichtet war? Freiwillige Unterwerfung unter sofortige Zwangsvollstreckung. **15,** 19.

**Vollstreckbarkeit.** 1) Begriff der Vollstreckbarkeit eines Urteiles. **16,** 421. — 2) Klage auf Erteilung der Vollstreckungsklausel. Zweck der Klage. Nach Erlaß des Haupturteiles entstandene Einwendungen gegen den Rechtsvorgänger des jetzigen Klägers. **11,** 434. — 3) Erteilung der Vollstreckungsklausel, wenn die Rechtsnachfolge durch eine Privaturkunde mit gerichtlicher oder notarieller Beglaubigung der Unterschriften nachgewiesen wird? **13,** 330. — 4) Beschwerde gegen Erteilung der Vollstreckungsklausel zum Kostenfestsetzungsbeschlusse behufs Geltendmachung eines Kompensationsanspruches gegenüber der Kostenforderung? **13,** 360. — 5) Darf die Vollstreckungsklausel für das Endurteil, welches nach Erlaß eines eine prozeßhindernde Einrede verwerfenden oder den Anspruch dem Grunde nach für begründet erklärenden Zwischenurteiles ergeht, vor Eintritt der Rechtskraft dieses letztern erteilt werden? Prüfung des Inhaltes des Urteiles durch den Gerichtsschreiber. **15,** 355. — 6) Erteilung der Vollstreckungsklausel durch denjenigen Gerichtsschreiber, in dessen Besitz die Prozeßakten sich zu befinden haben. **18,** 424. — 7) Rechtsbehelf der Parteien in den Fällen, wo vollstreckbare Ausfertigung nur auf Anordnung des Vorsitzenden erteilt werden darf. **20,** 375. — 8) Siehe auch Rechtskraft, Vorläufige Vollstreckbarkeit.

melle Voraussetzungen der Vermittelung des Prozeßrichters. (P.) **11,** 280. — 3) Eintragung einer Vormerkung gemäß § 70 E.E.G., wenn nicht der Bucheigentümer, sondern ein Dritter zur Auflassung verpflichtet ist? (P.) **20,** 242. — 4) Wird durch Eintragung einer Vormerkung im Wege des Arrestes nach neuestem Rechte ein im Konkurse wirksames Absonderungsrecht geschaffen? (P.) **16,** 69. — 5) Steht demjenigen, für welchen eine Vormerkung zur Erhaltung des Rechtes auf Auflassung eingetragen ist, ein Anspruch auf die Kaufgelder in der Subhastation und ein Recht zum Widerspruche gegen den Verteilungsplan zu? (P.) **18,** 293.

**Vormund.** 1) Ist die ohne die erforderliche Genehmigung des Familienrates bezw. des Gerichtes vorgenommene Rechtshandlung des Vormundes völlig wirkungslos, oder bedarf es der Klage auf Vernichtung des Aktes? (F.) Art. 1304 Code civil. **12,** 332. — 2) Erhält, wer infolge hohen Alters durch Schwerhörigkeit und fast vollständige Blindheit an der Verwaltung seines Vermögens gehindert ist, einen Vormund oder einen Pfleger? (P.) **14,** 271. — 3) Inwiefern liegt eine Verzichterklärung außerhalb der vormundschaftlichen Befugnis? Obervormundschaftliche Genehmigung zu einer Novation? (G.) **12,** 151. — 4) Kann, wenn der Vormund ohne vorangegangene Taxe Mündelgelder hypothekarisch ausleiht, das Mündel diese Anlage zurückweisen und Herausgabe des Geldes sofort verlangen, oder haftet der Vormund nur für den Ausfall bei der Subhastation? Kann er das thatsächliche Vorhandensein pupillarischer Sicherheit nachträglich im Prozesse nachweisen? (P.) **11,** 307. — 5) Klage des Mündels auf Rückgängigmachung einer gesetz- und pflichtwidrig vom Vormunde gemachten Anlage von Mündelgeld? (P.) **16,** 205. — 6) Siehe auch Vater Nr. 6 und 9.

**Vormundschaft.** Rechtlicher Charakter der sog. ehelichen Vormundschaft. Beseitigung durch die Vormundschaftsordnung? (G., P.) **16,** 148.

**Vormundschaftsgericht.** 1) Ist der Vater als gesetzlicher Vertreter seiner minderjährigen Kinder bei Vornahme von Rechtsgeschäften für dieselben in demselben Umfange an die Genehmigung des Vormundschaftsgerichtes gebunden, als der Vormund? (G., P.) **15,** 201. — 2) Wirkung des Mangels der erforderlichen Genehmigung des Gerichtes zu einer Rechtshandlung des Vormundes? (F.) **12,** 332. — 3) Pflichtwidrige Anlage von Mündelgeld. Verhältnis der obligatorischen Ansprüche des Mündels gegen den Vormund zu der Verwaltungs- und Aufsichtsbefugnis des Gerichtes. (P.) **16,** 205.

**Vorrang. Vorrecht.** 1) Im Konkurse. Siehe Konkursprivilegien. — 2) Siehe ferner Rangordnung, Vorrechtsabtretung, Vorzugsweise Befriedigung.

**Vorrechtsabtretung.** 1) Rechtliche Bedeutung und Wirkung. Befriedigung des Prioritätscessionars aus den Kaufgeldern. (G.) **12,** 203; (P.) **16,** 249. — 2) Muß der Cessionar einer Hypothek die nicht eingetragene, aber ihm bekannte Vorrechtseinräumung seitens seines Cedenten zu Gunsten eines nachstehenden Gläubigers gegen sich gelten lassen? (P.) **15,** 264. — 3) Abkommen des Grundstückseigentümers mit dem

Gläubiger, eine vor der diesem neu bestellten Hypothek eingetragene, schon heimgezahlte Post zur Löschung zu bringen. (P.) **19,** 59. — 4) Einräumung des Vorrechtes an den Grundeigentümer für eine von ihm zu bestellende Hypothek. Inwiefern ist der neue Gläubiger durch den Glauben des Grundbuches gesichert? (P.) **19,** 341. — 5) Gegenstand der Prioritätscession. (P.) **19,** 344. — 6) Nichtigkeit der ohne ehemännliche Genehmigung erfolgten Vorrechtseinräumung seitens der Ehefrau betreffs einer zum eingebrachten Vermögen gehörenden Hypothek. (P.) **19,** 347. — 7) Verzicht eines Gläubigers auf ein Vorzugsrecht zu Gunsten eines andern Gläubigers desselben Schuldners. Intercession? Unmittelbare Wirkung oder nur Erzeugung eines obligatorischen Anspruches gegen den Cedenten? (G.) **16,** 119.

**Vorsatz.** Siehe Arglist, Benachteiligung.

**Vorschuß.** 1) Erfüllungsort für den Verkäufer schwimmender Ware, wenn der Käufer Rückzahlung von geleistetem Vorschuß fordert? **16,** 3. — 2) Siehe auch Kostenvorschuß.

**Vorsitzender.** 1) Selbständige Kognition des Vorsitzenden im Falle des § 573 Abs. 2 C.P.O. **18,** 364. — 2) Rechtsbehelf der Parteien in den Fällen, wo vollstreckbare Ausfertigung nur auf Anordnung des Vorsitzenden erteilt werden darf. **20,** 375.

**Vorstand.** Siehe §§ 219 (Aktiengesellschaft), 220 (eingetragene Genossenschaft) des systematischen Registers.

**Vorteil.** 1) Besondere Vorteile im Sinne des § 75 Einl. zum A.L.R. **19,** 355. — 2) Voraussetzungen des gegen die Verträge über Nichtbieten bei Versteigerungen gerichteten Verbotsgesetzes. Zuwendung von Vorteilen. (P.) **20,** 247.

**Vorverfahren.** Siehe Gewerbegerichtliches Vorverfahren.

**Vorvertrag.** 1) Ist das pactum de cedendo als Vertrag über eine Sachleistung oder über eine Handlung aufzufassen? (P.) **12,** 249. — 2) Charakterisierung eines Vertrages als Vorvertrag über die künftige Abschließung eines Kaufvertrages, oder als bedingter Kaufvertrag? **12,** 302. — 3) Definitive Übernahme einer Versicherung, oder nur pactum de contrahendo? Auslegung einer Policeklausel. **13,** 89. — 4) Rechtsgültigkeit eines formlosen Vertrages, betreffend die Übernahme der Verpflichtung zur Eingehung eines Hauptvertrages, der seinerseits an gewisse Formvorschriften gebunden ist? **14,** 93. — 5) Eheversprechen. Erfüllungsort? Örtliches Recht? Klage wegen Nichterfüllung? **20,** 333.

**Vorzugsrecht im Konkurse.** Siehe Konkursprivilegien.

**Vorzugsweise Befriedigung.** 1) Kann wegen der gesamten auf die ganze Vertragszeit entfallenden nicht fälligen Mietszinsen vorzugsweise Befriedigung des Vermieters aus den Illaten des Mieters gefordert werden? oder nur für die durch den nächsten Zinszahlungstermin bezeichnete Mietsperiode? Erlischt der Anspruch durch unterlassenen Widerspruch gegen Pfändung und Wegschaffung der Sachen seitens eines andern Gläubigers? (P., R.) **13,** 253. — 2) Bezieht sich § 710 C.P.O. nur auf Vorzugsrechte an beweglichen Sachen als solchen, oder auch auf die Hypothek, deren Gläubiger der Pfändung des zum

## W

Warenzeichens auf Prospekten, Fakturen ꝛc eine Verletzung des Markenschutzrechtes dar? **17,** 101. — 4) Begriff des Warenzeichens. Kann ein längeres Schriftstück als Warenzeichen angesehen werden? **18,** 85. — 5) Abweichen des eingetragenen von dem thatsächlich vom Berechtigten gebrauchten Zeichen. Sind wesentliche und unwesentliche Teile zu unterscheiden? Überwiegt das figürliche Element? **19,** 170. — 6) Muß, wenn die Handelsniederlassung verlegt wird, in dem bisher zuständigen Register Firma und Zeichen gelöscht werden? **20,** 167. — 7) Bewirkt die unrichtige Löschung der Firma oder des Zeichens dessen Verlust? **20,** 170. — 8) Siehe auch § 163 des systematischen Registers.

**Wartegeld.** 1) Wird das Recht des einstweilen in Ruhestand versetzten Beamten auf den Bezug von Wartegeld durch die Übernahme eines Kommunalamtes beeinflußt? (P.) **19,** 283. — 2) Siehe auch Pension, Ruhestand.

**Wartezeit.** 1) Ist der Schiffer, welcher einen Nothafen angelaufen hat, zu warten verpflichtet, bis auch die beschädigten Güter wieder transportfähig gemacht sind, oder ist die Fracht verdient, auch wenn er unter Zurücklassung der noch nicht transportfähigen Güter mit dem reparierten oder — wie durch Konnossementsklausel gestattet — mit einem substituierten Schiffe die Reise fortsetzt? **14,** 34. — 2) Ist der Verfrachter, welcher wegen verzögerter Abladung vom Befrachter Liegegeld verlangt und deswegen Klage erhebt, nach Beendigung der Abladung noch länger zu warten und hierfür weiteres Liegegeld zu fordern berechtigt? **15,** 74.

**Wasserader.** Siehe Unterirdische Wasserader.

**Wasserlauf.** Siehe §§ 50. 85. 86 des systematischen Registers.

**Wasserleitungsrecht.** Genügt, wenn ein Graben einem Grundstücke Wasser zuführt, die Unvordenklichkeit dieses Zustandes und der Benutzung des Wassers durch den Eigentümer des Grundstückes, um ein Recht desselben auf den Wasserzufluß zu begründen? (G.) **17,** 119.

**Wassermühle.** Siehe Mühlenrecht.

**Wasserrecht.** Siehe §§ 85 flg. des systematischen Registers.

**Wechsel.** 1) Ist eine Urkunde, welche mehrere Orte oder Zeiten ihrer Ausstellung angiebt, im übrigen aber den Wechselerfordernissen entspricht, ein Wechsel? **11,** 165. — 2) Ist es von Bedeutung, auf welche Stelle der Vorderseite des Wechsels die Namen von Aussteller und Acceptant geschrieben sind? **12,** 120. — 3) Muß der Wechsel die Firma oder den Namen des Bezogenen wörtlich enthalten, oder schadet eine unwesentliche Ungenauigkeit nicht? **14,** 17. — 4) Rechtliche Bedeutung eines unausgefüllten Wechselblankettes. **14,** 94. — 5) Haftet der in Afrika etablierte Verkaufskommissionär, welcher den Erlös dem Kommittenten nach Deutschland durch Wechsel schickt, für die Güte des Wechsels? **20,** 112. — 6) Siehe auch die folgenden Wörter und ferner Accept, Bezogener, Blankoaccept, Domizilwechsel, Eigener Wechsel, Remittent, Trassant.

**Wechselaccept.** Siehe Accept, Blankoaccept und Wechsel Nr. 2 u. 4.

ist? **15,** 292. — 6) Ist der des Ehebruches schuldigen Ehefrau gegen die Klage auf Scheidung die Widerklage auf Scheidung wegen des vom Manne begangenen Ehebruches gegeben? (P.) **20,** 238. — 7) Widerklage wegen einer Gegenforderung. Muß der Beklagte und Widerkläger im Falle der §§ 136 Abs. 2. 274 C.P.O. wegen der Gegenforderung besondere Klage erheben? **16,** 378. — 8) Macht die Abweisung der Klage auf Vertragserfüllung auf Grund der Einrede der Nichterfüllung das Urteil über die auf Auflösung des Vertrages gerichtete Widerklage entbehrlich? (F.) **17,** 306.

**Widerrechtliche Handlung.** Siehe Strafverfahren, Unerlaubte Handlung, Verbrechen, Verschulden.

**Widerruf.** 1) Geht das Recht, eine außergerichtlich vollzogene Schenkung binnen sechs Monaten zu widerrufen, auf die Erben über, oder ist es ein höchst persönliches Recht? (P.) **12,** 289. — 2) Widerruf der Schenkung durch den Nachlaßpfleger des Geschenkgebers? (P.) **15,** 226. — 3) Widerruf einer unstatthaften Schenkung unter Ehegatten durch den Verwalter des Konkurses des Schenkers? (G.) **16,** 129. — 4) Bis zu welchem Zeitpunkte kann derjenige, welcher eine Ware einem Spediteur übergiebt mit dem Auftrage, sie zur Verfügung eines Dritten zu halten, diesen Auftrag widerrufen? Bedeutung einer Verfügung vonseiten des Dritten? Kommt hierbei Handelsrecht in Anwendung? **14,** 150. — 5) Widerruf einer letztwilligen Verfügung mittels Vernichtung der Urkunde. Zerstörung eines von zwei Originalexemplaren oder der beglaubigten Abschrift. Muß die Absicht, ohne Testament versterben zu wollen, nachgewiesen werden? Locus regit actum. (G.) **14,** 183. — 6) Rechtswirksamkeit des stillschweigenden Widerrufes eines Vermächtnisses? (P.) **16,** 243. Insbesondere im Falle eines Geldvermächtnisses, durch Zuwendung einer gleich hohen Summe bei Lebzeiten des Erblassers? **16,** 239. — 7) Widerruf eines gerichtlichen Geständnisses. **11,** 405. — 8) Tod der schwurpflichtigen Partei nach Rechtskraft des bedingten Endurteiles. Kann die Annahme oder Zurückschiebung eines Eides bei der neuen Verhandlung widerrufen werden? **13,** 384. — 9) Unwiderruflichkeit der Weigerung der Eidesleistung durch den Schwurpflichtigen. **18,** 404.

**Widerspruch.** 1) Widerspruch eines Aktionärs in der Generalversammlung gegen die Abstimmung über einen Antrag. Muß er, um zur Anfechtung des Beschlusses zu legitimieren, nach erfolgter Abstimmung wiederholt werden? Muß er sofort begründet werden? **20,** 140. — 2) Kann der Gläubiger als solcher gegen den von einem andern Gläubiger erwirkten Arrest in das Vermögen des Schuldners Widerspruch erheben? **12,** 401. — 3) Ist, wenn der Beklagte Arrest oder einstweilige Verfügung erwirkt hat, die Klage des Klägers auf Feststellung seines dem entgegenstehenden Rechtes und auf Einwilligung des Beklagten in die Aufhebung jener Maßregel als Widerspruch im Sinne der §§ 804. 815 C.P.O. aufzufassen? Gerichtsstand? **13,** 363. — 4) Hat, wenn das Beschwerdegericht das Arrestgericht anweist, Arrest anzuordnen, der Schuldner den Rechtsbehelf des Widerspruches oder

# Z

streite des Großherzogs von Hessen und seiner morganatischen Gemahlin? **13,** 417. — 5) Findet § 70 Abs. 3 des Gerichtsverfassungsgesetzes auf eine wegen ungerechtfertigter Erhebung einer Reichsstempelabgabe angestellte Klage Anwendung? (Bremen.) **11,** 77. — 6) Tragweite des § 707 C.P.O. Ausschließlichkeit der örtlichen Zuständigkeit. **13,** 369. — 7) Kann für solche Ansprüche der Staatsbeamten gegen den Staat aus ihrem Dienstverhältnisse, welche von den Hinterbliebenen der Beamten erhoben werden, die ausschließliche Zuständigkeit der Landgerichte verordnet werden? Tendenz des § 70 Abs. 3 des Gerichtsverfassungsgesetzes? **14,** 366. — 8) Sind für Ansprüche gegen Gerichtsvollzieher wegen pflichtwidriger Ausführung von Zwangsvollstreckungsaufträgen die Landgerichte ausschließlich zuständig? **17,** 332; für die Klage auf Herausgabe eines Schuldtitels? **20,** 388. — 9) Ist das Revisionsgericht bei der Prüfung, ob der Fall des § 509 Ziff. 2 C.P.O. gegeben ist, dadurch gebunden, daß das Amtsgericht sich rechtskräftig für unzuständig erklärt hat, weil das Landgericht ausschließlich zuständig sei? Bedeutung und Tragweite des § 11 C.P.O. **17,** 381. — 10) Ansprüche gegen den Fiskus wegen des einem Beamten desselben bei Eingehung oder Erfüllung privatrechtlicher Verträge zur Last fallenden Verschuldens. **18,** 168. — 11) Ausschließliche Zuständigkeit des Arrestgerichtes zur Entscheidung über den Widerspruch gegen den Arrest. Anwendung des § 10 C.P.O.? **18,** 361. 374. — 12) Siehe auch Gerichtsstand, Prorogation, Rechtsweg, Sühneversuch, Unzuständigkeit.

**Zuständigkeit der Verwaltungsbehörden.** Siehe § 354 des systematischen Registers.

**Zustellung.** 1) Kann der vom Anwalte bestellte Vertreter nach dessen Tode wirksam zustellen? **11,** 370. — 2) Formlose Aushändigung des Arrestbefehles an den Gläubiger. **11,** 402. — 3) Allgemeine materielle Bedeutung der förmlichen Zustellung als nicht dem Interesse des Empfängers dienend. **11,** 404. — 4) Giebt es Ausnahmen davon, daß nicht verkündete Entscheidungen den Parteien von Amts wegen zugestellt werden müssen? **11,** 403. — 5) Zustellung durch den Gerichtsvollzieher. Beglaubigung der zu übergebenden Abschrift mittels Stempeldrucks des Beglaubigungsvermerkes und des Namens des beglaubigenden Anwaltes? **14,** 335. — 6) Ist die Zustellung des Arrestbeschlusses mittels Telegrammes zulässig? und wie muß sie bewirkt werden? **14,** 335. — 7) Inwiefern kann auf die Rüge mangelhafter Zustellung nicht verzichtet werden? **14,** 338. — 8) Muß die Zustellung der Rechtsmittelschrift an den bei Gelegenheit eines früher gegen dasselbe Urteil eingelegten Rechtsmittels vom Gegner für die gleiche Rechtsmittelinstanz bestellten Prozeßbevollmächtigten geschehen? **14,** 348. Vgl. **14,** 371. Zustellung an denjenigen der untern Instanz beim Vorhandensein eines für die höhere bestellten. Wirksamkeit im Falle, daß die zustellende Partei von dieser Bestellung nichts weiß und nichts wissen muß? **14,** 351. 375; **16,** 355. — 9) Kann der Nachweis der Zustellung von Anwalt zu Anwalt durch eine Bescheinigung des zustellenden Anwaltes geführt werden? **14,** 348. — 10) Muß ein nach § 276 C.P.O. erlassenes Zwischenurteil an den für die Berufung gegen das Endurteil bestellten Prozeßbevollmächtigten oder an denjenigen der ersten Instanz zugestellt werden? **16,** 354. — 11) Begriff von „die Instanz" im Sinne des § 162, und von „höhere Instanz" im Sinne des § 164 C.P.O. Einlegung mehrerer Berufungen gegen dasselbe Urteil. **14,** 351; **16,** 354. — 12) Zustellung durch die Post. Abschriftliche Übertragung des auf die Urschrift zu setzenden Vermerkes über die Übergabe an die Post auf die übergebene Abschrift. **14,** 392. Vgl. **15,** 412. — 13) Ist, wenn das anzufechtende Urteil zugleich mit der Berufungsschrift zugestellt werden soll, die öffentliche Zustellung möglich? Gehört die Bewilligung derselben zur Kompetenz des Berufungsgerichtes? **15,** 346. — 14) Kann für die eine Notfrist in Lauf setzende Zustellung die Übergabe des Schriftstückes durch einen anderen Akt ersetzt werden, z. B. durch die Vereinbarung der Parteien oder ihrer Anwälte, daß die Übergabe als geschehen gelten solle? **15,** 373. — 15) Muß bei Zustellung eines den Klagantrag erweiternden Schriftsatzes die Einlassungs- oder nur die (einwöchige) Zustellungsfrist gewahrt werden? **15,** 392. — 16) Übergabe der Urschrift statt der beglaubigten Abschrift. **15,** 411. — 17) Entbehrlichkeit der Bezeichnung der Person, für welche zugestellt wird, auf der dem Empfänger zu übergebenden Zustellungsurkunde im Falle der Zustellung durch die Post. **15,** 412. — 18) Muß dem Empfänger urkundlich erkennbar gemacht werden, in wessen Auftrag die Zustellung geschieht? **17,** 400. — 19) Im Anwaltsprozesse wird die Gültigkeit einer Zustellung nicht dadurch beeinträchtigt, daß der Gerichtsvollzieher den Auftrag von der Partei in ihrem eigenen Namen erhalten hat. **17,** 392. Vgl. **19,** 398. — 20) Wirkung der Zustellung eines nicht verkündeten Urteiles. **16,** 331. — 21) Zustellung an eine von mehreren Personen, welche ein gemeinschaftliches Geschäftslokal haben, in diesem; an einen Gesellschafter, welcher seinen Berufsgeschäften gewöhnlich im Geschäftslokale der offenen Handelsgesellschaft obliegt, in diesem Lokale mittels Übergabe an den Gewerbegehilfen der Gesellschaft. **16,** 349. — 22) Zustellung gemäß § 181 C.P.O. Erfordernis der Aushändigung des Empfangsbekenntnisses an den zustellenden Anwalt. Kann die andere Partei die an sie erfolgte Zustellung durch das von ihrem Anwalte ausgestellte Empfangsbekenntnis beweisen? **17,** 336. — 23) Ist in den Fällen der §§ 458. 152 C.P.O. der Gerichtsschreiber als Beauftragter der Partei anzusehen? **17,** 391. — 24) Unterscheidung zwischen wesentlichen und unwesentlichen Fehlern des Zustellungsverfahrens. **17,** 407. — 25) Beweiskraft der Zustellungsurkunde als öffentliche Urkunde. Ergänzung oder Berichtigung ihres Inhaltes mittels anderer Beweise. Vernehmung des Gerichtsvollziehers als Zeugen. **17,** 405. 413. — 26) Zustellung im Auftrage einer dritten für die Partei oder deren Anwalt handelnden Person. **17,** 411. — 27) Rechtsmittelfrist. Muß das Urteil dem Nebenintervenienten zugestellt werden? **18,** 416. —

# III.

# Quellenregister.

(Die fetten Ziffern bezeichnen den Band, die gewöhnlichen die Seite.)

# Erster Teil.

# Reichsrecht.

---

## Erster Abschnitt.

### Handelsgesetzbuch, Wechselordnung, Civilprozeßordnung und Konkursordnung nebst den Einführungsgesetzen.

(Die übrigen Reichsgesetze sind chronologisch im zweiten Abschnitte zusammengestellt.)

### 1. Allgemeines deutsches Handelsgesetzbuch (B.G.Bl. von 1869 S. 404).

[Diejenigen Artikel, welche in der Fassung des Reichsgesetzes vom 18. Juli 1884 (R.G.Bl. S. 123) behandelt sind, sind durch fetten Druck hervorgehoben.]

## 2. Allgemeine deutsche Wechselordnung (B.G.Bl. von 1869 S. 382).

## 3. Deutsche Civilprozeßordnung vom 30. Januar 1877 (R.G.Bl. S. 83).

## 4. Einführungsgesetz zur deutschen Civilprozeßordnung vom 30. Januar 1877 (R.G.Bl. S. 344).



## 5. Deutsche Konkursordnung vom 10. Februar 1877 (R.G.Bl. S. 351).

## 6. Einführungsgesetz zur deutschen Konkursordnung vom 10. Februar 1877 (R.G.Bl. S. 390).

# Zweiter Abschnitt.

## Einzelne Reichsgesetze und -Verordnungen (mit Einschluß derer des Norddeutschen Bundes).

[Gesetze des alten Deutschen Reiches und Bundes sind im zweiten Teile unter D aufgeführt.]

# Zweiter Teil.

# Gemeines Recht.

## A. Vorjustinianisches Recht.



## B. Justinianisches Recht.

### 1. Institutionen.

## 2. Pandekten.

4. Novellen.

### C. Kanonisches Recht.

Dekretalensammlung Gregor's IX.



### D. Deutsche Rechtsquellen.

Gesetze des alten deutschen Reiches. Deutsche Bundesakte.



### E. Feudorum libri.



# Dritter Teil.

## Preußisches Allgemeines Landrecht.

(Publikationspatente. Siehe Fünfter Teil. Preußen.)

### Einleitung.

Anhang.



# Vierter Teil.

# Rheinisches Recht.

## A. Gesetzbücher.

### 1. Code civil (Badisches Landrecht).

---

# Fünfter Teil.

# Landesgesetze.

## 1. Baden.



## 2. Bayern.



## 3. Braunschweig.

### 8. Lippe-Detmold.



### 9. Mecklenburg-Schwerin.



### 10. Preußen.

A. Gesamtpreußen; alte Provinzen bis 1866; sämtliche Provinzen seit 1867.

(Siehe auch Vierter Teil, „Rheinisches Recht“, B.)

B. Neue Provinzen vor 1866.

## α. Frankfurt a. M.



## β. Hannover.

### γ. Kurhessen.



### 11. Königreich Sachsen.



### 12. Sachsen-Meiningen.



### 13. Schwarzburg-Sondershausen.



### 14. Waldeck.



### 15. Württemberg.



---

# Sechster Teil.

# Ausländisches Recht.

### 1. Belgien.



### 2. England.

### 3. Frankreich.



### 4. Italien.



### 5. Luxemburg.



### 6. Österreich.



### 7. Schweiz.

# IV.

# Chronologische Übersicht.

## 1881.

### Oktober.

| | Band | Nr. | Seite |
|---|---|---|---|
| 21. W. v. E. und W. J. w. D. U. O. u. Co. III. 230/80 . . . . . . . . . . . . | XI. | 46 | 218 |

## 1882.

### November.

| | Band | Nr. | Seite |
|---|---|---|---|
| 15. F. w. S. und K. Konkursverwalter. I. 123/81 | XI. | 52 | 248 |

### Dezember.

| | Band | Nr. | Seite |
|---|---|---|---|
| 13. Großh. M.-S. Kammer w. M. I. 451/82 . . | XII. | 93 | 353 |
| 20. Deichvorstand d. Landsch. N. w. die hamburgische Finanzdeputation. I. 419/82. . . . . . | XI. | 47 | 224 |
| 20. K. w. B. Vormünder. I. 464/82 . . . . . | XII. | 34. 94 | 147. 354 |
| 30. B. I. 43/82 Beschl.. . . . . . . . . . . | XII. | 95 | 354 |

## 1883.

### Januar.

| | Band | Nr. | Seite |
|---|---|---|---|
| 13. Hamburger Fiananzdeputation w. B. u. Gen. I. 478/82 . . . . . . . . . . . . . . | XII. | 1. 35 | 1. 154 |
| 17. N. w. W. I. 488/82 . . . . . . . . . . | XV. | 118 | 421 |
| 24. H. u. Söhne w. B. I. 471/82 . . . . . . | XI. | 65. 107 | 285. 405 |
| 26. G. N. w. A. O. III. 379/82 . . . . . . . | XI. | 108 | 406 |

### März.

| | Band | Nr. | Seite |
|---|---|---|---|
| 14. Ehefrau D. w. D. I. 112/83 . . . . . . | XII. | 96 | 358 |

### April.

| | Band | Nr. | Seite |
|---|---|---|---|
| 7. H. w. E. I. 111/83 . . . . . . . . . . | XII. | 36. 97 | 154. 360 |
| 10. G. A. w. A. M. III. 27/83 Beschl. . . . . | XI. | 109 | 410 |
| 11. Bremisches Generalsteueramt w. die Aktiengesellschaft D. N. I. 152/83 . . . . . . . . | XII. | 2 | 7 |
| 11. Sch. w. D. I. 19/83. Beschl. . . . . . . | XIV. | 87 | 320 |
| 28. M. w. S. I. 25/83. Beschl. . . . . . . . | XIV. | 88 | 321 |

### Mai.

| | Band | Nr. | Seite |
|---|---|---|---|
| 2. Sch. w. B. I. 186/83 . . . . . . . . . . | XII. | 3. 98 | 10. 360 |
| 19. H. w. B. u. Co. I. 106/82 . . . . . . . | XI. | 39 | 193 |

## 1883.

| | Band | Nr. | Seite |
|---|---|---|---|
| **Mai.** | | | |
| 23. Rechtsanwalt Dr. H. zur S. Sch. w. P. Söhne. I. 32/83. Beschl. | XII. | 99 | 361 |
| 26. St. w. V. Ehefrau. I. 210/83 | XII. | 38. 100 | 161. 362 |
| 28. S. w. L. u. Gen. I. 190/83 | XIV. | 62 | 253 |
| 29. Ehefrau W. w. F. W. III. 28/83 | XI. | 110 | 412 |
| **Juni.** | | | |
| 16. H. u. Co. u. J. H. B. u. Gen. w. den Norddeutschen Lloyd. I. 242. 261/83 | XI. | 21 | 100 |
| 29. B. w. L. II. 142/83 | XI. | 93 | 368 |
| **Juli.** | | | |
| 7. Sp. w. M. I. 273/83 | XIV. | 43 | 183 |
| **September.** | | | |
| 21. M. R. w. J. F. III. 70/83 | XI. | 22 | 111 |
| 25. H. w. Königl. Regierung z. A. II. 186/83 | XI. | 66 | 289 |
| 26. R. u. Gen. w. S. I. 306/83 | XI. | 64 | 281 |
| 26. W. w. T. I. 49/83. Beschl. | XI. | 90 | 364 |
| **Oktober.** | | | |
| 6. K. w. B. I. 312/83 | XI. | 67 | 298 |
| 11. C.'sche Konkursmasse w. die Handelsgesellschaft J. B. in Liquid. I. 328/83 | XI. | 23 | 115 |
| **November.** | | | |
| 3. Arnstädter Bank v. K., Cz. u. Co. w. H.'sche Erben. I. 348/83 | XI. | 1. 91 | 1. 365 |
| 14. v. K. w. J. I. 359/83 | XI. | 2 | 5 |
| 14. M. w. C. I. 363/83 | XI. | 111 | 415 |
| 17. W. w. W. I. 365/83. Beschl. | XI. | 92 | 366 |
| 20. W. w. W. I. 365/83 | XI. | 45 | 217 |
| 21. E. u. Co. w. O. I. 373/83 | XIII. | 21 | 61 |
| 21. B. w. F. Nachlaß. I. 371/83 | XIV. | 89 | 322 |
| 24. Norddeutsche Versicherungsgesellschaft w. Hamburg-Amerikanische Packetfahrt-Aktiengesellschaft. I. 376/83 | XI. | 3 | 10 |
| **Dezember.** | | | |
| 1. K. w. D. u. Co. I. 381/83 | XI. | 112 | 420 |
| 5. Administratoren der Handelsgesellschaft A. J. u. Co. w. Gebr. S. I. 391/83 | XI. | 4 | 18 |
| 7. Kinder des J. G. B. w. W. S. als Kurator des | | | |

## 1883.

**Dezember.**

| | | Band | Nr. | Seite |
|---|---|---|---|---|
| | E. S. III. 209/83 | XI. | 48 | 230 |
| 7. | Rhein. Eisenbahn w. L. II. 286/83 | XI. | 94 | 371 |
| 8. | La. w. Lö. I. 392/83 | XIII. | 22 | 68 |
| 11. | D. w. Erben Sch. II. 316/83 | XI. | 78 | 339 |
| 12. | W. w. M. u. H. I. 399/83 | XIV. | 90 | 329 |
| 13. | Sch. w. B. II. 296/83 | XI. | 79 | 341 |
| 13. | Firma Sch. w. B. II. 298/83 | XI. | 80 | 345 |
| 14. | Landeskreditkasse zu Kassel w. L. III. 274/83 | XI. | 53 | 250 |
| 15. | P. w. Gewerkschaft R. V. 277/83 | XI. | 59 | 266 |
| 15. | B. w. M. I. 406/83 | XIV. | 12 | 30 |
| 18. | Witwe B. w. Konkursmasse L. II. 306/83 | XI. | 86 | 357 |
| 18. | Konkursmasse B. w. B. II. 364/83 | XI. | 95 | 373 |
| 22. | Kredit- u. Sparverein in Liq. z. W. w. Kr. I. 427/83 | XIV. | 23. 44. 91 | 90. 187 332 |
| 29. | J. w. Ü. I. 436/83 | XIV. | 25. 50. 118 | 105. 200 427 |
| 31. | N. w. B. IV. 371/83 | XI. | 105 | 398 |

## 1884.

**Januar.**

| | | Band | Nr. | Seite |
|---|---|---|---|---|
| 4. | B. w. H. III. 227/80 | XI. | 10 | 36 |
| 5. | G. w. F. u. N. II. 447/83 | XI. | 68 | 301 |
| 8. | Königl. Steuerdirektion zu K. w. L. II. 330/83 | XI. | 69. 87 | 305. 359 |
| 11. | Witwe B. w. die Genossenschafter der Genossenschaftsbank zu P. III. 217/83 | XI. | 11. 101 | 40. 389 |
| 22. | Rhein. Eisenbahn w. B. II. 410/83 | XI. | 5 | 22 |
| 26. | J. de G. u. Co. w. E. I. 428/83 | XII. | 126 | 434 |
| 26. | W. w. St. I. 476/83 | XIV. | 46 | 191 |
| 29. | G. w. Hessische Ludwigsbahn. II. 447/83 | XI. | 96 | 375 |
| 30. | Norddeutsche Bank w. A. J. u. Co. I. 462/83 | XII. | 20 | 85 |

**Februar.**

| | | Band | Nr. | Seite |
|---|---|---|---|---|
| 2. | Generalsteueramt der freien Stadt Bremen w. Br. Gewerbebank. I. 482/83 | XI. | 17 | 65 |
| 2. | W. w. H. I. 484/83 | XII. | 4 | 15 |
| 2. | W. w. B. I. 485/83 | XIV. | 10 | 27 |
| 5. | H. B. w. A. B. III. 302/83 | XI. | 49 | 234 |
| 6. | a. B. w. den Bergisch-Märkischen Knappschaftsverein zu Bochum. V. 283/83 | | | |
| | b. R. w. den Bergisch-Märkischen Knappschaftsverein zu Bochum. V. 436/83 | XI. | 60. 61 | 269 |
| 6. | N. Testamentsvollstrecker w. M. I. 450/83 | XIV. | 47 | 194 |
| 8. | D. w. B. II. 362/83 | XI. | 6 | 23 |
| 8. | K. w. Braunschweigische Aktiengesellschaft für Jute und Flachsindustrie. III. 309/83 | XI. | 12 | 44 |

## 1884.

**April.** **1884.**

## 1884.

**Juni.**

| | | Band | Nr. | Seite |
|---|---|---|---|---|
| 10. | Bl. w. W. u. K. III. 65/84 Beschl. | XI. | 120 | 435 |
| 12. | K. M. w. T. B. IV. 56/84 | XI. | 74 | 324 |
| 13. | Konkursmasse L. w. B. II. 101/84 | XII. | 10 | 42 |
| 13. | A. w. R. II. 102/84 | XII. | 86 | 332 |
| 16. | E. u. G. (Nebenintervenienten) w. B. u. K. z. S. B. w. B. u. K. I. 36/84 Beschl. | XIV. | 123 | 436 |
| 16. | H. w. R. I. 167/84 | XV. | 85 | 335 |
| 17. | K. Spar- u. Darlehnskassenverein w. Konkursmasse W. in K. III. 290/83 | XII. | 41 | 169 |
| 17. | Sch. w. S. II. 166/84 | XII. | 104 | 368 |
| 17. | E. w. Unterelbische Eisenbahngesellschaft. III. 72/84 | XIII. | 57 | 244 |
| 20. | Witwe L. w. Witwe R. u. Erben S. (Nebenintervenienten). II. 120/84 | XI. | 89. 121 | 362. 437 |
| 20. | Konkurs S. w. Ehefrau S. II. 121/84 | XII. | 87 | 336 |
| 20. | Katholische Kirche M. w. katholische Kirche L. II. 202/83 | XII. | 118 | 398 |
| 24. | B. w. H. II. 124/84 | XII. | 82 | 319 |
| 24. | R. w. Harzer Aktiengesellschaft für Eisenbahnbedarf, Hartguß u. Brückenbau, vorm. Thelen u. Wedemeyer z. Nordhausen i. Liquid. I. 183/84 | XIV. | 24. 78. 105 | 94. 303. 377 |
| 27. | L. (Intervenienten) w. Ehefrau M. II. 164/84 | XII. | 81 | 318 |
| 28. | S. w. Sp. V. 21/84 | XI. | 75 | 325 |
| 28. | H. u. Gen. w. d. hamburgische Finanzdeputation. I. 109/84 | XV. | 45. 120 | 205. 422 |
| 30. | T. w. Fiskus. IV. 88/84 | XI. | 76 | 330 |

**Juli.**

| | | Band | Nr. | Seite |
|---|---|---|---|---|
| 1. | B. w. Erben v. St. II. 168/84 | XII. | 12 | 50 |
| 1. | P. w. D. III. 93/84 | XII. | 11 | 45 |
| 1. | W. w. D. u. Gen. II. 139/84 | XII. | 80 | 317 |
| 2. | J. w. E. I. 236/84 | XV. | 17. 63. 121 | 74. 272. 424 |
| 3. | Sch. w. R. III. 95/84 | XIV. | 53 | 211 |
| 3. | Sch. u. S. w. New York and Brasilian Bank limited. I. 190/84 | XIV. | 94 | 335 |
| 5. | Firma F. u. Sch. w. Firma H. u. S. St. V. 143/84 | XII. | 105 | 370 |
| 7. | H. w. L. II. 211/84 | XII. | 79 | 315 |
| 7. | B. w. S. IV. 96/84 | XII. | 106 | 373 |
| 8. | Pf. u. Fr. Schl. w. Volksbank St. E. G. i. Konkurse III. 169/84 | XII. | 13 | 56 |
| 9. | Stadtgemeinde D. w. Sch. II. 181/84 | XII. | 28 | 130 |
| 9. | H. w. B. I. 200/84 | XV. | 122 | 424 |

**Juli.** **1884.**

## 1884.

## 1884.

**Dezember.**



## 1885.

**Januar.**

## 1885.

**März.** **1885.**



**April.**

## 1885.

## Juni. 1885.



## Juli.



## August.



## September.

## 1885.

**September.**

| | Band | Nr. | Seite |
|---|---|---|---|
| 28. Sch. w. Aktiengesellschaft Jönköpings Östra Fabriker. I. 68/85 | XVI. | 78 | 337 |
| 29. Schl. A. G. w. Fiskus. IV. 142/85 | XIV. | 65 | 258 |
| 29. J. w. Ehefrau J. II. 121/85 Beschl. | XV. | 91 | 346 |
| 30. Kaiser-Ferdinand-Nordbahn w. M. N. u. Sohn. I. 206/85 | XIV. | 37 | 154 |
| 30. J. H. w. B. u. Co. V. 63/85 | XIV. | 66 | 260 |
| 30. Berliner Handelsgesellschaft w. d. Märkisch-Posener Eisenbahngesellschaft i. Liq. u. den Eisenbahnfiskus. I. 204/85 | XIV. | 38 | 168 |
| 30. Deutsche Dampfschiffsrhederei w. S. u. Co. u. Gen. I. 159/85 | XV. | 92 | 348 |

**Oktober.**

| | Band | Nr. | Seite |
|---|---|---|---|
| 6. H. w. B. III. 140/85 | XIV. | 48 | 195 |
| 6. Stadt K. w. R. III. 137/85 | XIV. | 54 | 214 |
| 7. H. w. S. u. Streitgen. I. 63/85 Beschl. | XIV. | 114 | 396 |
| 7. R. w. B. B. u. Co. I. 216/85 | XV. | 1 | 1 |
| 8. N. w. L. IV. 145/85 | XIV. | 71 | 269 |
| 13. H. w. H. III. 142/85 | XIV. | 55. 142 | 217. 438 |
| 14. B. u. Söhne w. Direktion der Berlin-Hamburger Eisenbahngesellschaft. I. 228/85 | XV. | 2 | 5 |
| 16. K. w. H. III. 163/85 | XV. | 3 | 8 |
| 16. H. v. B. zu P. w. A. L. III. 290/85 | XV. | 4 | 11 |
| 17. Provinzialaktienbank für die Provinz P. u. Gen. w. R. V. 114/85 | XIV. | 72 | 273 |
| 19. H. J. w. L. N. IV. 162/85 | XIV. | 108 | 383 |
| 20. Nebenanlageverband des Bezirkes Buchow w. B. III. 155/85 | XIV. | 49 | 197 |
| 21. Viktor v. L. w. August v. L. I. 232/85 | XIV. | 56 | 226 |
| 21. Sch. w. K. u. Gen. V. 101/85 | XIV. | 67 | 262 |
| 21. L. w. A. I. 191/85 | XV. | 5 | 14 |
| 21. S. w. Aktiengesellschaft L. I. 241/85 | XV. | 93 | 357 |
| 22. M. Sp. w. B. K. IV. 170/85 | XIV. | 68 | 268 |
| 24. W. w. R. V. 108/85 | XV. | 96 | 368 |
| 26. W. w. sächsisch-thüringische Eisenbahngesellschaft. III. 144/85 | XIV. | 40. 57 | 180. 231 |
| 27. H. w. H. III. 165/85 | XV. | 6 | 19 |
| 27. S. w. Eisenwerk N. III. 164/85 | XV. | 19 | 80 |
| 28. K. Erben w. T. I. 73/85 Beschl. | XVI. | 79 | 339 |
| 30. B. w. Wwe. Sch. II. 226/85 | XIV. | 84 | 311 |
| 30. M. u. G. w. Sch. III. 39/85 | XV. | 98 | 373 |

**November.**

| | Band | Nr. | Seite |
|---|---|---|---|
| 3. Volksbank St. w. R. III. 300/85 | XV. | 7 | 20 |
| 5. P. w. H. IV. 195/85 | XIV. | 74 | 283 |
| 7. G. w. T. B. I. 260/85 | XV. | 8 | 25 |

## 1885.

**November.**

| | | Band | Nr. | Seite |
|---|---|---|---|---|
| 7. | Bremer Jutespinnerei u. Weberei w. Generalsteueramt z. Bremen. I. 229/85 | XV. | 9 | 27 |
| 11. | W. w. S. u. Gen. I. 270/85 | XV. | 130 | 434 |
| 13. | S. w. die Lebensversicherungsbank „Patria". III. 179/85 | XIV. | 41. 58 | 180. 235 |
| 13. | H. w. G. II. 274/85 | XV. | 99 | 376 |
| 13. | K. w. Sch. III. 349/85 | XV. | 100 | 377 |
| 14. | M. u. Co. w. S. I. 272/85 | XV. | 101 | 379 |
| 17. | P. w. v. St. II. 246/85 | XIV. | 85 | 314 |
| 24. | F. w. S. u. Co. III. 197/85 | XIV. | 59 | 243 |
| 25. | P. w. J. V. 120/85 | XIV. | 75 | 288 |
| 28. | Märkisch-Posener Eisenbahngesellschaft u. Gen. w. K. I. 267/85 | XV. | 21 | 95 |

**Dezember.**

| | | Band | Nr. | Seite |
|---|---|---|---|---|
| 1. | v. D. w. die Staatsanwaltschaft bei dem Landgerichte zu Limburg. III. 198/85 | XIV. | 60 | 248 |
| 1. | M. w. B. III. 133/85 | XV. | 102 | 381 |
| 2. | Vorschußverein zu Havelberg w. H. J. V. 166/85 | XIV. | 77 | 297 |
| 3. | M. u. Gen. w. L. u. Gen. IV. 223/85 | XIV. | 73 | 278 |
| 4. | B. w. Dr. III. 205/85 | XV. | 10 | 33 |
| 4. | R. w. S. III. 204/85 | XV. | 103 | 382 |
| 5. | B. w. Deutsche Globe, Hufnagelgesellschaft i. Liq. I. 302/85 | XV. | 22 | 102 |
| 5. | H. w. M. Feuerversicherungsgesellschaft. I. 87/85 Beschl. | XV. | 104 | 383 |
| 11. | B. w. L. II. 297/85 | XIV. | 86 | 316 |
| 11. | W. O. w. P. W. III. 153/85 Beschl. | XV. | 107 | 390 |
| 12. | T. w. J. II. 364/85 | XV. | 73. 97 | 303. 372 |
| 15. | Vorschußverein zu P. w. W. u. T. III. 215/85 | XIV. | 61 | 249 |
| 15. | Ehefrau H. w. Konkurs H. II. 287/85 | XV. | 105 | 386 |
| 16. | B. w. Reichsmilitärfiskus. V. 469/84 | XV. | 11 | 37 |
| 17. | R. w. B. W. J. IV. 256/85 | XV. | 12 | 44 |
| 20. | W. G. w. J. B. IV. 391/85 | XIV. | 76 | 293 |
| 22. | S. w. F. D. III. 193/85 | XV. | 106 | 388 |
| 29. | W. w. A. III. 161/85 Beschl. | XV. | 108 | 393 |
| 29. | O. w. S. II. 301/85 | XVI. | 81 | 342 |

## 1886.

**Januar.**

| | | Band | Nr. | Seite |
|---|---|---|---|---|
| 7. | Gewerbebank zu M. w. Elbinger Handwerkerbank V. 207/85 | XV. | 52 | 221 |
| 12. | R. w. seine Ehefrau. III. 234/85 | XV. | 40 | 188 |
| 12. | W. w. Aktiengesellschaft Münden-Hildesheimer Gummiwarenfabrik Gebr. W. III. 241/85 | XV. | 13 | 51 |

## 1886.

### Januar.



### Februar.

**Februar.** **1886.**

**April.** **1886.**



**Mai.**

**Mai.** **1886.**

| | | Band | Nr. | Seite |
|---|---|---|---|---|
| 26. | B. u. Co. w. H. u. Co. I. 121/86 . . . . | XVI. | 96 | 391 |
| 27. | S. u. Gen. w. Ehefrau M. III a. 141/86 . | XVI. | 84 | 346 |
| 27. | R. w. Staatsanwaltschaft. V. 481/85 . . . | XVI. | 97 | 393 |
| 29. | A. w. Konkursmasse d. Aktiengesellschaft Fürstenwalder Stärke= rc Fabrik. I. 129/86 . . . | XVIII. | 1 | 1 |
| 31. | A. D. L. w. Ad. M. u. Agn. M. III a. 129/86 | XVI. | 7. 40 | 27. 178 |
| **Juni.** | | | | |
| 1. | P. w. S. III. 423/85 . . . . . . . . . | XVI. | 21. 76 | 113. 334 |
| 1. | B. w. Hallstedter Feuerversicherungsgilde. III. 125/86 . . . . . . . . . . . . . | XVI. | 77 | 335 |
| 1. | K. w. Z. III. 24/86 . . . . . . . . . | XVI. | 8 | 30 |
| 1. | M. w. Landeskasse von Elsaß=Lothringen. II. 537/85 . . . . . . . . . . . . . . | XVI. | 100 | 410 |
| 2. | D. u. Ehefrau w. G., jetzt die Aktiengesellschaft G. H. in Berlin. V. 28/86 . . . . . . . | XVI. | 49 | 213 |
| 2. | K. w. B. V. 334/85 . . . . . . . . . | XVI. | 41 | 178 |
| 2. | O. w. M. I. 169/86 . . . . . . . . . | XVI. | 98 | 395 |
| 2. | O. Erben w. B. III a. 130/86 . . . . . | XVI. | 86 | 352 |
| 4. | B.'sche Konkursmasse w. B. III. 428/85 . . | XVI. | 25 | 126 |
| 8. | L. w. W. III. 429/85 . . . . . . . . . | XVI. | 26 | 130 |
| 9. | L.'er Bierbrauerei zu R. w. L. III a. 25/86 . | XVI. | 87 | 355 |
| 9. | L. w. W. u. Gen. IV. 503/85 . . . . . | XVI. | 51 | 222 |
| 10. | K. w. L. (Verein. Civilsen.) IV. 232/85 Beschl. . . . . . . . . . . . . . . . | XVI. | 52. 99 | 225. 396 |
| 11. | Lübecker F. G. w. Fl. III. 4/86 . . . . | XVI. | 23 | 121 |
| 11. | F. w. F. II. 64/86 Beschl. . . . . . . . | XVI. | 101 | 411 |
| 11. | G. w. Konkurs Cl. II. 450/85 . . . . . . | XVI. | 64 | 273 |
| 19. | Stadtgemeinde zu L. w. W. V. 116/86 . . | XVI. | 53 | 225 |
| 19. | R. w. R. I. 4/86 Beschl. . . . . . . . | XVI. | 102 | 413 |
| 19. | L. Konkursmasse w. L. u. A. I. 163/86 . . | XVIII. | 33 | 161 |
| 21. | R. w. K. u. Gen. IV. 510/85 . . . . . . | XVII. | 99 | 391 |
| 22. | S. w. Z. u. Gen. II. 54/86 . . . . . . . | XVI. | 65 | 275 |
| 22. | B. w. H. II. 265/85 . . . . . . . . . | XVI. | 66 | 277 |
| 22. | L. w. K. II. 174/86 . . . . . . . . . . | XVI. | 85 | 349 |
| 22. | Fr. w. Witwe B. III. 123/86 . . . . . . | XVI. | 27 | 134 |
| 22. | J. w. Aktienzuckerfabrik. III. 30/86 . . . . | XVII. | 2 | 3 |
| 22. | Stadt D. w. den preuß. Steuerfiskus. II. 568/85 | XVIII. | 2 | 6 |
| 24. | M. w. L. III a. 18/86 Beschl. . . . . . | XVI. | 88 | 358 |
| 26. | Stadt J. w. H. K. V. 54/86 . . . . . . | XVI. | 54 | 229 |
| 26. | P. w. M. I. 193/86 . . . . . . . . . | XVI. | 103 | 417 |
| 26. | S. w. S. III. 88/86 . . . . . . . . . | XVI. | 28 | 138 |
| 28. | B. w. E. III a. 46/86 . . . . . . . . | XVI. | 104 | 420 |
| 29. | K. u. Gen. w. den Kirchenvorstand zu M. III. 55/86 . . . . . . . . . . . . . | XVI. | 36 | 159 |

## 1886.

**Oktober.** **1886.**

| | | Band | Nr. | Seite |
|---|---|---|---|---|
| 2. | F. u. Gen. w. F. V. 140/86 . . . . . . . | XVI. | 57 | 244 |
| 2. | J. H. w. L. H. I. 237/86 . . . . . . . . | XVIII. | 7 | 28 |
| 2. | L. u. Co. w. M. I. 258/86 . . . . . . . | XIX. | 3 | 14 |
| 5. | Sch. w. L. III. 87/86 . . . . . . . . . | XVI. | 35 | 155 |
| 6. | B. w. Witwe B. I. 239/86 . . . . . . . | XVIII. | 8 | 39 |
| 7. | Preuß. Fiskus w. die Stadtgemeinde zu Halle a/S. IV. 143/86 . . . . . . . . . . . . | XVI. | 18 | 84 |
| 11. | W. w. B. IV. 152/86 . . . . . . . . . | XVII. | 49 | 210 |
| 11. | Aktiengesellschaft D. K. w. den Königl. sächsischen Staatsfiskus. III a. 68/86 . . . . . . . . | XVIII. | 9 | 51 |
| 12. | St. w. E. II. 150/86 . . . . . . . . . | XVI. | 68. 109 | 284. 439 |
| 12. | Gemeinde W. w. L. Erben. III. 118/86 . . | XVII. | 26 | 108 |
| 13. | W. w. H. H. u. O. H. I. 253/86 . . . . . | XIX. | 4 | 21 |
| 14. | K. u. W. L. w. M. Söhne. III a. 96/86 . . | XVIII. | 10 | 55 |
| 16. | Vorschußverein zu R. w. M. I. 239/86 . . | XVII. | 27 | 115 |
| 16. | B. u. Gen. w. Mälzerei-Aktiengesellschaft zu Hamburg. I. 264/86 . . . . . . . . . . | XVIII. | 11 | 56 |
| 20. | W. w. Aktiengesellschaft K. I. 270/86 . . . | XIX. | 5 | 25 |
| 20. | Bankkommanditgesellschaft R. B. u. Co. w. Konkursmasse M. u. Co. I. 263/86 . . . . . | XIX. | 6 | 26 |
| 20. | S. u. Z. w. D. I. 54/86 Beschl. . . . . | XIX. | 87 | 429 |
| 23. | Gl. w. G. V. 133/86 . . . . . . . . . | XVI. | 58 | 251 |
| 27. | K. w. P. V. 174/86 . . . . . . . . . . | XVI. | 59 | 259 |
| 29. | M. w. B. II. 167/86 . . . . . . . . . | XVII. | 7 | 31 |
| 30. | H. w. Oberpostdirektion Bremen. I. 284/86 . | XVII. | 15 | 62 |
| 30. | v. G. w. A. I. 325/86 . . . . . . . . . | XVIII. | 12 | 79 |
| 30. | Ladungsint. u. Mannschaften des „Astronom" w. Kapitän L. I. 248/86 . . . . . . . . | XIX. | 90 | 432 |

**November.**

| | | Band | Nr. | Seite |
|---|---|---|---|---|
| 3. | G. u. Co. w. S. u. S. I. 289/86 . . . . | XVII. | 16. 28 | 65. 198 |
| 3. | F. H. u. Co. bezw. J. G. B. S. u. H. w. J. L. B. M. I. 293/86 . . . . . . . . . | XVIII. | 13 | 85 |
| 3. | Sch. w. Janus. I. 290/86 . . . . . . . . | XVIII. | 27 | 141 |
| 3. | Norddeutsche Feuerversicherungsgesellschaft w. J. I. 286/86 . . . . . . . . . . . . . | XX. | 83 | 364 |
| 4. | Preuß. Fiskus w. U. III a. 193/86 . . . | XVIII. | 36. 54 | 173. 261 |
| 6. | K. w. Marienkirche zu R. I. 297/86 . . . | XVII. | 29 | 119 |
| 6. | Th. w. B. u. Gen. I. 295/86 . . . . . . . | XVIII. | 14 | 88 |
| 6. | Hamburg-Südamerikanische Dampfschiffahrtsgesellschaft w. T. C. u. Co. I. 307/86 . . . | XIX. | 7 | 29 |
| 6. | Harzer Aktiengesellschaft für Eisenbahnbedarf, vorm. T. u. W., w. L. I. 299/86 . . . . | XIX. | 52 | 282 |
| 8. | Preuß. Fiskus w. B. III a. 198/86 . . . | XVI. | 17 | 80 |
| 9. | Konkurs D. w. B. S. u. Co. II. 295/86 . | XVII. | 79 | 328 |

## 1886.

**November.**

| | | Band | Nr. | Seite |
|---|---|---|---|---|
| 9. | H. w. J. III. 121/86 . . . . . . . . . . | XVIII. | 48 | 235 |
| 10. | M. w. B. I. 294/86 . . . . . . . . . . | XVIII. | 15 | 91 |
| 11. | H. w. Zeche D. III a. 214/86 . . . . . . | XVII. | 95 | 380 |
| 12. | R. w. R. u. Gen. II.. 207/86 . . . . . | XVII. | 68 | 306 |
| 13. | L. w. C. J. van Houten u. Zoon. I. 313/86 | XVIII. | 16 | 93 |
| 15. | G. w. F. IV. 136/86 . . . . . . . . | XVII. | 96 | 381 |
| 17. | H. w. St. V. 255/86 . . . . . . . . . | XVII. | 39 | 158 |
| 20. | R. w. P. V. 298/86 . . . . . . . . . | XVI. | 61 | 267 |
| 20. | P. G. (Nebenintervenient) u. der deutsche Reichsfiskus w. K. A. G. II. 240/86 . . . . . . | XVII. | 8 | 33 |
| 20. | B. w. F. V. 101/86 Beschl. . . . . . . . | XVII. | 87 | 352 |
| 22. | D. W. w. W. W. IV. 145/86 . . . . . . | XVII. | 50 | 213 |
| 23. | E. w. Witwe Sch. II. 312/86. . . . . . | XVII. | 9 | 37 |
| 24. | S. u. Sohn w. B. B. u. Co. I. 322/86 . . | XVIII. | 17 | 102 |
| 24. | G. u. H. w. C. W. u. H. I. 323/86 . . . | XVIII. | 18 | 112 |
| 25. | D. w. den preuß. Fiskus IV. 160/86 . . . | XVI. | 19. 62 | 88. 269 |
| 25. | L. u. Gen. w. K. III a 228/86 . . . . . | XVII. | 4 | 23 |
| 26. | R. w. die Aktienzuckerfabrik A. III. 153/86 . | XVII. | 3 | 5 |
| 27. | Stadtgemeinde Berlin w. D. u. K. V. 211/86 | XVII. | 40 | 162 |
| 29. | B. M. w. A. M. IV. 169/86 . . . . . . | XVII. . | 37 | 148 |
| 29. | A. P. w. O. P. III a. 229/86 . . . . . . | XVII. | 41 | 167 |
| 30. | Gemeinde Cl. w. F. u. Gen. II. 244/86 . . | XVII. | 69 | 308 |

**Dezember.**

| | | Band | Nr. | Seite |
|---|---|---|---|---|
| 3. | Sch. w. v. M. II. 230/86 . . . . . . . . | XVII. | 70 | 310 |
| 4. | B. w. A. I. 346/86 . . . . . . . . . . | XVIII. | 19 | 112 |
| 4. | W. u. Co. w. W. I. 336/86 . . . . . . . | XIX. | 8 | 30 |
| 6. | K. w. G. IV. 201/86 . . . . . . . . . | XVII. | 51 | 214 |
| 6. | G. w. Königl. Hofkammer IV. 186/86 . . | XVII. | 38 | 153 |
| 7. | Konkurs R. w. R. II. 238/86 . . . . . . | XVII. | 10 | 41 |
| 7. | Preuß. Eisenbahnfiskus w. landschaftliche Brandkasse zu Hannover. III. 187/86 . . . . . | XVII. | 24 | 103 |
| 7. | G. w. R. III. 128/86 . . . . . . . . . | XVIII. | 19 | 112 |
| 8. | Konkursmasse v. B. w. die Gewerkschaft der Zeche „Tremonia". V. 221/86 . . , . . | XVII. | 5. 42 | 25. 171 |
| 9. | Z. w. Konkursmasse W. III a. 277/86 . . | XVII. | 6 | 26 |
| 9. | De. w. Do. III a. 254/86 . . . . . . . . | XVIII. | 82 | 378 |
| 10. | Gebr. M. w. Witwe S. u. Gen. II. 243/86 | XVII. | 83 | 339 |
| 10. | J. w. Sch. III. 190/186 . . . . . . . . | XVII. | 30 | 124 |
| 11. | B. w. Straßeneisenbahn-Gesellschaft zu H. I. 351/86 . . . . . . . . . . . . . . | XX. | 46 | 205 |
| 13. | R. w. F. R. u. Gen. IV. 146/86 . . . . | XVII. | 88 | 358 |
| 14. | E. w. ihren Ehemann. III. 202/86 . . . . | XVII. | 97 | 386 |
| 14. | B. w. den preuß. Eisenbahnfiskus. III. 201/86 | XVII. | 11. 90 | 45. 365 |
| 14. | K. u. Gen. w. Ehefrau A. P. II. 247/86 . | XVII. | 81 | 334 |

## 1886.

**Dezember.**



## 1887.

**Januar.**

## 1887.

**März. 1887.**

| | | Band | Nr. | Seite |
|---|---|---|---|---|
| 18. | P. w. Spar- und Vorschußkasse zu H. III. 35/87 | XVIII. | 78 | 365 |
| 18. | K. w. W. III. 315/86 | XVIII. | 41 | 196 |
| 19. | Baron v. B. w. T. V. 370/86 | XVII. | 62 | 273 |
| 19. | W. w. B. V. 369/86 | XVII. | 63 | 277 |
| 19. | Rheinschiffer-Vereinigung w. K. u. K. I. 29/87 | XIX. | 79 | 394 |
| 21. | Ortskrankenkasse VI zu D. w. K. III a. 404/86 | XVII. | 20 | 86 |
| 21. | Gebr. F. w. F. III a. 406/86 | XVII. | 21 | 93 |
| 23. | L. w. P. V. 5/87 | XVII. | 64 | 284 |
| 23. | Versicherungsgesellschaft Th. w. K. I. 42/87 | XIX. | 14 | 63 |
| 24. | R. w. Königl. preuß. Fiskus. IV. 357/86 | XVII. | 67 | 299 |
| 25. | M. R. u. Gen. w. D. u. Gen. II. 364/86 | XVIII. | 80 | 372 |

**April.**

| | | Band | Nr. | Seite |
|---|---|---|---|---|
| 1. | v. W. w. S. II. 373/86 | XVIII. | 69 | 324 |
| 5. | W. w. M. II. 421/86 | XVIII. | 81 | 374 |
| 5. | Schl. w. Verwalter im Cr.'schen Konkurs. III. 14/87 | XVIII. | 22 | 122 |
| 13. | H. w. P. V. 26/87 | XVII. | 65 | 291 |
| 13. | H. w. L. u. Co. II. 441/86 | XVII. | 75 | 319 |
| 13. | S. w. B. V. 27/87 | XVIII. | 56 | 265 |
| 13. | G. H. w. H. als Verwalter des B.'schen Konkurses V. 28/87 | XVIII. | 57 | 269 |
| 13. | Feuerversicherungsgesellschaft Rh. u. M. w. B. II. 413/86 | XVIII. | 79 | 369 |
| 15. | B. u. Gen. w. H. u. Gen. II. 408/86 | XVII. | 76 | 321 |
| 15. | F. w. K. u. Gen. II. 427/86 | XVII. | 77. 111 | 323. 436 |
| 19. | Seine Hoheit der Herzog Georg Ludwig von Oldenburg w. Seine Durchlaucht d. Fürsten von Waldeck und Pyrmont. III. 80/85 | XVIII. | 42 | 198 |
| 20. | R. w. R. I. 72/87 | XVII. | 22. 36 | 96. 147 |
| 21. | S. w. U. IV. 388/86 | XVII. | 66 | 295 |
| 22. | A. M. w. Fr. E. u. Ehefrau. III. 350/86 | XVIII. | 43 | 218 |
| 22. | K. w. B. II. 423/86 | XVIII. | 70 | 331 |
| 22. | Fiskus w. B. III. 357/86 | XVIII. | 58 | 273 |
| 23. | B. u. Gen. w. v. N. u. Gen. V. 363/86 | XVIII. | 59 | 275 |
| 25. | M. jetzt verehel. F. w. K. VI. 57/87 Beschl. | XVIII. | 84 | 383 |
| 26. | Fuhrunternehmerin M. H. w. Stadt D. u. Gen. II. 452/86 | XVIII. | 23 | 123 |
| 27. | P. u. S. w. H. u. T. I. 82/87 | XVII. | 23 | 101 |
| 28. | Preuß. Fiskus w. die offene Handelsgesellschaft F. A. N. IV. 395/86 | XVIII. | 24 | 127 |
| 28. | H. w. S. IV. 6/87 | XVIII. | 60 | 280 |
| 29. | Konkursmasse B. w. P. u. Sch. II. 432/86 | XVIII. | 25. 71 | 134. 337 |

# 1887.

**Juni.** **1887.**



**Juli.**



**August.**



**September.**

## 1887.

**September.**



**Oktober.**

## 1887.

**Dezember.**

| | | Band | Nr. | Seite |
|---|---|---|---|---|
| 5. | W. w. W. IV. 211/87 . . . . . . . . . | XX. | 54 | 238 |
| 5. | P. w. P. IV. 213/87 . . . . . . . . . | XX. | 87 | 380 |
| 7. | Sch. w. Be. u. Bo. I. 294/87 . . . . . | XX. | 14 | 71 |
| 10. | Pf. w. M. V. 229/87 . . . . . . . . . | XX. | 55 | 242 |
| 12. | v. O. w. H. IV. 253/87 . . . . . . . . | XX. | 56 | 247 |
| 14. | C. w. M. u. Co. I. 301/87 . . . . . . | XX. | 15 | 76 |
| 14. | J. B. w. F. I. 271/87 . . . . . . . . . | XX. | 96 | 409 |
| 15. | H. N. w. E. N. IV. 225/87 . . . . . . | XX. | 57 | 251 |
| 15. | G. w. B. VI B. 147/87 Beschl. . . . . . | XX. | 88 | 385 |
| 16. | Gemeinde H. w. Reichsgrafen v. Sp. II. 213/87 | XX. | 76 | 342 |
| 19. | B. w. G. IV. 235/87 . . . . . . . . . | XX. | 89 | 388 |
| 21. | B. w. Dampfschiffahrtgesellschaft „Anglia“ I. 313/87 . . . . . . . . . . . . . . | XX. | 16 | 84 |
| 28. | Sch. w. B. u. H. II. 264/87 . . . . . . | XX. | 78 | 348 |
| 31. | W. u. Co. w. M. H. I. 224/87 . . . . . | XX. | 17 | 88 |

## 1888.

**Januar.**

| | | Band | Nr. | Seite |
|---|---|---|---|---|
| 3. | R. w. H. III. 218/87 . . . . . . . . . | XIX. | 50 | 260 |
| 3. | P. w. die Gerichtskasse zu O. III. 220/87 . | XX. | 58 | 256 |
| 3. | F. w. F. II. 123/87 Beschl. . . . . . . | XX. | 95 | 408 |
| 7. | L. w. M. u. S. I. 356/87 . . . . . . . | XX. | 18 | 94 |
| 11. | Sch. Söhne w. de Sw. I. 354/87 . . . . | XX. | 19 | 96 |
| 13. | M. w. M. II. 293/87 . . . . . . . . . | XX. | 97 | 412 |
| 14. | L. w. P. V. 266/87 . . . . . . . . . . | XX. | 59 | 261 |
| 14. | H. w. B. V. 267/87 . . . . . . . . . | XX. | 90 | 390 |
| 19. | W. w. Fiskus. IV. 268/87 . . . . . . . | XX. | 60 | 267 |
| 19. | H. w. S. u. Co. VI. 4/88 Beschl. . . . . | XX. | 98 | 414 |
| 25. | A. w. J. I. 366/87 . . . . . . . . . . | XX. | 61 | 269 |
| 25. | F. w. Handelsgesellschaft C. I. 363/87 . . . | XX. | 21 | 106 |
| 27. | M. u. Gen. w. M. u. Gen. II. 257/87 . . | XX. | 79 | 351 |
| 28. | B. u. Gen. w. den Verwalter im W.'schen Konkurse. I. 362/87 . . . . . . . . . | XX. | 22 | 108 |
| 28. | K. u. Gen. w. K. V. 284/87 . . . . . . | XX. | 62 | 270 |
| 28. | Ehefrau S. w. ihren Ehemann. I. 364/87 . | XX. | 47 | 208 |
| 30. | T. w. N. VI. 9/88 Beschl. . . . . . . | XX. | 99 | 417 |

**Februar.**

| | | Band | Nr. | Seite |
|---|---|---|---|---|
| 1. | N. w. F. I. 371/87 . . . . . . . . . . | XX. | 20 | 100 |
| 1. | Th. w. W. V. 286/87 . . . . . . . . . | XX. | 63 | 274 |
| 4. | L. w. P. I. 369/87 . . . . . . . . . . | XX. | 23 | 111 |
| 4. | R. u. Co. w. C. M. u. B. I. 375/87 . . | XX. | 64 | 285 |
| 6. | Br. w. W. Testamentsvollstrecker. VI. 300/87 | XX. | 48. 100 | 217. 419 |
| 8. | Sch. w. J. I. 333/87 . . . . . . . . . | XX. | 24 | 112 |

**Februar.** **1888.**



**März.**



**April.**

# V. Zusammenstellung

der

## im elften bis zwanzigsten Bande enthaltenen Entscheidungen

nach

# Oberlandesgerichtsbezirken.

(Die fettgedruckten Zahlen bezeichnen den Band, die gewöhnlichen die Nummer der Entscheidung. Die Parenthesen ( ) deuten darauf hin, daß an der betreffenden Stelle sich nur eine Verweisung auf eine in demselben Bande abgedruckte Entscheidung findet. Die eingeklammerten [ ] Zahlen geben die nach dem alten Verfahren ergangenen Entscheidungen an.)

### Augsburg.

**11,** 99; **14,** 39.

### Bamberg.

**12,** 12; **13,** 2; **15,** 99; **16,** 88.

### Berlin.

**11,** 18. 19. 28. 30. 31. 57. 64. 65. 67. 68. 68. 105. (107). 117; **12,** 5. 8. 21. 22. 29. 33. 62. 63. 64. (73). 74. 75. (108). 113. (117). 121. (123). 127; **13,** [7]. 9. 25. 36. 51. 54. (55). 56. 59. 68. 69. 70. 82. 88. 94. 105. 106. 108. 109. 113. 117. (122); **14,** 9. 13. 16. 26. [30]. 31. 38. 62. (69). 73. 77. 99. 107. 108; **15,** 2. 5. 11. 12. 21. 26. 28. 30. 31. 54. 57. 61. 64. 65. 93. 95. 117; **16,** 7. 37. 39. (40). (42). 43. 44. 46. 49. 51. (52). 57. 58. 70. 74. 94. 97. 98. 99. 105. 106; **17,** 22. 23. (36). 39. 40. 45. 48. 51. 52. 53. 55. 58. 59. 61. 62. 80. 85. 86. 100. 107. (110); **18,** 1. 3. 15. 16. 19. 20. 34. 67. 87. 93. 94. 96; **19,** 4. 11. 13. 16. 19. 22. 25. 28. 29. 52. 54. (56). 60. (62). 81. 84; **20,** 3. 6. 7. 17. 22. 28. 37. 50. 52. 53. 60. 61. 64. 65. 66. 67. 70. 81. 83. 96. 101. 107.

### Braunschweig.

**11,** 12. 36. 41. 43. 44; **12,** 42. 49; **13,** 78. 100; **15,** 37. 39. 41. 98. 100. 115; **16,** 35; **17,** 1. 2. 3; **18,** 77; **20,** 82.

## Breslau.

**11**, 2. 40. 58. 72. 73. 77. 113. (116); **12**, 14. 65. 66; **13**, 27. 35. 66; **14**, 17. 21. 37. 65. 67. 68. 95. 101; **15**, 53; 104; **16**, 14. 50. 53. 72; **17**, 6. 38. 43. 54. 65. 67. (89). 92; **18**, 12. 35. 57. 60. 61. 64. 65. 88. 99; **19**, 12. 39; **20**, 18. 21. 25. 26. 36. 42. 87. 90.

## Celle.

**11**, 11. 14. 15. 50. (54). (101). 103. 110. 120; **12**, 11. 19. 23. 24. 31. 44. 46. 47. 51. 52. (53). 56. (112). 114. 120; **13**, 6. 20. 42. 44. 57. 90. 91. 98. 99; **14**, 7. 48. 49. 55. 102. 111. 112. (124); **15**, 10. 13. 14. 35. 36. 39. 42. 43. 48. (56). 102. 106. 114. (129); **16**, 20. 21. 27. 30. 31. 34. 36. (76); **17**, 11. 17. 24. 30. 32. 33 56. 60. 82. (90). 93. 106; **18**, 41. 43. 45. 49. 53. 78. 95. 97; **19**, 34. 35. 44. 45. 46. 48; **20**, (49). 58. 68. 84. 104.

## Darmstadt.

**11**, 37. 48. 49. 51. 81. 96. 108. 109; **12**, 125; **13**, 71. 79. 84; **14**, 110; **15**, 16. 40. 75. 82. 88. 107. 108. 112. 116; **16**, 85; **17**, 26. 31. 75. 97; **18**, 37; **19**, 69. 77. (82); **20**, 73. 74. 79.

## Dresden.

**11**, 6. 9. 93. 95. 97; **12**, 28. 109; **13**, 1. 3. 4. 5. 16. 40; **14**, 6. 11. 106; **15**, 105; **16**, 1. 16. 87. 104. 107. (108); **17**, 20. 21. 78. 109; **18**, 4. 9. 84. 92; **20**, 5. 88. 98.

## Frankfurt a. M.

**11**, 22. 24. 29. 104. 115; **12**, 17. 40. 41. 48. 54. 57. 58. 101; **13**, 43; **14**, 10. 15. 46. 60. 70; **15**, 3. 4. 34. 113; **16**, 28; **17**, 35. 101; **18**, 36. [42]. (54). 102; **19**, 50; **20**, 19. 39. 45.

## Hamburg.

**11**, 3. 4. 17. 21. (45). 47. 52. 91. 92. 111. 112; **12**, 1. 2. 3. 20. 34. (35). 36. 37. 59. (94). 95. 96. (97). (98). 99; **13**, 21. 23. 24. 26. 31. 33. 34. 38. 39. 49. 50. 107. 115. 116; **14**, 2. 3. 14. 28. 29. 35. 43. 47. 51. 52. 87. 88. 90. 93. 94. 100. 115. (119). 120. 122; **15**, 8. 9. 20. 22. 33. 44. 45. 47. 51. 86. 101. 118. 120. 123. 124. 126. 127. 128. 130; **16**, 3. 73. 75. 78. 84. 96. 103; **17**, 15. 16. (28); **18**, 5. 6. 7. 11. 13. 21. 28. 31. 32. 38. 39. 47. 82. (83); **19**, 1. 2. 3. 7. 8. 9. 10. 15. 38. 47. 90; **20**, 8. 9. 11. 12. 13. 14. 15. 16. 20. 23. 38. 43. 44. 46. 48. 91. 92. (94). (100).

## Hamm.

**11**, 16. 59. 60. 61. 62. 75. 114; **12**, 9. 26. 69. 70. 105; **13**, 8. 32. 37. 52. 58. 61. 76. 80. 111. 114; **14**, 12. 18. (22). 71. 76. 114. 116. 123; **15**, 17. 25. 55. (63). 66. 69. 90. (121); **16**, 3. 5. 17. 24. 38. 41. 48. 54. 69; **17**, (5). 42. 47. 63. 95; **18**, 8. 14. 62. 101; **19**, 26. 36. 55. 58. 68. 87; **20**, 1. 32. 51.

## Jena.

**11**, 25. 42; **12**, 4. 55; **13**, 92. 93; **14**, 5. 23. (40). (41). 42. (44). 54. 57. 57. 58. 59. 63. (91); **15**, 6. 15. 18. (46). 103. 119; **17**, 25; **18**, 22. 50; **19**, 49; **20**, 93.

## Karlsruhe.

**11**, 33. 34. 35. 78. 79. 83. 84. (85). (118); **12**, 10. 76. 77. 80. 82. 104. (110). 111; **13**, 95; **14**, 8. 36. 82. 83; **15**, 73. 91. 94. (97); **16**, 6. 9. 63. 65. 67. 101; **17**, 12. 68. 70; **18**, 69. 74; **19**, 33. 72. 73. (76); **20**, 97.

## Kassel.

**11**, 20. 53; **12**, 39. [45]; **14**, 4; **15**, 49. 50. 60. (71); **16**, 8. 25. 29. 45. 60; **17**, [34]. 57; **18**, 40. 44. 51. 58; **19**, 43; **20**, 34. 103.

## Kiel.

**11**, 10. [46]; **12**, 43; **13**, 29. 101. 104; **14**, 45. 61. 113; **15**, 19. 109. 131; **16**, 23. 32. 77; **17**, 103; **18**, 48.

## Kolmar.

**11**, 82. 89. 98. 102. 119. (121); **12**, 16. 78. 79. 84. 92. 107; **13**, 41; **15**, 24. 78. 110; **16**, 10. 100; **17**, 7. 8. 104. 108; **18**, 75. 76. 79. 80. 90. (91); **19**, 20. (70). 75; **20**, 75.

## Köln.

**11**, 5. [27]. 38. 66. 69. 80. 86. (87). 88. 94; **12**, 6. (18). 67. 81. 83. 85. 86. 87. 88. 89. 90. (91). 118. 119. 122; **13**, 12. 15. (17). 28. 72. 73. [74]. 75. 85. 86. 87. 97. 120; **14**, 1. 19. 20. (33). 79. 80. 81. 84. 85. 86. 96. 97. 98. 117; **15**, [74]. 76. 77. 79. 80. 81. 83. 84. 89; **16**, 4. 12. 13. 64. 66. 81. (82). 83. 93; **17**, 9. 10. 13. 14. 18. 19. 69. 71. 72. (73). (74). 76. 77. 79. 81. 83. 102. (111); **18**, 2. 23. 25. 26. (63). 68. 70. (71). 72. 73. 81. (86); **19**, 17. 21. 23. 32. 40. 41. (63). 71. 74. 78; **20**, 27. 33. 76. 77. 78. 80. 85. 95.

## Königsberg.

**11**, 70; **12**, 32. 68; **13**, 65. (102). 119; **14**, 74. 75; **15**, 67; **16**, 11. 19. 61. (62). 86. 89; **17**, 44. 64. 87. 88. 91. 96; **18**, 27. 66; **20**, 35. 59. (72).

## Marienwerder.

**11**, 63. 76. 106; **12**, 7; **13**, 19. 30. 60. (64). 89; **14**, 66. 89. 104; **15**, 1. 52. 70. 122; **16**, 15. 47; **17**, 49. 98. 99; **18**, 56. 98; **19**, 6. 27. 64. 65. 80. (89); **20**, 2. 4. 63.

## München.

**13**, 14. 77; **15**, 111; **18**, 30; **19**, 79.

## Naumburg.

**11**, 1. 23. 26. 55. [71]. 74. (91); **12**, 71. 72. 103. 116; **13**, 10. 13. 53. 62. 81. 103. 118. 123; **14**, 24. 32. (78). (105); **15**, 58. 72. 87. 96; **16**, 18. 26. 56. 79; **17**, 4. 41. 46. 50. 66. 94. 105; **18**, 17. 24. 29. 100; **19**, 5. 14. 37. 53. 59. 66. 86; **20**, 29. 31. 40. 54. 56. 62. 69. (71). 86. 89. 99. (105). 106.

## Nürnberg.

**15**, 27.

## Oldenburg.

**12**, 30. 50. 124; **13**, 45; **14**, 27. (121); **18**, 52. 85.

## Posen.

**11**, 56. 90; **12**, 102. 106; **13**, 67. 96; **14**, 72; **15**, 29. 59. 62. 85; **16**, 55. 59. 90. 91. 92; **17**, 37. 84; **19**, 57. 61. 67. 83; **20**, 55. 102.

## Rostock.

**11**, [39]; **12**, 38. 60. 93. (100); **13**, 46. 47. 48. 83. 121; **14**, 56. 92. 103. 109; **15**, 23; **16**, 22. (80). 95. 102; **17**, 27. 29; **18**, 46; **19**, 24. 85; **20**, 47.

## Stettin.

**11**, 13. 32; **12**, 15. 25. 61; **13**, 22. 63. 110; **14**, 25. (50). 64. (118); **15**, 32. 68. 125. (132); **16**, 2. 71; **18**, 18. 33. 55. 59. (93); **19**, 18. 42. 88; **20**, 30. 41. 57.

## Stuttgart.

**11**, 7. 8; **12**, 13. 115; **13**, 11. 18; **14**, 53; **15**, 7; **18**, 10. 89; **19**, 31.

## Zweibrücken.

**11**, 100; **16**, 68. (109); **19**, 30.

## Patentsachen.

**12**, 27; **20**, 10.

## Konsularsachen.

**12**, 126; **13**, 112; **15**, 92; **20**, 24.

## Oberlandeskulturgericht Berlin.

**19**, 51.

# Berichtigungen zum elften bis zwanzigsten Bande.

## Elfter Band.

S. 73 Z. 12 v. o. ist zwischen „Rechtsstreitigkeiten“ und „zu“ zu setzen „nicht“.
S. 100 Z. 9 v. o. lies „Verständnis“ statt „Verhältnis“.
S. 157 Z. 17 v. o. lies „geregelter“ statt „geregelten“.
S. 173 Z. 3 v. o. „ „Versicherten“ statt „Versicherers“.
S. 321 Z. 2 und 3 v. o. zu streichen: „derjenigen dem Betrage“.
„ „ Z. 4 v. o. ist vor „sei“ einzuschalten „Berechtigte“.
S. 424 Z. 5 v. u. ist vor „wegen“ einzuschalten „zuzulassen“.
S. 436 Z. 2 v. u. lies „Gutachten“ statt „Guthaben“.

## Zwölfter Band.

S. 33 Z. 8 v. u. ist hinter „125“ einzuschalten „170“.
S. 40 Z. 15 v. u. lies „Erreichung“ statt „Erwähnung“.
S. 96 Z. 3 v. u. ist das Komma hinter „Anerkennung“ zu streichen.
S. 97 Z. 15 v. u. lies „Verpflichtungsschein“ statt „Versicherungsschein“.
S. 100 Z. 5 v. o. lies „der“ statt „den“.
S. 129 Z. 3 v. o. „ „ausschließliche“ statt „ausschließlich“.
S. 152 Z. 12 v. o. ist hinter „3“ einzuschalten „Inst.“
S. 161 Z. 1 v. u. lies „Klägerin“ statt „Beklagten“.
S. 195 Z. 14 v. u. ist hinter „Gutes“ einzuschalten „bezielende Klage“.
S. 207 Z. 12 v. o. ist hinter „auch“ einzuschalten „nicht“.
S. 258 Z. 7 v. u. lies „zweite“ statt „erste“.
„ „ Z. 6 v. u. „ „erste“ statt „zweite“.
S. 261 Z. 1 v o. „ „Berufungsrichter“ statt „Kläger“.

## Dreizehnter Band.

S. 14 Z. 7 v. o. lies „wonach“ statt „wenn noch“.
„ „ Z. 16 v. o. „ „13“ statt „8“.
S. 15 Z. 9 v. u. „ „gegenteilige“ statt „gegenseitige“.
S. 16 Z. 5 v. u. „ „338“ statt „334“.
S. 21 Z. 7 v. u. „ „I“ statt „Tit.“
S. 23 Z. 1 v. o. „ „I“ statt „II“.
S. 98 Z. 14 v. o. „ „Beklagte“ statt „Kläger“.
S. 111 Z. 15 v. o. „ „andere“ statt „anderer“.
S. 121 Z. 8 v. u. „ „im“ statt „in“.
S. 126 Z. 18 v. o. „ fehlt vor „zwischen“ „in dem Unterschiede“.
S. 161 Z. 3 v. o. ist hinter „Reichsstempelabgabe“ einzuschalten „bezeichneten Geschäfte“.
S. 216 Z. 13 v. o. lies „des“ statt „eines“.
S. 238 Z. 9 v. o. „ „Besitzpfande“ statt „Besitzungspfande“.
S. 276 Z. 9 v. u. lies „diese“ statt „die“.
S. 286 Z. 8 v. o. „ „1. Juli“ statt „7. Juli.“
S. 288 Z. 19 v. u. „ „der“ statt „den“.
S. 292 Z. 8 v. u. setze §§ 6. 7 A.L.R. I. 7 in ( ).
S. 294 Z. 13 v. o. lies „§ 188 A.L.R. II. 1“.
„ „ Z. 6 v. u. „ „II.“ statt „I.“
S. 295 Z. 11 v. u. „ „Substanz“ statt „Substanzen“.
S. 301 Z. 11 v. u. ist das Komma statt hinter „aber“ hinter „nicht“ zu setzen.
S. 391 Z. 6 v. u. „ „v. Kries“ statt „Knies“.
S. 395 Z. 3 v. u. ist „der Ver. Civilsen.“ zu streichen.
S. 397 Z. 13 v. u. lies „dienlichen“ statt „dienlicher“.
S. 400 Z. 3 v. o. „ „Zeugen“ statt „Zeugenbeweis“.
„ „ 14 v. o. „ „behält“ statt „behielt“.
S. 413 Z. 4 v. u. „ „§ 87“ statt „§ 78“.
S. 421 Z. 3 v. u. „ „die“ statt „diese“.
S. 437 Z. 9 v. u. „ „aufeinanderfolgende Prozesse“ statt „aufeinanderfolgenden Prozessen“.

## Vierzehnter Band.

S. 9 Z. 9 v. o. ist hinter „niederzulegen" einzuschalten „dahin aus, daß dieselbe".
S. 45 Z. 6 v. u. lies „des Beklagten" statt „des Klägers".
S. 89 Z. 11 v. u. „ „R." statt „St."
S. 98 Z. 12 v. u. „ „seinen" statt „einen".
S. 99 Z. 6 v. u. „ „Erwerbers" statt „Erwerbes".
S. 100 Z. 8 v. o. „ „bedürfte" statt „bedurfte".
S. 102 Z. 1 v. o. „ „ein" statt „im", nach „Darlehn" ist das Komma zu streichen.
S. 104 Z. 8 v. u. „ „Klage" statt „Frage".
S. 141 Z. 18 v. o. „ „215" statt „125".
S. 186 Z. 12 v. o. „ „morderetur" statt „moveretur".
S. 193 Z. 12 v. o. ist das Komma hinter „weil" zu streichen.
S. 201 Z. 12 v. o. lies „Erbfolge" statt „Erfolge".
S. 243 Z. 13 v. o. „ „Käufer" statt „Verkäufer".
S. 256 Z. 16 v. u. „ „Rep. IV" statt „Rep. V".
S. 269 Z. 15 v. o. „ „Pflegers" statt „Pfleglinges".
S. 296 Z. 13 v. o. „ „nicht — wie" statt „— nicht wie".
S. 323 Z. 11 v. o. „ „2" statt „1".
S. 335 Z. 8 v. u. „ „497" statt „467".
S. 348 Z. 2 v. o. „ „231" statt „213".
S. 355 Z. 9 v. u. „ „hergenommene" statt „hervorgenommene".
S. 397 Z. 4 v. o. ist hinter „85" einzuschalten „Entsch. des R.G. in Civils. Bd. 13 S. 433".
S. 405 Z. 13 v. u. ist das Komma vor „als" zu streichen.
S. 412 Z. 15 v. o. lies „Nationalbank" statt „Aktienbank".

## Fünfzehnter Band.

S. 19 Z. 16 v. o. lies „Jena" statt „daselbst".
S. 28 Z. 12 v. u. „ „der Klägerin" statt „dem Beklagten".
S. 38 Z. 17 v. o. ist hinter „4" einzuschalten „der Reichsverfassung".
S. 46 Z. 6 v. u. lies „Erwirkung" statt „Einwirkung".
S. 89 Z. 18 v. o. „ „Klägerin" statt „Beklagte".
S. 104 Z. 3 v. o. ist vor „die" ein Komma zu setzen.
S. 117 Z. 14 v. u. lies „§ 51" statt „§ 50".
S. 145 Z. 19 v. o. ist vor „auf" einzuschalten „auferlegten Verpflichtung".
S. 155 Z. 5 v. u. ist hinter „sind" eine ¹ als Notenzeichen einzuschalten.
S. 164 Z. 4 v. u. lies „Verzug" statt „Vorzug".
S. 296 Z. 10 v. u. „ „572" statt „372".
S. 308 Z. 21 v. o. „ „Gegenforderung der" statt „Gegenforderung die".
S. 335 Z. 5 v. u. lies „vermittelte" statt „ermittelte".
„ „ Z. 4 v. u. ist hinter „M." einzuschalten „als".
S. 350 Z. 8 v. u. lies „endgültig" statt „ungültig".
S. 361 Z. 13 v. o. „ „die" statt „der".
S. 396 Z. 1 v. u. „ „Interventen" statt „Intervenienten".
S. 470 Z. 2 v. o. „ „Zwölfter" statt „Elfter".

## Sechzehnter Band.

S. 61 Z. 14 v. o. lies „Fritz" statt „Karl".
„ „ Z. 16 v. o. „ „Fritz A. an seinen Bruder Karl A." statt umgekehrt.
S. 71 Z. 11 v. o. „ „57" statt „58".
S. 218 Z. 1 v. u. „ „vgl. A.L.R. I. 7 § 15, I. 20 § 91.
S. 297 Z. 15 v. u. „ „4" statt „3".
S. 303 Z. 6 v. o. ist „einzelnen" zu streichen.
S. 355 Z. 1 v. o. sind vor „Instanz" die „ zu ergänzen.
S. 362 Z. 9 v. o. lies „Klagezustellung" statt „Klagestellung".
S. 370 Z. 5 v. u. „ „Nr. 1" statt „Nr. 2".

## Siebzehnter Band.

S. 11 Z. 1/2 v. o. lies „den einzig zulässigen" statt „der einzige zulässige".
S. 17 Z. 19 v. o. „ „Rübenlieferungspflicht" statt „Rübenlieferungsfrist".
S. 36 Z. 4 v. u. „ „daß es" statt „d aes".
S. 55 Z. 16 v. u. „ „die" statt „diese".
S. 95 Z. 15 v. o. „ „123" statt „128".
S. 137 Z. 7 v. u. „ „Beklagten" statt „Klägern".
S. 140 Z. 12 v. u. ist vor „da" einzuschalten „welche,".
S. 151 Z. 16 v. o. „ „Verzugszinsen" statt „Vorzugszinsen".
S. 164 Z. 17 v. o. „ „11" statt „21".
S. 171 Z. 14 v. o. „ „Tremonia" statt „Trewonia".
S. 278 Z. 7 v. o. „ „ihren" statt „seinen".
S. 280 Z. 8 v. u. ist vor „auch" einzuschalten „nicht".
„ „ Z. 6 v. u. lies „verneint" statt „vermeint".
S. 287 Z. 1 v. u. „ „350" statt „356".

## Achtzehnter Band.

S. 4 Z. 13 v. o. lies „H.G.B." statt „Code civil".
S. 19 Z. 18 v. o. ist vor „der" einzuschalten „als in".
S. 48 Z. 2 v. u. ist nach „Schenkers" einzuschalten „betrifft".
S. 108 Z. 17 v. u. nach „den" einzuschalten „den".
S. 115 Z. 11 v. o. lies „Aussteller) gewollt werden, von".
S. 161 Z. 15 v. o. „ „Kammer für Handelssachen" statt „Handelskammer".
S. 309 Z. 7 v. o. ist hinter „Tratten" einzuschalten „über".
S. 314 Z. 10 v. u. lies „19. Juni" statt „19. Juli".
S. 328 Z. 17 v. u. „ „Aftererbsetzung" statt „Aftererbung".
S. 411 Z. 4 v. u. „ „verfolgter" statt „erfolgter".

## Neunzehnter Band.

S. 58 Z. 14 v. o. lies „4. Dezember" statt „19. Dezember".
S. 111 Z. 14 v. o. „ „241" statt „291".
„ „ Z. 4 v. u. „ „Gläubiger der Gesellschaft fielen".
S. 130 Z. 13 v. o. ist vor „aus" einzuschalten „M."
S. 263 Z. 9 v. o. lies „sei. Dasjenige" statt „sei, dasjenige".
S. 289 Z. 5 v. o. „ „31" statt „21".
S. 316 Z. 12 v. o. lies „an ihrem damaligen Wohnorte" statt „ihres damaligen Wohnortes".
S. 362 Z. 7 v. u. ist hinter „solche" einzuschalten „die".
S. 399 Z. 8 v. o. ist vor „die" einzuschalten „durch".
S. 407 Z. 9 v. o. lies „noch" statt „nach".
S. 426 Z. 5 v. u. „ „99" statt 89".
S. 429 Z. 12 v. o. „ „vor" statt „von".

## Zwanzigster Band.

S. V Z. 16 v. u. lies „Rückversicherte" statt „Rückversicherer".
S. 8 Z. 13 v. u. „ „In dem" statt „In der".
S. 42 Z. 2 v. o. „ „Ist der Rückversicherte verpflichtet, dem Rückversicherer".
S. 48 Z. 16 v. o. sind die Worte „unter der" zu streichen.
S. 100 Z. 6 v. u. lies „1886" statt „1887".
S. 125 Z. 10 v. u. „ „Abs. 3" statt „Abs. 2".
S. 161 Z. 1 v. u. ist vor „nicht" einzuschalten „Gesagten".
S. 166 Z. 10/11 v. o. lies „Klägers" statt „Beklagten".
S. 174 Z. 4 v. u. ist vor „auf" einzuschalten" „Vermerkung der".
„ „ „ „ „ lies „treffenden" statt „treffende".
S. 179 Z. 15 v. u. „ „Hiernach" statt „Hierauf".
S. 192 Z. 1 v. u. „ „betrüglichen" statt „beträchtlichen".
S. 235 Z. 8 v. o. „ „und" statt „aus".

S. 262 Z. 1 v. o. „ „1886“ statt „1870“.
S. 340 Z. 15 v. u. „ „gegen welchen“ statt „wenn“.
S. 364 Z. 2 v. o. „ „auf“ statt „durch“.
S. 396 Z. 1 v. u. ist vor „hinterlegen“ einzuschalten „zu“.
S. 441 Sp. 2 Z. 3/4 v. o. lies „des Rückversicherten, dem Rückversicherer“.
S. 451 Sp. 1 Z. 15/16 v. o. lies „der Rückversicherte verpflichtet, dem Rückversicherer“.

## Berichtigungen und Ergänzungen zum Generalregister.

S. 19 Z. 13 v. o. ist vor „19“ einzuschalten „(P.)“
S. 23 Z. 17 v. u. lies „der“ statt „des“.
S. 45 Z. 22 v. u. „ „28 d“ statt „253“.
S. 48 Z. 20 v. u. „ einen“ statt „einer“.
„ „ Z. 1 v. u. „ „unverschleierte“ statt „verschleierte“.
S. 64 Z. 22 v. o. „ „für“ statt „auf“.
S. 108 Z. 13/14 v. o. lies „gemeinschaftlich“ statt „geschaftlich“.
S. 113 Z. 4 v. o. lies „Vertrage“ statt „Vertrages“.
S. 122 Z. 2 v. o. „ „422“ statt „42“.
S. 134 Z. 15 v. u. „ „Sonderrechtsnachfolger“ statt „besonderen Rechtsnachfolger.“
S. 139 Z. 17 v. u. „ „3“ statt „4“.
S. 148 Z. 3 v. o. ist vor „§“ einzuschalten „noch“.
S. 154 Z. 8 v. u. lies „für die“ statt „die für“.
S. 173 Z. 5 v. u. „ „4“ statt „3“.
S. 174 Z. 23 v. u. „ „5“ statt „4“.
S. 182 Z. 18 v. o. „ „gegebenes“ statt „gegebenen“.
S. 183 Z. 9 v. u. „ „Durchstreichung“ statt „Durstreichung“.
S. 225 Z. 1 v. u. ist hinzuzufügen „5) Siehe a Nr. 21.“
S. 260 Z. 11 v. u. ist „II“ zu streichen.
S. 269 Z. 20 v. u. lies „auch“ statt „auf“.
S. 280 Z. 18 v. u. „ „Eidesannahme“ statt „Eideszuschiebung“.
S. 285 Z. 19 v. o. „ „Betrage“ statt „Beträge“.
S. 291 Z. 16 v. o. ist hinzuzufügen „3) Rechtliche Natur einer Realschankgerechtigkeit. Rechtsweg gegen eine beschränkende Polizeiverfügung. Passivlegitimation. **15**, 138.“
S. 293 Z. 14 v. u. ist „Verbauen“ zu streichen.
S. 323 Z. 20 v. u. lies „Ablauf“ statt „Alauf“.
S. 326 Z. 10 v. o. „ „263 A“ statt „263 a“.
S. 332 Z. 12 v. u. ist hinter „Handelsregister“ einzuschalten „Hypothek unter d“.
S. 339 Z. 18 v. u. lies „Konventionalstrafe“ statt „Kontraventionalstrafe“.
S. 354 Z. 17 v. u. „ „290 A“ statt „290 a“.
S. 357 Z. 17 v. o. ist hinter „nicht“ zu streichen „die“.
S. 367 Z. 14 v. o. lies „Grobe“ statt „Grabe“.
S. 390 Z. 14 v. u. ist hinzuzufügen „3) Siehe Pfandrecht Nr. 3.“
S. 428 Z. 15 v. u. lies „passiv legitimiert“ statt „passilegitimiert“.
S. 444 Z. 13 v. u. „ „3“ statt „2“.
S. 456 Z. 2 v. o. „ „des“ statt „der“.
S. 477 Z. 9 v. u. „ „mit der“ statt „in die“.
S. 481 Z. 2 v. u. ist hinter „Betrages“ ein Komma zu setzen.
S. 483 Z. 19 v. u. lies „Recht“ statt „Rechts“.
S. 559 Sp. 1 Z. 22 v. o. ist hinter „Bekanntmachung“ einzuschalten „vom 3. Juni 1885“.

Druck von Metzger & Wittig in Leipzig.

FSC
www.fsc.org
MIX
Papier | Fördert gute Waldnutzung
FSC® C083411

Kolibri 360 GmbH
Ferdinand-Jühlke-Straße 7
99095 Erfurt, Deutschland
produktsicherheit@kolibri360.de